中国期货市场年鉴

（2017年）

China Futures Market Yearbook (2017)

中国证券监督管理委员会
中 国 期 货 业 协 会
编

中国财经出版传媒集团
中国财政经济出版社

图书在版编目（CIP）数据

中国期货市场年鉴．2017 年／中国证券监督管理委员会，中国期货业协会编．—北京：中国财政经济出版社，2018.6

ISBN 978－7－5095－8331－9

Ⅰ．①中… Ⅱ．①中… ②中… Ⅲ．①期货市场－中国－2017－年鉴 Ⅳ．①F832.5－54

中国版本图书馆 CIP 数据核字（2018）第 134434 号

责任编辑：贾延平　　　　责任校对：张　凡

封面设计：孙俪铭

中国财政经济出版社 出版

URL：http：//www.cfeph.cn

E－mail：cfeph @ cfeph.cn

社址：北京市海淀区阜成路甲 28 号　邮政编码：100142

营销中心电话：010－88191537　北京财经书店电话：64033436　84041336

北京时捷印刷有限公司印刷　各地新华书店经销

787×1092 毫米　16 开　29.25 印张　595 000 字

2018 年 6 月第 1 版　2018 年 6 月北京第 1 次印刷

定价：54.00 元

ISBN 978－7－5095－8331－9

（图书出现印装问题，本社负责调换）

本社质量投诉电话：010－88190744

打击盗版举报热线：010－88191661　QQ：2242791300

加快业务创新，优化市场功能，更好地服务实体经济发展

（代　序）

中国证监会副主席　方星海

（2017 年 5 月 25 日）

很高兴参加第十四届上海衍生品市场论坛。上海衍生品市场论坛作为中国期货行业的年度盛会，见证了期货市场多年发展取得的巨大成就，在推动业务创新和对外开放上发挥了重要作用。我谨代表中国证监会对本届论坛的成功召开表示热烈的祝贺！对参加会议的各位嘉宾、各界朋友表示热烈欢迎！

近年来，我国期货市场改革发展取得了新的成绩。一是品种系列与衍生工具不断丰富。2016 年以来，新增商品期权 2 个，现有上市期货期权品种已达 54 个，包括商品期货 46 个、金融期货 5 个、商品期权 2 个、金融期权 1 个，基本覆盖了农产品、金属、能源、化工、金融等国民经济的主要领域。二是市场规模稳步增长，运行质量逐步提高。今年 1 至 4 月，我国期货市场继续保持活跃交易，日均持仓 1 455.66 万手，同比增长 9.71%；4 月末市场资金总额达 4 726.1 亿元，同比增长 7.06%。三是涵盖期货与期权、场内与场外、境内与境外的衍生品市场体系已初步构

建。在各期货交易所不断丰富场内期货、期权交易工具的同时，期货公司风险管理子公司也充分利用自身专业优势，通过提供场外期权、远期等衍生工具，为企业提供了更加精细化的风险管理服务，“保险+期货”试点已取得良好效果。境外投资者通过其境内企业参与我国期货市场的积极性较高，外资企业在一些成熟期货品种上的持仓占比已超过10%。四是价格发现与风险管理功能进一步得到认可，期货市场价格已经成为宏观调控部门监测经济运行的重要参考和国内外贸易定价基准。期货市场监控中心根据我国商品期货价格信息编制的中国商品综合指数（CCCI）已经能够较准确地反映PPI和CPI的未来变化趋势，为国家宏观管理部门判断经济形势提供了难得的重要参考。同时，期货与期权逐步成为企业经营发展所必需的风险管理工具，在服务“三农”与推进供给侧结构性改革等方面发挥了重要作用。

总体上看，我国期货市场发展势头良好，市场功能不断提升，但我们也要清醒地看到，期货市场的运行质量较实体经济风险管理的需求还有许多不足。借今天论坛的机会，我着重谈谈如何通过市场创新更好地服务实体经济发展。

从服务实体经济的角度看，我国期货市场的不足之处主要表现在以下几个方面：

一是产业参与不够充分，市场功能有待提升。目前，我国规模以上企业有50多万家，但我国期货市场的产业客户仅有2万余户，大量企业尚未直接参与期货市场。2016年，我国期货市场持仓金额与GDP的比值约为1%，而美国为70%，我国期货市场持仓金额约为美国的千分之八。我国期货市场服务国民经济的能力远逊于发达市场，未来市场发展空间巨大。豆粕和白糖期权上市以来，日均成交分别为1.8万手和0.69万手，约为期货合约成交量的2.4%和2.49%；期权日均持仓6.06万手和2.77万手，约为期货合约的4.02%和5.16%，尚处于细心呵护的培育阶段，假以时日市场功能定将正常发挥。

二是多数品种存在近月合约不活跃、活跃合约不连续的问题。长期以来，我国农产品和部分工业品期货活跃月份集中在1月、5月、9月（或者10月）三个月份，而且在临近交割月份基本处于不活跃状态，价格不连续。这给连续生产经营的企业开展套期保值操作带来了较大的风险和交易成本。特别是给一些上下游企业直接利用期货价格进行基差贸易造成了很大障碍。分析来看，活跃合约不连续主要是因为近月合约不活跃，而近月合约不活跃的根源又在于期现货市场衔接不顺畅。这里有品种自身现货市场属性的原因，更有期货市场业务制度与现货市场不匹配的问题。随着我国经济的市场化改革不断深化，企业对风险管理的需求越发迫切，活跃合约不连续已明显影响到期货市场功能的有效发挥。

三是市场价格波动率较大，部分品种流动性较差，价格多次出现短时大幅波动。近年来，受国际市场商品价格剧烈波动影响，在国内供给侧结构性改革逐步深化的大环境下，国内大宗商品期货价格波动率上升，市场运行风险显著增加。各交易所在扩大期货品种涨跌停板幅度后，以停板价收市的情况仍时有发生，甚至出现了全市场主要商品期货短时大幅共振的情况。市场资金在大类资产之间快速转移，板块轮动的特征明显，流动性风险与外部冲击风险并存。此外，股指期货与国债期货的市场总体流动性还不深，个别合约因错单或止损交易等原因使盘中一度触及停板。波动率大的市场不利于实体企业管理风险。

我们深知，我国期货市场发展时间尚短，完善市场机制也非一日之功，但在难得的时代机遇面前，必须有强烈的使命感和紧迫感，加快业务创新，不断优化市场功能，服务好实体经济发展，为供给侧结构性改革提供有力支持。为此，需要在业务和产品创新上做好以下几个方面的工作。

（一）加快市场培育，充分发挥龙头企业与专业机构的纽带作用，促进期现货市场更好衔接

我国期货市场基础还较薄弱，许多现货市场发育不够，这仍是制约期货市场发展的一个客观事实。大量有风险管理需求的上下游企业还没有参与期货市场。这既有期货市场培育不够充分的原因，也有这些企业缺乏资金和风险管理能力的原因。如何令这些企业实现人不进场而风险管理需求进场，就需要我们积极推动市场模式的创新，鼓励龙头企业和专业机构为上下游企业提供精细化、个性化的风险管理服务，并将由此汇聚的市场风险通过期货交易进行有效对冲。

以农产品为例，我们稳步扩大“保险+期货”试点，有效地促进了现货生产和交易水平的提高。从农户角度看，由于有了价格保险，种植积极性有了很大提高，从而稳定了种植面积，促进了农户增产增收。从保险公司角度看，由于其与期货公司风险管理子公司签订了场外期权协议，实现了价格风险的转移，也乐意积极为农户承保。而对期货公司风险管理子公司而言，其可以通过参与期货交易对冲价格风险，充分发挥自身的风险管理优势从而实现盈利。三方利益通过合理的风险转移机制得到了较好平衡。

（二）积极推出更多产品和交易模式，丰富衍生品市场的风险管理功能

目前，中国证监会正加快推动原油期货上市工作，棉纱、纸浆上市已在积极准备当中，生猪、苹果、红枣等服务“三农”和具有鲜明区域特色的新品种上市也在研究推进。在豆粕、白糖期权平稳运行的前提下，中国证监会将逐步扩大商品期权品种，继续推进股指期权上市准备。

我们还要抓紧完善现有交易机制。在金融期权和豆粕、白糖期权上已经引入了做市商机制。实践证明，专业做市商机构在缺乏流动性的期货品种上发挥了良好效果，市场流动性有了很大改善。目前，各交易所正加紧研究在不活跃的期货合约上采用做市商交易制度，保证市场具备适当的流动性与稳定性，避免出现盘中价格瞬时异动。

（三）进一步优化市场参与者结构，积极推动商业银行、境外机构投资者参与国内期货市场

国债期货自2013年上市以来，市场运行平稳，功能逐步显现。在2016年12月债市大幅波动、信用债卖出困难时期，国债期货作为债市风险管理工具，对维护我国金融市场平稳运行发挥了重要作用。但目前国债期货参与者主要是证券公司与基金公司，商业银行作为国债市场的主体尚未参与，国债期货价格的权威性还不够强，市场流动性也还不够深，还不能全面反映市场供求关系。从国际市场看，商业银行是国债期货市场最重要的参与者，我们正积极与有关部门研究推进商业银行参与国债期货，以满足商业银行风险管理的需要，保障我国金融市场安全平稳发展。

随着我国改革开放不断深化，我国金融市场对外开放的程度在迅速加大。期货市场最应具有市场化、全球化特征，理应在改革开放中发挥更为突出的作用。我们已经确定原油、铁矿石作为特定品种试点引入境外投资者，目前正与相关部门一起积极研究完善有关税收政策，以实现境外投资者参与境内交易，交割税收政策的明确化、常态化。在金融市场加快开放的背景下，我们也在积极研究金融期货引入境外投资者的方案，为我国经济和金融市场对外开放提供良好的管理风险的场所。市场参与者的进一步优化将有助于波动率的下降。

（四）持续强化市场监管，确保市场平稳有序健康发展

市场公平有序是市场功能有效发挥和效率不断提升的基础。中国证监会近期先后发布了《关于进一步加强期货交易所异常交易一线监管职能的指导意见》，修订了《期货公司风险监管指标管理办法》，强化了交易所一线监管职能，增加了监控中心对实控账户和资管产品集中统一穿透管理职能，进一步明确了期货公司风险管控与客户管理责任。我们积极倡导和推动业务创新，但绝不允许利用创新来规避监管，以创新之名，行自我服务、"钱生钱"之实，导致资产泡沫累积，徒增金融体系风险。对各类违法违规行为，我们将始终保持零容忍，坚决予以严厉打击。

在刚刚结束"一带一路"峰会上，习近平总书记为全世界描绘了"一带一路"的宏伟构想，这是人类进入21世纪后最宏大的新一轮全球化蓝图。在这个构想下，中国将主导自己全面的对外开放，包括道路、航路和管道等的对外互联互通；在这个构想下，中国将加快推进供给侧结构性改革，大幅增加经济增长新动能，大幅提升内需，大幅提高对沿线国家经济发展的拉动力。在这前所未有的新一轮全球化中，包括期货市场在内的我国资本市场将发挥十分重要的作用。让我们满怀信心地展望未来，勤奋工作，不辜负这个伟大的时代！

目　录

第一章
2017 年中国期货市场运行情况

第一节　期货期权市场总体运行情况

一、宏观经济背景

2017 年，全球经济上行态势不断增强。发达经济体的经济增长普遍提速，美国、加拿大、欧元区和日本的经济活动增强。美国商业投资持续加强，能源部门复苏。欧元区和日本的私人消费、投资和外部需求增强。其他发达国家保持了 2016 年以来的复苏态势。中国国内需求扩大，主要新兴市场经济体持续复苏。印度受到当局货币更换措施的遗留影响，增长势头减缓。东亚其他新兴市场经济体由于外部需求加强获得经济增长。巴西出口表现强劲，国内需求收缩步伐放缓。墨西哥经济保持了增长势头。俄罗斯和土耳其国内需求和外部需求的复苏支持了经济增长回升。中东地区的国内和跨境冲突仍在拖累经济增长。从发达国家到发展中国家，金融市场活跃。发达国家面临超宽松政策的退出，权益类资产表现明显优于固定收益类资产。新兴经济体金融状况总体上对经济活动的加快起到了支撑作用，除中国拆借利率上升以外，其他新兴经济体本币债券长期利率普遍下降。基于全球显现出的周期性复苏迹象，包括石油、金属等大宗商品价格显著回升。发达经济体总体通货膨胀率上扬。中国通货膨胀水平上升，俄罗斯、巴西、印度、南非等新兴市场经济体的通货膨胀都得到了较好的控制。

（一）世界经济与金融形势

1. 世界经济增长情况

2017 年，世界经济回暖上行，主要经济体自国际金融危机发生以来首次实现同步增长，国际贸易和投资有所回升。根据万德（Wind）数据，2017 年全球经济增长率约为 3.7%，较 2016 年上升 0.5 个百分点。其中，美国、欧元区和日本三大发达经济体产出增长均明显提升，新兴经济体经济逐渐恢复。

2017 年，美国、欧元区和日本的 GDP 分别增长 2.3%、2.3% 和 1.7%，增速较 2016 年分别上升了 0.8%、0.5% 和 0.8%。除七国集团和欧元区国家以外的其他发达经济体产出增长了 2.7%，较 2016 年上升 0.4%。新兴市场和发展中经济体 GDP 增长 4.7%，较 2016 年增长 0.3%。其中，俄罗斯经济出现了较为明显的恢复，其 GDP 增长从 2016 年的 -0.2% 上升至 2017 年的 1.6%。中国经济超预期获得了全年 6.9% 的增速。印度 GDP 全年增长 6.5%，较 2016 年增速下滑 0.6%。

2. 世界主要经济体宏观经济政策与市场流动性

2017 年，世界主要经济体经济增长速度明显提高。美国经济持续复苏，飓风影响退散后，美国劳动力市场显示出强劲增长，商业服务、制造业、医疗保健领域显示增长势头，失业率持续下降，但薪资增速不及预期。美联储 2017 年共三次加息，将联邦基金目标利率区间由 0.5% ~0.75% 上调到 1.25% ~1.50%。在缩减资产负债表方面，美联储将按计划于 2018 年 1 月将月度缩减规模增加到 200 亿美元。2017 年欧洲政治发展相当稳定，马克龙当选法国总统，德国总理默克尔获得连任，维持欧洲团结稳定开放的力量在政治上获得优势地位，欧元区经济超预期复苏。2017 年欧元区 GDP 增长率达到 2.3%，显著高于年初市场对欧元区经济增速的预期。

2017 年，日本经济发展较为稳固，失业率从年初的 3% 降至年底的 2.6%，达到了 1994 年以来的低点。通货膨胀水平由年初的 0.4% 上升至年底的 1%，但距离 2% 的通货膨胀目标仍有较大差距。因此日本央行的宽松货币政策尚未看到明显收窄的迹象。

2017 年，新兴市场经济体实体经济和金融市场表现双双稳定，跨境资本无序流动的阴云消退。2017 年共有 2 350 亿美元证券投资资金流入新兴市场。资本流入促进新兴市场国家外汇储备净增 1 320 亿美元，使得新兴市场经济体面临未来冲击时将更加稳健。与此同时，相对宽松的货币金融环境也使新兴市场债务规模得到持续累积。新兴市场债券发行规模已经从 2016 年的 2.2 万亿美元增加到了 2017 年的 18.4 万亿美元。

3. 世界金融市场概况

2017 年，受到全球经济复苏以及中国供给侧结构性改革的影响，国际油价、金属等大宗商品价格明显回升，全球金融市场仍然保持较大的波动。

（1）股市。2017 年美股震荡上扬。标准普尔 500 指数较年初上涨 19.42%，道琼斯工业平均指数上涨 25.08%（见图 1 - 1 - 1）。日本股市延续 2016 年的上涨态势，东京日经 225 指数上涨 19.10%。德国、英国和法国等主要欧洲股市也全年收涨。

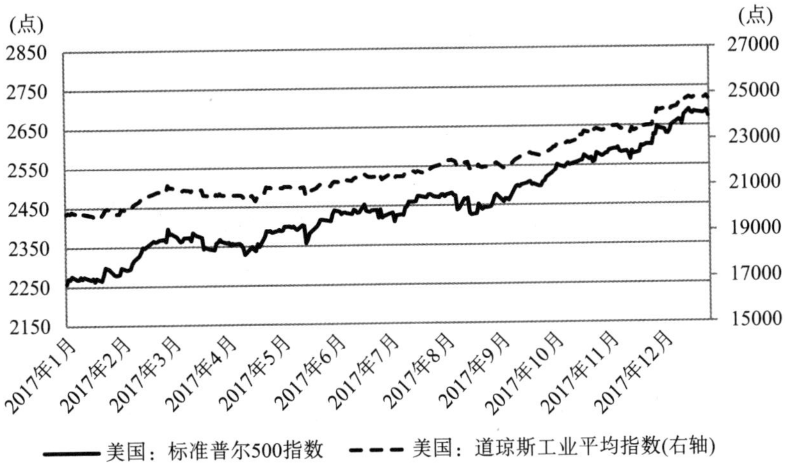

图 1-1-1　2017 年美国股市走势

数据来源：Wind 资讯。

（2）债市。2017 年，主要国家债券市场区间波动。2017 年末美国、英国 10 年期国债收益率分别为 2.40% 和 1.25%，比年初分别下降 5 个基点、3 个基点；德国、法国分别为 0.48%、0.82%，比年初分别上升 26 个基点、10 个基点（见图 1-1-2）。美国债券市场流动性总体下降，债券市场全年日均成交量由 2016 年的 7 771 亿美元回落至 2017 年的 7 638 亿美元。

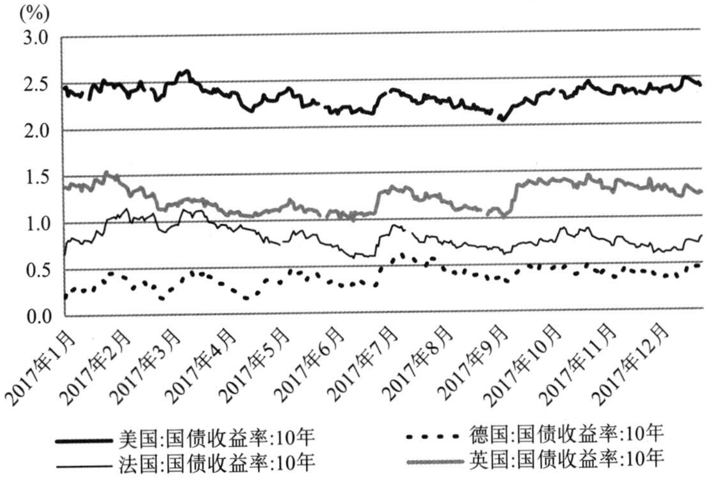

图 1-1-2　2017 年美欧 10 年期国债收益率

数据来源：Wind 资讯。

（3）汇市。2017 年受欧洲经济超预期复苏及特朗普政府希望促进美国出口意图等因素的影响，美元指数由强转弱，全年下跌9.89%（见图1－1－3）。欧元较美元全年升值2.91%；日元较美元全年升值14.11%（见图1－1－4）。

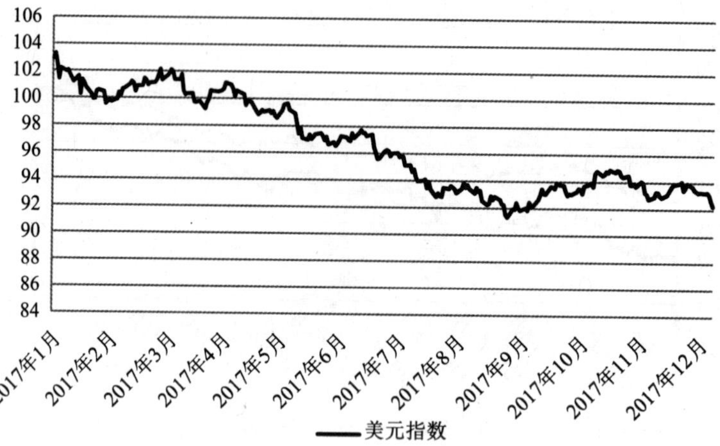

图1－1－3　2017年美元指数走势

数据来源：Wind资讯。

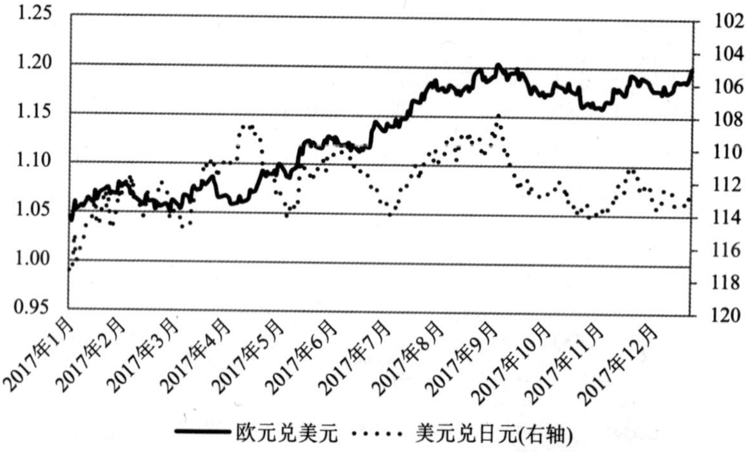

图1－1－4　2017年欧元、日元汇率走势

数据来源：Wind资讯。

（4）大宗商品市场。受全球经济回暖及资源国限制供给等因素的影响，石油价格整体上扬。中国供给侧结构性改革初见成效，美国经济稳中向好，拉动工业金属价格上涨。2017年，全球大宗工业商品价格小幅上涨。标普高盛商品指数从年初的2417.31点上升到年末的2556.71点，涨幅为5.77%（见图1－1－5）。标普高盛的能源价格指数、工业金属价格指数、贵金属价格指数在2017年分别上涨了6.39%、29.09%和11.98%。农产品价格指数持续上一年的下跌态势，全年收跌11.92%（见图1－1－6）。

图1-1-5　2017年标普高盛商品指数走势

数据来源：Wind资讯。

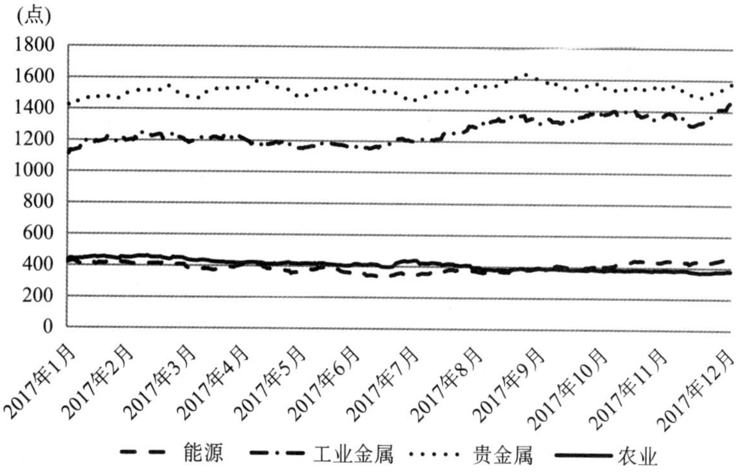

图1-1-6　2017年标普高盛商品分类指数走势

数据来源：Wind资讯。

4. 发达国家衍生品市场监管政策

2017年，美国特朗普政府执政后表现出试图放松金融监管的倾向。欧洲衍生品市场为适应《金融工具市场指引Ⅱ》（The Market In Financial Instruments Directive，MiFIDⅡ）的要求，稳步推进市场数据报送系统建设等措施。

（1）美国商品期货交易委员会（CFTC）主席更替。2017年1月，原美国商品期货交易委员会（CFTC）委员Christopher Giancarlo接替Timothy Massad执掌CFTC，并于8月份经国会通过后正式出任CFTC主席。Giancarlo对CFTC在金融危机后的监管措施持保留态度。[①]

（2）CFTC通过关于互换数据的修订案。2017年1月，CFTC通过提案，取消了

① 资料来源：CFTC。

对其他监管机构使用互换数据的补偿规定。根据多德—弗兰克法案，境内外的监管当局如果要从互换数据存储库（SDRs）中取得数据，需要对 CFTC 和 SDR 进行补偿。修订案去除了这一条，允许监管者通过与 CFTC 签订机密性协议获得 SDR 数据。①

（3）特朗普签署总统行政命令要求重新审查多德—弗兰克法案。2017 年 2 月 3 日，美国总统特朗普签署了总统行政命令，要求美国财政部重新审查 2010 年颁布的《多德—弗兰克法案》，以兑现他在大选前“废除多德—弗兰克法案”的承诺。此举或将放宽美国政府对金融行业的监管。②

（4）CFTC 撤销全球最大外汇交易商福汇集团在美国市场的交易资格。2017 年 2 月，CFTC 对全球最大的外汇交易商福汇集团进行了 700 万美元的处罚，美国全国期货业协会（National Futures Association，NFA）也宣布取消福汇集团的成员资格，并永久禁止其再次加入。CFTC 表示福汇集团在 2009 年至 2014 年间向 NFA 提交的文件中，对零售客户存在欺诈行为。③

（5）欧洲证券与市场管理局（ESMA）就外汇及差价合约经纪商的境外代表处做出监管说明。2017 年 3 月，ESMA 发布了一份新的监管问答文件，该文件主要针对外汇交易、差价合约以及二元期权经纪商，明确了经纪商境外代表处的业务范围，并为监管当局如何监督这些代表处提供指导，要点包括经纪商不能够通过其境外代表处提供交易服务，代表处只能进行市场研究和品牌宣传。④

（6）CFTC 进一步完善举报人保护制度。2017 年 5 月，CFTC 通过举报人规则修正案（The Whistleblower Rules），加强对告密者的反报复保护和完善审查举报人索赔程序。新修正案禁止被举报方阻止潜在告密者与 CFTC 员工直接沟通；增加对举报人索赔申请的效率和透明度；加强与美国证券交易委员会（SEC）相关规则协调。⑤

（7）美国众议院通过了旨在取代多德—弗兰克法案的《为投资者、消费者和企业家创造希望与机会的金融法案》（CHOICE 法案）。⑥ 2017 年 6 月，美国众议院投票通过了取代多德—弗兰克法案的 CHOICE 法案，并提交参议院表决。CHOICE 法案的主要内容包括：撤销沃尔克规则（Volcker Rule），允许银行拥有、投资或发起对冲基金和私募基金；提高应急准备金计提；不再为华尔街从业人员的奖金设限。⑦

（8）ESMA 发布声明限制交易杠杆。2017 年 6 月，ESMA 和英国金融行为监管局（FCA）相继针对差价合约（CFDs）等投机产品发布声明，均透露出要限制交易杠杆的意图。ESMA 担心此前的各项监督措施无法有效控制或减少投资者所面临的

① 资料来源：CFTC。
②③④ 资料来源：FOW。
⑤ 资料来源：CFTC。
⑥ 资料来源：CHOICE 法案。
⑦ 资料来源：FOW。

风险，因此 ESMA 将依据欧盟金融工具市场法规（MiFIR）第 40 条对差价合约、现货外汇及二元期权等采取干预措施。①

（9）美国证券交易委员会（SEC）强调区块链代币融资交易归属证券监管范畴。2017 年 7 月，SEC 发布调查报告确认，虚拟代币的发行者发起的邀请及销售仍然属于美国证券法律管辖范围以内的活动。因为首次代币发行（Initial Coin Offering，ICO）产生的区块链代币属于证券范畴，所以即便是使用了区块链技术，虚拟代币发行者发起的邀约或销售仍受到联邦证券法律的管辖。②

（10）德国联邦金融监管局（BaFin）加强对差价合约交易的监管。BaFin 官网显示，自 2017 年 8 月 10 日起，任何无 100% 保护的差价合约产品均被禁止向零售客户宣传、分销和销售，因为其可能导致额外的支付义务。这是由于之前许多经纪商通过场外交易或官方证券交易所提供传统的交易认股权证或杠杆证书，使得客户面临难以估量的风险，其损失并不仅限于特定的保证金，而可能包含客户的所有资产。③

（11）加拿大证券管理局（CSA）声明代币发行销售受证券法监管。2017 年 8 月，CSA 发布声明表示，代币初始发行或销售必须接受证券法的约束。这意味着发行和销售代币需要遵循加拿大证券法，并需评估发行的经济现实性以保护参与的投资者。④

（12）CFTC 提起美国史上最大贵金属欺诈案的诉讼。2017 年 9 月，CFTC 宣布指控加州 Monex 等三家关联公司涉嫌诈骗数千名零售客户数亿美元，并进行了数千笔非法场外大宗商品杠杆交易。起诉称，被告多年来通过 Atlas 项目向客户提供黄金、白银、铂金和钯金的杠杆交易，并做出低风险高收益的虚假承诺。2011 年 7 月至 2017 年 3 月，约 1.2 万个账户在该公司进行了相关贵金属杠杆交易，亏损 2.9 亿美元。此外，被告公司未注册为合法的期货经纪商，其大宗商品杠杆交易为非法交易。CFTC 禁止被告从事交易、招揽客户以及与 CFTC 监管合约交易相关的商业活动，未来还将没收被告的非法所得，赔偿受害人，进行民事罚款，要求其永久注册和交易禁令等。⑤

（13）ESMA 明确非金融公司纳入市场滥用监管。2017 年 9 月，ESMA 表示，非金融企业应受到市场滥用监管规则（MAR）的约束。ESMA 发布消息称，非金融公司具有专门从事交易的员工或机构，表明它们是专业执行交易的公司，因此也应受到 MAR 的监管约束。MAR 条例于 2016 年 7 月 3 日生效，旨在检测和识别金融公司或被欧盟金融工具市场指引（Mifid）覆盖实体的市场滥用或尝试市场滥用行为。

---

① 资料来源：FOW。
② 资料来源：SEC。
③ 资料来源：Politico Pro。
④ 资料来源：Yahoo Finance。
⑤ 资料来源：CFTC。

ESMA 的此次声明将有效解决非金融企业监管灰色地带的问题。①

（14）CFTC 将互换交易商的现行豁免标准延期一年。2017 年 10 月，CFTC 表示要将互换交易商 80 亿美元的豁免标准延续至 2019 年 12 月。该豁免金额是互换交易保证金要求等方面的门槛。延期一年将使 CFTC 有更充裕的时间来完成数据分析，以便采取下一步措施。原先计划 2018 年 12 月 31 日会将互换交易商豁免金额从 80 亿美元下降至 30 亿美元。②

（15）美国上市比特币期货

芝加哥期权交易所（CBOE）和芝加哥商业交易所（CME）分别于当地时间 2017 年 12 月 10 日与 2017 年 12 月 17 日上市了比特币期货产品。CBOE 期货合约规模为 1 个比特币，CME 合约为 5 个比特币。两者均采取现金结算。③

（二）中国经济运行情况回顾

1. 整体经济运行情况

2017 年中国经济稳中向好，好于预期，经济活力、动力和潜力不断释放，稳定性、协调性和可持续性明显增强，实现了平稳健康发展。全年 GDP 达到 82.71 万亿元，同比增长 6.9%，增速较 2016 年上升了 0.2%，是自 2011 年经济增速下行以来的首次回升。全年居民消费价格同比上涨 1.6%，涨幅比 2016 年回落 0.4%；工业生产者出厂价格由 2016 年下降 1.4%，转为上涨 6.3%，结束了 2012 年以来连续 5 年的下降态势。

2017 年中国投资出现了恢复性增长。全年完成固定资产投资（不含农户）63.17 万亿元，比 2016 年增长 7.2%，增加 4.2 万亿元。2017 年中国货物贸易进出口总值 27.79 万亿元，比 2016 年增长 14.2%。其中，出口 15.33 万亿元，增长 10.8%；进口 12.46 万亿元，增长 18.7%；贸易顺差 2.87 万亿元，收窄 14.2%。

2. 重要改革措施与政策调整

（1）中国共产党第十九次全国代表大会确立“习近平新时代中国特色社会主义思想”，首次提出“现代化经济体系”。2017 年 10 月 18 日上午，中国共产党第十九次全国代表大会在人民大会堂开幕。习近平代表第十八届中央委员会向大会做了题为《决胜全面建成小康社会　夺取新时代中国特色社会主义伟大胜利》的报告，将习近平新时代中国特色社会主义思想确立为中国共产党必须长期坚持的指导思想，首次提出建设“现代化经济体系”，指出我国经济已由高速增长阶段转向高质量发展阶段，必须坚持质量第一、效益优先，以供给侧结构性改革为主线，推动经济发展质量变革、效率变革、动力变革，提高全要素生产率，着力加快建设实体经济、科技创新、现代金融、人力资源协同发展的产业体系，着力构建市场机制有效、微

---

① 资料来源：ESMA。

② 资料来源：CFTC。

③ 资料来源：CBOE 和 CME。

观主体有活力、宏观调控有度的经济体制，不断增强我国经济创新力和竞争力。

（2）设立“雄安新区”。2017 年 4 月 1 日，中共中央、国务院印发通知，决定设立河北雄安新区。雄安新区成为继深圳经济特区和上海浦东新区之后又一具有全国意义的新区，是千年大计、国家大事。此后，科技企业、创新政策、资本和人才资本将加速聚集雄安，未来之城的各项资源储备正在逐步到位。

（3）召开全国金融工作会议。全国金融工作会议于 2017 年 7 月 14 日至 15 日在北京召开。中共中央总书记、国家主席、中央军委主席习近平出席会议并发表重要讲话。他强调，金融是国家重要的核心竞争力，金融安全是国家安全的重要组成部分，金融制度是经济社会发展中重要的基础性制度。必须加强党对金融工作的领导，坚持稳中求进的工作总基调，遵循金融发展规律，紧紧围绕服务实体经济、防控金融风险、深化金融改革三项任务，创新和完善金融调控，健全现代金融企业制度，完善金融市场体系，推进构建现代金融监管框架，加快转变金融发展方式，健全金融法治，保障国家金融安全，促进经济和金融良性循环、健康发展。

（4）稳健中性的货币政策。2017 年的货币政策保持稳健中性，广义货币 M2 增速呈下降趋势，信贷和社会融资规模适度增长。采取定向降准、专项再贷款等差别化政策，加强对重点领域和薄弱环节的支持力度，小微企业贷款增速高于各项贷款的平均增速。改革完善汇率市场化形成机制，保持人民币汇率基本稳定，外汇储备转降为升。2017 年，全年人民币贷款新增 13.53 万亿元，同比多增 8 782 亿元，12 月末余额同比增速为 12.7%。2017 年，社会融资规模增量为 19.44 万亿元，同比多增 1.63 万亿元，12 月末存量同比增长 12.0%，符合年初预期水平。2017 年末，M2 同比增长 8.2%，环比回落 0.9%。M2 增速放缓的主要原因是去杠杆和金融监管逐步加强背景下银行资金运用更加规范，金融部门内部资金循环和嵌套减少。缩短资金链条也有助于降低资金成本，缓解融资难、融资贵问题。

（5）积极的财政政策。2017 年，我国通过营改增共减税 9 186 亿元，比 2016 年增加 3 450 亿元；小型微利企业所得税减半征收政策共减税 454 亿元；提高科技型中小企业研发费用税前加计扣除比例等税收优惠政策合计减税 200 多亿元。通过大幅减税降费和调整财政支出结构，盘活沉淀资金，保障基本民生和重点项目，2017 年我国税收收入同比增长 8.7%，财政赤字率控制在 3% 以内。

（6）着力防范和化解金融风险。严监管、防风险是贯穿 2017 年金融领域重点政策的主线。我国银行监管机构发布了《关于银行业风险防控工作的指导意见》《关于开展银行业“违法、违规、违章”行为专项治理工作的通知》《关于开展银行业“监管套利、空转套利、关联套利”专项治理的通知》《关于开展银行业“不当创新、不当交易、不当激励、不当收费”专项治理工作的通知》，在银行业金融机构中开展了“三套利”“三违反”“四不当”专项治理，实施治乱象、防风险的综合治理方案，坚决整治市场乱象，打击违法违规行为，督导金融机构严守市场秩序、依法合规经营。此外，通过《网络借贷资金存管业务指引》《关于规范整顿“现金贷”业务的通知》对网络借贷、校园贷相关业务进行了规范。在坚决贯彻从严监管措施后，银行业回归本源、专注主业的效果有所显现，金融服务实体经济能力增强。证券行业也加强了合规监管，通过发布《证券公司和证券投资基金管理公司合规管理办法》《证券公司合规管理实施指引》，修订《证券公司分类监管规定》等措施，引导机构提高合规与风控意识，专注主业。总的看，整治市场乱象、弥补制度短板、防范金融风险等方面取得了阶段性成效。

（7）脱贫攻坚战取得决定性进展。受到粮食丰收，以及产业扶贫、旅游扶贫、电商扶贫等政策的深入推进，2017 年全国农村贫困人口比 2016 年末减少 1 289 万人，贫困发生率持续下降，贫困地区农村居民收入加快增长。根据统计局数据，2017 年末，全国农村贫困人口为 3 046 万人，比 2016 年末减少 1 289 万人；贫困发生率 3.1%，比 2016 年末下降 1.4 个百分点。2017 年，贫困地区农村居民人均可支配收入 9 377 元，比 2016 年增加 894 元，实际增长 9.1%，实际增速比 2016 年快 0.7 个百分点，比全国农村平均水平高 1.8 个百分点。

（8）环境保护取得明显成效。2017 年 4 月，为进一步完善环境保护标准体系，充分发挥标准对改善环境质量、防范环境风险的积极作用，在总结“十二五”环境保护标准工作基础上，环保部印发《国家环境保护标准“十三五”发展规划》，该规划是进一步落实环境保护法律法规的重要手段。2017 年，全国地级及以上城市 PM10 平均浓度比 2013 年下降 22.7%；京津冀、长三角、珠三角等重点区域 PM2.5 平均浓度比 2013 年分别下降 39.6%、34.3%、27.7%；北京市 PM2.5 平均浓度从 2013 年的 89.5 微克/立方米降至 58 微克/立方米。在全面实现改善目标的同时，全国整体空气质量大幅改善。2017 年，全国 338 个地级及以上城市 SO_2浓度较 2013 年下降 41.9%，74 个重点城市优良天数比例为 73.4%，比 2013 年上升 7.4%，重污染天数比 2013 年减少 51.8%。

（9）降低多项进口产品关税。2017 年 1 月 1 日起，我国对进出口关税进行部分调整。关税调整继续鼓励国内急需的先进设备、关键零部件和能源原材料进口，以进口暂定税率方式降低集成电路测试分选设备、飞机用液压作动器、高分辨率硬盘式数字电影放映机零件、热裂解炉、天然软木塞等商品的进口关税。降低金枪鱼、北极虾、蔓越橘等特色食品和雕塑品原件等文化消费品的进口关税。降低生产抗癌药所需的红豆杉皮和枝叶、治疗糖尿病药所需阿卡波糖水合物的进口关税。根据国内产业发展和技术进步的情况，对此前实行暂定税率的丙烯酸钠聚合物、具有变流功能的半导体模块、改性乙醇等商品的进口关税税率进行相应调整。取消氮肥、磷肥和天然石墨等商品的出口关税，适当降低三元复合肥、钢坯、硅铁等商品的出口关税。自 2017 年 12 月 1 日起，降低多种消费品进口关税，范围涵盖食品、保健品、药品、日化用品、衣着鞋帽、家用设备、文化娱乐、日杂百货等各类消费品共 187 个 8 位税号商品的税率，平均税率由 17.3% 降至 7.7%。降低进口产品关税，是中国兑现其推动全球贸易发展、提高开放程度的承诺的重要举措。

（10）国有企业混合所有制改革取得进展。2017 年，按照《中华人民共和国全民所有制工业企业法》登记、国资委监管的中央企业（不含中央金融、文化企业）全部改制为公司制企业，为央企混合所有制改革扫清障碍。第一批、第二批的 19 家央企试点逐步落地。其中，中国联通的混改直接涉及核心资产，大大超出市场预期，成为央企混改的第一面旗帜。2017 年 11 月，第三批混改试点范围公布，将 31 家国有企业纳入混改试点。

（11）深化土地改革。2017 年，我国落实了中共中央国务院《关于完善农村土地所有权承包权经营权分置办法的意见》《关于稳步推进农村集体产权制度改革的意见》，推进了农村承包地“三权”分置改革，确权面积超过 80%。党的十九大报告进一步提出要巩固和完善农村基本经营制度，深化农村土地制度改革，完善承包地“三权”分置制度。保持土地承包关系稳定并经久不变，第二轮土地承包到期后再延长 30 年。

（12）房地产调控政策注重改善民生。2017 年，中国房地产调控趋严。2017 年 3 月政府工作报告、2017 年 4 月以及 2017 年 12 月中共中央政治局会议，强调了建立房地产长效机制是保持房地产健康平稳发展的一项重要举措。2017 年 7 月，住建部等部门联合印发《关于在人口净流入的大中城市加快发展住房租赁市场的通知》提出，要继续深化城镇住房制度改革，建立租购并举的住房制度。各地还通过限购、限贷、限售、限价，上调房贷利率、共有产权住房政策等措施调控房价。党的十九大报告中再次强调“房子是用来住的，不是用来炒的”。加快建立多主体供给、多渠道保障、租购并举的住房制度，让全体人民住有所居。在一边加大住房供应地，一边加强政策调控之后，全国主要城市的房价上涨得到了有效抑制。

二、期货期权市场总体运行情况

截至 2017 年底，国内期货期权市场共有 56 个期货期权品种，包括 53 个期货品种和 3 个期权品种。① 2017 年新上市 2 个期货品种和 2 个期权品种，分别为棉纱期货、苹果期货、豆粕期货期权和白糖期货期权。

（一）商品期货、股指期货价格总体上涨，国债期货价格下跌

2017 年，大宗商品价格总体上涨，板块分化，工业品上涨，农产品下跌。中国期货市场监控中心商品期货指数全年收于 1005.72 点，较 2016 年底上涨 4.96%，工业品期货指数上涨 12.98%，农产品期货指数下跌 8.02%（见图 1-1-7）。分板块看，煤焦钢板块大幅上涨，螺纹钢、焦炭、硅铁、动力煤、玻璃涨幅均超过 20%，其中，螺纹钢、焦炭涨幅超过 30%；有色金属板块总体上涨，其中，锌、铜涨幅超

① 其中，上证 50ETF 期权在上海证券交易所上市，鉴于数据来源不同，详细情况在本章第七节进行专门论述，本节成交持仓数据包括上海期货交易所、郑州商品交易所、大连商品交易所和中国金融期货交易所四家期货交易所的数据。

过20%；贵金属中，黄金微涨2%、白银下跌6%；能源化工板块总体回落，燃料油跌幅较大，全年下跌14%左右；农产品板块整体下跌，天然橡胶跌幅居前，全年下跌20%以上。

图1－1－7　中国期货市场监控中心商品期货指数

数据来源：中国期货市场监控中心。

国内期货市场共有3个股指期货合约，2017年总体上涨。上证50指数期货、沪深300指数期货全年分别上涨25%和21%，中证500指数期货全年微跌。国内期货市场共有2个国债期货品种。2017年均小幅下跌，10年期国债期货价格和5年期国债期货价格分别下跌4%和3%（见图1－1－8）。

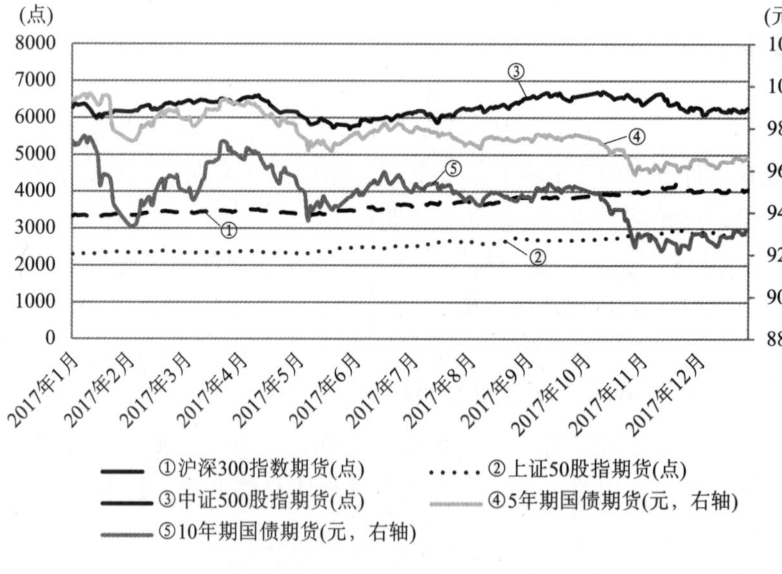

图1－1－8　中国金融期货运行情况

数据来源：Wind资讯、中国期货市场监控中心。

（二）期货期权市场资金总量继续上升

2017 年期货期权市场全年日均交易资金 4 700 多亿元，较 2016 年增长 6.4%（见图 1－1－9）。年初市场资金大约为 4 700 亿元，年底为 4 400 多亿元，全年波动下滑。期货公司管理的客户资金中，约 43% 存放于四家期货交易所，56% 存放于银行，剩余不到 1% 存放于中国证券登记结算有限公司。

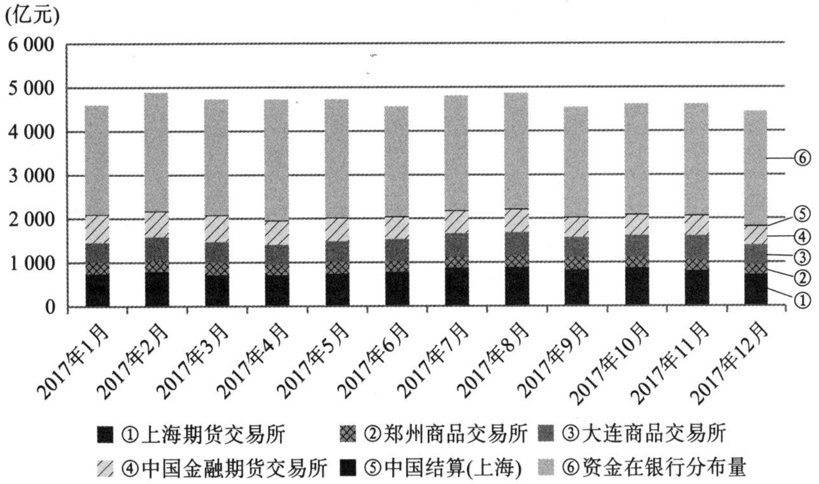

图 1－1－9　2017 年全市场资金变化趋势

数据来源：期货市场监控中心。

（三）市场成交适度活跃

2017 年期货期权市场全年日均成交 1 260.72 万手（全市场成交、持仓均为单边统计，下同），同比下降 25.66%。2017 年商品期货日均成交 1 250.64 万手，同比下降 25.92%，金融期货日均成交 10.08 万手，同比上升 34.14%。成交比较活跃的品种主要集中于建材板块、能源化工板块、油脂油料板块等。品种间成交量分化明显，成交量前 20 名的品种占市场总成交量约 85%，排名最后的 20 个品种在总成交量中占比仅为 1% 左右（包括 2017 年新上市品种）。

（四）总持仓量继续上升

2017 年期货期权市场持仓量总体上涨，年内区间波动（见图 1－1－10）。2017 年，全市场日均持仓（单边计算）1 441.90 万手，同比增长 7.51%，其中商品期货日均持仓 1 421.11 万手，同比增长 7.31%，金融期货日均持仓 20.79 万手，同比增长 22.99%。

（五）客户数量稳步增长，机构投资者更为谨慎

截至 2017 年末，全市场有效客户数 127.72 万户，较 2016 年末增长 7.65%。小客户类别看，个人客户 123.81 万个，较 2016 年年末增长 7.60%；单位客户 3.91 万个，较 2016 年年末增长 9.33%。

2017 年末期货期权市场金融机构投资者（将开户种类分为特殊法人、资管两类

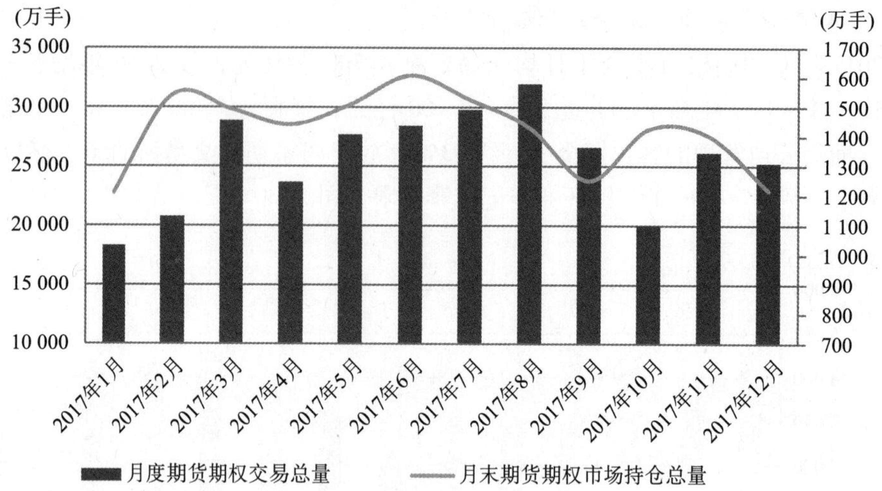

图 1-1-10　2017 年全市场成交量、持仓量走势（单位：万手）

数据来源：中国期货业协会。

客户合计计算）达 1.79 万个，较 2016 年末增长 8.70%。期货期权市场金融机构投资者资金量 2017 年日均为 1 516.90 亿元，较 2016 年同期下降 10.22%，全市场占比由 37.92% 下降至 31.83%。

第二节　上海期货交易所上市品种运行情况

上海期货交易所（以下简称上期所，SHFE）2017 年全年累计成交量为 13.64 亿手，占全国期货市场成交量的 44.35%，同比减少 18.83%；全年累计成交额为 89.93 万亿元，同比增长 5.83%。成交较为活跃的品种有：螺纹钢、热轧卷板、石油沥青、锌、天然橡胶、镍、铝、铜和白银；成交较为低迷的品种有线材、燃料油和锡，单个品种年成交量在全国占比不足 0.1%。

一、铜期货运行情况

2017 年上期所铜期货价格上半年呈区间震荡走势，下半年强势上行。

（一）交易情况

2017 年全年，上期所铜期货成交量 5 410.01 万手，同比减少 25.27 %；成交金额 13.39 万亿元，同比下降 3.6%；年末持仓 37.85 万手，同比上升 57.45%。其中，月度成交量最高为 8 月的 544.20 万手，最低为 1 月的 350.85 万手；月末持仓最大为 11 月的 38.58 万手，最小为 1 月的 22.23 万手。

2017 年铜期货月度、年度交易情况见表 1-2-1、表 1-2-2，铜期货内外盘交易情况见表1－2－3。

表1－2－1　　2017年铜期货月度交易情况

月度	成交量（万手）	同比变化（%）	成交金额（亿元）	同比变化（%）	月末持仓量（万手）	同比变化（%）
1月	350.85	－58.22	8 185.22	－44.91	22.23	－41.85
2月	440.99	－2.75	10 688.08	31.19	26.04	－29.78
3月	529.34	－44.71	12 555.79	－30.10	26.38	－32.04
4月	506.21	－27.29	11 746.38	－9.13	28.41	－16.72
5月	403.42	－39.04	9 170.01	－22.83	29.03	－24.51
6月	408.47	－23.86	9 391.14	－2.64	30.85	－1.57
7月	399.61	－42.12	9 654.79	－26.24	36.48	28.59
8月	544.20	27.04	13 942.77	74.54	34.35	33.24
9月	467.56	56.60	12 002.93	117.11	28.85	31.22
10月	456.98	67.77	12 376.38	141.04	34.84	51.08
11月	477.93	－46.66	12 854.65	－35.43	38.58	43.83
12月	424.45	－16.58	11 306.21	－4.16	37.85	57.45
总计	5 410.01	－25.27	133 874.35	－3.60	—	—

数据来源：上海期货交易所。

表1－2－2　　2016～2017年铜期货年度交易情况

年度	成交量（万手）	同比变化（%）	成交金额（亿元）	同比变化（%）	年末持仓量（万手）	同比变化（%）
2016年	7 239.49	－18.03	138 872.04	－21.06	24.04	－37.83
2017年	5 410.01	－25.27	133 874.35	－3.60	37.85	57.45

数据来源：上海期货交易所。

表1－2－3　　2016～2017年铜期货内外盘交易情况比较

年度	成交量（万手）		年末持仓量（万手）	
	上期所（内盘）	LME（外盘）	上期所（内盘）	LME（外盘）
2016年	7 239.49	3 694.79	24.04	45.20
2017年	5 410.01	3 388.51	37.85	42.97

数据来源：上海期货交易所、LME、Reuters。

（二）交割情况

截至2017年底，上期所铜期货交割仓库17个，场地共23个，其中，上海市13家，江苏省5家（无锡市2家、苏州市1家、常州市1家、宜兴市1家），浙江省2家（宁波市），广东省2家（广州市、佛山市），江西省1家（鹰潭市）。

2017年，上期所铜期货交割总量63 380手，折合31.69万吨，同比减少

33.13%，交割金额153.67亿元，同比减少12.27%。其中，2月交割量最大，为11 695手，折合58 475吨；7月交割量最低，为1 855手，折合9 275吨。

2017年铜期货月度交割情况、年度交割情况见表1－2－4、表1－2－5。

表1－2－4　　2017年铜期货月度交割情况

月度	交割量（手）	同比变化（%）	交割金额（亿元）	同比变化（%）
1月	5 300	-41.14	12.61	-19.72
2月	11 695	5.74	28.35	44.74
3月	10 885	-26.92	25.59	-6.98
4月	9 365	-13.96	21.65	8.15
5月	3 635	-65.06	8.21	-55.26
6月	2 350	-72.27	5.33	-64.44
7月	1 855	-76.74	4.39	-71.20
8月	4 225	-53.34	10.55	-37.08
9月	3 490	12.76	8.76	52.67
10月	5 215	41.71	14.09	105.03
11月	3 050	21.51	8.06	41.57
12月	2 315	-38.02	6.08	-29.98
总计	63 380	-33.13	153.67	-12.27

数据来源：上海期货交易所。

表1－2－5　　2016～2017年铜期货年度交割情况

年度	交割量（手）	同比变化（%）	交割金额（亿元）	同比变化（%）
2016年	94 775	37.18	175.16	24.38
2017年	63 380	-33.13	153.67	-12.27

数据来源：上海期货交易所。

（三）价格走势

1. 总体价格走势

2017年，上期所铜主力连续合约年初开盘价45 630元/吨（1月3日），最高价55 990元/吨（12月29日），最低价44 420元/吨（5月9日），最大价差11 570元/吨，年末收盘价55 580元/吨（12月29日），2016年末收盘价45 500元/吨，全年上涨10 080元/吨，涨幅22.15%。

2017年，上海1号电解铜现货价格年初报价45 685元/吨（1月3日），最高价55 890元/吨（10月24日），最低价44 740元/吨（1月4日），最大价差11 150元/吨，年末报价55 260元/吨（12月29日），2016年末报价44 975元/吨，全年上涨10 285元/吨，涨幅22.87%。

2017年，伦敦金属交易所（LME）铜期货连续合约年初开盘价5 585美元/吨

(1 月 3 日)，最高价 7 293 美元/吨（12 月 28 日），最低价 5 486 美元/吨（5 月 8 日），最大价差 1 807 美元/吨，年末收盘价 7 247 美元/吨（12 月 29 日），2016 年末收盘价 5 519 美元/吨，全年上涨 1 728 美元/吨，涨幅 31.31%。

2017 年铜期货内外盘和国内现货市场价格比较见图 1－2－1。

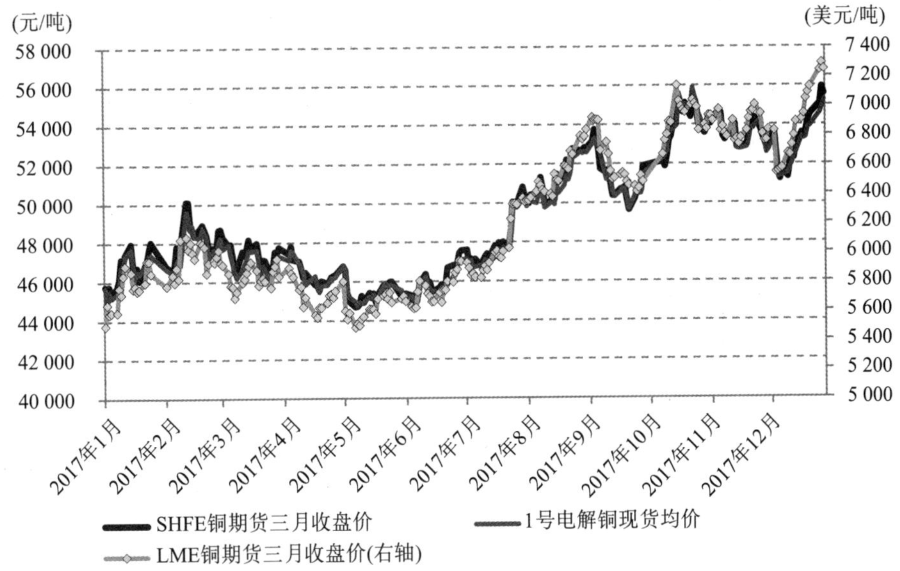

图 1－2－1　2017 年铜期货内外盘和国内现货市场价格比较

数据来源：上海期货交易所、Reuters、上海有色网。

2. 价格相关性分析

2017 年铜期货内外盘和国内现货市场价格主要显性指标见表 1－2－6，2017 年铜期货内外盘和国内现货市场价格相关性见表 1－2－7。

表 1－2－6　2017 年铜期货内外盘和国内现货市场价格主要显性指标

市场分类	绝对指标					相对指标（%）	
	最高价	最低价	平均价	标准差	极差	离散率	波幅率
上期所主力合约连续价格（元/吨）	55 990	44 420	49 326.48	3 183.56	11 570	6.45	23.46
LME 连续价格（美元/吨）	7 293	5 486	6 165.97	491.92	1 807	7.98	29.31
铜现货市场价格（元/吨）	55 890	44 740	49 167.38	3 241.53	11 150	6.59	22.68

数据来源：上海期货交易所、Reuters、LME 官网、上海有色网。

注：表中上期所主力合约连续价格以及 LME 连续价格中的最高价、最低价、极差和波幅率利用品种主力合约实际出现的价格（盘中价）数据计算；平均价、标准差和离散率利用品种主力合约结算价数据计算。下同。

二、铝期货运行情况

2017 年，上期所铝期货价格整体上涨，呈现倒“U”形走势。

表 1－2－7　2017 年铜期货内外盘和国内现货市场价格相关性

价格选择	相关系数
上期所主力合约连续价格与 LME 连续价格	0.991
上期所主力合约连续价格与铜现货市场价格	0.998

数据来源：上海期货交易所、上海有色网、LME 官网、Reuters。

（一）交易情况

2017 年全年，上期所铝期货成交量 6 542.34 万手，同比增加 47.38%；成交金额 49 264.73 亿元，同比增加 78.83%；年末持仓 46.11 万手，同比增加 38.49%。其中，成交量最高为 8 月的 1 038.95 万手，最低为 7 月的 309.23 万手；月末持仓最大为 8 月的 49.57 万手，最小为 6 月的 25.46 万手。

2017 年铝期货月度、年度交易情况见表 1－2－8、表 1－2－9，铝期货内外盘交易情况见表 1－2－10。

表 1－2－8　2017 年铝期货月度交易情况

月度	成交量（万手）	同比变化（%）	成交金额（亿元）	同比变化（%）	月末持仓量（万手）	同比变化（%）
1 月	362.37	0.24	2 411.23	24.54	32.08	－7.75
2 月	435.94	76.74	3 058.70	124.28	34.52	1.09
3 月	560.59	63.34	3 884.21	97.38	36.59	11.04
4 月	509.78	21.47	3 633.11	40.24	35.13	－3.05
5 月	376.32	1.83	2 623.89	16.19	30.40	－1.27
6 月	321.20	0.25	2 216.69	14.87	25.46	－1.48
7 月	309.23	－2.04	2 220.06	13.10	30.58	25.98
8 月	1 038.95	338.44	8 340.57	470.09	49.57	84.53
9 月	989.15	289.43	8 184.25	430.42	47.16	55.04
10 月	525.03	54.13	4 306.03	93.15	46.70	26.29
11 月	574.17	－23.10	4 442.41	－13.60	41.25	14.03
12 月	539.63	11.43	3 943.57	24.75	46.11	38.49
总计	6 542.34	47.38	49 264.73	78.83	—	—

数据来源：上海期货交易所。

表 1－2－9　2016～2017 年铝期货年度交易情况

年度	成交量（万手）	同比变化（%）	成交金额（亿元）	同比变化（%）	年末持仓量（万手）	同比变化（%）
2016 年	4 439.18	93.84	27 547.66	116.21	33.29	－4.52
2017 年	6 542.34	47.38	49 264.73	78.83	46.11	38.49

数据来源：上海期货交易所。

表 1-2-10　　2016~2017 年铝期货内外盘交易情况比较

年度	成交量（万手）		年末持仓量（万手）	
	上期所（内盘）	LME（外盘）	上期所（内盘）	LME（外盘）
2016 年	4 439.18	5 307.34	33.29	74.31
2017 年	6 542.34	5 142.94	46.11	70.19

数据来源：上海期货交易所、Reuters。

（二）交割情况

截至 2017 年底，上期所铝期货交割仓库共 45 家（含 2 个保税交割仓库），其中，上海市 13 家、广东省 5 家、江苏省 8 家、浙江省 5 家、山东省 3 家、天津市 3 家、河南省 6 家、重庆市 2 家。

2017 年，上期所铝期货交割总量 24.98 万手，折合 124.90 万吨，同比增加 167.33%，交割金额 183.88 亿元，同比增加 233.90%。其中，12 月交割量最大，为 3.40 万手，折合 17.01 万吨；1 月交割量最低，为 4 265 手，折合 2.13 万吨。

2017 年铝期货月度、年度交割情况见表 1-2-11、表 1-2-12。

表 1-2-11　　2017 年铝期货月度交割情况

月度	交割量（手）	同比变化（%）	交割金额（亿元）	同比变化（%）
1 月	4 265	-42.83	2.84	-29.00
2 月	16 780	37.04	11.93	82.42
3 月	22 700	-4.42	15.37	15.22
4 月	24 070	84.02	17.29	122.81
5 月	16 350	20.35	11.31	35.13
6 月	13 385	97.13	8.98	116.39
7 月	22 500	511.41	16.09	576.05
8 月	26 935	1 701.67	21.02	2 136.17
9 月	23 865	1 061.31	19.36	1 412.50
10 月	24 490	1 268.16	20.00	1 566.67
11 月	20 435	689.00	15.60	695.92
12 月	34 020	591.46	24.09	664.76
总计	249 795	167.33	183.88	233.90

数据来源：上海期货交易所。

表 1-2-12　　2016~2017 年铝期货年度交割情况

年度	交割量（手）	同比变化（%）	交割金额（亿元）	同比变化（%）
2016 年	93 440	-32.72	55.07	-34.61
2017 年	249 795	167.33	183.88	233.90

数据来源：上海期货交易所。

（三）价格走势

1. 总体价格走势

2017 年，上期所铝期货主力连续合约年初开盘价 12 850 元/吨（1 月 3 日），最高价 17 250 元/吨（9 月 21 日），最低价 12 505 元/吨（1 月 4 日），最大价差 4 745 元/吨，年末收盘价 15 340 元/吨（12 月 29 日），2016 年末收盘价 12 795 元/吨，全年上涨 2 545 元/吨，年涨幅 19.89%。

2017 年，上海电解铝现货价格年初报价 12 800 元/吨（1 月 3 日），最高价 16 600 元/吨（9 月 21 日），最低价 12 520 元/吨（1 月 10 日），最大价差 4 080 元/吨，年末报价 14 700 元/吨（12 月 29 日），2016 年末报价 12 900 元/吨，全年上涨 1 800 元/吨，年涨幅 13.95%。

2017 年，伦敦金属交易所（LME）铝期货连续合约年初开盘价 1 692.5 美元/吨（1 月 2 日），最高价 2 290.5 美元/吨（12 月 29 日），最低价 1 676.5 美元/吨（1 月 3 日），最大价差 614 美元/吨，年末收盘价 2 280 美元/吨（12 月 29 日），2016 年末收盘价 1 688 美元/吨，全年上涨 592 美元/吨，年涨幅 35.07%。

2017 年铝期货内外盘和国内现货市场价格比较见图 1－2－2。

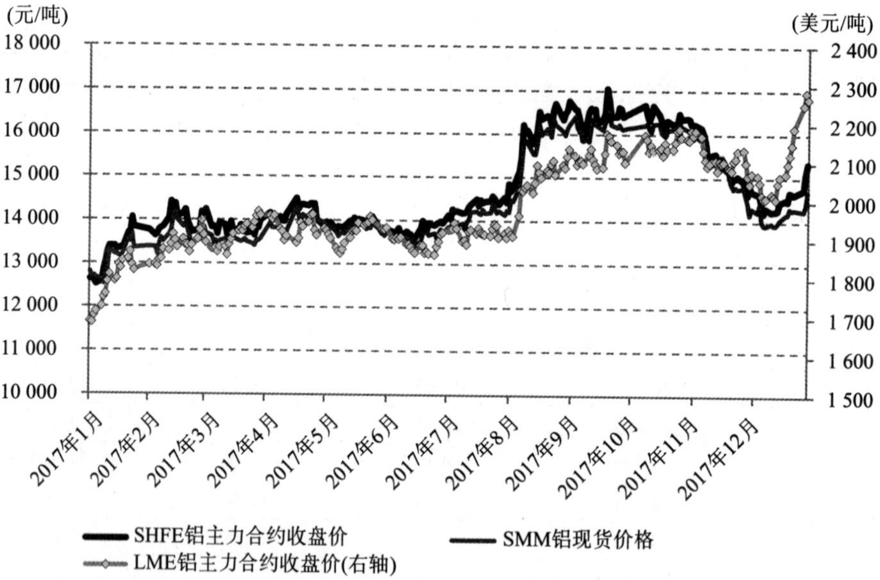

图 1－2－2　2017 年铝期货内外盘和国内现货市场价格比较

数据来源：上海期货交易所、Reuters、SMM。

2. 价格相关性分析

2017 年铝期货内外盘和国内现货市场价格主要显性指标见表 1－2－13，2017 年铝期货内外盘和国内现货市场价格相关性见表 1－2－14。

表 1-2-13　　2017 年铝期货内外盘和国内现货市场价格主要显性指标

市场分类	绝对指标					相对指标（%）	
	最高价	最低价	平均价	标准差	极差	离散率	波幅率
上期所连续价格（元/吨）	17 250	12 505	14 683	1 096	4 745	7.46	32.32
LME 连续价格（美元/吨）	2 290	1 676.5	1 980	122	614	6.16	31.01
铝现货市场价格（元/吨）	16 600	12 520	14 443	1 055	4 080	7.30	28.25

数据来源：上海期货交易所、Reuters、SMM。

表 1-2-14　　2017 年铝期货内外盘和国内现货市场价格相关性

价格选择	相关系数
上期所连续价格与 LME 连续价格	0.872
上期所连续价格与现货市场价格	0.991

数据来源：上海期货交易所、Reuters、SMM。

三、锌期货运行情况

2017 年，上期所锌期货价格呈震荡上扬走势。

（一）交易情况

2017 年全年，上期所锌期货成交量 9 144.93 万手，同比增加 25.16%；成交金额 107 026.20 亿元，同比增加 69.92%；年末持仓 22.60 万手，同比增加 9.43%。其中，成交量最高为 3 月的 968.22 万手，最低为 2 月的 570.14 万手；月末持仓最大为 6 月的 32.38 万手，最小为 1 月的 18.20 万手。

2017 年锌期货月度、年度交易情况见表 1-2-15、表 1-2-16，锌期货内外盘交易情况见表 1-1-17。

表 1-2-15　　2017 年锌期货月度交易情况

月度	成交量（万手）	同比变化（%）	成交金额（亿元）	同比变化（%）	月末持仓量（万手）	同比变化（%）
1 月	638.14	18.74	7 077.00	105.33	18.20	4.53
2 月	570.14	33.28	6 616.34	123.42	18.91	-0.40
3 月	968.22	38.62	11 075.08	122.17	24.16	61.77
4 月	942.36	65.08	10 241.53	141.47	29.91	83.05
5 月	892.20	69.35	9 707.60	147.05	31.77	103.07
6 月	900.96	84.52	9 714.81	153.34	32.38	51.93
7 月	766.32	24.56	8 818.64	69.47	25.66	1.99
8 月	886.93	66.51	11 004.42	135.47	26.24	-21.27
9 月	596.18	5.73	7 525.15	48.14	24.01	-3.72

续表

月度	成交量（万手）	同比变化（%）	成交金额（亿元）	同比变化（%）	月末持仓量（万手）	同比变化（%）
10月	574.83	32.52	7 411.77	86.22	24.45	-9.04
11月	735.40	-29.09	9 355.33	-15.27	23.87	11.67
12月	673.25	-23.00	8 478.54	-11.76	22.60	9.43
总计	9 144.93	25.16	107 026.20	69.92	—	—

数据来源：上海期货交易所。

表1-2-16　　2016~2017年锌期货年度交易情况

年度	成交量（万手）	同比变化（%）	成交金额（亿元）	同比变化（%）	年末持仓量（万手）	同比变化（%）
2016年	7 306.59	61.52	62 985.07	95.73	20.65	0.47
2017年	9 144.93	25.16	107 026.20	69.92	22.60	9.43

数据来源：上海期货交易所。

表1-2-17　　2016~2017年锌期货内外盘交易情况比较

年度	成交量（万手）		年末持仓量（万手）	
	上期所（内盘）	LME（外盘）	上期所（内盘）	LME（外盘）
2016年	7 306.59	2 694.24	20.65	37.25
2017年	9 144.93	2 964.21	22.60	38.02

数据来源：上海期货交易所、LME、Reuters。

（二）交割情况

截至2017年底，上期所锌期货交割仓库共22家，其中，上海市10家、广东省4家、江苏省4家、浙江省4家。

2017年，上期所锌期货交割总量46 210手，折合231 050吨，同比减少61.38%，交割金额53.90亿元，同比减少45.47%。其中，4月交割量最大，为6 080手，折合30 400吨；12月交割量最小，为1 675手，折合8 375吨。

2017年锌期货月度、年度交割情况见表1-2-18、表1-2-19。

表1-2-18　　2017年锌期货月度交割情况

月度	交割量（手）	同比变化（%）	交割金额（亿元）	同比变化（%）
1月	5 410	10.86	6.17	101.37
2月	3 190	-54.17	3.73	-21.40
3月	5 435	-60.74	6.16	-36.25
4月	6 080	-55.59	6.67	-34.30
5月	3 985	-58.92	4.42	-39.31

续表

月度	交割量（手）	同比变化（%）	交割金额（亿元）	同比变化（%）
6 月	5 650	-67.93	6.29	-54.10
7 月	4 790	-54.94	5.53	-38.13
8 月	1 740	-72.94	2.13	-61.35
9 月	1 970	-77.00	2.50	-66.76
10 月	2 775	-70.29	3.69	-55.89
11 月	3 510	-66.57	4.47	-60.80
12 月	1 675	-77.64	2.14	-74.80
总计	46 210	-61.38	53.90	-45.47

数据来源：上海期货交易所。

表 1-2-19　　2016～2017 年锌期货年度交割情况

年度	交割量（手）	同比变化（%）	交割金额（亿元）	同比变化（%）
2016 年	119 645	211.90	98.83	239.56
2017 年	46 210	-61.38	53.90	-45.47

数据来源：上海期货交易所。

（三）价格走势

1. 总体价格走势

2017 年，上期所锌期货主力连续合约年初开盘价 21 210 元/吨（1 月 3 日），最高价 26 935 元/吨（10 月 9 日），最低价 20 435 元/吨（6 月 7 日），最大价差 6 500 元/吨，年末收盘价 25 725 元/吨（12 月 29 日），2016 年末收盘价 21 045 元/吨，全年上涨 4 680 元/吨，年涨幅 22.24%。

2017 年，上海 0 号锌现货价格年初报价 21 210 元/吨（1 月 3 日），最高价 27 230 元/吨（10 月 9 日），最低价 21 110 元/吨（1 月 4 日），最大价差 6 120 元/吨，年末报价 25 640 元/吨（12 月 29 日），2016 年末报价 21 070 元/吨，全年上涨 4 570 元/吨，年涨幅 21.69%。

2017 年，伦敦金属交易所（LME）锌期货连续合约年初开盘价 2 575 美元/吨（1 月 3 日），最高价 3 319 美元/吨（12 月 29 日），最低价 2 429 美元/吨（6 月 7 日），最大价差 890 美元/吨，年末收盘价 3 319 美元/吨（12 月 29 日），2016 年末收盘价 2 576 美元/吨，全年上涨 743 美元/吨，年涨幅 28.84%。

2017 年锌期货内外盘和国内现货市场价格比较见图 1-2-3。

2. 价格相关性分析

2017 年锌期货内外盘和国内现货市场价格主要显性指标见表 1-2-20，2017 年锌期货内外盘和国内现货市场价格相关性见表 1-2-21。

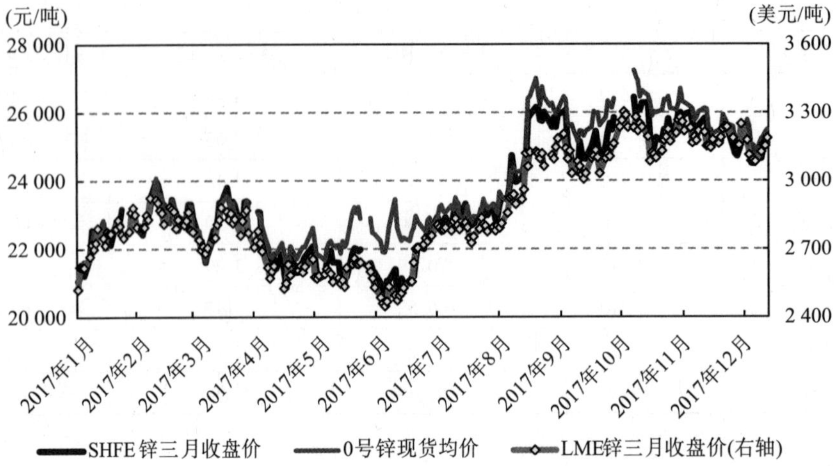

图 1－2－3　2017 年锌期货内外盘和国内现货市场价格比较

数据来源：上海期货交易所、Reuters、SMM。

表 1－2－20　2017 年锌期货内外盘和国内现货市场价格主要显性指标

市场分类	绝对指标					相对指标（%）	
	最高价	最低价	平均价	标准差	极差	离散率	波幅率
上期所连续价格（元/吨）	26 935	20 435	23 598	1 652	6 500	7. 00	27. 54
LME 连续价格（美元/吨）	3 319	2 429	2 896	259	890	8. 94	30. 73
锌现货市场价格（元/吨）	27 230	21 110	23 918	1 666	6 120	6. 97	25. 59

数据来源：上海期货交易所、Reuters、SMM。

表 1－2－21　2017 年锌期货内外盘和国内现货市场价格相关性

价格选择	相关系数
上期所主力合约连续价格与 LME 连续价格	0. 98
上期所主力合约连续价格与现货市场价格	0. 98

数据来源：上海期货交易所。

四、铅期货运行情况

2017 年，上期所铅期货价格呈现先抑后扬走势。

（一）交易情况

2017 年全年，上期所铅期货成交量 1 250. 92 万手，同比增加 174. 25%；成交金额 11 555. 29 亿元，同比增加 190. 25%；年末持仓 3. 36 万手，同比减少 18. 17%。其中，成交量最高为 9 月的 195. 29 万手，最低为 2 月的 73. 94 万手；月末持仓最大为 9 月的 6. 80 万手，最小为 1 月的 3. 11 万手。

2017 年铅期货月度、年度交易情况见表 1－2－22、表 1－2－23，铅期货内外盘交易情况见表1－2－24。

表1－2－22　　2017年铅期货月度交易情况

月度	成交量（万手）	同比变化（%）	成交金额（亿元）	同比变化（%）	月末持仓量（万手）	同比变化（%）
1月	95.26	586.05	876.68	874.82	3.11	54.59
2月	73.94	368.14	705.82	554.83	3.55	57.06
3月	103.45	557.47	933.60	766.93	4.60	216.93
4月	97.86	652.17	801.61	826.55	4.13	153.76
5月	80.49	548.26	641.61	701.21	3.67	172.69
6月	100.89	892.39	859.64	1 216.50	4.01	172.54
7月	82.42	319.93	731.85	457.38	4.14	134.86
8月	129.83	698.13	1 254.54	1 014.65	3.97	164.48
9月	195.29	676.19	1 955.97	971.11	6.80	165.79
10月	108.36	364.09	1 069.11	477.10	4.14	50.28
11月	101.36	－3.67	949.03	－7.48	3.61	－20.30
12月	81.77	－55.92	775.83	－57.05	3.36	－18.17
总计	1 250.92	174.25	11 555.29	190.25	—	—

数据来源：上海期货交易所。

表1－2－23　　2016～2017年铅期货年度交易情况

年度	成交量（万手）	同比变化（%）	成交金额（亿元）	同比变化（%）	年末持仓量（万手）	同比变化（%）
2016年	456.12	248.16	3 981.09	370.91	4.10	137.92
2017年	1 250.92	174.25	11 555.29	190.25	3.36	－18.17

数据来源：上海期货交易所。

表1－2－24　　2016～2017年铅期货内外盘交易情况比较

年度	成交量（万手）		年末持仓量（万手）	
	上期所（内盘）	LME（外盘）	上期所（内盘）	LME（外盘）
2016年	456.12	1 057.16	4.10	13.51
2017年	1 250.92	1 092.00	3.36	14.30

数据来源：上海期货交易所、LME、Reuters。

（二）交割情况

截至2017年底，上期所铅期货交割仓库共16家，其中，上海市5家、广东省3家、江苏省2家、浙江省3家、天津市3家。

2017年，铅期货交割总量40 620手，折合203 100吨，同比增加72.01%，交割金额36.75亿元，同比增加111.35%。其中，6月交割量最大，为4 990手，折合

24 950 吨；9 月交割量最小，为 450 手，折合 2 250 吨。

2017 年铅期货月度、年度交割情况见表 1－2－25、表 1－2－26。

表 1－2－25　　2017 年铅期货月度交割情况

月度	交割量（手）	同比变化（%）	交割金额（亿元）	同比变化（%）
1 月	3 935	1 648.89	3.70	2 448.77
2 月	3 875	77.75	3.74	138.30
3 月	4 525	56.57	4.04	106.59
4 月	3 430	1 125.00	2.80	1 412.69
5 月	4 695	193.44	3.71	262.39
6 月	4 990	141.65	4.27	224.82
7 月	2 160	－33.23	1.93	－9.59
8 月	2 140	－27.21	2.12	5.64
9 月	450	－79.02	0.45	－70.45
10 月	2 345	－7.50	2.44	23.67
11 月	3 760	246.54	3.46	246.54
12 月	4 315	77.21	4.09	60.18
总计	40 620	72.01	36.75	111.35

数据来源：上海期货交易所。

表 1－2－26　　2016～2017 年铅期货年度交割情况

年度	交割量（手）	同比变化（%）	交割金额（亿元）	同比变化（%）
2016 年	23 615	133.12	17.39	165.08
2017 年	40 620	72.01	36.75	111.35

数据来源：上海期货交易所。

（三）价格走势

1. 总体价格走势

2017 年，上期所铅期货主力连续合约年初开盘价 17 670 元/吨（1 月 3 日），最高价 21 430 元/吨（10 月 9 日），最低价 15 140 元/吨（5 月 19 日），最大价差 6 290 元/吨，年末收盘价 19 170 元/吨（12 月 29 日），2016 年末收盘价 17 665 元/吨，全年上涨 1 505 元/吨，年涨幅 8.52%。

2017 年，上海 1 号铅现货价格年初报价 17 750 元/吨（1 月 3 日），最高价 21 850 元/吨（10 月 9 日），最低价 15 550 元/吨（5 月 19 日），最大价差 6 300 元/吨，年末报价 19 175 元/吨（12 月 29 日），2016 年末报价 17 750 元/吨，全年上涨 1 425 元/吨，年涨幅 8.03%。

2017 年，伦敦金属交易所（LME）铅期货连续合约年初开盘价 2 022 美元/吨（1 月 3 日），最高价 2 592 美元/吨（10 月 4 日），最低价 2 006 美元/吨（1 月 3

日），最大价差 586 美元/吨，年末收盘价 2 487.5 美元/吨（12 月 29 日），2016 年末收盘价 2 016.5 美元/吨，全年上涨 471 美元/吨，年涨幅 23.36%。

2017 年铅期货内外盘和国内现货市场价格比较见图 1－2－4。

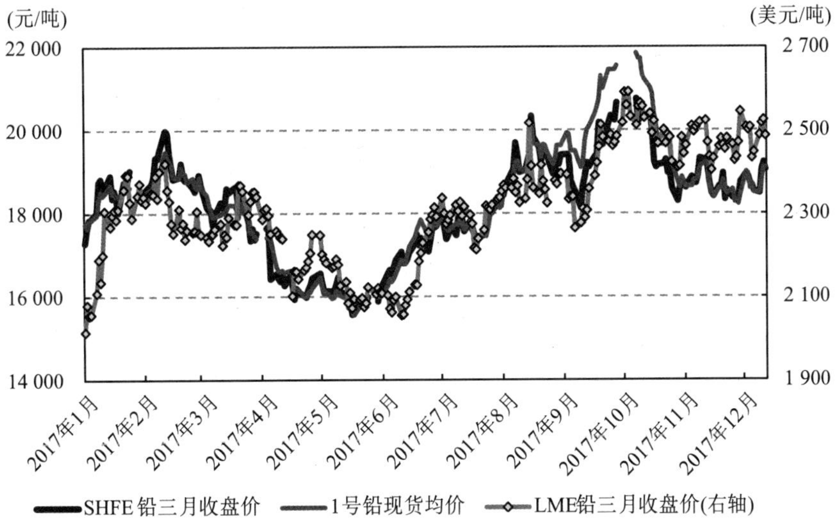

图 1－2－4　2017 年铅期货内外盘和国内现货市场价格比较

数据来源：上海期货交易所、Reuters、SMM。

2. 价格相关性分析

2017 年铅期货内外盘和国内现货市场价格主要显性指标见表 1－2－27，2017 年铅期货内外盘和国内现货市场价格相关性见表 1－2－28。

表 1－2－27　2017 年铅期货内外盘和国内现货市场价格主要显性指标

市场分类	绝对指标					相对指标（%）	
	最高价	最低价	平均价	标准差	极差	离散率	波幅率
上期所连续价格（元/吨）	21 430	15 140	18 265	1 278	6 290	7.00	34.44
LME 连续价格（美元/吨）	2 592	2 006	2 317	141	586	6.09	25.29
铅现货市场价格（元/吨）	21 850	15 550	18 327	1 387	6 300	7.57	34.38

数据来源：上海期货交易所、Reuters、SMM。

表 1－2－28　2017 年铅期货内外盘和国内现货市场价格相关性

价格选择	相关系数
上期所连续价格与 LME 连续价格	0.77
上期所连续价格与现货市场价格	0.99

数据来源：上海期货交易所。

五、镍期货运行情况

2017 年，上期所镍期货价格呈震荡上扬走势。

（一）交易情况

2017 年全年，上期所镍期货成交量 7 415.45 万手，同比减少 26.03%；成交金额 65 029.79 亿元，同比减少 16.12%；年末持仓 30.17 万手，同比减少 1.92%。其中，成交量最高为 11 月的 974.34 万手，最低为 6 月的 408.16 万手；月末持仓最大为 1 月的 38.16 万手，最小为 9 月的 25.88 万手。

2017 年镍期货月度、年度交易情况见表 1-2-29、表 1-2-30，镍期货内外盘交易情况见表 1-2-31。

表 1-2-29　　2017 年镍期货月度交易情况

月度	成交量（万手）	同比变化（%）	成交金额（亿元）	同比变化（%）	月末持仓量（万手）	同比变化（%）
1 月	420.92	-53.24	3 577.48	-42.16	38.16	70.87
2 月	439.81	-9.50	3 920.37	18.66	34.13	46.21
3 月	608.66	-43.44	5 222.15	-30.28	33.06	-1.18
4 月	453.96	-52.68	3 687.34	-45.60	33.75	-10.43
5 月	414.95	-54.31	3 184.74	-49.81	29.75	-20.62
6 月	408.16	-26.90	3 022.96	-23.67	29.53	-9.26
7 月	516.35	-65.79	4 065.02	-66.47	31.13	-7.95
8 月	830.15	-8.49	7 373.05	-0.67	30.69	-9.21
9 月	914.60	66.47	8 240.83	85.77	25.88	5.36
10 月	529.25	17.50	4 936.36	34.25	37.43	16.94
11 月	974.34	-6.25	9 460.84	-0.47	34.79	14.01
12 月	904.30	32.78	8 338.67	32.30	30.17	-1.92
总计	7 415.45	-26.03	65 029.79	-16.12	—	—

数据来源：上海期货交易所。

表 1-2-30　　2016～2017 年镍期货年度交易情况

年度	成交量（万手）	同比变化（%）	成交金额（亿元）	同比变化（%）	年末持仓量（万手）	同比变化（%）
2016 年	10 024.99	57.65	77 530.96	48.96	30.76	14.25
2017 年	7 415.45	-26.03	65 029.79	-16.12	30.17	-1.92

数据来源：上海期货交易所。

表 1-2-31　　2016~2017 年镍期货内外盘交易情况比较

年度	成交量（万手）		年末持仓量（万手）	
	上期所（内盘）	LME（外盘）	上期所（内盘）	LME（外盘）
2016 年	10 024.99	1 994.77	30.76	31.23
2017 年	7 415.45	2 108.06	30.17	31.65

数据来源：上海期货交易所、LME、Reuters。

（二）交割情况

截至 2017 年底，上期所镍期货交割仓库共 16 家，其中，上海市 10 家、浙江省 3 家、江苏省 2 家、山东省 1 家。

2017 年，上期所镍期货交割总量 73 650 手，折合 73 650 吨，同比减少 35.27%，交割金额 60.43 亿元，同比减少 24.80%。其中，5 月交割量最大，为 29 532 手，折合 29 532 吨；12 月交割量最小，为 6 手折合 6 吨。

2017 年镍期货月度、年度交割情况见表 1-2-32、表 1-2-33。

表 1-2-32　　2017 年镍期货月度交割情况

月度	交割量（手）	同比变化（%）	交割金额（亿元）	同比变化（%）
1 月	19 722	-48.28	16.80	-34.58
2 月	48	-80.95	0.04	-73.14
3 月	336	-76.27	0.28	-70.80
4 月	66	-64.52	0.05	-58.49
5 月	29 532	-26.01	22.28	-17.05
6 月	78	-89.34	0.06	-89.01
7 月	72	-95.57	0.06	-95.64
8 月	54	-83.33	0.05	-81.87
9 月	23 460	-19.41	20.55	-8.98
10 月	108	-35.71	0.10	-26.47
11 月	168	-55.56	0.16	-54.73
12 月	6	-99.61	0.01	-99.63
总计	73 650	-35.27	60.43	-24.80

数据来源：上海期货交易所。

表 1-2-33　　2016~2017 年镍期货年度交割情况

年度	交割量（手）	同比变化（%）	交割金额（亿元）	同比变化（%）
2016 年	113 778	540.21	80.35	483.10
2017 年	73 650	-35.27	60.43	-24.80

数据来源：上海期货交易所。

（三）价格走势

1. 总体价格走势

2017 年，上期所镍期货主力连续合约年初开盘价 85 560 元/吨（1 月 3 日），最高价 103 420 元/吨（11 月 6 日），最低价 71 520 元/吨（6 月 14 日），最大价差 31 900 元/吨，年末收盘价 96 870 元/吨（12 月 29 日），2016 年末收盘价 85 560 元/吨，全年上涨 11 310 元/吨，年涨幅 13.22%。

2017 年，上海 1 号进口镍现货价格年初报价 84 900 元/吨（1 月 3 日），最高价 102 300 元/吨（11 月 7 日），最低价 71 325 元/吨（6 月 2 日），最大价差 30 975 元/吨，年末报价 95 950 元/吨（12 月 29 日），2016 年末报价 84 675 元/吨，全年上涨 11 275 元/吨，年涨幅 13.32%。

2017 年，伦敦金属交易所（LME）镍连续合约年初开盘价 10 270 美元/吨（1 月 3 日），最高价 12 920 美元/吨（11 月 6 日），最低价 8 780 美元/吨（6 月 2 日），最大价差 4 140 美元/吨，年末收盘价 12 760 美元/吨（12 月 29 日），上年末收盘价 10 020 美元/吨，全年上涨 2 740 美元/吨，年涨幅 27.35%。

2017 年镍期货内外盘和国内现货市场价格比较见图 1－2－5。

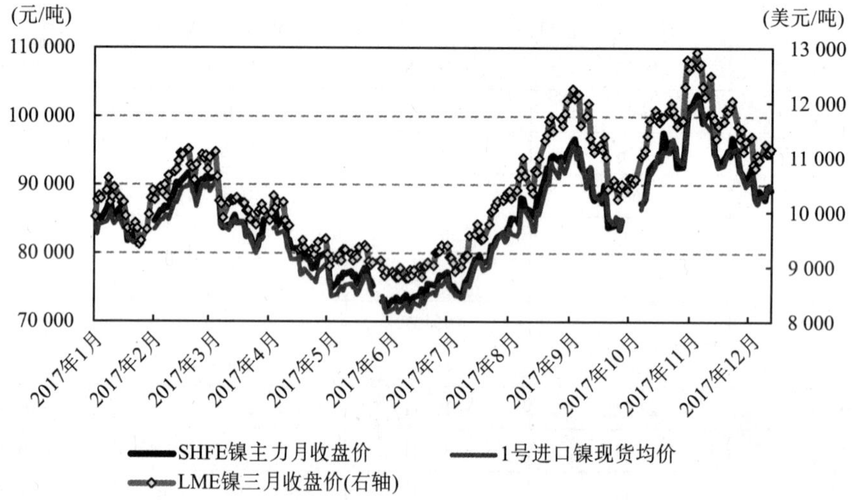

图 1－2－5　2017 年镍期货内外盘和国内现货市场价格比较

数据来源：上海期货交易所、Reuters、SMM。

2. 价格相关性分析

2017 年镍期货内外盘和国内现货市场价格主要显性指标见表 1－2－34，2017 年镍期货内外盘和国内现货市场价格相关性见表 1－2－35。

表 1-2-34 2017 年镍期货内外盘和国内现货市场价格主要显性指标

市场分类	绝对指标					相对指标（%）	
	最高价	最低价	平均价	标准差	极差	离散率	波幅率
上期所连续价格（元/吨）	103 420	71 520	85 782	7 486	31 900	8.73	37.19
LME 连续价格（美元/吨）	12 920	8 780	10 411	1 039	4 140	9.98	39.77
镍现货市场价格（元/吨）	102 300	71 325	84 823	7 747	30 975	9.13	36.52

数据来源：上海期货交易所、Reuters、SMM。

表 1-2-35 2017 年镍期货内外盘和国内现货市场价格相关性

价格选择	相关系数
上期所主力合约连续价格与 LME 连续价格	0.98
上期所主力合约连续价格与现货市场价格	0.9955

数据来源：上海期货交易所。

六、黄金期货运行情况

2017 年，上期所黄金期货价格与国际黄金价格走势基本保持一致，总体呈宽幅震荡走势。

（一）交易情况

2017 年全年，上期所黄金期货成交量 1 947.81 万手，同比减少 43.96%；成交金额 54 192.88 亿元，同比减少 41.99%；年末持仓 12.46 万手，同比减少 36.53%。其中，成交量最高为 3 月的 214.34 万手，最低为 12 月的 102.85 万手；月末持仓最大为 8 月的 19.08 万手，最小为 11 月的 11.68 万手。

2017 年黄金期货月度、年度交易情况见表 1-2-36、表 1-2-37，黄金期货内外盘交易情况见表 1-2-38。

表 1-2-36 2017 年黄金期货月度交易情况

月度	成交量（万手）	同比变化（%）	成交金额（亿元）	同比变化（%）	月末持仓量（万手）	同比变化（%）
1 月	175.69	-33.77	4 761.47	-23.53	16.77	14.99
2 月	155.56	-49.62	4 310.94	-45.33	16.32	-8.73
3 月	214.34	-60.29	5 944.30	-57.97	15.10	-10.74
4 月	207.71	-30.35	5 919.87	-23.71	14.68	-16.41
5 月	157.05	-51.85	4 400.01	-49.40	14.57	0.32
6 月	165.86	-48.07	4 661.00	-46.80	17.40	3.37
7 月	150.72	-54.90	4 124.51	-57.42	17.74	-2.75
8 月	194.94	-16.96	5 440.13	-19.62	19.08	7.81
9 月	172.47	5.66	4 850.59	3.65	16.19	1.62
10 月	109.52	-26.00	3 026.62	-25.97	15.97	-1.02
11 月	141.10	-54.40	3 923.05	-54.43	11.68	-20.04
12 月	102.85	-55.05	2 830.39	-53.76	12.46	-36.53
总计	1 947.81	-43.96	54 192.88	-41.99	—	—

数据来源：上海期货交易所。

表 1-2-37　　2016~2017 年黄金期货年度交易情况

年度	成交量（万手）	同比变化（%）	成交金额（亿元）	同比变化（%）	年末持仓量（万手）	同比变化（%）
2016 年	3 475.95	37.30	93 425.60	55.92	19.64	51.58
2017 年	1 947.81	-43.96	54 192.88	-41.99	12.46	-36.53

数据来源：上海期货交易所。

表 1-2-38　　2016~2017 年黄金期货内外盘交易情况比较

年度	成交量（万手）		年末持仓量（万手）	
	上期所（内盘）	CME（外盘）	上期所（内盘）	CME（外盘）
2016 年	3 475.95	5 756.48	19.64	42.34
2017 年	1 947.81	7 280.22	12.46	49.49

数据来源：路透、上海期货交易所、CME 网站，CME 黄金期货选取 100 盎司单位期货合约。

（二）交割情况

截至 2017 年底，上期所共有工商银行、建设银行、中国银行、交通银行、浦发银行等 5 个指定交割金库，涉及 39 个存放点。

2017 年，上期所黄金期货交割总量 6 615 手，折合 6.62 吨，同比增加 128.73%，交割金额 17.82 亿元，同比增加 134.69%。其中，12 月交割量最大，为 4 080 手，折合 4.08 吨；3 月、5 月、7 月、9 月、10 月、11 月无交割。

2017 年黄金期货月度、年度交割情况见表 1-2-39、表 1-2-40。

表 1-2-39　　2017 年黄金期货月度交割情况

月度	交割量（手）	同比变化（%）	交割金额（万元）	同比变化（%）
1 月	186	34.78	4 945.74	56.06
2 月	51	-39.29	1 365.53	-31.52
3 月	0	—	0.00	—
4 月	111	1 750.00	3 104.12	1 943.26
5 月	0	—	0.00	—
6 月	2 184	21.94	61 064.64	28.71
7 月	0	—	0.00	—
8 月	3	0.00	82.41	-4.47
9 月	0	—	0.00	—
10 月	0	—	0.00	—
11 月	0	—	0.00	—
12 月	4 080	370.59	107 630.40	368.02
总计	6 615	128.73	178 192.83	134.69

数据来源：上海期货交易所。

表 1-2-40　　2016~2017 年黄金期货年度交割情况

年度	交割量（手）	同比变化（%）	交割金额（亿元）	同比变化（%）
2016 年	2 892	-59.01	7.59	-53.00
2017 年	6 615	128.73	17.82	134.69

数据来源：上海期货交易所。

（三）价格走势

1. 总体价格走势

2017 年，上期所黄金期货主力合约年初开盘价 269.70 元/克（1 月 3 日），最高价 290.05 元/克（4 月 14 日），最低价 266.65 元/克（1 月 26 日），最大价差 23.4 元/克，年末收盘价 277.80 元/克（12 月 29 日），2016 年末收盘价 271.35 元/克，全年上涨 6.45 元/克，年涨幅 2.38%。

2017 年，上海黄金交易所黄金现货价格年初开盘价 263.20 元/克（1 月 3 日），最高价 288.67 元/克（4 月 17 日），最低价 262.95 元/克（1 月 3 日），最大价差 25.72 元/克，年末收盘报价 273.01 元/克（12 月 29 日），2016 年末收盘价 264.34 元/克，全年上涨 8.67 元/克，年涨幅 3.28%。

2017 年，芝加哥商业交易所（CME）黄金期货主力合约年初开盘价 1 151.4 美元/盎司（1 月 3 日），最高价 1 362.4 美元/盎司（9 月 8 日），最低价 1 146.5 美元/盎司（1 月 3 日），最大价差 215.9 美元/盎司，年末收盘价 1 309.3 美元/盎司（12 月 29 日），2016 年末收盘价 1 151.7 美元/盎司，全年上涨 157.6 美元/盎司，年涨幅 13.68%。

2017 年黄金期货内外盘和国内现货市场价格比较见图 1-2-6。

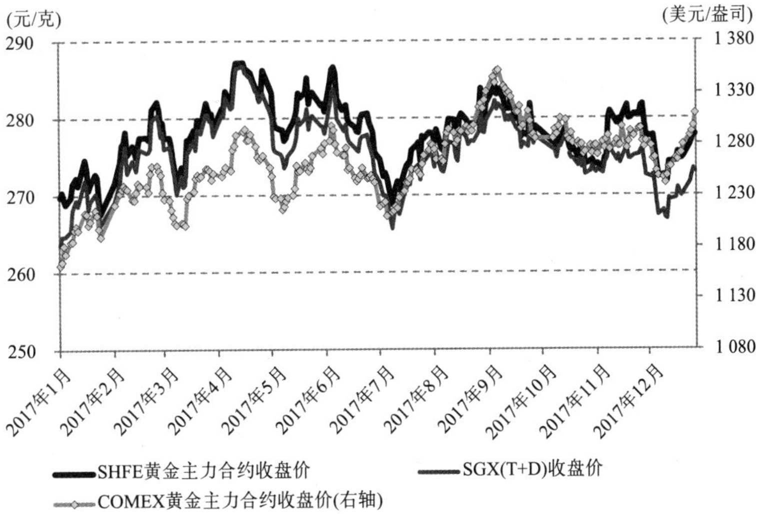

图 1-2-6　2017 年黄金期货内外盘和国内现货市场价格比较

数据来源：上海期货交易所、路透。

2. 价格相关性分析

2017 年黄金期货内外盘和国内现货市场价格主要显性指标见表 1－2－41，2017 年黄金期现内外盘和现货市场价格相关性见表 1－2－42。

表 1－2－41　2017 年黄金期货内外盘和国内现货市场价格主要显性指标

市场分类	绝对指标					相对指标（%）	
	最高价	最低价	平均价	标准差	极差	离散率	波幅率
上期所主力价格（元/克）	290.05	266.65	277.97	4.13	23.4	1.49	8.42
CME 主力价格（美元/盎司）	1 362.40	1 146.50	1 260.17	35.19	215.90	2.79	17.13
黄金现货市场价格（元/克）	287.35	264.09	264.09	4.54	23.26	1.72	8.81

数据来源：上海期货交易所、路透。COMEX 黄金期货选取 100 盎司单位期货合约。

表 1－2－42　2017 年黄金期货内外盘和现货市场价格相关性

价格选择	相关系数
上期所主力价格与 CME 主力价格	0.6188
上期所主力价格与现货市场价格	0.9534

数据来源：上海期货交易所、路透。

七、白银期货运行情况

2017 年，上期所白银期货价格呈现区间震荡、小幅下降走势。

（一）交易情况

2017 年全年，上期所白银期货成交量 5 311.12 万手，同比减少 38.60%；成交金额 32 027.77 亿元，同比减少 37.78%；年末持仓 30.17 万手，同比减少 18.55%。其中，成交量最高为 8 月的 686.54 万手，最低为 10 月的 254.63 万手；月末持仓最大为 2 月的 39.66 万手，最小为 5 月的 27.22 万手。

2017 年白银期货月度、年度交易情况见表 1－2－43、表 1－2－44。白银期货内外盘交易情况见表 1－2－45。

表 1－2－43　2017 年白银期货月度交易情况

月度	成交量（万手）	同比变化（%）	成交金额（亿元）	同比变化（%）	月末持仓量（万手）	同比变化（%）
1 月	487.00	－3.12	3 010.91	20.01	32.93	32.69
2 月	464.46	37.09	2 938.66	69.5	39.66	35.96
3 月	479.77	－40.27	2 992.98	－27.73	31.25	－5.53
4 月	403.02	－54.72	2 543.41	－47.81	29.11	－33.42
5 月	407.35	－42.82	2 472.60	－38.03	27.22	－25.08

续表

月度	成交量（万手）	同比变化（%）	成交金额（亿元）	同比变化（%）	月末持仓量（万手）	同比变化（%）
6月	405.24	-25.7	2 473.12	-21.25	32.17	-17.51
7月	571.53	-53.56	3 292.61	-59.54	31.01	-16.17
8月	686.54	-16.95	4 069.01	-24.72	34.48	1.28
9月	418.49	-33.09	2 496.89	-38.33	29.56	5.47
10月	254.63	-40.96	1 488.26	-42.9	29.48	-18.12
11月	380.99	-59.1	2 242.09	-61.59	30.99	-25.27
12月	352.09	-56.63	2 007.27	-60.24	30.17	-18.55
总计	5 311.12	-38.60	32 027.77	-37.78	—	—

数据来源：上海期货交易所。

表1-2-44　　2016~2017年白银期货年度交易情况

年度	成交量（万手）	同比变化（%）	成交金额（亿元）	同比变化（%）	年末持仓量（万手）	同比变化（%）
2016年	8 650.16	-40.26	51 471.17	-32.41	37.04	42.46
2017年	5 311.12	-38.60	32 027.77	-37.78	30.17	-18.55

数据来源：上海期货交易所。

表1-2-45　　2016~2017年白银期货内外盘交易情况比较

年度	成交量（万手）		年末持仓量（万手）	
	上期所（内盘）	COMEX（外盘）	上期所（内盘）	COMEX 外盘）
2016年	8 650.16	1 821.87	37.04	16.49
2017年	5 311.12	2 303.50	30.17	19.40

数据来源：上海期货交易所。

（二）交割情况

截至2017年底，上期所白银期货交割仓库共2家，均设在上海。

2017年，上期所白银期货交割总量84 802手，折合1 272.03吨，同比下降44.13%，交割金额49.74亿元，同比下降42.13%。其中，6月交割量最大，为33 318手，折合499.77吨；7月交割量最低，为720手，折合10.8吨。

2017年白银期货月度、年度交割情况见表1-2-46、表1-2-47。

表1-2-46　　2017年白银期货月度交割情况

月度	交割量（手）	同比变化（%）	交割金额（亿元）	同比变化（%）
1月	10 574	4.63	6.37	30.53
2月	4 438	-35.94	2.73	-22.88

续表

月度	交割量（手）	同比变化（%）	交割金额（亿元）	同比变化（%）
3 月	4 036	-49.98	2.4	-40.45
4 月	3 780	-62.45	2.39	-54.13
5 月	2 374	-82.31	1.4	-81
6 月	33 318	-32.45	19.82	-28.58
7 月	720	-70.25	0.41	-73.72
8 月	1 538	8.31	0.89	-3.26
9 月	1 466	-41.73	0.87	-45.63
10 月	842	-67.11	0.49	-67.55
11 月	1 688	-64.39	1	-64.91
12 月	20 028	-50.19	11	-55.54
总计	84 802	-44.13	49.74	-42.13

数据来源：上海期货交易所。

表 1-2-47　　　2016～2017 年白银期货年度交割情况

年度	交割量（手）	同比变化（%）	交割金额（亿元）	同比变化（%）
2016 年	151 772	311.91	85.96	369.47
2017 年	84 802	-44.13	49.74	-42.13

数据来源：上海期货交易所。

（三）价格走势

1. 总体价格走势

2017 年，上期所白银期货主力连续合约年初开盘价 4 076 元/千克（1 月 3 日），最高价 4 337 元/千克（4 月 17 日），最低价 3 666 元/千克（7 月 11 日），最大价差 671 元/千克，年末收盘价 3 883 元/千克（12 月 29 日），2016 年末收盘价 4 113 元/千克，全年下跌 230 元/千克，年跌幅 5.59%。

2017 年，上海白银现货价格年初开盘价 3 955 元/千克（1 月 3 日），最高价 4 270 元/千克（4 月 17 日），最低价 3 544 元/千克（7 月 10 日），最大价差 726 元/千克，年末收盘价 3 760 元/千克，2016 年末收盘价 3 988 元/千克，全年下跌 228 元/千克，年跌幅 5.72%。

2017 年，芝加哥商业交易所集团下属 COMEX 白银期货活跃合约年初开盘价 15.97 美元/盎司（1 月 3 日），最高价 18.655 美元/盎司（4 月 17 日），最低价 15.145 美元/盎司（7 月 10 日），最大价差 3.51 美元/盎司，年末收盘价 16.985 美元/盎司（12 月 29 日），2016 年末收盘价 15.96 美元/盎司，全年上涨 1.025 美元/盎司，年涨幅 6.42%。

2017 年白银期货内外盘和国内现货市场价格比较见图 1-2-7。

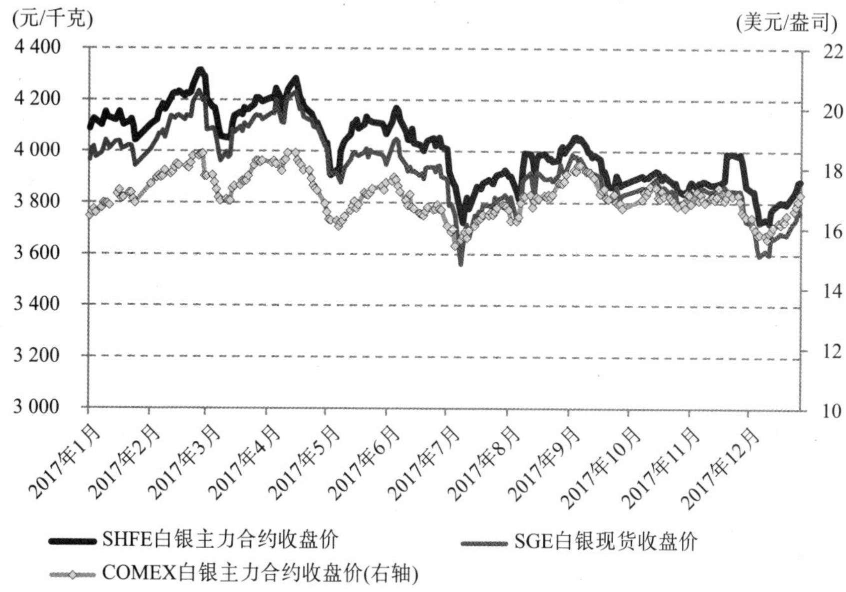

图 1-2-7　2016 年白银期货内外盘和国内现货市场价格比较

数据来源：上海期货交易所、路透。

2. 价格相关性分析

2017 年白银期货内外盘和国内现货市场价格主要显性指标见表 1-2-48，2017 年白银期现内外盘和国内现货市场价格相关性见表 1-2-49。

表 1-2-48　2017 年白银期货内外盘和国内现货市场价格主要显性指标

市场分类	绝对指标					相对指标（%）	
	最高价	最低价	平均价	标准差	极差	离散率	波幅率
上期所主力连续价格（元/千克）	4 337	3 666	4 010.54	140.86	671	3.51	16.73
COMEX 白银期货（美元/盎司）	18.655	15.145	17.08	0.6636	3.51	3.89	20.55
白银现货市场价格（元/千克）	4 270	3 544	3 927.09	146.27	726	3.72	18.49

数据来源：上海期货交易所、路透。

表 1-2-49　2017 年白银期货内外盘和国内现货市场价格相关性

价格选择	相关系数
上期所主力合约连续价格与 COMEX 连续价格	0.9139
上期所主力合约连续价格与现货市场价格	0.9687

数据来源：上海期货交易所。

八、螺纹钢期货运行情况

2017 年，上期所螺纹钢期价呈现震荡上行走势。

（一）交易情况

2017 年全年，上期所螺纹钢期货成交量 70 201.95 万手，同比减少 24.85%；成交金额 242 705.68 亿元，同比增加 11.40%；年末持仓 145.94 万手，同比增加 9.32%。其中，成交量最高为 6 月的 8 456.74 万手，最低为 1 月的 3 087.33 万手。月末持仓最大为 6 月的 273.06 万手，最小为 1 月的 126.87 万手。

2017 年螺纹钢期货月度、年度交易情况见表 1－2－50、表 1－2－51。

表 1－2－50　　2017 年螺纹钢期货月度交易情况

月度	成交量（万手）	同比变化（%）	交易金额（亿元）	同比变化（%）	月末持仓量（万手）	同比变化（%）
1 月	3 087.33	－51.21	9 712.73	－14.87	126.87	－35.37
2 月	3 654.82	－4.46	12 391.17	71.69	180.20	－4.71
3 月	5 590.24	－63.84	18 721.15	－42.84	172.85	－9.75
4 月	4 951.42	－65.60	14 765.19	－58.08	185.91	18.37
5 月	8 106.87	－14.50	25 147.20	25.76	230.64	22.90
6 月	8 456.74	27.47	25 999.57	85.48	273.06	68.72
7 月	8 261.38	－2.16	28 948.97	42.89	239.25	58.74
8 月	7 626.79	1.19	29 366.59	54.15	219.16	21.75
9 月	5 090.16	－8.97	19 471.41	49.78	181.56	14.31
10 月	4 380.23	－0.70	16 017.90	48.08	208.08	34.95
11 月	5 512.21	－15.04	20 843.40	10.97	211.29	124.80
12 月	5 483.77	13.74	21 320.40	38.92	145.94	9.32
总计	70 201.96	－24.85	242 705.68	11.40	—	—

数据来源：上海期货交易所。

表 1－2－51　　2016～2017 年螺纹钢期货年度交易情况

年度	成交量（万手）	同比变化（%）	成交金额（亿元）	同比变化（%）	年末持仓量（万手）	同比变化（%）
2016 年	93 414.84	72.66	217 871.90	89.54	133.50	－29.57
2017 年	70 201.95	－24.85	242 705.67	11.40	145.94	9.32

数据来源：上海期货交易所。

（二）交割情况

截至 2017 年底，上期所螺纹钢期货交割仓库共 7 家 11 个存放点，其中，上海市 2 个、浙江省 3 个、江苏省 4 个、广东省 1 个、天津市 1 个。

2017 年，上期所螺纹钢期货交割总量 11 400 手，折合 11.4 万吨，同比减少 34.26%，交割金额 42 517.53 万元，同比增加 12.91%。其中，10 月交割量最大，为 4 380 手，折合 4.38 万吨；6 月交割量最低，为 60 手，折合 600 吨。

2017 年螺纹钢期货月度、年度交割情况见表 1－2－52、表 1－2－53。

表 1－2－52　　2017 年螺纹钢期货月度交割情况

月度	交割量（手）	同比变化（%）	交割金额（亿元）	同比变化（%）
1 月	2 310	－44.60	7 623.00	7.15
2 月	1 080	－33.33	3 656.88	30.33
3 月	570	－29.63	2 137.50	31.42
4 月	270	－62.50	939.60	－46.73
5 月	1 110	－41.27	3 962.70	－10.40
6 月	60	－91.30	228.00	－83.48
7 月	180	－70.00	657.00	－51.68
8 月	360	140.00	1 515.24	302.61
9 月	570	－47.22	2 546.19	3.09
10 月	4 380	35.19	17 103.90	127.35
11 月	360	－75.51	1 431.72	－62.74
12 月	150	－83.33	715.80	－75.91
总计	11 400	－34.26	42 517.53	12.91

数据来源：上海期货交易所。

表 1－2－53　　2016～2017 年螺纹钢期货年度交割情况

年度	交割量（手）	同比变化（%）	交割金额（万元）	同比变化（%）
2016 年	17 340	－39.16	37 655.61	－37.03
2017 年	11 400	－34.26	42 517.53	12.91

数据来源：上海期货交易所。

（三）价格走势

1. 总体价格走势

2017 年，上期所螺纹钢主力连续合约年初开盘价 2 889 元/吨（1 月 3 日），最高价 4 194 元/吨（9 月 4 日），最低价 2 775 元/吨（4 月 20 日），最大价差 1 419 元/吨，年末收盘价 3 794 元/吨（12 月 29 日），2016 年末收盘价 2 867 元/吨，全年上涨 927 元/吨，年涨幅 32.33%。

2017 年，上海螺纹钢现货价格年初报价 3 150 元/吨（1 月 3 日），最高价 4 980 元/吨（12 月 5 日），最低价 3 120 元/吨（1 月 9 日），最大价差 1 860 元/吨，年末报价 4 320 元/吨（12 月 29 日），2016 年末报价 3 150 元/吨，全年上涨 1 170 元/吨，年涨幅 37.14%。

2017 年螺纹钢期货和现货市场价格比较见图 1－2－8。

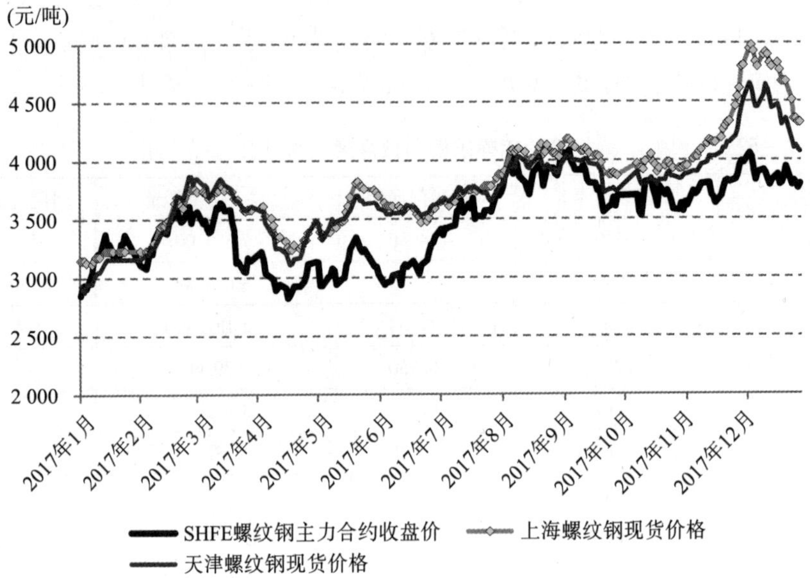

图 1－2－8　2017 年螺纹钢期货和现货市场价格比较

数据来源：Wind 资讯。

2. 价格相关性分析

2017 年螺纹钢期和现货市场价格主要显性指标见表 1－2－54，2017 年螺纹钢期货和现货市场价格相关性见表 1－2－55。

表 1－2－54　　2017 年螺纹钢期货和现货市场价格主要显性指标

市场分类	绝对指标（元/吨）					相对指标（%）	
	最高价	最低价	平均价	标准差	极差	离散率	波幅率
上期所主力合约连续价格	4 194	2 775	3 479. 41	338. 68	1 419	9. 73	40. 78
上海现货价格	4 980	3 120	3 813. 03	419. 39	1 860	11. 00	48. 78
天津现货价格	4 650	2 880	3 726. 89	357. 91	1 770	9. 60	47. 49

数据来源：上海期货交易所网站、Wind 资讯。

表 1－2－55　　2017 年螺纹钢期货和现货市场价格相关性

价格选择	相关系数
螺纹钢主力合约连续价格与上海地区现货市场价格	0. 82
螺纹钢主力合约连续价格与天津地区现货市场价格	0. 83

数据来源：上海期货交易所网站、Wind 资讯。

九、热轧卷板期货运行情况

2017 年，上期所热轧卷板期价呈现先抑后扬、震荡上行走势。

（一）交易情况

2017 年全年，上期所热轧卷板期货成交量 10 313.16 万手，同比增加 138.28%；成交金额 37 779.29 亿元，同比增加 215.16%；年末持仓 36.10 万手，同比增加 95.96%。其中，成交量最高为 8 月的 1 429.36 万手，最低为 1 月的 271.27 万手；月末持仓最大为 10 月的 59.57 万手，最小为 1 月的 15.21 万手。

2017 年热轧卷板期货月度、年度交易情况见表 1-2-56、表 1-2-57。

表 1-2-56　　2017 年热轧卷板期货月度交易情况

月度	成交量（万手）	同比变化（%）	成交金额（亿元）	同比变化（%）	月末持仓量（万手）	同比变化（%）
1 月	271.27	235.94	949.86	513.13	15.21	62.99
2 月	289.82	268.26	1 049.12	563.07	20.42	75.61
3 月	545.62	75.84	1 849.12	161.16	35.34	307.66
4 月	556.72	-4.77	1 681.17	7.11	33.08	294.28
5 月	826.64	116.17	2 492.26	184.78	35.64	107.58
6 月	1 074.76	232.45	3 403.01	359.88	39.27	155.66
7 月	991.42	137.32	3 535.72	229.46	36.86	159.79
8 月	1 429.36	281.75	5 654.96	450.37	49.99	182.12
9 月	1 110.59	286.65	4 525.02	505.21	50.04	196.26
10 月	1 069.80	287.50	4 239.78	454.34	59.57	188.73
11 月	1 217.50	97.38	4 751.03	134.46	47.08	254.23
12 月	929.66	56.03	3 648.25	70.32	36.10	95.96
总计	10 313.16	138.28	37 779.29	215.16	—	—

数据来源：上海期货交易所。

表 1-2-57　　2016～2017 年热轧卷板期货年度交易情况

年度	成交量（万手）	同比变化（%）	成交金额（亿元）	同比变化（%）	年末持仓量（万手）	同比变化（%）
2016 年	4 328.18	2 050.79	11 987.50	2 684.49	18.45	267.69
2017 年	10 313.16	138.28	37 779.29	215.16	36.10	95.96

数据来源：上海期货交易所。

（二）交割情况

截至 2017 年底，上期所热轧卷板期货交割仓库共 12 家 16 个存放点，其中，上海市 2 家、天津市 1 家、江苏省 5 家、浙江省 2 家、广东省 2 家、湖北省 1 家。

2017 年，上期所热轧卷板期货交割总量 1.83 万手，折合 18.27 万吨，同比增加 158.05%，交割金额 7.15 亿元，同比增加 280.44%。其中，10 月交割量最大，为 1.04 万手，折合 10.44 万吨；2 月、3 月、4 月、7 月、8 月、11 月、12 月无交割。

2017 年热轧卷板期货月度、年度交割情况见表 1－2－58、表 1－2－59。

表 1－2－58　　2017 年热轧卷板期货月度交割情况

月度	交割量（手）	同比变化（%）	交割金额（万元）	同比变化（%）
1 月	3 630	656.25	13 594.35	1 316.79
2 月	0	—	0.00	—
3 月	0	—	0.00	—
4 月	0	—	0.00	—
5 月	3 960	－7.69	12 315.60	9.15
6 月	30	—	93.99	—
7 月	0	—	0.00	—
8 月	0	—	0.00	—
9 月	210	600.00	903.00	1 014.81
10 月	10 440	357.89	44 610.12	588.94
11 月	0	—	0.00	—
12 月	0	—	0.00	—
总计	18 270.00	158.05	71 517.06	280.44

数据来源：上海期货交易所。

表 1－2－59　　2016～2017 年热轧卷板期货年度交割情况

年度	交割量（手）	同比变化（%）	交割金额（万元）	同比变化（%）
2016 年	7 080	－28.70	18 798.42	－21.99
2017 年	18 270	158.05	71 517.06	280.44

数据来源：上海期货交易所。

（三）价格走势

1. 总体价格走势

2017 年，上期所热轧卷板主力连续合约年初开盘价 3 309 元/吨（1 月 3 日），最高价 4 400 元/吨（9 月 4 日），最低价 2 801 元/吨（4 月 20 日），最大价差 1 599 元/吨，年末收盘价 3 846 元/吨（12 月 29 日），2016 年末收盘价 3 305 元/吨，全年上涨 541 元/吨，年涨幅 16.37%。

2017 年，上海热轧卷板现货价格年初报价 3 780 元/吨（1 月 3 日），最高价 4 330 元/吨（12 月 22 日），最低价 2 910 元/吨（4 月 20 日），最大价差 1 420 元/吨，年末报价 4 230 元/吨（12 月 29 日），上年末报价 3 780 元/吨，全年上涨 450 元/吨，年涨幅 11.90%。

天津热轧卷板现货价格年初报价 3 660 元/吨（1 月 3 日），最高价 4 400 元/吨（12 月 5 日），最低价 2 890 元/吨（4 月 18 日），最大价差 1 510 元/吨，年末报价 4 170 元/吨（12 月 29 日），2016 年末报价 3 640 元/吨，全年上涨 530 元/吨，年涨幅 14.56%。

2017 年热轧卷板期货和现货市场价格比较见图 1－2－9。

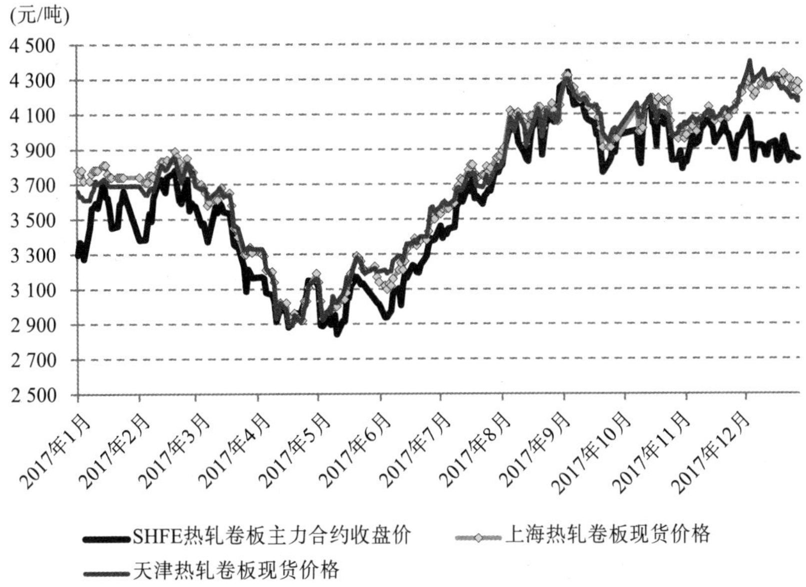

图 1－2－9　2017 年热轧卷板期货和现货市场价格比较

数据来源：上海期货交易所、钢之家。

2. 价格相关性分析

2017 年热轧卷板期货和现货市场价格主要显性指标见表 1－2－60，2017 年热轧卷板期货和现货市场价格相关性见表 1－2－61。

表 1－2－60　　2017 年热轧卷板期货和现货市场价格主要显性指标

市场分类	绝对指标（元/吨）					相对指标（%）	
	最高价	最低价	平均价	标准差	极差	离散率	波幅率
上期所主力合约连续价格	4 400	2 801	3 603.44	385.33	1 599	10.69	44.37
上海现货价格	4 330	2 910	3 741.24	403.47	1 420	10.78	37.96
天津现货价格	4 400	2 890	3 733.65	399.59	1 510	10.70	40.44

数据来源：上海期货交易所、钢之家。

十、天然橡胶期货运行情况

2017 年，上期所天然橡胶期货价格呈现震荡下跌走势。

表 1－2－61　　2017 年热轧卷板期货和现货市场价格相关性

价格选择	相关系数
热轧卷板主力合约连续价格与上海地区现货市场价格	0.97
热轧卷板主力合约连续价格与天津地区现货市场价格	0.96

数据来源：上海期货交易所、钢之家。

（一）交易情况

2017 年全年，上期所天然橡胶期货成交量 8 934.1 万手，同比减少 8.25%；成交金额 13.75 万亿元，同比增加 11.23%；年末持仓 21.84 万手，同比增加 42.11%。其中，成交量最高为 8 月的 1 032.16 万手，最低为 1 月的 516.61 万手；月末持仓最大为 7 月的 31.07 万手，最小为 1 月的 16.67 万手。

2017 年天然橡胶期货月度、年度交易情况见表 1－2－62、表 1－2－63，天然橡胶期货内外盘交易情况见表 1－2－64。

表 1－2－62　　2017 年天然橡胶期货月度交易情况

月度	成交量（万手）	同比变化（%）	成交金额（亿元）	同比变化（%）	月末持仓量（万手）	同比变化（%）
1 月	516.61	－31.65	10 296.91	34.71	16.67	－4.24
2 月	532.8	4.25	10 854.68	103	18.95	－7.43
3 月	732.95	－37.99	12 962.90	－4.05	17.00	－21.83
4 月	676.9	－35.73	10 213.89	－22.99	18.44	－1.54
5 月	816.81	－6.16	11 358.53	13.58	24.02	12.15
6 月	725.09	－7.33	9 372.69	9.09	27.16	7.23
7 月	1 002.88	－6.4	14 076.25	11.8	31.07	33.47
8 月	1 032.16	33.03	16 470.96	70.22	25.32	22.86
9 月	854.78	49.93	13 542.59	83.47	22.07	26.06
10 月	622.97	4.47	8 406.71	0.11	24.57	19.34
11 月	753.46	－16.58	10 436.00	－29.03	21.72	10.13
12 月	666.69	0.23	9 518.85	－24	21.84	42.11
总计	8 934.11	－8.25	137 510.95	11.23	—	—

数据来源：上海期货交易所。

表 1－2－63　　2016～2017 年天然橡胶期货年度交易情况

年度	成交量（万手）	同比变化（%）	成交金额（亿元）	同比变化（%）	年末持仓量（万手）	同比变化（%）
2016 年	9 737.13	17.22	123 631.68	20.68	15.37	－14.08
2017 年	8 934.11	－8.25	137 510.95	11.23	21.84	42.09

数据来源：上海期货交易所。

表 1-2-64　　2016～2017 年天然橡胶期货内外盘交易情况比较

年度	成交量（万手）		年末持仓量（万手）	
	上期所（内盘）	TOCOM（外盘）	上期所（内盘）	TOCOM（外盘）
2016 年	9 737.13	236.62	15.37	2.64
2017 年	8 934.11	213.63	21.84	2.34

数据来源：上海期货交易所、TOCOM。

（二）交割情况

截至 2017 年底，上期所天然橡胶期货交割仓库共 22 家，其中，上海市 9 家、天津市 2 家、山东省 8 家、云南省 1 家、海南省 2 家。

2017 年，上期所天然橡胶期货交割总量 25 692 手，折合 256 920 吨，同比减少 14.66%，交割金额 37.00 亿元，同比增加 9.77%。其中，5 月交割量最大，为 8 348 手，折合 83 480 吨；8 月交割量最低，为 23 手，折合 230 吨。

2017 年天然橡胶期货月度、年度交割情况见表 1-2-65、表 1-2-66。

表 1-2-65　　2017 年天然橡胶期货月度交割情况

月度	交割量（手）	同比变化（%）	交割金额（亿元）	同比变化（%）
1 月	6 324	76.06	12.10	249.21
3 月	80	-90.76	0.14	-85.36
4 月	60	-86.93	0.09	-83.81
5 月	8 348	-33.69	10.88	-23.76
6 月	125	-59.42	0.15	-51.59
7 月	43	-86.31	0.05	-84.25
8 月	23	-89.69	0.03	-87.31
9 月	5 822	-10.61	7.86	17.28
10 月	287	97.93	0.32	86.63
11 月	4 580	-10.14	5.37	-19.94
总计	25 692	-14.66	37.00	9.77

数据来源：上海期货交易所。

表 1-2-66　　2016～2017 年天然橡胶期货年度交割情况

年度	交割量（手）	同比变化（%）	交割金额（亿元）	同比变化（%）
2016 年	30 107	43.01	33.71	31.25
2017 年	25 692	-14.66	37.00	9.77

数据来源：上海期货交易所。

（三）价格走势

1. 总体价格走势

2017 年，上期所天然橡胶主力合约年初开盘价 18 380 元/吨（1 月 3 日），最高价 22 310 元/吨（2 月 15 日），最低价 12 215 元/吨（6 月 8 日），最大价差 10 095 元/吨，年末收盘价 14 105 元/吨（12 月 29 日），2016 年末收盘价 18 350 元/吨，全年下跌 4 245 元/吨，年跌幅 23. 13%。

2017 年，国产全乳胶现货年初报价 17 810 元/吨（1 月 3 日），最高价 21 310 元/吨（2 月 13 日），最低价 11 250 元/吨（9 月 29 日），最大价差 10 060 元/吨，年末报价 13 780 元/吨（12 月 29 日），2016 年末报价 17 210 元/吨，全年下跌 3 430 元/吨，年跌幅 19. 93%。

2017 年，东京商品交易所（TOCOM）天然橡胶主力合约年初开盘价 263. 9 日元/千克（1 月4 日），最高价 370. 4 日元/千克（1 月 31 日），最低价 178. 8 日元/千克（6 月 7 日），最大价差 191. 6 日元/千克，年末收盘价 207. 7 日元/千克（12 月 29 日），2016 年末收盘价 263. 8 日元/千克，全年下跌 56. 1 日元/千克，年跌幅 21. 27%。

2017 年天然橡胶期货内外盘和国内现货市场价格比较见图 1 – 2 – 10。

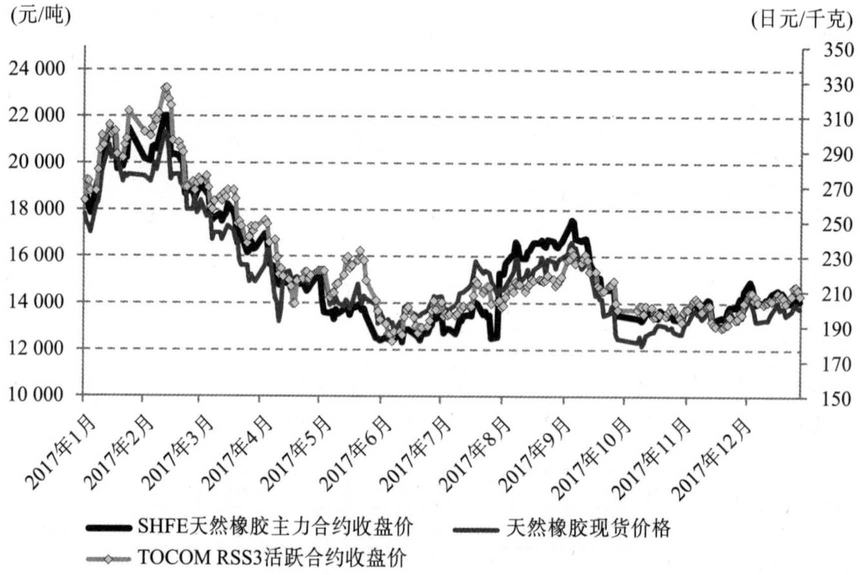

图 1 – 2 – 10　2017 年天然橡胶期货内外盘和国内现货市场价格比较

数据来源：上海期货交易所、生产商询价和金联创价格均价、TOCOM 官网。

2. 价格相关性分析

2017 年天然橡胶期货和国内现货市场价格主要显性指标见表 1 – 2 – 67，2017 年天然橡胶期货内外盘和国内现货市场价格相关性见表 1 – 2 – 68。

表 1－2－67　2017 年天然橡胶期货和国内现货市场价格主要显性指标

市场分类	绝对指标					相对指标（%）	
	最高价	最低价	平均价	标准差	极差	离散率	波幅率
上期所主力合约结算价（元/吨）	22 310	12 215	15 457	2 477.97	10 095	16.03	65.31
天然橡胶现货价格（元/吨）	21 310	11 250	14 451.13	2 513.59	10 060	17.39	69.61
TOCOM RSS3 收盘价（日元/千克）	370.4	178.8	227.19	37.07	191.6	16.32	84.33

数据来源：上海期货交易所、生产商询价和金联创价格均价、TOCOM 官网。

表 1－2－68　2017 年天然橡胶期货内外盘和国内现货市场价格相关性

价格选择	相关系数
上期所天然橡胶与 TOCOM RSS3 价格	0.95
上期所天然橡胶与现货价格	0.95

数据来源：上海期货交易所、生产商询价和金联创价格均价、TOCOM 官网。

十一、石油沥青期货运行情况

2017 年，上期所石油沥青期价呈现宽幅震荡走势。

（一）交易情况

2017 年全年，上期所石油沥青期货成交量 9 744.05 万手，同比减少 47.84%；成交金额 25 326.71 亿元，同比减少 30.98%；年末持仓 18.50 万手，同比减少 53.01%。其中，成交量最高为 3 月的 1 166.51 万手，最低为 12 月的 413.55 万手；月末持仓最大为 8 月的 41.11 万手，最小为 12 月的 18.50 万手。

2017 年石油沥青期货月度、年度交易情况见表 1－2－69、表 1－2－70。

表 1－2－69　2017 年石油沥青期货月度交易情况

月度	成交量（万手）	同比变化（%）	成交金额（亿元）	同比变化（%）	月末持仓量（万手）	同比变化（%）
1 月	982.96	－10.12	2 637.46	38.14	27.58	4.16
2 月	831.92	－20.17	2 361.63	32.55	35.11	－7.79
3 月	1 166.51	－61.60	3 164.40	－43.73	31.89	－43.47
4 月	952.07	－67.58	2 474.21	－57.87	32.55	－41.64
5 月	803.48	－52.23	2 019.07	－37.83	32.40	－25.05
6 月	813.33	－25.16	1 883.74	－11.84	37.75	－19.29
7 月	968.37	－27.70	2 441.76	－10.15	40.07	－13.71
8 月	997.98	－12.76	2 675.41	20.49	41.11	－36.79
9 月	901.17	－1.74	2 282.02	35.92	29.33	－52.12
10 月	497.74	－51.83	1 211.69	－35.03	26.67	－52.03
11 月	414.97	－78.03	1 074.98	－72.66	19.78	－58.51
12 月	413.55	－72.06	1 100.32	－70.35	18.50	－53.01
总计	9 744.05	－47.84	25 326.71	－30.98	—	—

数据来源：上海期货交易所。

表 1－2－70　　2016～2017 年石油沥青期货年度交易情况

年度	成交量（万手）	同比变化（%）	成交金额（亿元）	同比变化（%）	年末持仓量（万手）	同比变化（%）
2016 年	18 681. 42	476. 63	36 696. 23	398. 67	39. 37	273. 29
2017 年	9 744. 05	－47. 84	25 326. 71	－30. 98	18. 50	－53. 01

数据来源：上海期货交易所。

（二）交割情况

截至 2017 年底，上期所石油沥青期货交割仓库共 13 家，其中，江苏省 6 家、安徽省 2 家、山东省 2 家、广东省 2 家、浙江省 1 家；交割厂库共 9 家，其中，山东省 5 家、江苏省 3 家、广东省 1 家。

2017 年，上期所石油沥青期货交割总量 43 050 手，折合 430 500 吨，同比增加 17. 15%，交割金额 10. 14 亿元，同比增加 47. 71%。其中，9 月交割量最大，为 11 611手折合 116 110 吨；7 月交割量最低，为 7 手，折合 70 吨。

2017 年石油沥青期货月度、年度交割情况见表 1－2－71、表 1－2－72。

表 1－2－71　　2017 年石油沥青期货月度交割情况

月度	交割量（手）	同比变化（%）	交割金额（万元）	同比变化（%）
1 月	6 201	72. 30	15 328. 87	164. 88
2 月	200	9 900. 00	504. 80	14 929. 76
3 月	568	18 833. 33	1 446. 13	28 477. 08
4 月	530	1 792. 86	1 293. 20	2 671. 70
5 月	3 370	279. 50	8 027. 34	421. 30
6 月	10 496	－29. 80	23 448. 06	－11. 60
7 月	7	－75. 86	15. 97	－70. 21
8 月	81	39. 66	200. 56	93. 18
9 月	11 611	120. 36	27 309. 07	221. 12
10 月	42	－77. 30	92. 15	－67. 11
11 月	27	－90. 39	66. 10	－86. 82
12 月	9 917	－13. 43	23 622. 29	－6. 52
总计	43 050	17. 15	101 354. 54	47. 71

数据来源：上海期货交易所。

表 1－2－72　　2016～2017 年石油沥青期货年度交割情况

年度	交割量（手）	同比变化（%）	交割金额（万元）	同比变化（%）
2016 年	36 749	62. 87	68 619. 02	21. 31
2017 年	43 050	17. 15	101 354. 54	47. 71

数据来源：上海期货交易所。

（三）价格走势

1. 总体价格走势

2017 年，上期所石油沥青主力合约年初开盘价 2 744 元/吨（1 月 3 日），最高价 2 978 元/吨（2 月 15 日），最低价 2 238 元/吨（6 月 22 日），最大价差 740 元/吨，年末收盘价 2 622 元/吨（12 月 29 日），2016 年末收盘价 2 738 元/吨，全年下跌 116 元/吨，年跌幅 4.24%。

2017 年，百川华东国产沥青现货价格年初报价 2 650 元/吨（1 月 3 日），最高价 2 800 元/吨（3 月 10 日），最低价 2 200 元/吨（6 月 27 日），最大价差 600 元/吨，年末报价 2 685 元/吨（12 月 29 日），2016 年末报价 2 650 元/吨，全年上涨 35 元/吨，年涨幅 1.32%。

2017 年石油沥青期货和现货市场价格比较见图 1－2－11。

图 1－2－11　2017 年石油沥青期货和现货市场价格比较

数据来源：上海期货交易所、百川资讯。

2. 价格相关性分析

2017 年石油沥青期货和现货市场价格主要显性指标见表 1－2－73，2017 年石油沥青期货和现货市场价格相关性见表 1－2－74。

表 1－2－73　　2017 年石油沥青期货和现货市场价格主要显性指标

市场分类	绝对指标（元/吨）					相对指标（%）	
	最高价	最低价	平均价	标准差	极差	离散率	波幅率
上期所主力合约结算价	2 978	2 238	2 582	152.49	740	5.91	28.66
华东沥青现货价格	2 800	2 200	2 586	160.54	600	6.21	23.20

数据来源：上海期货交易所、百川资讯。

表 1－2－74　　2017 年石油沥青期货和现货市场价格相关性

价格选择	相关系数
上期所主力合约结算价和华东沥青现货价格	0.80

数据来源：上海期货交易所、百川资讯。

十二、锡期货运行情况

2017 年，上期所锡期货价格呈现震荡下行走势。

（一）交易情况

2017 年全年，上期所锡期货成交量 208.36 万手，同比减少 34.24%；成交金额 3 013.70 亿元，同比减少 20.04%；年末持仓 1.10 万手，同比增加 56.44%。其中，成交量最高为 8 月的 20.82 万手，最低为 10 月的 11.13 万手；月末持仓最大为 7 月的 1.41 万手，最小为 1 月的 0.56 万手。

2017 年锡期货年度交易情况见表 1－2－75，锡期货内外盘交易情况见表 1－2－76。

表 1－2－75　　2016～2017 年锡期货年度交易情况

年度	成交量（万手）	同比变化（%）	成交金额（亿元）	同比变化（%）	年末持仓量（万手）	同比变化（%）
2016 年	316.83	514.27	3 768.84	570.17	7 047	109.79
2017 年	208.36	－34.24	3 013.70	－20.04	1.10	56.44

数据来源：上海期货交易所。

表 1－2－76　　2016～2017 年锡期货内外盘交易情况比较

年度	成交量（万手）		年末持仓量（万手）	
	上期所（内盘）	LME（外盘）	上期所（内盘）	LME（外盘）
2016 年	316.83	135.34	0.70	1.80
2017 年	208.36	121.54	1.10	1.71

数据来源：上海期货交易所、LME。

（二）交割情况

截至 2017 年底，上期所锡期货交割仓库共 6 家，其中，上海市 2 家、江苏省 2 家、广东省 2 家。

2017 年，上期所锡期货交割总量 8 026 手，折合 8 026 吨，同比增加 19.76%，交割金额 11.53 亿元，同比增加 52.91%。其中，9 月交割量最大，为 3 336 手折合 3 336 吨；2 月、3 月、4 月、6 月、7 月、8 月无交割。

2017 年锡期货年度交割情况见表 1－2－77。

表 1-2-77　　2016~2017 年锡期货年度交割情况

年度	交割量（手）	同比变化（%）	交割金额（亿元）	同比变化（%）
2016 年	6 702	227.25	7.54	250.39
2017 年	8 026	19.76	11.53	52.91

数据来源：上海期货交易所。

（三）价格走势

1. 总体价格走势

2017 年，上期所锡主力连续合约年初开盘价 147 380 元/吨（1 月 3 日），最高价 156 000 元/吨（1 月 11 日），最低价 132 410 元/吨（12 月 14 日），最大价差 23 590 元/吨，年末收盘价 144 840 元/吨（12 月 29 日），2016 年末收盘价 146 820 元/吨，全年下跌 1 980 元/吨，年跌幅 1.35%。

2017 年，上海 1 号锡锭现货价格年初报价 149 000 元/吨（1 月 3 日），最高价 153 000 元/吨（1 月 11 日），最低价 135 750 元/吨（12 月 15 日），最大价差 17 250 元/吨，年末报价 141 250 元/吨（12 月 29 日），上年末报价 148 000 元/吨，全年下跌 6 750 元/吨，年跌幅 4.56%。

2017 年，伦敦金属交易所（LME）锡期货连续合约年初开盘价 20 975 美元/吨（1 月 3 日），最高价 21 150 美元/吨（1 月 10 日，1 月 11 日），最低价 18 780 美元/吨（2 月 23 日），最大价差 2 370 美元/吨，年末收盘价 20 025 美元/吨（12 月 29 日），2016 年末收盘价 21 125 美元/吨，全年下跌 1 100 美元/吨，年跌幅 5.21%。

2017 年锡期货内外盘和国内现货市场价格比较见图 1-2-12。

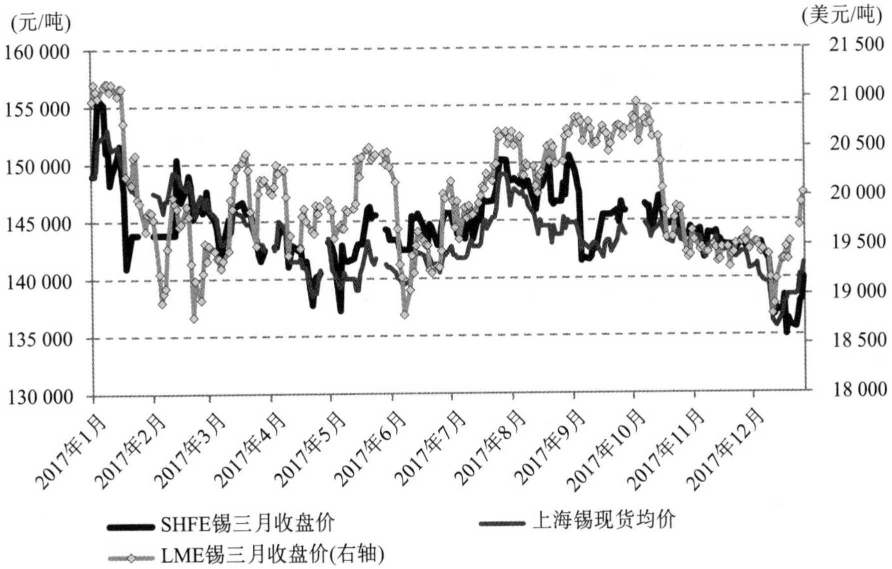

图 1-2-12　2017 年锡期货内外盘和国内现货市场价格比较

数据来源：上海期货交易所、LME、SMM。

2. 价格相关性分析

2017 年锡期货内外盘和国内现货市场价格主要显性指标见表 1－2－78，2017 年锡期货内外盘和国内现货市场价格相关性见表 1－2－79。

表 1－2－78　2017 年锡期货内外盘和国内现货市场价格主要显性指标

市场分类	绝对指标					相对指标（%）	
	最高价	最低价	平均价	标准差	极差	离散率	波幅率
上期所连续价格（元/吨）	156 000	132 410	144 552	3 099.39	23 590	2.14	16.32
LME 连续价格（美元/吨）	21 150	18 780	19 984	553.73	2 370	2.77	11.86
锡现货市场价格（元/吨）	153 000	135 750	143 554	3 201.14	17 250	2.23	12.02

数据来源：上海期货交易所、LME。

表 1－2－79　2017 年锡期货内外盘和国内现货市场价格相关性

价格选择	相关系数
上期所连续价格与 LME 连续价格	0.61
上期所连续价格与现货市场价格	0.87

数据来源：上海期货交易所、LME。

十三、燃料油期货运行情况

2017 年，上期所燃料油期价呈现宽幅震荡走势。

（一）交易情况

2017 年全年，上期所燃料油期货成交量 1 432 手，同比减少 50.99%；成交金额 2.98 亿元，同比减少 42.35%；年末持仓 0 手，同比减少 100%。其中，成交量最高为 1 月的651 手，10 月、11 月、12 月的成交量为 0 手；月末持仓最大为 1 月的 54 手，10 月、11 月、12 月的月末持仓量为 0 手。

2017 年燃料油期货年度交易情况见表 1－2－80。

表 1－2－80　2016～2017 年燃料油期货年度交易情况

年度	成交量（手）	同比变化（%）	成交金额（亿元）	同比变化（%）	年末持仓量（手）	同比变化（%）
2016 年	2 922	－24.59	5.17	－10.05	92	736.36
2017 年	1 432	－50.99	2.98	－42.35	0	－100

数据来源：上海期货交易所。

（二）交割情况

截至 2017 年底，上期所燃料油期货交割仓库共 8 家，其中，上海市 1 家、广东省 5 家、浙江省 2 家。

2017 年，上期所燃料油期货无交割。

2017 年燃料油期货年度交割情况见表 1 –2 –81。

表 1 –2 –81　　2016 ~ 2017 年燃料油期货年度交割情况

年度	交割量（手）	同比变化（%）	交割金额（亿元）	同比变化（%）
2016 年	0	–100	0	–100
2017 年	0	—	0	—

数据来源：上海期货交易所。

（三）价格走势

1. 总体价格走势

2017 年，上期所燃料油期货主力合约年初开盘价 4 461 元/吨（1 月 3 日），最高价 4 685 元/吨（2 月 13 日），最低价 3 615 元/吨（7 月 21 日），最大价差 1 070 元/吨，年末收盘价 3 870 元/吨（12 月 29 日），2016 年末收盘价 4 487 元/吨，全年下跌 617 元/吨，年跌幅 13. 75%。

2017 年，燃料油现货年初报价 3 630 元/吨（1 月 3 日），最高价 3 750 元/吨（1 月 11 日），最低价 2 890 元/吨（7 月 11 日），最大价差 860 元/吨，年末报价 3 450 元/吨（12 月 29 日），上年末报价 3 720 元/吨，全年下跌 270 元/吨，年跌幅 7. 26%。

2017 年燃料油期货和现货市场价格比较见图 1 –2 –13。

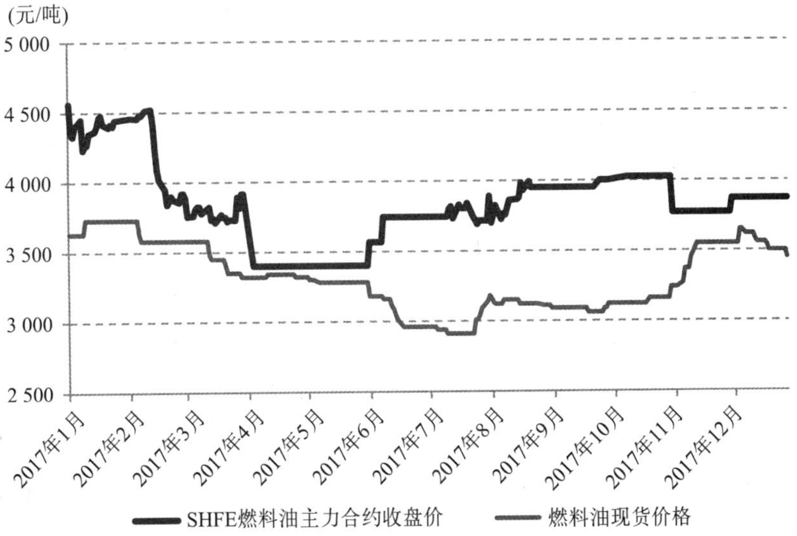

图 1 –2 –13　2017 年燃料油期货和现货市场价格比较

数据来源：上海期货交易所、金凯讯。

2. 价格相关性分析

2017 年燃料油期货和现货市场价格主要显性指标见表 1 –2 –82。2017 年燃料油期货和现货市场价格相关性见表1－2－83。

表1－2－82　　2017年燃料油期货和现货市场价格主要显性指标

市场分类	绝对指标（元/吨）					相对指标（%）	
	最高价	最低价	平均价	标准差	极差	离散率	波幅率
上期所主力合约结算价	4 685	3 615	3 840.04	274.98	1 070	7.16	27.86
燃料油现货价格	3 730	2 910	3 305.81	239.67	820	7.25	24.80

数据来源：上海期货交易所、金凯讯。

表1－2－83　　2017年燃料油期货和现货市场价格相关性

价格选择	相关系数
上期所燃料油与燃料油现货价格	0.34

数据来源：上海期货交易所、金凯讯。

十四、线材期货运行情况

2017年，上期所线材期价呈震荡上行走势。

（一）交易情况

2017年全年，上期所线材期货成交量98手，同比增加60.66%；成交金额289.98万元，同比增102.25%；年末持仓0手。其中，成交量最高为4月的37手，最低为1月、2月、6月以及8～12月的0手；月末持仓最大为4月的21手，最小为1月、2月及5～12月的0手。

表1－2－84　　2016～2017年线材期货年度交易情况

年度	成交量（手）	同比变化（%）	成交金额（万元）	同比变化（%）	年末持仓量（手）	同比变化（%）
2016年	61	－81.35	143.38	－82.97	0	—
2017年	98	60.66	289.98	102.25	0	—

数据来源：上海期货交易所。

（二）交割情况

截至2017年底，上期所线材期货交割仓库共4家7个存放点，其中，天津市1家、江苏省3家、浙江省1家。

2017年，上期所线材期货全年未发生交割。

（三）价格走势

1. 总体价格走势

2017年，上期所线材期货主力连续合约年初开盘价3 309元/吨（1月3日），最高价3 341元/吨（7月20日），最低价2 621元/吨（4月26日），最大价差720

元/吨，年末收盘价 3 121 元/吨（12 月 29 日），2016 年末收盘价 2 353 元/吨，全年上涨 768 元/吨，年涨幅 32.64%。

2017 年，上海线材现货价格年初报价 3 190 元/吨（1 月 3 日），最高价 4 770 元/吨（9 月 4 日），最低价 3 160 元/吨（1 月 9 日），最大价差 1 610 元/吨，年末报价 4 310 元/吨（12 月 29 日），2016 年末报价 3 170 元/吨，全年上涨 1 140 元/吨，年涨幅 35.96%。

2017 年线材期货和现货市场价格比较见图 1-2-14。

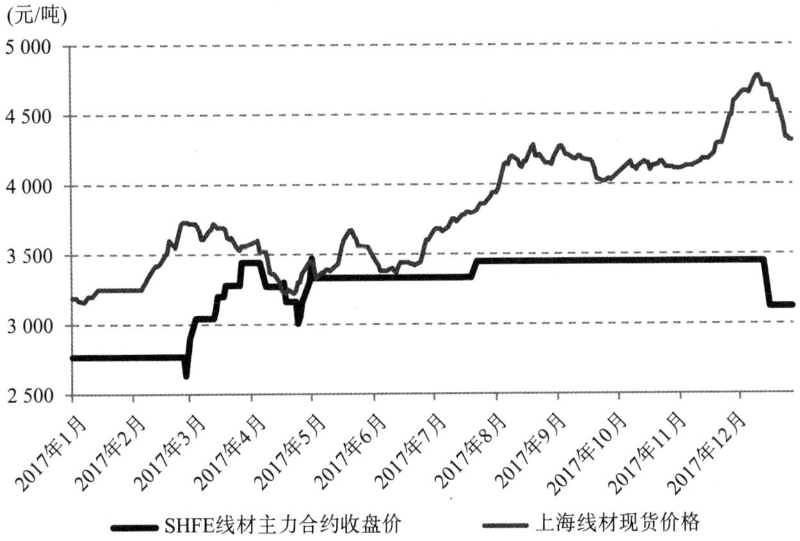

图 1-2-14　2017 年线材期货和现货市场价格比较

数据来源：上海期货交易所、钢之家。

2. 价格相关性分析

2017 年线材期货和现货市场价格主要显性指标见表 1-2-85，2017 年线材期货和现货市场价格相关性见表 1-2-86。

表 1-2-85　　2017 年线材期货和现货市场价格主要显性指标

市场分类	绝对指标（元/吨）					相对指标（%）	
	最高价	最低价	平均价	标准差	极差	离散率	波幅率
上期所主力合约连续价格	3 341	2 502	3 261.43	241.91	839	7.42	25.72
上海现货价格	4 770	3 160	3 807.72	425.28	1 610	11.17	42.28

数据来源：上海期货交易所、钢之家。

表 1-2-86　　2017 年线材期货和现货市场价格相关性

价格选择	相关系数
线材主力合约连续价格与上海地区现货市场价格	0.57

数据来源：上海期货交易所、钢之家。

第三节　郑州商品交易所上市品种运行情况

郑州商品交易所（以下简称郑商所，ZCE）2017 年全年累计成交量为 5.86 亿手，占全国期货市场成交量的 19.05%，同比下降 34.98%；全年累计成交额为 21.37 万亿元，同比下降 31.14%。成交较为活跃的品种有 PTA、甲醇、菜籽粕、白糖、玻璃、动力煤、一号棉、菜籽油、锰硅、硅铁；成交较为低迷的品种有强麦、油菜籽、早籼稻、粳稻、晚籼稻、普麦，单个品种年成交量在全国占比不足 0.1%。2017 年郑商所新上市的品种有白糖期权、棉纱期货、苹果期货。

一、一号棉期货运行情况

2017 年，郑商所一号棉期货价格呈现区间震荡走势。

（一）交易情况

2017 年全年，郑商所一号棉期货成交量 2 606.82 万手，同比减少 67.63%；成交金额 20 132.24 亿元，同比减少 63.41%；年末持仓 17.91 万手，同比增加 5.77%。其中，成交量最高为 3 月的 338.30 万手，最低为 10 月的 93.52 万手；月末持仓最大为 2 月的 20.75 万手，最小为 9 月的 13.08 万手。

2017 年一号棉期货月度、年度交易情况见表 1－3－1、表 1－3－2，一号棉期货内外盘交易情况见表 1－3－3。

表 1－3－1　　2017 年一号棉期货月度交易情况

月度	成交量（万手）	同比变化（%）	成交金额（亿元）	同比变化（%）	月末持仓量（万手）	同比变化（%）
1 月	207.36	21.62	1 586.96	65.75	15.80	-55.96
2 月	209.52	8.73	1 663.37	63.82	20.75	-54.19
3 月	338.30	-36.58	2 645.67	-3.58	18.34	-59.82
4 月	210.41	-85.46	1 655.23	-81.32	18.90	-35.88
5 月	272.23	-65.31	2 163.52	-56.21	13.58	-50.71
6 月	215.42	-76.11	1 640.99	-72.84	17.46	-50.19
7 月	221.00	-83.27	1 663.28	-83.48	15.28	-44.21
8 月	258.87	-68.55	1 969.44	-67.17	15.21	-39.08
9 月	225.11	-51.01	1 753.11	-47.69	13.08	-47.72
10 月	93.52	-76.39	703.81	-76.51	15.29	-42.51
11 月	165.27	-74.69	1 248.26	-75.77	14.40	-36.36
12 月	189.80	-48.80	1 438.60	-50.18	17.91	5.77
总计	2 606.82	-67.63	20 132.24	-63.41	—	—

数据来源：郑州商品交易所。

表 1-3-2　　2016～2017 年一号棉期货年度交易情况

年度	成交量（万手）	同比变化（%）	成交金额（亿元）	同比变化（%）	年末持仓量（万手）	同比变化（%）
2016 年	8 053.01	256.12	55 014.73	283.38	16.93	-43.69
2017 年	2 606.82	-67.63	20 132.24	-63.41	17.91	5.77

数据来源：郑州商品交易所。

表 1-3-3　　2016～2017 年一号棉期货内外盘交易情况比较

年度	成交量（万手）		年末持仓量（万手）	
	郑商所（内盘）	ICE（外盘）	郑商所（内盘）	ICE（外盘）
2016 年	8 053.01	770.30	16.93	24.53
2017 年	2 606.82	790.75	17.91	28.27

数据来源：郑州商品交易所、洲际交易所。

（二）交割情况

截至 2017 年底，郑商所一号棉期货交割仓库共 21 家，其中，江苏省 5 家、河南省 4 家、山东省 4 家、新疆维吾尔自治区 3 家、湖北省 2 家、河北省 1 家、安徽省 1 家、浙江省 1 家。

2017 年，郑商所一号棉期货交割总量 26 372 手，折合 131 860 吨，同比增加 32.44%，交割金额 20.16 亿元，同比增加 60.91%。其中，5 月交割量最大，为 11 116 手，折合 55 580 吨；11 月交割量最低，为 440 手，折合 2 200 吨。

2017 年棉花期货月度、年度交割情况见表 1-3-4、表 1-3-5。

表 1-3-4　　2017 年一号棉期货月度交割情况

月度	交割量（手）	同比变化（%）	交割金额（亿元）	同比变化（%）
1 月	7 216	-16.25	5.43	6.20
3 月	4 368	493.48	3.42	761.61
5 月	11 116	149.01	8.50	214.50
7 月	776	-70.69	0.57	-70.15
9 月	2 456	0.33	1.92	16.72
11 月	440	-56.00	0.33	-56.63
总计	26 372	32.44	20.16	60.91

数据来源：郑州商品交易所。

表 1-3-5　　2016～2017 年一号棉期货年度交割情况

年度	交割量（手）	同比变化（%）	交割金额（亿元）	同比变化（%）
2016 年	19 912	30.11	12.53	27.29
2017 年	26 372	32.44	20.16	60.91

数据来源：郑州商品交易所。

（三）价格走势

1. 总体价格走势

2017 年，郑商所一号棉期货主力连续合约年初开盘价 15 080 元/吨（1 月 3 日），最高价 16 540 元/吨（5 月 16 日），最低价 14 560 元/吨（7 月 28 日），最大价差 1 980 元/吨，年末收盘价 14 945 元/吨（12 月 29 日），2016 年末收盘价 15 030 元/吨，全年下跌 85 元/吨，年跌幅 0.57%。

2017 年，国家棉花价格指数 CN cotton B 年初报价 15 724 元/吨（1 月 3 日），最高价 16 067 元/吨（3 月 7 日），最低价 15 624 元/吨（1 月 23 日），最大价差 443 元/吨，年末收盘价 15 683 元/吨（12 月 29 日），2016 年末收盘价 15 739 元/吨，全年下跌 56 元/吨，年跌幅 0.36%。

2017 年，洲际交易所（ICE）棉花期货连续合约年初开盘价 71.19 美分/磅（1 月 3 日），最高价 87.18 美分/磅（5 月 15 日），最低价 66.49 美分/磅（7 月 13 日），最大价差 20.69 美分/磅，年末收盘价 78.63 美分/磅（12 月 29 日），2016 年末收盘价 70.65 美分/磅，全年上涨 7.98 美分/磅，年涨幅 11.30%。

2017 年一号棉期货内外盘和国内现货市场价格比较见图 1－3－1。

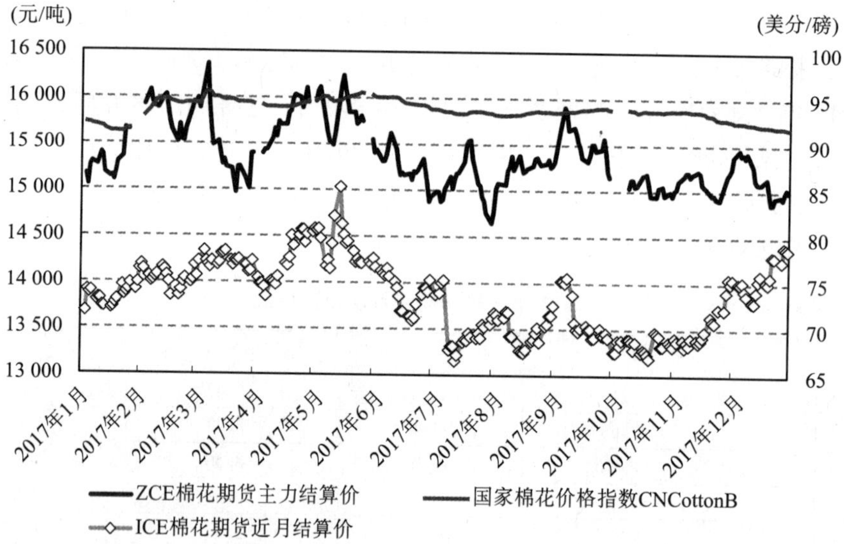

图 1－3－1　2017 年一号棉期货内外盘和国内现货市场价格比较

数据来源：郑州商品交易所、洲际交易所、中国棉花网。

2. 价格相关性分析

2017 年棉花期货内外盘和国内现货市场价格主要显性指标见表 1－3－6，2017 年棉花期货内外盘和国内现货市场价格相关性见表 1－3－7。

表 1－3－6　2017 年一号棉期货内外盘和国内现货市场价格主要显性指标

市场分类	绝对指标					相对指标（%）	
	最高价	最低价	平均价	标准差	极差	离散率	波幅率
郑商所连续价格（元/吨）	16 540	14 560	15 374	345.76	1 980	2.25	12.88
ICE 连续价格（美分/磅）	87.18	66.49	73.48	3.83	20.69	5.21	28.16
棉花现货市场价格（元/吨）	16 067	15 624	15 873	99.65	443	0.63	2.79

数据来源：郑州商品交易所、洲际交易所、中国棉花网。

表 1－3－7　2017 年一号棉期货内外盘和国内现货市场价格相关性

价格选择	相关系数
郑商所连续价格与 ICE 连续价格	0.56
郑商所连续价格与现货市场价格	0.47

数据来源：郑州商品交易所、洲际交易所、中国棉花网。

二、白糖期货运行情况

2017 年，郑商所白糖期价呈现震荡下行走势。

（一）交易情况

2017 年全年，郑商所白糖期货成交量 6 107.32 万手，同比减少 47.93%；成交金额 39 571.43 亿元，同比减少 43.20%；年末持仓 31.46 万手，同比增加 15.41%。其中，成交量最高为 3 月的 691.21 万手，最低为 10 月的 372.41 万手；月末持仓最大为 4 月的 55.37 万手，最小为 1 月的 22.75 万手。

2017 年白糖期货月度、年度交易情况见表 1－3－8、表 1－3－9，白糖期货内外盘交易情况见表 1－3－10。

表 1－3－8　2017 年白糖期货月度交易情况

月度	成交量（万手）	同比变化（%）	成交金额（亿元）	同比变化（%）	月末持仓量（万手）	同比变化（%）
1 月	375.91	－74.53	2 582.58	－68.17	22.75	－68.62
2 月	406.74	－55.67	2 796.89	－43.56	36.52	－49.04
3 月	691.21	－54.18	4 662.20	－43.55	49.02	－25.57
4 月	541.92	－53.83	3 632.66	－45.16	55.37	－3.91
5 月	490.89	－48.74	3 288.53	－38.54	49.82	－6.41
6 月	522.41	－50.42	3 418.64	－44.41	52.49	－21.65
7 月	621.26	－44.63	3 863.18	－43.06	54.62	0.54
8 月	644.53	－5.22	4 045.63	－2.86	48.46	12.08
9 月	510.18	－23.68	3 154.52	－26.62	44.04	－14.92

续表

月度	成交量（万手）	同比变化（%）	成交金额（亿元）	同比变化（%）	月末持仓量（万手）	同比变化（%）
10月	372.41	-36.15	2 312.30	-41.51	50.34	3.61
11月	536.16	-42.31	3 403.09	-46.99	49.83	27.24
12月	393.70	-40.27	2 411.21	-47.46	31.46	15.41
总计	6 107.32	-47.93	39 571.43	-43.20	—	—

数据来源：郑州商品交易所。

表1-3-9　2016~2017年白糖期货年度交易情况

年度	成交量（万手）	同比变化（%）	成交金额（亿元）	同比变化（%）	年末持仓量（万手）	同比变化（%）
2016年	11 729.39	-37.38	69 663.30	-30.77	27.26	-62.30
2017年	6 107.32	-47.93	39 571.43	-43.20	31.46	15.41

数据来源：郑州商品交易所。

表1-3-10　2016~2017年白糖期货内外盘交易情况比较

年度	成交量（万手）		年末持仓量（万手）	
	郑商所（内盘）	ICE（外盘）	郑商所（内盘）	ICE（外盘）
2016年	11 729.39	3 311.53	27.26	80.59
2017年	6 107.32	3 096.11	31.46	75.55

数据来源：郑州商品交易所、洲际交易所。

（二）交割情况

截至2017年底，郑商所白糖期货交割仓库共35家，其中，广西省8家、河北省4家、山东省4家、江苏省3家、云南省3家、北京市2家、广东省2家、辽宁省2家、陕西省2家、天津市2家、浙江省1家、湖北省1家、河南省1家。

2017年，郑商所白糖期货交割总量76 512手，折合765 120吨，同比增加66.99%，交割金额51.23亿元，同比增加99.96%。其中，1月交割量最大，为35 030手，折合350 300吨；11月交割量最低，为18手，折合180吨。

2017年白糖期货月度、年度交割情况见表1-3-11、表1-3-12。

表1-3-11　2017年白糖期货月度交割情况

月度	交割量（手）	同比变化（%）	交割金额（亿元）	同比变化（%）
1月	35 030	310.57	24.49	433.84
3月	20	-99.04	0.01	-98.78
5月	11 135	-33.57	7.26	-20.57
7月	77	-84.75	0.05	-83.93

续表

月度	交割量（手）	同比变化（%）	交割金额（亿元）	同比变化（%）
9月	30 232	80.18	19.42	98.74
11月	18	-98.44	0.01	-98.52
总计	76 512	66.99	51.23	99.96

数据来源：郑州商品交易所。

表1-3-12　　2016~2017年白糖期货年度交割情况

年度	交割量（手）	同比变化（%）	交割金额（亿元）	同比变化（%）
2016年	45 818	-27.38	25.62	-19.33
2017年	76 512	66.99	51.23	99.96

数据来源：郑州商品交易所。

（三）价格走势

1. 总体价格走势

2017年，郑商所白糖主力连续合约年初开盘价6 848元/吨（1月3日），最高价7 025元/吨（1月20日），最低价5 909元/吨（12月28日），最大价差1 116元/吨，年末收盘价5 937元/吨（12月29日），2016年末收盘价6 826元/吨，全年下跌889元/吨，年跌幅13.02%。

2017年，南宁白糖现货年初报价6 600元/吨（1月3日），最高价6 910元/吨（2月6日），最低价6 220元/吨（12月28日），最大价差690元/吨，年末收盘价6 220元/吨（12月29日），上年末收盘价6 630元/吨，全年下跌410元/吨，年跌幅6.18%。

2017年，洲际交易所（ICE）11号原糖期货连续合约年初开盘价19.63美分/磅（1月3日），最高价21.49美分/磅（2月6日），最低价12.53美分/磅（6月27日），最大价差8.96美分/磅，年末收盘价15.16美分/磅（12月29日），上年末收盘价19.51美分/磅，全年下跌4.35美分/磅，年跌幅22.30%。

2017年白糖期货内外盘和国内现货市场价格比较见图1-3-2。

2. 价格相关性分析

2017年白糖期货内外盘和国内现货市场价格主要显性指标见表1-3-13，2017年白糖期货内外盘和国内现货市场价格相关性见表1-3-14。

三、菜籽油期货运行情况

2017年，郑商所菜籽油期货价格呈现震荡下跌走势。

（一）交易情况

2017年全年，郑商所菜籽油期货成交量2 599.48万手，同比减少4.82%；成

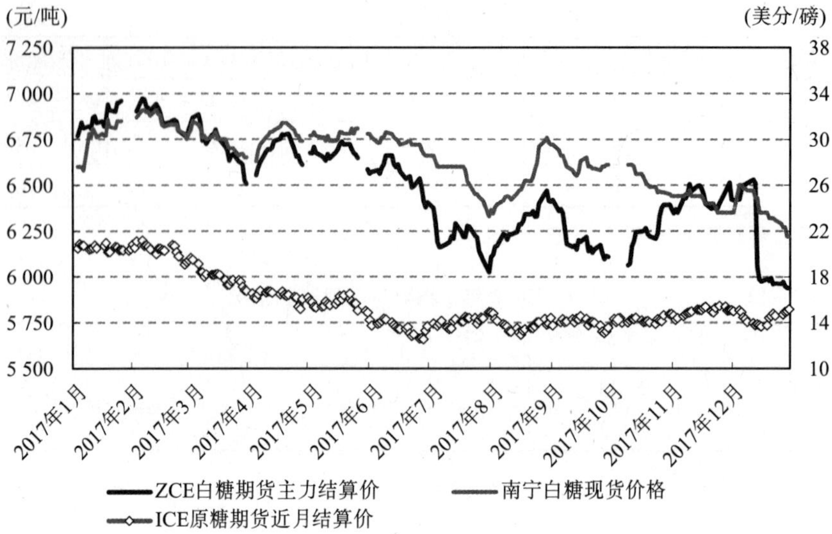

图 1-3-2　2017 年白糖期货内外盘和国内现货市场价格比较

数据来源：郑州商品交易所、洲际交易所、广西糖网。

表 1-3-13　2017 年白糖期货内外盘和国内现货市场价格主要显性指标

市场分类	绝对指标					相对指标（%）	
	最高价	最低价	平均价	标准差	极差	离散率	波幅率
郑商所连续价格（元/吨）	7 025	5 909	6 486	272.92	1 116	4.21	17.21
ICE 连续价格（美分/磅）	21.49	12.53	15.78	2.42	8.96	15.32	56.78
白糖现货市场价格（元/吨）	6 910	6 220	6 628	167.93	690	2.53	10.41

数据来源：郑州商品交易所、洲际交易所、广西糖网。

表 1-3-14　2017 年白糖期货内外盘和国内现货市场价格相关性

价格选择	相关系数
郑商所连续价格与 ICE 连续价格	0.78
郑商所连续价格与现货市场价格	0.80

数据来源：郑州商品交易所、洲际交易所、广西糖网。

交金额 17 377.09 亿元，同比减少 3.07%；年末持仓 17.60 万手，同比增加 13.47%。其中，成交量最高为 8 月的 301.65 万手，最低为 12 月的 140.48 万手；月末持仓最大为 8 月的 25.14 万手，最小为 1 月的 17.53 万手。

2017 年菜籽油期货月度、年度交易情况见表 1-3-15、表 1-3-16。

（二）交割情况

截至 2017 年底，郑商所菜籽油期货交割仓库共 22 家，其中，江苏省 5 家，广西壮族自治区、福建省和四川省各 3 家，安徽省、湖北省和广东省各 2 家，陕西省和重庆市各 1 家。

表 1-3-15　　2017 年菜籽油期货月度交易情况

月度	成交量（万手）	同比变化（%）	成交金额（亿元）	同比变化（%）	月末持仓量（万手）	同比变化（%）
1 月	160.12	95.33	1 152.19	151.61	17.53	51.06
2 月	182.41	198.61	1 292.19	278.13	21.69	63.23
3 月	293.54	100.44	1 954.95	132.82	23.95	73.61
4 月	227.74	11.30	1 437.89	15.05	23.11	15.91
5 月	263.59	-7.05	1 695.59	-2.09	22.14	50.19
6 月	238.65	23.26	1 502.08	24.68	21.01	31.35
7 月	269.94	-12.70	1 780.69	-9.82	20.18	22.34
8 月	301.65	82.30	2 069.33	97.19	25.14	82.97
9 月	194.6	49.55	1 340.14	63.07	21.34	81.73
10 月	152.77	-53.28	1 035.02	-53.77	24.66	0.45
11 月	173.97	-65.00	1 189.25	-66.25	20.58	-24.73
12 月	140.48	-57.55	927.76	-62.78	17.60	13.47
总计	2 599.48	-4.82	17 377.09	-3.07	—	—

数据来源：郑州商品交易所。

表 1-3-16　　2016~2017 年菜籽油期货年度交易情况

年度	成交量（万手）	同比变化（%）	成交金额（亿元）	同比变化（%）	年末持仓量（万手）	同比变化（%）
2016 年	2 731.22	251.04	17 926.76	294.79	15.51	26.60
2017 年	2 599.48	-4.82	17 377.09	-3.07	17.60	13.47

数据来源：郑州商品交易所。

2017 年，郑商所菜籽油期货交割总量 26 279 手折合 262 790 吨，同比增加 52.80%，交割金额 17.32 亿元，同比增加 69.61%。其中，9 月交割量最大，为 13 443 手，折合 134 430 吨；7 月交割量最低，为 5 手，折合 50 吨。

2017 年菜籽油期货月度、年度交割情况见表 1-3-17、表 1-3-18。

表 1-3-17　　2017 年菜籽油期货月度交割情况

月度	交割量（手）	同比变化（%）	交割金额（亿元）	同比变化（%）
1 月	6 406	140.19	4.43	196.25
3 月	13	—	0.01	—
5 月	6 394	299.63	3.82	318.63
7 月	5	-84.85	0.003	-83.22
9 月	13 443	4.44	9.05	16.51
11 月	18	-30.77	0.01	-34.18
总计	26 279	52.80	17.32	69.61

数据来源：郑州商品交易所。

表 1－3－18　　2016～2017 年菜籽油期货年度交割情况

年度	交割量（手）	同比变化（%）	交割金额（亿元）	同比变化（%）
2016 年	17 198	131.28	10.21	131.66
2017 年	26 279	52.80	17.32	69.61

数据来源：郑州商品交易所。

（三）价格走势

1. 总体价格走势

2017 年，郑商所菜籽油期货主力连续合约年初开盘价 7 220 元/吨（1 月 3 日），最高价 7 336 元/吨（1 月 17 日），最低价 6 002 元/吨（6 月 1 日），最大价差 1 334 元/吨，年末收盘价 6 418 元/吨（12 月 29 日），2016 年末收盘价 7 230 元/吨，全年下跌 812 元/吨，年跌幅 11.23%。

2017 年，广东湛江四级菜籽油现货价格年初报价 7 350 元/吨（1 月 3 日），最高价 7 350 元/吨（1 月 3 日），最低价 5 800 元/吨（4 月 19 日），最大价差 1 550 元/吨，年末报价 6 150 元/吨（12 月 29 日），2016 年末报价 7 350 元/吨，全年下跌 1 200 元/吨，年跌幅 16.33%。

2017 年菜籽油期货和现货市场价格比较见图 1－3－3。

图 1－3－3　2017 年菜籽油期货和现货市场价格比较

数据来源：郑州商品交易所、国家粮油信息中心。

2. 价格相关性分析

2017 年菜籽油期货和现货市场价格主要显性指标见表 1－3－19，2017 年菜籽油期货和现货市场价格相关性见表 1－3－20。

表 1－3－19　　2017 年菜籽油期货和现货市场价格主要显性指标

市场分类	绝对指标（元/吨）					相对指标（%）	
	最高价	最低价	平均价	标准差	极差	离散率	波幅率
郑商所连续价格	7 336	6 002	6 703. 14	279. 18	1 334	4. 16	19. 90
菜籽油现货市场价格	7 350	5 800	6 450. 82	365. 08	1 550	5. 66	24. 03

数据来源：郑州商品交易所、国家粮油信息中心。

表 1－3－20　　2017 年菜籽油期货和现货市场价格相关性

价格选择	相关系数
郑商所连续价格与现货市场价格	0. 95

数据来源：郑州商品交易所、国家粮油信息中心。

四、菜籽粕期货运行情况

2017 年，郑商所菜籽粕期货价格呈现区间震荡走势。

（一）交易情况

2017 年全年，郑商所菜籽粕期货成交量 7 973. 65 万手，同比减少 67. 62%；成交金额 18 509. 81 亿元，同比减少 67. 95%；年末持仓 41. 92 万手，同比增加 25. 61%。其中，成交量最高为 3 月的 891. 93 万手，最低为 10 月的 361. 69 万手；月末持仓最大为 5 月的 71. 12 万手，最小为 1 月的 40. 84 万手。

2017 年菜籽粕期货月度、年度交易情况见表 1－3－21、表 1－3－22。

表 1－3－21　　2017 年菜籽粕期货月度交易情况

月度	成交量（万手）	同比变化（%）	成交金额（亿元）	同比变化（%）	月末持仓量（万手）	同比变化（%）
1 月	596. 02	－50. 94	1 410. 38	－39. 63	40. 84	1. 02
2 月	645. 33	－2. 11	1 586. 42	26. 24	58. 84	21. 88
3 月	891. 93	－54. 57	2 132. 65	－44. 20	58. 78	13. 79
4 月	750. 98	－60. 58	1 793. 42	－55. 11	63. 51	69. 48
5 月	856. 14	－75. 92	2 030. 96	－75. 07	71. 12	48. 31
6 月	630. 05	－85. 91	1 398. 19	－88. 14	67. 68	3. 12
7 月	752. 16	－81. 50	1 750. 71	－83. 51	45. 66	3. 28
8 月	617. 97	－70. 63	1 360. 86	－72. 75	55. 30	21. 14
9 月	648. 73	－45. 47	1 419. 86	－46. 83	51. 19	69. 40
10 月	361. 69	－62. 59	813. 10	－62. 44	56. 32	44. 41
11 月	697. 43	－55. 74	1 585. 83	－56. 83	51. 63	24. 05
12 月	525. 22	－44. 96	1 227. 42	－46. 42	41. 92	25. 61
总计	7 973. 65	－67. 62	18 509. 81	－67. 95	—	—

数据来源：郑州商品交易所。

表 1－3－22　　2016～2017 年菜籽粕期货年度交易情况

年度	成交量（万手）	同比变化（%）	成交金额（亿元）	同比变化（%）	年末持仓量（万手）	同比变化（%）
2016 年	24 626.78	－5.82	57 754.76	3.49	33.37	－1.49
2017 年	7 973.65	－67.62	18 509.81	－67.95	41.92	25.61

数据来源：郑州商品交易所。

（二）交割情况

截至 2017 年底，郑商所菜籽粕期货交割仓库共 16 家，其中，湖北省、福建省和广西壮族自治区各 3 家，江苏省、安徽省和广东省各 2 家，四川省 1 家。

2017 年，郑商所菜籽粕期货交割总量 9 308 手，折合 93 080 吨，同比减少 22.23%，交割金额 2.21 亿元，同比减少 5.99%。其中，1 月交割量最大，为 5 100 手，折合 51 000 吨；8 月交割量最低，为 0 手。

2017 年菜籽粕期货月度、年度交割情况见表 1－3－23、表 1－3－24。

表 1－3－23　　2017 年菜籽粕期货月度交割情况

月度	交割量（手）	同比变化（%）	交割金额（万元）	同比变化（%）
1 月	5 100	1.90	12 318.07	35.52
3 月	963	－48.75	2 345.87	－32.67
5 月	997	－78.50	2 423.71	－75.09
7 月	27	－92.44	62.78	－93.70
8 月	0	－100	0	－100
9 月	2 206	2 526.19	4 921.59	2 399.59
11 月	15	—	33.45	—
总计	9 308	－22.23	22 105.46	－5.99

数据来源：郑州商品交易所。

表 1－3－24　　2016～2017 年菜籽粕期货年度交割情况

年度	交割量（手）	同比变化（%）	交割金额（万元）	同比变化（%）
2016 年	11 968	14.01	23 513.75	4.72
2017 年	9 308	－22.23	22 105.46	－5.99

数据来源：郑州商品交易所。

（三）价格走势

1. 总体价格走势

2017 年，郑商所菜籽粕期货主力连续合约年初开盘价 2 300 元/吨（1 月 3 日），最高价 2 538 元/吨（2 月 13 日），最低价 2 112 元/吨（9 月 13 日），最大价差 426 元/吨，年末收盘价 2 290 元/吨（12 月 29 日），2016 年末收盘价 2 308 元/吨，全年下跌 18 元/吨，年跌幅 0.78%。

2017 年，广东湛江普通菜籽粕现货价格年初报价 2 480 元/吨（1 月 3 日），最高价 2 570 元/吨（2 月 13 日），最低价 2 250 元/吨（6 月 30 日），最大价差 320 元/吨，年末报价 2 280 元/吨（12 月 29 日），2016 年末报价 2 510 元/吨，全年下跌 230 元/吨，年跌幅 9.16%。

2017 年菜籽粕期货和现货市场价格比较见图 1－3－4。

图 1－3－4　2017 年菜籽粕期货和现货市场价格比较

数据来源：郑州商品交易所、国家粮油信息中心。

2. 价格相关性分析

2017 年菜籽粕期货和现货市场价格主要显性指标见表 1－3－25，2017 年菜籽粕期货和现货市场价格相关性见表 1－3－26。

表 1－3－25　　2017 年菜籽粕期货和现货市场价格主要显性指标

市场分类	绝对指标（元/吨）					相对指标（%）	
	最高价	最低价	平均价	标准差	极差	离散率	波幅率
郑商所连续价格	2 538	2 112	2 311.00	95.37	426	4.13	18.43
菜籽粕现货市场价格	2 570	2 250	2 383.93	81.60	320	3.42	13.42

数据来源：郑州商品交易所、国家粮油信息中心。

表 1－3－26　　2017 年菜籽粕期货和现货市场价格相关性

价格选择	相关系数
郑商所连续价格与现货市场价格	0.83

数据来源：郑州商品交易所、国家粮油信息中心。

五、PTA期货运行情况

2017年，郑商所PTA期价呈现先抑后扬走势。

（一）交易情况

2017年全年，郑商所PTA期货成交量14 039.97万手，同比减少18.68%；成交金额36 965.52亿元，同比减少11.60%；年末持仓66.31万手，同比减少49.49%。其中，成交量最高为3月的1 693.13万手，最低为10月的582.01万手；月末持仓最大为2月的142.53万手，最小为11月的64.47万手。

2017年PTA期货月度、年度交易情况见表1－3－27、表1－3－28。

表1－3－27　　2017年PTA期货月度交易情况

月度	成交量（万手）	同比变化（%）	成交金额（亿元）	同比变化（%）	月末持仓量（万手）	同比变化（%）
1月	1 367.02	11.22	3 731.81	39.96	136.73	147.04
2月	1 417.30	107.83	4 055.09	169.64	142.53	187.85
3月	1 693.13	－1.09	4 415.26	10.36	133.70	88.61
4月	1 237.29	－45.16	3 127.44	－43.66	116.95	65.37
5月	834.93	－20.81	2 046.51	－17.57	96.71	67.65
6月	790.62	－25.72	1 911.26	－24.13	99.06	22.74
7月	1 662.84	20.11	4 315.63	31.03	125.54	33.53
8月	1 402.60	20.18	3 661.93	31.18	114.56	10.20
9月	1 222.69	44.00	3 236.21	59.37	79.34	3.38
10月	582.01	－54.60	1 502.18	－51.83	67.59	－45.73
11月	1 022.12	－58.57	2 765.78	－55.09	64.47	－53.11
12月	807.43	－61.89	2 196.44	－61.48	66.31	－49.49
总计	14 039.97	－18.68	36 965.52	－11.60	—	—

数据来源：郑州商品交易所。

表1－3－28　　2016～2017年PTA期货年度交易情况

年度	成交量（万手）	同比变化（%）	成交金额（亿元）	同比变化（%）	年末持仓量（万手）	同比变化（%）
2016年	17 265.99	－25.44	41 818.44	－24.89	131.28	178.96
2017年	14 039.97	－18.68	36 965.52	－11.60	66.31	－49.49

数据来源：郑州商品交易所。

（二）交割情况

截至2017年底，郑商所PTA期货交割仓库共23家，其中，江苏省10家、浙江省10家、辽宁省2家、福建省1家。

2017 年，郑商所 PTA 期货交割总量 137 562 手，折合 687 810 吨，同比减少 26.97%，交割金额 341 615.16 万元，同比减少 20.89%。其中，5 月交割量最大，为 71 243 手，折合 356 215 吨；2 月交割量最低，为 3 手折合 15 吨。

2017 年 PTA 期货月度、年度交割情况见表 1-3-29、表 1-3-30。

表 1-3-29　　2017 年 PTA 期货月度交割情况

月度	交割量（手）	同比变化（%）	交割金额（万元）	同比变化（%）
1 月	34 851	36.46	91 762.68	69.00
2 月	3	-97.48	8.46	-96.69
3 月	9	-68.97	24.00	-63.34
4 月	30	66.67	73.92	76.25
5 月	71 243	3.63	168 062.24	4.80
6 月	129	344.83	303.41	358.47
7 月	88	877.78	220.44	950.31
8 月	13	-45.83	33.32	-39.22
9 月	30 919	-67.00	80 420.32	-62.83
10 月	239	92.74	604.19	108.14
11 月	25	2 400.00	65.80	2 623.51
12 月	13	44.44	36.37	58.80
总计	137 562	-26.97	341 615.16	-20.89

数据来源：郑州商品交易所。

表 1-3-30　　2016～2017 年 PTA 期货年度交割情况

年度	交割量（手）	同比变化（%）	交割金额（万元）	同比变化（%）
2016 年	188 351	66.70	431 830.46	55.24
2017 年	137 562	-26.97	341 615.16	-20.89

数据来源：郑州商品交易所。

（三）价格走势

1. 总体价格走势

2017 年，郑商所 PTA 期货主力连续合约年初开盘价 5 472 元/吨（1 月 3 日），最高价 5 912 元/吨（2 月 14 日），最低价 4 714 元/吨（6 月 5 日），最大价差 1 198 元/吨，年末收盘价 5 520 元/吨（12 月 29 日），2016 年末收盘价 5 456 元/吨，全年上涨 64 元/吨，年涨幅 1.17%。

2017 年，国产 PTA 现货价格年初报价 5 320 元/吨（1 月 3 日），最高价 5 800 元/吨（12 月 6 日），最低价 4 640 元/吨（5 月 10 日），最大价差 1 160 元/吨，年末报价 5 700 元/吨（12 月 29 日），2016 年末报价 5 270 元/吨，全年上涨 430 元/吨，年涨幅 8.16%。

2017 年 PTA 期货和现货市场价格比较见图 1 –3 –5。

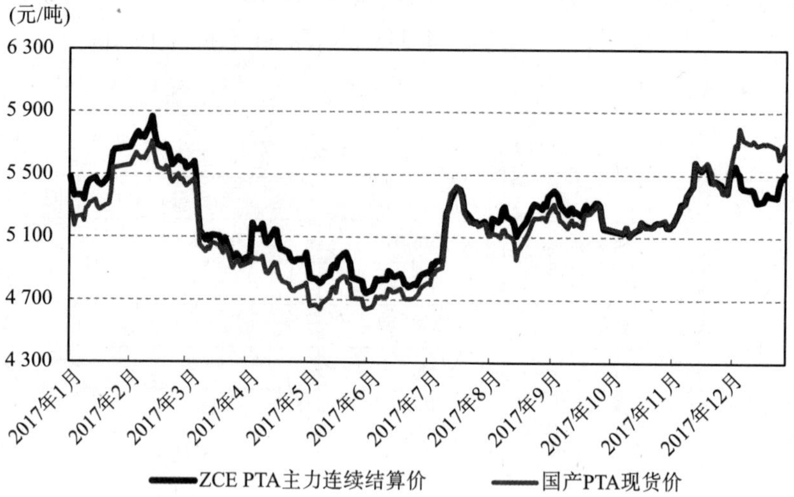

图 1 –3 –5　2017 年 PTA 期货和现货市场价格比较

数据来源：郑州商品交易所、中国化纤信息网。

2. 价格相关性分析

2017 年 PTA 期货和现货市场价格主要显性指标见表 1 –3 –31，2017 年 PTA 期货和现货市场价格相关性见表 1 –3 –32。

表 1 –3 –31　2017 年 PTA 期货和现货市场价格主要显性指标

市场分类	绝对指标（元/吨）					相对指标（%）	
	最高价	最低价	平均价	标准差	极差	离散率	波幅率
郑商所连续价格	5 912	4 714	5 229. 52	256. 18	1 198	4. 90	22. 91
PTA 现货市场价格	5 800	4 640	5 173. 73	305. 56	1 160	5. 91	22. 42

数据来源：郑州商品交易所、中国化纤信息网。

表 1 –3 –32　2017 年 PTA 期货和现货市场价格相关性

价格选择	相关系数
郑商所连续价格与现货市场价格	0. 92

数据来源：郑州商品交易所、中国化纤信息网。

六、甲醇期货运行情况

2017 年，郑商所甲醇期货价格呈现先抑后扬走势。

（一）交易情况

2017 年全年，郑商所甲醇期货成交量 13 700. 73 万手，同比增加 0. 20%；成交金额 36 574. 17 亿元，同比增加 29. 44%；年末持仓 33. 31 万手，同比增加 49. 96%。

其中，成交量最高为 12 月的 1 667.60 万手，最低为 1 月的 822.60 万手；月末持仓最大为 11 月的 45.24 万手，最小为 1 月的 23.16 万手。

2017 年甲醇期货月度、年度交易情况见表 1－3－33、表 1－3－34。

表 1－3－33　　2017 年甲醇期货月度交易情况

月度	成交量（万手）	同比变化（%）	成交金额（亿元）	同比变化（%）	月末持仓量（万手）	同比变化（%）
1 月	822.60	－49.42	2 271.26	－19.77	23.16	－32.68
2 月	951.29	1.13	2 840.63	66.94	35.94	16.31
3 月	1 126.79	－45.78	3 017.36	－24.14	31.10	16.39
4 月	922.90	－38.69	2 268.12	－23.54	31.67	48.19
5 月	1 050.12	17.14	2 434.81	42.09	27.83	30.29
6 月	1 331.35	86.65	3 084.19	126.24	37.37	40.61
7 月	1 273.81	55.91	3 142.38	98.54	37.91	34.11
8 月	1 004.30	37.13	2 664.13	84.14	38.17	45.57
9 月	1 204.19	51.32	3 395.33	108.89	24.08	－24.10
10 月	1 063.87	2.37	2 845.40	20.12	34.94	－18.35
11 月	1 281.90	6.61	3 655.59	23.97	45.24	90.53
12 月	1 667.60	25.67	4 954.97	32.84	33.31	49.96
总计	13 700.73	0.20	36 574.17	29.44	—	—

数据来源：郑州商品交易所。

表 1－3－34　　2016～2017 年甲醇期货年度交易情况

年度	成交量（万手）	同比变化（%）	成交金额（亿元）	同比变化（%）	年末持仓量（万手）	同比变化（%）
2016 年	13 673.90	－56.56	28 256.06	－59.33	22.21	－26.60
2017 年	13 700.73	0.20	36 574.17	29.44	33.31	49.96

数据来源：郑州商品交易所。

（二）交割情况

截至 2017 年底，郑商所甲醇期货交割仓库共 24 家，其中，江苏省 13 家、广东省 3 家、内蒙古自治区 2 家、山东省 2 家、河北省 2 家、河南省和福建省各 1 家。

2017 年，郑商所甲醇期货交割总量 9 973 手，折合 99 730 吨，同比减少 40.64%，交割金额 27 051.92 万元，同比减少 13.04%。其中，9 月交割量最大，为 4 893 手，折合 48 930 吨；1 月交割量最低，为 2 510 手，折合 25 100 吨。

2017 年甲醇期货月度、年度交割情况见表 1－3－35、表 1－3－36。

表 1－3－35　　2017 年甲醇期货月度交割情况

月度	交割量（手）	同比变化（%）	交割金额（万元）	同比变化（%）
1 月	2 510	－9.42	7 224.05	49.14
2 月	0	—	0	—
3 月	0	—	0	—
4 月	0	—	0	—
5 月	2 570	－7.22	6 062.63	16.73
6 月	0	－100.00	0	－100.00
7 月	0	—	0	—
8 月	0	—	0	—
9 月	4 893	－56.55	13 765.24	－34.66
10 月	0	—	0	—
11 月	0	—	0	—
12 月	0	—	0	—
总计	9 973	－40.64	27 051.92	－13.04

数据来源：郑州商品交易所。

表 1－3－36　　2016～2017 年甲醇期货年度交割情况

年度	交割量（手）	同比变化（%）	交割金额（万元）	同比变化（%）
2016 年	16 802	－33.64	31 106.86	－61.41
2017 年	9 973	－40.64	27 051.92	－13.04

数据来源：郑州商品交易所。

（三）价格走势

1. 总体价格走势

2017 年，郑商所甲醇期货主力连续合约年初开盘价 2 731 元/吨（1 月 3 日），最高价 3 268 元/吨（12 月 5 日），最低价 2 192 元/吨（5 月 11 日），最大价差 1 076 元/吨，年末收盘价 2 853 元/吨（12 月 29 日），2016 年末收盘价 2 731 元/吨，全年上涨 122 元/吨，年涨幅 4.47%。

2017 年，华东甲醇低端现货价格年初报价 3 080 元/吨（1 月 3 日），最高价 3 690 元/吨（12 月 14 日），最低价 2 250 元/吨（5 月 12 日），最大价差 1 440 元/吨，年末报价 3 300 元/吨（12 月 29 日），2016 年末报价 3 100 元/吨，全年上涨 200 元/吨，年涨幅 6.45%。

2017 年甲醇期货和现货市场价格比较见图 1－3－6。

2. 价格相关性分析

2017 年甲醇期货和现货市场价格主要显性指标见表 1－3－37，2017 年甲醇期货和现货市场价格相关性见表 1－3－38。

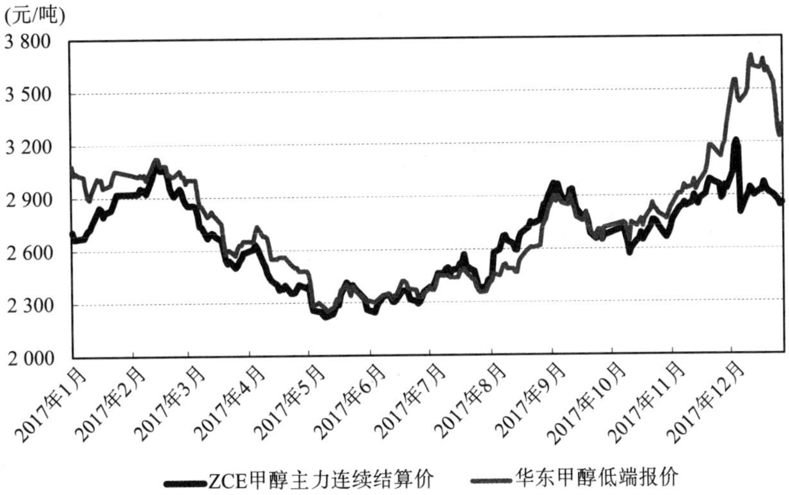

图 1-3-6　2017 年甲醇期货和现货市场价格比较

数据来源：郑州商品交易所、金联创。

表 1-3-37　　2017 年甲醇期货和现货市场价格主要显性指标

市场分类	绝对指标（元/吨）					相对指标（%）	
	最高价	最低价	平均价	标准差	极差	离散率	波幅率
郑商所连续价格	3 268	2 192	2 660.22	238.96	1 076	8.98	40.45
甲醇现货市场价格	3 690	2 250	2 756.29	344.26	1 440	12.49	52.24

数据来源：郑州商品交易所、金联创。

表 1-3-38　　2017 年甲醇期货和现货市场价格相关性

价格选择	相关系数
郑商所连续价格与现货市场价格	0.88

数据来源：郑州商品交易所、金联创。

七、玻璃期货运行情况

2017 年，郑商所玻璃期货价格呈现震荡上涨走势。

（一）交易情况

2017 年全年，郑商所玻璃期货成交量 4 109.14 万手，同比减少 39.26%；成交金额 11 071.67 亿元，同比减少 25.76%；年末持仓 24.49 万手，同比增加 166.75%。其中，成交量最高为 6 月的 431.58 万手，最低为 10 月的 186.06 万手；月末持仓最大为 11 月的 32.65 万手，最小为 1 月的 10.92 万手。

2017 年玻璃期货月度、年度交易情况见表 1-3-39、表 1-3-40。

表 1-3-39　　2017 年玻璃期货月度交易情况

月度	成交量（万手）	同比变化（%）	成交金额（亿元）	同比变化（%）	月末持仓量（万手）	同比变化（%）
1 月	297.81	3.73	756.94	56.18	10.92	-22.10
2 月	365.06	119.24	990.51	234.34	14.57	11.45
3 月	388.30	-15.69	976.18	10.93	13.29	49.81
4 月	387.65	-0.10	982.33	26.22	15.31	90.19
5 月	423.48	10.29	1 092.67	47.63	18.77	36.68
6 月	431.58	-13.87	1 127.16	10.05	17.81	-1.21
7 月	311.75	-49.56	865.33	-35.90	20.22	60.52
8 月	329.01	-68.10	935.49	-61.76	15.37	-17.71
9 月	238.45	-79.03	653.58	-74.89	10.98	-22.97
10 月	186.06	-69.27	503.31	-62.02	13.43	-20.85
11 月	383.57	-46.66	1 104.91	-38.06	32.65	201.70
12 月	366.42	-21.39	1 083.26	-9.91	24.49	166.75
总计	4 109.14	-39.26	11 071.67	-25.76	—	—

数据来源：郑州商品交易所网站。

表 1-3-40　　2016~2017 年玻璃期货年度交易情况

年度	成交量（万手）	同比变化（%）	成交金额（亿元）	同比变化（%）	年末持仓量（万手）	同比变化（%）
2016 年	6 764.83	62.82	14 913.78	101.01	9.18	-36.17
2017 年	4 109.14	-39.26	11 071.67	-25.76	24.49	166.75

数据来源：郑州商品交易所网站。

（二）交割情况

截至 2017 年底，郑商所玻璃期货交割厂库共 17 家，其中，河北省 8 家、山东省 4 家、湖北省 3 家、山西省 1 家、浙江省 1 家。

2017 年，郑商所玻璃期货交割总量 735 手，折合 14 700 吨，同比减少 12.29%，交割金额 1 886.54 万元，同比增加 11.85%。其中，1 月交割量最大，为 524 手，折合 10 480 吨；2 月、8 月交割量最低，为 1 手，折合 20 吨。

2017 年玻璃期货月度、年度交割情况见表 1-3-41、表 1-3-42。

表 1-3-41　　2017 年玻璃期货月度交割情况

月度	交割量（手）	同比变化（%）	交割金额（万元）	同比变化（%）
1 月	524	85.16	1 321.53	165.32
2 月	1	-91.67	2.76	-86.58
3 月	0	—	0	—

续表

月度	交割量（手）	同比变化（%）	交割金额（万元）	同比变化（%）
4 月	0	-100	0	-100
5 月	150	21.95	383.70	80.32
6 月	0	-100	0	-100
7 月	0	-100	0	-100
8 月	1	-85.71	2.80	-83.23
9 月	54	-78.40	159.95	-73.93
10 月	3	—	9.16	—
11 月	0	—	0	—
12 月	2	—	6.64	—
总计	735	-12.29	1 886.54	11.85

数据来源：郑州商品交易所网站。

表 1-3-42　　2016~2017 年玻璃期货年度交割情况

年度	交割量（手）	同比变化（%）	交割金额（万元）	同比变化（%）
2016 年	838	11.29	1 686.68	25.93
2017 年	735	-12.29	1 886.54	11.85

数据来源：郑州商品交易所网站。

（三）价格走势

1. 总体价格走势

2017 年，郑商所玻璃期货主力连续合约年初开盘价 1 224 元/吨（1 月 3 日），最高价 1 523 元/吨（11 月 21 日），最低价 1 177 元/吨（1 月 4 日），最大价差 346 元/吨，年末收盘价 1 483 元/吨（12 月 29 日），2016 年末收盘价 1 222 元/吨，全年上涨 261 元/吨，年涨幅 21.36%。

2017 年，河北沙河 5 毫米玻璃现货价格年初报价 1 304 元/吨（1 月 3 日），最高价 1 593 元/吨（11 月 22 日），最低价 1 243 元/吨（2 月 6 日），最大价差 350 元/吨，年末报价 1 561 元/吨（12 月 29 日），2016 年末报价 1 309 元/吨，全年上涨 252 元/吨，年涨幅 19.25%。

2017 年玻璃期货和现货市场价格比较见图 1-3-7。

2. 价格相关性分析

2017 年玻璃期货和现货市场价格主要显性指标见表 1-3-43，2017 年玻璃期货和现货市场价格相关性见表 1-3-44。

八、动力煤期货运行情况

2017 年，郑商所动力煤期价呈现震荡上涨走势。

图 1-3-7　2017 年玻璃期货和现货市场价格比较

数据来源：郑州商品交易所网站、沙河玻璃网。

表 1-3-43　　2017 年玻璃期货和现货市场价格主要显性指标

市场分类	绝对指标（元/吨）					相对指标（%）	
	最高价	最低价	平均价	标准差	极差	离散率	波幅率
ZCE 玻璃连续价格	1 523	1 177	1 350.04	77.23	346	5.72	25.63
河北沙河现货市场价格	1 593	1 243	1 374.56	94.08	350	6.84	25.46

数据来源：郑州商品交易所网站、沙河玻璃网。

表 1-3-44　　2017 年玻璃期货和现货市场价格相关性

价格选择	相关系数
郑商所连续价格与现货市场价格	0.73

数据来源：郑州商品交易所网站、沙河玻璃网。

（一）交易情况

2017 年全年，郑商所动力煤期货成交量 3 070.82 万手，同比减少 38.95%；成交金额 18 352.88 亿元，同比减少 23.59%；年末持仓 16.17 万手，同比增加 38.51%。其中，成交量最高为 9 月的 412.67 万手，最低为 1 月的 104.33 万手；月末持仓最大为 6 月的 26.63 万手，最小为 1 月的 7.55 万手。

2017 年动力煤期货月度、年度交易情况见表 1-3-45、表 1-3-46，动力煤期货内外盘交易情况见表 1-3-47。

（二）交割情况

截至 2017 年底，郑商所动力煤期货交割厂库共 9 家，其中，内蒙古自治区 3 家、北京市 2 家、山西省 1 家、陕西省 1 家、浙江省 1 家、江苏省 1 家；动力煤期

表 1-3-45　　2017 年动力煤期货月度交易情况

月度	成交量（万手）	同比变化（%）	成交金额（亿元）	同比变化（%）	月末持仓量（万手）	同比变化（%）
1 月	104.33	-55.54	538.46	-26.97	7.55	0.35
2 月	123.21	-27.60	675.95	21.46	15.18	85.01
3 月	336.66	-6.78	2 030.00	58.74	24.58	266.24
4 月	246.79	-49.03	1 427.48	-23.00	17.52	97.07
5 月	173.82	-58.12	903.39	-43.85	18.26	47.32
6 月	309.77	-10.80	1 732.19	19.45	26.63	106.33
7 月	276.43	2.18	1 640.40	39.46	21.47	19.94
8 月	298.45	-39.12	1 787.19	-24.25	15.32	4.86
9 月	412.67	-42.10	2 641.70	-28.25	19.89	47.18
10 月	279.16	-62.19	1 726.42	-60.90	24.13	-10.95
11 月	260.35	-59.52	1 638.50	-59.23	24.41	85.22
12 月	249.18	53.31	1 611.18	82.84	16.17	38.51
总计	3 070.82	-38.95	18 352.88	-23.59	—	—

数据来源：郑州商品交易所网站。

表 1-3-46　　2016～2017 年动力煤期货年度交易情况

年度	成交量（万手）	同比变化（%）	成交金额（亿元）	同比变化（%）	年末持仓量（万手）	同比变化（%）
2016 年	5 030.00	1 796.65	24 018.63	1 356.94	11.67	188.42
2017 年	3 070.82	-38.95	18 352.88	-23.59	16.17	38.51

数据来源：郑州商品交易所网站。

表 1-3-47　　2016～2017 年动力煤期货内外盘交易情况比较

年度	成交量（万手）		年末持仓量（万手）	
	郑商所（内盘）	CME（外盘）	郑商所（内盘）	CME（外盘）
2016 年	5 030.00	179.38	11.67	7.69
2017 年	3 070.82	50.11	16.17	4.87

数据来源：郑州商品交易所网站、CME Group 网站。

货交割港口共 12 家，其中，河北省 7 家、天津市 1 家、浙江省 1 家、福建省 1 家、广西壮族自治区 1 家、广东省 1 家。

2017 年，郑商所动力煤期货交割总量 7 200 手，折合 720 000 吨，同比减少 10%，交割金额 4.50 亿元，同比增加 39.61%。其中，9 月交割量最大，为 3 600 手，折合 360 000 吨；1 月交割量最低，为 1 000 手，折合 100 000 吨。

2017 年动力煤期货月度、年度交割情况见表 1-3-48、表 1-3-49。

表 1-3-48　　2017 年动力煤期货月度交割情况

月度	交割量（手）	同比变化（%）	交割金额（亿元）	同比变化（%）
1 月	1 000	150	0.61	146.21
2 月	0	—	0	—
3 月	0	—	0	—
4 月	0	—	0	—
5 月	2 600	116.67	1.62	256.13
6 月	0	—	0	—
7 月	0	—	0	—
8 月	0	—	0	—
9 月	3 600	-43.75	2.27	-9.85
10 月	0	—	0	—
11 月	0	—	0	—
12 月	0	—	0	—
总计	7 200	-10	4.50	39.61

数据来源：郑州商品交易所网站。

表 1-3-49　　2016～2017 年动力煤期货年度交割情况

年度	交割量（手）	同比变化（%）	交割金额（亿元）	同比变化（%）
2016 年	8 000	21.21	3.23	-49.58
2017 年	7 200	-10	4.50	39.61

数据来源：郑州商品交易所网站。

（三）价格走势

1. 总体价格走势

2017 年，郑商所动力煤期货主力连续合约年初开盘价 500 元/吨（1 月 3 日），最高价 698.8 元/吨（12 月 18 日），最低价 487.2 元/吨（1 月 4 日），最大价差 211.6 元/吨，年末收盘价 605.4 元/吨（12 月 29 日），2016 年末收盘价 500.4 元/吨，全年上涨 105 元/吨，年涨幅 20.98%。

2017 年，秦皇岛港 5 500 千卡/千克（中硫）动力煤现货价格年初报价 615 元/吨（1 月 3 日），最高价 728 元/吨（10 月 16 日），最低价 554 元/吨（6 月 5 日），最大价差 174 元/吨，年末报价 708 元/吨（12 月 29 日），上年末报价 617 元/吨，全年上涨 91 元/吨，年涨幅 14.75%。

2017 年，芝加哥商业交易所（CME）煤炭（API 2）西北欧到岸价掉期期货场外交易连续合约年初结算价 82.4 美元/吨（1 月 3 日），最高价 95.3 美元/吨（12 月 12 日），最低价 72.55 美元/吨（4 月 6 日），最大价差 22.75 美元/吨，年末结算价 94.5 美元/吨（12 月 29 日），上年末结算价 70.05 美元/吨，全年上涨 24.45 美元/

吨，年涨幅34.90%。

2017年动力煤期货内外盘和国内现货市场价格比较见图1-3-8。

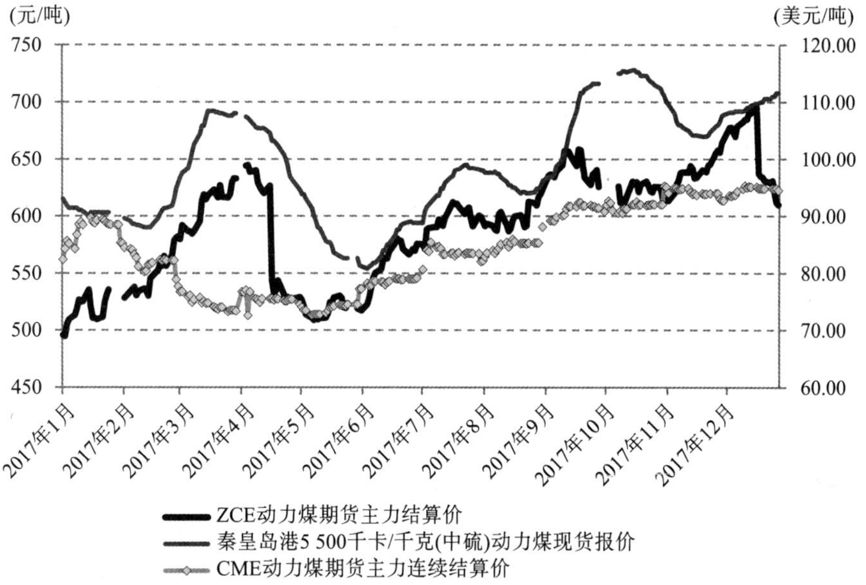

图1-3-8　2017年动力煤期货内外盘和国内现货市场价格比较

数据来源：郑州商品交易所网站、中国煤炭资源网、CME Group网站。

2. 价格相关性分析

2017年动力煤期货内外盘和国内现货市场价格主要显性指标见表1-3-50，2017年动力煤期货内外盘和国内现货市场价格相关性见表1-3-51。

表1-3-50　2017年动力煤期货内外盘和国内现货市场价格主要显性指标

市场分类	绝对指标					相对指标（%）	
	最高价	最低价	平均价	标准差	极差	离散率	波幅率
郑商所连续价格（元/吨）	698.8	487.2	592.00	48.86	211.6	8.25	35.74
CME连续价格（美元/吨）	95.30	72.55	84.32	7.31	22.75	8.67	26.98
动力煤现货市场价格（元/吨）	728	554	644.40	47.61	174	7.39	27.00

数据来源：郑州商品交易所网站、中国煤炭资源网、CME Group网站。

表1-3-51　2017年动力煤期货内外盘和国内现货市场价格相关性

价格选择	相关系数
郑商所连续价格与CME连续价格	0.58
郑商所连续价格与现货市场价格	0.78

数据来源：郑州商品交易所网站、中国煤炭资源网、CME Group网站。

九、硅铁期货运行情况

2017 年，郑商所硅铁期货价格呈现震荡上行走势。

（一）交易情况

2017 年全年，郑商所硅铁期货成交量 1 627. 82 万手，同比增加 2 368. 32%；成交金额 5 603. 68 亿元，同比增加 3 121. 81%；年末持仓 10. 40 万手，同比增加 7 604. 15%。其中，成交量最高为 12 月的 485. 73 万手，最低为 1 月的 2. 36 万手；月末持仓最大为 12 月的 10. 40 万手，最小为 1 月的 0. 17 万手。

2017 年硅铁期货月度、年度交易情况见表 1 – 3 – 52、表 1 – 3 – 53。

表 1 – 3 – 52　　2017 年硅铁期货月度交易情况

月度	成交量（万手）	同比变化（%）	成交金额（亿元）	同比变化（%）	月末持仓量（万手）	同比变化（%）
1 月	2. 36	249. 84	5. 91	333. 76	0. 17	508. 21
2 月	3. 29	2 535. 52	8. 32	3 071. 87	0. 77	6 687. 72
3 月	58. 16	4 995. 81	172. 19	6 253. 86	1. 69	5 171. 65
4 月	20. 17	2 983. 7	53. 60	3 596. 87	0. 42	2 005. 03
5 月	23. 56	6 321. 48	63. 17	8 434. 7	0. 54	1 173. 46
6 月	21. 68	8 712. 93	59. 18	11 558. 5	0. 83	2 606. 89
7 月	23. 50	691. 73	69. 62	954. 29	1. 55	109. 5
8 月	261. 18	3 737. 27	957. 71	6 137. 24	7. 66	1 348. 53
9 月	302. 05	7 366. 58	962. 28	9 317. 48	7. 59	5 781. 94
10 月	206. 20	1 102. 2	650. 10	1 283. 22	8. 01	404. 4
11 月	219. 94	674. 29	742. 86	844. 73	7. 32	700. 26
12 月	485. 73	14 344. 77	1 858. 75	20 346. 82	10. 40	7 604. 15
总计	1 627. 82	2 368. 32	5 603. 68	3 121. 81	—	—

数据来源：郑州商品交易所。

表 1 – 3 – 53　　2016 ~ 2017 年硅铁期货年度交易情况

年度	成交量（万手）	同比变化（%）	成交金额（亿元）	同比变化（%）	年末持仓量（万手）	同比变化（%）
2016 年	65. 95	1 573. 56	173. 93	2 182. 83	0. 14	2 400
2017 年	1 627. 82	2 368. 32	5 603. 68	3 121. 81	10. 40	7 604. 15

数据来源：郑州商品交易所。

（二）交割情况

截至 2017 年底，郑商所硅铁期货交割仓库共 7 家，其中，天津市 2 家、江苏省 2 家、河北省 1 家、湖北省 1 家、山东省 1 家。郑商所硅铁期货交割厂库共 3 家，其中，内蒙古自治区 1 家、甘肃省 1 家、青海省 1 家。

2017 年，郑商所硅铁期货交割总量 413 手，折合 2 065 吨，同比减少 6.35%，交割金额 1 103.71 万元，同比增加 9.64%。其中，5 月交割量最大，为 336 手，折合 1 680 吨；9 月交割量最低，为 28 手，折合 140 吨。

2017 年硅铁期货月度、年度交割情况见表 1-3-54、表 1-3-55。

表 1-3-54　2017 年硅铁期货月度交割情况

月度	交割量（手）	同比变化（%）	交割金额（万元）	同比变化（%）
1 月	49	—	125.59	—
2 月	0	—	0	—
3 月	0	—	0	—
4 月	0	—	0	—
5 月	336	336.36	884.35	447.69
6 月	0	—	0	—
7 月	0	—	0	—
8 月	0	—	0	—
9 月	28	-92.31	93.77	-88.91
10 月	0	—	0	—
11 月	0	—	0	—
12 月	0	—	0	—
总计	413	-6.35	1 103.71	9.64

数据来源：郑州商品交易所。

表 1-3-55　2016~2017 年硅铁期货年度交割情况

年度	交割量（手）	同比变化（%）	交割金额（万元）	同比变化（%）
2016 年	441	6 200	1 006.68	4 786.54
2017 年	413	-6.35	1 103.71	9.64

数据来源：郑州商品交易所。

（三）价格走势

1. 总体价格走势

2017 年，郑商所硅铁期货主力连续合约年初开盘价 5 146 元/吨（1 月 3 日），最高价 9 236 元/吨（12 月 8 日），最低价 4 750 元/吨（2 月 7 日），最大价差 4 486 元/吨，年末收盘价 6 510 元/吨（12 月 29 日），2016 年末收盘价 5 196 元/吨，全年上涨 1 314 元/吨，年涨幅 25.29%。

2017 年，河北 75-B 硅铁现货价格年初报价 5 750 元/吨（1 月 3 日），最高价 10 300 元/吨（12 月 7 日），最低价 5 150 元/吨（2 月 6 日），最大价差 5 150 元/吨，年末报价 9 250 元/吨（12 月 29 日），2016 年末报价 5 750 元/吨，全年上涨

3 500 元/吨，年涨幅 60.87%。

2017 年硅铁期货和现货市场价格比较见图 1－3－9。

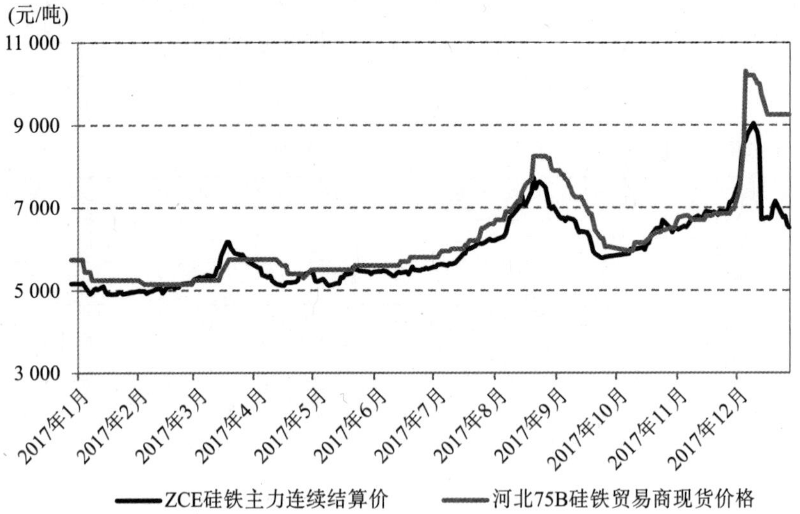

图 1－3－9　2017 年硅铁期货和现货市场价格比较

数据来源：郑州商品交易所、我的钢铁网。

2. 价格相关性分析

2017 年硅铁期货和现货市场价格主要显性指标见表 1－3－56，2017 年硅铁期货和现货市场价格相关性见表 1－3－57。

表 1－3－56　2017 年硅铁期货和现货市场价格主要显性指标

市场分类	绝对指标（元/吨）					相对指标（%）	
	最高价	最低价	平均价	标准差	极差	离散率	波幅率
郑商所连续价格	9 236	4 750	5 988.39	869.00	4 486	14.51	74.91
硅铁现货市场价格	10 300	5 150	6 336.89	1 197.54	5 150	18.90	81.27

数据来源：郑州商品交易所、我的钢铁网。

表 1－3－57　2017 年硅铁期货和现货市场价格相关性

价格选择	相关系数
郑商所连续价格与现货市场价格	0.89

数据来源：郑州商品交易所、我的钢铁网。

十、锰硅期货运行情况

2017 年，郑商所锰硅期货价格呈现震荡上行走势。

（一）交易情况

2017 年全年，郑商所锰硅期货成交量 2 492.12 万手，同比增加 1 726.36%；成交金额 8 513.23 亿元，同比增加 1 624.11%；年末持仓 4.58 万手，同比增加 351.62%。其中，成交量最高为 5 月的 530.20 万手，最低为 1 月的 31.79 万手；月末持仓最大为 10 月的 7.32 万手，最小为 1 月的 2.38 万手。

2017 年锰硅期货月度、年度交易情况见表 1-3-58、表 1-3-59。

表 1-3-58　　2017 年锰硅期货月度交易情况

月度	成交量（万手）	同比变化（%）	成交金额（亿元）	同比变化（%）	月末持仓量（万手）	同比变化（%）
1 月	31.79	4 299.92	104.24	6 695.38	2.38	7 076.74
2 月	50.02	30 437.24	154.34	42 121.52	4.79	14 860.94
3 月	286.24	17 558.06	973.29	22 497.28	4.43	7 106.99
4 月	239.72	48 191.50	736.36	54 907.98	4.20	50 485.54
5 月	530.20	532 768.34	1 715.23	733 687.53	5.63	134 045.24
6 月	179.71	348 847.77	567.50	469 682.24	5.22	72 416.67
7 月	166.51	2 945.19	573.30	3 464.91	6.29	967.27
8 月	230.97	790.93	836.02	929.72	5.82	3 486.21
9 月	194.98	897.56	693.65	986.50	5.99	571.31
10 月	110.20	235.97	361.52	194.90	7.32	323.32
11 月	157.30	352.63	530.71	269.31	6.92	596.11
12 月	314.48	2 024.03	1 267.07	2 067.25	4.58	351.62
总计	2 492.12	1 726.36	8 513.23	1 624.11	—	—

数据来源：郑州商品交易所。

表 1-3-59　　2016～2017 年锰硅期货年度交易情况

年度	成交量（万手）	同比变化（%）	成交金额（亿元）	同比变化（%）	年末持仓量（万手）	同比变化（%）
2016 年	136.45	2 605.30	493.77	4 524.29	1.01	9 115.45
2017 年	2 492.12	1 726.36	8 513.23	1 624.11	4.58	351.62

数据来源：郑州商品交易所。

（二）交割情况

截至 2017 年底，郑商所锰硅期货交割仓库共 7 家，其中，天津市 2 家、江苏省 2 家、河北省 1 家、湖北省 1 家、山东省 1 家。截至 2017 年底，郑商所锰硅期货交割厂库共 9 家，其中，内蒙古自治区 3 家、吉林省 1 家、宁夏回族自治区 1 家、贵州省 1 家、广西壮族自治区 1 家、云南省 1 家、北京市 1 家。

2017 年，郑商所锰硅期货交割总量 6 356 手，折合 31 780 吨，同比增加 1 364.52%，交割金额 2.16 亿元，同比增加 1 539.86%。其中，5 月交割量最大，为 3 633 手，折合 18 165 吨；1 月交割量最低，为 196 手折合 980 吨。

2017 年锰硅期货月度、年度交割情况见表 1－3－60、表 1－3－61。

表 1－3－60　　2017 年锰硅期货月度交割情况

月度	交割量（手）	同比变化（%）	交割金额（亿元）	同比变化（%）
1 月	196	—	0.08	—
2 月	0	—	0	—
3 月	0	—	0	—
4 月	0	—	0	—
5 月	3 633	—	1.16	—
6 月	0	—	0	—
7 月	0	—	0	—
8 月	0	—	0	—
9 月	2 527	501.67	0.92	633.81
10 月	0	—	0	—
11 月	0	—	0	—
12 月	0	－100	0	－100
总计	6 356	1 364.52	2.16	1 539.86

数据来源：郑州商品交易所。

表 1－3－61　　2016～2017 年锰硅期货年度交割情况

年度	交割量（手）	同比变化（%）	交割金额（亿元）	同比变化（%）
2016 年	434	88.21	0.13	88.25
2017 年	6 356	1 364.52	2.16	1 539.86

数据来源：郑州商品交易所。

（三）价格走势

1. 总体价格走势

2017 年，郑商所锰硅主力连续合约年初开盘价 6 900 元/吨（1 月 3 日），最高价 9 098 元/吨（12 月 11 日），最低价 5 498 元/吨（4 月 19 日），最大价差 3 600 元/吨，年末收盘价 7 236 元/吨（12 月 29 日），2016 年末收盘价 6 912 元/吨，全年上涨 324 元/吨，年涨幅 4.69%。

2017 年，江苏 FeMn65Si17 锰硅现货价格年初报价 8 350 元/吨（1 月 3 日），最高价 10 100 元/吨（12 月 15 日），最低价 5 500 元/吨（3 月 3 日），最大价差 4 600 元/吨，年末报价 9 225 元/吨（12 月 29 日），2016 年末报价 8 350 元/吨，全年上涨 875 元/吨，年涨幅 10.48%。

2017 年锰硅期货和现货市场价格比较见图 1－3－10。

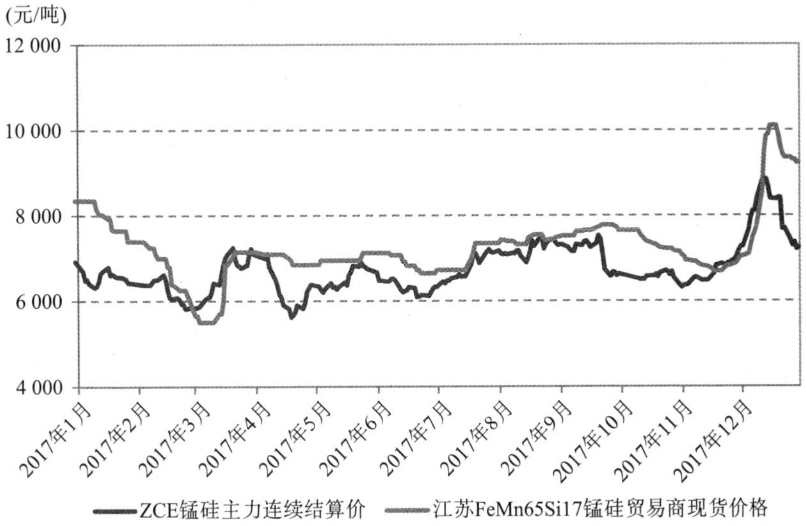

图 1－3－10　2017 年锰硅期货和现货市场价格比较

数据来源：郑州商品交易所、我的钢铁网。

2. 价格相关性分析

2017 年锰硅期货和现货市场价格主要显性指标见表 1－3－62，2017 年锰硅期货和现货市场价格相关性见表 1－3－63。

表 1－3－62　　2017 年锰硅期货和现货市场价格主要显性指标

市场分类	绝对指标（元/吨）					相对指标（%）	
	最高价	最低价	平均价	标准差	极差	离散率	波幅率
郑商所连续价格	9 098	5 498	6 755.59	587.43	3 600	8.70	53.29
锰硅现货市场价格	10 100	5 500	7 247.44	783.97	4 600	10.82	63.47

数据来源：郑州商品交易所、我的钢铁网。

表 1－3－63　　2017 年锰硅期货和现货市场价格相关性

价格选择	相关系数
郑商所连续价格与现货市场价格	0.69

数据来源：郑州商品交易所、我的钢铁网。

十一、强麦期货运行情况

2017 年，郑商所强麦期货价格呈现震荡下行走势。

（一）交易情况

2017 年全年，郑商所强麦期货成交量 37.75 万手，同比减少 24.51%；成交金额 217.70 亿元，同比减少 22.60%；年末持仓 0.14 万手，同比减少 86.74%。其中，成交量最高为4月的8.99万手，最低为10月的0.68万手；月末持仓最大为2月的1.26万手，最小为12月的0.14万手。

2017年强麦期货年度交易情况见表1－3－64，强麦期货内外盘交易情况见表1－3－65。

表1－3－64　　2016～2017年强麦期货年度交易情况

年度	成交量（万手）	同比变化（%）	成交金额（亿元）	同比变化（%）	年末持仓量（万手）	同比变化（%）
2016年	50.01	8.54	281.28	10.52	1.07	－69.35
2017年	37.75	－24.51	217.70	－22.60	0.14	－86.74

数据来源：郑州商品交易所。

表1－3－65　　2016～2017年强麦期货内外盘交易情况比较

年度	成交量（万手）		年末持仓量（万手）	
	郑商所（内盘）	CBOT（外盘）	郑商所（内盘）	郑商所（外盘）
2016年	50.01	3 105.97	1.07	45.10
2017年	37.75	3 371.78	0.14	52.67

数据来源：郑州商品交易所、CME Group。

（二）交割情况

截至2017年底，郑商所强麦期货交割仓库共14家，其中，河南省5家、河北省4家、山东省2家、江苏省2家、陕西省1家。

2017年，郑商所强麦期货交割总量2 732手，折合54 640吨，同比增加1.41%，交割金额1.67亿元，同比增加9.46%。其中，1月交割量最大，为1 742手，折合34 840吨；3月、7月、11月交割量最低为0手。

2017年强麦期货年度交割情况见表1－3－66。

表1－3－66　　2016～2017年强麦期货年度交割情况

年度	交割量（手）	同比变化（%）	交割金额（亿元）	同比变化（%）
2016年	2 694	－35.40	1.53	－27.60
2017年	2 732	1.41	1.67	9.46

数据来源：郑州商品交易所。

（三）价格走势

1. 总体价格走势

2017年，郑商所强麦期货主力连续合约年初开盘价3 036元/吨（1月3日），最高价3 237元/吨（4月5日），最低价2 522元/吨（12月7日），最大价差715元/吨，年末收盘价2 578元/吨（12月29日），2016年末收盘价3 036元/吨，全年下跌 458 元/吨，年跌幅 15.09%。

2017 年，郑州强麦现货价格年初报价 2 760 元/吨（1 月 3 日），最高价 2 980 元/吨（5 月 5 日），最低价 2 510 元/吨（6 月 12 日），最大价差 470 元/吨，年末报价 2 850 元/吨（12 月 29 日），2016 年末报价 2 760 元/吨，全年上涨 90 元/吨，年涨幅 3.26%。

2017 年，芝加哥期货交易所（CBOT）软红冬麦连续合约年初开盘价 408.75 美分/蒲式耳（1 月 3 日），最高价 556 美分/蒲式耳（7 月 5 日），最低价 386.5 美分/蒲式耳（12 月 11 日），最大价差 169.5 美分/蒲式耳，年末收盘价 427 美分/蒲式耳（12 月 29 日），2016 年末收盘价 408 美分/蒲式耳，全年上涨 19 美分/蒲式耳，年涨幅 4.66%。

2017 年强麦期货内外盘和国内现货市场价格比较见图 1－3－11。

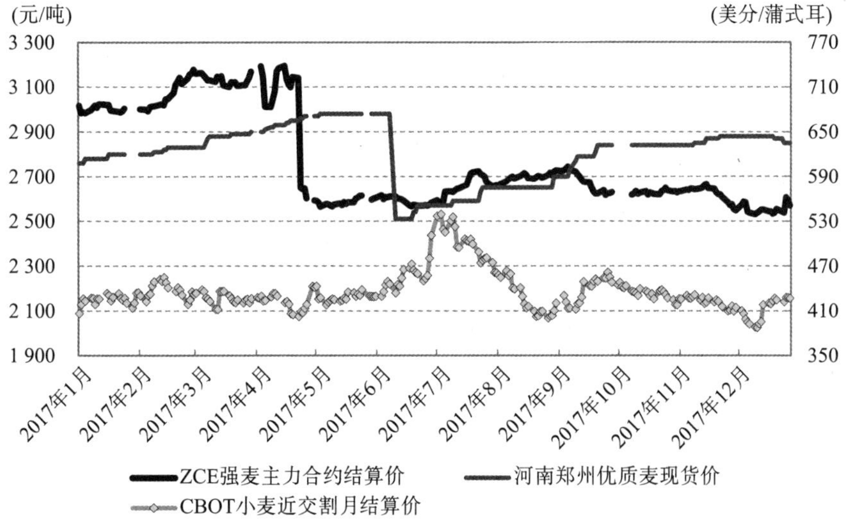

图 1－3－11　2017 年强麦期货内外盘和国内现货市场价格比较

数据来源：郑州商品交易所、CME Group、国家粮油信息中心。

2. 价格相关性分析

2017 年强麦期货内外盘和国内现货市场价格主要显性指标见表 1－3－67，2017 年强麦期货内外盘和国内现货市场价格相关性见表 1－3－68。

表 1－3－67　2017 年强麦期货内外盘和国内现货市场价格主要显性指标

市场分类	绝对指标					相对指标（%）	
	最高价	最低价	平均价	标准差	极差	离散率	波幅率
郑商所连续价格（元/吨）	3 237	2 522	2 762.75	215.15	715	7.79	25.88
CBOT 连续价格（美分/蒲式耳）	556	386.5	435.76	26.40	169.5	6.06	38.90
强麦现货市场价格（元/吨）	2 980	2 510	2 802.01	129.16	470	4.61	16.77

数据来源：郑州商品交易所、CME Group、国家粮油信息中心。

表 1－3－68　2017 年强麦期货内外盘和国内现货市场价格相关性

价格选择	相关系数
郑商所连续价格与 CBOT 连续价格	－0.16
郑商所连续价格与现货市场价格	0.17

数据来源：郑州商品交易所、CME Group、国家粮油信息中心。

十二、普麦期货运行情况

2017 年，郑商所普麦期货价格呈现宽幅震荡走势。

（一）交易情况

2017 年全年，郑商所普麦期货成交量 82 手，同比减少 52.60%；成交金额 1 016.5 万元，同比减少 50.98%；年末持仓 1 手，同比减少 66.67%。其中，成交量最高为 8 月的 29 手，最低为 10 月、11 月的 0 手；月末持仓最大为 5 月、6 月的 3 手，最小为 1 月、4 月、9 月、10 月、11 月的 0 手。

2017 年普麦期货年度交易情况见表 1－3－69，普麦期货内外盘交易情况见表 1－3－70。

表 1－3－69　2016～2017 年普麦期货年度交易情况

年度	成交量（手）	同比变化（%）	成交金额（万元）	同比变化（%）	年末持仓量（手）	同比变化（%）
2016 年	173	－85.28	2 073.5	－85.76	3	－83.33
2017 年	82	－52.60	1 016.5	－50.98	1	－66.67

数据来源：郑州商品交易所。

表 1－3－70　2016～2017 年普麦期货内外盘交易情况比较

年度	成交量（手）		年末持仓量（手）	
	郑商所（内盘）	CBOT（外盘）	郑商所（内盘）	CBOT（外盘）
2016 年	173	31 059，726	3	450 980
2017 年	82	33 717，805	1	526 746

数据来源：郑州商品交易所、CME Group。

（二）交割情况

截至 2017 年底，郑商所普麦期货交割仓库共 14 家，其中，河南省 5 家、河北省 3 家、山东省 2 家、江苏省 2 家、陕西省 1 家、安徽省 1 家。

2017 年，郑商所普麦期货没有交割。2017 年普麦期货年度交割情况见表 1－3－71。

表 1-3-71　　2016～2017 年普麦期货年度交割情况

年度	交割量（手）	同比变化（%）	交割金额（万元）	同比变化（%）
2016 年	13	—	152.75	—
2017 年	0	-100	0	-100

数据来源：郑州商品交易所。

（三）价格走势

1. 总体价格走势

2017 年，郑商所普麦期货主力连续合约年初开盘价 2 770 元/吨（1 月 3 日），最高价 2 891 元/吨（12 月 25 日），最低价 2 282 元/吨（6 月 26 日），最大价差 609 元/吨，年末收盘价 2 640 元/吨（12 月 25 日），2016 年末收盘价 2 460 元/吨，全年上涨 180 元/吨，年涨幅 7.32%。

2017 年，郑州普麦现货价格年初报价 2 580 元/吨（1 月 3 日），最高价 2 640 元/吨（11 月 22 日），最低价 2 380 元/吨（6 月 12 日），最大价差 260 元/吨，年末报价 2 620 元/吨（12 月 29 日），2016 年末报价 2 580 元/吨，全年上涨 40 元/吨，年涨幅 1.55%。

2017 年，芝加哥期货交易所（CBOT）软红冬麦连续合约年初开盘价 408.75 美分/蒲式耳（1 月 3 日），最高价 556 美分/蒲式耳（7 月 5 日），最低价 386.5 美分/蒲式耳（12 月 11 日），最大价差 169.5 美分/蒲式耳，年末收盘价 427 美分/蒲式耳（12 月 29 日），2016 年末收盘价 408 美分/蒲式耳，全年上涨 19 美分/蒲式耳，年涨幅 4.66%。

2017 年普麦期货内外盘和国内现货市场价格比较见图 1-3-12。

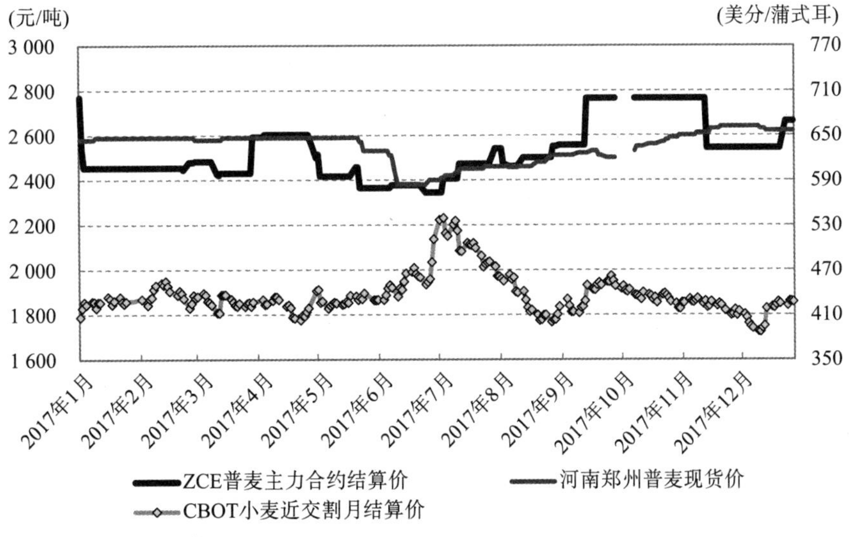

图 1-3-12　2017 年普麦期货内外盘和国内现货市场价格比较

数据来源：郑州商品交易所、CME Group、国家粮油信息中心。

2. 价格相关性分析

2017 年普麦期货内外盘和国内现货市场价格主要显性指标见表 1－3－72，2017 年普麦期货内外盘和国内现货市场价格相关性见表 1－3－73。

表 1－3－72　2017 年普麦期货内外盘和国内现货市场价格主要显性指标

市场分类	绝对指标					相对指标（%）	
	最高价	最低价	平均价	标准差	极差	离散率	波幅率
郑商所连续价格（元/吨）	2 891	2 282	2 527.02	125.02	609	4.95	24.10
CBOT 连续价格（美分/蒲式耳）	556	386.5	435.76	26.40	169.5	6.06	38.90
普麦现货市场价格（元/吨）	2 640	2 380	2 547.66	71.42	260	2.80	10.21

数据来源：郑州商品交易所、CME Group、国家粮油信息中心。

表 1－3－73　2017 年普麦期货内外盘和国内现货市场价格相关性

价格选择	相关系数
郑商所连续价格与 CBOT 连续价格	－0.24
郑商所连续价格与现货市场价格	0.32

数据来源：郑州商品交易所、CME Group、国家粮油信息中心。

十三、油菜籽期货运行情况

2017 年，郑商所油菜籽期货价格呈现宽幅震荡走势。

（一）交易情况

2017 年全年，郑商所油菜籽期货成交量 1 908 手，同比减少 89.89%；成交金额 0.96 亿元，同比减少 87.68%；年末持仓 1 手，同比减少 98.88%。其中，成交量最高为 3 月的 411 手，最低为 11 月的 12 手；月末持仓最大为 1 月的 81 手，最小为 8 月、10 月、11 月和 12 月的 1 手。

2017 年油菜籽期货年度交易情况见表 1－3－74、油菜籽期货内外盘交易情况见表 1－3－75。

表 1－3－74　2016～2017 年油菜籽期货年度交易情况

年度	成交量（手）	同比变化（%）	成交金额（亿元）	同比变化（%）	年末持仓量（手）	同比变化（%）
2016 年	18 879	－58.69	7.80	－54.91	89	－75.55
2017 年	1 908	－89.89	0.96	－87.68	1	－98.88

数据来源：郑州商品交易所。

表 1-3-75　　2016～2017 年油菜籽期货内外盘交易情况比较

年度	成交量（手）		年末持仓量（手）	
	郑商所（内盘）	ICE（外盘）	郑商所（内盘）	ICE（外盘）
2016 年	18 879	6 244 156	89	185 582
2017 年	1 908	5 391 355	1	151 861

数据来源：郑州商品交易所、洲际交易所。

（二）交割情况

截至 2017 年底，郑商所油菜籽期货交割仓库共 8 家，其中，湖北省 3 家、安徽省和江苏省各 2 家、四川省 1 家。

2017 年，郑商所油菜籽期货没有交割。2017 年油菜籽期货年度交割情况见表 1-3-76。

表 1-3-76　　2016～2017 年油菜籽期货年度交割情况

年度	交割量（手）	同比变化（%）	交割金额（万元）	同比变化（%）
2016 年	314	-24.88	1 297.76	-14.96
2017 年	0	-100	0	-100

数据来源：郑州商品交易所。

（三）价格走势

1. 总体价格走势

2017 年，郑商所油菜籽期货主力连续合约年初开盘价 4 902 元/吨（1 月 3 日），最高价 5 877 元/吨（9 月 29 日），最低价 4 516 元/吨（9 月 29 日），最大价差 1 361 元/吨，年末收盘价 5 101 元/吨（12 月 22 日），2016 年末收盘价 4 968 元/吨，全年上涨 133 元/吨，年涨幅 2.68%。

2017 年，湖北荆州普通国产油菜籽现货价格年初报价 5 000 元/吨（1 月 3 日），最高价 5 300 元/吨（10 月 10 日），最低价 4 850 元/吨（5 月 18 日），最大价差 450 元/吨，年末报价 5 300 元/吨（12 月 29 日），上年末报价 5 000 元/吨，全年上涨 300 元/吨，年涨幅 6.00%。

2017 年，洲际交易所（ICE）油菜籽期货连续合约年初开盘价 497.3 加元/吨（1 月 4 日），最高价 568.9 加元/吨（7 月 5 日），最低价 473.7 加元/吨（4 月 3 日），最大价差 95.2 加元/吨，年末收盘价 480.4 加元/吨（12 月 29 日），2016 年末收盘价 496.8 加元/吨，全年下跌 16.4 加元/吨，年跌幅 3.30%。

2017 年油菜籽期货内外盘和国内现货市场价格比较见图 1-3-13。

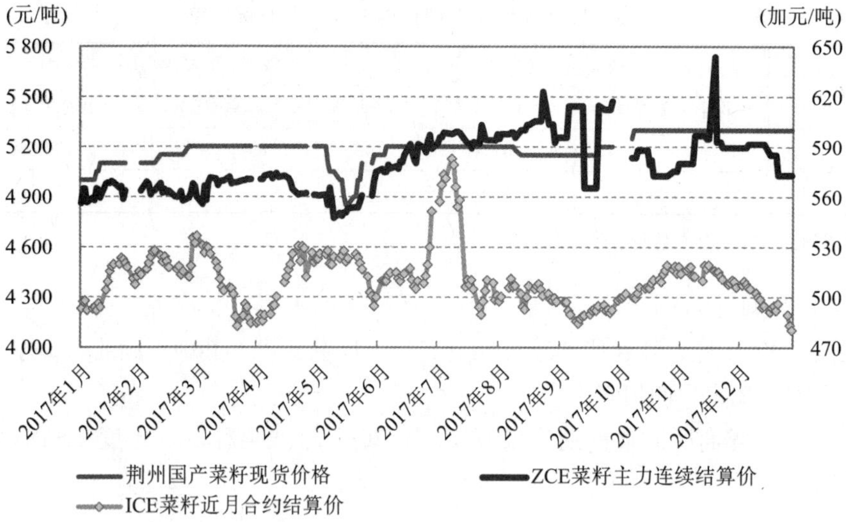

图 1-3-13　2017 年油菜籽期货内外盘和国内现货市场价格比较

数据来源：郑州商品交易所、国家粮油信息中心、洲际交易所。

2. 价格相关性分析

2017 年油菜籽期货内外盘和国内现货市场价格主要显性指标见表 1-3-77，2017 年油菜籽期货内外盘和国内现货市场价格相关性见表 1-3-78。

表 1-3-77　2017 年油菜籽期货内外盘和国内现货市场价格主要显性指标

市场分类	绝对指标					相对指标（%）	
	最高价	最低价	平均价	标准差	极差	离散率	波幅率
郑商所连续价格（元/吨）	5 877	4 516	5 100.90	171.96	1 361	3.37	26.68
ICE 连续价格（加元/吨）	568.9	473.7	509.58	17.03	95.20	3.34	18.68
油菜籽现货市场价格（元/吨）	5 300	4 850	5 189.88	88.08	450	1.70	8.67

数据来源：郑州商品交易所、国家粮油信息中心、洲际交易所。

表 1-3-78　2017 年油菜籽期货内外盘和国内现货市场价格相关性

价格选择	相关系数
郑商所连续价格与 ICE 连续价格	-0.14
郑商所连续价格与现货市场价格	0.41

数据来源：郑州商品交易所、国家粮油信息中心、洲际交易所。

十四、早籼稻期货运行情况

2017 年，郑商所早籼稻期货价格呈现区间震荡走势。

（一）交易情况

2017 年全年，郑商所早籼稻期货成交量 1 037 手，同比减少 48.15%；成交金额 5 652.5 万元，同比减少 48.05%；年末持仓 1 手，同比减少 96.30%。其中，成交量最高为 7 月的 174 手，最低为 12 月的 6 手；月末持仓最大为 7 月的 20 手，最小为 12 月的 1 手。

2017 年早籼稻期货年度交易情况见表 1－3－79，早籼稻期货内外盘交易情况。

表 1－3－79　　2016～2017 年早籼稻期货年度交易情况

年度	成交量（手）	同比变化（%）	成交金额（万元）	同比变化（%）	年末持仓量（手）	同比变化（%）
2016 年	2 000	－43.99	10 881	－38.05	27	800
2017 年	1 037	－48.15	5 652.5	－48.05	1	－96.30

数据来源：郑州商品交易所。

表 1－3－80　　2016～2017 年早籼稻期货内外盘交易情况比较

年度	成交量（手）		年末持仓量（手）	
	郑商所（内盘）	CBOT（外盘）	郑商所（内盘）	CBOT（外盘）
2016 年	2 000	305 045	27	11 521
2017 年	1 037	271 183	1	10 001

数据来源：郑州商品交易所、CME Group。

（二）交割情况

截至 2017 年底，郑商所早籼稻期货交割仓库共 11 家，其中，江西省 5 家、湖南省 5 家、湖北省 1 家。

2017 年，郑商所早籼稻期货没有交割。2017 年早籼稻期货年度交割情况见表 1－3－81。

表 1－3－81　　2016～2017 年早籼稻期货年度交割情况

年度	交割量（手）	同比变化（%）	交割金额（万元）	同比变化（%）
2016 年	0	－100	0	－100
2017 年	0	—	0	—

数据来源：郑州商品交易所。

（三）价格走势

1. 总体价格走势

2017 年，郑商所早籼稻主力连续合约年初开盘价 2 715 元/吨（1 月 6 日），最高价 2 889 元/吨（9 月 29 日），最低价 2 555 元/吨（8 月 31 日），最大价差 334 元/吨，年末收盘价 2 684 元/吨（12 月 26 日），2016 年末收盘价 2 705 元/吨，全年下跌21元/吨，年跌幅0.78%。

2017年，湖南长沙早籼稻现货价格年初报价2 620元/吨（1月3日），最高价2 620元/吨（1月3日），最低价2 540元/吨（7月24日），最大价差80元/吨，年末报价2 560元/吨（12月29日），2016年末报价2 620元/吨，全年下跌60元/吨，年跌幅2.29%。

2017年，芝加哥期货交易所（CBOT）糙米合约年初开盘价9.44美元/英担（1月3日），最高价12.9美元/英担（9月18日），最低价9.13美元/英担（4月27日），最大价差3.77美元/英担，年末收盘价11.68美元/英担（12月29日），2016年末收盘价9.355美元/英担，全年上涨2.325美元/英担，年涨幅24.85%。

2017年早籼稻期货内外盘和国内现货市场价格比较见图1-3-14。

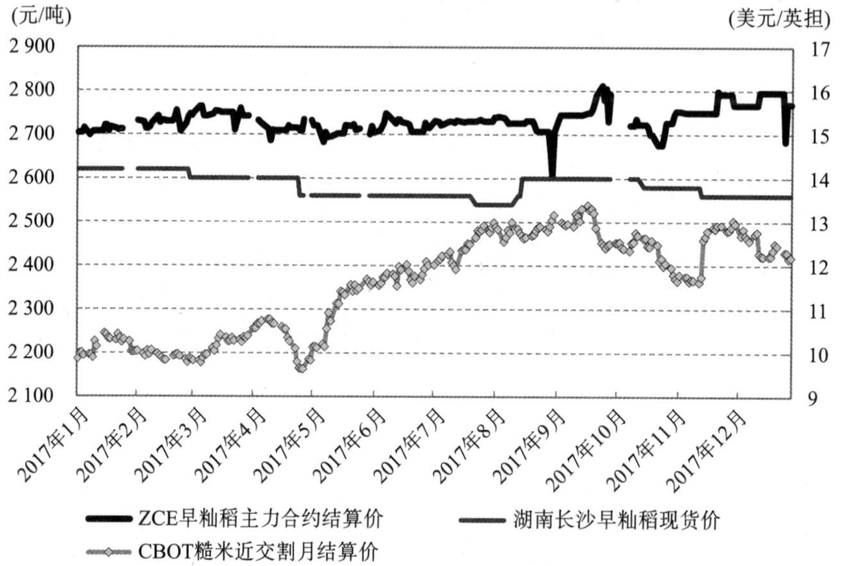

图1-3-14　2017年早籼稻期货内外盘和国内现货市场价格比较

数据来源：郑州商品交易所、CME Group、国家粮油信息中心。

2. 价格相关性分析

2017年早籼稻期货内外盘和国内现货市场价格主要显性指标见表1-3-82，2017年早籼稻期货内外盘和国内现货市场价格相关性见表1-3-83。

表1-3-82　2017年早籼稻期货内外盘和国内现货市场价格主要显性指标

市场分类	绝对指标					相对指标（%）	
	最高价	最低价	平均价	标准差	极差	离散率	波幅率
郑商所连续价格（元/吨）	2 889	2 555	2 732.88	28.36	334	1.04	12.22
CBOT连续价格（美元/英担）	12.9	9.13	11.06	1.14	3.77	10.34	34.08
早籼稻现货市场价格（元/吨）	2 620	2 540	2 581.80	24.76	80	0.96	3.10

数据来源：郑州商品交易所、CME Group、国家粮油信息中心。

表 1-3-83　　2017 年早籼稻期货内外盘和国内现货市场价格相关性

价格选择	相关系数
郑商所连续价格与 CBOT 连续价格	0.25
郑商所连续价格与现货市场价格	-0.16

数据来源：郑州商品交易所、CME Group、国家粮油信息中心。

十五、晚籼稻期货运行情况

2017 年，郑商所晚籼稻期货价格呈现上涨走势。

（一）交易情况

2017 年全年，郑商所晚籼稻期货成交量 202 手，同比减少 39.52%；成交金额 1 190.5 万元，同比减少 34.03%；年末持仓 2 手，同比减少 33.33%。其中，成交量最高为 7 月的 72 手，最低为 5 月、6 月、10 月、11 月的 0 手；月末持仓最大为 7 月的 6 手，最小为 3 月、4 月、5 月、6 月、8 月的 0 手。

2017 年晚籼稻期货年度交易情况见表 1-3-84，晚籼稻期货内外盘交易情况见表 1-3-85。

表 1-3-84　　2016～2017 年晚籼稻期货年度交易情况

年度	成交量（手）	同比变化（%）	成交金额（万元）	同比变化（%）	年末持仓量（手）	同比变化（%）
2016 年	334	-68.58	1 804.5	-69.25	3	0
2017 年	202	-39.52	1 190.5	-34.03	2	-33.33

数据来源：郑州商品交易所。

表 1-3-85　　2016～2017 年晚籼稻期货内外盘交易情况比较

年度	成交量（手）		年末持仓量（手）	
	郑商所（内盘）	CBOT（外盘）	郑商所（内盘）	CBOT（外盘）
2016 年	334	305 045	3	11 521
2017 年	202	271 183	2	10 001

数据来源：郑州商品交易所、CME Group。

（二）交割情况

截至 2017 年底，郑商所晚籼稻期货交割仓库共 6 家，其中，江西省 2 家、湖北省 2 家、湖南省 1 家、安徽省 1 家。

2017 年，郑商所晚籼稻期货没有交割。

（三）价格走势

1. 总体价格走势

2017 年，郑商所晚籼稻期货主力连续合约年初开盘价 2 901 元/吨（1 月 4 日），最高价 3 141 元/吨（7 月 13 日），最低价 2 584 元/吨（2 月 3 日），最大价差 557 元/吨，年末收盘价 3 088 元/吨（12 月 25 日），2016 年末收盘价 2 915 元/吨，全年上涨 173 元/吨，年涨幅 5. 93%。

2017 年，江西九江晚籼稻现货价格年初报价 2 760 元/吨（1 月 3 日），最高价 2 760 元/吨（1 月 3 日），最低价 2 720 元/吨（7 月 19 日），最大价差 40 元/吨，年末报价 2 720 元/吨（12 月 29 日），2016 年末报价 2 760 元/吨，全年下跌 40 元/吨，年跌幅 1. 45%。

2017 年，芝加哥期货交易所（CBOT）糙米合约年初开盘价 9. 44 美元/英担（1 月 3 日），最高价 12. 9 美元/英担（9 月 18 日），最低价 9. 13 美元/英担（4 月 27 日），最大价差 3. 77 美元/英担，年末收盘价 11. 68 美元/英担（12 月 29 日），2016 年末收盘价 9. 355 美元/英担，全年上涨 2. 325 美元/英担，年涨幅 24. 85%。

2017 年晚籼稻期货内外盘和国内现货市场价格比较见图 1 –3 –15。

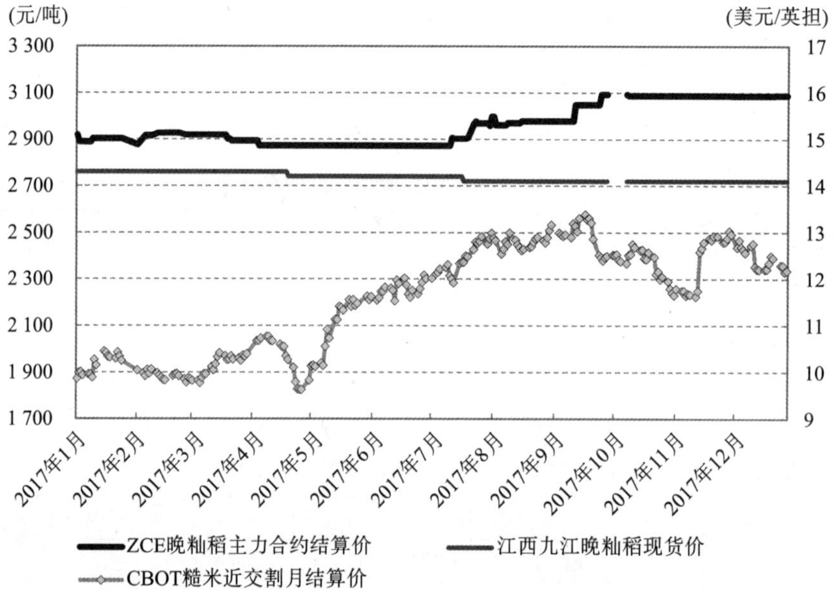

图 1 –3 –15　2017 年晚籼稻期货内外盘和国内现货市场价格比较

数据来源：郑州商品交易所、CME Group、国家粮油信息中心。

2. 价格相关性分析

2017 年晚籼稻期货内外盘和国内现货市场价格主要显性指标见表 1 –3 –86，2017 年晚籼稻期货内外盘和国内现货市场价格相关性见表 1 –3 –87。

十六、粳稻期货运行情况

2017 年，郑商所粳稻期货价格呈现区间震荡走势。

表 1-3-86　2017 年晚籼稻期货内外盘和国内现货市场价格主要显性指标

市场分类	绝对指标					相对指标（%）	
	最高价	最低价	平均价	标准差	极差	离散率	波幅率
郑商所连续价格（元/吨）	3 141	2 584	2 960.91	86.85	557	2.93	18.81
CBOT 连续价格（美元/英担）	12.9	9.13	11.06	1.14	3.77	10.34	34.08
晚籼稻现货市场价格（元/吨）	2 760	2 720	2 736.56	17.02	40	0.62	1.46

数据来源：郑州商品交易所、CME Group、国家粮油信息中心。

表 1-3-87　2017 年晚籼稻期货内外盘和国内现货市场价格相关性

价格选择	相关系数
郑商所连续价格与 CBOT 连续价格	0.61
郑商所连续价格与现货市场价格	-0.74

数据来源：郑州商品交易所、CME Group、国家粮油信息中心。

（一）交易情况

2017 年全年，郑商所粳稻期货成交量 261 手，同比减少 23.68%；成交金额 1 700 万元，同比减少 22.85%；年末持仓 5 手，同比减少 16.67%。其中，成交量最高为 3 月的 62 手，最低为 4 月、6 月的 0 手；月末持仓最大为 2 月的 8 手，最小为 5 月、6 月、8 月、9 月的 0 手。

2017 年粳稻期货年度交易情况见表 1-3-88。

表 1-3-88　2016~2017 年粳稻期货年度交易情况

年度	成交量（手）	同比变化（%）	成交金额（万元）	同比变化（%）	年末持仓量（手）	同比变化（%）
2016 年	342	245.45	2 203.5	262.12	6	—
2017 年	261	-23.68	1 700	-22.85	5	-16.67

数据来源：郑州商品交易所。

（二）交割情况

截至 2017 年底，郑商所粳稻期货交割仓库共 7 家，其中，黑龙江省 3 家、辽宁省 2 家、吉林省 1 家、北京市 1 家。

2017 年，郑商所粳稻期货没有交割。

（三）价格走势

1. 总体价格走势

2017 年，郑商所粳稻期货主力连续合约年初开盘价 3 280 元/吨（1 月 12 日），最高价 3 675 元/吨（9 月 20 日），最低价 2 939 元/吨（10 月 13 日），最大价差 736 元/吨，年末收盘价 3 338 元/吨（12 月 21 日），2016 年末收盘价 3 269 元/吨，全年上涨 69 元/吨，年涨幅 2.11%。

2017 年，黑龙江佳木斯粳稻现货价格年初报价 3 100 元/吨（1 月 3 日），最高价 3 120 元/吨（8 月 24 日），最低价 2 960 元/吨（11 月 3 日），最大价差 160 元/吨，年末报价 3 000 元/吨（12 月 29 日），2016 年末报价 3 100 元/吨，全年下跌 100 元/吨，年跌幅 3. 23%。

2017 年粳稻期货和现货市场价格比较见图 1 – 3 – 16。

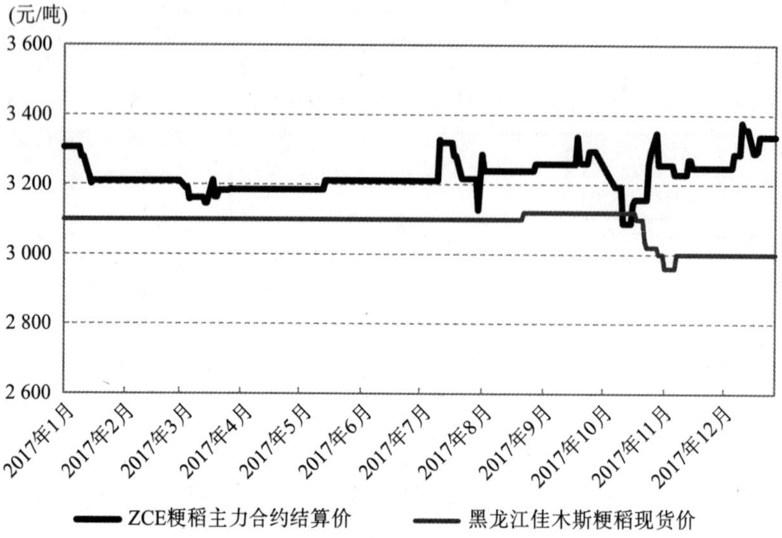

图 1 – 3 – 16　2017 年粳稻期货和现货市场价格比较

数据来源：郑州商品交易所、国家粮油信息中心。

2. 价格相关性分析

2017 年粳稻期货和现货市场价格主要显性指标见表 1 – 3 – 89，2017 年粳稻期货和现货市场价格相关性见表 1 – 3 – 90。

表 1 – 3 – 89　　2017 年粳稻期货和现货市场价格主要显性指标

市场分类	绝对指标（元/吨）					相对指标（%）	
	最高价	最低价	平均价	标准差	极差	离散率	波幅率
郑商所连续价格	3 675	2 939	3 229. 00	50. 13	736	1. 55	22. 79
粳稻现货市场价格	3 120	2 960	3 082. 70	42. 90	160	1. 39	5. 19

数据来源：郑州商品交易所、国家粮油信息中心。

表 1 – 3 – 90　　2017 年粳稻期货和现货市场价格相关性

价格选择	相关系数
郑商所连续价格与现货市场价格	– 0. 42

数据来源：郑州商品交易所、国家粮油信息中心。

十七、棉纱期货运行情况

2017 年 8 月 18 日，郑商所棉纱期货上市运行，上市后棉纱期货价格保持震荡走势。

（一）交易情况

2017 年 8 月 18 日至 12 月 29 日，郑商所棉纱期货成交量 124 156 手，成交金额 143.63 亿元，年末持仓 120 手。其中，成交量最高为 8 月的 74 016 手，最低为 12 月的 1 308 手；月末持仓最大为 8 月的 2 750 手，最小为 12 月的 120 手。

2017 年棉纱期货年度交易情况见表 1 -3 -91。

表 1 -3 -91　　2017 年棉纱期货年度交易情况

年度	成交量（手）	同比变化（%）	成交金额（亿元）	同比变化（%）	年末持仓量（手）	同比变化（%）
2017 年	124 156	—	143.63	—	120	—

数据来源：郑州商品交易所。

（二）交割情况

截至 2017 年底，郑商所棉纱期货交割仓库共 35 家，其中，河南省 16 家、山东省 8 家、江苏省 7 家、浙江省 4 家。

2017 年，郑商所棉纱期货没有合约进入交割月，全年无交割。

（三）价格走势

1. 总体价格走势

2017 年，郑商所棉纱期货主力连续合约上市当日开盘价 22 995 元/吨（8 月 18 日），最高价 24 075 元/吨（9 月 11 日），最低价 22 530 元/吨（9 月 11 日），最大价差 1 545 元/吨，年末收盘价 23 100 元/吨（12 月 29 日），较上市当日收盘价 23 050 元/吨上涨 50 元/吨，涨幅 0.22%。

2017 年，棉纱价格指数 CY C32 年初报价 23 120 元/吨（1 月 3 日），最高价 23 780 元/吨（3 月 8 日），最低价 22 980 元/吨（12 月 29 日），最大价差 800 元/吨，年末报价 22 980 元/吨（12 月 29 日），2016 年末报价 23 125 元/吨，全年下跌 145 元/吨，年跌幅 0.63%。

2017 年棉纱期货和现货市场价格比较见图 1 -3 -17。

2. 价格相关性分析

2017 年棉纱期货和现货市场价格主要显性指标见表 1 -3 -92，2017 年棉纱期货和现货市场价格相关性见表 1 -3 -93。

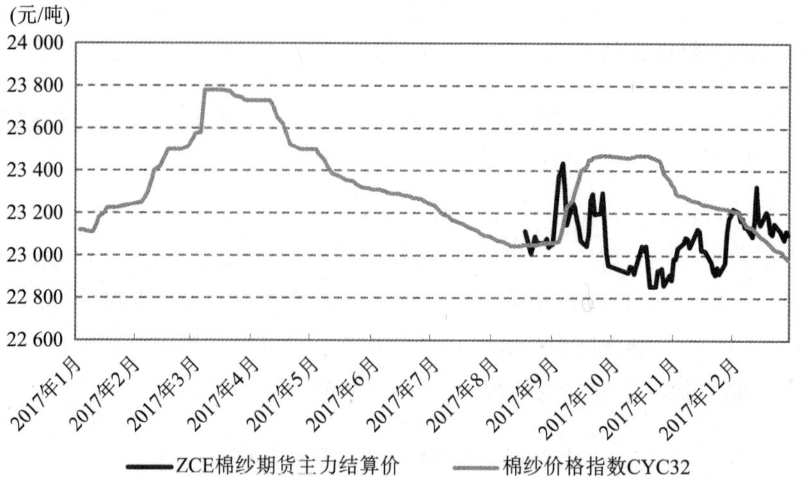

图 1－3－17　2017 年棉纱期货和现货市场价格比较

数据来源：郑州商品交易所、中国棉纺织信息网。

表 1－3－92　　2017 年棉纱期货和现货市场价格主要显性指标

市场分类	绝对指标（元/吨）					相对指标（%）	
	最高价	最低价	平均价	标准差	极差	离散率	波幅率
郑商所连续价格	24 075	22 530	23 083	123.32	1 545	0.53	6.69
棉纱现货市场价格	23 780	22 980	23 328	158.88	800	0.68	3.43

数据来源：郑州商品交易所、中国棉纺织信息网。

表 1－3－93　　2017 年棉纱期货和现货市场价格相关性

价格选择	相关系数
郑商所连续价格与现货市场价格	－0.33

数据来源：郑州商品交易所、中国棉纺织信息网。

十八、苹果期货运行情况

2017 年 12 月 22 日，郑商所苹果期货上市运行，上市后苹果期货价格呈现平稳震荡走势。

（一）交易情况

2017 年 12 月 22 日至 12 月 29 日，郑商所苹果期货成交量 79.39 万手，成交金额 636.55 亿元，年末持仓 1.07 万手。

2017 年苹果期货年度交易情况见表 1－3－94。

（二）交割情况

截至 2017 年底，郑商所苹果期货交割仓库共 12 家，其中，陕西省 4 家、山东省 5 家、河南省 1 家、山西省 2 家。郑商所苹果期货车船板交割服务机构共 7 家，

表 1-3-94　　2017 年苹果期货年度交易情况

年度	成交量（万手）	同比变化（%）	成交金额（亿元）	同比变化（%）	年末持仓量（万手）	同比变化（%）
2017 年	79.39	—	636.55	—	1.07	—

数据来源：郑州商品交易所。

其中，陕西省 3 家、河南省 2 家、山西省 2 家。

2017 年，郑商所苹果期货没有合约进入交割月，全年无交割。

（三）价格走势

1. 总体价格走势

2017 年，郑商所苹果期货主力连续合约上市开盘价 7 920 元/吨（12 月 22 日），最高价 8 228 元/吨（12 月 22 日），最低价 7 915 元/吨（12 月 22 日），最大价差 313 元/吨，年末收盘价 8 088 元/吨（12 月 29 日）。

2017 年，陕西渭南白水县 80 毫米纸袋冷藏苹果现货价格年初报价 8 300 元/吨（1 月 3 日），最高价 10 500 元/吨（3 月 21 日），最低价 7 900 元/吨（1 月 5 日），最大价差 2 600 元/吨，年末报价 9 700 元/吨（12 月 29 日），2016 年末报价 8 200 元/吨，全年上涨 1 500 元/吨，年涨幅 18.29%。

2017 年苹果期货和现货市场价格比较见图 1-3-18。

图 1-3-18　2017 年苹果期货和现货市场价格比较

数据来源：郑州商品交易所、陕西果业信息网。

2. 价格相关性分析

2017 年苹果期货和现货市场价格主要显性指标见表 1-3-95，2017 年苹果期货和现货市场价格相关性见表 1-3-96。

表 1－3－95　　2017 年苹果期货和现货市场价格主要显性指标

市场分类	绝对指标（元/吨）					相对指标（%）	
	最高价	最低价	平均价	标准差	极差	离散率	波幅率
郑商所连续价格	8 228	7 915	8 107	15.61	313	0.19	3.86
苹果现货市场价格	10 500	7 900	8 936.07	698.54	2 600	7.82	29.10

数据来源：郑州商品交易所、陕西果业信息网。

表 1－3－96　　2017 年苹果期货和现货市场价格相关性

价格选择	相关系数
郑商所连续价格与现货市场价格	－0.34

数据来源：郑州商品交易所、陕西果业信息网。

第四节　大连商品交易所上市品种运行情况

大连商品交易所（以下简称大商所，DCE）2017 年全年累计成交量为 11.01 亿手，占全国期货市场成交量的 35.80%，同比减少 28.37%；全年累计成交额为 52.01 万亿元，同比减少 15.31%。成交较为活跃的品种有黄大豆 1 号、玉米、玉米淀粉、铁矿石、焦炭、鸡蛋、焦煤、聚乙烯、豆粕、豆粕期权、棕榈油、聚丙烯、聚氯乙烯、豆油；成交较为低迷的品种有黄大豆 2 号、胶合板及纤维板，单个品种年成交量在全国占比不足 0.1%。2017 年大商所新上市的品种有豆粕期权。

一、黄大豆 1 号期货运行情况

2017 年，大商所黄大豆 1 号期货价格呈现震荡下跌的走势。

（一）交易情况

2017 年全年，黄大豆 1 号期货成交量 2 632.41 万手，同比减少 19.18%；成交金额 10 245.57 亿元，同比减少 16.30%；年末持仓 13.96 万手，同比减少 4.40%。其中，成交量最高为 3 月的 347.15 万手，最低为 11 月的 150.63 万手；月末持仓最大为 10 月的 22.04 万手，最小为 1 月的 9.76 万手。

2017 年黄大豆 1 号期货月度、年度交易情况见表 1－4－1、表 1－4－2，黄大豆 1 号期货内外盘交易情况见表 1－4－3。

（二）交割情况

截至 2017 年底，大商所黄大豆 1 号期货交割仓库共 15 家，其中，辽宁省 6 家、吉林省 1 家、黑龙江省 7 家、内蒙古自治区 1 家。

表 1-4-1　　2017 年黄大豆 1 号期货月度交易情况

月度	成交量（万手）	同比变化（%）	成交金额（亿元）	同比变化（%）	月末持仓量（万手）	同比变化（%）
1 月	242.27	78.76	1 021.11	110.73	9.76	-31.34
2 月	229.13	161.88	979.83	221.54	12.68	5.93
3 月	347.15	44.52	1 355.88	61.38	17.16	45.37
4 月	243.09	-46.97	919.31	-44.12	14.26	-14.65
5 月	216.56	-56.17	825.94	-54.12	11.27	-33.75
6 月	250.17	-27.18	971.16	-26.44	13.36	-11.24
7 月	247.80	-5.68	954.30	-4.04	12.74	-7.33
8 月	230.81	28.36	899.05	33.66	11.93	18.70
9 月	151.56	-8.15	580.04	-4.79	12.19	34.97
10 月	156.23	-20.47	586.36	-20.50	22.04	89.64
11 月	150.63	-49.32	553.16	-51.75	18.99	79.36
12 月	167.00	-57.88	599.43	-64.45	13.96	-4.40
总计	2 632.41	-19.18	10 245.57	-16.30	—	—

数据来源：大连商品交易所。

表 1-4-2　　2016～2017 年黄大豆 1 号期货年度交易情况

年度	成交量（万手）	同比变化（%）	成交金额（亿元）	同比变化（%）	年末持仓量（万手）	同比变化（%）
2016 年	3 257.02	73.15	12 241.22	58.52	14.61	12.90
2017 年	2 632.41	-19.18	10 245.57	-16.30	13.96	-4.40

数据来源：大连商品交易所。

表 1-4-3　　2016～2017 年黄大豆 1 号期货内外盘交易情况比较

年度	成交量（万手）		年末持仓量（万手）	
	大商所（内盘）	CBOT（外盘）	大商所（内盘）	CBOT（外盘）
2016 年	3 257.02	6 182.40	14.61	96.98
2017 年	2 632.41	5 350.19	13.96	70.46

数据来源：大连商品交易所。

2017 年，大商所黄大豆 1 号期货交割总量 27 329 手，折合 273 290 吨，同比增加 441.7%，交割金额 10.86 亿元，同比增加 487.03%。其中，1 月交割量最大，为 10 537 手，折合 105 370 吨；7 月交割量最低，为 36 手，折合 360 吨。

2017 年黄大豆 1 号期货月度、年度交割情况见表 1-4-4、表 1-4-5。

表 1－4－4　　2017 年黄大豆 1 号期货月度交割情况

月度	交割量（手）	同比变化（%）	交割金额（亿元）	同比变化（%）
1 月	10 537	309.05	4.58	372.16
3 月	552	－34.60	0.22	－26.67
5 月	8 482	1 167.86	3.15	1 212.50
7 月	36	44.00	0.01	0.00
9 月	7 681	779.84	2.88	829.03
11 月	41	－29.31	0.01	－50.00
总计	27 329	441.70	10.86	487.03

数据来源：大连商品交易所。

表 1－4－5　　2016～2017 年黄大豆 1 号期货年度交割情况

年度	交割量（手）	同比变化（%）	交割金额（亿元）	同比变化（%）
2016 年	5 045	－83.63	1.85	－86.32
2017 年	27 329	441.70	10.86	487.03

数据来源：大连商品交易所。

（三）价格走势

1. 总体价格走势

2017 年，大商所黄大豆 1 号期货主力连续合约年初开盘价 4 390 元/吨（1 月 3 日），最高价 4 436 元/吨（2 月 14 日），最低价 3 410 元/吨（12 月 8 日），最大价差 1 026 元/吨，年末收盘价 3 626 元/吨（12 月 29 日），2016 年末收盘价 4 279 元/吨，全年下跌 653 元/吨，年跌幅 15.26%。

2017 年，大连国产大豆现货价格年初报价 4 080 元/吨（1 月 3 日），最高价 4 280 元/吨（6 月 5 日），最低价 3 800 元/吨（12 月 19 日），最大价差 480 元/吨，年末报价 3 800 元/吨（12 月 29 日），2016 年末报价 4 080 元/吨，全年下跌 280 元/吨，年跌幅 6.86%。

2017 年，芝加哥期货交易所（CBOT）大豆期货主力连续合约年初开盘价 1 004 美分/蒲式耳（1 月 3 日），最高价 1 080 美分/蒲式耳（1 月 18 日），最低价 907 美分/蒲式耳（6 月 23 日），最大价差 173 美分/蒲式耳，年末收盘价 961 美分/蒲式耳（12 月 29 日），2016 年末收盘价 1 007.75 美分/蒲式耳，全年下跌 46.75 美分/蒲式耳，年跌幅 4.64%。

2017 年黄大豆 1 号期货内外盘和国内现货市场价格比较见图 1－4－1。

2. 价格相关性分析

2017 年黄大豆 1 号期货内外盘和国内现货市场价格主要显性指标见表 1－4－6，2017 年黄大豆 1 号期货内外盘和国内现货市场价格相关性见表 1－4－7。

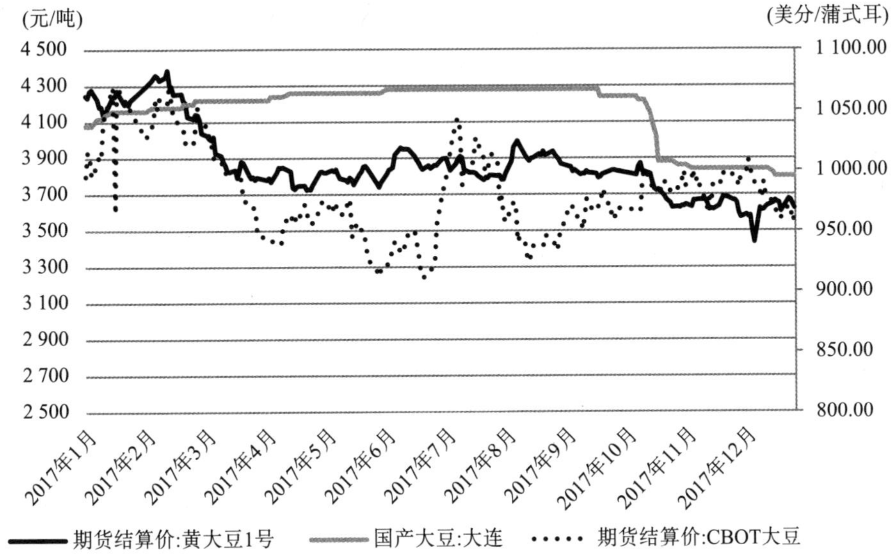

图 1－4－1　2017 年黄大豆 1 号期货内外盘和国内现货市场价格比较

数据来源：Wind 资讯。

表 1－4－6　　2017 年黄大豆 1 号期货内外盘和国内现货市场价格主要显性指标

市场分类	绝对指标					相对指标（%）	
	最高价	最低价	平均价	标准差	极差	离散率	波幅率
大商所连续价格（元/吨）	4 436	3 410	3 860. 56	192. 27	1 026. 00	4. 98	26. 58
CBOT 连续价格（美分/蒲式耳）	1 080	907	980. 88	36. 30	173. 00	3. 70	17. 64
大豆现货市场价格（元/吨）	4 280	3 800	4 155. 99	168. 75	480. 00	4. 06	11. 55

数据来源：Wind 资讯。

表 1－4－7　　2017 年黄大豆 1 号期货内外盘和国内现货市场价格相关性

价格选择	相关系数
大商所连续价格与 CBOT 连续价格	0. 49
大商所连续价格与现货市场价格	0. 44

数据来源：Wind 资讯。

二、豆粕期货运行情况

2017 年，大商所豆粕期货价格呈现震荡走势，整体运行平稳有序。

（一）交易情况

2017 年全年，大商所豆粕期货成交量 16 287. 79 万手，同比减少 58. 12%，成交金额 45 853. 85 亿元，同比减少 58. 97%；年末持仓 113. 80 万手，同比减少 18. 66%。其中，成交量最高为 3 月的 1 883. 77 万手，最低为 10 月的 745. 50 万手；

月末持仓最大为5月的170.74万手，最小为12月的113.80万手。

2017年豆粕期货月度、年度交易情况见表1-4-8、表1-4-9。

表1-4-8　　2017年豆粕期货月度交易情况

月度	成交量（万手）	同比变化（%）	成交金额（亿元）	同比变化（%）	月末持仓量（万手）	同比变化（%）
1月	1 272.52	-27.17	3 644.79	-13.23	130.64	-2.40
2月	1 427.72	38.81	4 198.56	71.32	158.91	2.07
3月	1 883.77	-25.72	5 415.63	-8.80	164.67	5.47
4月	1 406.91	-60.12	3 949.26	-55.78	144.11	6.64
5月	1 436.68	-75.79	4 007.51	-75.93	170.74	-10.95
6月	1 382.95	-79.20	3 695.98	-82.59	163.86	-9.20
7月	1 725.45	-69.35	4 905.00	-72.51	132.66	-5.72
8月	1 438.82	-48.03	3 966.18	-51.65	126.74	-4.65
9月	1 327.73	-28.60	3 630.64	-32.67	117.53	7.02
10月	745.50	-57.74	2 095.03	-58.32	125.28	-12.50
11月	1 218.59	-62.22	3 440.36	-63.50	133.58	-26.24
12月	1 021.14	-54.12	2 904.90	-55.19	113.80	-18.66
总计	16 287.79	-58.12	45 853.85	-58.97	—	—

数据来源：大连商品交易所。

表1-4-9　　2016~2017年豆粕期货年度交易情况

年度	成交量（万手）	同比变化（%）	成交金额（亿元）	同比变化（%）	年末持仓量（万手）	同比变化（%）
2016年	38 895.00	34.35	111 768.06	45.22	139.90	28.64
2017年	16 287.79	-58.12	45 853.85	-58.97	113.80	-18.66

数据来源：大连商品交易所。

表1-4-10　　2016~2017年豆粕期货内外盘交易情况比较

年度	成交量（万手）		年末持仓量（万手）	
	大商所（内盘）	CBOT（外盘）	大商所（内盘）	CBOT（外盘）
2016年	38 895.00	2 588.28	139.90	54.43
2017年	16 287.79	2 547.25	113.80	37.14

数据来源：大连商品交易所。

（二）交割情况

截至2017年底，大商所豆粕期货交割仓库共27家，其中，江苏省11家、广东省9家、山东省3家、天津4家。

2017年，大商所豆粕期货交割总量10 258手，折合102 580吨，同比减少16.76%，交割金额2.95亿元，同比减少15.44%。其中，9月交割量最大，为3 550手，折合35 500吨；3月、8月和11月交割量最低，为0手。

2017年豆粕期货月度、年度交割情况见表1－4－11。

表1－4－11　　2017年豆粕期货月度交割情况

月度	交割量（手）	同比变化（%）	交割金额（亿元）	同比变化（%）
1月	3 040	－41.06	0.92	－28.87
3月	0	—	0	—
5月	3 114	120.38	0.90	136.81
7月	75	—	0.02	—
8月	0	—	0	—
9月	3 550	－38.27	0.98	－46.39
11月	0	—	0	—
12月	479	47 800.00	0.14	37 408.25
总计	10 258	－16.76	2.95	－15.44

数据来源：大连商品交易所。

表1－4－12　　2016～2017年豆粕期货年度交割情况

年度	交割量（手）	同比变化（%）	交割金额（亿元）	同比变化（%）
2016年	12 323	－25.54	3.49	－23.31
2017年	10 258	－16.76	2.95	－15.44

数据来源：大连商品交易所。

（三）价格走势

1. 总体价格走势

2017年，大商所豆粕期货主力连续合约年初开盘价2 796元/吨（1月3日），最高价3 028元/吨（2月13日），最低价2 604元/吨（5月31日），最大价差424元/吨，年末收盘价2 761元/吨（12月29日），2016年末收盘价2 803元/吨，全年下跌42元/吨，年跌幅1.50%。

2017年，江苏南通现货价格年初报价3 320元/吨（1月3日），最高价3 320元/吨（1月3日），最低价2 630元/吨（6月2日），最大价差690元/吨，年末报价2 940元/吨（12月29日），2016年末报价3 350元/吨，全年下跌410元/吨，年跌幅12.24%。

2017年，芝加哥交易所（CBOT）豆粕期货连续合约年初开盘价316.6美元/短吨（1月3日），最高价353.7美元/短吨（1月18日），最低价292美元/短吨（6月23日），最大价差61.7美元/短吨，年末收盘价317.2美元/短吨（12月29日），

2016 年末收盘价 316.7 美元/短吨，全年上涨 0.5 美元/短吨，年涨幅 0.16%。

2017 年豆粕期货内外盘和国内现货市场价格比较见图 1 -4 -2。

图 1 -4 -2　2017 年豆粕期货内外盘和国内现货市场价格比较

数据来源：Wind 资讯。

2. 价格相关性分析

2017 年豆粕期货内外盘和国内现货市场价格主要显性指标见表 1 -4 -13，2017 年豆粕期货内外盘和国内现货市场价格相关性见表 1 -4 -14。

表 1 -4 -13　2017 年豆粕期货内外盘和国内现货市场价格主要显性指标

市场分类	绝对指标					相对指标（%）	
	最高价	最低价	平均价	标准差	极差	离散率	波幅率
大商所连续价格（元/吨）	3 028	2 604	2 806.75	77.63	424	2.77	15.11
CBOT 连续价格（美元/短吨）	353.7	292	318.81	13.11	61.7	4.11	19.35
豆粕现货市场价格（元/吨）	3 320	2 630	2 932.16	163.01	690	5.56	23.53

数据来源：Wind 资讯。

表 1 -4 -14　2017 年豆粕期货内外盘和国内现货市场价格相关性

价格选择	相关系数
大商所连续价格与 CBOT 连续价格	0.88
大商所连续价格与现货市场价格	0.80

数据来源：Wind 资讯。

三、豆油期货运行情况

2017 年，大商所豆油期货价格呈现震荡下跌的走势。

（一）交易情况

2017 年全年，大商所豆油期货成交量 5 715.84 万手，同比下降 39.68%；总成交额为 35 473.25 亿元，同比下降 40.25%；年末持仓 49.45 万手，同比增加 14.64%。其中，成交量最高为 3 月的 691.18 万手，最低为 10 月的 271.61 万手；月末持仓最大为 3 月的 58.74 万手，最小为 9 月的 39.47 万手。

2017 年豆油期货月度、年度交易情况见表 1－4－15、表 1－4－16，豆油期货内外盘交易情况见表 1－4－17。

表 1－4－15　　2017 年豆油期货月度交易情况

月度	成交量（万手）	同比变化（%）	成交金额（亿元）	同比变化（%）	月末持仓量（万手）	同比变化（%）
1 月	367.99	－46.55	2 559.15	－33.59	42.44	－4.72
2 月	404.41	－0.06	2 745.54	18.77	53.21	2.46
3 月	691.18	－32.21	4 454.82	－25.73	58.74	－0.64
4 月	575.05	－37.90	3 399.87	－40.83	52.97	－2.61
5 月	537.36	－39.74	3 190.54	－41.10	51.64	9.79
6 月	503.09	－27.03	2 935.65	－29.91	55.23	1.54
7 月	546.64	－46.06	3 356.08	－46.55	52.71	－6.24
8 月	607.24	－17.80	3 808.46	－17.76	43.22	－12.04
9 月	466.96	－19.52	2 949.93	－19.40	39.47	－10.59
10 月	271.61	－63.60	1 657.09	－66.41	42.43	－27.39
11 月	373.42	－62.85	2 262.64	－66.98	51.01	－6.94
12 月	370.89	－51.99	2 153.48	－60.81	49.45	14.64
总计	5 715.84	－39.68	35 473.25	－40.25	—	—

数据来源：大连商品交易所。

表 1－4－16　　2016～2017 年豆油期货年度交易情况

年度	成交量（万手）	同比变化（%）	成交金额（亿元）	同比变化（%）	年末持仓量（万手）	同比变化（%）
2016 年	9 476.18	2.44	59 364.65	14.53	43.13	7.24
2017 年	5 715.84	－39.68	35 473.25	－40.25	49.45	14.64

数据来源：大连商品交易所。

表 1－4－17　　2016～2017 年豆油期货内外盘交易情况比较

年度	成交量（万手）		年末持仓量（万手）	
	大商所（内盘）	CBOT（外盘）	大商所（内盘）	CBOT（外盘）
2016 年	9 476.18	2 924.84	43.13	36.93
2017 年	5 715.84	2 980.44	49.45	43.95

数据来源：大连商品交易所。

（二）交割情况

截至 2017 年底，大商所豆油期货交割仓库共 22 家，其中，江苏省 9 家、天津 5 家、河北省 2 家、山东省 5 家、浙江省 1 家。

2017 年，大商所豆油期货交割总量 39 227 手，折合 392 270 吨，同比增加 57.70%，交割金额 24.38 亿元，同比增加 63.27%。其中，9 月交割量最大，为 19 600 手，折合 196 000 吨；12 月交割量最低，为 0 手。

2017 年豆油期货月度、年度交割情况见表 1－4－18、表 1－4－19。

表 1－4－18　　2017 年豆油期货月度交割情况

月度	交割量（手）	同比变化（%）	交割金额（亿元）	同比变化（%）
1 月	9 284	33.31	6.33	58.40
3 月	1	—	0.00	—
5 月	10 300	116.39	5.89	100.52
7 月	4	—	0.00	—
8 月	35	3 400.00	0.02	3 171.11
9 月	19 600	49.05	12.15	51.74
11 月	3	—	0.00	—
12 月	0	—	0.00	—
总计	39 227	57.70	24.38	63.27

数据来源：大连商品交易所。

表 1－4－19　　2016～2017 年豆油期货年度交割情况

年度	交割量（手）	同比变化（%）	交割金额（亿元）	同比变化（%）
2016 年	24 875	14.15	14.93	23.37
2017 年	39 227	57.70	24.38	63.27

数据来源：大连商品交易所。

（三）价格走势

1. 总体价格走势

2017 年，大商所豆油期货主力连续合约年初开盘价 6 988 元/吨（1 月 3 日），最高价 7 084 元/吨（1 月 24 日），最低价 5 602 元/吨（12 月 22 日），最大价差

1 482 元/吨，年末收盘价 5 668 元/吨（12 月 29 日），2016 年末收盘价 6 980 元/吨，全年下跌 1 312 元/吨，年跌幅 18. 80%。

2017 年，江苏张家港豆油现货价格年初报价 7 200 元/吨（1 月 3 日），最高价 7 200 元/吨（1 月 3 日），最低价 5 480 元/吨（12 月 22 日），最大价差 1 720 元/吨，年末报价 5 500 元/吨（12 月 29 日），2016 年末报价 7 200 元/吨，全年下跌 1 700 元/吨，年跌幅 23. 61%。

2017 年，芝加哥期货交易所（CBOT）豆油连续合约年初开盘价 34. 63 美分/磅（1 月 3 日），最高价 36. 96 美分/磅（1 月 12 日），最低价 30. 86 美分/磅（4 月 11 日），最大价差 6. 1 美分/磅，年末收盘价 33. 20 美分/磅（12 月 29 日），上年末收盘价 34. 66 美分/磅，全年下跌 1. 46 美分/磅，年跌幅 4. 21%。

2017 年豆油期货内外盘和国内现货市场价格比较见图 1 –4 –3。

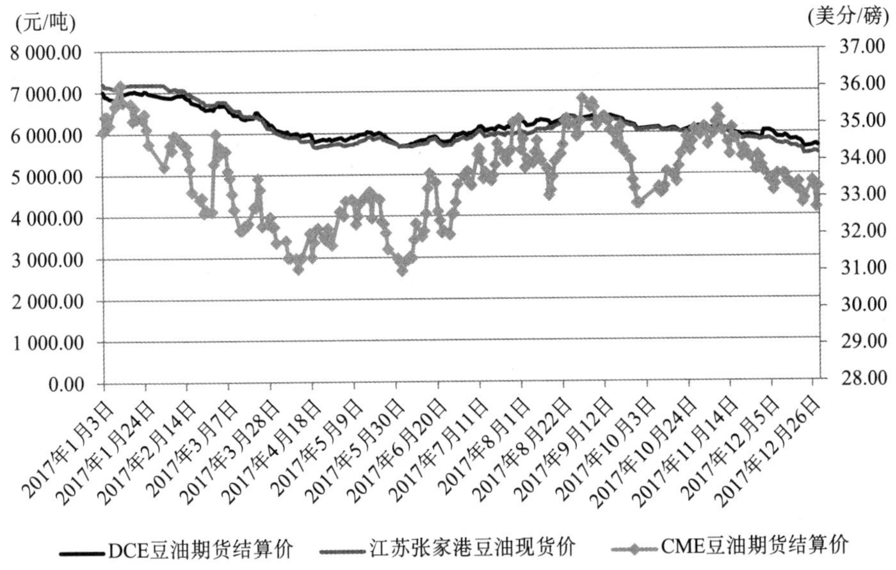

图 1 –4 –3　2017 年豆油期货内外盘和国内现货市场价格比较

数据来源：Wind 资讯。

2. 价格相关性分析

2017 年豆油期货内外盘和国内现货市场价格主要显性指标见表 1 –4 –20，2017 年豆油期货内外盘和国内现货市场价格相关性见表 1 –4 –21。

四、玉米期货运行情况

2017 年，大商所玉米期货价格呈现稳步上升的走势。

（一）交易情况

2017 年全年，大商所玉米期货成交量 12 732 万手，同比增加 4. 05%；成交金额

表 1－4－20　2017 年豆油期货内外盘和国内现货市场价格主要显性指标

市场分类	绝对指标					相对指标（%）	
	最高价	最低价	平均价	标准差	极差	离散率	波幅率
大商所连续价格（元/吨）	7 084	5 602	6 189.70	352.82	1 482	5.70	23.94
CBOT 连续价格（美分/磅）	36.96	30.86	33.58	1.17	6.1	3.48	18.17
豆油现货市场价格（元/吨）	7 200	5 480	6 138.27	448.91	1 720	7.31	28.02

数据来源：Wind 资讯。

表 1－4－21　2017 年豆油期货内外盘和国内现货市场价格相关性

价格选择	相关系数
大商所连续价格与 CBOT 连续价格	0.58
大商所连续价格与现货市场价格	0.98

数据来源：Wind 资讯。

21 070.92 亿元，同比增加 10.31%；年末持仓 65 万手，同比减少 44.75%。其中，成交量最高为 3 月的 2 452 万手，最低为 10 月的 388 万手；月末持仓最大为 2 月的 231 万手，最小为 9 月的 59 万手。

2017 年玉米期货月度、年度交易情况见表 1－4－22、表 1－4－23，玉米期货内外盘交易情况见表 1－4－24。

表 1－4－22　2017 年玉米期货月度交易情况

月度	成交量（万手）	同比变化（%）	成交金额（亿元）	同比变化（%）	月末持仓量（万手）	同比变化（%）
1 月	1 219	151.03	1 885.83	114.90	157	57.99
2 月	2 086	286.36	3 364.06	263.99	231	114.15
3 月	2 452	73.34	4 073.20	78.78	172	39.38
4 月	1 258	1.25	2 075.41	6.96	119	41.34
5 月	1 002	10.85	1 643.50	15.58	110	35.25
6 月	977	-2.33	1 636.89	1.10	104	10.04
7 月	811	-19.04	1 366.43	-10.49	98	-23.11
8 月	750	-10.71	1 280.27	3.98	75	-46.80
9 月	653	-31.88	1 116.01	-18.81	59	-60.91
10 月	388	-57.68	650.21	-51.72	72	-51.35
11 月	562	-64.47	956.59	-61.45	60	-49.38
12 月	574	-57.49	1 022.56	-50.82	65	-44.75
总计	12 732	4.05	21 070.92	10.31	—	—

数据来源：大连商品交易所。

表 1-4-23　　2016~2017 年玉米期货年度交易情况

年度	成交量（万手）	同比变化（%）	成交金额（亿元）	同比变化（%）	年末持仓量（万手）	同比变化（%）
2016 年	12 236.3	190.72	19 101.34	130.8	117.1	34.8
2017 年	12 732.4	4.05	21 070.92	10.31	64.7	-44.7

数据来源：大连商品交易所。

表 1-4-24　　2016~2017 年玉米期货内外盘交易情况比较

年度	成交量（万手）		年末持仓量（万手）	
	大商所（内盘）	CBOT（外盘）	大商所（内盘）	CBOT（外盘）
2016 年	12 236.3	8 562.52	117.1	123.78
2017 年	12 732.4	8 987.68	64.7	154.19

数据来源：大连商品交易所。

（二）交割情况

截至 2017 年底，大商所玉米期货交割仓库共 19 家，其中，辽宁省 9 家、黑龙江省 3 家、吉林省 6 家、内蒙古自治区 1 家。

2017 年，大商所玉米期货交割总量 71 398 手，折合 713 980 吨，同比增加 101.6%，交割金额 11.57 亿元，同比增加 81.73%。其中，5 月交割量最大，为 45 397 手折合 453 970 吨；7 月交割量最低，为 748 手，折合 7 480 吨。

2017 年玉米期货月度、年度交割情况见表 1-4-25、表 1-4-26。

表 1-4-25　　2017 年玉米期货月度交割情况

月度	交割量（手）	同比变化（%）	交割金额（亿元）	同比变化（%）
1 月	8 135	297.99	1.22	186.75
3 月	2 576	1 628.86	0.40	1 240.91
5 月	45 397	43.16	7.44	31.83
7 月	748	14 860.00	0.12	13 624.58
9 月	10 505	599.87	1.73	535.69
11 月	4 037	—	0.67	—
总计	71 398	101.63	11.57	81.73

数据来源：大连商品交易所。

表 1-4-26　　2016~2017 年玉米期货年度交割情况

年度	交割量（手）	同比变化（%）	交割金额（亿元）	同比变化（%）
2016 年	35 410	-23.81	6.37	-39.85
2017 年	71 398	101.63	11.57	81.73

数据来源：大连商品交易所。

（三）价格走势

1. 总体价格走势

2017 年，大商所玉米期货主力连续合约年初开盘价 1 518 元/吨（1 月 3 日），最高价 1 837 元/吨（12 月 22 日），最低价 1 498 元/吨（1 月 10 日），最大价差 339 元/吨，年末收盘价 1 816 元/吨（12 月 29 日），2016 年末收盘价 1 519 元/吨，全年上涨 297 元/吨，年涨幅 19. 55%。

2017 年，大连玉米现货价格年初报价 1 520 元/吨（1 月 3 日），最高价 1 800 元/吨（12 月 22 日），最低价 1 460 元/吨（1 月 13 日），最大价差 340 元/吨，年末报价 1 780 元/吨（12 月 29 日），2016 年末报价 1 520 元/吨，全年上涨 260 元/吨，年涨幅 17. 1%。

2017 年，CBOT 玉米连续合约年初开盘价 352 美分/蒲式耳（1 月 3 日），最高价 392 美分/蒲式耳（7 月 11 日），最低价 329 美分/蒲式耳（11 月 16 日），最大价差 63 美分/蒲式耳，年末收盘价 351 美分/蒲式耳（12 月 29 日），2016 年末收盘价 351 美分/蒲式耳，全年没有上涨。

2017 年玉米期货内外盘和国内现货市场价格比较见图 1 –4 –4。

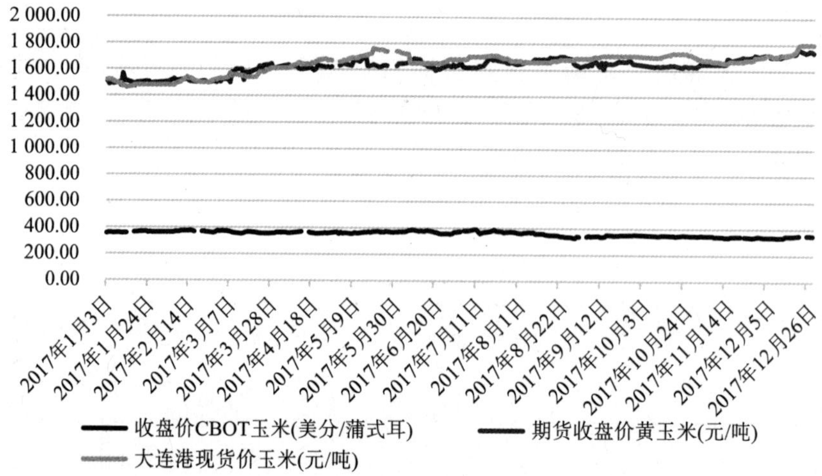

图 1 –4 –4　2017 年玉米期货内外盘和国内现货市场价格比较

数据来源：Wind 资讯。

2. 价格相关性分析

2017 年玉米期货内外盘和国内现货市场价格主要显性指标见表 1 –4 –27，2017 年玉米期货内外盘和国内现货市场价格相关性见表 1 –4 –28。

五、玉米淀粉期货运行情况

2017 年，大商所玉米淀粉期货价格呈现震荡上行走势。

表 1-4-27　2017 年玉米期货内外盘和国内现货市场价格主要显性指标

市场分类	绝对指标					相对指标（%）	
	最高价	最低价	平均价	标准差	极差	离散率	波幅率
大商所连续价格（元/吨）	1 837	1 498	1 628.58	66.17	339	4.06	20.82
CBOT 连续价格（美分/蒲式耳）	392	329	359	12.75	63	3.55	17.55
玉米现货市场价格（元/吨）	1 800	1 460	1 651.43	81.36	340.00	4.93	20.59

数据来源：Wind 资讯。

表 1-4-28　2017 年玉米期货内外盘和国内现货市场价格相关性

价格选择	相关系数
大商所连续价格与 CBOT 连续价格	-0.39
大商所连续价格与现货市场价格	0.69

数据来源：Wind 资讯。

（一）交易情况

2017 年全年，大商所玉米淀粉期货成交量 5 043.39 万手，同比减少 25.22%；成交金额 9 926.79 亿元，同比减少 23.98%；年末持仓 20.08 万手，同比减少 60.31%。其中，成交量最高为 3 月的 708.13 万手，最低为 10 月的 171.55 万手；月末持仓最大为 2 月的 65.24 万手，最小为 9 月的 14.76 万手。

2017 年玉米淀粉期货月度、年度交易情况见表 1-4-29、表 1-4-30。

表 1-4-29　2017 年玉米淀粉期货月度交易情况

月度	成交量（万手）	同比变化（%）	成交金额（亿元）	同比变化（%）	月末持仓量（万手）	同比变化（%）
1 月	508.22	-37.25	919.82	-44.68	63.71	76.11
2 月	572.95	30.18	1 072.62	20.06	65.24	43.48
3 月	708.13	6.82	1 408.23	5.86	52.17	139.41
4 月	489.91	7.04	980.61	4.76	47.70	112.76
5 月	445.75	11.50	864.80	3.27	43.78	64.32
6 月	468.18	5.63	932.50	-4.51	42.79	83.82
7 月	385.92	14.98	770.39	16.19	37.87	33.69
8 月	319.85	-19.45	637.82	-11.68	19.84	-52.09
9 月	279.06	-51.61	557.11	-42.59	14.76	-73.54
10 月	171.55	-71.61	334.77	-68.49	17.74	-69.86
11 月	434.38	-54.04	902.33	-48.55	22.62	-56.77
12 月	259.50	-61.39	545.82	-56.31	20.08	-60.31
总计	5 043.39	-25.22	9 926.79	-23.98	—	—

数据来源：大连商品交易所。

表 1-4-30　　2016～2017 年玉米淀粉期货年度交易情况

年度	成交量（万手）	同比变化（%）	成交金额（亿元）	同比变化（%）	年末持仓量（万手）	同比变化（%）
2016 年	6 744.54	149.30	13 056	123.77	50.58	33.05
2017 年	5 043.39	-25.22	9 926.79	-23.98	20.08	-60.31

数据来源：大连商品交易所。

（二）交割情况

截至 2017 年底，大商所玉米淀粉期货交割仓库共 18 家，其中，山东省 9 家、吉林省 4 家、黑龙江省 2 家、辽宁省 2 家、河北省 1 家。

2017 年，大商所玉米淀粉期货交割总量 5 962 手，折合 59 620 吨，同比减少 26.97%，交割金额 1.12 亿元，同比减少 33.63%。其中，5 月交割量最大，为 2 250 手，折合 22 500 吨；11 月交割量最低，为 0 手。

2017 年玉米淀粉期货月度、年度交割情况见表 1-4-31、表 1-4-32。

表 1-4-31　　2017 年玉米淀粉期货月度交割情况

月度	交割量（手）	同比变化（%）	交割金额（亿元）	同比变化（%）
1 月	1 577	-35.58	0.28	-46.77
3 月	34	88.89	0.01	64.91
5 月	2 250	-42.37	0.41	-47.43
7 月	320	—	0.06	—
9 月	1 781	-0.39	0.35	-1.29
11 月	0	-100.00	0.00	-100.00
总计	5 962	-26.97	1.12	-33.63

数据来源：大连商品交易所。

表 1-4-32　　2016～2017 年玉米淀粉期货年度交割情况

年度	交割量（手）	同比变化（%）	交割金额（亿元）	同比变化（%）
2016 年	8 164	79.86	1.68	38.93
2017 年	5 962	-26.97	1.12	-33.63

数据来源：大连商品交易所。

（三）价格走势

1. 总体价格走势

2017 年，大商所玉米淀粉期货主力连续合约年初开盘价 1 792 元/吨（1 月 3 日），最高价 2 186 元/吨（11 月 15 日），最低价 1 754 元/吨（1 月 12 日），最大价差 432 元/吨，年末收盘价 2 123 元/吨（12 月 29 日），2016 年末收盘价 1 786 元/吨，全年上涨 337 元/吨，年涨幅 18.87%。

2017 年，吉林玉米淀粉现货价格年初报价 2 000 元/吨（1 月 3 日），最高价 2 300 元/吨（11 月 30 日），最低价 1 880 元/吨（2 月 7 日），最大价差 420 元/吨，年末报价 2 270 元/吨（12 月 29 日），2016 年末报价 2 020 元/吨，全年上涨 250 元/吨，年涨幅 12.38%。

2017 年玉米淀粉期货和现货市场价格比较见图 1－4－5。

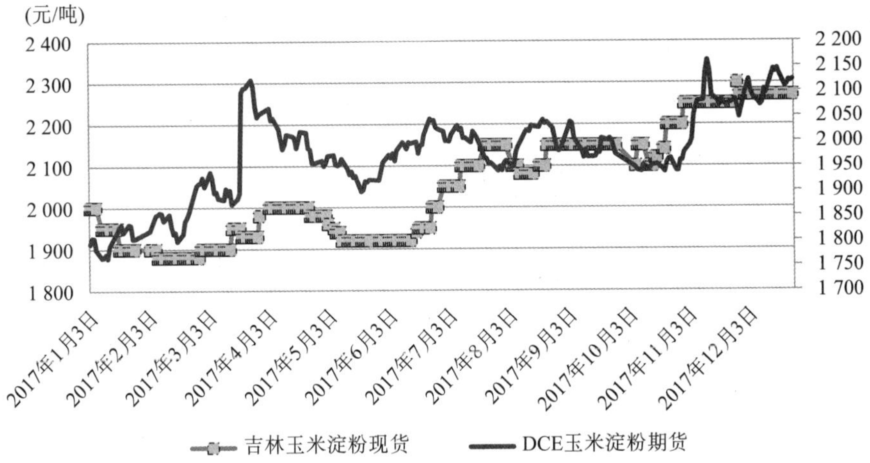

图 1－4－5　2017 年玉米淀粉期货和现货市场价格比较

数据来源：大连商品交易所、国家粮油信息中心。

2. 价格相关性分析

2017 年玉米淀粉期货和现货市场价格主要显性指标见表 1－4－33。2017 年玉米淀粉期货和现货市场价格相关性见表 1－4－34。

表 1－4－33　　2017 年玉米淀粉期货和现货市场价格主要显性指标

市场分类	绝对指标（元/吨）					相对指标（%）	
	最高价	最低价	平均价	标准差	极差	离散率	波幅率
大商所连续价格	2 186	1 754	1 976	87	432	4.40	21.86
玉米淀粉现货价格	2 300	1 880	2 057	131	420	6.37	20.42

数据来源：大连商品交易所、国家粮油信息中心。

表 1－4－34　　2017 年玉米淀粉期货和现货市场价格相关性

价格选择	相关系数
大商所连续价格与国内现货市场价格	0.64

数据来源：大连商品交易所、国家粮油信息中心。

六、棕榈油期货运行情况

2017 年，大商所棕榈油期货价格窄幅振荡。

（一）交易情况

2017 年全年，大商所棕榈油期货成交量 6 804.65 万手，同比减少 51.10%；成交金额 37 804.02 亿元，同比减少 50.04%；年末持仓 28.80 万手，同比减少 8.30%。其中，成交量最高为 3 月的 794.66 万手，最低为 12 月的 341.60 万手；月末持仓最大为 2 月的 47.47 万手，最小为 9 月的 25.17 万手。

2017 年棕榈油期货月度、年度交易情况见表 1－4－35、表 1－4－36，棕榈油期货内外盘交易情况见表 1－4－37。

表 1－4－35　　2017 年棕榈油期货月度交易情况

月度	成交量（万手）	同比变化（%）	成交金额（亿元）	同比变化（%）	月末持仓量（万手）	同比变化（%）
1 月	538.85	－58.78	3 357.63	－45.41	30.70	－16.63
2 月	594.22	－19.47	3 551.60	－2.26	47.47	2.58
3 月	794.66	－52.66	4 521.80	－48.71	38.87	－25.34
4 月	561.68	－53.92	2 939.51	－56.83	36.49	13.98
5 月	596.91	－47.04	3 215.13	－46.02	34.85	25.00
6 月	596.06	－33.11	3 106.82	－32.78	43.02	24.43
7 月	649.67	－44.42	3 485.89	－41.41	44.82	22.91
8 月	747.98	－40.38	4 070.34	－39.78	36.10	－11.83
9 月	623.80	－43.93	3 509.33	－43.45	25.17	－35.45
10 月	358.31	－63.42	2 011.99	－64.54	29.20	－38.54
11 月	400.91	－71.87	2 227.27	－74.42	27.65	－38.00
12 月	341.60	－66.30	1 806.74	－71.71	28.80	－8.30
总计	6 804.65	－51.10	37 804.02	－50.04	—	—

数据来源：大连商品交易所。

表 1－4－36　　2016～2017 年棕榈油期货年度交易情况

年度	成交量（万手）	同比变化（%）	成交金额（亿元）	同比变化（%）	年末持仓量（万手）	同比变化（%）
2016 年	13 915.79	24.79	75 669.15	44.14	31.40	－34.20
2017 年	6 804.65	－51.10	37 804.02	－50.04	28.80	－8.30

数据来源：大连商品交易所。

表 1－4－37　　2016～2017 年棕榈油期货内外盘交易情况比较

年度	成交量（万手）		年末持仓量（万手）	
	大商所（内盘）	BMD（外盘）	大商所（内盘）	BMD（外盘）
2016 年	13 915.79	1 137.83	31.40	21.12
2017 年	6 804.65	1 155.89	28.80	25.40

数据来源：大连商品交易所。

（二）交割情况

截至2017年底，大商所棕榈油期货交割仓库共19家，其中，广东省5家、江苏省9家、天津市5家。

2017年，大商所棕榈油期货交割总量18 504手，折合185 040吨，同比减少36.36%，交割金额10.67亿元，同比减少24.26%。其中，5月交割量最大，为10 011手，折合100 110吨；2~4月、6~8月、10~12月交割量最低，为0手。

2017年棕榈油期货月度、年度交割情况见表1-4-38、表1-4-39。

表1-4-38　2017年棕榈油期货月度交割情况

月度	交割量（手）	同比变化（%）	交割金额（亿元）	同比变化（%）
1月	3 093	-84.71	2.02	-77.55
2月	0	—	0	—
3月	0	—	0	—
4月	0	—	0	—
5月	10 011	74.80	5.65	78.67
6月	0	—	0	—
7月	0	—	0	—
8月	0	—	0	—
9月	5 400	72.74	3.00	55.56
10月	0	—	0	—
11月	0	—	0	—
12月	0	—	0	—
总计	18 504	-36.36	10.67	-24.26

数据来源：大连商品交易所。

表1-4-39　2016~2017年棕榈油期货年度交割情况

年度	交割量（手）	同比变化（%）	交割金额（亿元）	同比变化（%）
2016年	29 075	27.14	14.09	40.66
2017年	18 504	-36.36	10.67	-24.26

数据来源：大连商品交易所。

（三）价格走势

1. 总体价格走势

2017年，大商所棕榈油期货主力连续合约年初开盘价6 200元/吨（1月3日），最高价6 408元/吨（1月24日），最低价5 046元/吨（4月25日），最大价差1 362元/吨，年末收盘价5 226元/吨（12月29日），2016年末收盘价6 202元/吨，全年下跌976元/吨，年跌幅15.74%。

2017年，广州棕榈油现货价格年初报价6 450元/吨（1月3日），最高价6 500元/吨（1月18日），最低价5 000元/吨（12月22日），最大价差1 500元/吨，年末报价5 100元/吨（12月29日），2016年末报价6 500元/吨，全年下跌1 400元/

吨，年跌幅 21.54%。

2017 年，马来西亚衍生品交易所（BMD）棕榈油期货连续合约年初开盘价 3 180 令吉/吨（1 月 3 日），最高价 3 320 令吉/吨（1 月 24 日），最低价 2 375 令吉/吨（12 月 14 日），最大价差 945 令吉/吨，年末收盘价 2 571 令吉/吨（12 月 29 日），2016 年末收盘价 3 218 令吉/吨，全年下跌 647 令吉/吨，年跌幅 20.11%。

2017 年棕榈油期货内外盘和国内现货市场价格比较见图 1－4－6。

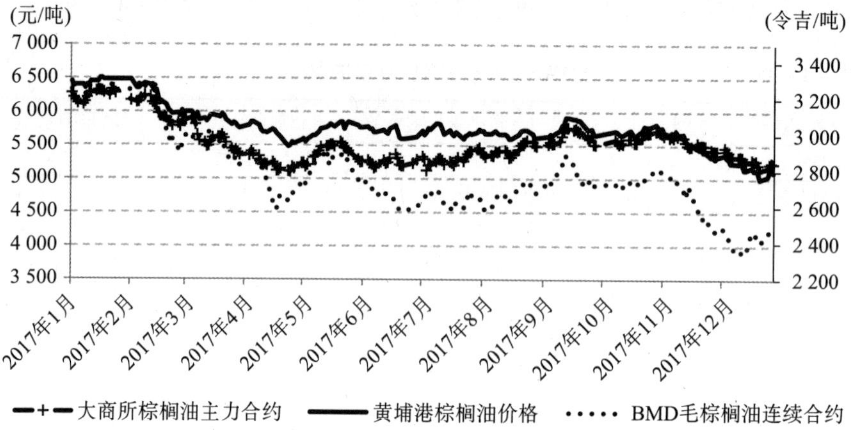

图 1－4－6　2017 年棕榈油期货内外盘和国内现货市场价格比较

数据来源：大连商品交易所。

2. 价格相关性分析

2017 年棕榈油期货内外盘和国内现货市场价格主要显性指标见表 1－4－40，2017 年棕榈油期货内外盘和国内现货市场价格相关性见表 1－4－41。

表 1－4－40　2017 年棕榈油期货内外盘和国内现货市场价格主要显性指标

市场分类	绝对指标					相对指标（%）	
	最高价	最低价	平均价	标准差	极差	离散率	波幅率
大商所连续价格（元/吨）	6 408	5 046	5 533.46	311.24	1 362	5.62	24.61
BMD 连续价格（令吉/吨）	3 320	2 375	2 703.56	186.99	945	6.92	34.95
棕榈油现货市场价格（元/吨）	6 500	5 000	5 760.70	311.75	1 500	5.41	26.04

数据来源：大连商品交易所。

表 1－4－41　2017 年棕榈油期货内外盘和国内现货市场价格相关性

价格选择	相关系数
大商所连续价格与 BMD 连续价格	0.96
大商所连续价格与现货市场价格	0.82

数据来源：大连商品交易所。

七、鸡蛋期货运行情况

2017 年，大商所鸡蛋期货价格呈现先抑后扬的大幅波动走势。

（一）交易情况

2017 年全年，大商所鸡蛋期货成交量 3 726.24 万手，同比增加 65.80%；成交金额 14 228.12 亿元，同比增加 76.25%；年末持仓 14.31 万手，同比增加 34.04%。其中，成交量最高为 6 月的 773.77 万手，最低为 12 月的 152.45 万手；月末持仓最大为 5 月的 26.72 万手，最小为 1 月的 12.87 万手。

2017 年鸡蛋期货月度、年度交易情况见表 1－4－42、表 1－4－43。

表 1－4－42　　2017 年鸡蛋期货月度交易情况

月度	成交量（万手）	同比变化（%）	成交金额（亿元）	同比变化（%）	月末持仓量（万手）	同比变化（%）
1 月	172.17	－5.45	591.98	－0.72	12.87	19.30
2 月	201.07	57.96	685.66	70.42	21.28	48.07
3 月	251.82	16.68	882.73	22.51	16.11	73.05
4 月	213.88	38.31	758.63	26.30	13.10	100.58
5 月	388.56	180.15	1 355.33	152.42	26.72	224.28
6 月	773.77	297.35	2 891.55	282.27	24.72	166.90
7 月	527.45	103.48	2 031.28	95.47	17.92	38.80
8 月	403.85	81.32	1 735.33	123.13	17.40	－4.57
9 月	286.10	84.10	1 176.35	125.88	13.19	－14.25
10 月	168.85	16.85	713.65	41.96	15.61	50.56
11 月	186.27	－25.61	800.62	－11.85	17.36	64.37
12 月	152.45	－24.49	605.02	－14.92	14.31	34.04
总计	3 726.24	65.80	14 228.12	76.25	—	—

数据来源：大连商品交易所。

表 1－4－43　　2016～2017 年鸡蛋期货年度交易情况

年度	成交量（万手）	同比变化（%）	成交金额（亿元）	同比变化（%）	年末持仓量（万手）	同比变化（%）
2016 年	2 247.47	52.69	8 072.88	35.99	10.67	16.36
2017 年	3 726.24	65.80	14 228.12	76.25	14.31	34.04

数据来源：大连商品交易所。

（二）交割情况

截至 2017 年底，大商所鸡蛋期货交割仓库共 17 家，其中，辽宁省 2 家、河北省 3 家、河南省 1 家、山东省 2 家、江苏省 3 家、湖北省 3 家、山西省 1 家、陕西省1家、江西省1家。指定车板交割场所2家，其中，湖北省1家、山东省1家。

2017年，大商所鸡蛋期货交割总量375手，折合1 875吨，同比增加941.67%，交割金额1 071.16万元，同比增加863.92%。其中，3月交割量最大，为126手，折合630吨；2月和12月交割量最低，为0手。

2017年鸡蛋期货月度、年度交割情况见表1－4－44、表1－4－45。

表1－4－44　　2017年鸡蛋期货月度交割情况

月度	交割量（手）	同比变化（%）	交割金额（万元）	同比变化（%）
1月	3	200.00	8.74	143.90
2月	0	－100.00	0	－100.00
3月	126	3 050.00	325.56	2 837.21
4月	30	328.57	77.10	265.93
5月	46	—	101.44	—
6月	26	—	60.68	—
7月	73	—	213.37	—
8月	14	—	51.86	—
9月	34	1 600.00	139.55	1 884.49
10月	11	10.00	42.32	31.03
11月	12	300.00	50.54	408.97
12月	0	—	0	—
总计	375	941.67	1 071.16	863.92

数据来源：大连商品交易所。

表1－4－45　　2016～2017年鸡蛋期货年度交割情况

年度	交割量（手）	同比变化（%）	交割金额（万元）	同比变化（%）
2016年	36	－44.62	111.13	－52.05
2017年	375	941.67	1 071.16	863.92

数据来源：大连商品交易所。

（三）价格走势

1. 总体价格走势

2017年，大商所鸡蛋期货主力连续合约年初开盘价3 350元/500千克（1月3日），最高价4 626元/500千克（8月21日），最低价2 906元/500千克（4月10日），最大价差1 720元/500千克，年末收盘价3 815元/500千克（12月29日），2016年末收盘价3 375元/500千克，全年上涨440元/500千克，年涨幅13.04%。

2017年，河北现货均价年初报价2 824元/500千克（1月3日），最高价4 463元/500千克（9月6日），最低价1 803元/500千克（5月18日），最大价差2 660元/500千克，年末报价4 229元/500千克（12月29日），2016年末报价2 887元/

500 千克，全年上涨 1 342 元/500 千克，年涨幅 46.48%。

2017 年鸡蛋期货和现货市场价格比较见图 1－4－7。

图 1－4－7　2017 年鸡蛋期货和现货市场价格比较

数据来源：芝华数据。

2. 价格相关性分析

2017 年鸡蛋期货和现货市场价格主要显性指标见表 1－4－46，2017 年鸡蛋期货和现货市场价格相关性见表 1－4－47。

表 1－4－46　2017 年鸡蛋期货和现货市场价格主要显性指标

市场分类	绝对指标					相对指标（%）	
	最高价	最低价	平均价	标准差	极差	离散率	波幅率
大商所连续价格（元/500 千克）	4 626	2 906	3 847.17	411.43	1 720	10.69	44.71
鸡蛋现货市场价格（元/500 千克）	4 463	1 803	3 021.00	841.98	2 660	27.87	88.05

数据来源：芝华数据。

表 1－4－47　2017 年鸡蛋期货和现货市场价格相关性

价格选择	相关系数
大商所连续价格与现货市场价格	0.72

数据来源：芝华数据。

八、LLDPE 期货运行情况

2017 年，大商所 LLDPE 期货价格呈现先降后升的“U”字形宽幅震荡走势。

（一）交易情况

2017 年全年，大商所 LLDPE 期货成交量 6 142.08 万手，同比减少 39.15%；成交金额 29 148.39 亿元，同比减少 34.36%；年末持仓 26.08 万手，同比增加

76.92%。其中，成交量最高为7月的646.23万手，最低为10月的402.65万手；月末持仓量最大为7月的31.24万手，最小为1月的16.49万手。

2017年LLDPE期货月度、年度交易情况见表1-4-48、表1-4-49。

表1-4-48　　2017年LLDPE期货月度交易情况

月度	成交量（万手）	同比变化（%）	成交金额（亿元）	同比变化（%）	月末持仓量（万手）	同比变化（%）
1月	428.38	-63.06	2 139.08	-54.06	16.49	-65.46
2月	463.30	-44.02	2 338.73	-34.47	20.81	-57.97
3月	591.71	-64.71	2 769.88	-63.06	21.30	-54.29
4月	526.09	-58.42	2 363.23	-56.04	22.45	-23.82
5月	522.06	-32.40	2 344.89	-24.38	22.25	-36.25
6月	538.80	-20.84	2 403.02	-17.44	26.14	-24.92
7月	646.23	-23.93	3 000.34	-21.73	31.24	0.90
8月	614.01	-7.45	2 995.13	0.49	30.67	7.54
9月	469.88	-5.42	2 325.17	7.35	22.44	-22.97
10月	402.65	-5.05	1 949.99	-2.45	24.53	-17.76
11月	469.88	-29.68	2 277.37	-30.14	27.25	30.92
12月	469.10	-22.95	2 241.57	-26.65	26.08	76.92
总计	6 142.08	-39.15	29 148.39	-34.36	—	—

数据来源：大连商品交易所。

表1-4-49　　2016~2017年LLDPE期货年度交易情况

年度	成交量（万手）	同比变化（%）	成交金额（亿元）	同比变化（%）	年末持仓量（万手）	同比变化（%）
2016年	10 093.11	-15.79	44 404.91	-15.81	14.74	-55.54
2017年	6 142.08	-39.15	29 148.39	-34.36	26.08	76.92

数据来源：大连商品交易所。

（二）交割情况

截至2017年底，大商所LLDPE期货交割仓库共26家，其中，天津市4家、山东省3家、上海市6家、浙江省5家、江苏省2家、广东省5家、重庆市1家。

2017年，大商所LLDPE期货交割总量14 114手，折合70 570吨，同比增加32.54%，交割金额68 430.55万元，同比增加45.49%。其中，9月交割量最大，为8 792手，折合43 960吨；2月、4月、6月、7月、8月以及11月交割量最低，为0手。

2017年LLDPE期货月度、年度交割情况见表1-4-50、表1-4-51。

表 1-4-50　2017 年 LLDPE 期货月度交割情况

月度	交割量（手）	同比变化（%）	交割金额（万元）	同比变化（%）
1 月	3 182	989.73	15 345.20	1 086.28
2 月	0	—	0.00	—
3 月	7	—	31.34	—
4 月	0	—	0.00	—
5 月	2 131	-6.54	9 392.38	-1.92
6 月	0	-100.00	0.00	-100.00
7 月	0	-100.00	0.00	-100.00
8 月	0	—	0.00	—
9 月	8 792	8.96	43 652.28	20.82
10 月	1	—	4.60	—
11 月	0	—	0.00	—
12 月	1	—	4.75	—
总计	14 114	32.54	68 430.55	45.49

数据来源：大连商品交易所。

表 1-4-51　2016～2017 年 LLDPE 期货年度交割情况

年度	交割量（手）	同比变化（%）	交割金额（万元）	同比变化（%）
2016 年	10 649	77.04	47 033.99	64.06
2017 年	14 114	32.54	68 430.55	45.49

数据来源：大连商品交易所。

（三）价格走势

1. 总体价格走势

2017 年，大商所 LLDPE 期货主力连续合约年初开盘价 9 875 元/吨（1 月 3 日），最高价 10 625 元/吨（2 月 13 日），最低价 8 525 元/吨（4 月 24 日），最大价差 2 100 元/吨，年末收盘价 9 800 元/吨（12 月 29 日），2016 年末收盘价 9 880 元/吨（12 月 30 日），全年下降 80 元/吨，年跌幅 0.81%。

2017 年，天津地区吉林石化生产的牌号 7042LLDPE 现货价格年初报价 10 100 元/吨（1 月 3 日），最高价 10 330 元/吨（2 月 14 日），最低价 8 600 元/吨（5 月 11 日），最大价差 1 730 元/吨，年末报价 9 750 元/吨（12 月 29 日），2016 年末报价 10 150 元/吨（12 月 30 日），全年下跌 400 元/吨，年降幅 3.94%。

2017 年，纽约商业交易所（NYMEX）的 LLDPE 期货全年未有成交。

2017 年 LLDPE 期货和现货市场价格比较见图 1-4-8。

图 1-4-8　2017 年 LLDPE 期货和现货市场价格比较

数据来源：大连商品交易所。

2. 价格相关性分析

2017 年 LLDPE 期货和现货市场价格主要显性指标见表 1-4-52，2017 年 LLDPE 期货和现货市场价格相关性见表 1-4-53。

表 1-4-52　2017 年 LLDPE 期货和现货市场价格主要显性指标

市场分类	绝对指标（元/吨）					相对指标（%）	
	最高价	最低价	平均价	标准差	极差	离散率	波幅率
大商所连续价格	10 625	8 525	9 505.80	450.23	2 100	4.74	22.09
LLDPE 现货市场价格	10 330	8 600	9 525.51	379.91	1 730	3.99	18.16

数据来源：大连商品交易所。

表 1-4-53　2017 年 LLDPE 期货和现货市场价格相关性

价格选择	相关系数
大商所连续价格与现货市场价格	0.92

数据来源：大连商品交易所。

九、聚氯乙烯期货运行情况

2017 年，大商所聚氯乙烯期货价格上半年小幅下跌，下半年呈先涨后跌宽幅震荡的走势。

（一）交易情况

2017 年全年，大商所聚氯乙烯期货成交量 3 900.02 万手，同比增加 246.88%；成交金额 12 783.25 亿元，同比增加 249.40%；年末持仓 15.83 万手，同比增加 72.33%。其中，成交量最高为 12 月的 605.08 万手，最低为 2 月的 141.04 万手；

月末持仓最大为11月的16.49万手，最小为1月的6.54万手。

2017年聚氯乙烯期货月度、年度交易情况见表1-4-54、表1-4-55。

表1-4-54　　2017年聚氯乙烯期货月度交易情况

月度	成交量（万手）	同比变化（%）	成交金额（亿元）	同比变化（%）	月末持仓量（万手）	同比变化（%）
1月	176.54	801.00	561.07	1 112.99	6.54	73.45
2月	141.04	1 112.18	471.78	1 519.28	6.63	61.18
3月	188.35	495.41	606.73	628.49	7.45	140.35
4月	165.48	316.73	477.92	370.13	7.80	180.42
5月	239.00	733.49	707.10	869.50	7.10	100.17
6月	269.13	383.26	804.93	438.48	12.60	29.24
7月	307.95	479.33	1 024.95	582.20	11.83	30.13
8月	440.23	722.46	1 606.34	947.52	12.61	110.47
9月	414.26	435.71	1 502.57	563.86	10.49	-10.99
10月	388.49	328.25	1 251.33	318.96	13.40	-10.83
11月	564.47	54.77	1 768.10	29.98	16.49	38.36
12月	605.08	103.10	2 000.44	102.68	15.83	72.33
总计	3 900.02	246.88	12 783.25	249.40	—	—

数据来源：大连商品交易所。

表1-4-55　　2016~2017年聚氯乙烯期货年度交易情况

年度	成交量（万手）	同比变化（%）	成交金额（亿元）	同比变化（%）	年末持仓量（万手）	同比变化（%）
2016年	1 124.30	617.68	3 658.64	796.98	9.19	221.29
2017年	3 900.02	246.88	12 783.25	249.40	15.83	72.33

数据来源：大连商品交易所。

（二）交割情况

截至2017年底，大商所聚氯乙烯期货交割仓库共17家，其中，上海市6家、浙江省4家、江苏省3家、广东省4家。

2017年，大商所聚氯乙烯期货交割总量11 822手，折合59 110吨，同比增加15.46%，交割金额39 764.68万元，同比增加33.30%。其中，9月交割量最大，为5 274手，折合26 370吨；6月、7月、8月、10月、11月及12月交割量最低，为0手。

2017年聚氯乙烯期货月度、年度交割情况见表1-4-56、表1-4-57。

（三）价格走势

1. 总体价格走势

2017年，大商所聚氯乙烯期货主力连续合约年初开盘价6 215元/吨（1月3日），最高价7 975元/吨（9月4日），最低价5 455元/吨（4月19日），最大价差

表 1－4－56　　2017 年聚氯乙烯期货月度交割情况

月度	交割量（手）	同比变化（%）	交割金额（万元）	同比变化（%）
1 月	4 826	901. 24	14 839. 95	1 174. 88
2 月	6	100. 00	18. 30	180. 78
3 月	6	—	15. 45	—
4 月	2	—	6. 85	—
5 月	1 708	409. 85	4 816. 56	422. 35
6 月	0	—	0. 00	—
7 月	0	—	0. 00	—
8 月	0	—	0. 00	—
9 月	5 274	－44. 01	20 067. 57	－27. 66
10 月	0	—	0. 00	—
11 月	0	—	0. 00	—
12 月	0	—	0. 00	—
总计	11 822	15. 46	39 764. 68	33. 30

数据来源：大连商品交易所。

表 1－4－57　　2016～2017 年聚氯乙烯期货年度交割情况

年度	交割量（手）	同比变化（%）	交割金额（万元）	同比变化（%）
2016 年	10 239	292. 90	29 831. 59	325. 79
2017 年	11 822	15. 46	39 764. 68	33. 30

数据来源：大连商品交易所。

2 520 元/吨，年末收盘价 6 655 元/吨（12 月 29 日），上年末收盘价 6 210 元/吨，全年上涨 445 元/吨，年涨幅 7. 17%。

2017 年，杭州地区 SG5 型聚氯乙烯现货价格年初报价 6 510 元/吨（1 月 3 日），最高价 7 825 元/吨（9 月 4 日），最低价 5 740 元/吨（4 月 19 日），最大价差 2 085 元/吨，年末报价 6 560 元/吨（12 月 29 日），上年末报价 6 250 元/吨，全年上涨 310 元/吨，年涨幅 4. 96%。

2017 年聚氯乙烯期货和现货市场价格比较见图 1－4－9。

图 1－4－9　2017 年聚氯乙烯期货和现货市场价格比较

数据来源：大连商品交易所、卓创资讯。

2. 价格相关性分析

2017 年聚氯乙烯期货和现货市场价格主要显性指标见表 1 -4 -58，2017 年聚氯乙烯期货和现货市场价格相关性见表 1 -4 -59。

表 1 -4 -58　　2017 年聚氯乙烯期货和现货市场价格主要显性指标

市场分类	绝对指标（元/吨）					相对指标（%）	
	最高价	最低价	平均价	标准差	极差	离散率	波幅率
大商所连续价格	7 975	5 455	6 488. 75	499. 89	2 520	7. 70	38. 84
聚氯乙烯现货市场价格	7 825	5 740	6 580. 25	495. 98	2 085	7. 54	31. 69

数据来源：大连商品交易所、卓创资讯。

表 1 -4 -59　　2017 年聚氯乙烯期货和现货市场价格相关性

价格选择	相关系数
大商所连续价格与现货市场价格	0. 96

数据来源：大连商品交易所、卓创资讯。

十、聚丙烯期货运行情况

2017 年，大商所聚丙烯期货价格呈现震荡上行的走势。

（一）交易情况

2017 年全年，大商所聚丙烯期货成交量 5 669. 19 万手，同比减少 54. 2%；成交金额 24 263. 8 亿元，同比减少 44. 26%；年末持仓 23. 65 万手，同比增加 2. 92%。其中，成交量最高为 11 月的 576. 48 万手，最低为 2 月的 352. 06 万手；月末持仓最大为 5 月的 37. 68 万手，最小为 9 月的 19. 29 万手。

2017 年聚丙烯期货月度、年度交易情况见表 1 -4 -60、表 1 -4 -61。

表 1 -4 -60　　2017 年聚丙烯期货月度交易情况

月度	成交量（万手）	同比变化（%）	成交金额（亿元）	同比变化（%）	月末持仓量（万手）	同比变化（%）
1 月	365. 04	-78. 26	1 614. 98	-66. 91	23. 67	-43. 69
2 月	352. 06	-71. 31	1 598. 41	-58. 85	27. 36	-39. 00
3 月	451. 21	-83. 41	1 871. 32	-80. 45	27. 81	-39. 76
4 月	402. 34	-82. 13	1 583. 75	-79. 57	29. 67	-16. 90
5 月	453. 51	-39. 28	1 766. 63	-28. 50	37. 68	-8. 50
6 月	515. 29	-21. 11	1 993. 30	-15. 52	37. 34	-28. 32

续表

月度	成交量（万手）	同比变化（%）	成交金额（亿元）	同比变化（%）	月末持仓量（万手）	同比变化（%）
7月	534.10	-34.27	2 191.75	-32.76	35.60	-33.75
8月	539.09	-1.72	2 357.24	10.55	29.31	-24.93
9月	471.76	33.46	2 132.77	68.29	19.29	-54.24
10月	491.48	43.33	2 191.11	62.42	25.11	-43.97
11月	576.48	12.35	2 606.15	19.30	26.35	-5.77
12月	516.83	-2.26	2 356.39	-2.66	23.65	2.92
总计	5 669.19	-54.20	24 263.80	-44.26	—	—

数据来源：Wind资讯。

表1-4-61　　2016~2017年聚丙烯期货年度交易情况

年度	成交量（万手）	同比变化（%）	成交金额（亿元）	同比变化（%）	年末持仓量（万手）	同比变化（%）
2016年	12 376.83	15.12	43 534.08	11.73	22.98	-39.67
2017年	5 669.19	-54.20	24 263.80	-44.26	23.65	2.92

数据来源：Wind资讯。

（二）交割情况

截至2017年底，大商所聚丙烯期货交割仓库共21家，其中，山东省3家、江苏省3家、浙江省5家、上海市6家、广东省3家、重庆市1家。

2017年，大商所聚丙烯期货交割总量9 572手，折合47 860吨，同比减少46.06%，交割金额42 437.22万元，同比减少39.58%。其中，9月交割量最大，为7 165手折合35 825吨；2月、4月交割量最低，为0手。

2017年聚丙烯期货月度、年度交割情况见表1-4-62、表1-4-63。

表1-4-62　　2017年聚丙烯期货月度交割情况

月度	交割量（手）	同比变化（%）	交割金额（万元）	同比变化（%）
1月	617	-41.07	2 648.47	-18.48
2月	0	-100.00	0.00	-100.00
3月	2	—	9.01	—
4月	0	—	0.00	—
5月	1 772	-50.63	6 771.70	-43.75
6月	6	-53.85	23.76	-49.41
7月	1	-75.00	3.70	-77.95
8月	3	—	12.56	—
9月	7 165	-45.16	32 941.09	-39.90

续表

月度	交割量（手）	同比变化（%）	交割金额（万元）	同比变化（%）
10 月	1	—	4. 38	—
11 月	1	—	4. 19	—
12 月	4	—	18. 37	—
总计	9 572	-46. 06	42 437. 22	-39. 58

数据来源：大连商品交易所。

表 1-4-63　　　2016～2017 年聚丙烯期货年度交割情况

年度	交割量（手）	同比变化（%）	交割金额（万元）	同比变化（%）
2016 年	17 746	4. 17	70 241. 85	-8. 82
2017 年	9 572	-46. 06	42 437. 22	-39. 58

数据来源：大连商品交易所。

（三）价格走势

1. 总体价格走势

2017 年，大商所聚丙烯期货主力合约年初开盘价 8 788 元/吨（1 月 3 日），最高价 9 813 元/吨（9 月 4 日），最低价 7 361 元/吨（5 月 10 日），最大价差 2 452 元/吨，年末收盘价 9 285 元/吨（12 月 29 日），2016 年末收盘价 8 800 元/吨，全年上涨 485 元/吨，年涨幅 5. 51%。

2017 年，余姚聚丙烯绍兴三圆 T30S 现货价格年初报价 9 055 元/吨（1 月 3 日），最高价 9 500 元/吨（9 月 4 日），最低价 7 575 元/吨（5 月 10 日），最大价差 1 925 元/吨，年末报价 9 275 元/吨（12 月 29 日），2016 年末报价 9 105 元/吨，全年上涨 170 元/吨，年涨幅 1. 87%。

2017 年聚丙烯期货和现货市场价格比较见图 1-4-10。

图 1-4-10　2017 年聚丙烯期货和现货市场价格比较

数据来源：Wind 资讯、卓创资讯。

2. 价格相关性分析

2017 年聚丙烯期货和现货市场价格主要显性指标见表 1 –4 –64。2017 年聚丙烯期货和现货市场价格相关性见表 1 –4 –65。

表 1 –4 –64　　2017 年聚丙烯期货和现货市场价格主要显性指标

市场分类	绝对指标（元/吨）					相对指标（%）	
	最高价	最低价	平均价	标准差	极差	离散率	波幅率
大商所连续价格	9 813	7 361	8 552. 44	576. 68	2 452	6. 74	28. 67
聚丙烯国内现货市场价格	9 500	7 575	8 557. 73	541. 85	1 925	6. 33	22. 49

数据来源：Wind 资讯、卓创资讯。

表 1 –4 –65　　2017 年聚丙烯期货和现货市场价格相关性

价格选择	相关系数
大商所连续价格与现货市场价格	0. 97

数据来源：Wind 资讯、卓创资讯。

十一、焦炭期货运行情况

2017 年，大商所焦炭期货价格呈现宽幅震荡的走势。

（一）交易情况

2017 年全年，大商所焦炭期货成交量 4 012. 10 万手，同比减少 20. 49%；成交金额 77 295. 00 亿元，同比增加 37. 18%；年末持仓 15. 72 万手，同比增加 104. 16%。其中，成交量最高为 12 月的 650. 66 万手，最低为 1 月的 105. 57 万手；月末持仓最大为 11 月的 20. 59 万手，最小为 1 月的 5. 48 万手。

2017 年焦炭期货月度、年度交易情况见表 1 –4 –66、表 1 –4 –67。

表 1 –4 –66　　2017 年焦炭期货月度交易情况

月度	成交量（万手）	同比变化（%）	成交金额（亿元）	同比变化（%）	月末持仓量（万手）	同比变化（%）
1 月	105. 57	–40. 48	1 721. 45	53. 25	5. 48	–32. 49
2 月	108. 96	–42. 80	1 801. 40	39. 30	6. 68	–41. 52
3 月	129. 41	–80. 74	2 339. 04	–53. 64	7. 37	–34. 46
4 月	187. 87	–87. 21	3 141. 03	–78. 04	10. 25	–43. 23
5 月	212. 93	–55. 21	3 262. 45	–27. 00	10. 61	–0. 40
6 月	234. 46	50. 72	3 628. 69	166. 42	13. 81	72. 63
7 月	248. 81	53. 56	4 643. 79	185. 48	16. 27	81. 21
8 月	474. 51	45. 20	10 564. 32	166. 11	14. 75	1. 20
9 月	527. 39	43. 77	11 685. 21	162. 80	13. 64	–1. 08
10 月	482. 97	21. 21	8 584. 95	38. 46	18. 01	–27. 15

续表

月度	成交量（万手）	同比变化（%）	成交金额（亿元）	同比变化（%）	月末持仓量（万手）	同比变化（%）
11 月	648.56	35.40	12 319.04	30.10	20.59	85.70
12 月	650.66	276.04	13 603.65	347.90	15.72	104.16
总计	4 012.10	-20.49	77 295.00	37.18	—	—

数据来源：大连商品交易所。

表 1-4-67　　2016～2017 年焦炭期货年度交易情况

年度	成交量（万手）	同比变化（%）	成交金额（亿元）	同比变化（%）	年末持仓量（万手）	同比变化（%）
2016 年	5 046.11	222.18	56 346.93	328.08	7.70	-17.13
2017 年	4 012.10	-20.49	77 295.00	37.18	15.72	104.16

数据来源：大连商品交易所。

（二）交割情况

截至2017 年底，大商所焦炭货交割仓库（厂库）共21 家，其中，山西省5 家、天津市3 家、河北省7 家、山东省4 家、江苏省2 家。

2017 年，大商所焦炭期货交割总量 3 840 手，折合 384 000 吨，同比增加 82.86%，交割金额 81 119.40 万元，同比增加 246.29%。其中，9 月交割量最大，为1 630 手，折合163 000 吨；2 月、3 月、4 月、6 月、7 月、8 月、10 月及11 月交割量最低，为0 手。

2017 年焦炭期货月度、年度交割情况见表 1-4-68、表 1-4-69。

表 1-4-68　　2017 年焦炭期货月度交割情况

月度	交割量（手）	同比变化（%）	交割金额（万元）	同比变化（%）
1 月	1 560	246.67	32 401.20	940.50
2 月	0	—	0.00	—
3 月	0	-100.00	0.00	-100.00
4 月	0	-100.00	0.00	-100.00
5 月	640	6.67	12 384.00	105.17
6 月	0	—	0.00	—
7 月	0	—	0.00	—
8 月	0	-100.00	0.00	-100.00
9 月	1 630	63.00	36 128.95	165.75
10 月	0	—	0.00	—
11 月	0	—	0.00	—
12 月	10	0.00	205.25	-28.65
总计	3 840	82.86	81 119.40	246.29

数据来源：大连商品交易所。

表 1－4－69　　2016～2017 年焦炭期货年度交割情况

年度	交割量（手）	同比变化（%）	交割金额（万元）	同比变化（%）
2016 年	2 100	－76.74	23 425.05	－75.90
2017 年	3 840	82.86	81 119.40	246.29

数据来源：大连商品交易所。

（三）价格走势

1. 总体价格走势

2017 年，大商所焦炭期货主力连续合约年初开盘价 1 519 元/吨（1 月 3 日），最高价 2 502.5 元/吨（8 月 29 日），最低价 1 233.0 元/吨（6 月 6 日），最大价差 1 269.5 元/吨，年末收盘价 1 979.5 元/吨（12 月 29 日），上年末收盘价 1 518 元/吨，全年上涨 461.5 元/吨，年涨幅 30.40%。

2017 年，唐山一级焦炭现货价格年初报价 2 080.0 元/吨（1 月 3 日），最高价 2 390.0 元/吨（12 月 25 日），最低价 1 640.0 元/吨（11 月 14 日），最大价差 750.0 元/吨，年末报价 2 390.0 元/吨（12 月 29 日），上年末收盘价 2 080.0 元/吨，全年上涨 310 元/吨，年涨幅 14.90%。

2017 年焦炭期货和现货市场价格比较见图 1－4－11。

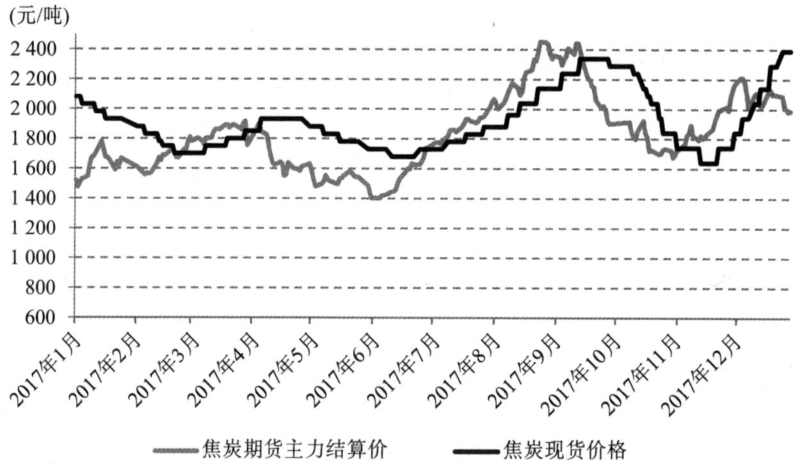

图 1－4－11　2017 年焦炭期货和现货市场价格比较

数据来源：大连商品交易所、钢之家。

2. 价格相关性分析

2017 年焦炭期货和现货市场价格主要显性指标见表 1－4－70，2017 年焦炭期货和现货市场价格相关性见表 1－4－71。

表 1-4-70　　2017 年焦炭期货和现货市场价格主要显性指标

市场分类	绝对指标（元/吨）					相对指标（%）	
	最高价	最低价	平均价	标准差	极差	离散率	波幅率
大商所连续价格	2 502.5	1 233	1 837.06	256.42	1 269.5	13.96	60.10
焦炭现货市场价格	2 390	1 640	1 911.93	201.08	750	10.52	39.23

数据来源：大连商品交易所、钢之家。

表 1-4-71　　2017 年焦炭期货和现货市场价格相关性

价格选择	相关系数
大商所连续价格与现货市场价格	0.55

数据来源：大连商品交易所、钢之家。

十二、焦煤期货运行情况

2017 年，大商所焦煤期货价格呈现宽幅震荡的走势。

（一）交易情况

2017 年全年，大商所焦煤期货成交量 4 219.48 万手，同比增加 2.72%；成交金额 31 143.97 亿元，同比增加 41.26%；年末持仓 14.31 万手，同比增加 60.55%。其中，成交量最高为 9 月的 590.73 万手，最低为 1 月的 110.02 万手；月末持仓最大为 10 月的 20.52 万手，最小为 1 月的 6.10 万手。

2017 年焦煤期货月度、年度交易情况见表 1-4-72、表 1-4-73。

表 1-4-72　　2017 年焦煤期货月度交易情况

月度	成交量（万手）	同比变化（%）	成交金额（亿元）	同比变化（%）	月末持仓量（万手）	同比变化（%）
1 月	110.02	-47.69	799.60	16.77	6.10	-17.23
2 月	115.72	-39.23	842.68	25.47	6.51	-36.74
3 月	135.41	-69.28	1 037.23	-36.22	8.01	-13.29
4 月	203.31	-77.88	1 418.44	-64.55	10.82	-31.57
5 月	228.27	-34.90	1 424.38	-2.18	13.62	31.53
6 月	300.76	94.62	1 813.02	183.67	17.02	68.34
7 月	313.15	157.67	2 256.27	317.88	17.61	97.31
8 月	581.51	231.37	4 807.07	443.10	14.79	18.98
9 月	590.73	80.70	4 652.01	156.93	16.43	-11.06
10 月	506.29	19.25	3 415.46	12.02	20.52	-21.56
11 月	558.59	-0.94	4 101.86	-16.59	17.49	47.13
12 月	575.72	150.64	4 575.95	158.98	14.31	60.55
总计	4 219.48	2.72	31 143.97	41.26	—	—

数据来源：大连商品交易所。

表 1-4-73　　2016~2017 年焦煤期货年度交易情况

年度	成交量（万手）	同比变化（%）	成交金额（亿元）	同比变化（%）	年末持仓量（万手）	同比变化（%）
2016 年	4 107.74	161.53	22 047.94	271.63	8.92	-22.71
2017 年	4 219.48	2.72	31 143.97	41.26	14.31	60.55

数据来源：大连商品交易所。

（二）交割情况

截至2017年底，大商所焦煤期货交割仓库（厂库）共10家，其中，山西省2家、天津市2家、河北省3家、山东省2家、江苏省1家。

2017年，大商所焦煤期货交割总量4 100手，折合246 000吨，同比减少65.55%，交割金额33 226.80万元，同比减少31.49%。其中，1月交割量最大，为1 600手，折合96 000吨；2月、3月、4月、6月、7月、8月、10月、11月及12月交割量最低，为0手。

2017年焦煤期货月度、年度交割情况见表1-4-74、表1-4-75。

表 1-4-74　　2017 年焦煤期货月度交割情况

月度	交割量（手）	同比变化（%）	交割金额（万元）	同比变化（%）
1 月	1 600	-52.94	15 033.60	18.00
2 月	0	—	0.00	—
3 月	0	—	0.00	—
4 月	0	—	0.00	—
5 月	1 100	-76.09	8 151.00	-52.37
6 月	0	—	0.00	—
7 月	0	—	0.00	—
8 月	0	—	0.00	—
9 月	1 400	-64.10	10 042.20	-46.15
10 月	0	—	0.00	—
11 月	0	—	0.00	—
12 月	0	—	0.00	—
总计	4 100	-65.55	33 226.80	-31.49

数据来源：大连商品交易所。

表 1-4-75　　2016~2017 年焦煤期货年度交割情况

年度	交割量（手）	同比变化（%）	交割金额（万元）	同比变化（%）
2016 年	11 900	21.43	48 501.60	13.11
2017 年	4 100	-65.55	33 226.80	-31.49

数据来源：大连商品交易所。

（三）价格走势

1. 总体价格走势

2017 年，大商所焦煤期货主力连续合约年初开盘价 1 180.0 元/吨（1 月 3 日），最高价 1 528.0 元/吨（8 月 25 日），最低价 928.5 元/吨（6 月 2 日），最大价差 599.5 元/吨，年末收盘价 1 313.0 元/吨（12 月 29 日），2016 年末收盘价 1 182.0 元/吨，全年上涨 131 元/吨，年涨幅 11.08%。

2017 年，焦煤现货价格（京唐港澳洲主焦煤库提价）年初报价 1 990.0 元/吨（1 月 3 日），最高价 1 990.0 元/吨（1 月 3 日），最低价 1 250.0 元/吨（6 月 23 日），最大价差 740.0 元/吨，年末报价 1 640.0 元/吨（12 月 29 日），2016 年末报价 1 990.0 元/吨，全年下跌 350.0 元/吨，年跌幅 17.59%。

2017 年焦煤期货和现货市场价格比较见图 1－4－12。

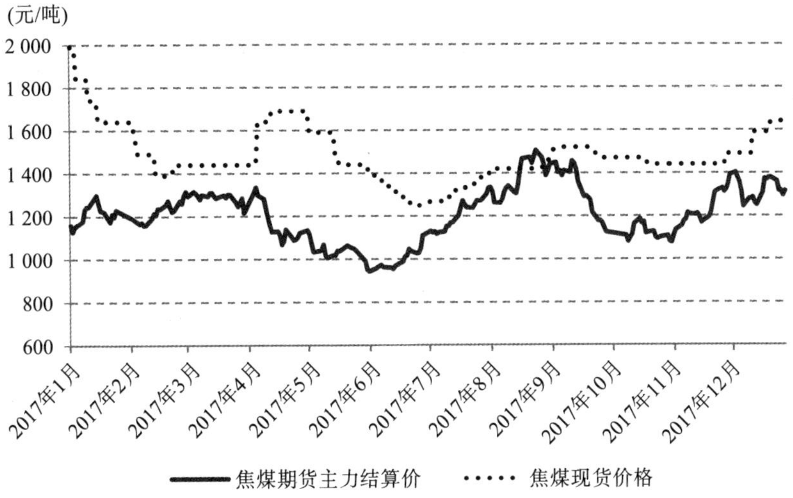

图 1－4－12　2017 年焦煤期货和现货市场价格比较

数据来源：大连商品交易所 、中国煤炭资源网。

2. 价格相关性分析

2017 年焦煤期货和现货市场价格主要显性指标见表 1－4－76，2017 年焦煤期货和现货市场价格相关性见表 1－4－77。

表 1－4－76　　2017 年焦煤期货和现货市场价格主要显性指标

市场分类	绝对指标（元/吨）					相对指标（%）	
	最高价	最低价	平均价	标准差	极差	离散率	波幅率
大商所连续价格	1 528	928.5	1 211.25	127.98	599.5	10.57	49.49
焦煤现货市场价格	1 990	1 250	1 481.35	132.32	740	8.93	49.95

数据来源：大连商品交易所、中国煤炭资源网。

表 1－4－77　　2017 年焦煤期货和现货市场价格相关性

价格选择	相关系数
大商所连续价格与国内现货市场价格	0.09

数据来源：大连商品交易所、中国煤炭资源网。

十三、铁矿石期货运行情况

2017 年，大商所铁矿石期货价格呈现震荡走势。

（一）交易情况

2017 年全年，大商所铁矿石期货成交量 32 874.37 万手，同比减少 3.95%；成交金额 170 794.54 亿元，同比增加 17.97%；年末持仓 101.87 万手，同比增加 84.97%。其中，成交量最高为 8 月的 3 804.19 万手，最低为 1 月的 1 266.88 万手；月末持仓最大为 10 月的 134.17 万手，最小为 1 月的 57.54 万手。

2017 年铁矿石期货月度、年度交易情况见表 1－4－78、表 1－4－79。

表 1－4－78　　2017 年铁矿石期货月度交易情况

月度	成交量（万手）	同比变化（%）	成交金额（亿元）	同比变化（%）	月末持仓量（万手）	同比变化（%）
1 月	1 266.88	－56.33	7 641.52	－16.31	57.54	－43.93
2 月	1 618.73	－40.29	11 049.08	16.67	81.89	－27.24
3 月	2 388.72	－68.66	15 244.50	－50.69	92.87	11.52
4 月	2 138.92	－57.37	10 866.29	－49.03	110.91	125.70
5 月	2 903.33	26.90	13 679.21	59.28	119.74	26.85
6 月	2 869.54	89.31	12 470.07	119.12	120.11	34.59
7 月	2 950.23	41.88	14 728.67	63.20	105.58	18.25
8 月	3 804.19	70.97	21 370.99	114.45	85.44	－11.98
9 月	3 285.18	100.37	16 999.62	153.88	103.70	15.58
10 月	2 717.62	93.73	12 224.14	95.56	134.17	35.40
11 月	3 456.72	35.87	16 415.03	14.88	113.13	98.85
12 月	3 474.33	52.34	18 105.43	34.69	101.87	84.97
总计	32 874.37	－3.95	170 794.54	17.97	—	—

数据来源：大连商品交易所。

表 1－4－79　　2016～2017 年铁矿石期货年度交易情况

年度	成交量（万手）	同比变化（%）	成交金额（亿元）	同比变化（%）	年末持仓量（万手）	同比变化（%）
2016 年	34 226.53	31.86	144 780.32	46.30	55.07	－41.36
2017 年	32 874.37	－3.95	170 794.54	17.97	101.87	84.97

数据来源：大连商品交易所。

2017 年铁矿石期货内外盘交易情况比较见表 1－4－80。

表 1－4－80　　2016～2017 年铁矿石期货内外盘交易情况比较

年度	成交量（万手）		年末持仓量（万手）	
	大商所（内盘）	SGX（外盘）	大商所（内盘）	SGX（外盘）
2016 年	34 226.53	1 260.43	55.07	50.51
2017 年	32 874.37	1 343.72	101.87	47.42

数据来源：大连商品交易所、新加坡交易所。

（二）交割情况

截至 2017 年底，大商所铁矿石期货交割库共 20 家，其中，辽宁省 2 家、河北省 4 家、江苏省 2 家、北京市 4 家、山东省 4 家、浙江省 1 家、上海市 2 家、天津市 1 家。

2017 年，大商所铁矿石期货交割总量 7 500 手，折合 75 万吨，同比减少 66.06%，交割金额 4.25 亿元，同比减少 50.72%。其中，5 月交割量最大，为 3 200 手，折合 32 万吨；2 月、3 月、4 月、6 月、8 月、10 月、11 月及 12 月交割量最低，为 0 手。

2017 年铁矿石期货月度、年度交割情况见表 1－4－81、表 1－4－82。

表 1－4－81　　2017 年铁矿石期货月度交割情况

月度	交割量（手）	同比变化（%）	交割金额（万元）	同比变化（%）
1 月	2 100	－86.96	14 028.00	－74.89
2 月	0	—	0.00	—
3 月	0	—	0.00	—
4 月	0	－100.00	0.00	－100.00
5 月	3 200	0.00	15 488.00	－10.62
6 月	0	－100.00	0.00	－100.00
7 月	200	—	934.00	—
8 月	0	—	0.00	—
9 月	2 000	－16.67	12 070.00	6.66
10 月	0	—	0.00	—
11 月	0	—	0.00	—
12 月	0	—	0.00	—
总计	7 500	－66.06	42 520.00	－50.72

数据来源：大连商品交易所。

表 1－4－82　　2016～2017 年铁矿石期货年度交割情况

年度	交割量（手）	同比变化（%）	交割金额（万元）	同比变化（%）
2016 年	22 100	413.95	86 287.00	334.79
2017 年	7 500	－66.06	42 520.00	－50.72

数据来源：大连商品交易所。

（三）价格走势

1. 总体价格走势

2017 年，大商所铁矿石期货主力连续合约年初开盘价 551 元/吨（1 月 3 日），最高价 741.5 元/吨（2 月 21 日），最低价 412.5 元/吨（6 月 14 日），最大价差 329 元/吨，年末收盘价 531.5 元/吨（12 月 29 日），2016 年末收盘价 548 元/吨，全年下跌 16.5 元/吨，年跌幅 3.01%。

2017 年，青岛港 62.5% 纽曼粉现货价格年初报价 640 元/吨（1 月 3 日），最高价 730 元/吨（2 月 21 日），最低价 450 元/吨（6 月 13 日），最大价差 280 元/吨，年末报价 551 元/吨（12 月 29 日），2016 年末报价 640 元/吨，全年下跌 89 元/吨，年跌幅 13.91%。

2017 年，新加坡交易所（SGX）铁矿石连续合约年初开盘价 64.88 美元/吨（1 月 3 日），最高价 87.59 美元/吨（2 月 21 日），最低价 52.34 美元/吨（6 月 13 日），最大价差 35.25 美元/吨，年末收盘价 69.92 美元/吨（12 月 29 日），2016 年末收盘价 65.7 美元/吨，全年上涨 4.22 美元/吨，年涨幅 6.42%。

2017 年铁矿石期货内外盘和国内现货市场价格比较见图 1－4－13。

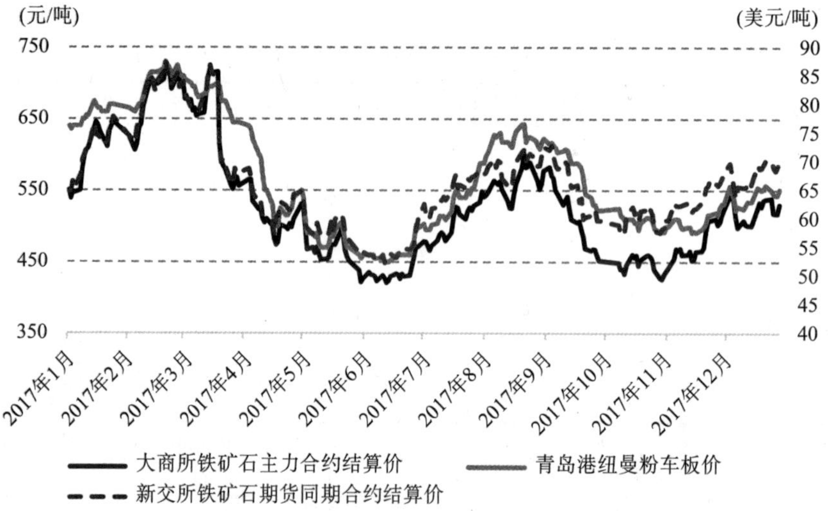

图 1－4－13　2017 年铁矿石期货内外盘和国内现货市场价格比较

数据来源：大连商品交易所、新加坡交易所。

2. 价格相关性分析

2017 年铁矿石期货内外盘和现货市场价格主要显性指标见表 1－4－83，2017 年铁矿石期货内外盘和国内现货市场价格相关性见表 1－4－84。

表 1-4-83　　2017 年铁矿石期货内外盘和国内现货市场价格主要显性指标

市场分类	绝对指标					相对指标（%）	
	最高价	最低价	平均价	标准差	极差	离散率	波幅率
大商所连续价格（元/吨）	741.5	412.5	529.54	79.45	329	15.00	62.13
SGX 连续价格（美元/吨）	87.59	52.34	66.38	8.22	35.25	12.38	53.10
铁矿石现货市场价格（元/吨）	730	450	568.11	78.98	280	13.90	49.29

数据来源：大连商品交易所。

表 1-4-84　　2017 年铁矿石期货内外盘和国内现货市场价格相关性

价格选择	相关系数
大商所连续价格与 SGX 连续价格	0.97
大商所连续价格与现货市场价格	0.95

数据来源：大连商品交易所。

十四、黄大豆 2 号期货运行情况

2017 年 5 月 31 日之前，大商所黄大豆 2 号期货价格呈现高位震荡走势。5 月 31 日，黄大豆 2 号 1805 合约实行新的合约及规则，顺畅了交割渠道，更贴近现货市场，上市后期货价格迅速回归到贴近现货的合理水平，之后整体运行平稳。

（一）交易情况

2017 年，大商所黄大豆 2 号期货年度交易情况见表 1-4-85。

表 1-4-85　　2016～2017 年黄大豆 2 号期货年度交易情况

年度	成交量（万手）	同比变化（%）	成交金额（亿元）	同比变化（%）	年末持仓量（万手）	同比变化（%）
2016 年	0.18	-62.84	0.66	-56.30	0.0011	57.14
2017 年	4.26	2 220.12	14.07	2 042.34	0.42	38 418.18

数据来源：大连商品交易所。

（二）交割情况

截至 2017 年底，大商所黄大豆 2 号期货交割仓库共 7 家，其中，辽宁省 3 家、山东省 3 家、江苏省 1 家。

2017 年，大商所黄大豆 2 号期货全年无交割。

（三）价格走势

1. 总体价格走势

2017 年，大商所黄大豆 2 号主力连续合约年初开盘价 3 950 元/吨（1 月 6 日），最高价 4 199 元/吨（3 月 10 日），最低价 3 175 元/吨（6 月 7 日），最大价差 1 024 元/吨，年末收盘价 3 266 元/吨（12 月 29 日），2016 年末收盘价 3 940 元/吨，全年下跌674元/吨，年跌幅17.11%。

2017年，进口大豆现货价格年初报价3 740元/吨（1月3日），最高价3 740元/吨（1月3日），最低价3 250元/吨（6月29日），最大价差490元/吨，年末报价3 360元/吨（12月29日），2016年末报价3 760元/吨，全年下跌400元/吨，年跌幅10.64%。

2017年，芝加哥期货交易所（CBOT）大豆主力连续合约年初开盘价1 004美分/蒲式耳（1月3日），最高价1 080美分/蒲式耳（1月18日），最低价907美分/蒲式耳（6月23日），最大价差173美分/蒲式耳，年末收盘价961美分/蒲式耳（12月29日），2016年末收盘价1 007.75美分/蒲式耳，全年下跌46.75美分/蒲式耳，年跌幅4.64%。

2017年黄大豆2号期货内外盘和国内现货市场价格比较见图1－4－14。

图1－4－14　2017年黄大豆2号期货内外盘和国内现货市场价格比较

数据来源：Wind资讯。

2. 价格相关性分析

2017年黄大豆2号期货内外盘和国内现货市场价格主要显性指标见表1－4－86，2017年黄大豆2号期货内外盘和国内现货市场价格相关性见表1－4－87。

表1－4－86　2017年黄大豆2号期货内外盘和国内现货市场价格主要显性指标

市场分类	绝对指标					相对指标（%）	
	最高价	最低价	平均价	标准差	极差	离散率	波幅率
大商所连续价格（元/吨）	4 199	3 175	3 553.16	331.64	1 024	9.33	28.82
CBOT连续价格（美分/蒲式耳）	1 080	907	980.88	36.3	173	3.7	17.64
大豆现货市场价格（元/吨）	3 740	3 250	3 439.08	159.51	490.00	4.64	14.25

数据来源：Wind资讯。

表 1－4－87　2017 年黄大豆 2 号期货内外盘和国内现货市场价格相关性

价格选择	相关系数
大商所连续价格与 CBOT 连续价格	0.40
大商所连续价格与现货市场价格	0.82

数据来源：Wind 资讯。

十五、胶合板期货运行情况

2017 年，大商所胶合板期货价格总体呈现震荡上行态势。

（一）交易情况

2017 年全年，大商所胶合板期货年度交易情况见表 1－4－88。

表 1－4－88　2016～2017 年胶合板期货年度交易情况

年度	成交量（万手）	同比变化（%）	成交金额（亿元）	同比变化（%）	年末持仓量（万手）	同比变化（%）
2016 年	0.82	－95.54	4.43	－95.73	0.0040	110.53
2017 年	0.13	－84.23	0.70	－84.23	0.0001	－97.5

数据来源：大连商品交易所。

（二）交割情况

截至 2017 年底，大商所胶合板期货交割仓库共 13 家，其中，河北 1 家、天津市 1 家、山东 2 家、江苏省 2 家、浙江省 5 家、广东省 2 家。

2017 年，大商所胶合板期货年度交割情况见表 1－4－89。

表 1－4－89　2016～2017 年胶合板期货年度交割情况

年度	交割量（手）	同比变化（%）	交割金额（万元）	同比变化（%）
2016 年	18	－99.09	64.94	－99.49
2017 年	70	288.89	392.50	504.40

数据来源：大连商品交易所。

（三）价格走势

1. 总体价格走势

2017 年，大商所胶合板期货主力连续合约年初开盘价 77.50 元/张（1 月 3 日），最高价 135.85 元/张（11 月 20 日），最低价 77.50 元/张（1 月 3 日），最大价差 58.35 元/张，年末收盘价 129.00 元/张（12 月 29 日），2016 年末收盘价 77.45 元/张，全年上涨 51.55 元/张，年涨幅 66.56%。

2017 年，鱼珠现货价格年初报价 115 元/张（1 月 3 日），最高价 118 元/张（9 月 28 日），最低价 111 元/张（7 月 3 日），最大价差 7 元/张，年末报价 115 元/张（12 月 29 日），2016 年末报价 116 元/张，全年下跌 1 元/张，年跌幅 0.86%。

2017 年胶合板期货和现货市场价格比较见图 1 –4 –15。

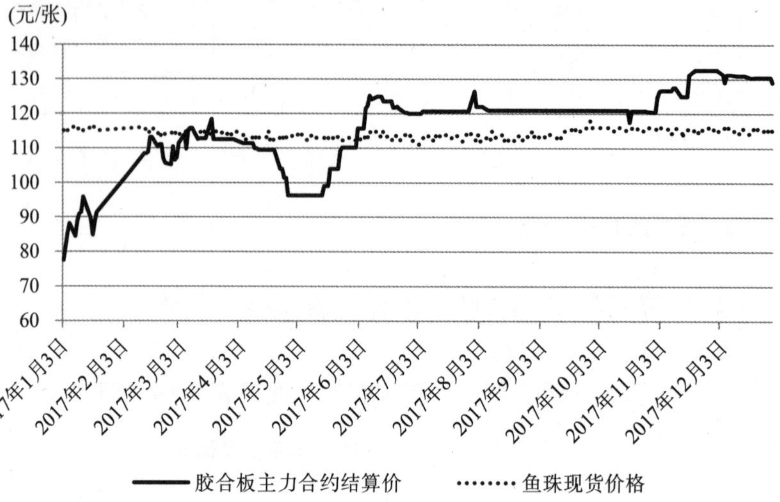

图 1 –4 –15　2017 年胶合板期货和现货市场价格比较

数据来源：Wind 资讯。

2. 价格相关性分析

2017 年胶合板期货和现货市场价格主要显性指标见表 1 –4 –90，2017 年胶合板期货和现货市场价格相关性见表 1 –4 –91。

表 1 –4 –90　　2017 年胶合板期货和现货市场价格主要显性指标

市场分类	绝对指标（元/张）					相对指标（%）	
	最高价	最低价	平均价	标准差	极差	离散率	波幅率
胶合板连续价格	135. 85	77. 50	115. 82	11. 71	58. 35	10. 11	50. 38
现货市场价格	118	111	114. 21	1. 31	7	1. 15	6. 13

数据来源：Wind 资讯。

表 1 –4 –91　　2017 年胶合期货和现货市场价格相关性

价格选择	相关系数
胶合板连续价格与现货市场价格	0. 12

数据来源：Wind 资讯。

十六、纤维板期货运行情况

2017 年，大商所纤维板期货价格呈现上涨趋势，全年波动幅度较 2016 年有所降低。

（一）交易情况

2017 年，大商所纤维板期货年度交易量见表 1 –4 –92。

表 1-4-92　　2016~2017 年纤维板期货年度交易情况

年度	成交量（万手）	同比变化（%）	成交金额（亿元）	同比变化（%）	年末持仓量（万手）	同比变化（%）
2016 年	0.07	-98.96	0.21	-98.97	0.0009	-76.92
2017 年	0.11	48.73	0.42	102.12	0.0007	-22.22

数据来源：大连商品交易所。

（二）交割情况

截至 2017 年底，大商所纤维板期货交割仓库共 7 家，其中，天津市 2 家、江苏省 2 家、浙江省 1 家、广东省 2 家。

2017 年，大商所纤维板期货全年无交割。

（三）价格走势

1. 总体价格走势

2017 年，大商所纤维板期货主力连续合约年初开盘价 74.30 元/张（1 月 3 日），最高价 105.70 元/张（12 月 29 日），最低价 63.95 元/张（1 月 5 日），最大价差 41.75 元/张，年末收盘价 105.70 元/张（12 月 29 日），2016 年末收盘价 70.15 元/张，全年上涨 40.95 元/张，年涨幅 63.24%。

2017 年，鱼珠现货价格年初报价 76 元/张（1 月 3 日），最高价 79 元/张（11 月 8 日），最低价 73 元/张（9 月 6 日），最大价差 6 元/张，年末报价 77 元/张（12 月 29 日），2016 年末报价 77 元/张，全年无上涨。

2017 年纤维板期货和现货市场价格比较见图 1-4-16。

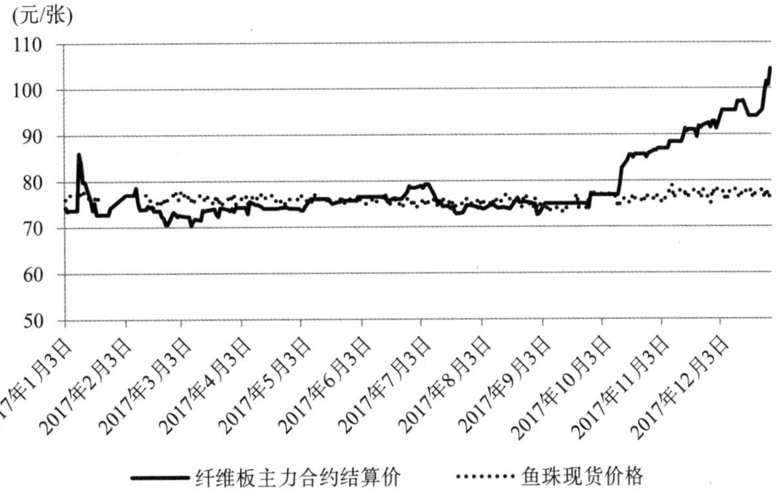

图 1-4-16　2017 年纤维板期货和现货市场价格比较

数据来源：Wind 资讯。

2. 价格相关性分析

2017 年纤维板期货和现货市场价格主要显性指标见表 1-4-93，2017 年纤维板期货和现货市场价格相关性见表 1-4-94。

表 1-4-93　　2017 年纤维板期货和现货市场价格主要显性指标

市场分类	绝对指标（元/张）					相对指标（%）	
	最高价	最低价	平均价	标准差	极差	离散率	波幅率
纤维板连续价格	105.70	63.95	78.80	7.45	41.75	9.45	52.98
现货市场价格	79	73	75.97	1.10	6	1.45	7.90

数据来源：Wind 资讯。

表 1-4-94　　2017 年纤维板期货和国内现货市场价格相关性

价格选择	相关系数
纤维板连续价格与现货市场价格	0.44

数据来源：Wind 资讯。

第五节　中国金融期货交易所上市品种运行情况

中国金融期货交易所（以下简称中金所，CFFEX）2017 年全年累计成交量为 0.25 亿手，占全国期货市场成交量的 0.80%，成交量同比增长 34.14%；全年累计成交额为 24.60 万亿元，占全国期货市场成交额的 13.09%，成交额同比增长 34.98%。

一、沪深 300 股指期货运行情况

2017 年，中金所沪深 300 股指期货总体运行平稳。成交量较 2016 年小幅下降，年末持仓量较 2016 年末略有下降。期货主力连续合约价格震荡上涨，与沪深 300 指数价格相关性较高。

（一）交易情况

2017 年全年，沪深 300 股指期货成交量 410.10 万手，较 2016 年减少 2.95%；成交金额 45 092.92 亿元，较 2016 年增加 12.33%；年末持仓量 3.85 万手，较 2016 年末减少 3.99%。分月度情况看，成交量最高为 3 月的 43.28 万手，最低为 1 月的 21.58 万手；月末持仓量最大为 3 月的 5.15 万手，最小为 1 月的 3.78 万手。

2017 年沪深 300 股指期货月度、年度交易情况见表 1-5-1、表 1-5-2。

（二）交割情况

2017 年，中金所沪深 300 股指期货交割总量 22 376 手，同比减少 12.93%，交割金额 245.72 亿元，同比减少 0.94%。其中，1 月交割量最大，为 3 091 手；5 月交割量最小，为 1 075 手。

表 1-5-1　　　　2017 年沪深 300 股指期货月度交易情况

月度	成交量（万手）	较上年变化（%）	成交金额（亿元）	较上年变化（%）	月末持仓量（万手）	较上年变化（%）
1 月	21.58	-51.54	2 154.96	-48.21	3.78	-17.11
2 月	24.51	-30.65	2 509.90	-19.50	4.75	-0.84
3 月	43.28	-23.04	4 451.49	-13.78	5.15	8.88
4 月	34.84	-18.45	3 611.53	-11.31	4.66	0.87
5 月	36.58	-4.24	3 714.86	5.86	4.23	-2.31
6 月	38.68	17.35	4 116.85	35.15	4.01	-0.74
7 月	36.66	9.96	4 033.85	26.20	4.02	-12.99
8 月	35.70	2.32	3 994.82	16.52	4.00	-16.67
9 月	32.24	16.43	3 708.18	37.13	3.99	-5.23
10 月	25.16	21.96	2 969.80	45.50	4.23	-0.70
11 月	40.72	45.32	4 982.50	73.70	4.15	3.75
12 月	40.15	43.44	4 844.18	70.86	3.85	-3.99
总计	410.10	-2.95	45 092.92	12.33	—	—

数据来源：中国金融期货交易所。

表 1-5-2　　　　2016～2017 年沪深 300 股指期货年度交易情况

年度	成交量（万手）	较上年变化（%）	成交金额（亿元）	较上年变化（%）	年末持仓量（万手）	较上年变化（%）
2016 年	422.56	-98.48	40 142.63	-98.83	4.01	6.93
2017 年	410.10	-2.95	45 092.92	12.33	3.85	-3.99

数据来源：中国金融期货交易所。

2017 年沪深 300 股指期货月度、年度交割情况见表 1-5-3、表 1-5-4。

表 1-5-3　　　　2017 年沪深 300 股指期货月度交割情况

月度	交割量（手）	同比变化（%）	交割金额（亿元）	同比变化（%）
1 月	3 091	30.53	31.10	39.71
2 月	1 172	-58.37	12.05	-53.20
3 月	1 855	-40.35	19.28	-34.96
4 月	1 560	-24.71	16.18	-20.39
5 月	1 075	-33.19	10.96	-25.92
6 月	2 385	-0.58	25.19	12.46
7 月	2 053	-0.19	23.02	13.89
8 月	1 575	-14.03	17.60	-4.65
9 月	1 997	-27.70	22.97	-14.97

续表

月度	交割量（手）	同比变化（%）	交割金额（亿元）	同比变化（%）
10 月	1 770	11.67	20.84	32.03
11 月	1 524	-10.04	18.78	7.87
12 月	2 319	66.12	27.75	98.20
总计	22 376	-12.93	245.72	-0.94

数据来源：中国金融期货交易所。

表 1-5-4　　2016～2017 年沪深 300 股指期货年度交割情况

年度	交割量（手）	同比变化（%）	交割金额（亿元）	同比变化（%）
2016 年	25 699	-26.89	248.06	-40.82
2017 年	22 376	-12.93	245.72	-0.94

数据来源：中国金融期货交易所。

（三）价格走势

1. 总体价格走势

2017 年，沪深 300 股指期货价格总体呈现震荡上涨走势。沪深 300 股指期货主力合约年初开盘价 3290.00 点，最高价 4271.00 点（11 月 22 日），最低价 3191.40 点（1 月 16 日），年末收盘价 4039.80 点，全年上涨 749.80 点，年涨幅 22.79%。

沪深 300 指数年初开盘价 3313.95 点，最高价 4260.64 点（11 月 22 日），最低价 3264.21 点（1 月 16 日），年末收盘价 4030.85 点，全年上涨 716.90 点，年涨幅 21.63%。

2017 年沪深 300 股指期货和沪深 300 指数价格比较见图 1-5-1。

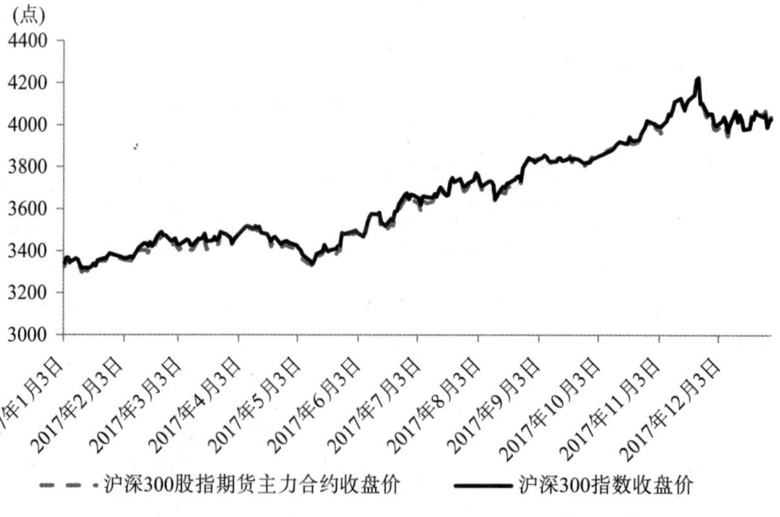

图 1-5-1　2017 年沪深 300 股指期货和沪深 300 指数价格比较

数据来源：中国金融期货交易所。

2. 价格相关性分析

2017 年沪深 300 股指期货和现货市场价格主要显性指标见表 1 –5 –5，2017 年沪深 300 股指期货和现货指数价格相关性见表 1 –5 –6。

表 1 –5 –5　　2017 年沪深 300 股指期货和现货指数价格主要显性指标

市场分类	绝对指标（点）					相对指标（%）	
	最高价	最低价	平均价	标准差	极差	离散率	波幅率
沪深 300 股指期货主力合约价格	4 271.00	3 191.40	3 661.38	253.43	1 079.60	6.92	29.49
沪深 300 指数价格	4 260.64	3 264.21	3 673.55	247.83	996.43	6.75	27.12

数据来源：中国金融期货交易所。

表 1 –5 –6　　2017 年沪深 300 股指期货和现货指数价格相关性

价格选择	相关系数
沪深 300 股指期货主力合约收盘价与沪深 300 指数收盘价	0.9992

数据来源：中国金融期货交易所。

二、5 年期国债期货运行情况

2017 年，5 年期国债期价呈震荡微跌走势。

（一）交易情况

2017 年，中金所 5 年期国债期货成交量 282.13 万手，同比增加 2%，成交金额 27 519 亿元，同比减少 1%；年末持仓 4.64 万手，同比增加 143%。其中，月成交量最高为 11 月的 40.17 万手，最低为 4 月的 16.23 万手；月末持仓量最大为 10 月的 6.59 万手，最小为 2 月的 1.60 万手。

2017 年 5 年期国债期货月度、年度交易情况见表 1 –5 –7、1 –5 –8。

表 1 –5 –7　　2017 年 5 年期国债期货月度交易情况

月度	成交量（万手）	同比变化（%）	成交金额（亿元）	同比变化（%）	月末持仓量（万手）	同比变化（%）
1 月	17.57	–61	1 743	–62	1.76	–42
2 月	17.84	–26	1 756	–27	1.60	–43
3 月	21.88	–30	2 160	–32	1.83	–49
4 月	16.23	–37	1 602	–38	2.64	–18
5 月	31.12	83	3 029	77	3.51	20
6 月	24.76	86	2 424	81	5.10	58
7 月	23.93	32	2 341	28	5.77	77
8 月	27.47	12	2 675	7	4.83	90
9 月	19.42	61	1 896	55	6.53	147

续表

月度	成交量（万手）	同比变化（%）	成交金额（亿元）	同比变化（%）	月末持仓量（万手）	同比变化（%）
10月	23.09	100	2 234	90	6.59	140
11月	40.17	96	3 862	86	4.77	101
12月	18.65	-42	1 799	-44	4.64	143
总计	282.13	2	27 519	-1	—	—

数据来源：中国金融期货交易所。

表1-5-8　　2016～2017年5年期国债期货年度交易情况

年度	成交量（万手）	同比变化（%）	成交金额（亿元）	同比变化（%）	年末持仓量（万手）	同比变化（%）
2016年	275.72	-37	27 742	-36	1.91	-31
2017年	282.13	2	27 519	-1	4.64	143

数据来源：中国金融期货交易所。

（二）交割情况

2017年，中金所5年期国债期货交割总量3 587手，同比增加143.35%，交割金额35.70亿元，同比增加134.11%。其中，12月交割量最大，为1 704手；3月交割量最小，为55手。

2017年5年期国债期货月度、年度交割情况见表1-5-9、表1-5-10。

表1-5-9　　2017年5年期国债期货月度交割情况

月度	交割量（手）	同比变化（%）	交割金额（亿元）	同比变化（%）
3月	55	-65.84	0.57	-66.68
6月	627	105.57	6.29	91.66
9月	1 201	319.93	12.03	299.81
12月	1 704	136.01	16.82	131.70
总计	3 587	143.35	35.70	134.11

数据来源：中国金融期货交易所。

表1-5-10　　2016～2017年5年期国债期货年度交割情况

年度	交割量（手）	同比变化（%）	交割金额（亿元）	同比变化（%）
2016年	1 474	-62.09	15.25	-61.29
2017年	3 587	143.35	35.70	134.11

数据来源：中国金融期货交易所。

（三）价格走势

1. 总体价格走势

2017年，中金所5年期国债期货主力合约年初开盘价99.395元，最高价

99.750 元（1 月 10 日），最低价 95.750 元（10 月 30 日），年末收盘价 96.605 元。全年下跌 2.790 元，年跌幅 2.81%。

2017 年，5 年期国债期货对应的国债现货收益率①年初为 2.895%，最高收益率 3.972%（11 月 13 日），最低收益率 2.895%（1 月 3 日），年末收益率为 3.858%，全年上涨 96BP。

2017 年 5 年期国债期货和现货收益率比较见图 1-5-2。

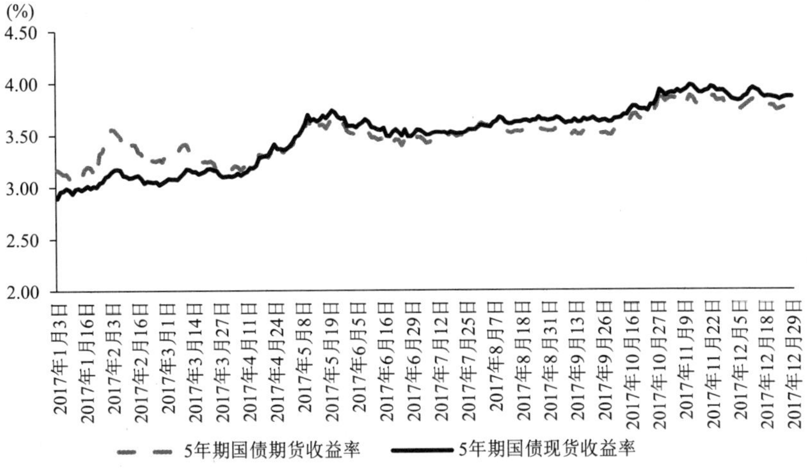

图 1-5-2　2017 年 5 年期国债期货和现货市场收益率比较

数据来源：中国金融期货交易所。

2. 价格相关性分析

2017 年 5 年期国债期货和现货收益率主要指标见表 1-5-11，2017 年国债期货和现货价格相关性见表 1-5-12。

表 1-5-11　　2017 年 5 年期国债期货和现货收益率主要指标

市场分类	最高值（%）	最低值（%）	平均值（%）	标准差（%）
5 年期国债期货收益率	3.906	3.082	3.501	0.202
主力合约对应 CTD 收益率	3.972	2.895	3.505	0.297

数据来源：中国金融期货交易所。

表 1-5-12　　2017 年 5 年期国债期货和现货价格相关性

价格选择	相关系数
5 年期国债期货价格与国债现货（CTD）价格	0.9396

数据来源：中国金融期货交易所。

① 国债现货收益率为主力合约对应的最便宜可交割券收益率。

三、10 年期国债期货运行情况

2017 年，10 年期国债期货价格呈震荡微跌走势。

（一）交易情况

2017 年，中金所 10 年期国债期货成交量 1 194.90 万手，同比增加 93% ，成交金额 113 331 亿元，同比增加 85%；年末持仓 6.10 万手，同比基本持平。其中，成交量最高为 5 月的 134.64 万手，最低为 9 月的 61.31 万手；月末持仓最大为 10 月的 7.40 万手，最小为 5 月的 5.66 万手。

2017 年 10 年期国债期货月度、年度交易情况见表 1－5－13、表 1－5－14。

表 1－5－13　　2017 年 10 年期国债期货月度交易情况

月度	成交量（万手）	同比变化（%）	成交金额（亿元）	同比变化（%）	月末持仓量（万手）	同比变化（%）
1 月	105.14	91	10 154	84	7.12	94
2 月	108.78	163	10 320	150	6.03	57
3 月	129.01	134	12 375	126	6.45	46
4 月	97.80	155	9 415	147	6.63	46
5 月	134.64	296	12 734	277	5.66	46
6 月	110.81	289	10 561	272	5.76	39
7 月	89.35	143	8 505	130	6.41	36
8 月	85.59	65	8 105	55	6.28	48
9 月	61.31	86	5 828	75	7.35	59
10 月	69.64	123	6 536	107	7.40	36
11 月	124.47	103	11 522	87	6.27	3
12 月	78.36	－48	7 277	－50	6.10	0
总计	1 194.90	93	113 331	85	—	—

数据来源：中国金融期货交易所。

表 1－5－14　　2016～2017 年 10 年期国债期货年度交易情况

年度	成交量（万手）	同比变化（%）	成交金额（亿元）	同比变化（%）	年末持仓量（万手）	同比变化（%）
2016 年	617.68	267	61 271	271	6.12	98
2017 年	1 194.90	93	113 331	85	6.10	0

数据来源：中国金融期货交易所。

（二）交割情况

2017 年，中金所 10 年期国债期货交割总量 4 475 手，同比增加 26.48%，交割金额 41.98 亿元，同比增加 16.00%。其中，12 月交割量最大，为 1 625 手；6 月交割量最小，为609手。

2017年10年期国债期货月度、年度交割情况见表1-5-15、表1-5-16。

表1-5-15　　2017年10年期国债期货月度交割情况

月度	交割量（手）	同比变化（%）	交割金额（亿元）	同比变化（%）
3月	682	4.44	6.51	-3.85
6月	609	-67.35	5.72	-70.08
9月	1 559	152.67	14.72	134.33
12月	1 625	303.23	15.03	274.61
总计	4 475	26.48	41.98	16.00

数据来源：中国金融期货交易所。

表1-5-16　　2016~2017年10年期国债期货年度交割情况

年度	交割量（手）	同比变化（%）	交割金额（亿元）	同比变化（%）
2016年	3 538	150.92	36.19	145.17
2017年	4 475	26.48	41.98	16.00

数据来源：中国金融期货交易所。

（三）价格走势

1. 总体价格走势

2017年，中金所10年期国债期货主力连续合约年初开盘价97.395元，最高价97.890元（1月10日），最低价91.830元（11月14日），年末收盘93.165元。全年下跌4.230元，年跌幅4.34%。

2017年，10年期国债期货对应的国债现货收益率①年初为3.100%，最高收益率4.101%（11月22日），最低收益率3.100%（1月3日），年末收益率为3.988%，全年上涨89BP。

2017年10年期国债期货和现货收益率比较见图1-5-3。

2. 价格相关性分析

2017年10年期国债期货和现货收益率主要指标见表1-5-17，2017年国债期货和现货价格相关性见表1-5-18。

表1-5-17　　2017年10年期国债期货和现货收益率主要指标

市场分类	最高值（%）	最低值（%）	平均值（%）	标准差（%）
10年期国债期货收益率	4.134	3.289	3.695	0.197
主力合约对应CTD收益率	4.101	3.100	3.639	0.243

数据来源：中国金融期货交易所。

① 国债现货收益率为主力合约对应的最便宜可交割券收益率。

表 1－5－18　　2017 年 10 年期国债期货和现货价格相关性

价格选择	相关系数
10 年期国债期货价格与国债现货（CTD）价格	0. 9963

数据来源：中国金融期货交易所。

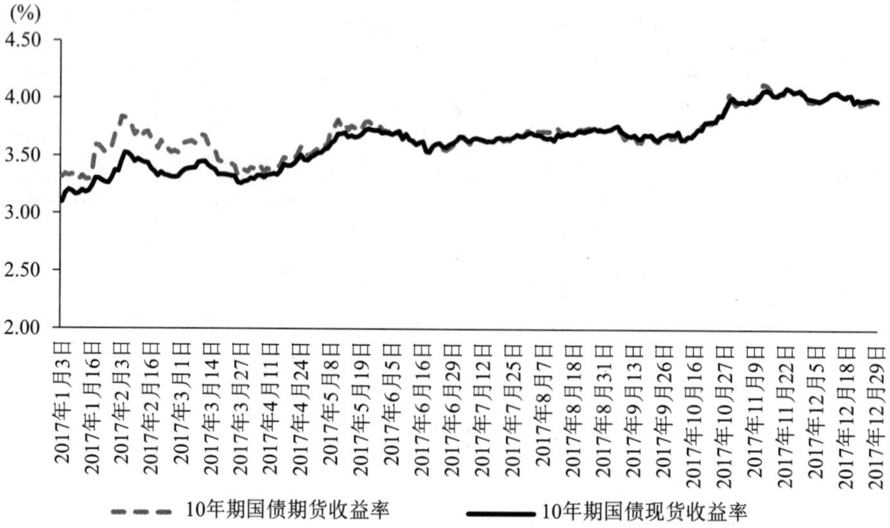

图 1－5－3　2017 年 10 年期国债期货和现货收益率比较

四、上证 50 股指期货运行情况

2017 年，上证 50 股指期货总体运行平稳，成交规模较 2016 年有所增长，年末持仓量较 2016 年末有所减少，期货价格呈震荡上涨走势。

（一）交易情况

2017 年全年，上证 50 股指期货成交量 244. 35 万手，较 2016 年增加 50. 43%；成交金额 19 004. 14 亿元，较 2016 年增加 81. 47%；年末持仓量 2. 06 万手，较 2016 年末减少 20. 18%。分月度情况看，成交量最高为 11 月的 26. 88 万手，最低为 1 月的 11. 27 万手；月末持仓量最大为 2 月的 3. 33 万手，最小为 12 月的 2. 06 万手。

2017 年上证 50 股指期货月度、年度交易情况见表 1－5－19、表 1－5－20。

表 1－5－19　　2017 年上证 50 股指期货月度交易情况

月度	成交量（万手）	较上年变化（%）	成交金额（亿元）	较上年变化（%）	月末持仓量（万手）	较上年变化（%）
1 月	11. 27	－31. 70	784. 86	－23. 71	2. 57	43. 61
2 月	12. 55	0. 29	890. 78	21. 24	3. 33	67. 55
3 月	20. 52	－4. 99	1 443. 69	6. 96	3. 28	72. 08
4 月	15. 52	2. 21	1 091. 73	11. 64	2. 88	54. 56

续表

月度	成交量（万手）	较上年变化（%）	成交金额（亿元）	较上年变化（%）	月末持仓量（万手）	较上年变化（%）
5月	18.38	37.67	1 302.00	56.57	2.97	60.19
6月	24.36	106.90	1 814.30	146.01	2.69	54.35
7月	25.69	113.47	2 002.67	157.10	2.51	53.96
8月	25.02	102.56	1 989.15	142.81	2.48	20.30
9月	20.97	87.75	1 694.95	130.90	2.35	5.65
10月	16.89	88.46	1 393.27	133.82	2.38	-0.65
11月	26.88	102.86	2 330.15	153.14	2.42	-5.33
12月	26.30	91.26	2 266.59	135.18	2.06	-20.18
总计	244.35	50.43	19 004.14	81.47	—	—

数据来源：中国金融期货交易所。

表1-5-20　　2016~2017年上证50股指期货年度交易情况

年度	成交量（万手）	较上年变化（%）	成交金额（亿元）	较上年变化（%）	年末持仓量（万手）	较上年变化（%）
2016年	162.44	-95.42	10 472.62	-96.59	2.58	64.33
2017年	244.35	50.43	19 004.14	81.47	2.06	-20.18

数据来源：中国金融期货交易所。

（二）交割情况

2017年，中金所上证50股指期货交割总量15 312手，同比减少6.45%，交割金额119.78亿元，同比增加12.10%。其中，12月交割量最大，为2 262手；5月交割量最小，为754手。

2017年上证50股指期货月度、年度交割情况见表1-5-21、表1-5-22。

表1-5-21　　2017年上证50股指期货月度交割情况

月度	交割量（手）	同比变化（%）	交割金额（亿元）	同比变化（%）
1月	923	-40.57	6.49	-32.93
2月	764	-54.25	5.43	-45.90
3月	1 028	-31.65	7.27	-24.97
4月	1 043	-8.67	7.32	-2.05
5月	754	-3.46	5.34	9.62
6月	1 007	9.58	7.42	27.98
7月	1 427	11.22	11.34	34.55
8月	1 259	49.52	9.87	74.28
9月	1 814	15.47	14.53	40.88

续表

月度	交割量（手）	同比变化（%）	交割金额（亿元）	同比变化（%）
10月	1 523	-2.62	12.52	19.39
11月	1 508	-6.22	13.14	17.79
12月	2 262	17.20	19.20	43.95
总计	15 312	-6.45	119.87	12.10

数据来源：中国金融期货交易所。

表1-5-22　　2016~2017年上证50股指期货年度交割情况

年度	交割量（手）	同比变化（%）	交割金额（亿元）	同比变化（%）
2016年	16 367	6.99	106.93	-12.43
2017年	15 312	-6.45	119.87	12.10

数据来源：中国金融期货交易所。

（三）价格走势

1. 总体价格走势

2017年，上证50股指期货价格总体震荡上涨。上证50股指期货主力合约年初开盘价2 279.00点，最高价3 048.60点（11月22日），最低价2 128.60点（3月14日），年末收盘价2 869.20点，全年上涨590.20点，年涨幅25.90%。

2017年，上证50指数年初开盘价2 285.27点，最高价3 038.28点（11月22日），最低价2 282.24点（1月16日），年末收盘价2 860.44点，全年上涨575.17点，年涨幅25.17%。

2017年上证50股指期货和上证50指数价格比较见图1-5-4。

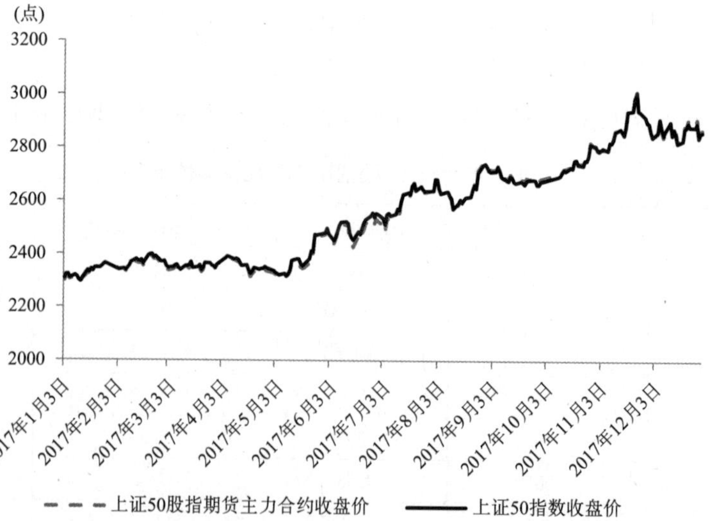

图1-5-4　2015年上证50股指期货和上证50指数价格比较

数据来源：中国金融期货交易所。

2. 价格相关性分析

2017 年，上证 50 股指期货主力合约收盘价和上证 50 指数收盘价相关性较高，相关系数高达 0.9994。

2017 年上证 50 股指期货和现货指数价格主要显性指标见表 1－5－23，2017 年上证 50 股指期货和现货指数价格相关性见表 1－5－24。

表 1－5－23　2017 年上证 50 股指期货和现货指数价格主要显性指标

市场分类	绝对指标（点）					相对指标（%）	
	最高价	最低价	平均价	标准差	极差	离散率	波幅率
上证 50 股指期货主力合约价格	3 048.60	2 128.60	2 561.59	204.90	920.00	8.00	35.92
上证 50 指数价格	3 038.28	2 282.24	2 564.69	199.85	756.04	7.79	29.48

数据来源：中国金融期货交易所。

表 1－5－24　2017 年上证 50 股指期货和现货指数价格相关性

价格选择	相关系数
上证 50 股指期货主力合约收盘价与上证 50 指数收盘价	0.9994

数据来源：中国金融期货交易所。

五、中证 500 股指期货运行情况

2017 年，中证 500 股指期货总体运行平稳，成交规模较 2016 年小幅下降，年末持仓量较 2016 年末有所减少，期货价格呈震荡整理走势。

（一）交易情况

2017 年全年，中证 500 股指期货成交量 328.09 万手，较 2016 年减少 7.63%；成交金额 40 974.74 亿元，较 2016 年减少 3.73%；年末持仓量 2.85 万手，较 2016 年末减少 14.22%。分月度情况看，成交量最高为 6 月的 36.10 万手，最低为 1 月的 17.43 万手；月末持仓量最大为 3 月的 3.87 万手，最小为 12 月的 2.85 万手。

2017 年中证 500 股指期货月度、年度交易情况见表 1－5－25、表 1－5－26。

表 1－5－25　2017 年中证 500 股指期货月度交易情况

月度	成交量（万手）	较上年变化（%）	成交金额（亿元）	较上年变化（%）	月末持仓量（万手）	较上年变化（%）
1 月	17.43	－36.84	2 140.19	－33.58	3.17	18.65
2 月	18.51	－22.17	2 319.93	－12.65	3.54	32.69
3 月	30.51	－29.63	3 911.35	－19.70	3.87	24.22
4 月	25.75	－28.13	3 278.74	－23.62	3.49	1.49
5 月	32.98	－15.49	3 890.86	－11.96	3.68	1.25

续表

月度	成交量（万手）	较上年变化（%）	成交金额（亿元）	较上年变化（%）	月末持仓量（万手）	较上年变化（%）
6月	36.10	2.82	4 279.59	3.88	3.27	-1.30
7月	30.85	-7.81	3 738.27	-10.32	3.20	-5.11
8月	30.57	-2.99	3 843.89	-2.41	3.15	-6.39
9月	27.52	13.17	3 622.72	18.63	2.95	-5.84
10月	22.33	24.61	2 939.82	27.88	2.89	-15.36
11月	28.80	27.15	3 696.02	25.83	2.98	-12.35
12月	26.74	29.62	3 313.36	28.18	2.85	-14.22
总计	328.09	-7.63	40 974.74	-3.73	—	—

数据来源：中国金融期货交易所。

表1-5-26　　2016~2017年中证500股指期货年度交易情况

年度	成交量（万手）	较上年变化（%）	成交金额（亿元）	较上年变化（%）	年末持仓量（万手）	较上年变化（%）
2016年	355.19	-84.00	42 562.18	-89.13	3.32	85.47
2017年	328.09	-7.63	40 974.74	-3.73	2.85	-14.22

数据来源：中国金融期货交易所。

（二）交割情况

2017年，中金所中证500股指期货交割总量16 077手，同比减少31.04%，交割金额203.24亿元，同比减少29.51%。其中，9月交割量最大，为1 788手；2月交割量最小，为799手。

2017年中证500股指期货月度、年度交割情况见表1-5-27、表1-5-28。

表1-5-27　　2017年中证500股指期货月度交割情况

月度	交割量（手）	同比变化（%）	交割金额（亿元）	同比变化（%）
1月	983	-52.37	12.03	-50.94
2月	799	-58.49	10.09	-56.09
3月	1 503	-37.24	19.62	-31.08
4月	1 590	-28.99	20.08	-29.64
5月	939	-49.92	11.20	-47.51
6月	1 260	-47.78	15.16	-47.31
7月	1 573	-20.19	19.26	-24.12
8月	993	-28.77	12.61	-30.30
9月	1 788	-34.26	23.71	-31.16
10月	1 600	18.17	20.96	19.97

续表

月度	交割量（手）	同比变化（%）	交割金额（亿元）	同比变化（%）
11 月	1 280	-14.72	16.47	-17.08
12 月	1 769	20.92	22.06	19.43
总计	16 077	-31.04	203.25	-29.51

数据来源：中国金融期货交易所。

表 1-5-28　　2016~2017 年中证 500 股指期货年度交割情况

年度	交割量（手）	同比变化（%）	交割金额（亿元）	同比变化（%）
2016 年	23 314	93.01	288.34	52.19
2017 年	16 077	-31.04	203.25	-29.51

数据来源：中国金融期货交易所。

（三）价格走势

1. 总体价格走势

2017 年，中证 500 股指期货价格总体呈震荡整理走势。中证 500 股指期货主力合约年初开盘价 6242.00 点，最高价 6729.00 点（10 月 11 日），最低价 5613.60 点（6 月 2 日），年末收盘价 6280.80 点，全年上涨 38.8 点，年涨幅 0.62%。

2017 年，中证 500 指数年初开盘价 6273.82 点，最高价 6715.39 点（9 月 12 日），最低价 5655.76 点（6 月 2 日），年末收盘价 6250.82 点，全年下跌 23.00 点，年跌幅 0.37%。

2017 年中证 500 股指期货和中证 500 指数价格比较见图 1-5-5。

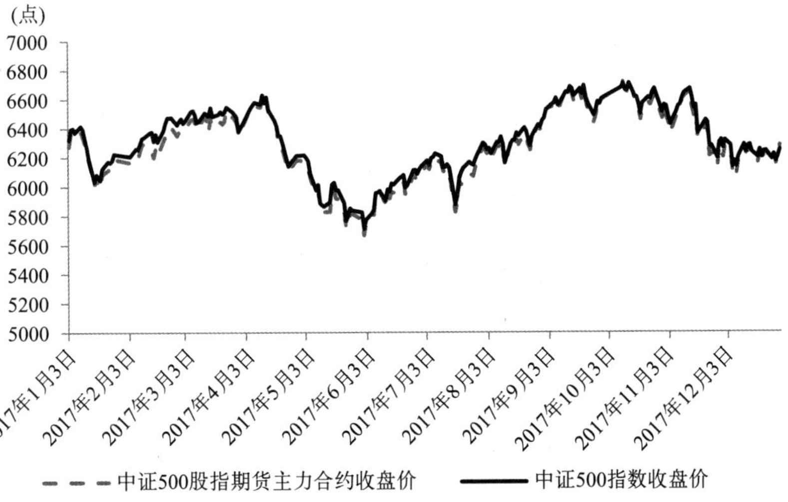

图 1-5-5　2017 年中证 500 股指期货和中证 500 指数价格比较

数据来源：中国金融期货交易所。

2. 价格相关性分析

2017 年中证500 股指期货和现货指数价格主要显性指标见表1－5－29，2017 年中证500 股指期货和现货指数价格相关性见表1－5－30。

表1－5－29　　2017 年中证500 股指期货和现货指数价格主要指标

市场分类	绝对指标（点）					相对指标（%）	
	最高价	最低价	平均价	标准差	极差	离散率	波幅率
中证500 股指期货主力合约价格	6 729.00	5 613.60	6 275.02	235.70	1 115.40	3.76	17.78
中证500 指数价格	6 715.39	5 655.76	6 313.25	230.82	1 059.63	3.66	16.78

数据来源：中国金融期货交易所。

表1－5－30　　2017 年中证500 股指期货和现货指数价格相关性

价格选择	相关系数
中证500 股指期货主力合约收盘价与中证500 指数收盘价	0.9950

数据来源：中国金融期货交易所。

>>> 第六节　商品期权上市运行情况

一、白糖期权运行情况

按照中国证监会“确保白糖期权顺利推出和平稳运行”的要求，经过充分准备与周密安排，白糖期权于2017 年4 月19 日在郑州商品交易所（以下简称郑商所）顺利挂牌上市。上市以来，市场运行平稳顺畅，市场规模稳步增长，期权定价合理有效，投资者参与理性有序，市场功能初步显现，实现了白糖期权“稳起步”的初期目标。

（一）交易情况

2017 年，郑商所白糖期权共有175 个交易日，累计挂盘12 个月份合约系列，438 个合约，有4 个期权合约系列到期。累计成交量149.2 万手（单边，下同）；成交金额14.4 亿元；年末持仓7.7 万手。其中，看涨期权成交量74.8 万手，看跌期权成交量74.5 万手；看涨期权成交额6.3 亿元，看跌期权成交额8 亿元；看涨期权年末持仓4.4 万手，看跌期权年末持仓3.3 万手。2017 年，洲际交易所（ICE）原糖期权累计成交量为478.1 万手，年末持仓量为44.1 万手。

2017 年，白糖期权日均成交0.9 万手，日均持仓5.6 万手，日均成交额820 万元。最大单日成交量2.8 万手（10 月25 日），最大单日持仓量10.4 万手（11 月20

日）。其中，单月成交量最高为11月的25.4万手，最低为4月的7.4万手；月末持仓最大为10月的9.5万手，最低为4月的2.5万手。总体来看，白糖期权市场规模稳步增长。

2017年白糖期权月度、年度交易情况见表1-6-1、表1-6-2，2017年白糖期权内外盘交易情况比较见表1-6-3。

表1-6-1　　2017年白糖期权月度交易情况

月度	成交量（万手）	成交金额（亿元）	月末持仓量（万手）
1月	—	—	—
2月	—	—	—
3月	—	—	—
4月	7.4	1.0	2.5
5月	11.3	1.2	3.8
6月	17.1	1.8	4.9
7月	18.5	2.2	3.5
8月	12.6	1.6	5.2
9月	18.2	1.9	6.7
10月	20.2	1.6	9.5
11月	25.4	1.6	6.2
12月	18.6	1.5	7.7
全年	149.2	14.4	7.7

数据来源：郑州商品交易所。

表1-6-2　　2017年白糖期权年度交易情况

年度	成交量（万手）	成交金额（亿元）	年末持仓量（万手）
2017年	149.2	14.4	7.7

数据来源：郑州商品交易所。

表1-6-3　　2017年白糖期权内外盘交易情况比较

年度	成交量（万手）		年末持仓量（万手）	
	郑商所（内盘）	ICE（外盘）	郑商所（内盘）	ICE（外盘）
2017年	149.2	478.1	7.7	43.3

数据来源：郑州商品交易所。

（二）行权情况

2017年，白糖期权全年累计行权量为1.4万手，其中，看涨期权行权量0.6万手，看跌期权行权量0.8万手，全年行权量仅占总成交量的0.9%，行权履约过程平稳顺畅。行权主要集中在期权到期日，4个到期的合约系列在其到期日的行权量为1.2万手，占总行权量的86%。从各合约系列行权情况看，2017年行权量最大的合约系列为 SR801 系列，为 0.7 万手；其次为 SR709 系列，为 0.6 万手，另有 6 个合约系列无行权发生。

2017 年白糖期权系列、年度行权情况见表 1－6－4。

表 1－6－4　　2017 年白糖期权系列行权情况

合约系列	行权量（手）
SR707	390
SR709	5 598
SR711	1 476
SR801	6 639
SR803	5
SR805	209
SR807	0
SR809	0
SR811	0
SR901	0
SR903	0
SR905	0

数据来源：郑州商品交易所。

（三）市场运行特点

白糖期权上市以来，期权价格持续合理有效。一是白糖期权价格与标的期货价格保持较强的关联性。二是主力月份合约隐含波动率处于 9% ~15% 之间，略高于历史波动率 1% ~2%，处于合理区间。三是不同行权价格、不同月份之间波动率结构合理，波动率“微笑”形态初步显现出国际成熟期权市场运行特点。

做市商报价义务完成良好。白糖期权引入做市商制度，上市之初，郑商所共遴选了 10 家做市商。总体来看，做市商积极履行双边报价义务，年末持续报价与回应报价义务完成率分别为 94.6% 及 93.2%。做市商为市场提供了较好的流动性，白糖期权主力合约买卖价差较小，主力月份 1709 期权合约报价价差最低达到最小变动价位（0.5 元/吨）水平。活跃合约具备 5 档报价深度，挂单量处于较高水平。做市商持仓保持 Delta 中性，方向性风险有限。

白糖期权功能得到初步发挥。目前，10 余家涉糖龙头企业已开始探索开展白糖期权套期保值。在郑商所 2017 年 16 个白糖“保险＋期货”试点项目中，8 个试点项目利用场内白糖期权对冲非方向性风险，降低了场外期权的风险暴露和对冲成本，在保障蔗农种植收益的同时降低了其保费负担。部分机构投资者开始探索利用白糖期权对冲期货风险，一定程度上稳定了投资者交易心态，降低了期货市场价格波动。高频数据统计结果表明，在白糖期权上市后，白糖期货日内价格“毛刺”有所减少，日内价格运行趋向平稳。

二、豆粕期权运行情况

2017年3月31日，国内首个商品期权品种——豆粕期权在大连商品交易所上市，标志着我国商品衍生品市场翻开新的篇章，对建设多元开放、功能完善的国内衍生品市场具有划时代的重要意义。豆粕期权上市以来，市场运行平稳有序，市场规模逐步扩大，投资者理性参与，定价合理有效，商品期权市场功能初步显现，在服务实体经济中日益发挥重要作用。

（一）交易情况

2017年，大商所豆粕期权共有186个交易日，累计挂盘13个合约系列，394个合约，有6个期权合约系列到期。累计成交量363.6万手（单边，下同）；成交金额23.9亿元；年末持仓15.9万手。其中，看涨期权成交量209.8万手，看跌期权成交量153.7万手；看涨期权成交额14.2亿元，看跌期权成交额9.6亿元；看涨期权年末持仓8.5万手，看跌期权年末持仓7.5万手。2017年，芝加哥商业交易所（CME）豆粕期权累计成交量为216万手，年末持仓量为10万手。

2017年，豆粕期权日均成交2.0万手，日均持仓11.6万手，日均成交额1 284万元。最大单日成交量7.3万手（12月6日），最大单日持仓量20.6万手（12月5日）。其中，单月成交量最高为11月的58.9万手，最低为8月的27.5万手；月末持仓最大为11月的19.9万手，最低为4月的6.4万手。整体来看，豆粕期权交易日趋活跃，市场规模稳步扩大。

2017年豆粕期权月度、年度交易情况见表1－6－5、表1－6－6，2017年豆粕期权内外盘交易情况比较见表1－6－7。

表1－6－5　　2017年豆粕期权月度交易情况

月度	成交量（万手）	成交金额（亿元）	月末持仓量（万手）
1月	—	—	—
2月	—	—	—
3月	2.3	0.2	1.6
4月	30.1	2.5	6.4
5月	39.0	2.9	10.2
6月	32.3	2.4	10.8
7月	54.8	4.2	10.5
8月	27.5	2.2	10.0
9月	31.2	2.0	14.1
10月	33.3	1.7	17.5
11月	58.9	2.7	19.9
12月	54.2	3.2	15.9
全年	363.6	23.9	15.9

数据来源：大连商品交易所。

表 1-6-6　　2017 年豆粕期权年度交易情况

年度	成交量（万手）	成交金额（亿元）	年末持仓量（万手）
2017 年	363.6	23.9	15.9

数据来源：大连商品交易所。

表 1-6-7　　2017 年豆粕期权内外盘交易情况比较

年度	成交量（万手）		年末持仓量（万手）	
	大商所（内盘）	CME（外盘）	大商所（内盘）	CME（外盘）
2017 年	363.6	216.0	15.9	10.0

数据来源：大连商品交易所。

（二）行权情况

2017 年，豆粕期权全年累计行权量为 2.4 万手，其中看涨期权行权量 1.6 万手，看跌期权行权量 0.8 万手，全年行权量仅占总成交量的 0.7%，行权履约过程平稳顺畅。行权主要集中在期权到期日，6 个到期的合约系列在其到期日的行权量为 2 万手，占总行权量的 85%。从各合约系列行权情况看，2017 年行权量最大的合约系列为 m1 801 系列，为 1.1 万手；其次为 m1 709 系列，为 0.6 万手；另有 5 个合约系列无行权发生。

2017 年豆粕期权系列、年度行权情况见表 1-6-8、表 1-6-9。

表 1-6-8　　2017 年豆粕期权系列行权情况

合约系列	行权量（手）
m1 707	2 858
m1 708	972
m1 709	6 193
m1 711	890
m1 712	1 407
m1 801	11 369
m1 803	68
m1 805	70
m1 807	0
m1 808	0
m1 809	0
m1 811	0
m1 812	0

数据来源：大连商品交易所。

（三）市场运行特点

豆粕期权与标的期货有效联动，定价合理有效。在交易日趋活跃、市场规模逐步扩大的同时，豆粕期权成交量呈现出与标的期货一致的增减趋势，相关性较高。隐含波动率较好地反映了市场预期，主力系列隐含波动率在 11% –23% 之间，且与标的期货 30 天历史波动率的变动保持一致。在豆粕期权运行的大部分时间中，主力系列隐含波动率曲线呈现出“微笑”形态或向右上方倾斜的特征，与理论预期较为契合。

做市商报价义务完成良好。豆粕期权在商品市场首次引入做市商制度，上市之初，大商所共遴选了 10 家做市商。总体来看，做市商成交、持仓占比合理，为市场提供了适度的流动性；报价义务完成情况良好，无明显方向性偏好，符合流动性提供者的交易特征；降低了投资者交易成本，提高了市场效率，增加了市场的深度与广度，在引导豆粕期权平稳运行等方面作用明显。

豆粕期权功能得到初步发挥。首先，产业客户开始探索利用豆粕期权进行现货、期货头寸的风险管理，参与程度逐步深入。其次，机构客户积极参与豆粕期权市场，构建多样化的投资组合，提高投资收益，平滑投资收益曲线。最后，场内期权为场外期权提供了定价基准和有效的对冲工具。场外期权报价逐渐参考场内期权价格，并且利用场内期权对冲波动率风险，使场外买卖价差不断缩小，场外期权成本逐渐降低，市场价格更加透明。

>>> 第七节　其他衍生品运行情况

一、上证 50ETF 期权运行情况

2017 年上证 50ETF 期权合约（以下简称 50ETF 期权）投资者数量不断增加，交易规模有所扩大。

（一）开通及参与账户数逐步增加

截至 2017 年末，共开通了 258 227 个 50ETF 期权合约账户（见图 1 –7 –1），其中，自然人 252 621 个，一般机构 629 个，私募基金 4 593 个，证券公司自营账户 164 个，期货资管 147 个，基金专户理财 62 个，证券公司集合资产管理账户 9 个，信托账户 2 个。

（二）50ETF 期权交易情况

2017 年，50ETF 期权合计成交 1 786.27 亿元，比 2016 年增长 1.1 倍。其中，认购期权 1 197.59 亿元，认沽期权 588.68 亿元，占比分别为 67.04% 和 32.96%。主要投资者为证券公司自营、自然人和私募基金。证券公司自营全年交易量为 708.89 亿元，占比 39.69%，其中认购期权 460.33 亿元，认沽期权 248.57 亿元。自然人全年交易量为 633.40 亿元，占比 35.46%，其中认购期权 437.93 亿元，认沽

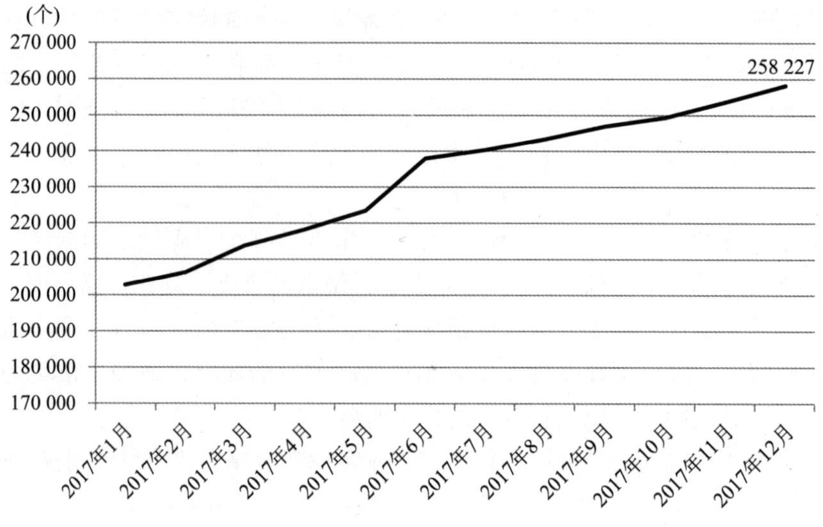

图1-7-1　2017年开通衍生品合约账户数变动情况

数据来源：中证资本市场运行统计监测中心。

期权195.47亿元。私募基金全年交易量为407.21亿元，占比22.80%，其中认购期权276.60亿元，认沽期权130.61亿元。

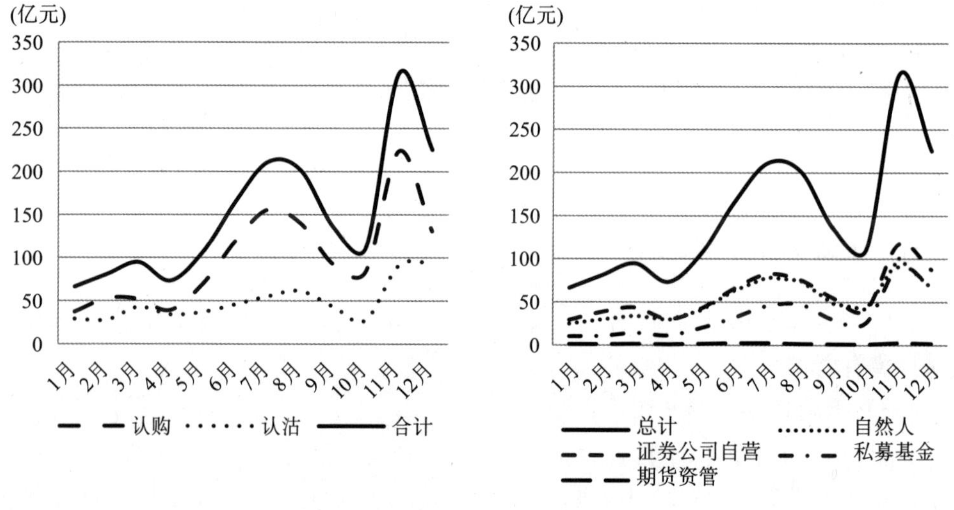

图1-7-2　50ETF期权交易变动情况

数据来源：中证资本市场运行统计监测中心。

（三）跨期权现货交易的投资者交易情况

2017年，跨期权现货交易投资者数量总共24 891户。跨期权现货交易投资者在A股和50ETF上的交易呈现净卖出状态，全年净卖出A股2.28亿元，净卖出50ETF7.75亿元。其中，A股净卖出数额较大的为5月和10月，分别净卖出5.54亿元和6.90亿元，7月和8月净买入金额较大，分别为5.84亿元和5.15亿元；10月和11月50ETF净卖出金额较高，分别为3.80亿元和3.28亿元，6月和7月净买入金额较高，分别为1.01亿元和1.04亿元。跨期权现货投资者期权交易额全年为228.81亿元，占期权总交易额的12.81%。

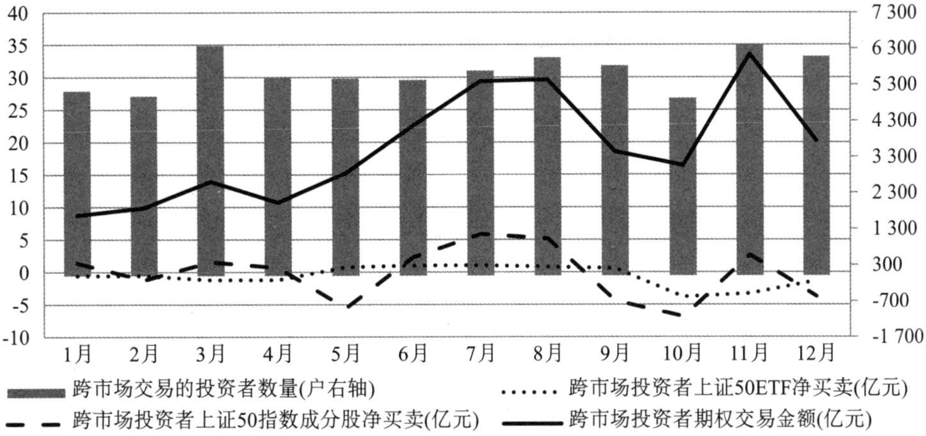

图1-7-3　2017年跨市场投资者交易情况

数据来源：中证资本市场运行统计监测中心。

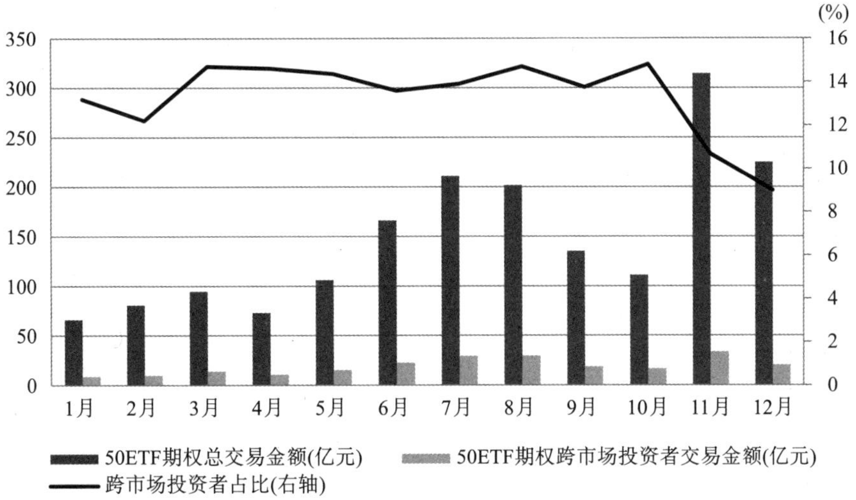

图1-7-4　2017年跨市场投资者交易额占比

数据来源：中证资本市场运行统计监测中心。

二、权益及商品场外衍生品市场情况

目前，证券公司场外衍生品交易业务开展场所包括中证机构间报价系统（以下简称“报价系统”）与证券公司柜台（以下简称“柜台”），并以柜台为主。证券公司场外衍生品交易2017年全年累计新增初始名义本金规模7 489.47亿元。按照交易场所统计，柜台全年累计新增初始名义本金规模6 853.06亿元，报价系统全年累计新增初始名义本金规模636.41亿元。按照业务类别统计，收益互换业务全年累计新增初始名义本金规模 2 478. 11 亿元，场外期权业务全年累计新增初始名义本金规模 5 011. 36 亿元。

表 1 -7 -1　　场外衍生品交易全年累计新增初始名义本金规模　　（单位：亿元）

	柜台	报价系统	场外合计
收益互换	2 451. 43	26. 68	2 478. 11
场外期权	4 401. 63	609. 73	5 011. 36
合计	6 853. 06	636. 41	7 489. 47

数据来源：中国证券业协会。

截至 2017 年底，未了结场外衍生品交易初始名义本金规模 3 665. 73 亿元。按照交易场所统计，柜台未了结场外衍生品交易初始名义本金规模 3 405. 53 亿元，报价系统未了结场外衍生品交易初始名义本金规模 260. 2 亿元。按照业务类别统计，收益互换业务未了结初始名义本金规模 1 427. 02 亿元，场外期权业务未了结初始名义本金规模 2 238. 71 亿元。

表 1 -7 -2　　证券公司场外衍生品交易未了结初始名义本金规模　　（单位：亿元）

	柜台	报价系统	场外合计
收益互换	1 300. 16	126. 86	1 427. 02
场外期权	2 105. 37	133. 34	2 238. 71
合计	3 405. 53	260. 2	3 665. 73

数据来源：中国证券业协会。

截至 2017 年末，权益类场外衍生品交易规模约为 26 270. 61 亿元，商品场外衍生品业务规模 1 405. 44 亿元，已有 58 家证券公司与 4 463 家交易对手签订了 8 730 份场外衍生品交易主协议。

表 1 -7 -3　　我国证券公司场外衍生品主协议签署情况①　　（单位：笔）

年度	SAC 新增签署笔数
2013 年	179
2014 年	961
2015 年	1 263
2016 年	1 137
2017 年	5 188

数据来源：中国证券业协会。

① 以截至 2017 年 12 月 31 日备案到场外证券业务报告系统场外衍生品持续报告模块中柜台与报价系统主协议签订日期为基础数据，按各年度进行统计。

截至2017年末，证券公司场外衍生品交易规模累计为27 676.05亿元，其中收益互换为14 062.29亿元，场外期权为13 613.76亿元。从存量来看，2017年末权益类场外衍生品未平仓名义本金3 665.73亿元，其中收益互换未平仓名义本金1 427.02亿元，场外期权未平仓名义本金2 238.71亿元，沪深个股、沪深股票指数为两类交易业务的主要标的。

表1-7-4　我国证券公司类场外衍生品业务市场规模　（单位：亿元）

时间	未平仓名义本金		交易规模	
	收益互换	场外期权	收益互换	场外期权
2012年末	10.00	0.00	10.00	0.00
2013年末	78.28	0.73	176.39	0.73
2014年末	1 329.89	619.27	4 131.99	1 114.75
2015年末	1 291.15	1 898.37	9 586.47	5 127.91
2016年末	1 356.88	2 933.32	11 584.18	8 602.40
2017年末	1 427.02	2 238.71	14 062.29	13 613.76

第二章
2017年中国期货经营机构基本情况

第一节 期货公司总体情况

一、机构概况

截至2017年末，正常营业并纳入本报告分析范围的期货公司共计149家，与2016年年底期货公司家数保持不变。

其中，开展经纪业务的期货公司共计149家，涉及营业部数量是1 673家（见表2－1－1）；获得投资咨询业务资格的期货公司114家，比2016年增加8家；具备资产管理业务资格的期货公司129家，与2016年相同；完成风险管理公司业务试点备案的期货公司69家，比2016年增加8家，共设立风险管理子公司70家。

表2－1－1　　近三年期货公司及营业部家数对比

	2015年	2016年	2017年
公司（家）	149	149	149
营业部（家）	1 594	1 603	1 673

二、资本概况

截至2017年末，期货公司净资本750.12亿元，同比增长9.54%，行业净资本稳步提升（见图2－1－1）。

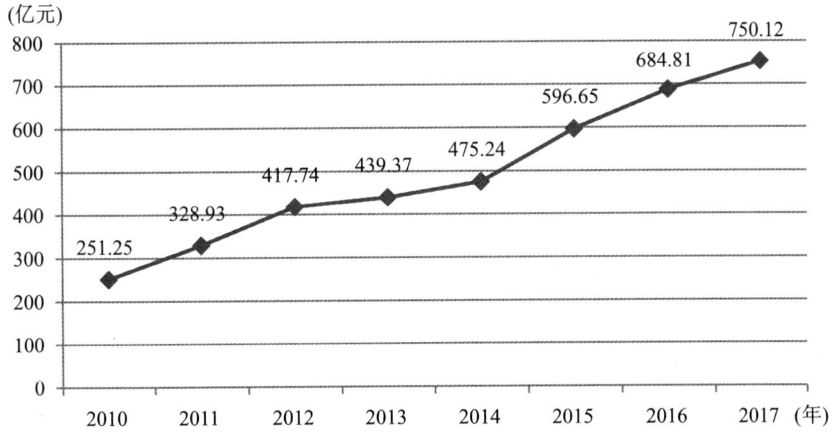

图2－1－1　期货公司净资本年度变化

2017年期货公司净资本的分布情况见表2－1－2。其中，18家期货公司的净资本超过10亿元，较2016年减少2家。

表2－1－2　　2017年期货公司净资本分布情况表

净资本总额	2017年		2016年	
	公司数量（家）	占比（%）	公司数量（家）	占比（%）
超过3亿元	81	54.36	78	52.35
1亿～3亿元	45	30.20	52	34.90
1亿元及以下	23	15.44	19	12.75

三、分类评级情况

根据证监会2011年4月发布的《期货公司分类监管规定》，证监会以期货公司风险管理能力为基础，结合公司市场竞争力、培育和发展机构投资者状况、持续合规状况，来确定各期货公司的分类监管类别。

2017年，全行业149家期货公司中，A类期货公司总数为37家，较2016年增加7家，其中AA级期货公司数量由2016年的10家增加至22家；B类期货公司共100家，较2016年减少2家，C类期货公司则由2015年的17家降至8家（见表2－1－3）。

表 2-1-3　　最近三年期货公司分类结果情况对比

分类评价结果	2017 年		2016 年		2015 年	
	公司数量（家）	占比（%）	公司数量（家）	占比（%）	公司数量（家）	占比（%）
A 类 AA 级	22	14.77	10	6.71	19	13.33
A 类 A 级	15	10.07	20	13.42	24	16.00
B 类 BBB 级	42	28.19	54	36.24	34	22.67
B 类 BB 级	33	22.15	24	16.11	30	20.00
B 类 B 级	25	16.78	24	16.11	24	16.00
C 类 CCC 级	7	4.70	14	9.40	13	8.67
C 类 CC 级	1	0.67	1	0.67	4	2.67
C 类 C 级	0	0.00	0	0.00	1	0.67
D 类	4	2.68	2	1.34		

具体来看，获评 AA 级的 22 家期货公司中，半数以上为券商系期货公司。这些公司分别为永安期货、华泰期货、中信期货、国泰君安、银河期货、光大期货、海通期货、广发期货、申银万国、上海东证、浙商期货、国投安信方正中期、中信建投、招商期货、国信期货、长江期货。

四、风险监管指标状况①

2017 年 10 月 1 日，证监会实施了最新的《期货公司风险监管指标管理办法》，进一步提高了期货行业风险监管指标体系的适应性和有效性。经测算，各期货公司风险监管指标状况如下：

（一）净资本均高于人民币 3 000 万元

截至 2017 年末，全国 149 家期货公司净资本 750.12 亿元，平均每家 5.03 亿元。全部期货公司净资本均高于人民币 3 000 万元，其中，华信期货净资本最高，为 36.9 亿元，上海东方净资本最低，为 3 621.56 万元。

（二）净资本与风险资本准备比例均高于 100%

截至 2017 年末，全国 149 家期货公司风险资本准备为 145.15 亿元，全部期货公司的净资本与风险资本准备的比例范围在 160.20% 至 4 928.50% 之间，均满足净资本与风险资本准备比例高于 100% 的监管要求。

① 依照中国证监会 2017 年 10 月 1 日实施最新的《期货公司风险监管指标管理办法》，期货公司应当持续符合的风险监管指标标准为："净资本不得低于人民币 3 000 万元；净资本与公司的风险资本准备的比例不得低于 100%；净资本与净资产的比例不得低于 20%；流动资产与流动负债的比例不得低于 100%；负债与净资产的比例不得高于 150%；规定的最低限额的结算准备金要求。"

（三）净资本与净资产比例均高于20%

截至2017年末，全国149家期货公司净资产1 060.11亿元，总体净资本与净资产比例为70.76%。全部期货公司的净资本与净资产比例范围在35.50%至151.20%之间，均满足净资本与净资产的比例不得低于20%的监管要求。

（四）流动资产与流动负债的比例均高于100%

截至2017年末，全国149家期货公司的流动资产（扣除客户权益）839.06亿元，流动负债（扣除客户权益）144.92亿元，流动资产与流动负债的比例为578.99%。全部期货公司流动资产与流动负债的比例范围在142.60%至4 355.30%之间，均满足流动资产与流动负债比例不低于100%的监管要求。

（五）期货公司负债与净资产比例均低于150%

截至2017年末，全国149家期货公司负债（扣除客户权益）为171.28亿元，与净资产比例为16.16%。全部期货公司负债与净资产的比例范围在1.3%至112.20%之间，均满足负债与净资产的比例不得高于150%的监管要求。

五、从业人员情况

（一）基本情况

截至2017年12月31日，在中期协注册的期货从业人员（以下简称从业人员）共56 341人，其中期货公司就职从业人员30 039人，证券公司就职从业人员26 302人。①

1. 从业人员总体数量继续增长

截至2017年12月31日，在中期协注册的从业人员数量为56 341人，较2016年末增加4 564人，增幅为8.81%，增幅较2016年的同比增幅3.41%有所提高，从业人员总体数量也达到历史同期最高水平。

从季度变化来看，2017年前三季度从业人员总体数量不断增加，并在二季度达到3.75%的最高环比增幅（见图2－1－2）。

2. 期货公司就职从业人员数量由降转升

截至2017年12月31日，在中期协行业信息管理平台登记的期货公司员工总数为30 941人，包括30 039名从业人员和902名非从业人员②。期货公司就职从业人员数量改变了自2014年以来连续三年的下降态势，较2016年末增加1 455人，增幅为5.13%。

① 根据《期货从业人员管理办法》第四条规定，期货从业人员包括期货公司的管理人员和专业人员、期货交易所的非期货公司结算会员中从事期货结算业务的管理人员和专业人员、期货投资咨询机构中从事期货投资咨询业务的管理人员和专业人员、为期货公司提供中间介绍业务的机构中从事期货经营业务的管理人员和专业人员。目前，期货从业人员只有期货公司的管理人员和专业人员、为期货公司提供中间介绍业务的机构（证券公司）中从事期货经营业务的管理人员和专业人员两类，即本报告中所述期货公司就职从业人员和证券公司就职从业人员。

② 期货公司就职从业人员指期货公司的管理人员和专业人员，其中专业人员包括从事客户开发、客户服务、执行委托、财务结算、合规审查、风险控制、研究分析、投资咨询和电脑维护等业务的人员；非从业人员指虽在期货公司就职但未从事期货相关业务的人员，主要包括前台接待、后勤管理等岗位人员。

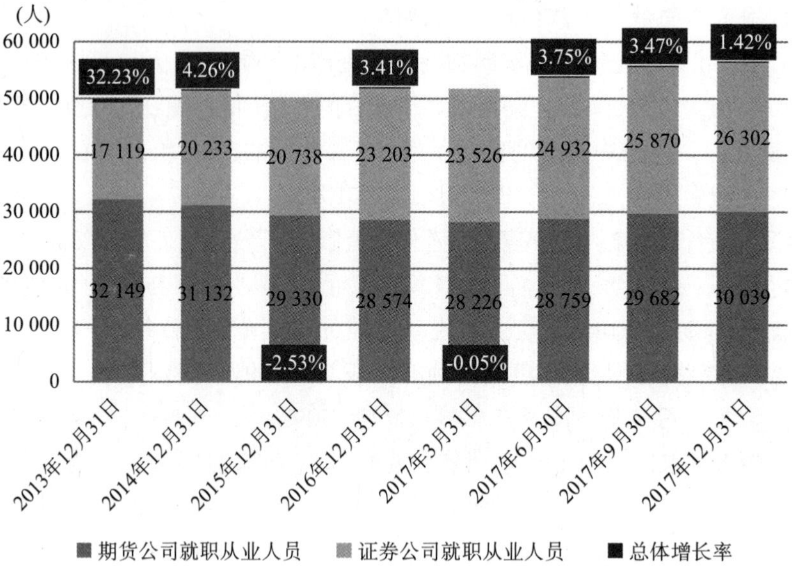

图 2－1－2　2013 年末～2017 年末期货从业人员总体数量变化（单位：人）

从季度变化来看，一季度期货公司就职从业人员数量环比出现下降，降幅为2.45%；二季度开始出现增幅，三季度达到最大增幅3.21%。由此可见，期货公司在春节后流失从业人员较多，在下半年的“招聘季”中进行了补充（见下图）。

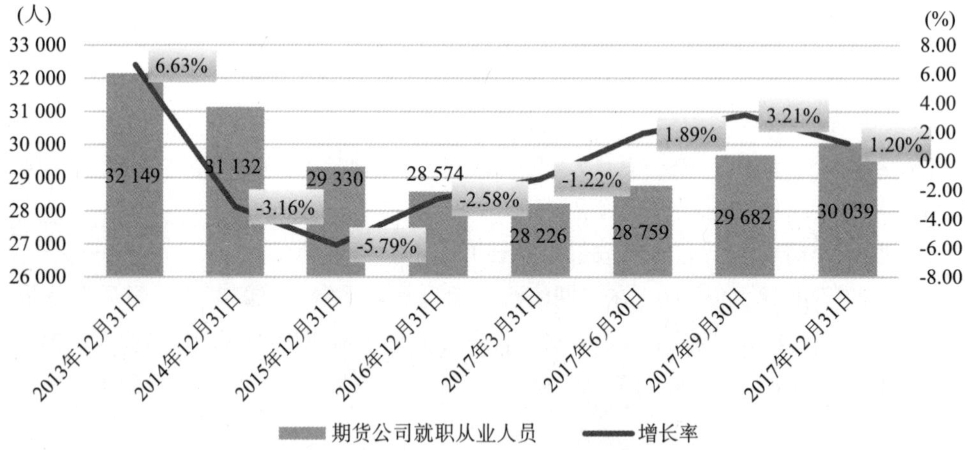

图 2－1－3　2013 年末～2017 年末期货公司就职从业人员数量变化（单位：人）

截至 2017 年 12 月 31 日，全国共有 149 家期货公司，平均每家公司拥有从业人员 202 人。其中，从业人员数量最多的是中信期货，拥有从业人员 889 人；其次为永安期货、南华期货、银河期货和弘业期货，从业人员数量分别为 841 人、732 人、697 人和 677 人。从业人员数量最少的 5 家期货公司为瑞银期货、黑龙江时代期货、乾坤期货、摩根大通期货和大通期货，分别为 23 人、24 人、26 人、28

人和 34 人。

3. 证券公司就职从业人员数量持续增加

截至 2017 年 12 月 31 日，证券公司就职从业人员数量为 26 302 人，较 2016 年末增加 3 099 人，增幅 13.36%。2017 年，证券公司就职从业人员数量延续了往年增长趋势，同比增幅较 2016 年的 11.89% 有所扩大。

从季度变化来看，前三季度证券公司就职从业人员数量环比持续增长，二季度环比增幅达到最高，四季度环比增幅明显下降（见图 2-1-4）。

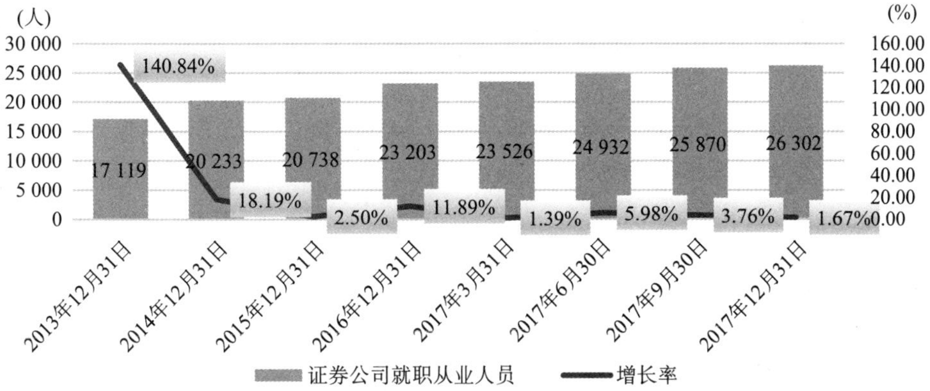

图 2-1-4　2013 年末至 2017 年末证券公司就职从业人员数量变化

截至 2017 年 12 月 31 日，在中期协行业信息平台注册的证券公司共 84 家，平均每家公司拥有从业人员 313 人。其中，从业人员数量最多的是国信证券，为 2 152 人；其次为中信证券、国泰君安证券、中信建投证券和中泰证券，从业人员数量分别为 1 924 人、1 691 人、1 151 人和 1 033 人。

4. 获得期货投资咨询业务从业资格人员比例增加

2011 年，期货投资咨询业务面向期货公司正式推出[①]。截至 2017 年 12 月 31 日，在期货公司就职从业人员中，共有 3 329 人获得期货投资咨询业务从业资格，占比达 11.08%；较 2016 年末增加 62 人，增幅为 1.90%，人员数量达到历史同期最高。

从季度变化来看，每个季度人员数量均有所增加，全年增幅主要集中在二、三季度（见图 2-1-5）。

① 2011 年 5 月 1 日，由中国证监会出台的《期货公司期货投资咨询业务试行办法》（下称《试行办法》）正式施行，从而拉开期货公司投资咨询业务的序幕。根据《试行办法》的规定，期货公司开展期货投资咨询业务，至少拥有 1 名具有 3 年以上期货从业经历和取得期货投资咨询业务从业资格的高管人员，以及 5 名具有 2 年以上期货从业经历和取得期货投资咨询业务从业资格的从业人员。目前，期货从业人员申请期货投资咨询业务从业资格，需要满足以下条件：（1）通过中期协组织的“期货投资分析”考试；（2）在提交申请时已获得本科学历并具有 2 年以上期货从业经历；（3）最近三年未受过刑事处罚或者中国证监会等金融监管机构的行政处罚。

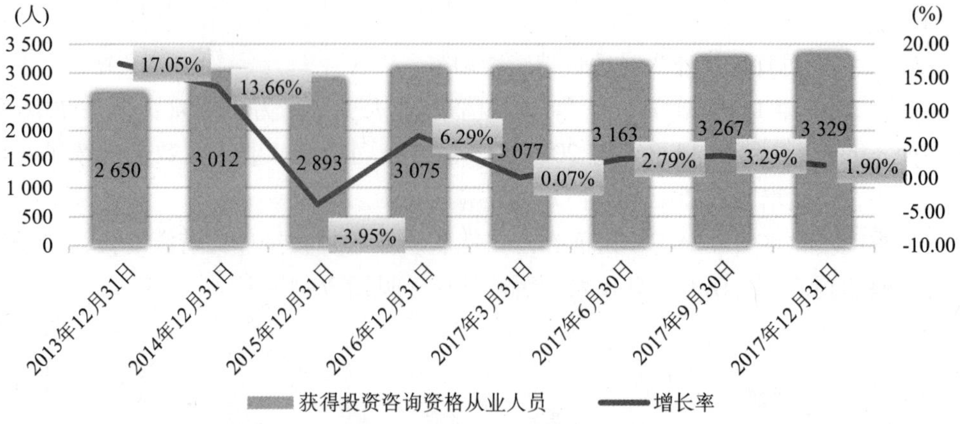

图 2－1－5　2013 年末至 2017 年末期货投资咨询业务人员数量变化

第二节　期货公司业务发展情况

一、经纪业务

2017 年全国期货公司经纪业务收入 138.09 亿元，同比增长 5.52%，占营业收入总额的 50.26%。

（一）代理交易规模

2017 年期货公司期货代理交易额 187.90 万亿元，代理交易总量 30.76 亿手，分别同比下降 3.95% 和 25.66%。期货公司期权代理交易额 174.47 亿元，代理交易总量 0.3 亿手。期货公司股票代理交易额 11.13 亿元，代理交易总量 1.28 亿手（见图 2－2－1）。

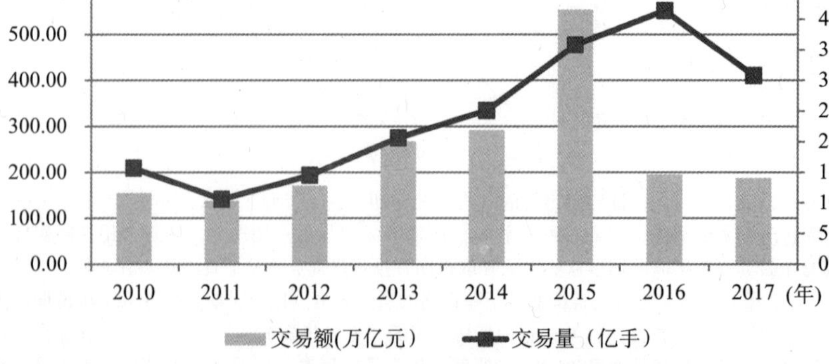

图 2－2－1　期货公司交易额和交易量年度变化

2017 年，期货公司商品期货代理交易额 163.31 万亿元，代理交易量 30.51 亿手，同比分别下降 7.95% 和 25.94%，分别占全部份额的 86.91% 和 99.19%。

金融期货代理交易额 24.59 万亿元，代理交易量 0.246 亿手，同比分别增加 34.96 和 34.43%，分别占全部份额的 13.09% 和 0.81%。

2017 年期货代理交易额排名前 20 名的期货公司代理交易额合计 101.3 万亿元，占全部代理交易额的 53.91%；排名前 60 的期货公司代理交易额合计 159.26 万亿元，占全部代理交易额的 84.76%。

2017 年期货公司佣金率继续保持回升态势，为万分之零点三六七（同比口径），是近八年的最高值（见图 2－2－2）。

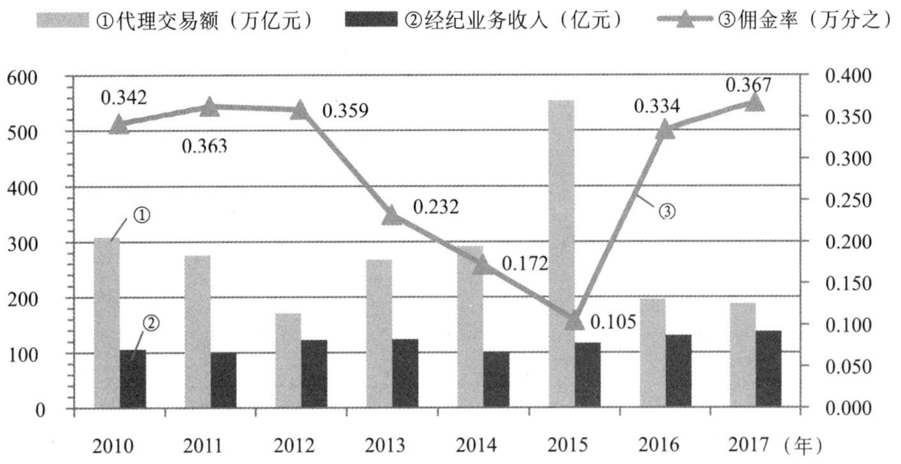

图 2－2－2　期货公司交易额、经纪业务收入和佣金率年度变化

（二）客户权益（客户保证金）

截至 2017 年末，全国期货公司客户权益 4 016.08 亿元，同比下降 8.08%（见图 2－2－3）。

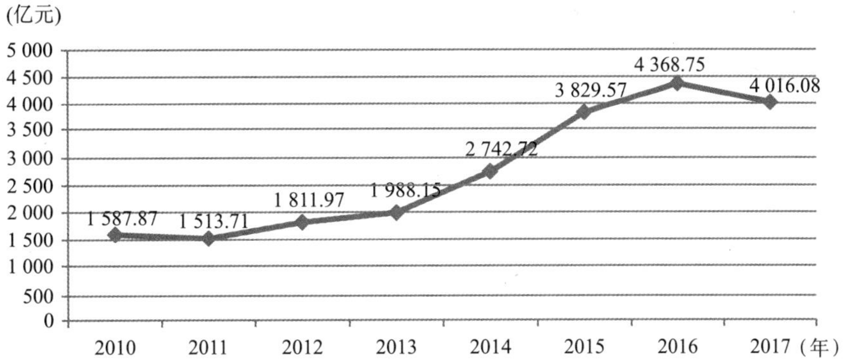

图 2－2－3　期货公司客户权益年度变化

客户权益前20名的公司合计2 259.15亿元，占全部份额的56.25%，前60名的公司合计3 434.17亿元，占全部份额的85.51%。在客户权益平均值26.95亿元以上的公司有41家，平均值以下的有108家。其中，客户权益50亿以上的公司有21家。

二、投资咨询业务

截至2017年末，有114家期货公司获得投资咨询业务资格。其中，有65家期货公司该项业务实现收入，共计1.67亿元，同比下降33.2%，占营业收入比重由2016年的1.04%下降为0.61%。其中，该项业务收入超过1 000万元的公司有6家（见表2-2-1）。

表2-2-1　　2017年期货投资咨询业务收入情况

收入规模	2017年公司数量（家）	2016年公司数量（家）
1 000万元及以上	6	7
500万元~1 000万元	5	4
100万元~500万元	8	15
50万元~100万元	11	10
10万元~50万元	12	14
10万元以下	23	14

三、资产管理业务

截至2017年末，有129家期货公司获得资产管理业务资格。其中，有107家期货公司该项业务实现收入，共计5.57亿元，同比增长2.58%，占营业收入比重由2016年的2.26%下降为2.03%。其中，该项业务收入超过1 000万元的公司有16家（见表2-2-2）。

表2-2-2　　2017年期货公司资产管理业务收入情况

收入规模	2017年公司数量（家）	2016年公司数量（家）
1 000万元及以上	16	15
500万元~1 000万元	21	5
100万元~500万元	34	50

续表

收入规模	2017 年公司数量（家）	2016 年公司数量（家）
50 万元～100 万元	11	9
10 万元～50 万元	15	17
10 万元以下	10	6

四、风险管理业务

截至 2017 年底，70 家风险管理公司总资产总额达 266.73 亿元，同比增长 20%；净资产总额达 135.60 亿元，同比增长 57%；注册资本总额 141.90 亿元，同比增长 43%；实收资本总额 128.44 亿元，同比增长 49%；全年业务收入总额 843.92 亿元，同比增长 74%；全年净利润总额 9 亿元，同比增长 6.75 倍，共有 50 家风险管理公司实现盈利，共计盈利 9.66 亿元，同比增长了 2 倍。

业务开展方面，2017 年有 54 家公司开展了仓单购销业务，全年购销交易总额达 1 767.72 亿元，同比增长 32%；共有 10 家公司开展仓单质押业务，新增业务 31 笔，新增质押金额 3.69 亿元，同比增长 4.25 倍。共有 17 家公司开展了仓单回购业务，新增业务 345 笔，本年买入卖出总额 93.56 亿元，同比增长 1.61 倍。共有 30 家风险管理公司开展了合作套保业务，共签订合作套保协议 194 笔，同比减少 32%，累计签约客户达 133 户，同比减少 83%。共有 42 家风险管理公司开展了场外业务，全年累计签约客户达到 2 658 名，各家公司均开展了场外商品期权业务，累计新增业务 12 079 笔，累计新增名义本金 2 778.63 亿元，同比增长 20.31 倍；2 家公司开展了商品类互换业务，累计新增互换业务 563 笔，累计新增名义本金 309.78 亿元，同比增长 111%；2 家公司开展商品类远期业务，累计新增远期业务 56 笔，累计新增名义本金 6.82 亿元，同比增长 41.88 倍。场外金融类期权新增名义本金 208.77 亿元，场外金融类互换新增名义本金 27.63 亿元。

2017 年共有 54 家风险管理公司参与了期货市场交易，较 2016 年同期增加 8 家，全年期货交易（含特法账户）成交量 2 605.01 万手，成交额 11 029.82 亿元，同比上升 2.56 倍；交割量 20.4 万手，交割额 121.44 亿元，同比增加 19.72 倍。共有 32 家公司参与了交易所场内期权交易，较 2016 年增加 16 家。场内期权交易量 249.16 万张，交易额总计 1.13 亿元，同比增加 3.04 倍。共有 11 家公司作为做市商参与场内豆粕和白糖期权交易。截至 2017 年 12 月，累计成交量达到 388 万手，成交金额 30.55 亿元。

第三节　其他机构参与期货市场情况

目前，参与期货市场的金融机构主要有证券公司、基金公司、私募基金、QFII/RQFII、保险公司、信托公司等。

一、证券公司

证券公司通过开立自营账户、集合理财、证券定向产品参与期货市场。2017 年证券公司在期货市场的日均资金规模为 224. 17 亿元，较 2016 年的 276. 34 亿元日均规模下降了 18. 88%。证券公司日均资金规模占市场上机构（包括一般法人、特法和资管，下同）资金总规模由 2016 年的 11. 53% 下降至 2017 年的 9. 31%。2017 年初证券公司 50% 的持仓量为商品期货期权，到年末这一比例上升到 57%（见图 2 -3 -1）。

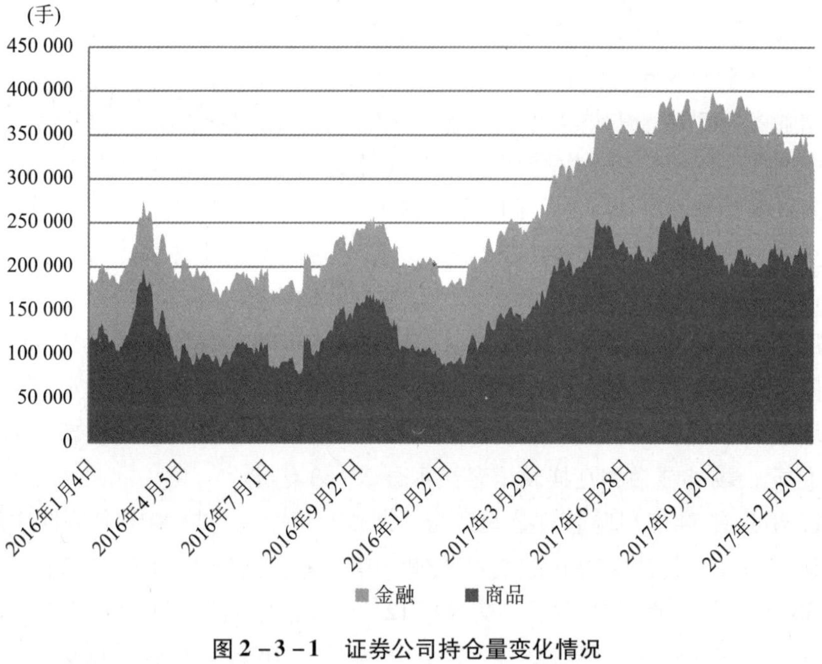

图 2 -3 -1　证券公司持仓量变化情况

数据来源：中国期货市场监控中心。

2017 年证券公司日均成交量 6. 11 万手（买卖合约合计，下同），较 2016 年上升 22. 69%，其中，日均成交商品期货期权 3. 74 万手，同比上升 10. 97%，日均成交金融期货 2. 37 万手，同比上升 47. 20%。四家交易所日均成交量占比由高到低分别是：中金所（38. 84%）、大商所（25. 14%）、上期所（22. 87%）和郑商所（13. 15%）（见图 2 -3 -2）。

2017 年证券公司日均持仓量达到 31. 68 万手，较 2016 年上涨 62. 76%，其中商品期货期权日均持仓19.30万手，同比上升75.77%，金融期货日均持仓12.38万手，同比上升45.92%。日均持仓量占比由高到低分别为：中金所（39.09%）、上期所（26.74%）、大商所（22.13%）和郑商所（12.04%）（见图2-3-3）。

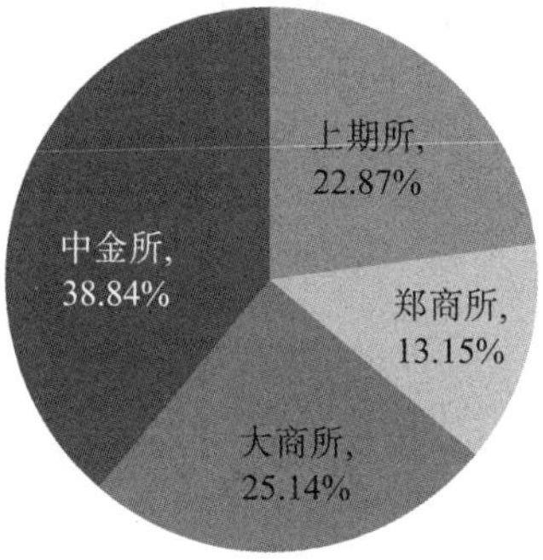

图2-3-2 各交易所成交量分布

数据来源：中国期货市场监控中心。

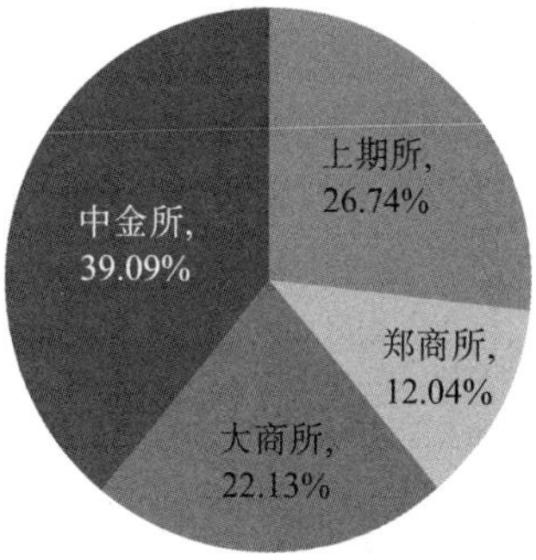

图2-3-3 各交易所持仓量分布

数据来源：中国期货市场监控中心。

二、基金公司

基金公司开立基金和基金专户两种类型的账户参与期货市场。2017年基金公司在期货市场上的日均资金规模为275.32亿元，较2016年下降40.86%，占市场机构资金总规模的比例由19.43%下降至11.43%。基金持有商品期货期权日均持仓量占基金日均总持仓比例高达80%以上（见图2-3-4）。

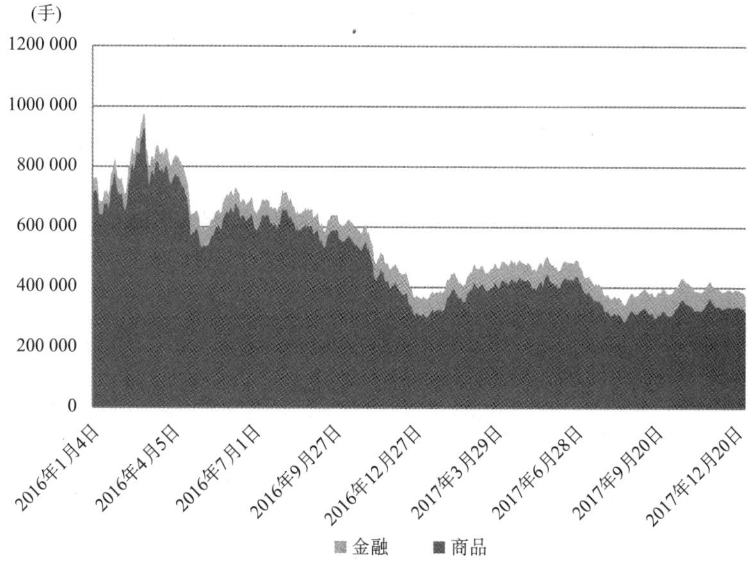

图2-3-4 基金公司持仓量变化情况

数据来源：中国期货市场监控中心。

2017年基金公司日均成交量6.36万手，同比下降60.47%。其中日均成交商品期货期权5.49万手，同比下降63.69%；日均成交金融期货0.88万手，同比下降

11.08%。按交易所分，日均成交量占比由高到低分别为：大商所（37.18%）、上期所（27.62%）、郑商所（21.44%）和中金所（13.76%）（见图2-3-5）。

基金公司2017年日均持仓量39.05万手，同比下降36.35%。其中，日均持仓商品期货期权33.15万手，同比下降40.78%；日均持仓金融期货5.90万手，同比上升9.79%。按交易所分，日均持仓量占比由高到低分别为：大商所（38.44%）、上期所（24.06%）、郑商所（22.39%）和中金所（15.11%）（见图2-3-6）。

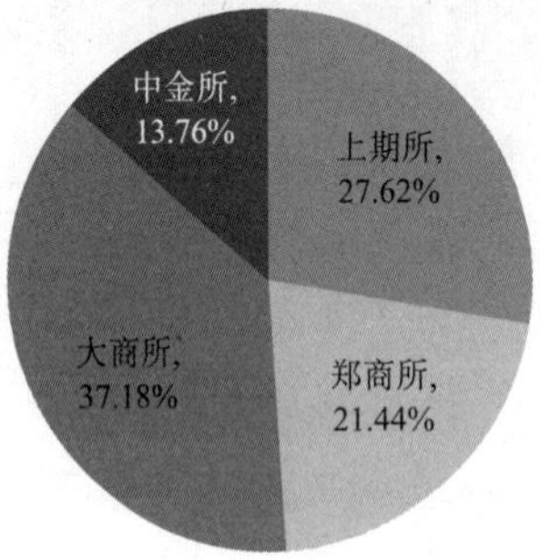

图2-3-5　各交易所成交量分布

数据来源：中国期货市场监控中心。

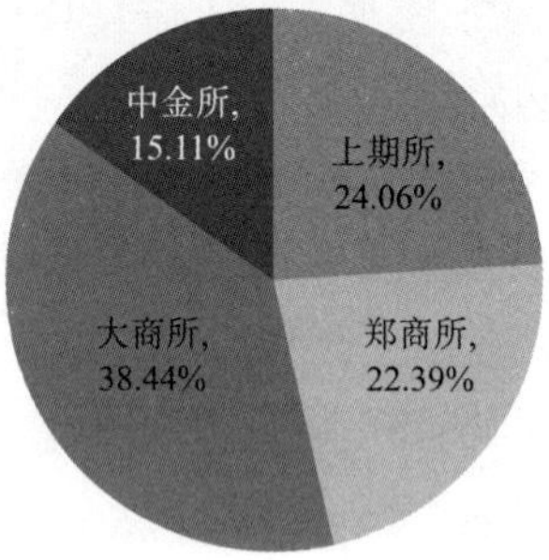

图2-3-6　各交易所持仓量分布

数据来源：中国期货市场监控中心。

三、私募基金

2017年私募基金市场投资期货市场规模继续上升。2017年日均资金规模716.03亿元，较2016年上升34.32%；占市场上机构资金总规模的比例由2016年的22.25%上升为2017年的29.74%。从持仓量来看，私募日均持仓95%以上为商品期货期权（见图2-3-7）。

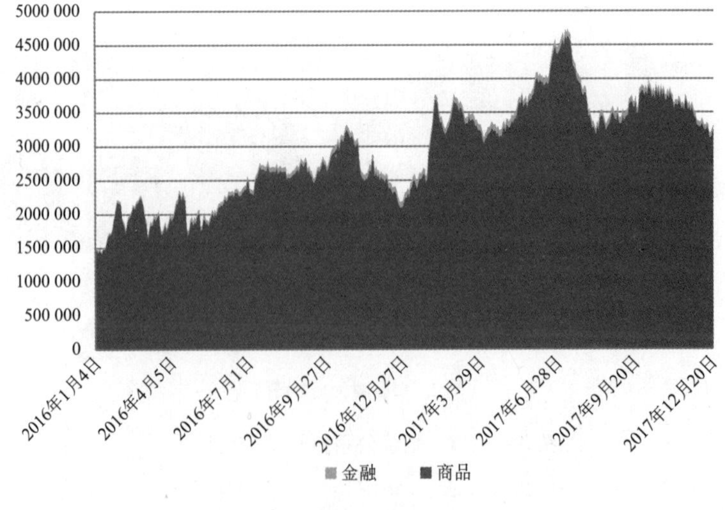

图2-3-7　私募基金期货市场持仓情况

数据来源：中国期货市场监控中心。

2017 年，私募日均成交量 198.18 万手，同比下降 10.60%。其中，日均成交商品期货期权 194.79 万手，同比上升 9.81%；日均成交金融期货 3.39 万手，同比上升 88.24%。按交易所分，私募在各交易所成交量占比由高到低分别为：大商所（44.76%）、上期所（34.49%）、郑商所（19.04%）和中金所（1.71%）（见图 2-3-8）。

2017 年私募在期货市场上日均持仓量 355.08 万手，较 2016 年增长 63.83%。其中，日均持仓商品期货期权 346.56 万手，同比上升 64.11%；日均持仓金融期货 8.52 万手，同比上升 53.22%。按交易所分，私募在各交易所持仓量占比由高到低分别为：大商所（46.79%）、上期所（30.14%）、郑商所（20.67%）和中金所（2.40%）（见图 2-3-9）。

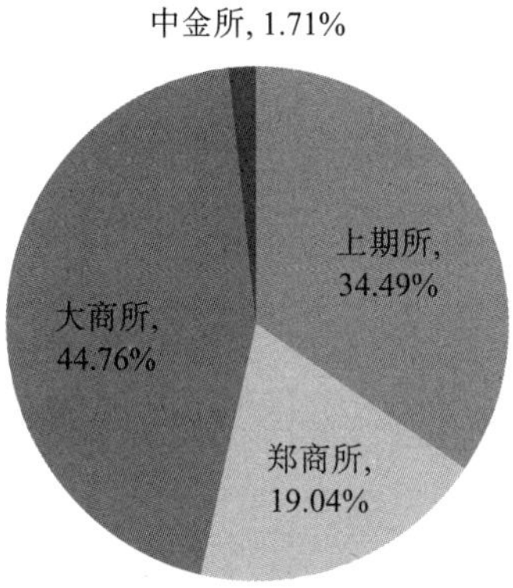

图 2-3-8　各交易所成交量分布

数据来源：中国期货市场监控中心。

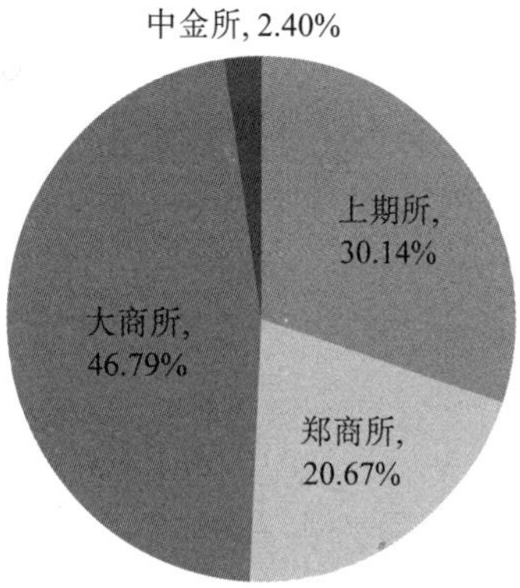

图 2-3-9　各交易所持仓量分布

数据来源：中国期货市场监控中心。

四、其他机构

QFII/RQFII 和保险公司 2017 年日均资金规模分别为 94.52 亿元、26.05 亿元人民币，同比分别上升 38.59% 和 14.97%。信托公司 2017 年日均资金规模为 24.39 亿元人民币，同比下滑 53.84%。截至 2017 年底，QFII/RQFII、保险公司和信托公司仅投资于金融期货。

2017 年 QFII/RQFII 日均成交量 1 777.34 手，同比上升 22.36%；日均持仓量 1.88 万手，同比上升 22.51%。保险公司日均成交量 623.22 手，同比上升 28.41%；日均持仓量 5 099.50 手，同比上升 49.55%。信托公司日均成交量为 240.06 手，同比下降 36.50%，持仓量为 2 009.20 手，同比下降 32.54%（见表 2-3-1）。

表 2-3-1　2017 年部分机构成交量和持仓量变化

	QFII/RQFII		保险公司		信托	
	手数	同比	手数	同比	手数	同比
日均成交量	1 777.34	22.36%	623.21	28.41%	240.06	-36.50%
日均持仓量	18 766.99	22.51%	5 099.50	49.55%	2 009.20	-32.54%

数据来源：中国期货市场监控中心。

第三章 2017 年中国期货市场服务实体经济情况

>>> 第一节　服务实体经济总体概况

2017 年，中国证监会全面贯彻落实党的十九大及中央经济工作会议部署，坚持稳中求进的工作总基调，牢记服务实体经济的根本方向，大力支持供给侧结构性改革，助力“三农”发展和扶贫攻坚，积极引导期货市场在服务实体经济、服务国家重大战略中发挥积极作用。

一、产品创新取得突破性进展

2017 年，中国证监会积极推动场内衍生品市场创新，进一步提升服务实体经济能力。豆粕期权、白糖期权平稳推出，填补了商品期权市场的空白，标志着我国场内衍生品市场进入新的发展阶段。棉纱和苹果期货成功上市，丰富了我国期货市场品种体系。同时，中国证监会大力推进原油期货上市工作，2017 年基本完成原油期货交易规则及相关细则的制定，完成交割仓库遴选、会员入会等工作；交易者开户工作有序开展，为上市原油期货做好了各项准备工作。

二、“保险 + 期货”试点稳步扩大

中国证监会指导大连商品交易所、郑州商品交易所、上海期货交易所和多家期

货经营机构，落实中央一号文件要求，稳步扩大“保险+期货”试点。2017年，交易所支持的“保险+期货”试点品种包括玉米、大豆、棉花、白糖和天然橡胶，试点省份涵盖黑龙江、新疆、云南等12个省（市、自治区），覆盖近40个国家级贫困县，试点项目达75个，惠及11.86万户农户和211个合作社，覆盖面积262.70万亩，共涉及现货规模88.55万吨，各交易所支持资金总额达1.11亿元。试点项目数量和支持金额较2016年均有大幅提高，试点模式引入价格险、收入险等，服务方式不断创新，为促进“三农”发展提供了有力的资本市场支持。

三、不断优化期货品种功能评估工作

中国证监会组织期货品种功能评估，完善功能评估指标体系，优化功能评估工作方案，深入分析功能评估发现的问题，推动期货交易所聚焦市场功能发挥，及时发现问题、解决问题，不断提高市场运行质量，提升服务实体经济的能力。2017年形成并印发《关于印发〈期货品种功能评估工作方案（2017年修订）〉的通知》，提出“10+10”的期货品种功能评估指标体系。组织开展两次期货品种功能评估工作，第一次召开了专家评审会。

四、服务“脱贫攻坚”，取得良好成绩

中国证监会支持期货经营机构以“结对子”方式精准对接贫困地区，共有65家期货公司与62个地区的国家级贫困县（乡、村）签署了89份结对帮扶协议，助力国家脱贫攻坚战略。根据机构开展扶贫工作情况和取得的实绩，首次在分类评价中对期货公司扶贫工作进行考核加分，进一步发挥了监管导向作用。

>>> 第二节　期货市场服务供给侧结构性改革情况

供给侧结构性改革聚焦“三去一降一补”五大任务，是一项任务繁重的系统工程。过度依赖利用行政手段去产能，虽然力度大、见效快，但是不利于微观市场主体的自我修复与周期运转，供需矛盾的突然变化也容易引起市场大幅波动。推动供给侧结构性改革关键是要遵循市场规律，善用市场机制解决问题。2017年，期货交易所通过完善各项市场制度设计，发挥了对资源配置的引导作用，不断提高期货价格信号传递和引导生产的水平，增强了实体企业的风险管理能力，积极助力供给侧结构性改革。

一、修改合约规则，做精做细现有期货品种

（一）上期所升级线材交割品级，助力供给侧结构性改革

2017年12月29日，线材新国标（GB/T 1499.1－2017）正式颁布，新国标修

改内容主要是将线材交割品级由 HPB235 升级为 HPB300。为配合国家钢铁产业政策，推进产业结构升级和供给侧改革，促进期货市场功能发挥，防范市场风险，上期所对线材期货合约进行修改，调整交割品级，引导高标准原材料进入实体经济，服务制造强国战略。

（二）郑商所调整期货交割标准，为现货市场提供了标杆，提高了供给质量

郑商所调整多个品种交割标准，为现货行业树立高质量发展的标杆。

一是在玻璃期货交割中引入过磅检重，规范平板玻璃行业缺斤短两的不正当竞争。玻璃现货市场长期存在比较严重的负公差问题，劣质产品充斥市场。2017年，郑商所经过充分调研，在玻璃期货交割过程中增加过磅检重，这一举措可以将贸易时的重量误差由 ±4% 提高至 ±3‰，起到规范玻璃现货市场、避免劣性竞争的作用。

二是根据铁合金期货市场运行情况和市场建议，调整铁合金交割单位为“5 吨（净重）”。

三是修改精对苯二甲酸（PTA）期货合约和交割细则中交割品级为“符合 GB/T 32685－2016 质量标准的优等品 PTA”。

四是为进一步保证动力煤期货市场平稳运行，发布《无烟煤与褐煤掺配鉴别方法及使用说明》，在动力煤期货交割中引入镜质组反射率指标以鉴别交割货品是否存在无烟煤与褐煤掺配的情况。

（三）大商所铁矿石指标优化调整，树立行业品质标杆

多年来，我国进口铁矿石品质堪忧，硫、砷呈上升趋势，对我国环境产生不良影响。2016 年 4 月，环境保护部出台《关于积极发挥环境保护作用促进供给侧结构性改革的指导意见》，深入贯彻落实党中央、国务院关于供给侧结构性改革的部署。大商所积极调整铁矿石期货合约质量标准，配合国家的环境保护政策和供给侧改革。2017 年，大商所公布《大连商品交易所铁矿石交割质量标准（F/DCE I001－2017）》，提高铁矿石交割质量标准，缩小硫、砷等有害元素的允许范围，并自 I1809 合约开始施行，引导现货市场进口品质更高的铁矿石，提高了钢铁原材料品质，并服务国家供给侧结构性改革。

（四）大商所研究调整焦煤质量指标，体现优质焦煤价值

在黑色产业供给侧改革和环保政策的大背景下，为更好的服务产业，大商所积极研究调整焦煤交割质量指标，将交割基准品的灰硫含量指标下调，同时对结焦性较差的焦煤给予贴水扣价，进一步准确评价优质焦煤的使用价值，符合释放煤炭优质产能和优化焦化产业结构的大方向，有助于引导优质焦煤参与期货交割，并提升下游焦煤使用企业参与接货的积极性，最终使得期货市场更好地服务于产业客户，规避价格波动风险，稳定经营。

二、推进交割业务创新，助力供给侧改革目标实现

（一）上期所完成原油期货上市交割业务准备

为配合原油期货上市相关工作，确保原油期货交割业务的平稳顺利开展，上期所交割部已基本完成原油期货上市前期的交割业务准备工作，包括交割规则的细化、交割仓库的选址批设、仓单系统的建设以及市场参与主体交割业务规则的培训等。

为确保原油期货交割业务平稳有序开展，上期能源于2017年4月至5月中旬，组织指定交割仓库、指定检验机构、会员单位、客户公司、属地海关、属地检验检疫机构和其他相关方开展全流程原油期货模拟交割仿真演练。原油期货模拟交割的目的在于协助各相关单位熟悉原油期货交割业务法规政策、制度规定和工作流程，理顺逐个环节的交割流程及市场整体的交割流程，找出规则以及实际操作过程中可能存在的不足和内部的风险点，保证首次交割顺利完成。

原油期货模拟交割场景包括入库生成标准仓单（入库申报、报关报检、期货原油检验、溢短和损耗补偿结算、指定交割仓库库存管理等业务流程，以及入库违约、C样不合格等异常情况处理流程）、期转现交割和标准交割（期转现交割结算、形式发票基本要求、发票流转注意事项、交割仓单分配、交割货款结算、交割货款结购汇、涉外交割货款贸易收支申报等流程）、标准仓单转让和质押、标准仓单提货出库（报关进口、复运出境、进口报关报检等业务流程，以及质量异议等异常情况处理）、海关监管业务（一线报关监管、二线报关监管、报关进口审价、期货原油库存查询、指定交割仓库实际损耗数量认定与核销、标准仓单质押办理等业务）、检验检疫机构监管业务（集中检验、分批核销审核等业务流程）、指定交割仓库实际损耗申报及核销等。

（二）大商所推进PVC期货交割制度创新

为活跃PVC期货市场，充分发挥期货市场服务实体经济的功能，大商所于2015年发布实施了PVC交割注册品牌制度，仅允许产量高、质量好和市场认可度高的主流品牌进入交割，鼓励优质生产企业做大做强，提高供给端产品质量。2017年，大商所又新增两家期货交割注册品牌。截至2017年底，PVC共有13家企业的品牌被认定为期货交割注册品牌。

从效果上看，近两年PVC行业产能过剩得到明显缓解，行业平均开工率由2015年以前的60%左右提升至2017年的76%，13家注册品牌企业平均开工率更是维持在98%左右，企业效益明显提升，供给结构有效改善，超过半数的注册品牌企业积极参与期货套期保值，这些企业在现货中的市场份额占到42%左右，在行业中起到了很好的示范作用，越来越多的企业积极申请PVC期货交割注册品牌。

（三）上期所推进钢材厂库交割方案研究

为保证钢材期货服务实体经济功能的充分发挥，解决标准化保值和个性化需求之间的矛盾，上期所交割部对钢材厂库交割方案进行了进一步的深入研究，包括规

则的细化、试点企业的选定、仓单系统的开发等，钢材厂库交割的前期准备工作已经基本就绪。

三、加强交割仓库管理，进一步推动期现结合

2017 年，上期所、郑商所和大商所不断优化交割管理方式，加强交割业务监管。

（一）上期所交割仓库管理

2017 年，上期所完善仓库监控系统建设，对现有系统进行升级，拟定视频监控展示系统初步规划与实施方案，稳步推进试点工作。交割仓库方面，增设指定交割仓库 11 家（其中有色金属 9 家、黑色金属 2 家）、取消指定交割仓库 4 家（其中有色金属 1 家、黑色金属 3 家），增加库容总计 27.3 万吨（其中有色金属 6 万吨、黑色金属 9 万吨、天然橡胶 12.3 万吨）、核减库容 1.2 万吨（天然橡胶 1.2 万吨）。强化从严监管，处罚了两家不符合规定的交割仓库，其中暂停期货入库业务 1 家。注册品牌方面，增设注册品牌 7 个（其中有色金属 4 家、贵金属 1 家、沥青 1 家、天然橡胶 1 家），暂停注册品牌资格 2 个（其中有色金属 1 家、贵金属 1 家），取消注册品牌资格 2 个（其中有色金属 2 家）。

原油期货上市初期，共启用 6 家指定交割仓库、8 个存放点，核定库容 595 万方、启用库容 315 万方。指定 3 家仓库为备用交割仓库，核定库容 260 万方。

原油期货指定交割仓库包括中国石化集团石油商业储备有限公司（2 个存放点：日照分公司和舟山分公司）、中石油燃料油有限责任公司（2 个存放点：宁波大榭仓储分公司和湛江仓储分公司）、中化兴中石油转运（舟山）有限公司、大连中石油国际储运有限公司、青岛实华原油码头有限公司、洋山申港国际石油储运有限公司。原油期货备用交割仓库包括大连港股份有限公司、营口港仙人岛码头有限公司、中海油烟台港石化仓储有限公司。

（二）郑商所交割仓库管理

2017 年，完善交割仓库布局，调整升贴水，使期货市场与现货生产经营更加贴近。截至 2017 年底，郑商所共调整交割仓（厂）库 81 家，其中增设交割仓（厂）库 68 家，取消 4 家，暂停 9 家。新增苹果期货车船板交割服务机构 19 家，新增动力煤交割港口 3 家。扩大甲醇保税交割区域，在中国（广东）自由贸易试验区南沙片区开展甲醇期货保税交割业务。调整升贴水 1 次，出入库及仓储费用 2 次，检验费用 1 次，调整厂库额度 14 家。

（三）大商所交割仓库管理

2017 年，大商所加强交割仓库管理，修改完善指定交割仓库管理办法，全年新增交割仓库（厂库）35 家，取消交割仓库（厂库）15 家，现场检查交割仓库（厂库）111 家，其中农业品交割仓库（厂库）63 家，工业品交割仓库（厂库）48 家。

四、发挥期货市场价格发现功能，优化资源配置，解决供给低效的问题

上海期货交易所铜、铝、锌、铅、镍等有色金属期货品种在优化市场资源配置方面发挥了积极作用。通过期货市场的价格发现功能，为行业提供了有效定价，降低了企业个体搜寻价格等信息的成本，避免了资源的浪费，提高了经济运行的效率，从而优化了经济资源的配置。国内期现价格和国内外期货价格均呈高度正相关关系，期货价格能够合理、客观、有效地反映现货市场供需关系的变化，套期保值的功能和效率得到进一步的体现和发挥，越来越多的企业参考期货价格签订现货合同。

2017 年郑商所 PTA、甲醇和硅铁的期现价格相关性分别高达 0.92、0.88 和 0.89，为相关行业远期价格做出了精准的判断，这些远期价格指导了行业投资方向，从而提高了投资效率，减少了行业远期低效和重复投资。由于硅铁和锰硅的生产可以使用同样设备，2017 年郑商所锰硅、硅铁期货市场快速发展后，企业根据远期期货价格选择生产品种；PTA 生产企业、聚酯企业则根据 PTA 期货远期价格安排停产检修；煤电企业根据动力煤期货价格安排企业的采购和生产节奏，辅助现货经营决策，这些都提高了企业的供给效率。

2017 年，大商所线型低密度聚乙烯（LLDPE）、聚氯乙烯（PVC）、聚丙烯（PP）和铁矿石期现价格相关系数均在 0.92 以上，期现价格互动良好。从套期保值功能发挥情况来看，三个塑料品种（LLDPE、PVC、PP）的套保功能发挥良好，套保效率均在 88% 及以上水平，同比均有不同程度提高；法人客户持仓占比稳定在 46% 左右。铁矿石的套保效率保持在 88% 以上，法人客户持仓占比稳定在 34% 以上水平，同比均有不同程度提高。期货价格为产业客户的投资、生产安排提供了参考，同时也为产业客户提供了规避价格风险的有效工具。

>>> 第三节 期货市场服务乡村振兴战略情况

一、2017 年“保险 + 期货”试点情况

2017 年，为贯彻落实中央一号文件精神，进一步提升期货市场服务实体经济的广度和深度，在中国证监会的领导下，上期所、郑商所和大商所启动或扩大“保险 + 期货”项目试点，精准扶贫助力乡村振兴战略。

（一）上期所“保险 + 期货”试点情况

1. 项目覆盖面

上期所天然橡胶“保险 + 期货”项目于 2017 年 5 月 26 日启动。获批项目总计

23 个，覆盖云南、海南省 14 个区县，其中国家级贫困县为 12 个，涉及天然橡胶现货产量约 3.6 万吨，种植面积约 40 万亩，受益胶农达 2.3 万余户，其中建档立卡户有 7 279 户，少数民族贫困户为 1.3 万余户，惠及佤、傣、藏、彝、苗、哈尼、白、黎、布朗、布依、回、基若、苦聪、仡佬、拉祜、壮、土家、德昂族共 18 个少数民族。项目涉及期货公司 23 个，保险公司 5 个，保险期限为 6 月 1 日至 11 月 30 日之间。上期所以每挂钩 1 000 吨现货的标准投入 110 万元补贴，总计划扶持金额 3 960 万元。

项目覆盖云南天然橡胶现货产量约 24 000 吨，涉及勐腊、沧源、耿马、西盟、宁洱、江城、永德、孟连 8 个地区，保障农户 15 616 户。每个地区的保障产量见表 3-3-1。

表 3-3-1

地点	保险数量（吨）
云南勐腊	13 000
云南孟连	1 000
云南宁洱、江城	1 000
云南永德	2 000
云南江城	1 000
云南沧源	2 000
云南耿马	2 000
云南西盟	2 000

项目覆盖海南天然橡胶现货产量约 12 000 吨，涉及保亭、乐东、琼中、临高、五指山、白沙 6 个地区，农户 7 384 户。每个地区的保障产量见表 3-3-2。

表 3-3-2

地点	保险数量（吨）
海南临高	2 000
海南五指山	1 000
海南保亭	1 000
海南琼中	6 000
海南白沙	1 500
海南乐东	500

2. 项目赔付情况

2017 年，天然橡胶“保险 + 期货”项目中有 14 个（占比 60.87%）产生赔付，总计赔付 1 823.17 万元。“保险 + 期货”主要针对农产品价格风险，为农户提供基本保障。同样的保费支出，保险开始和结束时间选择得当，能为农民提供更多的保障和收益。这为期货公司发挥专业能力、做出专业判断提供了舞台，也提出了很高的要求。2017 年有 9 个项目没有发生赔付，主要原因在于没有选择最好的入场时点，也没有很好地结合对天然橡胶行情的预判进行期货端的对冲交易。

3. 宣传报道情况

中央电视台记者赴永德县对申银万国期货公司与中国人保上海浦东支公司以及云南省分公司开展的“保险 + 期货”赔付仪式进行了采访报道，于 2017 年 10 月 14 日《朝闻天下》栏目播出。《人民日报》也两次对试点项目进行了专题报道。此外，新华社、光明日报、人民网、中新网、中国证券报、证券时报、中国证券网、第一财经日报、期货日报、新闻晨报、云南经济日报等媒体也对项目进行了相关报道。

同时，2017 年上期所试点项目也入选了第八批上海自贸试验区金融市场创新案例。

（二）郑商所“保险 + 期货”试点情况

1. 试点规划情况

2017 年，郑商所以“扩大覆盖范围、助力精准扶贫，丰富试点内涵、贴近农户需求”为原则，积极开展“保险 + 期货”试点建设工作。经郑商所立项评审委员会评审与党委会决议，21 家会员单位的 24 个试点项目获得立项审批，包括白糖试点 16 个，棉花试点 8 个，试点覆盖河北、云南等 5 个省（自治区），14 个国家级贫困县，涉及农户约 1.9 万户，承保白糖 10 万吨、棉花 1.22 万吨。

2. 实际完成情况

截至 2017 年底，20 个试点顺利完成试点建设全部流程。7 个棉花试点、9 个白糖试点确认触发保险理赔，共计赔付约 600 万元。其中，建信期货农三师 51 团棉花试点赔付 82.7 万元，584 户维吾尔族棉农获得了户均 1 416 元的理赔金额，占到当地人均年收入的 18%；国信期货新疆巴楚棉花试点赔付 52 万元，人均赔付 777 元，获得理赔的 669 名棉农均为建档立卡贫困户。

3. 2017 年“保险 + 期货”试点建设成果

（1）探索了农产品价格风险管理新模式。“保险 + 期货”模式实现了期货行业与保险行业的跨界合作，利用期货市场解决了农业价格保险的“再保险”难题，是农产品价格风险市场化管理模式的新探索，也为我国农产品政策从“黄箱”向“绿箱”转变提供了新途径。此外，从两年的试点经验来看，试点具备一定的可复制、推广性，为大规模普及农业价格保险提供了可能。

（2）保障了农户的种植收益。“小康不小康，关键看老乡”。郑商所“保险 + 期货”项目使参保农户无需或仅需缴纳很少的保费便可获得一份农业价格保险，有效地防范了农户的种植风险，帮助“老乡”实现“保收稳收”。此外，还通过保险与期货合作的模式，实现了农民间接利用期货管理价格风险，解决了“丰产不丰收”的困难。以新疆巴楚县棉花试点为例，试点 60 万元保费全部由郑商所与当地政府提供，在 2017 年棉花丰产、棉花价格下跌的背景下，参保的 669 户棉农人均获赔 777 元，占到 2016 年当地农民年人均收入的 8%。

（3）提高了试点的社会影响力。2017 年试点建设过程中，郑商所共组织 2 次实地调研工作，参加 3 次专题研讨会议，通过面对面接触的方式积极向各参与主体宣传试点操作模式及建设意义，同时督促引导各试点单位在公开媒体进行持续宣传，使得试点的社会影响力大幅提高。多地政府对试点接受度与认知度显著提高；大多数参与过试点建设的种植大户、合作社等新型农业经营主体积极要求继续参与试点项目；越来越多的保险公司及期货公司明确表示将积极争取参与郑商所“保险＋期货”试点建设。

（4）政府的接受度与参与度显著提高。经过两年的建设与宣传，地方政府对“保险＋期货”的认知度与参与度有了一定提高。目前，已完成建设的 20 个试点中有 8 个得到了地方政府的财政支持，支持资金共计 65 万元。

（三）大商所“保险＋期货”试点情况

2017 年，大商所联合 25 家期货公司和 8 家保险公司在黑龙江、吉林、辽宁、内蒙古、河北、安徽和重庆 7 个省区开展了 32 个“保险＋期货”试点项目。

1. 2017 年试点情况

（1）试点区域和个数显著扩大。2017 年，大商所对 25 个期货公司联合 8 家保险公司在黑龙江、吉林、辽宁、内蒙古、河北、安徽和重庆 7 个省区开展的 32 个（玉米 22 个、大豆 10 个）“保险＋期货”试点项目给予立项，其中价格险 23 个（玉米 16 个，大豆 7 个）、收入险 9 个（玉米 6 个，大豆 3 个）。从试点数量上看，较 2016 年的 12 个试点相比，增长 166%，共计服务 188 个合作社和 80 201 个农户，较 2016 年增长一倍以上。

（2）试点规模有较大增长。2016 年开展的玉米价格险单个项目要求不低于 1.5 万吨、大豆不低于 1 万吨；2017 年玉米价格险单个项目要求不低于 2.2 万吨、大豆不低于 1.3 万吨，玉米收入险单个项目不低于 1.5 万吨、大豆不低于 0.6 万吨。

2017 年开展的试点项目涉及玉米共计 67.83 万吨，其中价格险 55.67 万吨，收入险 12.15 万吨；涉及大豆共计 11.40 万吨，其中价格险 9.60 万吨，收入险 1.80 万吨。32 个试点总计涉及 206.87 万亩土地。

（3）试点保障水平更高，成本更低。2017 年试点项目中，玉米价格险的平均目标价格为 1 690 元/吨，较 2016 年的 1 537 元/吨提高了 153 元/吨，增长 9%。平均保费为 66.44 元/吨，较 2016 年的 122 元/吨降低了 55.56 元/吨，降低 45%。

2017 年试点项目中，大豆价格险的平均目标价格为 3 857 元/吨，较 2016 年的 3 734 元/吨提高了 123 元/吨，增长 3%，平均保费为 171.73 元/吨，较 2016 年的 178 元/吨降低了 6.27 元/吨，降低 3%。

（4）试点模式大胆创新。对 2016 年的试点经验进行总结，并借鉴美国作物保险制度，发现价格保险具有一定的局限性，并不能完全保证农民的基本种植收益。2017 年大商所首次开展了 9 个收入险试点，包含 6 个玉米收入险试点和 3 个大豆收入险试点。

除增加了收入险试点，2017 年主要创新还包括银行介入开展融资服务、大型龙头企业复制美国模式为参保农民进行粮食基差销售提前锁定卖粮价格等。

（5）各方支持力度大幅提高。2017 年大商所继续支持期货公司开展“保险 + 期货”试点业务，每个试点项目根据保险产品、现货量及是否为扶贫项目等情况，给予 100 万元到 480 万元不等的支持，共计 6 380 万元，相比 2016 年的 1 960 万元提高了 225. 5% 。

除大商所大力支持外，今年部委和地方政府支持力度明显加大。32 个试点项目中有 3 个项目获得农业部支持，有 12 个项目得到所在地方政府财政补贴，各方对试点的认可程度和支持力度不断提高。

（6）试点助力国家扶贫攻坚战略。2017 年，有 15 个试点项目在黑龙江、吉林、内蒙古、河北、安徽和重庆地区的国家级贫困县开展。其中，九州期货联合大地财险在内蒙古地区开展的试点，涉及的 10 149 名参保户均为建档立卡的贫困户。在大商所及地方政府的支持下，贫困户参与项目无须缴纳任何保费。

（7）试点理赔效果良好，服务功能彰显。2017 年，32 个试点总计理赔额度为 4 105. 34 万元。其中，28 个发生理赔，4 个未发生理赔。32 个试点中，16 个玉米价格险赔付总额为 1 093. 85 万元，赔付水平为 19. 65 元/吨。7 个大豆价格险赔付总额为 1 427. 85 万元，赔付水平为 148. 67 元/吨。6 个玉米收入险赔付总额为 881. 38 万元，赔付水平为 34. 74 元/亩。3 个大豆收入险赔付总额为 702. 26 万元，赔付水平为 53. 58 元/亩。总体赔付效果良好，很好的保障了农民的基本收入。

2. 试点经验总结

（1）试点影响力大幅提升。2017 年，就申报试点的期货公司及合作的保险公司数量、项目覆盖的区域范围、参与的农业经营主体数量、现货规模、地方政府参与程度等多个角度而言，“保险 + 期货”试点受到越来越多的关注和认可。“保险 + 期货”试点项目是一种市场化的农民利益补偿机制，契合了当前农产品价格市场化形成机制改革的大背景，相比临储费用，又具有明显的成本优势，这是吸引相关各方都愿意尝试的重要原因。

（2）试点可行性逐步增强。2017 年，试点产品的保障程度较 2016 年有了比较明显的提升，产品的成本有较大的降低，反映出随着“保险 + 期货”试点的稳步扩大，参与的市场主体在不断成熟，对于市场的把握和对于工具的运用，都有了长足的进步。随着期货公司和保险公司对“保险 + 期货”试点项目的业务流程梳理，监管层对相关业务规定及流程的完善，“保险 + 期货”模式的市场适应性更强、接受度更好，为未来进一步优化奠定了基础。

（3）试点成熟性稳步提高。2017 年的试点，不仅是模式上出现了由价格保障向收入保障的深层次推进，而且在具体的操作过程中，为了应对期现的基差风险，一些粮食贸易、加工企业等新主体也被引入进来，进一步丰富和完善了试点模式本身的体系。更可喜的是，有些试点项目已经认识到“保险 + 期货”只是保障差额部分的实际，开始利用期货市场价格在现货贸易上做基差贸易的尝试，从而将试点推向更加全面性、系统性的收入保障计划的新实践。

总体来看，2017 年“保险 + 期货”试点过程反映出的情况以及理赔结果，体现了试点具有可行性、可复制性、可推广性、可深化性和可系统性。

二、期货公司场外期权服务乡村

增强金融服务实体经济的能力，是党的十九大对金融行业提出的明确要求。在这一精神引领下，期货公司牢牢守住不发生系统性风险的底线，加快转型升级步伐，在为实体企业套期保值、风险管理服务过程中，积极开展创新业务，利用场外期权发展出以“保险 + 期货”为代表的多种业务模式，推进期现货市场的联动，促进期货市场价格发现功能的发挥，提升专业化风险管理服务水平。期货公司利用场外期权主要涵盖的品种包括玉米、大豆、棉花、白糖、豆粕、菜粕、豆油、棕榈油、鸡蛋等国内期货市场主要农产品品种。

（一）2017 年场外期权业务快速发展

2017 年，期货风险管理公司试点业务继续围绕服务实体经济的主线，稳步推进仓单服务、合作套保、基差交易、定价服务、做市业务等业务，业务能力和规范水平均进一步提升。

2017 年，场外商品期权和商品互换累积新增名义本金分别同比上涨 20.31 倍和 111%，场外商品期权规模呈现全行业普遍上涨，少数公司规模跨越式增长，市场集中度和客户集中度均显著提升。

表 3－3－3　　2017 年期货风险管理业务场外衍生品业务规模

业务项目		合同数（笔）			名义本金（万元）		
		2017 年 1～12 月累计	2016 年 1～12 月累计	同比（%）	2017 年 1～12 月累计	2016 年 1～12 月累计	同比（%）
远期	新增	56	17	229	68 227	1 591	4 188
互换	新增	563	2 303	－76	3 097 763	1 466 886	111
期权	新增	12 073	1 193	912	27 786 335	1 303 810	2 031

场外衍生品业务上，风险管理公司发展了现货购销中内嵌期权的结构性贸易产品，并逐步探索商品指数的互换掉期业务。同时，“保险 + 期货”模式在多方支持下做精做细，产品种类和灵活度逐渐提升。

（二）场外期权服务实体经济的主要特点

1. 规模不断扩大，品种不断延伸

2017 年，涉及“保险 + 期货”的品种除原有的大商所玉米、大豆和郑商所棉花、白糖之外，又增加了上期所的天然橡胶；“保险 + 期货”各品种项目总数从 2016 年 18 个增加到 2017 年 75 个，增幅 339%；2017 年参与的期货公司也增加到 39 家。

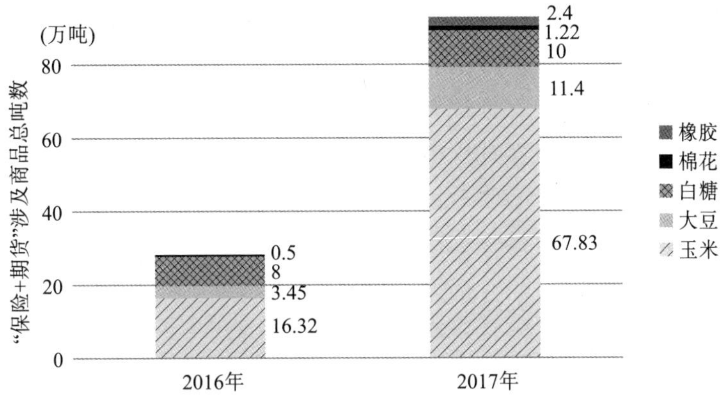

图 3－3－1　2017 年"保险＋期货"涉及商品规模

2. 创新产品设计方案，农户体验不断改善

从"保险＋期货"的产品设计看，期货公司利用场外期权创新了多种方式，保障和改善农户的体验。

一是新增农产品收入险。与目标价格保险相比，收入保险在以往价格保险的基础上，同时考虑价格和产量两方面因素，无论是价格波动还是产量波动导致收入下降，均提供差额赔付，直接对农民收入加以保障，使农业风险管理更为完善和全面。在参与"保险＋期货"的 39 家期货公司中，38 家公司推出价格险项目，9 家公司推出试点收入险项目。以浙商期货在黑龙江萝北县的大豆收入险试点为例，收入险保障农户能获得 490 元/亩的收入，项目结束后测算，农户实际收入约为 418.4 元/亩，因此农户获赔 71.6 元/亩，4.3 万亩大豆共获赔 309 万元。

二是所有公司都使用了亚式期权设计，用资产的算术平均价进行最后的期权结算和保险赔付，使得最后赔付的稳定性更好。

三是部分公司使用了美式期权设计，农户可以在到期日之前，提前锁定赔付金额，给予农户更大灵活选择的权利。比如华泰期货、方正中期期货、宏源期货在云南和广西的白糖项目，国信期货和九州期货在河北的棉花项目均使用了美式期权。

四是部分期货公司利用阶梯式赔付方案、多次行权以及设最低赔付金额等多种方式提高赔付概率，保障农户利益，获得相对较好的实际效果。比如大有期货、东吴期货、东证期货、光大期货、海通期货、申万期货、五矿经易期货在云南和广西的白糖项目，华信期货、申万期货、浙商期货在新疆的棉花项目，国泰君安期货在海南的橡胶项目。

五是部分期货公司选择用现货市场价格基准进行保险赔付，很好地贴近了终端用户的需求，虽然因为基差变动，可能导致保险公司或期货公司亏损，这也为期货公司的风险管理能力提出了更高要求。比如大有期货、东吴期货、东证期货、光大期货和五矿经易期货在云南的白糖项目中均使用了昆明现货白糖均价进行赔付。

3. 尝试引入多主体参与，打造持续业务模式

一是尝试引入政府资金支持。75 个项目中，有 22 个项目获部委或地方政府的资金支持。以国元期货在安徽的玉米项目为例，保险费用中，安徽省占 50%、当地政府占 30%。种植大户、合作社仅承担 20%，对贫困户免收保费，贫困户保费由国元期货承担。虽然在大多数政府资金支持的项目中，保费支持比例只占较小一部分，但为多方共同参与，为“保险 + 期货”持续性深入发展，提供一条可供探索的路径。

二是尝试引入银行提供信贷支持。75 个项目中，有 2 个项目获得银行信贷支持，分别是华信期货玉米收入险项目获得邮储银行贷款，中信期货玉米价格险项目获得农行贷款。引入银行作为信贷支持，参保农户可享受贷款增信、优先借贷，提高了参保的积极性和资金保障。

三是尝试引入行业龙头企业提供协助。75 个项目中，有 8 个项目不同程度引入了行业龙头企业的协助。例如华泰期货在广东省湛江市遂溪县白糖项目中引入广东金岭糖业集团，以金岭集团位于岭北镇蔗区内承租的种植大户和贫困户为承保对象，利用金岭集团与蔗农长期合作建立的良好关系和信誉，协调、安排蔗农的签约、受保流程，保证项目的顺利进行。蔗农收益有了保障，将提高蔗农生产甘蔗的积极性，反过来保障了金岭糖业的糖源稳定，形成良性循环。

四是探索纯商业化运作模式。除了未来政府补贴制度改革和引入银行信贷支持外，商业化运作也是“保险 + 期货”项目可持续发展的途径之一。2017 年，华信期货联合人保财险在内蒙古开展了国内第一单纯商业性的大豆收入保险项目。投保主体为甘河农场，甘河农场自付所有保费。项目合计承保大豆种植面积 27 700 亩，保障农户收入 608 元/亩。项目结束后，经测算大豆实际种植收入为 452. 44 元/亩，甘河农场获得了 430 万余元的赔偿。该项目为“保险 + 期货”商业化运作的重要代表，具有很好的经济效益和社会效益，为“保险 + 期货”的可持续发展进行了有益探索。

4. 关注贫困地区需求，实现精准扶贫

2017 年“保险 + 期货”项目侧重于符合国家扶贫攻坚布局要求、服务“三农”的申请项目，注重和贫困地区的产业优势相结合，以金融扶贫实现精准扶贫。全年 79 个试点项目，覆盖 12 个省区，包括 41 个国家级贫困县区。在项目实施过程中，在交易所和地方政府的支持下，期货公司在保费上向贫困户采取减免方式。以白糖和棉花项目为例，20 个项目中，有 13 个项目农户无须支付保费。

九州期货联合大地财险在内蒙古地区开展的玉米价格险项目的 10 149 名参保户均为建档立卡的贫困户，本次项目中，九州期货在项目前期垫付了全部保费 400 万元，贫困户参与无须缴纳任何保费。项目结束时，参保农户获赔共计 200. 11 万元，赔付率达 50%，切实保障贫困县农户利益，真正达到了“精准扶贫”的目的。

三、农产品期权创新情况

（一）大商所上市豆粕期权

为进一步提升服务实体经济的深度和广度，更好的服务“三农”，2017 年，大商所积极开展农产品期权研发与创新工作并取得突破性进展。

一是推动豆粕期权成功上市，作为国内上市的首个商品期权品种，丰富了商品衍生品市场层次，增加规避价格风险的渠道，在服务实体经济中发挥重要积极作用。

二是率先在豆粕期权中实施商品期权做市商制度和投资者适当性制度，实现商品市场的制度创新。根据商品期权市场特征和国际情况，在全面论证可行性和必要性的基础上，零起点设计商品期权做市商制度和投资者适当性制度，高标准建设做市商系统，为保障豆粕期权平稳有效运行发挥了重要作用。

三是为提高豆粕期权市场运行质量、促进功能发挥，在保证豆粕期权安全平稳运行的基础上，根据市场意见反馈和需求，适时对规则制度进行优化。

四是为配合国家农产品价格市场化改革和农产品补贴政策创新，积极研发新的农产品期权品种，有序推动玉米等新品种期权的上市筹备工作。已完成玉米期权合约设计和研发，后续将做好合约规则全市场意见征求报批、做市商遴选、系统和市场培育等各项上市前期准备工作。

（二）郑商所上市白糖期权

为进一步健全农产品市场体系，丰富涉糖企业风险管理工具，完善白糖价格形成机制，提高期货市场服务乡村振兴战略的能力和水平，郑商所于 2017 年挂牌上市了白糖期权。

白糖期权上市以来，中粮糖业等 10 余家龙头企业积极探索利用期权规避生产经营风险的新模式，并取得了初步成效。5 个白糖“保险 + 期货”项目利用场内白糖期权对冲非方向性风险，降低了场外期权的对冲成本和风险暴露，在保障蔗农种植收益的同时降低了其保费负担。

四、农产品期货品种创新

（一）郑商所上市苹果期货

为发挥期货市场优势、服务脱贫攻坚战略，郑商所于 2017 年初在证监会的指导下启动了苹果期货的研发工作。苹果是我国农业经济的重要组成部分，在农业部认定的 122 个苹果重点县市中，有 33 个是国家级贫困县，涉及数千万果农的切身利益。近年来，苹果价格波动加大，广大产业企业和果农避险需求强烈。上市苹果期货，一方面有利于提高期货市场服务“三农”的能力和范围，另一方面有利于发挥期货市场的专业优势，助力国家扶贫攻坚战略的实施。

1. 研发历程

为保证苹果期货的科学性与可行性，郑商所在苹果期货的研发过程中，积极开展市场调研和课题研究，力求合约规则设计的完善。自2017年1月正式开展苹果期货研发工作以来，郑商所先后20余次深入陕西、山东、河南、山西、北京等苹果主产、主销区，走访政府部门、行业协会、现货企业、质检机构等单位100余家；与中国苹果产业协会、中国果品流通协会、西北农林科技大学等行业协会和科研机构以及长安期货、鲁证期货、格林大华期货等会员单位开展7项课题研究；征求农业部、扶贫办、商务部、林业局等6家部委和中期协的意见；通过调查问卷方式征集60余家现货企业和会员单位意见；召开内外部规则论证会20余次，参会专家超过百人。通过充分听取市场各方对苹果期货的意见和建议，郑商所最终完成了苹果期货的合约规则设计，并于2017年12月22日顺利挂牌上市苹果期货。

2. 创新点

目前，世界范围内没有鲜果期货上市，苹果期货是全球首个鲜果类期货。

（1）交割品级设置合理，贴近现货实际，选择红富士为合约交割品。

一是苹果品级选择一等以上。国标《鲜苹果（GB/T 10651－2008）》将苹果品级分为优等、一等、二等和等外果，其中红富士一等品及优等品的占比在50%以上。随着近年来种植技术的不断提高及优质优价的发展趋势，一等品以上的占比将进一步提高。选取符合国标的一等品和优等品，既可保证充足的可供交割量，又具有较强的代表性。

二是果径作为区分基准品与替代品的主要指标。在现货贸易中，果径大小是决定苹果价格的主要因素之一。基准交割品果径大于等于80毫米，目前我国果径大于等于80毫米的红富士产量占比为50%左右，并且比例逐年提高，代表着产业发展方向。替代品果径大于等于75毫米，且小于80毫米，产量占比约30%左右，纳入交割品范围可以扩大可供交割量，防范交割风险。替代品贴水2 000元/吨，在现货价差变动范围中处于较高位置，有利于维护基准交割品的影响力，体现优质优价。

（2）创新仓单注册方式，服务产业需求

我国红富士苹果一般在每年十月中旬成熟采摘，十一月中旬采摘完毕。为保证存储质量，苹果采摘后必须在一到两天内放入冷库，但我国大多数地区还未养成精细化分类入库的习惯。

苹果期货首创折算方式注册仓单。为了便于产业广泛参与，保证可供交割量，苹果期货在正常的仓单注册方式之外，首创了折算方式注册仓单：入库苹果经仓库检验后，若符合交割标准的苹果占比不低于郑商所公布的折算比例（目前为80%），货主可按照以下计算方式提供入库货物，申请注册仓单，入库货物数量＝仓单数量×交割单位/规定的折算比例。例如，注册方提供的货物经检验，只有85%的货物符合交割标准，注册方如想注册一张仓单，需提供的入库货物数量为1×20吨/80%＝25吨。未来随着苹果期货功能的有效发挥，企业参与的不断深入，郑商所可以根据现货情况，不断调高直至取消折算仓单方式，引导现货入库精细化水平的不断提高，实现优质优价。

（3）注重交割区域设置，助力脱贫攻坚

一是陕西为基准交割地。以兼顾现货特点和期货交割惯例为出发点和落脚点，郑商所合理规划了苹果期货交割布局。根据苹果产业自身特点，在苹果主产地陕西、山东、河南、山西、甘肃、河北设立交割仓库和车（船）板交割服务机构。其中，陕西为基准交割地，山东、河南、山西、甘肃、河北为辅助交割地。

二是涉及4个国家级贫困县。为保障苹果期货交割顺畅，郑商所在综合考虑企业库容、管理能力、贫困地区扶持等因素的基础上，选定了首批19家交割仓库和车（船）板交割服务机构，其中涉及4个国家级贫困县，方便当地产业参与利用期货市场，有效发挥苹果期货“扶贫支农”的作用。

苹果期货的上市开创我国乃至全球首个鲜果类期货合约交易，完善了我国商品期货体系。

（二）郑商所研发红枣期货

红枣作为新疆主要经济作物，其主产区南疆地区覆盖了新疆32个贫困县中的26个，不仅是支援新疆发展工作的重要目标区域，更是全国脱贫攻坚的主战场之一。为发挥期货市场优势，服务精准扶贫战略，郑商所于2017年初在证监会的指导下启动了红枣期货的研发工作。

2017年郑商所共进行了8次市场调研，分赴红枣主产区、主销区及重要物流节点共计15个地市；组织合约规则论证会2场，发放问卷100余份，广泛征求市场意见与建议；进行200余组抽样实验，对交割标准中重要指标进行检验，完成交割标的物对标检验。

同时，郑商所积极推进红枣期货立项及上市材料的撰写工作，与证监会保持密切沟通。先后5次赴证监会汇报红枣期货研究进展情况、申请红枣期货立项及上市。7月6日，正式接到中国证监会《关于同意郑州商品交易所苹果、红枣期货立项的函》，红枣期货立项获批。7月21日，郑商所向证监会期货监管部汇报红枣期货研发情况并正式申请上市。

（三）大商所创新鸡蛋期货交割制度和服务产业客户手段

自1703合约开始，鸡蛋期货开始实施包括每日交割、车板交割在内的一系列创新制度，适应了“鸡天天下蛋，蛋天天交割”的产业特点。新制度实施后成交量、持仓量出现明显上升，期现相关性提高，近月合约的连续性，非一五九合约的流动性得到改善，现货企业期现结合更为便利，使得套保企业能够在临近交割月份保有较大持仓并与现货贴合，更有利于企业实现套保目标，套保效果明显增强。制度创新受到产业的普遍欢迎，也为生猪等生鲜新品种的研发提供了有益的借鉴。大商所将位于国家级贫困县的两家养殖企业设为交割厂库，便利当地蛋鸡养殖企业利用期货市场实现稳步发展，支持扶贫攻坚国家战略。

>>> 第四节　期货交易所促进活跃合约连续性的措施与效果

近月合约不活跃、主力合约不连续，是我国商品期货市场存在多年的问题，其产生原因错综复杂，对期货市场功能发挥有不利影响。2017 年 4 月 21 日，中国证监会期货部召开了关于提高期货合约连续性工作会议，提出了“各交易所自选品种、年内初步见效”的要求。在中国证监会统一部署下，各期货交易所多方尝试，着力探索解决该问题并取得较好成果。

一、上期所促进活跃合约连续性的相关措施和效果

上期所为了更好地满足广大产业客户的需求，活跃不活跃合约，并解决合约不连续的问题，在严守合法合规底线，确保方案科学、透明的指导思想下，主要从三个方面采取了相应措施，并取得了良好效果。

（一）降低相关品种不活跃合约的交易成本

自 2017 年 9 月 7 日起，上期所对镍和锡相关品种不活跃合约的手续费进行下调，即镍期货除 1 月、5 月、9 月合约以外其他月份合约的交易手续费从 6 元/手调整为 1 元/手，日内平今仓交易免收交易手续费；锡期货除 1 月、5 月、9 月合约以外其他月份合约的交易手续费从 3 元/手调整为 1 元/手。交易手续费的下调降低了不活跃合约的交易成本，促进不活跃合约流动性的提升。

（二）在镍品种上推出以双边报价为核心的交易商制度

为有效推动合约连续性工作的顺利开展，上期所尝试探索期货交易商制度，成立了交易商专项工作小组，通过多次走访、调研会员单位和产业客户，深入了解市场需求，最终选定在市场呼声较高的镍品种上尝试以双边报价为核心的交易商报价制度。

上期所分别于 2017 年 9 月 7 日和 11 月 1 日在镍 1803 合约和镍 1807 合约上开展交易商报价业务，年内取得了显著成效：一是交投活跃度稳步上升，镍 1803 合约 12 月的运行情况与启动交易商报价机制前的 8 月相比，日均成交量由 3 手增至 572 手，日均持仓量由 34 手增至 2 436 手；镍 1807 合约 12 月的运行情况与启动交易商报价机制前的 10 月相比，日均成交量由 31 手增至 4 008 手，日均持仓量由 203 手增至 8 490 手。二是价格连续性和价差合理性明显提升。自启动交易商报价以来，镍 1803 合约和镍 1807 合约的买卖价差收窄，盘面价格连续性明显改善，且近期报价合约与前后主力合约间价差维持在合理范围内；三是市场参与意愿显著增加，在交易商的引领下，报单参与人数明显增加，产业客户和特法户的参与也逐渐增多，市场参与度的提升为合约的持续活跃提供了有力支撑。

在开展镍期货交易商报价业务的过程中，上期所一方面密切跟踪盘面变化和监督交易商行为，适时对业务方案进行调整和优化；另一方面，根据市场情况和交易商反馈，解决了交易商缺乏独立账户的问题，以及极端行情下报价义务豁免等问题，有效提升了交易商的报价动力和报价质量。

（三）积极开展多层次、多渠道的市场宣传

2017 年 11 月，在参加 2017 年中国国际镍钴工业年会期间，与生产企业金川、嘉能可，贸易商托克，投资机构弈慧、混沌等主要产业客户就改善合约连续性的举措进行了广泛沟通。2017 年 12 月初，在第三届镍吧年会上，首次公开向市场介绍了上期所促进合约连续性改善的措施。2017 年 12 月中旬，在五矿期货举办的客户座谈会上，就如何提高合约连续性进一步征求上海瀚骏、京慧诚等贸易商的意见和建议。2017 年 12 月下旬，在上期所举办的月度论坛上，向会员单位重点介绍了上期所在合约连续性改善方面取得的初步成效。

二、郑商所促进活跃合约连续性的相关措施和效果

根据产业企业的现实需求，郑商所自 2016 年起开始对非主力月份不活跃问题进行了研究，并于 2017 年 10 月推出一系列措施以促进合约连续活跃。

（一）综合考虑产业现状，选取典型品种试点

连续活跃方案选取产业客户参与较多、产业需求迫切、功能发挥较好的 PTA 和动力煤作为试点。

2017 年，90% 的 PTA 生产企业、贸易企业和 80% 的聚酯企业都参与了 PTA 期货市场，产业企业存在促进合约连续活跃的需求和呼声。PTA 期货合约连续活跃，有利于广大产业客户进行套期保值，意义较大。此外，作为郑商所对外开放的特定品种，PTA 期货合约连续活跃有利于与国际接轨。在引入境外交易者时，境外交易者的交易习惯不必因国内只有 1 月、5 月、9 月合约活跃而被迫改变。

煤电企业普遍反映，煤炭和电力行业是全年连续生产运营，但是动力煤期货长期 1 月、5 月、9 月合约活跃的情况导致企业的套期保值效率大大降低，期货价格对现货生产经营的指导作用大打折扣。推动动力煤期货连续活跃，有助于企业套期保值效率的提高，吸引更多企业入市参与。此外，国际主流煤炭贸易商（例如嘉能可、摩科瑞、凯斯尔顿等）表示，国内动力煤期货对外盘的影响力比国内下水煤定价的影响力还要大，通过引导动力煤期货连续活跃，更符合国际现货贸易及衍生品交易的习惯，有助于提升动力煤期货价格的国际影响力。

（二）采取多项有效措施，促进合约连续活跃

郑商所 2017 年 10 月 9 日开始实施连续活跃方案，主要措施包括：第一，降低目标合约上的持仓成本；第二，降低目标合约交割成本，鼓励产业客户参与；第三，在目标合约上引入商品期货做市商，为合约提供流动性。

将全年分为三个时间段，每个时间段集中力量重点活跃一个合约，该合约为目

标合约。具体如下：2～5月以当年7月合约为目标合约，6～9月以当年11月合约为目标合约，10月至次年1月以次年3月合约为目标合约。根据试点品种目标合约持仓量可适当降低持仓成本。

为进一步减少产业客户参与成本，降低试点品种3月、7月、11月合约的交割手续费。将PTA期货3月、7月、11月合约的交割手续费从0.5元/吨降至0.1元/吨；动力煤期货3月、7月、11月合约的交割手续费从0.5元/吨降至0.25元/吨。

2017年6月，郑商所根据期货做市商征集评选方案，通过交易所官网和《期货日报》头版头条向全社会公开发文征集PTA和动力煤期货做市商，审核选取了综合能力排名靠前的PTA和动力煤做市商各15家，为目标合约提供初始流动性。

（三）市场反应良好，连续活跃方案初见成效

截至2017年底，目标合约PTA1803合约和ZC1803合约运行初见成效。

从合约规模上看，目标合约成交持仓稳定增长，活跃度显著提高。在连续活跃方案实施之前，1803合约几乎没有成交量和持仓量；方案实施后，1803合约成交量、持仓量显著增长。12月PTA1803日均成交5.46万手，日均持仓12.92万手，成为PTA次主力合约；ZC1803日均成交2万手，日均持仓4.54万手。

从价格上看，目标合约价格连续性水平大幅改善，走势平稳，与1月、5月合约之间形成有效联动。截至12月31日，PTA1803合约和PTA1801、PTA1805合约价格相关性分别为0.95和0.99；ZC1803合约和ZC1801、ZC1805合约价格相关性分别为0.97和0.95。

从运行质量上看，目标合约相对买卖价差大幅下降，价格连续性明显提高，市场参与机会增加。

从客户结构上看，参与目标合约交易的客户数量平稳增长，非做市商成交量、持仓量稳步增加。参与1803合约交易的产业客户数逐渐增多，并有部分客户提出了套保持仓额度的申请。

三、大商所促进活跃合约连续性的相关措施和效果

2017年，围绕如何活跃近月合约问题，大商所推出了多项措施，包括鸡蛋交割制度优化、铁矿石仓单服务创新以及引入期货交易商等，目标在于改善近月合约的活跃程度，促进主力合约的连续性，进而提升期货市场服务实体经济功能，更好地满足产业客户套期保值的需求。

（一）促进鸡蛋合约连续活跃工作情况

2017年大商所在鸡蛋期货品种上实施了每日交割、车板交割等交割制度的创新。这些制度创新符合鸡蛋生鲜产品的生产经营特点，有效降低了客户参与鸡蛋交割的交割壁垒，吸引了鸡蛋产业客户参与临近交割月份合约管理风险，实现了鸡蛋期货近月合约活跃和全部合约活跃，使鸡蛋期货成为国内农产品期货中合约连续性最好的期货品种。

1. 每日交割等系列创新有效降低了交割壁垒

一是创新每日交割制度，实现全年连续交割。鸡蛋期货创新推出的每日交割制度，将交割期由原来的1天延长至全月，加之新增的7月、8月两个月份合约使得鸡蛋全年12个月份都有合约，使鸡蛋成为国内首个实现全年连续交易和交割的期货品种。每日交割制度实现了“鸡天天下蛋、蛋天天交割”，适应了鸡蛋连续生产、连续销售、低库存的鲜活产品生产销售特点，便利了鸡蛋产业链企业利用鸡蛋期货管理风险。

二是贴近现货贸易方式，引入车板交割制度。按照现货贸易习惯，首次在鸡蛋品种上引入车板交割的无仓单交割方式。紧抓鲜活特点严格规范交割流程，制定国内首个《车板交割场所管理工作办法》作为配套制度，以加强交割过程管理和现场监督，保证双方顺畅履约。

三是缩短仓单有效期，提高厂库交割积极性。仓单最长存续时间由原来的14个交易日减少到最多4个交易日，从而提高厂库仓单保证金利用率，降低厂库注册仓单后鸡蛋价格变化给厂库带来的风险，便于厂库备货，实现鸡蛋快速周转，提高交割蛋品质量，降低仓储损耗。

2. 鸡蛋合约实现近月合约活跃和全部合约活跃

一是近月合约流动性明显增强。自JD1703合约开始，临近交割月的各个合约均有着良好的流动性，持仓成交均较2016年同期大幅提高：1705、1709、1801合约在交割月前月的日均成交量为3.0万手、2.7万手和1.3万手，分别较2016年同期增加650%、50%和160%。新增的1707、1708合约在交割月前月的日成交量突破万手。1710、1711和1712合约交割月前月的日均成交量分别较2016年同期增加58倍、45倍和92倍。近月合约的活跃，降低了企业套保的流动性风险，使其更好地实现套保目标。

二是非1月、5月、9月合约全部活跃。系列交割制度实施后，鸡蛋期货非1月、5月、9月合约的交易量和持仓量的占比明显提高。自2017年非1月、5月、9月合约的日均持仓达到2.6万手，占总持仓的14%，2016年该比例为1.1%；日均成交1.9万手，占总成交的12%，2016年该比例为0.2%。

目前的鸡蛋已是国内非1月、5月、9月合约活跃程度最高的农产品期货。鸡蛋产业客户高度肯定了每日交割等制度创新给企业套保带来的便利，认为这些制度创新有效降低了交割成本，给行业参与和利用期货市场带来了实实在在的好处。

（二）引入期货交易商情况

1. 措施内容

2017年12月1日，大商所开始在豆粕、玉米、铁矿石3月、7月、11月份合约上引入期货交易商，通过交易商主动为近月合约提供流动性的措施，改变当前盘面报价稀少的局面，为有意愿参与的投资者提供适度的交易机会。大商所对期货交易商的双边报价义务、最低成交量义务及其享有的权利进行了具体规定，同时还制定了豆粕、玉米、铁矿石品种非1月、5月、9月份合约手续费降费、会员配套手续费减收和增挂套利合约三项配套措施。经市场征集和遴选，初期确定豆粕和玉米品种交易商数量为10家、铁矿石为9家。

2. 措施效果

期货交易商业务自2017年12月1日正式实施以来，各品种期货交易商积极参与报价，为市场提供了适度的流动性，豆粕、玉米和铁矿石品种3月、7月、11月份合约价差明显缩小，订单厚度增加，成交规模也随之扩大，尤其是在交易商集中活跃的各品种1803合约上改善明显。

一是三品种1803合约交易规模明显改善。与11月相比，三品种1803合约日均成交量、持仓量及参与交易客户数均有大幅增加。在成交量方面，豆粕、玉米和铁矿石日均成交量（单边，下同）分别是11月份的161倍、14倍和13倍；在持仓量方面，豆粕、玉米和铁矿石日均持仓量分别是11月份的13倍、4倍和2倍（见表3－4－1、图3－4－1、图3－4－2）。

表3－4－1　　　　三品种1803合约整体交易规模对比表

品种	1803合约日均成交量（单边，手）		1803合约日均持仓量（单边，手）	
	11月	12月	11月	12月
豆粕	20	3 213	134	1 697
玉米	187	2 564	1 595	6 469
铁矿石	103	1 381	255	428

数据来源：大连商品交易所。

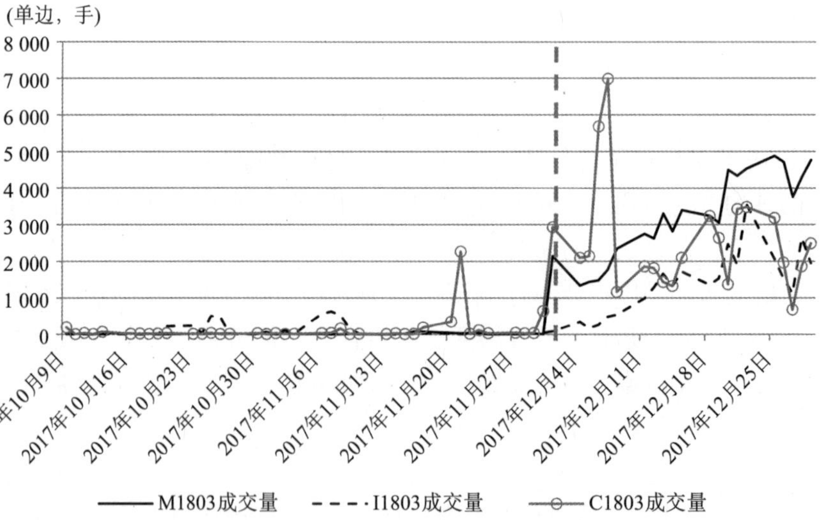

图3－4－1　三品种1803合约成交量情况

数据来源：大连商品交易所。

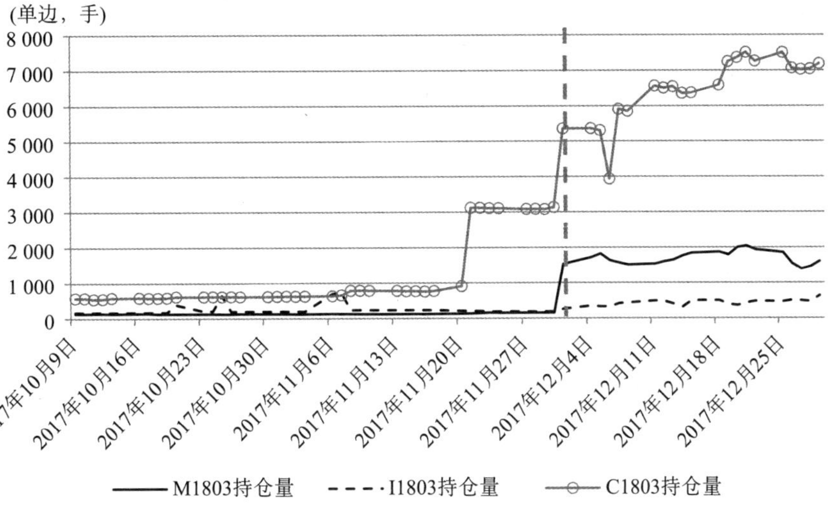

图 3－4－2　三品种 1803 合约持仓量情况

数据来源：大连商品交易所。

二是三品种 1807 和 1811 合约交易规模有所改善。由于 12 月份交易商集中活跃的合约为 1803 合约，对 1807 和 1811 合约仅有双边报价义务并无最低成交量义务。与 11 月相比，三品种 1807 和 1811 合约日均成交量、持仓量均有所改善（见表 3－4－2 和表 3－4－3）。

表 3－4－2　　三品种 1807 合约整体交易规模对比表

品种	1807 合约日均成交量（单边，手）		1807 合约日均持仓量（单边，手）	
	11 月	12 月	11 月	12 月
豆粕	15	79	85	325
玉米	11	144	240	399
铁矿石	2	66	23	155

数据来源：大连商品交易所。

表 3－4－3　　三品种 1811 合约整体交易规模对比表

品种	1811 合约日均成交量（单边，手）		1811 合约日均持仓量（单边，手）	
	11 月	12 月	11 月	12 月
豆粕	0	105	1	192
玉米	16	79	25	194
铁矿石	2	69	2	94

数据来源：大连商品交易所。

三是市场流动性明显改善。自 2017 年 12 月份以来，豆粕、玉米和铁矿石品种 3 月、7 月、11 月合约最优买卖价差大幅缩窄，由之前 10 个最小报价单位以上缩至 5 个最小报价单位之内，其中豆粕、玉米品种 1803 合约已缩至 1 个最小报价单位，铁矿石缩至1～3个最小报价单位，同时三品种最优档位申买/卖委托量也增长了100%以上，期货交易商在提供合约流动性方面的功能逐步显现。

（三）铁矿石仓单服务

2017年，大商所为改善客户交割能力，推出铁矿石仓单服务，在各交割地设立“仓单服务商”，由其为投资者提供标准仓单买卖服务，打消投机客户参与近月合约在交割环节的顾虑。自3月14日发布通知以来，大商所进行了近20场培训和7篇系列新闻的推广，共设立了11家仓单服务商和39家服务会员。业务自5月2日试运行，当月即顺利完成首笔交易，截止到2017年底，累计交收15万吨，切实为交割客户解决了仓单处理的问题。

第五节　金融期货服务实体经济情况

党的十九大提出，“贯彻新发展理念，建设现代化经济体系。加快完善社会主义市场经济体制。深化金融体制改革，增强金融服务实体经济能力。健全金融监管体系，守住不发生系统性金融风险的底线。”期货市场是现代化经济体系的重要组成部分。金融期货市场通过资本市场进而服务实体经济，即提升资本市场的运行效率、提升资本市场透明度、增加资本市场安全性和稳定性等，助力资本市场更好地服务实体经济发展。

一、国债期货服务实体经济

2017年，中金所继续优化国债期货业务规则，特别是在原有交割模式下新增国债期货券款对付（简称DVP）交割模式，加强了国债期现货市场联通，减少交割业务办理时间，提升券款周转速度，提高交割效率，有效盘活国债资源，进一步促进国债期货功能的发挥。2017年，我国债券市场大幅调整，国债期货价格发现和风险管理的积极作用更为凸显，进一步推动我国债券市场稳定发展。

（一）国债期货提供了实时市场走势信号，价格发现功能有效发挥，为监管部门提供及时灵敏的信息

2017年，5年期国债期货主力合约与最便宜可交割国债的价格相关性达94%，10年期国债期货主力合约与最便宜可交割国债的价格相关性达99%，国债期货价格具有相当高的市场代表性。

与国债现货市场的收益率报价相比，国债期货采用百元净价报价，价格公开透明，直观易懂，能够更好地向监管部门和普通公众传递国债市场走势变化及强弱信号。2017年1月25日至2月3日，10年期国债期货主力合约连续三个交易日价格累计下跌2.09%，发出明显的市场信号。这既是对货币政策的正常反映，又是国债

期货市场功能发挥的体现，为政府有关部门提供了获得债券市场第一手信息直接、迅速的渠道，成为监管决策的重要参考。

（二）国债期货套期保值功能进一步深化，特别是在债市大幅波动中，国债期货为市场提供了流动性补充，分流现货市场抛压

2017 年国债期货总成交量为 1 477 万手，较 2016 年增加 65%，流动性显著改善。与此同时，2017 年 5 年期国债期货的套期保值效率为 91.48%，10 年期国债期货套期保值效率为 99.18%，套期保值效率进一步提升。特别是在 2017 年债市调整期间，金融机构急于抛债止损，市场卖压很大、买盘极少，卖出债券困难。很多资产管理产品所持债券以信用债为主，流动性极低，更是难以卖出。在此情况下，金融机构利用国债期货流动性好、成交快速的特点，及时在国债期货市场上卖空保值，有效对冲现券市场的下跌风险，弥补其在现货市场上的损失。因此，国债期货成为整个债券市场重要的风险出口，分流了债券市场的抛压，在债券市场大跌的过程中，为部分金融机构提供了有效的避险工具，对稳定债券市场发挥了积极作用。

（三）机构投资者参与程度不断提高，国债期货市场成熟度不断提升，服务市场功能进一步发挥

近年来，利率市场化改革逐步深入，利率市场波动日益加大，同时金融去杠杆不断推进，资管新规要求资管产品"打破刚性兑付"，实现"产品净值化"。各类金融机构面临的利率风险日益凸显，越来越多的机构投资者运用国债期货有效管理市值波动，提高风险防范和化解能力。2017 年，机构投资者在 5 年期和 10 年期国债期货中的持仓占比分别为 88.35% 和 76.77%，相比 2016 年，呈现较大幅度的提升。

2017 年，国债期货市场结构呈现机构投资者多元化程度提高、入市进度加快、市场参与度提升等特点，进一步巩固了以机构投资者为主的市场结构，市场成熟度不断提升，服务市场功能进一步发挥。一是证券公司对国债期货参与度提升。截至 2017 年底，已有 70 余家证券公司参与国债期货交易，持仓量占比达 41%，涵盖记账式国债承销团成员、国债现货做市商、国债现货交易活跃主体，证券公司成为推动国债期货市场发展的中坚力量。其中，证券公司承销团利用国债期货管理债券承销风险，证券公司做市商利用国债期货管理做市业务风险，促进债券市场维持稳定。二是资产管理产品积极利用国债期货管理利率风险，成为推动国债期货市场发展的重要力量。目前参与国债期货的资产管理产品涵盖证券公司资管计划、公募基金、期货资管、基金专户、阳光私募产品等类型。2017 年，资管产品持仓由年初的 6.85 万手上升到年底的 7.73 万手，对国债期货持仓贡献度达到 32.67%。国债期货机构投资者力量的壮大，为商业银行、保险资金入市奠定了坚实基础。

二、股指期货服务实体经济

2017 年，为提升市场流动性和运行质量，便利投资者套期保值管理，更好发挥股指期货市场功能，中金所一方面对股指期货交易安排进行两次小幅调整，即适度

降低交易保证金标准、平今仓手续费标准和提高日内开仓量限制标准；另一方面持续改善交易机制，取消任意价成交指令，下调每次最大下单数量。全年来看，股指期货市场运行质量有所改善，市场效率有所提升，在保持自身稳定运行的基础上，继续发挥降低股市波动，提升股票市场运行效率，促进股票市场稳定发展等积极作用。

（一）股指期货市场期现货价格保持较高相关性，助力股票现货健康稳定发展

2017 年，股指期货市场交易规模有限，但股指期货与现货市场仍然保持较高相关性，在降低股市波动、稳定股市运行等方面发挥积极作用，为股票现货市场直接融资功能发挥奠定了良好的市场基础。2017 年沪深 300、上证 50、中证 500 股指期货主力合约收盘价与现货指数的相关系数分别为 99.92%、99.94%、99.50%，与 2016 年相比，股指期货品种期现货价格相关性均有所提升，期现货市场联动性改善。在此基础上，股市年化波动率、平均日内波幅和涨跌幅都有所下降。对比沪深 300 股指期货推出前后 7 年，沪深 300 指数的年化波动率下降了 19%，平均日内波幅下降了 27%，股指期货助力股票市场更加稳定运行。

（二）股指期货套期保值功能持续有效发挥，成为投资者重要的避险工具

股指期货是十分成熟和基础的风险管理工具，在参与股市投资中，机构投资者可以通过持有股指期货进行套期保值，来规避系统性风险，实现稳定持股。股指期货虽然不直接参与到实体经济的生产、销售、运营等环节，但股指期货为企业市值管理、定向增发业务等提供风险管理服务，进而更好地服务实体经济发展。2017 年，股指期货风险管理功能进一步发挥，套期保值效率较 2016 年有所改善，已经成为股市有效的避险工具。沪深 300、上证 50、中证 500 股指期货的套保效率①分别为 97.48%、97.74%、98.63%，较 2016 年分别提高 1.24%、0.37%、5.89%。

（三）机构投资者持仓占比大幅提升，运用股指期货更加充分

通过股指期货对冲风险和双向交易，机构投资者在股市投资仓位的调整频繁程度下降，可以更加放心地将股票持有规模稳定在合理水平，从而为股市提供长期稳定的买方力量，推动长线资金入市。同时，股指期货的对冲及多样组合交易策略拓展了资产管理业务发展空间，为机构投资者提供了多元的投资选择，促进了机构业务的发展。2017 年，沪深 300、上证 50、中证 500 股指期货均以机构持仓为主，法人客户持仓占比分别为 68.44%、70.64%、69.20%，总体呈现上升趋势。

① 套期保值效率指标采用《期货品种功能评估工作方案（2017 年修订）》中的计算方式，具体如下：

$$\text{套期保值效率} = \frac{\text{套保前现货收益率方差} - \text{套保后期现组合收益率方差}}{\text{套保后期现组合收益率方差}}$$

第四章
2017年中国期货市场对外开放情况

第一节　中国期货市场对外开放总体情况

2017年，中国证监会积极推动期货市场加快对外开放进程，不断提升期货市场国际化水平。一是积极引入境外交易者参与我国期货市场，向国务院上报了关于铁矿石品种上引入境外交易者，推动铁矿石期货国际化发展。二是推动期货交易所与"一带一路"相关国家开展多元化合作，包括股权合作、设立办事处、设立交割仓库等。三是落实金融业扩大对外开放政策，研究制定外资期货公司管理规则，进一步明确外商投资期货公司股东资质条件等监管要求。四是积极支持期货公司"走出去"，制定并发布《关于取消期货公司设立、收购、参股境外期货类经营机构行政审批事项的规定》，明确期货公司设立、收购、参股或者终止境外期货类经营机构及变更期货类经营机构注册资本或股权的备案文件目录，做好行政审批事项取消后的衔接工作。五是积极参与国际组织工作，推进全球衍生品监管改革，将多年来市场监管和发展经验融入全球。

截至2017年底，全国期货公司共设立21家境外子公司，包括20家中国香港子公司和1家美国子公司，其中16家中国香港子公司已开展业务。境内期货公司在中国香港上市的有2家，分别是鲁证期货股份有限公司和弘业期货股份有限公司。外资参股（外资持股比例在5%以上）的期货公司有2家，分别是摩根大通期货有限公司和银河期货有限公司。

第二节 期货交易所对外开放情况

一、上海期货交易所对外开放情况

（一）积极推进原油期货上市准备工作

上期所以原油期货准备上市为契机，积极做好特定期货品种上市准备工作，为推进国际化积累经验。一是2017年5月正式发布《上海国际能源交易中心章程》、《上海国际能源交易中心交易规则》以及相关业务细则（中英文版）等，后续陆续发布《上海国际能源交易中心期货交易者适当性制度操作指南（暂行）》（中英文版）等，进一步明确包括境外投资者在内的所有投资者的适当性制度业务操作要求。二是截至2017年年底，批复同意中国工商银行等12家银行从事境内存管业务的同时，批复同意中国工商银行、中国农业银行、中国银行、中国建设银行、交通银行、招商银行、中信银行、星展银行8家银行为从事境外客户保证金存管业务的指定存管银行。三是受理境外经纪机构备案成为能源中心认可的境外中介机构，稳步推进境外特殊参与者、境外中介机构与客户吸纳以及业务对接等相关工作，为原油期货上市奠定扎实基础。

积极推进原油期货国际化推广与投资者教育工作。一是2017年共组织90余次涉外业务会谈或合作，对象涉及大型石油公司、贸易公司、银行、经纪机构、自营商、交易所、资讯机构等。二是协助期货公司会员进行定向客户专访，同时邀请境外市场部分参与者参加第14届上海衍生品论坛、第六届中国国际石油贸易大会等，从不同视角探讨原油期货上市后的市场前景及可能面临的机遇与挑战。三是翻译了140余份规则、制度及宣传材料，共计50万余字，增强中英文材料发布的及时性和准确性，进一步加强境外投资者对原油期货相关工作的了解。

配合证监会与境外注册所涉的境外期货监管机构加强沟通和合作，加快推进境外注册相关工作。一是中国证监会与“香港证监会”正式签署《有关期货事宜的监管及执法合作备忘录》，这有利于促进内地与中国香港期货市场的监管和执法合作，有利于加强双方在跨境衍生品、期货交易所、期货经营机构及从业人员等方面的监管协作、执法合作及信息交流，有助于推动内地与中国香港期货市场的健康发展。二是完成了境外注册相关材料的报送准备工作，境外注册相关工作稳步推进中。

（二）稳步推进 20 号胶期货对外开放工作

1. 稳步推进 20 号胶期货立项上市

一是积极开展市场调研，广泛听取市场各方的意见和建议，科学设计 20 号胶期货合约规则。二是按照中国证监会关于期货新品种研发和上市工作指引的相关要求，就上市事宜与农业部、海关总署相关国家部委进行广泛沟通。三是按照中国证监会关于期货新品种研发和上市工作指引的相关要求，邀请产业人士和行业专家分别召开了三次“20 号胶期货方案论证会”，就上市必要性、可行性及合约规则进行论证。

2. 积极探索 20 号胶期货境外设库可行性

2017 年 12 月，赴泰国与中国驻泰使馆、泰国证监会、泰国期货交易所、泰国天然橡胶协会、泰国天然橡胶主要生产企业、中国驻泰轮胎企业洽谈，从政策、法律、准入、监管、危机处理等方面论证设置 20 号胶期货交割仓库的可行性。

二、郑州商品交易所对外开放情况

（一）积极推进 PTA 期货引入境外交易者工作

为满足境外企业参与 PTA 期货的需求，提高期货市场开放程度，郑商所积极推进 PTA 期货引入境外交易者工作。

一是制定 PTA 期货引入境外交易者方案，完成相关规则修订，并起草规则修订说明；2017 年 10 月，PTA 期货在张家港保税区开展保税交割业务获得海关总署和南京海关的批准；11 月向中国证监会期货部正式上报《关于 PTA 期货成为特定品种的申请》。

二是积极与 PTA 产业链重点企业沟通，在市场开放方面达成一致意见；与中国化学纤维工业协会合作课题《PTA 期货引入境外交易者对我国化纤行业的影响》；与中期协在 PTA 期货引入境外交易者方面达成共识。

三是加强对 PTA 期货国际化的宣传推介。利用第十四届中国国际聚酯论坛、PTA 产业大会等行业会议加强对 PTA 期货引入境外交易者的宣传；与中纤网合作印刷 PTA 产业链地图英文版，在地图中增加 PTA 期货合约文本，通过中纤网向其境外客户宣传推介 PTA 期货；接待美国科氏集团、高盛（亚洲）有限责任公司、碧辟投资有限公司等境外企业来访，介绍 PTA 期货引入境外交易者工作情况，加强沟通交流。

（二）持续探索扩大期货保税交割业务

一是积极探索增加保税交割试点品种，配合 PTA 期货引入境外投资者工作，2017 年 10 月获得海关总署和南京海关就 PTA 期货在张家港保税区开展保税交割业务的批准。

二是在江苏张家港甲醇期货保税交割试点成功运行的基础上，2017 年郑商所进一步扩大甲醇保税交割试点范围，2017 年 12 月开始在广东南沙试点甲醇期货保税交割业务。

（三）探索做好国际市场推广工作

2017 年，郑商所历史上首次在伦敦、芝加哥举办的国际期货及衍生品博览会上专设展台，向与会嘉宾介绍郑商所产品及服务，宣传郑商所市场发展成果，共接待 300 多家境外机构及交易者咨询；积极参加郑商所 PTA、甲醇、白糖、稻谷等品种相关的全球产业大会，向国际行业协会、知名境外产业客户、机构投资者和行业专家介绍郑商所期货品种设计及市场运行情况，听取国际市场对郑商所品种国际化的意见建议；以“2017 年中国（郑州）国际期货论坛”为契机，邀请境外交易所、产业客户参与郑商所市场推广活动和相关品种分论坛，为后期境外市场推广打下基础。

（四）稳步推进对外开放研究工作

完成郑商所加快对外开放工作方案研究，对标境内外一流交易所七大领域对外开放形式进行利弊分析，结合郑商所实际提出了加快对外开放工作 3 个层面 16 项具体措施，为郑商所加快对外开放工作提供指引；在对全球 33 个备选城市进行比较分析的基础上，完成设立郑商所境外代表处的研究工作，拟在石化产业高度发达、全球大宗商品集散地及衍生品交易中心的新加坡设立郑商所首个境外代表处，为推进郑商所实质性对外开放奠定基础。

三、大连商品交易所对外开放情况

（一）积极推进铁矿石国际化准备工作

一是协调沟通外部政策。为推动特定品种审批进程，大商所多次走访相关部委汇报工作，推动外管细则和免征境外投资者交易所得税税务政策，组织大型综合研讨会近 10 场。

二是夯实业务规则基础。原油规则正式发布后，大商所赴上期所进行业务讨论，认真比对铁矿石和原油上市开放规则的区别，梳理出 40 余个问题。相关问题经党委会、总办会、专题会多次讨论决定后，两次向中国证监会正式汇报，规则基本定稿。

三是解决重点技术难题。对铁矿石单一品种上线以及和原油双品种同时上线在会员换汇方面的技术系统实现进行调研确认。基本摸清了系统实现障碍点，制定接口方案并向市场发布，截至 2017 年年底主要开发商、10 家存管行已经完成了接口升级。

四是细化业务落地具体流程。根据最新外汇管理和税务管理要求，调整保税交割升贴水结算方式、交割资金和报关物流匹配还原及交割历史信息追溯的技术实现、保税交割税票参照上海模式调整等具体业务，细化实现方案、修改相关业务规则。

（二）加快探索海外布局，服务国家战略及交易所发展

一是推动交易所在新加坡设立代表处。为了响应中国证监会的对外开放政策，推动大商所铁矿石期货国际化工作的顺利开展，2017 上半年，大商所向中国证监会提交了有关交易所在境外设立办事机构的请示，并获批同意在新加坡成立代表处。

此后，所内各相关部门加紧推进新加坡代表处的筹建工作，与新加坡的有关主管部门进行多次沟通，对国内其他交易所设立境外办事机构的经验和进展情况进行了调研，完成新加坡业务的律所聘请、代表处人员选拔、以及相关管理、财务制度建立。

二是深化与“一带一路”沿线国家交易所的沟通合作。与巴基斯坦商业交易所就股权投资、产品合作、市场开发、经验分享等潜在合作领域进行了交流，达成了签署合作谅解备忘录的意向。

（三）创新境外市场拓展方式，推动交易所国际化

一是创新境外市场拓展方式方法，首次与境外期货经纪公司联合举办面向当地投资者的活动，向国际市场介绍我国期货市场运行及大商所相关重点工作的进展情况。全年共完成 8 次境外市场推广活动，包括联合时瑞金融在新加坡铁矿石周期间举办投资者交流会、联合建设银行新加坡分行和交通银行新加坡分行举办投资者交流会、在马来西亚、新加坡、英国、中国香港和美国的国际行业大会上设展，以及在越南、马来西亚、新加坡、捷克和美国的国际行业大会上发言。通过境外市场拓展，吸引境外相关机构关注大商所市场。2017 年，大商所开始协调推进与南美 Setien 矿山的合作事宜。

二是利用境内会议平台实现境外市场推广。2 月，联合金属导报在大连举办中国铁矿石大会以及交易所专题研讨会，宣传大商所业务发展及国际化方案。与会者来自 100 个机构，约 260 人。

三是持续更新交易所规则和对外宣传材料，帮助境外投资者更好地了解大商所业务进展情况，做好与潜在境外客户的信息沟通。全年完成 19 部交易所国际化相关规则制度的翻译和校对工作；在大商所英文网站发布英文稿件 180 篇，并完成英文网站豆粕期权、商品指数页面的上线，更新品种动态、休市安排等网站内容；向境外机构推送业务信息 12 次；收到来自 20 多个国家、100 家机构和个人的来电及 350 余次来函，咨询业务、技术、交易所合作等相关问题。

四、中国金融期货交易所对外开放情况

2017 年金融期货市场的国际化稳步推进，积极响应“一带一路”倡议，努力打造金融期货市场双向开放新格局。

一是继续支持巴基斯坦证券交易所（以下简称“巴交所”）的发展。在完成巴交所股权交割后，中金所派出董事，派驻驻巴工作组，积极支持巴交所发展工作；参加巴交所董事会、股东大会、各类委员会以充分履行股东义务、维护股东权益，推动巴交所董事会结构优化、高管全球招聘等，以进一步完善公司治理结构；支持拟定巴交所商业发展规划，实现巴交所上市的既定目标，并稳步开展上市资源拓展、新产品研发、技术设施建设等各项工作。

二是继续积极支持中欧国际交易所（以下简称“中欧所”）的建设与发展。继续与中欧所在人员培训交流、市场推广等方面开展合作。中欧所成立两年多以来，

总体运行平稳，交易额稳定增长。截至2017年12月底，中欧所共有72只产品挂牌交易，其中13只为ETF产品、2只为ETN产品，其余为债券类产品。截至2017年年底，中欧所总交易金额共计85.84亿元人民币（双边计算），约99%的交易金额来自ETF产品，人民币计价产品的交易金额为3.53亿元人民币。

>>> 第三节 国际合作及交流情况

一、上海期货交易所国际及港澳台合作交流情况

（一）上期所国际及港澳台合作交流

2017年，上期所积极贯彻全国金融工作会议习总书记“扩大金融对外开放”指示精神，继续深化国际交流合作，服务交易所国际化战略。努力推进交易所国际化建设进程，配合国际组织相关评估，通过与常规国际交往工作的有机结合，继续维持与国际行业组织的积极互动，助推上期所国际化进程。

1. 努力推进交易所国际化建设

2017年上期所设立首个境外派驻机构新加坡办事处，更好地为“一带一路”建设和上期所国际化战略服务，为“引进来”和“走出去”提供全面支持，为进一步全球化提供经验，促进国际、国内两个市场紧密衔接，加强与境外监管机构、金融机构、产业企业的沟通与联系，吸引境外投资者，增强我国在国际大宗商品市场的竞争力。

2. 圆满完成国际组织现场评估工作

除常规国际交往之外，上期所还积极配合证监会完成国际组织的现场评估工作。2017年，上期所完成由所领导带队、多个部门参与的FSAP现场评估会。FSAP是国际货币基金组织和世界银行对成员国（地区）金融体系和相关领域定期联合开展的评估，主要目的是衡量一国（地区）金融风险状况，促进受评国执行国际准则。FSAP评估每五年进行一次，是国际上受到广泛认可的金融稳定评估框架。上期所顺利完成了评估任务，获得外方评估团队和证监会的好评。

3. 与国际行业组织积极互动

作为世界交易所联合会（WFE）和美国期货业协会（FIA）的会员，我国上期所积极参加上述国际组织的会议，每月上报交易数据，同时也积极利用这些组织提供的数据资源和信息推进上期所国际业务的发展，利用这些平台收集到的信息编译国际衍生品市场动态，定期对外发布。

4. 积极开展境内外交流、访问工作

2017年上期所继续以国际化业务为导向，积极接待境外来访，共计43批次，

500 余人次，涵盖监管机构、交易所、市场经营机构、全球行业协会等各类市场主体。议题广泛涉及双方期货市场及产品的各方面，积极探讨如何深化双边合作。2017 年 8 月，上期所按照中国证监会和国台办的统一部署，完成中国台湾地区学生上期所实习任务。

2017 年上期所共完成外事出访任务 19 批次，认真参与国际重要行业会议，务实开展业务洽谈，吸取境外市场成熟经验，积极促进与境外同行的友好交往，助推上期所国际化进程。

（二）上海期货交易所国际会议

2017 年 5 月 25 至 26 日，由上海期货交易所、中国金融期货交易所共同主办的第十四届上海衍生品市场论坛在上海成功举行。本届论坛以“稳中求进，发展开放”为主题，紧密围绕“一带一路”、供给侧结构性改革等国家大政方针和期货市场发展开放的前景路径，广泛邀请境内外代表进行深入探讨交流，取得了较好的成效。论坛分为主题峰会、分论坛、专场研讨会、关联活动四个层次，共举办 15 场会议。25 日的主题峰会上，中国证监会副主席方星海等领导出席并发表演讲。国家发改委、中财办、中国证监会有关部门、上海市金融主管机关、国内其他期货交易所、有色协会、石化联合会、有色和原油产业链龙头企业、交易所指定结算银行、交割仓库以及芝商所、港交所、巴西交易所、国际铜业协会、国际锡业协会等国际机构代表出席会议。本届论坛继续采取“交易所搭台、市场机构唱戏”模式，先后引入 2 家实体企业和 8 家期货公司共同办会，突出了实体企业在论坛上的作用。

由中国钢铁工业协会、中国贸促会冶金行业分会、上海期货交易所等机构联合举办的“2017 年第二届中国钢铁金融衍生品国际大会”于 2017 年 6 月 15 ~ 16 日在上海召开。大会以“变革和融合”为主题，主要议题包括弘扬风险管理理念、推动实体企业、积极利用衍生品市场管理价格风险、充分发挥衍生品市场服务实体经济的功能、促进钢铁行业的持续健康发展等。会议邀请了钢铁上下游产业链、金融机构、行业协会、政府机关、投资银行和经纪清算企业参加，参会总人数超过 1 000 人。

由上海期货交易所和江西铜业集团公司共同主办的每两年一届的“第七届中国有色金属现货・期货互动峰会”于 2017 年 9 月 16 日在上海期货交易所国际会议厅隆重举行。作为联系有色金属现货、期货界的盛会，峰会吸引了 300 多家有色金属行业代表性企业和国际相关行业人士热情参与，已经成为中国乃至全球有色金属行业期现互动交流的重要平台。峰会以“创新金融服务 共谋产业发展”为主题，探索中国经济加速转型升级环境下，期货市场与实体产业共谋发展的新模式。上期所积极推动产业转型，护航企业发展，已经上市 6 种基本金属品种，形成了较为完善的品种系列，有色金属产业与期货市场发展联系紧密，相互促进，期货市场运行二十多年来，有色产业积极参与期货市场进行套期保值，有效管理企业面临的市场风险，推动市场化改革，提升产业的竞争实力。

2017 年 11 月 17 ~ 18 日，海南天然橡胶产业集团与上海期货交易所联合主办的第五届海南橡胶产业发展（国际）论坛在海南博鳌举行。此次论坛的主题是“相约海南、聚胶发展、逐梦绿色新丝路”，旨在拓宽全球橡胶产业对外交流渠道，促进全球橡胶业界互利共赢，论坛邀请国内外多位橡胶行业机构负责人及产业专家做专题报告，内容涵盖宏观经济形势、“一带一路”与产业结合分析、全球天然橡胶形势分析等，国内外参会人员达 500 人左右。此次联合办会加深了上期所与全球天然橡胶主产国及国际橡胶研究机构的交流与合作。

二、郑州商品交易所国际合作及交流情况

（一）认真做好境外出访及来访工作

2017 年，郑商所共完成外事出访任务 16 批次，重点增加“一带一路”沿线国家及地区出访比重，增进对“一带一路”沿线市场了解，建立巩固关系，为后期开展务实合作打下基础。同时，郑商所全年共邀请及接待境外来访 14 批次，来访机构包括芝加哥商业交易所、德意志交易所、新加坡交易所、巴基斯坦商业交易所、日本农林中金综合研究所、摩根大通、彭博资讯、普氏集团等。通过与来访机构进行座谈交流，增进了彼此了解，就合作机会进行了沟通探讨。

（二）重点推动与“一带一路”期货市场合作交流

2017 年，郑商所在持续推动同欧美发达期货市场交流合作基础上，重点推动与“一带一路”沿线期货市场的交流与合作。一是通过电话会议、人员互访、座谈交流、联合研究等形式，与德意志交易所、新加坡交易所、巴基斯坦商业交易所就推动实质性合作进行探讨，并达成初步合作意向。二是组织郑商所员工赴芝加哥参加期权、市场监管及风控专项研修项目 2 批次，采用授课与走访相结合的形式，学习美国发达衍生品市场运行及监管经验，同美国商品期货交易委员会、国家期货业协会、芝加哥期权交易所、芝加哥商业交易所、期权清算公司、美联储芝加哥分部等就期货行业热点问题进行了交流探讨。

（三）成功举办 2017 年郑州国际期货论坛

2017 年 9 月 7 ~ 9 日，由郑州市政府、郑州商品交易所和芝加哥商业交易所集团联合主办的“2017 第二届中国（郑州）国际期货论坛”在郑州成功召开。论坛以“期货市场服务国家战略”为主题，聚焦期货市场与“一带一路”倡议、供给侧结构性改革、国家目标价格改革等重大议题，研讨和交流国内外期货及衍生品市场监管、创新、开放、发展等热点问题，分享实体企业利用期货及衍生品工具管理风险的成功经验等。中国证监会副主席方星海出席论坛并致辞，美国商品交易委员会前主席蒂莫西·马萨德、芝加哥商业交易所集团执行董事兼资深经济学家埃里克·诺兰等境外知名人士与会发言，香港交易所、新加坡交易所、德意志交易所、莫斯科交易所、巴基斯坦证券交易所等十余家境外交易所代表参加，新华社、中央电视台、中央人民广播电台经济之声、《经济日报》、《中国证券报》、《上海证券报》、

《证券时报》、《期货日报》、《河南日报》等在内的百余家重点核心媒体对论坛进行了深入报道或转载，引起社会各界强烈反响，展现和提升了期货市场服务实体经济的良好形象，促进了境内外期货行业合作交流。

三、大连商品交易所国际合作及交流情况

（一）举办国际性会议，扩大交易所国际影响力

举办2017国际农业风险管理论坛。2017年6月29日，大商所在北京举办"2017国际农业风险管理论坛"，邀请美国农业部、美国全国作物保险协会、瑞士再保险公司、斯维交易公司、美国MBS家庭农场集团和嘉吉公司等专家作为主题演讲嘉宾，议题内容涵盖美国农业种植、贸易、保险、再保险和衍生品等领域，系统地介绍美国农业风险管理体系的理念、模式和成功案例，特别是美国衍生品工具和保险机制在农业风险管理体系中的功能和作用。论坛举办期间，中国证监会方星海副主席接见了本次论坛的全部6名境外发言专家，中国证监会和中农办、国务院办公厅、发改委、财政部、农业部、商务部、国家粮食局、国家粮油信息中心、国务院研究室、国务院发展研究中心和中国保监会等主要涉农国家部委共70名相关负责人参会，与境外专家共同探讨我国农业风险管理相关问题。

举办第十二届国际油脂油料大会。国际油脂油料大会作为大商所主办的重要的高端产业服务平台，是我国油脂油料及相关产业最具知名度和影响力的行业盛会，有效发挥了信息共享、交流合作、共谋发展的作用。2017年的大会邀请了境外行业协会、贸易企业、咨询公司等国际机构的嘉宾发表主题演讲，来自马来西亚衍生产品交易所和境外期货经纪公司的嘉宾参加了专题论坛。

（二）在合作谅解备忘录框架下，深化国际合作

一是与莫斯科交易所签署合作谅解备忘录，明确合作框架，建立长效沟通机制，将双方的合作提升至新的层次，巩固大商所与新兴衍生品市场的联系。

二是根据大商所与巴西交易所签署的合作谅解备忘录，组织6名员工赴巴西开展员工互换交流工作，深入了解巴西交易所的国际化历程及相关经验，包括风险管理与市场监管、场外衍生品市场建设及技术系统搭建等内容。

三是推动与巴基斯坦商业交易所签署合作谅解备忘录，加强与"一带一路"沿线国家交易所的联系，推动我国期货市场经验的国际分享。

（三）落实出访来访工作，加强与境外市场的交流

一是以出访为契机，积极参加国际会议并深化对外交流。2017年，参加10余场国际会议，包括由FIA、WFE等国际协会举办的行业大会，以及淀粉类、棕榈油、铁矿石为主题的各类品种大会。利用出访机会，访问全球知名交易所，增进了对彼此市场的了解，并就相关业务问题展开深入探讨。

二是加强境外来访工作的统筹协调，深化交易所与境外机构的沟通交流。2017年，共协调所内各部门完成涉外来访接待43批次，共254人次，来访人员来自国外

政府部门、行业协会、境外知名交易所、产业客户、金融机构和境外媒体等。

四、中国金融期货交易所国际合作及交流情况

一是深入参与国际市场监管组织治理，持续推进国际组织工作。参加国际组织会议，2017 年中金所组织团组参加国际掉期与衍生品协会“发展中国金融衍生市场”会议、国际掉期与衍生品 2017 年年会、世界交易所联合会 2017 年年会，积极宣传我国金融期货业务及发展情况。加入世界交易所联合会新成立的金融创新工作组，探讨明确工作组后续工作计划，签署完成世界交易所联合会章程修改书面决议，持续跟进 IOSCO 金融创新和区块链工作组相关工作。

二是积极服务国家“一带一路”建设，2017 年 6 月 7 日与上海证券交易所、深圳证券交易所、巴交所联合举办巴基斯坦资本市场研讨会，巴交所总经理、股权出售委员会主席率领巴基斯坦主要证券公司的负责人出席会议，国内银行、证券、基金、期货、上市公司、律师事务所等机构约 200 人参加会议，增进了中巴两国资本市场之间的互信了解、推动互惠合作。2017 年 3 月完成中英合作的“中国繁荣战略基金”研究项目，系统研究了英国金融衍生品市场的监管制度、市场概况、交易机制等内容，并将其与中国金融衍生品市场进行对比分析，初步提出了若干合作模式。

三是积极开展外事交流活动，与境外交易所和金融机构保持良好关系。2017 年，接待国际货币基金组织/世界银行金融部门评估规划（FSAP）中国评估团，就债券市场发展背景接受评估团访谈；基于巴基斯坦和中欧所项目，密切联系巴基斯坦证券交易所、德交所集团（包括欧洲期货交易所）、德国联邦金融监管局等境外机构，持续开展信息交换与高层往来；接待美国、日本等国家的交易所、银行、市场机构及高校的来访，介绍中国金融期货市场发展情况，探讨合作可行性。

五、中国期货业协会国际合作及交流情况

（一）举办和积极参加国际会议

2017 年，中期协顺利举办第 11 届期货分析师暨场外衍生品论坛和第 13 届中国（深圳）国际期货大会，方星海副主席莅临上述大会并发表了重要讲话。两个大会特别是国际期货大会在国际和国内业界产生了广泛和深远的影响。

截至 12 月底，中期协已和 13 个国际组织签署了合作备忘录，派员参加美国期货业协会（FIA）博卡年会、英国期货期权世界（FOW）衍生品亚洲年会、新加坡铁矿石会议、国际掉期和衍生工具协会（ISDA）年会、瑞士国际商品和衍生品协会（ICDA）年会以及英国伦敦 LME 金属年会，完成共 6 个出访团组、16 人次的境外出访任务。此外，中期协还邀请了欧期所一名德国的工作人员进行交流并开展行业调研；德国工作人员来华交流，是证监会系统内第一次开启此类项目，获得了良好效果，进一步扩大协会国际影响力。

（二）持续参与场外衍生品业务国际合作

2017 年，中期协持续参与了中国证监会委派的场外衍生品国际联系相关事务，完成了对于金融稳定理事会第 12 次报告（第二稿）的意见建议，对 FSB 的场外衍生品市场改革情况报告摘要进行了翻译，就中国证监会关于场外衍生品交易数据报送和法律障碍解决方案进行交流，参加 FSB 组织的定期和不定期的电话会议。

（三）“请进来”“走出去”，加强境内外培训交流

中期协采取“请进来”方式，与欧洲期货交易所（Eurex）、美国期权业协会（OIC）、SQUARE MILE 教育公司等境外机构合作在境内举办培训班，邀请具有成熟市场实操经验的专家教授交易策略、风险控制等国内期货行业急需了解的内容，满足期货公司对国际化人才培养的迫切需求。中期协采取“走出去”方式，与香港交易所共同策划“2017 年伦敦金属周”和“2017 年亚洲金属周”活动，为期货行业吸收借鉴境外成熟市场经验，加强国际交流创造条件。

（四）制定自律规则为行业对外开放保驾护航

近年来，期货市场的业务创新与对外开放速度加快。中期协为配合原油期货上市，规范和指导各期货公司为境外交易者和境外经纪机构从事境内期货交易提供期货经纪及结算服务，起草了《〈境外交易者参与境内特定品种期货交易期货经纪合同补充协议〉指引》《〈期货公司与境外特殊参与者委托结算协议〉指引》和《〈期货经纪合同〉指引（适用于境外经纪机构委托期货公司从事境内期货交易）》三个合同指引，并依据境外交易者参与境内期货交易的特殊需要，对原《〈期货经纪合同〉指引》进行了修订。上述自律规则经中期协第四届理事会第十三次会议审议通过，于 2017 年 6 月发布。

第五章
2017 年中国期货市场
监管及自律情况

>>> 第一节 期货市场监管概况

一、中国证券监督管理委员会期货监管部门概况

中国证监会期货监管部负责期货监管全部事务。期货监管部下设综合处，负责部门行政综合事务、期货市场发展规划和新闻宣传事务，牵头期货市场和期货公司行政许可；监管一处，负责统筹期货市场主要规章制度的制定及修改，审核交易所章程和交易规则，配合期货立法；监管二处，负责拟定期货市场监管政策、期货市场日常监管，以及跨部门和跨境监管政策协调，负责期货交易所期货合约以及交易、结算、交割、风控等业务细则报备，牵头期货市场风险处置；监管三处，负责拟定期货公司监管政策和监管规则，负责期货公司及其子公司、分支机构日常监管、期货公司分类评价，开展期货经营机构风险监测和监管协作；监管四处，负责审核上市期货品种以及上市期权、指数等新交易工具，负责期货市场对外开放与交流、商品及金融场外衍生品市场建设；监管五处，负责分析研究期货市场运行情况，牵头对期货市场运行质量和品种功能发挥情况进行评估，研究期货市场服务“三农”的途径和机制、碳市场建设；监管六处，负责对期货交易所和中国期货市场监控中心

法规规则执行情况进行现场检查，负责对期货公司及其子公司和分支机构进行现场检查，对检查中发现的违法违规问题进行或者指导派出机构进行后续处置。

二、2017 年期货市场监管情况

2017 年，证监会紧紧围绕服务实体经济、防控金融风险、深化金融改革三项任务，牢固树立依法、全面、从严监管理念，不断强化监管执法工作，筑牢不发生系统性风险的“防火墙”，持续推进期货市场的稳定健康发展。

（一）不断提高监管效能，有效防控市场运行风险

一是加强市场监管，抑制过度投机。针对部分品种价格出现较大波动，中国证监会及时采取风险应对措施，积极主动就市场热点问题与宏观管理部门沟通，坚决抑制市场过度投机和防范市场操纵，守住不发生系统性风险的底线。二是明确实际关系账户的统一报备管理。指导监控中心发布《期货市场实际控制关系账户管理办法》，汇总期货交易所、期货公司等上报的实际关系账户信息，形成跨市场实际账户组名单，统一集中管理。三是将资管产品账户纳入重点监控范围，指导监控中心修订《期货公司资产管理业务统一开户操作指引》和《特殊单位客户统一开户业务操作指引》，严格防范利用资管产品账户规避限仓的行为。四是指导落实持续监测指标体系。要求各期货交易所、监控中心落实《期货交易所持续监测指标体系》，根据指标体系预警情况，指导交易所及时调整相关品种交易保证金、手续费标准、设置日内最大开仓量，有效防止过度投机，确保市场平稳运行。五是优化应急处置机制，完善极端情况下的政策储备。修订了《期货市场交易、结算突发应急预案》和《期货经营机构突发事件应急预案》，调整突发事件的分级和风险指标、完善临时停市的相关安排、细化应急处置流程和措施等，并指导各期货交易所、监控中心修订相关配套预案。组织沙盘推演和期货市场临时停市应急演练，检验应急处置机制的科学性、有效性，进一步提升市场的应急处理能力，增强交易、结算业务连续性保障水平。

（二）加强期货交易所一线监管，形成协同监管合力

一是强化异常交易行为监管。发布《关于进一步加强期货交易所异常交易一线监管职能的指导意见》，从加强异常交易行为监测预警处置，强化实际账户认定及管理，完善套保、套利审核管理，市场舆情及时监测等方面，对期货交易所一线监管提出了规范要求。二是督促期货交易所修改《章程》及业务规则。为进一步完善会员制交易所治理结构，强化以会员监管为中心的一线监管定位，督促郑商所、上期所在年内召开会员大会，并指导两家交易所修订《章程》及业务规则。督促大商所修订异常交易和风险管理办法，郑商所修订手续费收取规定和涨跌停板制度，中金所调整交易指令，核定风险准备金规模上限等规则。三是严厉打击市场操纵等违法违规行为。强化对幌骗交易、内幕交易、分仓交易、编造并传播虚假信息、盗码交易等违法违规行为案件线索的排查力度。四是加强市场舆情监测与应对，督促交

易所对期货市场价格产生较大影响的热点舆情保持高度敏感，积极做好舆情应对和风险提示工作。

（三）强化期货经营机构监管，促进行业规范发展

一是加强对期货公司资本管理。中国证监会修订并发布了《期货公司风险监管指标管理办法》及配套文件《期货公司风险监管报表编制与报送指引》，优化了以净资本为核心的风险监管指标体系，强化了监管措施，实现期货公司风险全覆盖。二是有序开展期货公司股权变更行政许可工作，严把股东入口关。对不符合期货公司控股股东标准的股权变更申请，坚决不予核准。2017 年批复核准公司股权变更申请 7 家，不予核准 1 家。三是加强对期货公司与分支机构监管。中国证监会组织派出机构对期货公司进行调研，摸底期货公司子公司与分支机构情况，研究制定期货公司子公司与分支机构管理办法，强化母公司对子公司的管理责任。四是扎实开展期货公司现场检查。建立对期货公司的“五位一体”联合现场检查制度，组织开展期货公司现场检查工作。2017 年抽调各派出机构、期货交易所、监控中心、中期协工作人员，分 11 个检查组重点抽查了 22 个辖区 32 家期货公司总部、5 家资管子公司、14 家风险管理子公司及 42 家营业部，检查内容基本覆盖期货公司业务各个环节。

三、2017 年期货市场执法处罚情况

证监会保持对各类违法行为的高压态势，深化依法全面从严监管，切实维护好公开、公平、公正的资本市场秩序。2017 年证监会对期货行业及个人做出行政处罚决定共 3 件。

（一）对三立期货经纪有限公司的行政处罚

山西三立期货经纪有限公司（以下简称三立期货）作为依法注册登记并有效存续的期货经纪公司，为其实际控制人刘毅的个人借款提供担保，导致三立期货账户被人民法院冻结，严重影响了三立期货的正常经营，给投资者利益造成重大风险。三立期货、刘毅的上述行为违反了《期货交易管理条例（2013 年修订）》第十七条规定，依据《期货交易管理条例（2013 年修订）》第六十七条规定，山西证监局决定对三立期货责令改正，给予警告，并处以 10 万元罚款；对直接负责的主管人员刘毅给予警告，并处以 5 万元的罚款。

（二）对上海有色金属交易中心有限公司的行政处罚

2015 年 11 月 25 日至 26 日，上海有色金属交易中心有限公司（以下简称有色中心）通过其公司网站编造、传播《国内主要镍生产商计划本周五举行专题会议》《打击市场恶意做空，维护市场秩序》的虚假信息，扰乱了期货市场秩序。有色中心的行为违反了《期货交易管理条例》（2013 年修订）第四十条规定，依据《期货交易管理条例》第六十八条第三款规定，证监会决定对有色中心给予警告，并处以 40 万元罚款；对直接负责的主管人员陆敏宏给予警告，并处以 8 万元罚款。

（三）对廖山焱的行政处罚

廖山焱于2015年11月25日至12月23日实际控制并利用廖某山、廖山焱等9个自然人名下期货账户，以连续买卖或者自买自卖的方式交易“普麦1601”期货合约，影响“普麦1601”合约价格和交易量，没有违法所得。廖山焱的上述行为违反了《期货交易管理条例（2013年修订）》第三条、第四十条规定，构成操纵期货交易价格的行为。依据《期货交易管理条例（2013年修订）》第七十一条规定，证监会决定对廖山焱处以60万元罚款。

第二节 期货市场监测监控情况

一、中国期货市场监控中心简介

（一）单位性质及组织结构

中国期货市场监控中心（原名中国期货保证金监控中心，以下简称监控中心）是经国务院同意，中国证监会决定设立，于2006年3月成立的非营利性公司制法人。其股东单位包括上海期货交易所（占股35%）、中国金融期货交易所（占股35%）、郑州商品交易所（占股15%）及大连商品交易所（占股15%），注册资本13.65亿元。

2013年11月之前，监控中心实行管委会管理体系，管委会委员由会人事教育部、期货监管部、各期货交易所及监控中心相关领导人员组成。2013年11月，监控中心正式成立董事会，取消管委会，治理结构进一步完善。2015年4月，经中国证监会批准，监控中心正式由“中国期货保证金监控中心”更名为“中国期货市场监控中心”。监控中心目前设置了9个部门，包括综合部（党委办公室）、纪检办、客户管理部、资金监控部、市场监控部、分析研究部、信息规划部、基金财务部和技术部。

（二）职能职责情况

根据中国证监会多次授权，监控中心业务范围已涉及期货市场发展与监管辅助工作的若干环节，并已成为中国证监会监管期货市场的重要抓手，形成了从投资者进入到退出期货市场全过程的监管服务、市场服务和投资者保护体系。

1. 统一开户

2009年8月，期货市场统一开户系统全面建成。监控中心统一开户系统，通过全国公民身份查询服务系统（公安部）和全国组织机构代码中心查询系统（质检总局）分别对个人和机构进行实名制验证，有效实现了开户实名制和一户一码，确保了客户信息真实、准确和完整。

2. 保证金监控

2006 年保证金监控系统正式上线后，对期货公司结算数据、交易所结算数据、存管银行保证金账户数据进行三方核验，建立了一套保证金监控、预警及处置机制。同时，通过建立投资者查询系统，为客户提供权益查询服务，建立了客户的监督核对机制。

3. 市场监测监控

依托市场监测监控系统，监控中心对市场运行情况、异常交易行为、违法违规行为、系统性风险进行监测、预警和分析，发挥“电子眼”作用，有效防范了结算风险和价格操纵风险。

4. 商品指数编制

监控中心形成了商品综合、商品期货、农产品和工业品期货系列指数四大综合指数及 13 个子指数，并运用商品指数预测 CPI、PPI 等关键经济指标，取得了良好效果，为国家宏观部门研判宏观经济形势提供了有力支持。

5. 宏观和产业分析研究

监控中心成立以来，建立了宏观产业数据库，汇集了国内外宏观、期货、现货数据，并撰写了数百篇宏观及产业分析研究报告，涉及宏观经济、产业运行、市场监管、交易制度等领域，为中央决策部门以及监管部门研判形势提供支持。

6. 保障基金管理与风险处置

2007 年 8 月，经国务院同意，中国证监会、财政部按照“取之于市场、用之于市场，不使用财政资金”的原则，批准设立了期货投资者保障基金，同时，中国证监会、财政部共同指定由监控中心代管。保障基金成立后，先后完成四川嘉陵期货和黑龙江北亚期货公司的风险处置工作，为保护投资者合法权益，维护社会稳定发挥了重要作用。

7. 期货中介机构监测监控

2015 年 8 月，中国证监会下发《关于进一步充实中国期货市场监控中心有限责任公司职能的通知》（证监会［2015］45 号文），授权监控中心承担期货经营机构运行监测、数据统计及研究分析等职能。通过改造完善 FISS 系统，开展期货经营机构压力测试，加强对期货经营机构风险的监测监控和预研预判，为监管部门加强期货经营机构监管提供支持。

二、2017 年中国期货市场监控中心工作概况

2017 年，在中国证监会会党委的坚强领导下，在各会内部门及相关单位的大力支持下，监控中心坚决贯彻落实会党委的工作部署，结合监控中心年度工作计划，立足稳中求进，认真履职尽责，服务依法、从严、全面监管，服务市场创新和对外开放，加强党建，推进“两学一做”学习教育常态化制度化，各项工作顺利开展。

（一）切实加强党建工作，推进“两学一做”学习教育常态化制度化

2017 年，监控中心党委继续把党风廉政建设作为中心重点工作，坚持党要管党、从严治党；中心纪委认真落实纪委责任，围绕党风廉政建设风险点，继续做好大额采购、大额资金存放银行选取和敏感信息知情人监督工作；按要求做好约谈谈话、廉政评议外部监督工作。领导班子坚持民主集中制，加强对“三重一大”事项的决策和管理，全年召开党委会 13 次、总办会 20 次；加强干部队伍建设，年内组织一次招聘工作，录用人员 19 人。

按照中国证监会党委关于全面从严治党和“两学一做”学习教育常态化制度化的要求和整体部署，中心认真做好规定动作，开展好自选动作，采取一系列切实措施加强党建工作，推进“两学一做”学习教育常态化制度化。一是加强党委中心组学习。制定了党委中心组学习计划，并结合实际，研究制定了党委中心组学习制度。二是深入学习党的十八届六中全会精神，组织全体员工完成集中脱产培训，增强“四个意识”。三是认真学习宣传贯彻党的十九大精神。党委班子带头学做，发挥表率作用；召开党委中心组（扩大）学习会议，集中深入学习了十九大报告全文；结合监控中心实际，制定了《监控中心党委认真学习宣传贯彻党的十九大精神工作安排》，把学习党的十九大精神作为党委中心组学习的中心内容。四是推进“两学一做”学习教育常态化。结合实际制定了《监控中心推进“两学一做”学习教育常态化制度化实施方案》，各党支部制定了“三会一课”计划。按照方案和计划，监控中心持续推进“两学一做”学习教育常态化制度化，为服务依法全面从严监管，做好期货市场监测监控各项工作提供坚强组织保障。五是完成党组织和党员基础信息采集录入工作，并在此过程中完成入党材料的审查认定。六是规范党费收缴工作。制定清理收缴党费使用方案，并按照中组部最新文件规定，重新核定党费收缴基数。

（二）继续做好统一开户工作，完善开户规则，落实《证券期货投资者适当性管理办法》

继续运行和维护统一开户系统及期货互联网开户云平台，落实期货市场实名制的各项要求，保障日常开户顺利运行。2017 年期货市场共新增客户 44.1 万个，注销和休眠客户 35.0 万个，新开交易编码 181.7 万个，注销和休眠交易编码 143.8 万个；期货市场存量客户为 127.7 万个。

同时，配合市场创新，按照监管要求，继续完善开户规则，落实投资者适当性管理要求。一是配合商品期权上市工作，在《特殊单位客户统一开户业务操作指引》中增加期权做市商申请开立交易编码的相关内容，于 3 月 13 日上线期权做市商开户相关功能。二是配合原油期货筹备上市，于 6 月 12 日发布《境外交易者统一开户业务操作规则》。三是落实《证券期货投资者适当性管理办法》，参与制定《期货经营机构执行投资者适当性制度指引》，并推进系统改造相关工作。目前，互联网开户云平台落实适当性制度功能改造项目已顺利完成，11 月 16 日正式上线。此外，为积极服务实体经济，加强市场调研，倾听市场呼声，经征求交易所和监管部门意

见，拟于近期进一步修订《特殊单位客户统一开户业务操作指引》，允许商品期货领域做市商参照特殊法人单独申请专门编码用于做市交易，方便实体企业参与期货市场。

（三）认真履行保证金监控职责，做好监控服务工作，推进新一代保证金监控系统建设

持续开展数据催报、基础信息维护、预警信息分析处理、完善保证金监控系统等日常监控工作。全年发出预警通知19份，涉及11个辖区的17家期货公司，与去年同期相比，预警数量减少36.7%。

同时，继续做好数据统计及监控服务工作，推进新一代保证金监控系统的建设工作。一是更新周报、月报、年报等统计报表的格式和内容，做好商品期权上市后的数据统计工作，确保统计口径一致性。二是做好商品期权上市的保证金安全监控工作。发布适用于商品期权的数据报送接口，完成保证金监控系统和投资者查询系统的测试与升级，确保了商品期权保证金安全监控工作的顺利开展。三是积极做好原油期货筹备上市的保证金监控准备工作。紧跟原油期货筹备步伐，调整发布各方数据报送接口；积极开展存管银行境外客户保证金存管数据报送测试并配合上期所能源中心多次开展全市场测试。截至目前，相关系统已基本准备就绪。四是配合大商所铁矿石国际化，研究相关换汇方案及多家交易所同时上市境内特定品种的保证金监控方案，并协助大商所安排相关测试。五是紧密关注期货公司运行风险，落实从严监管要求。积极配合证监会、派出机构化解中州期货潜在风险，第一时间发现中州期货的保证金缺口，报送监管部门，并为监管部门提供中州期货每日数据信息和保证金账户证明材料，配合化解潜在风险，在此基础上，协助中国证监会进行期货公司保证金和净资本核查。六是为满足日益增长的保证金监控工作业务需要，有序推进新一代保证金监控系统的建设工作，以提高报送数据质量、减少不必要的预警，同时增强同期货公司的信息交流与互动功能，方便期货公司信息报备、查询反馈结果。

（四）做好市场监控工作，建立市场行情和风险定期会商机制，加强预研预判，防范市场风险

一是建立市场行情和风险定期会商机制。结合国际国内形势，针对品种运行情况，对重点品种、重点板块潜在风险进行分析、重点监控，及时分析研判市场情况，加强交割月风险排查，并开展天然橡胶及黑色系品种市场调研，全年共上报市场分析报告73篇。其中，为防范十九大前后市场风险，我们把三季度末四季度初期货市场风险研判作为重点工作，起草了《我国期货市场三季度末四季度初风险状况分析及建议》《提高风控标准保障三季度末四季度初期货市场平稳运行》2篇专题报告。

二是落实期货交易持续监测指标体系工作要求，对市场异常波动进行预警报告。期货交易持续监管指标体系全年共发生预警131次，涉及14个期货品种。发生预警次日，监控中心按照相关规定向中国证监会提交预警报告。持续监测指标体系的建

立，强化了期货市场的持续监测监控，及时发现、处置异常交易行为，抑制过度投机，防范市场操纵，维护正常交易秩序，促进期货市场功能发挥具有重要意义。

三是强化实控账户管理。在中国证监会指导下，经与各期货交易所反复沟通研究，并征求期货公司意见，9 月，监控中心正式向市场发布《期货市场实际控制关系账户管理办法》，改变了原来实控账户信息分所负责、分所监管的状态，有效实现实控账户报备集中管理，期货市场数据进一步集中，有利于一线监管力量的提升，对于有效打击异常交易、遏制过度投机有着重要意义。目前，正在加紧开展系统改造工作，并与各期货交易所协调报送工作相关信息共享、数据接口等技术细节。

四是组织市场压力测试。在春节和国庆长假期间安排专人值班，进行压力测试，并于长假后及时上报《关于长假期间境外市场运行情况的报告》。为保障十九大前后期货市场平稳运行，监控中心于9 月组织开展全期货市场压力测试，提前排查期货市场风险，并对相关风险进行提示，于9 月底完成了《2017 年国庆长假期货市场压力测试报告》。通过不断完善市场压力预测工作机制，监控中心真正实现了提前预警、及时通报，对于及时研判、发现、防范系统性风险具有重要意义。

五是落实中央数据库数据报送工作，积极参与跨市场监管。积极响应跨市场中央数据库建设工作，每日向中央数据库报送相关数据，并改造相关数据报送系统。同时，每月向中金所共享期货市场月度运行报告，并与中证监测合作撰写跨市场分析报告，为跨市场监管提供监管支持。

六是高度重视市场舆情监测工作。安排人员每日浏览具有影响力的新闻媒体，社会关注性、自媒体等与期货市场关系紧密的相关信息，每日编制《动态与市场形势》，汇报每日重要舆情信息。同时，针对市场上影响较大的相关报道进行事实核实，并对涉及风险进行排查，全年根据市场舆情信息起草了4 篇舆情分析排查报告，为证监会加强舆情引导提供了支持。

此外，还向中国证监会每日报告《期货市场运行情况》，让监管部门及时、准确、全面掌握期货市场信息。

（五）认真落实中国证监会决策，迈出资管产品持有人穿透监管第一步，资管穿透监管初见成效

近年来，资管产品发展很快，已成为金融市场非常重要的组成部分，同时资管产品信息不透明、实控关系隐蔽的特点也逐渐显现。结合期货市场特点，中国证监会里明确提出对参与期货市场的资管产品率先实施持有人穿透式监管，抓早抓小，尽早掌握资管产品参与市场情况，及时防范潜在风险，完善基础制度建设，促进期货市场良性发展。按照中国证监会的要求，监控中心认真贯彻落实专题研究并进行工作部署，第一时间修订发布《特殊单位客户统一开户业务操作指引》和《期货公司资产管理业务统一开户操作指引》，增加采集特殊单位客户和期货公司资管产品的基金经理、投资顾问、份额20%（含）以上持有人等信息相关内容，并相应完善了开户系统，于4 月5 日起正式开展资管产品穿透报备，开户环节的账户信息报备数量稳步增

加，截至12月31日，共有1.7万个资管产品账户报送了账户信息。在账户报备信息的基础上，根据资管产品实控账户管理及重点监控的工作要求，定期提取账户信息，按照主席办公会纪要中的资管产品实控账户管理标准对资管产品进行合并限仓测算，并在日常监测监控中对规模较大的资管产品实控组的交易行为进行重点关注，资管产品实控账户管理得到加强。完成并上报资管产品穿透监管阶段性报告两篇。

总体来看，期货市场已基本实现资管产品账户穿透报备，资管产品穿透监管及资管产品实控账户精细化管理初见成效。此次中心认真落实会里决策，探索实施资管产品持有人穿透报送及监管，是一次有益监管的尝试，此项措施在国内金融行业具有领先性。期货市场资管产品穿透监管有效改变了过去资管产品信息不透明、实控关系隐蔽的状况，对防范市场潜在风险、强化资管行业合规意识、促进期货市场良性发展等皆具有重要意义。

（六）继续推进FISS系统改造，积极开展期货经营机构监测监控工作

4月，中国证监会发布了新修订的《期货公司风险监管指标管理办法》及配套指引，于2017年10月1日起实施。为确保新管理办法的顺利实施，在中国证监会统一部署下，协同部分派出机构、中期协和部分期货公司反复沟通，确定本次监管指标管理办法涉及的相关修改内容，并完成办法中涉及的期货经营机构综合监管系统（以下简称FISS系统）升级改造工作，目前，报送系统已于10月1日前正式上线，各期货公司已开始首次填报。此次针对风险监管指标开展的FISS系统改造升级工作，对于落实中国证监会关于稳步提高期货行业风险监管指标体系适应性和有效性的要求，促进期货公司稳健经营，贯彻落实依法、全面、从严监管要求具有重要意义，实现了期货市场监管数据的进一步集中，规范了期货市场数据的基础格式，为期货市场五位一体监管体制进一步发挥作用提供了抓手。

此外，根据期权业务上市后的相关数据报送工作需要，研究确定期权业务数据报送开发需求，并完成相关开发工作，期权业务数据报送功能已于6月19日正式上线，期货公司同时开始报送数据。

（七）持续开展宏观经济和产业研究，做好商品期货运行情况汇报、期货品种功能评估及期货市场调查工作，运用商品指数预测CPI、PPI

一是开展宏观经济和产业研究。通过汇集和维护国内外的宏观、产业、期货、现货等数据，在多维数据基础上，剖析经济及产业运行情况。对大宗商品价格波动、产业经济形势、国际国内货币政策、“一带一路”倡议、从PPI与CPI看经济等进行了专题研究。二是加强“保险+期货”机制研究，为期货服务实体经济积极建言献策。梳理总结中美农业保险市场和农产品期货市场的发展历程、制度安排、监管框架等情况，对中美“保险+期货”模式进行比较分析。同时，在广泛调查研究基础上，起草《中美期货市场与农业保险比较研究》报告，为我国期货市场助力农业保险提供有益借鉴。三是做好商品期货运行情况汇报工作。2017年大宗商品价格波动较大，备受国务院相关部门关注，为此，监控中心每周向证监会上报商品期货市场

运行情况，并通过中国证监会上报国务院相关部门。此外，还积极配合中国证监会、中证金融研究院等，提供从期货市场看经济及产业运行的材料。四是积极参与期货品种功能评估工作。与4家期货交易所协作，梳理相关期现货数据，分别完成期货全市场的2016年下半年和2017年上半年我国期货市场品种功能评估报告。五是做好期货市场调查工作。按月持续开展市场形势预期调查，开展夜盘交易专题调查。六是做好运用商品指数预测CPI、PPI工作。此外，还定期编写《全球衍生品简讯》、为中国证监会《衍生品市场动态》提供衍生品最新资讯；持续跟踪分析国外场外衍生品发展及监管情况；配合中国证监会开展相关翻译和研究工作；继续开展碳期货课题研究；落实中国证监会部署，初步搭建了期货系统的研究报告共享平台等。

（八）管好用好投资者保障基金，明确期权上市保障基金缴纳事宜，积极开展投资者教育保护工作

截至12月31日，保障基金余额72亿元，继续用市场化方式选取保障基金存款银行，积极做好保障基金的管理、使用工作。一是针对豆粕和白糖期权上市涉及的保障基金的缴纳问题，3月，监控中心研究发布了《关于明确商品期权上市交易有关期货投资者保障基金缴纳相关事宜的通知》，明确商品期权上市交易后，交易所的期权交易手续费收入、期货公司代理期权交易的代理交易额应当纳入期货投资者保障基金缴纳范围之内。二是继续开展期货市场投资者教育，与黑龙江证监局以及地方政府联合开展了两期期货市场服务地方经济发展宣传培训活动，宣讲期货市场基本功能，解读相关政策，为农民增收提供思路与方法，为当地政府管理发展农业提供政策支持和帮助。三是系统开展“投资者保护明规则、识风险”专项宣传活动，利用中心微信公众号转发和推送案例18篇，共116次。四是做好“12386”投资者服务系统转办工作，积极帮助投资者答疑解惑，提高投资者诉求处理效率，年内办结投资者咨询事项6件。

（九）扎实做好业务系统运维和信息安全保障，完成新盛精简版灾备系统建设，提升重要信息系统的运行保障能力

在做好业务系统运维保障、升级改造业务系统、满足市场创新需要的同时，还开展以下技术基础设施建设工作：

一是启动并完成新盛精简版灾备系统建设。为贯彻2017年全国证券期货监管工作会议关于“加强市场信息基础设施建设，提升监管保障能力”的总体要求，确保党的十九大期间期货市场平稳运行，监控中心在扎实做好洋桥数据中心生产系统运维保障的前提下，快速、低成本地建设了新盛精简版灾备系统。9月22日，新盛精简版灾备系统正式启用，进一步提升重要信息系统的运行保障能力，实现了监控中心灾备系统从无到有的转变，对于监控中心重要信息系统运行保障能力提升具有重要意义。二是扎实做好洋桥数据中心技术运维保障工作。完成洋桥数据中心两批老旧网络设备替换割接工作；建设启用虚拟化生产平台，彻底解决原虚拟化环境存储

单点运行的隐患；实施13项有针对性的基础软硬件改进措施，提高了信息系统的健壮性。三是结合十九大专项保障，进一步提高安全防护水平，做好应急处置，防范安全威胁。全年进行渗透测试共计33次，应对处置漏洞142个；漏洞扫描共计30次，应对处置漏洞225个；通过钓鱼网站监控手段及时发现并处置钓鱼网站事件1起。为更好应对严重安全漏洞频发、勒索病毒肆虐、DDoS攻击猖獗的网络安全新局面，全年共针对严重级别安全事件进行13次应急响应，确保全年零感染，有效保障了信息系统的平稳运行。此外，监控中心继续积极参与行业标准化建设及云技术应用等行业规范制定工作。

>>> 第三节　期货交易所自律监管情况

一、上海期货交易所自律监管情况

2017年，上期所认真贯彻落实中国证监会“依法、从严、全面监管”的指示精神，在严防系统性风险的同时，按照及时发现、及时制止、及时查处的“三及时”原则，做好日常风险的监测监控，严厉打击各类违法违规行为，切实履行一线监管职责，确保期货市场持续健康发展，更好地服务国家经济建设和改革开放大局。

（一）市场运行有序，规模平稳增长，投资者结构趋于合理

2017年，上期所市场运行有序。受国际国内经济金融形势复杂多变影响，多数品种现货价格波动增大，投资者避险需求增长，参与交易活跃。产业客户关注市场，申请套期保值客户数明显增长，投资者结构不断优化，服务实体经济能力稳步提升。一是市场规模保持平稳增长。总成交金额为89.9万亿元，同比增长5.8%，占全国总成交金额的47.9%；总成交量为13.6亿手，同比减少18.8%，占全国总成交量的44.4%。各品种累计交割306.7万吨，合计交割金额574.1亿元，同比分别增加13.9%和9.1%。二是价格整体呈现震荡上涨。上期所主要品种期货价格变动分别为：铜22.2%、铝19.5%、锌22.2%、铅8.5%、镍13.2%、锡-1.3%、黄金2.4%、白银-5.6%、天然橡胶-23.1%、螺纹钢32.3%、热轧卷板16.4%、石油沥青-4.2%。品种价格的波动反映了国内各行业的客观情况。三是投资者结构趋于合理。截至2017年底，一般法人客户共计7 607户参与交易，同比增加3.89%。客户参与套期保值交易积极性不断提高，完成对579家客户共计6 259万手的套期保值交易头寸审批，较2016年同期增加71家客户和1 707万手。截至2017年底，外资背景客户参与上期所除线材、燃料油外的其他12个品种的交易。其中，上期所外资背景客户交易规模最大的品种是螺纹钢；外资背景客户交易量占分品种市场交易量比例最高的品种是铜。上期所法人客户（包括一般法人客户和特殊法人客户）

中，共有 976 户[①]客户具有外资背景，占法人客户总数的 2.80%。

（二）进一步完善制度建设，夯实监管制度基础，坚持依法治市

一是落实中国证监会要求，进一步提升异常交易行为及实际控制关系账户相关监管规定的规则层级，制定两项实施细则的草案。

二是进一步优化和提升内部监管流程，修改和完善相关制度、规定和业务流程，加强内部作风建设，提高员工素质从而进一步提高监管效率、完善监管机制。

（三）强化一线监管职责，保护投资者利益

1. 加强一线监管，对违法违规行为“零容忍”，切实维护市场“三公”原则

上期所在日常监管中切实做好各品种合约运行情况的排查分析，发现异动苗头及时启动相关风险处置方案，积极防范市场风险。2017 年，上期所切实做好异常交易及违法违规行为的常态化监测监控及后续处置工作，同时聚焦新型案件，利用先进监控手段提升对违法违规行为精准打击的能力。全年共处理系统风险提示 38 683 条。在异常交易行为方面，累计处理异常交易行为 1 010 起，其中，自成交超限 344 起，频繁报撤单超限 631 起，大额报撤单超限 26 起，实际控制关系账户组合并持仓超限 9 起。上述异常交易行为均已按上期所有关规定采取了相应监管措施，包括全市场通告并限制开仓 47 起。此外，上期所还对 19 起实际控制关系账户交易限额超限行为采取了限制开仓的监管措施。在违规行为排查方面，对涉嫌违规交易的 23 起行为进行立案调查和取证，并将其中 1 起涉嫌幌骗交易、1 起涉嫌编造并传播虚假信息的案件线索移送证监会稽查局。

2. 针对实际控制关系账户进行排查分析，防范市场操纵及风险苗头

2017 年，上期所根据实时监控、数据分析等途径发现的线索，继续做好实际控制关系账户的排查工作，为风险处置提供有效抓手。年内累计对 30 个存在疑似实际控制关系的账户组发起协查，涉及 186 个客户、42 家会员。另组织 7 批次约谈，涉及 118 个疑似实际控制关系账户。截至 2017 年底，上期所已认定 3 152 个实际控制关系账户组，涉及 8 776 个账户。2017 年共新增实际控制关系账户组 283 个，疑似组 26 个。此外，为了有效应对客户在单一品种持仓比重较高的问题，上期所还进一步推进大户报告优化改进工作，创设特殊大户报告制度，并制定《特殊大户报告排查工作流程》。

3. 进一步推进各类监管基础设施的建设和优化，着力提升“大数据监管”能力

一是继续推进实时监控系统、历史数据分析系统等各类监管基础设施的建设和优化，研究开发新的违法违规识别模型和监管指标。二是根据中国证监会要求，持续推进期货交易持续监测指标体系的建设，上线 17 个功能模块，包括 3 个预警指标和 21 个分析指标。三是在 SMARTS 系统消化吸收方面，深入挖掘该系统在违法违规排查、新型违规案件发现等方面的运用。目前，已运用该系统对疑似幌骗、盗码等

① 不包含已注销和休眠的账户。

交易行为进行排查分析。四是启动会员合规检查平台的技术升级开发工作。

4. 进一步完善以监管会员为中心的新监管模式，增进监管协作

一是落实中国证监会监管要求及交易所业务发展需要，构建“会员综合评价体系”，从运行情况、合规情况、发展情况等五个维度加强会员对客户管理与服务职责的监督指导；二是派员参与中国证监会启动的“五位一体”联合现场检查工作，在加强期货公司监管方面形成监管合力；三是就异常交易行为、能源中心交易者适当性制度落实情况等事项，继续开展自律层面的现场检查。2017 年年内共对 11 家期货公司会员及 4 家非期货公司会员开展现场检查；四是修订《上海期货交易所会员检查工作办法》，并在征求法律部意见后上报；五是针对会员检查过程中发现的问题，对期货公司首席风险官进行培训。

（四）加强期货市场“五位一体”监管合力，提升监管效能

一是落实中国证监会《关于进一步加强期货交易所异常交易一线监管职能的指导意见》要求，制定并细化工作任务分解表；二是参加中国证监会期货部、私募部组织的监管联席会议，并就完善期货市场穿透式监管、期货交易持续监测指标体系、实际控制关系账户统一报备等事项提出监管建议；三是与 28 家地方证监局签署监管协作备忘录，推进建立更加高效的合作机制；四是根据中国证监会期货部、投保局等相关部门以及期货市场监控中心的来函及来电，及时协助查询、转办、报送相关监管材料，及时排查相关投诉事宜；五是积极落实中国证监会投资者保护专项宣传活动，制作违法违规案例宣传素材，并面向产业客户开展宣传教育，提示违规交易风险；六是作为“五位一体”监管协作的补充，上期所还进一步深化此前与上海市公安局经侦总队搭建的打击期货领域违法犯罪协作机制，就涉嫌盗码交易、编造虚假信息的违规情形与公安机关开展沟通合作。

（五）做好原油期货上市各项准备工作，努力向国际化的监管模式转变

一是对实时监控系统、历史数据分析系统、会员服务系统中的三个监察平台进行业务演练，并对 SMARTS 系统进行开发和调试；二是协调相关部门对各项风险点进行梳理更新，完成能源中心相关风险分析报告及风险应对手册；三是完成有关实际控制关系账户、异常交易行为、大户持仓报告等监管规定的起草、审核校对和上报工作；四是制定、完善能源中心监察部内部工作制度流程，包括流程梳理、对外通知模板校对、工作分工安排等。

（六）秉持依法从严全面监管的原则，进一步明确了部门职责和监管内容，推进常态化的检查工作机制

在已有的《上海期货交易所指定交割仓库管理办法》《上海期货交易所指定交割油库管理办法（试行）》《上海期货交易所指定交割金库管理办法（试行）》等实施细则的基础上，上期所拟定的《上海期货交易所指定交割仓库综合评价办法（草案）》优化了交割仓库综合评价办法，设计了 10 个方面共 68 个具体考核指标，制定了各类检查工作底稿。《市场突发事件应急预案》建立了快速反应和应急处置机

制，有效预防、及时应对和有序化解市场突发事件，最大限度降低事件造成的损失和影响，保护投资者合法权益，维护市场及社会的稳定和长远发展。

2017 年，上期所共计开展指定交割仓库年度现场检查 69 次，飞行检查或专项检查 58 次，安全生产专项现场检查 32 次，确保各品种交割业务的平稳运行。

（七）进一步加强投资者保护工作，培育市场合规交易理念

在投资者保护方面，上期所在 2017 年贯彻落实投资者适当性管理办法，组织开展“投资者保护·明规则识风险”专项活动，开展多层次的投资者教育活动，其中累计开展了 8 场风险管理培训，就风险控制要点、市场违法违规案例向期货公司风控人员及产业客户进行培训，提升风险管理意识，提示市场违规交易风险。同时，提升市场服务中心服务能力，打造投资者教育平台建设，为投资者提供更好的产品体验。

二、郑州商品交易所自律监管情况

2017 年，郑商所深入学习贯彻党的十九大和全国金融工作会议精神，认真落实依法全面从严监管要求，紧紧围绕服务实体经济发展目标，推进产品与业务创新，切实履行一线监管职责，防范和化解市场风险，确保市场平稳运行。

（一）推进业务创新，提升监管效果

1. 稳步推进产品创新

2017 年，郑商所围绕服务实体经济、服务“三农”和国家发展战略，研发上市白糖期权、棉纱期货、苹果期货，进一步拓展服务实体经济的领域。制定并完善白糖期权交易管理、套保套利、异常交易、做市商管理、投资者适当性管理等规则制度，促进期权市场平稳起步和健康发展。

2. 修订完善业务规则

2017 年，郑商所修订完善了风险控制管理办法、结算细则、交割细则等业务规则。增加交易限额制度；完善涨跌停板制度；完善差异化手续费制度。

3. 优化套保审核机制

郑商所完善套保审核委员会工作机制及工作流程，提高套保审批的规范化、透明度，方便产业客户套期保值。2017 年，郑商所共受理 245 个客户的 1 009 份套保申请，申请量 1 401 万手，审批量 955 万手。

4. 推进技术系统建设

郑商所着力优化技术系统，提高技术系统的稳定性、健壮性和安全性。2017 年，郑商所优化五期交易系统，推进六期交易系统、新一代结算平台等技术系统开发建设；上线异构前置机系统，建设运维自动化系统，提高运维管理能力；开展信息安全管理体系建设，优化完善技术管理制度和工作流程；及时处置各种网络安全威胁，做好技术系统安全运行保障。

2017 年，郑商所技术系统完善了期权相关功能，包括订单报价监控、期权超仓提醒、做市商对冲统计、询价及应价统计等功能；完成持续监测指标体系一期及二

期上线；完成比例限仓相关的交易系统、监察系统开发测试工作，已具备上线条件；完成交易重演需求分析、系统开发、测试等工作，已具备上线条件。

（二）加强市场监管，查处违法违规行为

1. 贯彻落实依法全面从严监管要求，切实履行一线监管职责

郑商所加强市场监管，完善纪律处分委员会工作机制，严格依据规则查处违法违规行为，切实履行一线监管职责。2017 年，郑商所共处理异常交易及违规交易线索 386 起，向中国证监会稽查局移送涉嫌违法违规行为线索 2 起，处理违规交易案件 66 起，对涉案的 83 个自然人客户、17 个法人客户给予警告、暂停开仓等纪律处分。发布实施听证规则，首次举行纪律处分听证会。2017 年，共认定实际控制关系账户 207 组，涉及 644 个客户，其中，经询问调查认定实际控制关系账户 61 组 238 个客户。

2. 强化交割仓库管理，创新交割仓库管理机制

2017 年，郑商所继续做好交割仓库检查工作。通过集中检查、日常巡查、重点抽查、会员单位协助交易所检查和远程视频监控等形式加强对交割仓库和交割商品的日常监管，确保交割商品安全，防范和化解交割风险。全年组织仓库现场检查共计 227 次，处理强麦、甲醇、棉花、白糖、动力煤 5 个品种 7 起交割纠纷，对 1 家交割仓库进行监管谈话，对 1 家交割仓库暂停入库业务。实施标准仓单统一保险，增加仓单安全风险管理手段。

3. 加强现场检查，促进会员合规运作

2017 年，郑商所制定了会员检查工作办法，规范会员检查工作程序，完善对会员合规运作的监督管理。对北京、上海、广州、深圳等 10 个地区的 20 家期货公司会员进行年度合规运作检查，及时发现、纠正存在的问题，促进会员合规运作。

4. 发挥“五位一体”监管优势，加强监管协作

2017 年，在“五位一体”的监管框架下，郑商所持续加强与中国证监会稽查局、各地证监局、期货市场监控中心的监管协作，与全国 36 家证监局签署期货监管协作备忘录，在违法违规案件调查、期货公司现场检查、投资者适当性管理、期货市场培育等方面进行合作，实现自律监管与行政监管的有效衔接，提升监管合力和监管效率。

（三）防范市场风险隐患，保障市场平稳健康运行

2017 年，郑商所加强风险分析、会商工作机制，及时分析市场运行情况，研判潜在风险隐患，研究风险防范和处置措施。针对白糖、硅铁等品种出现的阶段性风险隐患，密切关注政策信息及影响，跟踪期现货市场动态，采取加强实时监控、调查实际控制关系、调整交易保证金标准、调整涨跌停板幅度、开展风险警示谈话等措施，有效化解市场风险隐患，守住不发生系统性风险的底线。

同时，根据节假日情况，在节假日休市期间调整部分期货品种交易保证金标准和涨跌停板幅度 4 次，向市场发布风险提示函 2 次。根据品种运行情况，适时调整部分品种合约交易保证金标准和涨跌停板幅度 9 次，向市场发布风险提示函 1 次。

三、大连商品交易所自律监管情况

2017年，在中国证监会的正确领导下，大商所深入学习贯彻党的十九大精神和全国金融工作会议精神，认真落实全国证券期货监管工作会议要求，紧紧围绕服务实体经济、服务国家战略的根本宗旨，以保护投资者合法权益为责任，牢牢落实依法从严全面监管理念，按照“保稳定、抓管理、促转型”工作方针，切实履行一线监管职责，守住不发生系统性风险底线，保障期货市场的安全平稳运行。

（一）市场运行平稳，投资者结构进一步优化，部分品种成熟度增强

2017年大商所市场累计成交量11.01亿手、累计成交额52.01万亿元、日均持仓量613万手，全年成交量、成交额和年末持仓量占全国期货市场的36%、28%和43%。2017年参与大商所交易的客户为69.98万户，同比增长6%，单位客户年末持仓量占大商所总量的48%，其中，玉米、豆粕、豆油、棕榈油、聚丙烯等品种的单位客户持仓占比均在50%以上，接近境外成熟市场水平。资产管理、特殊法人等单位客户日均持仓小幅增长，占比达17%。

（二）科学研判市场，及时出台调控措施，积极化解交易风险

一是跟踪评估市场风险，适时调整焦煤、焦炭、鸡蛋等品种涨跌停板、交易保证金、手续费标准，及时出台交易限额措施。二是建立了包括日报、周报、季报、年报及不定期专项报告的风险反应机制，保证了风险的及时跟踪研判。三是建立风险措施调整机制，研究制定市场风险的分类和处置方案。四是分析市场数据，适时调整监控指标，使风险监控和分析更加贴近市场。五是采用风险警示等方式对市场风险进行提示和处置。六是完成交易、结算、交割、监控室等突发事件应急预案的制定和演练，确保应急处置快速有效。七是加强境外市场监管研究，形成包括美国期货市场操纵行为立法沿革、监管执法实践、CME市场监管体制机制等多篇研究报告，促进监管规则体系建设。

（三）严厉查处各类违规行为，保护投资者合法权益，将从严监管落到实处

1. 加强投资者交易行为监管

（1）加强异常交易行为监管。2017年共查处异常交易行为396起，其中自成交达标195起，频繁报撤达标190起，大额报撤达标2起，实际控制关系账户超仓9起，对148个投资者采取限制开仓等措施。

（2）加强市场监控监管，从严查处对敲、影响价格、市场操纵等违法违规行为。2017年共查处对敲、影响价格等违规行为146起，处分客户215人，所内立案调查16起，上报中国证监会调查2起。2017年，根据市场运行情况，重点监控玉米、鸡蛋、焦煤、焦炭、铁矿石、聚氯乙烯等品种分仓、超仓、超交易限额、市场操纵等违法违规行为，积极采取措施，防范交易过热和交割风险。

（3）加大实际控制关系账户认定和管理。2017年共发出市场监察问询函486份，共将1 641个账户列为重点监控名单，约见谈话、现场调查30余次，督促包括

产业客户、私募基金在内的 317 组 868 个客户申报了实际控制关系，对 1 名未如实申报实际控制关系的客户给予限制相关业务的监管措施。截至 2017 年底，共有 2 353 组、6 454 名客户向大商所申报实际控制关系账户。

（4）加强程序化交易管理。2017 年大商所完善程序化交易报备工作，增加了交易策略、系统接入和合规审核等报备内容。2017 年新增 5 836 名程序化交易报备客户，截至 2017 年底累计近 13 万名客户向大商所申报了程序化交易。

（5）加强套期保值交易监管。一是合理审核套期保值额度，全年共新增审核套期保值资格 254 笔、品种模式套期保值建仓需求额度 118 笔、合约模式套期保值建仓需求额度 426 笔。二是加强对套期保值额度真实性及合理性的监管，取消 1 名客户套期保值资格，取消 2 名客户套期保值额度，并对黑色系合约相关套期保值客户进行了全面核查。三是推出期货公司风险管理子公司套期保值持仓豁免审核方式，调整了套期保值持仓管理流程。

2. 加强期货公司会员监管

一是为配合期权上市，对北京、上海、深圳等地区的 74 家期货公司会员的期权业务制度、人员、系统准备工作进行专项检查，对发现的不足和问题提出改进建议，提高期货公司会员日常合规经营水平。二是在大连、上海、广州组织三次共计 85 家期货公司会员首席风险官培训及座谈会，提高会员风险管理水平。三是对信访处置不力的两家期货公司会员发送加强投资者教育提示函，督促期货公司切实履行客户管理和投资者教育的职责。

3. 加强交割仓库管理

2017 年，加强交割仓库管理，修改完善指定交割仓库管理办法，全年现场检查交割仓库（厂库）111 家，其中，农业品交割仓库（厂库）63 家，工业品交割仓库（厂库）48 家；取消交割仓库（厂库）15 家；新增交割仓库（厂库）35 家。

4. 加强舆情监管

一是设立专人对微信、微博、重点网络媒体等舆情定时监测，及时了解舆情动向和市场热点问题，及时化解潜在舆情风险。二是加强合规宣传，在相关媒体发布 40 余次市场监管情况和查处案例，制作并发放投资者合规交易手册近 2 万册，制作并投放查处案例相关视频。三是利用微信平台丰富市场合规教育形式，制作商品期权微讲堂、微信答题、系列解读等多种类型的培训材料近 80 篇，官方微信平台累计推送微信文章 1 142 篇。

（四）加强沟通配合，强化协作，不断推进全面监管工作

在中国证监会、地方证监局、交易所、监控中心和中期协五位一体的监管框架下，大商所积极开展监管协作：一是与 36 家地方证监局签署监管协作备忘录，加强稽查执法和投资者保护等方面合作，提高监管效率。二是配合证监会稽查局、派出机构等做好大商所上报线索调查工作。三是配合证监会期货部做好期货公司现场检查工作。此外，加强与大连公安经侦等部门沟通，就落实司法协助、合作机制等进

行讨论研究。

（五）加大系统建设，重视效能，提高科技监管水平

完善现有交易系统风险管理功能，增加包括交易限额实时控制、期货期权组合保证金、期权套保、期权监控预警等系统功能。加强国际先进监察系统研究，开展以大数据为核心的自主监察系统研发工作，并针对信息操纵、幌骗等交易行为展开深度分析，提高监管的科学性、准确性。

（六）加大市场培育和教育力度，创新服务产业模式，夯实市场发展基础

举办塑料、黑色、玉米、油脂板块产业大会，举办机构大宗商品衍生品论坛，深入开展产业链培育，以合作社、种粮大户为对象与农委、机构等合作开展“三农”服务，加大对券商、基金、私募及IB客户等机构投资者培育力度，建设产业培育基地，开展“送期权进产业”系列活动，面向企业和机构人员组织豆粕期权培育活动，完善十大期货投研团队评选，启动高校期货人才培育工程项目，为期货市场发展培育人才。

四、中国金融期货交易所自律监管情况

2017年，中金所以习近平新时代中国特色社会主义思想为行动指南，牢固树立“四个意识”，不断增强“四个自信”，在中国证监会的正确领导下，坚持稳中求进工作总基调，以“上下同欲者胜”的坚定信念和“撸起袖子加油干”的昂扬精神，以党的十九大精神贯穿全年工作，坚持依法全面从严监管和丰富金融风险管理工具并重，全面夯实金融期货市场发展根基，努力推动交易所各项事业持续健康稳定发展，积极服务多层次资本市场建设和实体经济发展。

（一）深化新产品新业务开发储备，促进市场风险管理等功能有效发挥

扎实推进金融风险管理工具供给储备，稳步做好2年期国债期货、沪深300和上证50股指期权上市的各项准备工作。按照“发挥功能、动态调整、加强监管、防范风险”的原则，两次调整股指期货交易限制措施，市场流动性和运行质量有所改善。积极推动商业银行、保险等金融机构参与国债期货，完善国债期货市场参与者结构。联合中央国债登记结算公司推出国债期货券款对付交割业务，在防范交割风险、提升市场效率、促进债市互联互通上成效显著。持续改进交易机制，取消任意价成交市价指令，下调每次最大下单数量，促进市场平稳运行。

（二）强化依法全面从严监管，切实履行一线监管职责

2017年，中金所全面完善监管工作机制，健全以监管会员为中心的交易行为监管模式、以成交持仓比为核心的动态监管指标体系，不断加强自律监管。积极转变监管思路，督促会员履行对客户的管理职责，将防范违规、遏制风险的监管关口前移。持续完善监控指标，优化以成交持仓比为核心的动态监控指标体系，全方位、多角度对市场进行监控监测，依托海量数据平台，围绕“重点账户、重点行为、重点时段”三个关键重点，全面提升分析与线索发现实效。积极参与期货立法、证券

修法、市场操纵等司法解释和证监会操纵认定指引等规章起草工作，严格落实期货交易所现场检查各项反馈意见整改，修订《金融期货投资者适当性制度》《违规违约处理办法》等基础性监管制度，优化纪律处分制度、案件审理规程，夯实依法治市制度根基。

（三）切实防控市场风险，严厉打击违规行为

中金所综合施策，全力保障市场平稳运行，加强盘中实时监控和风险警示力度，密切关注市场异常波动情况，及时处置和报告异常交易行为，切实防控市场风险。2017 年处理 1 204 起异常交易行为，采取 1 163 次限制开仓监管措施、42 次电话提醒监管措施。强化实际控制关系账户报备管理，对实际控制关系账户实施动态问询管理，提高监管效能，对 266 个账户进行了疑似实际控制关系问询。加强程序化交易客户报备管理，年内新增程序化客户报备信息 2 688 条，涉及 2 573 名客户、83 家会员。严格开展股指期货套保套利交易监管，处理股指期货套保套利期现不匹配行为 250 起，对客户采取了电话提醒、要求提交情况说明、监管谈话、限制开仓等监管措施。加强违法违规行为查处时效性，2017 年共处理违法违规行为 6 起，向中国证监会稽查局报告和移送线索 3 起，有效增强对市场违法违规行为的监管震慑力。对涉及客户会员分别采取限制开仓、通报批评的纪律处分和书面警示、公开谴责、限制开仓、责令处理有关人员等监管措施。

（四）发挥“五位一体”监管优势，构建监管协作新格局

2017 年，中金所在“五位一体”的监管框架下，积极开展监管协作。完成与全部 36 家地方证监局监管协作备忘录的签署工作，建立交易所与地方证监局一线监管新模式，优化行政与自律监管衔接，发挥各自优势，拓展协作范围，着重沟通落实，共同提升监管效能。完善和丰富跨市场信息共享和协作监管手段，不断加强与沪深证券交易所、中国证券登记结算有限公司的跨市场监管合作，增加信息数据共享面，拓展合作范围，在市场大幅波动等关键时点及时沟通相关信息，切实防范跨市场、跨产品交易风险。积极参与推动中央监管信息平台建设相关工作。

（五）推进信息技术基础设施建设，提升监管科技化智能化水平

扎实推进金融期货市场基础设施建设，完成外高桥数据中心更新换代建设，启动上海同城灾备中心迁移工作，稳步推进数据研发基地等重大在建工程。持续完善金融数据平台功能，广泛连通所内外数据，市场运行状态和全球市场概览平台建设取得阶段性成果。推进新一代交易系统建设，完成第二代监察系统核心功能开发，有效提升业务功能、技术性能和监察效能，积极探索大数据、云计算、机器学习等科技在行业的应用。

（六）不断深化市场研究宣传与投资者教育，持之以恒改善市场发展外部环境

以服务中心工作和业务重点为目标，加大期现货市场研究广度和深度，深化宏观战略、市场微观结构、产品业务规则等多层次研究，为业务发展、新闻宣传和投资者教育提供理论支持。开展多层次、广覆盖、高质量的市场培育和投资者教育活

动，联合86家期货公司在全国120个城市举办630余场逾6.5万人次的风险教育活动，面向750余家金融机构的近2 100人次从业人员开展金融期货业务培训，培训127家次256人次新闻采编人员，吸引境内外1 100余所高校的3.2万名大学生参与第五届“中金所杯”全国大学生金融知识大赛。

第四节　中国期货业协会自律管理情况

一、中国期货业协会简介

中国期货业协会成立于2000年12月29日，是根据《社会团体登记管理条例》和《期货交易管理条例》成立的全国期货业自律性组织，是非营利性社会团体法人，接受业务主管单位中国证监会和社团登记管理机关国家民政部的业务指导和监督管理。

会员大会是中期协的最高权力机构。理事会是会员大会闭会期间中期协的常设权力机构，对会员大会负责。理事会下设经纪业务、资产管理、衍生品交易商、国际业务、信息技术、自律监察、申诉、纠纷调解、人才培养、投资者教育与保护、研究发展、互联网金融、人才培养专项基金管理委员会和投资者教育专项基金管理委员会14个专业委员会。中期协设会长一名，专职副会长若干名，兼职副会长若干名，秘书长一名，实行会长负责制。中期协常设办公室（党委办公室）、纪检监察办公室、考试认证部、自律监察部、会员一部、会员二部（筹）、培训部、研究部、投资者教育部、创新支持部（筹）和信息技术部12个办事机构。

截至2017年底，中期协共有会员394家，其中，普通会员314家（见图5－3－1），特别会员5家，联系会员75家。

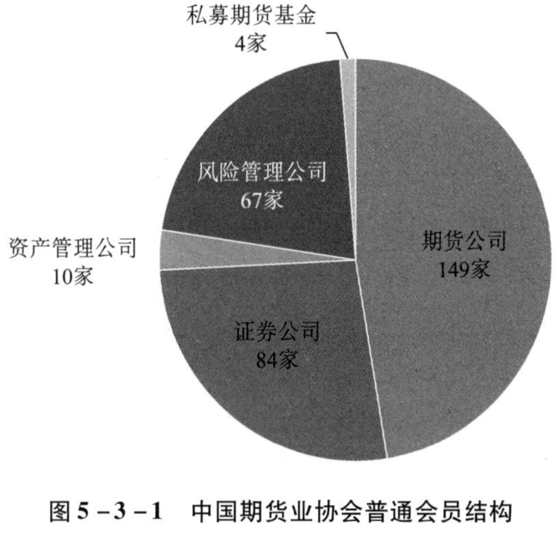

图5－3－1　中国期货业协会普通会员结构

二、2017 年中国期货业协会自律管理情况

2017 年，中期协班子认真学习宣传贯彻党的十九大会议精神、党的十八届六中全会精神，牢固树立“四个意识”，坚定“四个自信”，在证监会的领导下，严格按照全国金融工作会议、中国证监会年初监管工作会议“六稳六进”和年中监管工作会议“十七项重点工作”的指导要求，落实“两个责任”，扎实推进“两学一做”学习教育常态化制度化，严格遵守八项规定驰而不息纠正“四风”，加强班子和员工队伍建设，围绕服务实体经济、防控金融风险、深化金融改革三项任务，引导行业重视风险、回归本源，稳步创新，在自律管理上务求实效，做好各项服务，积极推动期货行业的健康有序发展，取得了一定成果。

（一）引导期货经营机构回归金融本源、提升服务实体经济的能力

一是发布《期货经营机构服务实体经济行动纲要（2017～2020）》（以下简称《纲要》）并做好协调落实工作。《纲要》明确了今后 4 年时间引导和支持期货经营机构服务实体经济的指导思想、重点行动措施和保障措施等。为推动《纲要》落实，2017 年与中钢协联合起草《钢铁生产企业套期保值工作指引》，年内组织召开 2 场期货经营机构与钢铁企业的交流座谈会。与中钢协合作开展期货与现货人员的交叉培训班，目前已有累计 800 余人参加了培训。组织行业开展服务实体经济案例编写工作，从 90 家期货公司报送的 136 个案例中筛选出 60 余个案例，涵盖传统套保类案例 20 余个，风险管理业务案例 40 余个、投资咨询业务案例 2 个，所有案例已集结成书即将出版发行。

二是积极推动行业开展精准扶贫，发挥期货市场扶贫优势。发布《关于期货行业履行脱贫攻坚社会责任的意见》，引导行业深刻把握党和国家脱贫攻坚战略的内涵与意义。制定《期货公司扶贫工作有关情况评估方案》作为期货公司分类评价的参考。牵头组织“一司一产、‘长’‘期’携手”精准帮扶活动，中期协及 23 家机构共投入扶贫资金 1 600 万元，覆盖贫困村 32 个，占全县贫困村总数的 37. 55%；拟帮扶贫困户 828 户，共计 1 900 人，占全县贫困人口总数的 9. 48%。截至 12 月末，全行业已有 113 家期货公司以多种形式积极开展了扶贫工作。工作中立足发挥期货行业专业优势，通过开展专业培训、“保险 + 期货”、协助设立交割仓库等方式支持贫困地区的产业发展，同时辅以捐资助学、采购农产品、实物捐赠等传统形式，合计投入扶贫资金 5 567. 47 万元，推动精准帮扶工作向纵深发展。国务院扶贫办对此进行了题为《期货行业踊跃服务国家脱贫攻坚战略》的专题报道。在第十三届中国（深圳）期货大会召开之际，筹办“期货扶贫进行时”专题展，与中央人民广播电台合作举办“期货扶贫进行时”广播现场秀并在央广财经频道播出，全面总结、宣传期货行业服务国家脱贫攻坚战略的经验和成果，引起社会广泛关注。

三是推进风险管理公司服务实体经济发展。为提升风险管理公司服务实体经济能力，中期协积极推动风险管理公司参与“保险 + 期货”业务，联合交易所推动

“保险+期货”和相关场外试点项目。赴8家风险管理子公司进行实地调研，完成《关于探索建立场外大宗商品机构间服务平台的研究报告》。在原有业务指引的基础上起草《期货公司风险管理子公司业务试点办法》，撰写了《场外衍生品持续报告指标定义及说明》《关于场外衍生品持续报告系统操作的说明》等配套文件。建立场外衍生品交易报告制度，并定期完成公司月度财务与经营统计情况报告，召开风险管理公司自律管理工作座谈会及两次衍生品交易商委员会。2017年以来，风险管理公司继续围绕服务实体经济的发展理念，在扩大业务规模、拓展服务模式和提高盈利能力各方面均取得了长足进展。截至11月底，70家风险管理公司总资产、净资产同比增长31%和89%，营业收入和净利润同比上涨69%和126%。从业务情况来看，2016年1~11月仓单购销金额、仓单约定回购金额分别为1 460.67亿元和76.88亿元，同比分别上涨18.56%和202%；场外商品期权新增名义本金2 385.59亿元，同比上涨1 752%；场内期权做市平稳起步，累积交易额达到26.28亿元。

四是引导期货资产管理业务回归本源、规范有序发展。为推进期货资管业务有序发展，组织行业就期货公司开展资管业务的展业门槛、产品的投向范围、通道业务等问题进行了研究，同时，对期货公司资管产品投向期货市场规模占比不高的问题进行了研究，撰写上报了相关报告。为加强期货公司资管业务规范开展，起草《期货公司资产管理业务管理规则（试行）（修订稿）》。编制了《期货公司资管业务手册》，为在开展资管业务方面尚欠缺经验的公司明确业务流程、规避风险点提供参考。围绕期货公司资管业务存在问题或需求，确定资管业务培训内容，邀请业内外专家授课，2017年举办了4期期货资管业务系列专题讲座。截至11月末，期货公司正式运作的资管产品数量3 167只，产品规模2 445.57亿元，其中外部投顾类产品规模868.24亿元，产品数量820只，主动管理类产品规模1 532.57亿元，产品数量2 135只。产品数据呈现出结构化产品缩减、业务风险降低、业务合规水平提升、主动管理能力提高等特点，期货公司资管业务的业务结构正在发生积极变化。

（二）全面加强期货行业风险防范，优化改革发展制度环境，推进期货监管重点工作。

一是加强自律管理，促进行业诚信合规经营。为了配合原油期货上市，中期协发布了《〈境外交易者参与境内特定品种期货交易期货经纪合同补充协议〉指引》等三个合同指引，并依据境外交易者参与境内期货交易的特殊需要，对原《〈期货经纪合同〉指引》进行了修订。为适应中期协自律监管方面的新形势和新要求，对《中国期货业协会纪律惩戒程序》进行了修订。2017年完成了对47 270名从业人员的定期检查，对已同时开展资产管理业务和风险管理业务的10家期货公司进行了为期三个月的专项现场检查，配合中国证监会开展期货公司联合检查。重点加大对违规案件的查处力度，完成了对包括厦门国贸资产管理有限公司在内的3家公司和9名从业人员的纪律惩戒、向7家公司发出警示函、对3家公司约见高管谈话。此外，积极维护投资者的合法权益，公正、及时地解决期货业务纠纷。截至12月底，全行业协会共接到调解案件80件，成功调解39件，涉及调解金额5 257 005元。为推动营造“守信光荣、失信可耻”的行业氛围，完成了期货公司年度诚信评估工作，并在中期协网站公开发布评估结果，定期整理失信被执行人信息并向所涉及机构发送提示函并在行业内共享。

二是重点加强对于风险管理业务和资产管理业务的风险摸排和业务规范工作。对风险管理子公司开展了2次现场检查，并组织风险管理公司参与了风险监测指标及净资本测试，研究制定风险管理公司监测与压力测试指标体系。在加强自律管理方面，为防控业务风险，摸清风险底数，撰写了《关于期货公司资产管理业务风险摸底有关情况的报告》《期货公司资管业务内部控制与合规管理自查情况的报告》，组织了1次期货公司资产管理业务内部控制与合规管理自查，发布了《关于加强资管业务合规风控管理的通知》，对包括厦门国贸资产管理有限公司在内的6家公司资管业务违规行为进行了调查。发布3个规范性通知，分别对合作套保业务、场外衍生品交易业务、账户使用、设立子公司营业执照范围和公司名称、严格落实投资者适当性要求等进行规范。

三是发布期货行业投资者适当性自律规则，开展适当性知识测试。配合中国证监会《证券期货投资者适当性管理办法》，中期协2017年拟定并发布了《期货经营机构投资者适当性管理实施指引（试行）》（以下简称《指引》），与监控中心配合推出互联网开户适当性测试升级系统；组织行业专家对《指引》进行解读和宣传，举办了全行业适当性制度视频培训，组建适当性宣讲讲师团，支援北京、浙江、陕西、青海、安徽、山东等多个地方协会举办了适当性培训班。中期协于3月15日上线了商品期货期权投资者适当性知识测试平台。截至12月31日，参加商品期货期权投资者适当性知识测试的共51 825科次。为配合期货投资者适当性指引发布，于7月1日上线了金融期货投资者适当性知识测试平台，保障了投资者适当性系列制度的顺利推出。截至12月31日，参加金融期货投资者适当性知识测试的共27 556科次。

四是强化投资者保护和教育工作，切实维护投资者合法权益。持续开展打非监测，报送12期监测月报，共筛查涉非信息493条，其中疑似非法期货交易及营销平台253条，变相期货类117条，直播平台类123条。畅通咨询投诉渠道，回应投资者诉求。受理咨询投诉169件，受理79件，为投资者和公司预调解30件，“12386”热线转办16件。加强互联网投教基地建设，积极配合开展自查，优化网站功能，增加维护更新力度。开展《原油期货》《“讲故事、学期货”金融国民教育丛书》和部分投教品种丛书的撰写和修订工作；充实中期协投教产品库使原创产品达到114种；举办期货市场媒体合作与投教案例分享座谈会，收集行业投教品牌案例53个；围绕“315”“期货防非”“投资者保护明规则、识风险”“适当性”等主题，动员组织会员单位开展多达2 000余场的宣传活动、发放资料30余万份。第十三届中国（深圳）国际期货大会期间，中期协举办了主题为“小行业　大市场　新形象——

期货市场媒体合作与投教经验分享交流”的公益沙龙，集中展示投教好案例好项目，展示了期货行业服务大市场的新形象。

五是发布实施《期货公司压力测试指引（试行）》。为提高期货公司风险管理水平，加强系统性风险防范，指导期货公司建立常态化的压力测试机制，中期协制定发布了《期货公司压力测试指引（试行）》及压力测试表，并于8月31日至9月8日公开征求了意见，同时要求期货公司对压力测试表进行了试填。《期货公司压力测试指引（试行）》共26条，对期货公司压力测试机制、相关制度的建立提出要求，明确了压力测试的内容、流程和方法等，切实提高期货公司风险管理水平，加强系统性风险防范。

六是加强行业信息安全管理和人员队伍建设。按照监管部门要求起草《期货经营机构信息技术管理办法》和《期货经营机构信息系统外部接入管理暂行规定》。针对2017年5月新型“蠕虫”式勒索病毒爆发这一问题，及时拟定防范措施，指导经营机构开展自查并做好防范工作。牵头组织行业信息技术专家召开会议，研究投资者账户密码被恶意盗用问题，拟定了工作指南，制发了工作通知，指导公司进一步加强投资者账户安全管理。督促期货公司从工作计划、预算安排等方面进一步落实软件正版化工作各项要求。牵头完成了《证券期货业科学技术奖励办法》修订和发布工作。为加强行业信息系统人才队伍建设，组织开展了3场行业信息技术现场培训班，与证券业协会联合举办1场期货经营机构信息技术高管人员培训班，共400余人次参加了上述4场现场培训。做好国庆、中秋两个节日期间和党的十九大召开前后地防范风险相关工作。较好地完成了年内十九大维稳保障工作任务。一年来，中期协机房和各类信息系统运行稳定，未发生泄密事件以及人为责任造成的运行事故。

（三）夯实行业发展基础，做好会员服务

一是积极促进期货行业国内外交流与合作。顺利举办第11届期货分析师暨场外衍生品论坛和第13届中国（深圳）国际期货大会。截至12月底，中期协已和13个国际组织签署了合作备忘录。派员参加FIA博卡年会、FOW亚洲年会、新加坡铁矿石论坛、ISDA年会、瑞士ICDA年会、英国LME年会等活动。组织开展欧期所赴中期协人员的工作交流，安排两名欧期所员工赴中期协工作交流，进一步扩大中期协国际影响力。

二是加强行业研究，积极宣传期货市场功能作用。完成中期协联合研究计划课题（第十二期）研究报告。课题涉及国有钢铁企业参与期货市场面临的政策障碍及解决方案研究、境外成熟市场金融衍生品监管与自律研究、期货市场助力农业供给侧结构性改革的实证分析研究等。积极承担、完成了中国证监会期货部委托的期货市场重点研究课题，形成了《中美期货公司发展对比研究》《从NFA的会员结构看美国期货市场国际化》和《期货公司上市关联情况统计分析》等专项课题。组织行业研究力量，完成了《“一带一路”背景下我国期货市场战略发展研究》课题，被期货部评为优秀课题。撰写了《期货市场定价促进产业链整合提升产业集中度》的研究报告，论述了期货市场在整合提升产业链中的功能作用。按期保质完成了6期《中国期货》杂志的采编出版发行工作。组织编撰《中国期货市场发展年鉴（2016年）》。组织召开了第三届衍生品学术论坛，搭建产学研合作交流平台。

三是分层次培养专业化人才。截至12月底，中期协共针对期货从业人员和实体企业的期货相关人员开展了55期现场及在线视频培训。其中，为配合农产品期货期权上市，中期协与郑商所、大商所和7家地方中期协联合举办了期权基础知识系列培训，几乎覆盖了所有期货公司和营业部，同时配合期货部开展了派出机构相关监管干部培训。此外，还举办了多场次期权交易、做市、投资策略培训，以及场外业务、资管业务、风险管理业务、期现结合等培训，重点提升公司服务实体经济及风险管理的专业能力。

四是加强会员及从业人员管理和服务。截至12月底，新吸收了华金证券、青海证券业协会等30家公司成为中期协会员。组织题库建设及考试命题。组织专家对《期货及衍生品基础》和《期货及衍生品分析与应用》两本教材进行了改版。全年举办4期高管测试，总计193名拟任高管报名参加。与中金所共同主办第四届金融期货及衍生品知识竞赛，共有境内外1 100余所高校的3.2万大学生参加，成为金融衍生品知识普及与基础人才培养的重要品牌。

特别专题一

为中国期货市场走出一条成功之路

中国证监会期货监管部

我国现代期货市场起步于20世纪90年代初期。经过二十多年的探索实践，伴随着改革开放的滚滚洪流，期货市场发展取得了斐然成绩。经过最近五年来的规范发展，特别是2013年8月习近平总书记视察大商所发出“脚踏实地、大胆探索，努力走出一条成功之路”的号召以来，我国期货市场规模体量发展迅速，商品期货成交量已经连续八年居世界第一，金融期货重要作用日益显现；市场运行日趋规范，监管有效性不断提升；市场在发现价格、风险管理，服务供给侧结构性改革，落实国家产业政策，促进落后产能淘汰，提升产品质量，服务“三农”，助力脱贫攻坚以及双向开放等方面发挥了积极作用。

从品种规模看，截至目前，共有3家商品期货交易所和1家金融期货交易所，已上市55个期货品种，包括5个金融期货品种、1个金融期权品种，47个商品期货品种、2个商品期权品种。目前，除原油、天然气外，国外市场成熟商品期货品种均已在我国上市，并发展了与中国经济结构、经济体量相适应的有中国特色、世界影响的PTA等品种。证监会还积极服务国家脱贫攻坚战略，大力推进苹果、红枣等商品期货新品种的研发上市工作。

从市场主体的规模看，截至目前，我国共有149家期货公司，下设65家风险管理子公司、11家资产管理子公司，1 677个遍布全国34个省、自治区和直辖市的营业部，通过经纪业务、资管业务、风险管理业务、投资咨询业务等，搭建起多层次的服务实体经济的网络，承担起重要的市场培育、投资者教育与培训、期货市场风险防范的职责，有力地推动了期货市场价格发现、风险管理功能的发挥。行业总资产 5 500 余亿元，全市场资金总量和投资者分别为 4 900 多亿元和 120 多万个。

经过二十多年探索，我国的期货市场从期货交易、期货规则、期货监管、期货投资者保护、期货功能发挥、期货开放以及期货扶贫等多个维度看，都反映出了鲜明的中国特点，产生了显著的世界影响。这些成果是经济金融改革成功实践的一个缩影，也是我国期货市场建设者、参与者、监管者在以习近平同志为核心的党中央坚强领导和亲切关怀下，不断增强“四个意识”，坚定“四个自信”，下足“绣花”工，脚踏实地、大胆探索，沿着中国特色社会主义理论体系和习近平治国理政新理念新思想新战略指引的方向，不忘服务实体经济的初心，砥砺奋进，趟出来的成功之路！

一、期货交易绘制中国价格

习近平总书记在全国金融工作会议上指出，发挥市场在金融资源配置中的决定性作用。

市场通过价格对资源配置起决定性作用，价格不仅指现货价格，还包括时间序列上的一系列期货价格。现货价格主要对当期消费起作用，期货价格则指挥着决定未来供应的生产和投资。由于采用集中竞价和杠杆的交易机制，当前及未来的各类宏观信息、产业信息和供求关系信息能够低成本地、迅速地体现在期货交易中，期货交易形成的价格往往能领先于现货价格反映出大宗商品和产业运行情况。当前，国际上主要的大宗商品已从传统的生产商或贸易商主导定价，逐渐转变为由相关多元各方参与的期货市场主导定价。

我国作为世界第二大经济体和绝大部分大宗商品的最大生产、贸易、消费国，与美国一样在发展期货市场方面具有独特优势。从国际经验看，全球商品定价中心是在工业化、城镇化过程中形成的，金融资产定价中心是在相关现货市场国际化过程中形成的。从商品市场看，未来几年是中国形成全球定价中心重要的战略机遇期。我国应积极把握战略机遇，继续坚持稳步发展的指导思想和服务实体经济的根本导向，建设一个与经济金融发展程度相匹配、风险管理需求相适应、竞争力强的期货衍生品市场，逐步形成以期货价格为核心，具有一定国际影响力的市场化定价体系。

现在，国内相关行业都在积极使用期货价格信号指导生产经营活动。铜、铝、锌、铅、PTA、菜粕、白糖、棉花、豆油、豆粕、棕榈油等品种期货现货价格拟合度高，已成为国内相关产业的定价基准和谈判参考，起到了促进资源配置的作用。部分期货品种价格的国际影响力不断增大，2016 年，上期所已经成为全球第一大的黑色金属期货市场和第二大有色金属期货市场。大商所农产品期货年成交量超越美国芝加哥商业交易所集团，成为全球最大的农产品期货市场，并保持全球最大的油脂、塑料、煤炭、铁矿石期货市场地位。大商所大豆、棕榈油、塑料、铁矿石等品种的“大连价格”在国际相关市场的影响力不断提升，大连成为全球的重要价格传导中心之一。2013 年，上期所率先推出夜盘交易，推动交易机制的国际化。夜盘交易时段从晚上 9：00 开始，根据不同品种特性收盘时间有所不同，有效覆盖欧美交易时段和关键经济数据发布时点，增强了期货价格的连续性。截至目前，夜盘交易已涵盖三个商品期货交易所共计 29 个品种。随着市场套期保值的企业不断增多，参与上期所以铜为代表的有色金属期货交易的法人客户特别是产业客户数量、持仓量占比、套期保值量和实物交割量继续呈现上升势头，位居国内各品种前列。经评估，铜期货套期保值有效性指标长期高于 97%，与国内现货市场、境外同类市场的相关系数均超过 0.97，铜期货价格已成为行业定价的重要参照依据。郑商所的一些产品已经成为相关实体企业应对市场价格波动、提升风险管理能力的必备工具，相关产品的“郑州价格”已经具有了重要的影响力。例如，超过 90% 的 PTA 生产、贸易企业和 80% 的聚酯企业参与 PTA 期货市场，期现货相关系数达到 0.99。棉纱期货与棉花期货、PTA 期货成为纺织企业避险“三剑客”，被誉为全球纺织市场风向标。白糖期权为中小企业管理风险带来便利，使蔗农利用衍生品管理风险成为可能。动力煤期货的上市，有力推动了煤炭市场化改革，为煤炭、电力等上下游企业签订长、短期协议提供有效参考，在国际市场上形成具有影响力的动力煤“中国价格”。随着金融期货市场的逐步发展，越来越多的持牌法人机构积极利用股指期货管理风险，坚定持股信心，弘扬长期价值投资理念，为降低股票市场价格波动增添助力。同时，国债期货的市场功能也日益显著，提升了债券市场流动性和定价效率，在健全反映市场供求关系的国债收益率曲线等方面开始发挥积极作用。

期货交易产生的价格信息从上海、郑州、大连发出，通过大量产业客户、机构客户的参与，为市场协定价格提供了有效的参考，在国际市场的影响力不断提升，汇聚成为世人公认的“中国价格”。

二、期货规则形成中国标准

习近平总书记在致第 39 届国际标准化组织大会的贺信中指出，伴随着经济全球化深入发展，标准化在便利经贸往来、支撑产业发展、促进科技进步、规范社会治理中的作用日益凸显。

期货市场深化标准合作，加强交流互鉴，推动中国标准成为世界标准。

服务供给侧结构性改革，促进供给端优胜劣汰。我国期货市场每个商品期货品种的产品设计都充分体现了国家相关行业产业政策和节能环保政策的导向，合约标的和交割品标准都按照国家相关行业的推广标准进行设定，不符合国家标准、属于淘汰产能的商品不能进入期货市场，对于淘汰低端产品起到了重要推动作用。以上期所铅期货为例，品牌注册必须符合“铅锌行业准入条件”关于环保部“清洁生产标准”三级工艺以上、铅锭国标 GB/T 469 -2005 选择 1 号铅 Pb99.994 牌号（高于伦敦金属交易所 BS EN 12659：1 999 标准规定的 99.97% 牌号）的要求，这有利于淘汰市场竞争力差、污染严重、资源浪费的落后产能，如烧结锅、烧结盘、简易高炉等落后方式炼铅工艺及设备，未配套建设制酸及尾气吸收系统的烧结机炼铅工艺等，显著提升行业环保水平。

持续推进交割业务创新。推动质监部门出台了进口大豆监管改革措施，便利进口大豆参与期货交割，同时优化调整黄大豆二号合约，努力为我国每年 8 000 万吨进口大豆提供中国价格。不断优化交割制度，探索开展仓单串换、集团交割、仓单服务商等业务创新，着力解决活跃合约不连续、近月合约不活跃等困扰国内商品期货市场多年的“顽疾”，促进市场功能进一步发挥。丰富完善指定仓库、厂库、延伸库、车船板等多种交割仓库类型，拓展一次性交割、滚动交割、期转现交割等灵活交割方式，创新三步交割法、保税交割等交割制度，优化交割区域布局和交割流程，加强交割仓库管理，满足了更加广泛客户群体的交割需求，为各类经营主体参与期货市场提供了更多便利和制度支持。

完善基础制度机制，不断完善以保证金管理、逐日盯市、当日无负债结算和风险准备金管理等制度为基础的期货结算制度。上期所在夜盘交易中，根据不同品种特性，收盘时间有所不同，有效覆盖欧美交易时段和关键经济数据发布时点，增强了期货价格的连续性。郑商所致力结算制度创新，调减保证金、持仓梯度，优化套保流程，便利产业客户参与套保。降低 PTA、动力煤持仓及交割成本，引导合约连续活跃，服务产业客户利用期货工具。大商所持续扩大组合保证金优惠，优化持仓梯度保证金管理，降低临近交割月保证金成本，市场交易成本降低 10% 以上。中金所推出了国债作为期货保证金业务，进一步降低交易成本，提升市场效率，拓展了债券的金融功能，完善了金融市场基础设施建设。

优化技术系统性能，技术水平不断提升。郑商所、大商所交易系统优化项目成功上线，系统订单延时均达到毫秒以下，系统性能和容量大幅提升。上期所、郑商所、大商所和中金所相继完成灾备系统建设，故障和重大灾难应对能力全面提升。中金所自主研发的新一代结算系统成功上线，全面支持国内外主流金融衍生品，结算 1 000 万笔成交用时在 5 分钟内；积极推进新一代交易系统建设，新一代系统单撮合核心吞吐量达到 70 000 笔/秒以上，且支持多核心配置，系统订单延时小于 100 微秒。

建设好“电子眼”，及时化解风险，牢牢守住不发生重大风险事件底线。作为期货市场的“电子眼”，2006 年 5 月中国证监会批准成立的中国期货市场监控中心（简称监控中心，2015 年由中国期货保证金监控中心更名为中国期货市场监控中心）依托数据大集中优势，从实名制开户、保证金监控、市场监控及期货经营机构监控等多个角度，对期货市场实施全方位监测，及时防范个体性风险、系统性风险。

从产品标准到业务规则，从基础制度建设到技术手段革新，期货市场全面提升服务实体经济的能力、防控金融风险的能力，正在不断形成具有国际影响的“中国标准”。

三、期货监管体现中国智慧

习近平总书记在全国金融工作会议上指出，强化监管，提高防范化解金融风险能力。要以强化金融监管为重点，以防范系统性金融风险为底线，加快相关法律法规建设，完善金融机构法人治理结构，加强宏观审慎管理制度建设，加强功能监管，更加重视行为监管。

在我国期货市场发展初期，法规制度建设几近空白。伴随1999年《期货交易管理暂行条例》的出台和多次修订，证监会配套出台了规范期货交易所、期货公司以及期货行业从业人员管理的一系列规章、规范性文件。目前我国期货市场已经形成了以国务院发布的《期货交易管理条例》等相关行政法规为核心，证监会发布的《期货交易所管理办法》等部门规章和规范性文件为主体，期货交易所、中国期货业协会制定的自律管理规则等为重要组成部分的制度规范体系。此外，为进一步提升期货市场相关法律适用的准确性，减少法律纠纷，优化期货市场法制环境，司法机关制定并发布了关于审理期货纠纷案件的专项司法解释。

从监管制度看，我国期货市场监管演进经历了由“多头分散”到“集中统一”的发展历程。早期期货市场主要由相关行业部委和地方政府分头进行监管，1993年11月，国务院授权我会作为期货市场的行政管理部门，1998年明确我会对期货市场进行垂直管理和集中统一监管。2000年12月，中国期货业协会成立，形成了证监会行政监管、交易所一线监管和中期协自律监管相结合的监管制度。中国期货业协会作为自律管理组织，近年来充分发挥“自律、服务、传导”职能，在推动期货及衍生品行业创新发展，提升服务实体经济能力方面起到了积极作用。2006年成立的期货市场监控中心实现了期货市场数据大集中，从而确立了中国证监会、派出机构、期货交易所、中国期货市场监控中心和中国期货业协会“五位一体”的期货监管工作机制。在股指期货市场上，成立了横跨期现货市场的监管工作机制，开辟了期货交易所和证券交易所盘中信息共享的应急绿色通道，为快速响应、及时处置风险事件提供了重要的保障。

设立监控中心是我国期货市场监管体系的一项重大创新安排，具有鲜明的中国特色，在全球范围具有独创性，得到了国际评估组织和监管同行的高度评价。美国商品期货委员会、美国期货业协会、芝加哥商业交易所、世界交易所联合会均到监控中心访问交流。多年来，监控中心在防范市场风险、保护投资者权益、服务监管等方面做出重要贡献，为维护期货市场平稳健康发展发挥了重大作用。保证金安全存管监控制度是在总结期货市场经验教训基础上建立的，具有鲜明的中国特色，获得期货市场和国际期货监管机构一致认可。保证金安全存管监控制度实施以后，从基础制度上杜绝了期货公司挪用资金的现象，进一步规范了期货公司运营。

近些年来，我国期货市场总体运行平稳，市场秩序良好，违法违规案件得到了证监会行政监管或交易所自律监管的及时有效查处，我国期货市场十几年来没有发生大的市场运行风险事件，有力印证了期货市场监管设计中的“中国智慧”。

四、期货投保铸就中国保障

习近平总书记在全国金融工作会议上强调，要把发展直接融资放在重要位置，形成融资功能完备、基础制度扎实、市场监管有效、投资者合法权益得到有效保护的多层次资本市场体系。

为落实总书记指示，期货市场进行了多方面探索。

创新推出投资者适当性制度，实行期货市场统一开户，从源头实现对投资者的保护。开户是投资者进入期货市场的起点。针对我国期货市场投资者中散户占比偏高，一些投资者的知识储备、投资经验和风险意识不足的国情，为构筑保护投资者的第一道防线，股指期货从2010年上市之初就实行了严格的投资者适当性制度。目前，随着中国证监会《证券期货投资者适当性管理办法》的公布，适当性制度已经拓展至证券期货各领域。此外，我国期货市场还建立了统一开户制度，构建了以统一开户编码为基础、分合有序、一一对应的账户体系，有效落实开户实名制、投资者适当性制度、市场禁入等监管要求，建设完成我国期货市场完整的客户数据库，为后续的市场监管夯实基础。

建立期货保证金安全存管监控制度，确保期货市场客户资金安全。期货交易每日闭市后，监控中心利用保证金监控系统逐日逐笔查验期货公司资金、交易等结算资料的真实性，逐日检查期货公司是否存在保证金缺口、是否存在透支等危害保证金安全的违规行为，发现问题及时向监管部门预警，督促期货公司及时整改，较好地保障了期货市场保证金的安全。从2006年监控系统上线运行至今，监控中心共对外发出预警通知2 700余次，及时发现6起期货公司挪用保证金事件，风险得以有效化解。

建立期货公司风险监管指标体系，不断提升期货经营机构抗风险能力。合规风控是期货公司发展的生命线，随着金融市场创新步伐的加快，期货经营机构业务日益复杂，为了确保业务创新、经营规模与抗风险能力的动态平衡，我国逐步建立了以净资本为核心的期货公司风险管理体系。2012年至2016年的5年，我国期货公司所有风险监管指标均达到监管要求，“合规经营，规范发展”已经成为行业共识，期货经营机构在规范发展中实力不断壮大，有力保障了期货投资者的合法权益。

构建投资者保障体系，有效保护投资者合法权益。2007年中国证监会联合财政部发布《期货投资者保障基金管理暂行办法》，正式成立保障基金。保障基金主要用于在期货公司严重违法违规或者风险控制不力等导致保证金出现缺口，可能严重危及社会稳定和期货市场安全时，补偿投资者保证金合法权益损失。2008年以来，动用保障基金合计4 950万元，先后完成了四川嘉陵期货公司和黑龙江北亚期货公司的风险处置工作，为维护期货市场安全和地方社会稳定发挥了重要作用。

做好期货行业宣传和投资者教育工作。努力做好行业研究等基础工作，正确宣传期货市场的功能作用；针对实体企业和从业人员开展分层次、有针对性的专业培训，提升机构参与者数量。同时，扎紧投资者适当性制度篱笆，严格落实投资者适当性制度，做好投资者教育工作，不追求短期经济效益，严格检查期货交易所会员适当性制度落实情况，防范经营机构为扩大交易量拉人进场，积极改善市场投资氛围。

期货市场属于高风险市场，有效保护投资者合法权益是行业底线。通过建立统一开户、投资者适当性、期货保证金安全存管监控、期货公司风险监管指标体系、期货投资者保障基金等一系列投资者保护制度，我国期货市场构筑了独具中国特色的投资者权益保障体系，为境内期货投资者铸就“中国保障”。

五、期货功能体现中国方案

习近平总书记在全国金融工作会议上强调，金融是实体经济的血脉，为实体经济服务是金融的天职，是金融的宗旨，也是防范金融风险的根本举措。

充分发挥期货套保对冲风险功能，促进企业稳定经营和转型发展，不断提升核心竞争力是期货市场的初心所在。全球 500 强企业中，94% 的企业都积极利用期货市场套期保值和管理风险。对我国企业而言，随着规模体量日益增大和参与国际竞争，利用期货为企业的生产经营上一份“保险”成为大型企业、国际化企业稳健发展的必然选择。从企业调研情况看，有关铜业企业针对收购矿山周期长、资金占用大、不可抗力因素较多等问题，积极探索通过铜期货等提前买入套保、建立虚拟矿山，保障资源的稳定获取。从行业发展情况看，有色金属行业是我国利用期货市场最为充分和与国际最为接轨的行业，该行业 90% 以上的企业都参与了期货市场。面对 2008 年以来的宏观经济波动，有色行业利润累计增长近八倍，优势十分明显。通过参与股指期货交易，改变了机构投资者在证券市场上长期单边交易的行为，促使其投资日趋理性和成熟，为股市提供了长期稳定的买方力量。

努力促进实体产业转型升级，服务供给侧结构性改革。一是利用期货市场降低企业交易成本、融资成本和库存成本。首先，期货价格是现货价格的定价基准，基于期货价格的点价贸易、基差交易是市场主要的交易定价模式。利用期货市场定价，不仅高度有效，更能大大节省企业现货交易成本。其次，企业通过期货市场规避风险，提高盈利稳定性，有利于降低融资成本。企业通过仓单质押、风险管理公司合作套保等业务扩大融资途径、提升授信额度，降低融资成本。最后，企业可以利用期货市场进行目标库存管理，减少运输、仓储和交易等环节资金成本。

二是期货市场有利于扩大国际贸易规模，服务我国融入全球生产贸易体系。目前，我国工业化和城镇化进程所需大量能源、矿产、农产品均不同程度依赖国际贸易进口。我国企业利用国内、国外期货市场进行套期保值，可以锁定进口成本，稳定并扩大企业经营。

三是股指期货、国债期货成为各类机构管理股市和债市风险的有效工具，稳定了现货市场运行，提升了金融市场服务实体经济的能力。股指期货上市以来，机构股市投资仓位的调整频繁程度下降，为股市提供长期稳定的买方力量，降低股市波动；国债期货的上市对健全反映市场供求的国债收益率曲线、提升债券市场效率和运行质量，发挥了积极作用。

四是期货经营机构深入产业链参与现货贸易，通过期现结合服务实体产业。期货经营机构在传统套保业务的基础上，通过开展仓单融通、基差报价、合作套保、场外衍生品等风险管理业务，以期现结合业务和场外业务为切入点，提供个性化的大宗商品定价和风险管理服务及产品，在服务中小企业、服务“三农”方面进行了有益的探索，形成了具有发展潜力的业务模式。部分期货公司风险管理子公司凭借自身专业能力和资源，深入特定品种现货领域参与实物贸易，并通过灵活运用期货工具，加强金融资本和产业资本的融合，引导培育实体企业更好地利用期货市场完善定价机制、规避市场风险，优化管理运营，提升企业风险管理水平。以服务实体经济为宗旨，提升自身综合实力，创新业务模式，提升服务水平，构建期货经营机构服务实体经济长效机制。

充分发挥自律组织作用，引导期货经营机构提升服务能力。中国期货业协会于2017年3月发布实施《期货经营机构服务实体经济纲要（2017～2020）》，明确了今后四年时间引导和支持期货经营机构服务实体经济的指导思想、重点行动措施和保障措施等，努力为实体企业转型升级和实体经济提质增效发挥积极作用。同时，在农业、钢铁等供给侧改革的重点行业，中期协积极利用自身平台优势，积极与现货行业协会开展合作，以期进一步推动期现结合，引导期货经营机构更好地服务于实体经济。

紧紧围绕服务实体经济的主线，期货市场不断加强基础制度建设，完善期货市场产品体系，提升期货市场服务实体经济的能力；持续加强市场监管，坚决抑制过度投机，不断强化期货交易所一线监管职责和期货经营机构规范发展，不断提高防范和化解风险能力，绘就以服务实体经济为核心的期货市场发展模式的“中国方案”。

六、期货开放彰显中国影响

在2017年8月召开的中央全面深化改革领导小组第三十八次会议上，习近平总书记强调，要继续高举改革旗帜，站在更高起点谋划和推进改革，坚定改革定力，增强改革勇气，总结运用好党的十八大以来形成的改革新经验，再接再厉，久久为功，坚定不移将改革进行到底。

中国正前所未有地走近世界舞台中心，中华民族伟大复兴的目标正前所未有地清晰展现在我们的眼前。随之而来的是，我国发展面临的国际竞争的激烈程度也将进入一个前所未有的阶段。期货市场作为资本市场的一个子项，必须按照党中央、国务院的要求，勇做金融开放的排头兵，做好对外开放这篇大文章。期货市场通过期货价格，引导商品、资本等资源在全球范围内流通、配置，是最具有全球化特征的金融市场，期货市场在推动我国金融开放中发挥着重要作用，以自身特有的方式发出“中国声音”，产生“中国影响”。

十八大以来，我国期货市场对外开放取得了可喜成绩。一是保税交割试点全面展开。在上期所率先开展铜、铝期货保税交割试点的基础上，大商所、郑商所相继开展了线型低密度塑料、甲醇、铁矿石等期货品种保税交割试点，为引入境外投资者打下坚实基础。2016 年以来，中国证监会按照《国务院关于推广中国（上海）自由贸易试验区可复制改革试点经验的通知》、《国务院办公厅关于加快海关特殊监管区域整合优化方案的通知》的要求，与海关总署密切协调，在全国范围复制推广期货保税交割业务。

二是引入境外投资者取得重大进展。中国证监会于 2012 年正式启动了原油期货市场建设筹备工作。2013 年，按照国务院部署，中国证监会与发展改革委、能源局牵头，联合相关部委以及涉油企业等共 22 家单位成立了原油期货上市推进工作组，协调推进原油期货市场建设工作。2014 年 11 月，国务院原则同意开展原油期货交易。目前，原油期货各项上项准备工作已基本完成，中国证监会将结合国际国内原油市场及资本市场运行情况，适时开展原油期货交易。同时，中国证监会拟逐步在铁矿石等运行成熟的商品期货品种上引入境外交易者参与。

三是与境外证券期货市场机构股权合作取得新突破。中金所、上交所、深交所等三家交易所联合竞购了巴基斯坦交易所 30% 股权，成为其单一最大股东。中金所、上交所与德意志交易所在法兰克福合资成立了中欧交易所，并上线了首只衍生品——沪深 300 指数 ETF 期货合约。中金所正在深度推动国际合作交流，与芝加哥商业交易所集团、纳斯达克、德意志交易所集团、巴西交易所、莫斯科交易所等 12 家交易所签署谅解备忘录，与金砖国家交易所深化金融衍生品市场联系，深入参与世界交易所联合会、国际证监会组织、全球期货业协会、国际掉期与衍生品协会等国际组织治理，不断提升国际影响力与话语权。批准上期所设立新加坡办事处，启动向新加坡监管主体的申报工作，未来将积极开展境外市场推介。

四是期货公司“走出去”步伐加快。截至 2016 年底，境内有 18 家期货公司获批在境外设立 19 家子公司，包括 1 家美国子公司和 18 家中国香港子公司。已有 14 家子公司在中国香港完成注册并正常营业。此外，部分期货公司收购境外期货类经营机构，成为主要国际交易所的结算会员。

五是国际交流与合作不断加强。目前，我国期货交易所、中国期货业协会已与世界证券交易所联合会、美国期货业协会、国际商品和衍生品协会等组织以及芝加哥商业交易所集团等知名交易所建立了长期合作交流关系，在市场建设、行业发展等方面进行深入探讨。同时，不断加强铜、铁矿石等行业的国际交流，通过搭建国际行业研讨会等高端产业平台，形成中国期货市场品牌效应，加深与全球金融市场和大宗商品市场的交流，积极提升中国期货市场的国际声望和影响力。通过持之不懈的努力，我国期货市场的国际影响力不断增强。

全国金融工作会议对包括期货市场在内的金融业对外开放指明了方向。我们要深入贯彻落实全国金融工作会议精神，坚持市场化法治化国际化的发展方向，以服务实体经济、服务国家战略为根本宗旨，“引进来”“走出去”并举，以开放包容的姿态、强大的风险管理服务能力彰显国际大宗商品市场定价中的“中国影响”。

七、期货扶贫助力中国梦想

习近平总书记在深度贫困地区脱贫攻坚座谈会上指出，加快推进深度贫困地区脱贫攻坚，要按照党中央统一部署，坚持精准扶贫精准脱贫基本方略，坚持中央统筹、省负总责、市县抓落实的管理体制，坚持党政一把手负总责的工作责任制，坚持专项扶贫、行业扶贫、社会扶贫等多方力量、多种举措有机结合和互为支撑的“三位一体”大扶贫格局。

为深入贯彻《中共中央 国务院关于打赢脱贫攻坚战的决定》和中央扶贫开发工作会议精神，根据《中国证监会关于发挥资本市场作用服务国家脱贫攻坚战略的意见》的部署和要求，期货市场专门制定了《关于推动期货市场服务国家脱贫攻坚战略的工作方案》。中期协通过发布《期货行业服务国家脱贫攻坚战略行动倡议书》和《关于期货行业履行脱贫攻坚社会责任的意见》等多种形式，引导和推动期货行业积极履行社会责任，服务国家脱贫攻坚战略。

期货市场服务国家脱贫攻坚战略的总的指导思想是：认真贯彻落实习近平总书记系列重要讲话精神，把打赢脱贫攻坚战作为期货市场崇高的政治责任和历史使命，积极探索期货市场的普惠金融功能和机制，发挥期货行业优势，充分履行社会责任，形成多层次、多渠道、多方位的精准扶贫格局，为全面建成小康社会提供有力支持。

一是不断健全涉农期货品种体系。目前涉农品种包括22个农产品期货品种、2个农产品期权品种，覆盖粮、棉、油、糖、林木、禽蛋等。尤其是2017年上半年推出了豆粕、白糖期权交易，为农业产业链企业提供了更为精细化的风险管理工具，完善了期货市场产品体系。

二是创立和稳步扩大“保险＋期货”模式试点，推动形成农业补贴、农产品期货和农业保险的联动机制，最终形成农产品价格风险由期货市场承担、各方受益的闭环。

2015年，为了借助保险易于为农民理解和接受的特点，大商所在场外期权试点的基础上引入保险公司，首创“保险＋期货”模式，利用期货市场的价格发现和风险管理功能为保险产品的设计和再保险提供支持，取得了良好效果，这项工作在2016年、2017年连续两年被写入中央一号文件。

2016年大商所联合12家期货公司和7家保险公司在黑龙江、吉林、辽宁、内蒙古和安徽共同开展了12个试点项目，为4 000余户农民提供了价格保险服务，涉及大豆3.45万吨，玉米16.66万吨，有效保障了农民种粮收益。郑商所在贫困地区设立交割仓库，充分发挥交割仓库的辐射带动作用，促进当地经济社会发展，2016

年在贫困地区设立交割仓库 1 家，2017 年计划设立 3 家、目前已完成两家，2016～2017 年开展的 34 个“保险 + 期货”试点中，有 17 个项目在国家扶贫县。

某期货公司子公司于 2015 年以低于成本价向农户提供服务，当年大豆价格整体下行，农民通过行权普遍获得赔偿。其中一名农户直接赚取 2 万元保费，超出了他全年的收入水平。2017 年该公司继续在当地拓展业务，并向农业部争取获得了 500 万元的项目补贴。当地农民纷纷表示，即使政府不补贴也一定会积极购买。公司凭借其专业团队的交易对冲能力，在低于成本出售期权的前提下仍旧通过期货市场对冲获利，促成客户与公司双赢。

2017 年“保险 + 期货”试点项目逐步扩大，涉及天然橡胶、玉米、大豆、棉花、白糖 5 个期货品种。2017 年，上期所启动天然橡胶品种“期货 + 保险”精准扶贫试点推广工作，专门投入扶持资金 3 960 万元，覆盖海南省、云南省 15 个贫困区县，其中 14 个为国家级贫困县，被保险人均为贫困县的胶农，其中相当一部分还是国家级贫困县当地的建档立卡户，涉及天然橡胶现货产量约 36 000 吨，种植面积约 40 万亩。截至 2017 年 7 月 1 日，三家商品期货交易所共立项 79 个，其中 41 个项目涉及国家级贫困县；支持试点项目金额预算总计约 1.2 亿元。

三是助力脱贫攻坚战略。支持期货经营机构以“结对子”方式精准对接贫困地区。截至 7 月底，共有 54 家期货公司与 47 个地区的国家级贫困县（乡、村）签署 71 份结对帮扶协议，并通过在贫困地区设立分支机构、派驻驻村人员、录用贫困地区毕业生、残疾人、援助基础设施建设、捐资助学等多种手段，助力国家脱贫攻坚战略。多家期货公司积极响应中央一号文件提出的“积极引导涉农企业利用期货、期权管理市场风险”的号召，利用成熟的金融衍生品避险技术，通过开展专业培训、提供风险管理服务、“保险 + 期货”服务、“产业链整体”服务、利用自身信息技术优势帮助贫困地区进行产品推广等多种形式，发挥期货行业特色，为贫困县涉农企业和农户提供定制化的期货风险管理服务，帮助他们规避农产品价格下跌风险，实现增产增收和脱贫致富目标，取得了较好的实效。

期货市场坚决落实中央一号文件精神、稳步扩大“保险 + 期货”模式试点，立足行业特色、发挥期货行业精准扶贫专业优势，情系“三农”、心系扶贫、立足国情提供期货市场的应有之力，助力“中国梦想”。

下一步，我们将紧紧围绕全国金融工作会议提出的服务实体经济、防控金融风险、深化金融改革三项任务，促进经济和金融良性循环、健康发展。一是回归期货市场本源，将为实体经济服务作为期货市场监管工作的出发点和落脚点，不断加强基础制度建设，完善期货市场产品体系，提升期货市场服务实体经济的能力，更好地满足实体经济需求；二是持续加强市场监管，坚决抑制过度投机，不断强化期货交易所一线监管职责和期货经营机构规范发展，不断提高防范和化解风险能力，切实防范市场风险；三是稳步推进我国期货市场对外开放，提升我国大宗商品价格的国际影响力。具体做好以下工作：

第一，积极稳妥推进期货市场建设。在严守不发生系统性风险底线的基础上，积极支持期货交易所研发上市各类符合实体经济需求的期货新品种，为实体产业提供更丰富的风险管理工具。加快研究上市新品种，在总结豆粕、白糖期权成功运行经验的基础上，适时推出更多商品期权品种。同时，不断完善已上市期货、期权品种合约、规则，提升市场运行质量。

第二，全面提升期货市场服务“三农”的能力和水平。加快推进涉农品种研发上市工作。进一步探索期货市场服务“三农”的新模式和新举措，在扩大“点、面基地建设”“期货+订单”“粮食银行”等试点基础上，加大我国期货市场服务“三农”创新力度，逐步形成更多可复制、可推广的农业风险管理模式。督促及时完善制度规则与合约设计，优化交割库布局，进一步提升涉农品种的活跃度和影响力。

第三，继续加强市场监管和风险防范。以交易行为为中心，实现期货市场全面统一的穿透性监管，做到市场风险的早识别、早预警、早发现、早处置。加强实控账户管理，在实现客户身份有效识别的基础上，强化交易行为分析。强化对客户交易行为的监控，实现全市场穿透式监管。加强期货公司监管，促进期货公司稳健经营。在坚决抑制脱实向虚、防控金融风险的前提下，创造条件，使期货经营机构能更好地提升国际竞争力、服务好实体企业的风险管理以及促使实体企业实现经营模式的转型升级。深化期货交易所、期货市场监控中心及期货公司现场检查工作。

第四，进一步扩大期货市场对外开放。坚持“引进来”和“走出去”并重，推进我国期货市场对外开放。一是加快引入境外投资者的步伐。平稳推进原油期货上市工作，积极推进铁矿石等条件成熟的商品期货引入境外投资者，支持和鼓励更多合格的境外投资者参与国内商品期货交易。积极研究金融期货引入境外投资者的方案，为我国经济和金融市场对外开放提供更加多样的风险管理工具。二是扩大境内外交割区域。扩大保税交割品种和范围，继续推动完善税收等配套政策。适应相关期货品种国际化需求，支持期货交易所在境外设立交割仓库和办事处，为实体企业提供丰富、便捷的跨境定价与风险管理服务。三是开展灵活多样对外合作。重点围绕“一带一路”沿线国家和地区，支持各交易所结合自身特点和优势，综合运用股权、产品、业务等多种形式，与境外交易所开展合作。四是鼓励期货经营机构国际化发展。支持期货经营机构在境外设立、收购公司，引入境外股东，积极开展跨境业务。五是加强与境外监管机构的跨境监管合作。在加强境内市场监管的同时，还要完善与境外监管机构跨境监管合作的制度安排，加强在运行监测和风险防控方面的合作，特别是市场处于极端状态下的监管合作，为期货市场对外开放创造良好环境。

“浩渺行无极，扬帆但信风。”展望未来，中国证监会将进一步学习贯彻全国金融工作会议精神，坚持期货服务实体经济的根本发展方向，坚持市场化法治化国际化的改革方向，不忘初心、继续前进，努力开创期货市场持续健康稳定发展的新局面，为实现“两个一百年”奋斗目标、实现中华民族伟大复兴的中国梦而不懈奋斗！

特别专题二

2017 年全球期货与其他衍生品行业发展报告

>>> 第一节 全球期货与其他衍生品市场交易概况

一、全球期货与其他场内衍生品市场总体发展概况

2017 年全球期货与其他场内衍生品成交量 5 年以来首次未出现增长。根据美国期货业协会（FIA）对全球 79 家交易所中期货与期权成交量统计结果，2017 年全球交易所合约成交量为 251.99 亿手，相较 2016 年的 252.20 亿手出现了小幅下滑，下滑幅度 0.1%。

在 2017 年的场内衍生品成交细分数据中，期货和期权的成交量一降一升。期货成交量相较 2016 年下降了 6.6% 至 148.43 亿手，期权成交量较 2016 年上升 11% 至 103.56 亿手，为 5 年来最高水平。虽然 2017 年美国互换市场交投活跃，但是难抵欧洲和亚太市场规模的下滑。

分大类来看，金融衍生品在 2017 年市场活跃度有所增加。利率衍生品成交量增幅达到 12.9%，总量达到了 1.59 亿手，创造了历史最高纪录。随着股票市场的复苏，股指衍生品也从 2016 年的颓势中复苏，成交量增长 5.6%。但是商品市场相对于 2016 年有所下滑，其中农产品期货与期权成交量减少了 13 亿手，是 2013 年以来

的最低水平。

2008～2017 年全球交易所期货和期权成交量对比见图 1。

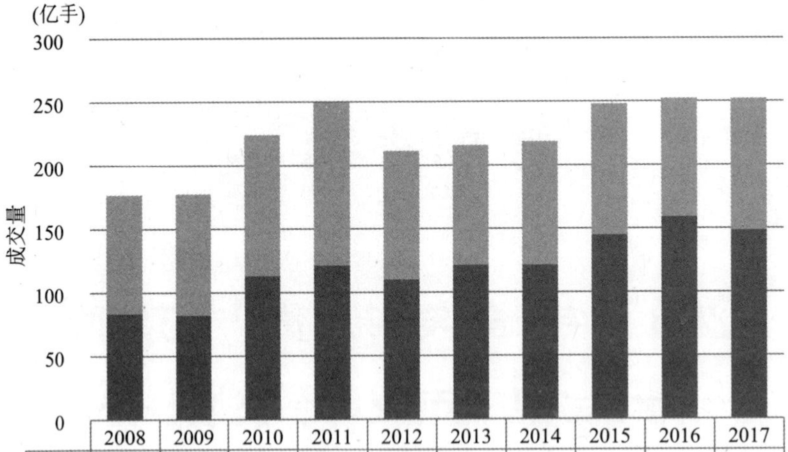

	2008	2009	2010	2011	2012	2013	2014	2015	2016	2017
■期权	93.56	95.51	111.21	128.24	101.18	94.31	97.12	103.23	93.28	103.56
■期货	83.20	81.89	112.98	121.22	110.11	121.40	121.41	144.78	158.92	148.43

图 1　2008～2017 年全球交易所期货和期权成交量对比

数据来源：美国期货业协会（FIA）。

（一）全球期货及其他场内衍生品成交量地域分布

2017 年各地区期货与其他场内衍生品交易情况基本延续了 2016 年的格局。北美地区成交量延续增长态势，增幅 3.5%，成交近 89 亿手。亚太地区在 2015 年大跨步跃居榜首后连续两年回落，2017 年成交量减少 4.0%，成交 88 亿手再度被北美地区超越。欧洲地区成交量减少 4.7%，2017 年成交量 49.36 亿手。拉美地区成交量以 22.1% 的速度加速增长，规模达到了近 20 亿手。

表 1　　2016～2017 年全球期货与其他场内衍生品成交量分地区比较情况

地区	2017 年成交量（手）	2016 年成交量（手）	同比变化（%）
北美	8 886 461 060	8 590 060 261	3.5
亚太	8 809 399 561	9 180 874 700	-4.0
欧洲	4 936 045 987	5 179 761 861	-4.7
拉美	1 971 927 150	1 615 293 377	22.1
其他	595 154 992	654 024 124	-9.0
全球	25 198 988 750	25 220 014 323	-0.1

数据来源：美国期货业协会（FIA）。

注：交易所所在地区按交易所注册地划分；其他地区包括希腊、以色列、南非以及土耳其。

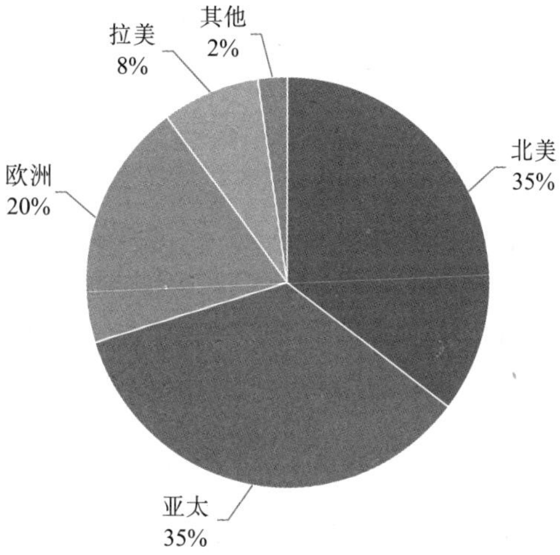

图 2　2017 年全球期货与其他场内衍生品成交量地域分布

数据来源：美国期货业协会（FIA）。

（二）全球各交易所期货及其他场内衍生品成交量概况

在 2017 年全球各交易所期货与其他衍生品交易量排名中，前三名并未发生变化，依旧是芝加哥商业交易所集团（CME Group）、印度国家证券交易所（NSE）和洲际交易所集团（ICE）。由于期权市场的大幅增长，芝加哥期权交易所集团（CBOE Holdings）成交量增长 10.9% 由 2 016 的第十名升至第四名。巴西证券期货交易所（B3）以 21.7% 的增幅由第九名升至第五名。需要强调的是，芝加哥期权交易所集团（CBOE Holdings）的结构出现较大变化：新纳入了 BATS 交易所和 EDGX 交易所。

国内商品期货交易所成交量出现不同程度萎缩，排名有所下降。上海期货交易所成交量下滑 18.8%，排名由第六位下降到第九位；大连商品交易所成交量下滑 28.4%，排名由第八位下降到第十位；郑州商品交易所成交量下滑 35.5%，排名由第十一位下降到第十三位。

2017 年全球各交易所/交易所集团期货与其他衍生品交易量前 20 名见表 2。

表 2　2017 年全球各交易所/交易所集团期货与其他衍生品交易量前 20 排名

排名	交易所/交易所集团名称	2017 年成交量（手）	2016 年成交量（手）	同比变化（%）
1	芝加哥商业交易所集团（CME Group）	4 088 910 011	3 942 194 737	3.7
2	印度国家证券交易所（NSE）	2 465 333 505	2 119 462 820	16.3
3	洲际交易所集团（ICE）	2 125 404 062	2 038 129 470	4.3
4	芝加哥期权交易所集团（CBOE Holdings）	1 810 195 197	1 632 996 526	10.9
5	巴西证券期货交易所（B3）	1 809 358 955	1 487 305 788	21.7
6	纳斯达克集团（Nasdaq）	1 676 626 292	1 575 700 250	6.4
7	欧洲期货交易所（Eurex）	1 675 898 310	1 727 460 135	-3.0

续表

排名	交易所/交易所集团名称	2017 年成交量（手）	2016 年成交量（手）	同比变化（%）
8	莫斯科交易所（Moscow Exchange）	1 584 632 965	1 950 145 218	-18.7
9	上海期货交易所（SHEF）	1 364 243 528	1 680 711 841	-18.8
10	大连商品交易所（DCE）	1 101 280 152	1 537 479 768	-28.4
11	韩国交易所（KRX）	1 015 335 674	692 990 540	46.5
12	孟买证券交易所（BSE）	609 215 973	543 058 508	12.2
13	郑州商品交易所（ZCE）	586 070 148	901 297 047	-35.0
14	南非约翰内斯堡证券交易所（JSE）	382 944 302	479 202 245	-20.1
15	香港交易所集团（HKEx）	372 186 941	344 642 173	8.0
16	日本交易所集团（JPX）	322 408 620	337 537 333	-4.5
17	台湾期货交易所（TAIFEX）	265 705 669	241 678 556	9.9
18	澳大利亚证券交易所（ASX）	248 449 405	244 460 039	1.6
19	迈阿密国际证券交易所	232 223 967	247 112 479	-6.0
20	印度多种商品交易所	198 614 562	245 077 515	-19.0

数据来源：美国期货业协会（FIA）。

2017 年各交易所集团旗下交易所成交概况见表 3。

表 3　　2017 年全球各交易所集团旗下交易所成交概况

交易所	2017 年成交量（手）	同比变化（%）
芝加哥商业交易所集团（CME Group）	4 088 910 011	3.7
芝加哥商业交易所（Chicago Mercantile Exchange）	1 891 568 233	-2.5
芝加哥期货交易所（Chicago Board of Trade）	1 408 034 345	10.5
纽约商业交易所（New York Mercantile Exchange）	653 295 150	5.6
商品交易所（COMEX）	136 012 283	23.5
洲际交易所集团（Intercontinental Exchange）	2 125 404 062	4.3
洲际交易所欧洲期货分所（ICE Futures Europe）	1 166 947 836	19.8
洲际交易所美国期货分所（ICE Futures U. S.）	354 504 852	-4.3
纽约证券交易所高增长板期权市场（NYSE Arca[1]）	302 568 725	-22.2
纽约证券交易所泛美证券交易所（NYSE Amex[1]）	293 548 459	-1.0
洲际交易所加拿大期货分所（ICE Futures Canada）	5 545 879	-13.8
洲际交易所新加坡期货分所（ICE Futures Singapore）	2 288 311	14.2
芝加哥期权交易所集团（CBOE Holdings）	1 810 195 197	10.9
芝加哥期权交易所（Chicago Board Options Exchange[1]）	1 132 457 708	9.6
BATS 交易所（BATS Exchange[1]）	409 693 613	-0.6
C2 交易所（C2 Exchange[1]）	141 207 528	55.1
CBOE 期货交易所（CBOE Futures Exchange）	73 991 390	23.0

续表

交易所	2017年成交量（手）	同比变化（%）
EDGX 期权交易所（EDGX Options Exchange[1]）	52 844 958	45.1
纳斯达克集团（Nasdaq）	1 676 626 292	6.4
纳斯达克费城股票交易所（Nasdaq PHLX[1]）	641 637 538	10.2
纳斯达克期权交易所（Nasdaq Options Market[1]）	340 852 645	20.1
美国国际证券交易所（International Securities Exchange[1]）	334 888 824	-26.8
美国国际证券交易所 Gemini 分所（International Securities Exchange Gemini[1]）	191 019 945	114.2
纳斯达克北欧交易所（Nasdaq Exchanges Nordic Markets）	86 420 359	-5.1
纳斯达克能源交易所（Nasdaq NFX）	49 108 109	53.7
纳斯达克波士顿交易所（Nasdaq Boston[1]）	23 967 125	-19.8
美国国际证券交易所 Mercury 分所（International Securities Exchange Mercury[1,2]）	5 731 749	-10.9
纳斯达克商品交易所（Nasdaq Commodities）	2 823 651	-20.0
纳斯达克伦敦交易所（Nasdaq NLX）	176 347	-66.4
孟买股票交易所（BSE）	609 215 973	12.2
孟买股票交易所（BSE）	608 434 204	12.0
印度国际交易所（India International Exchange[3]）	781 769	n/a
香港交易所集团（Hong Kong Exchanges and Clearing）	372 186 941	8.0
香港交易所（Hong Kong Exchanges and Clearing）	214 845 348	14.2
伦敦金属交易所（London Metal Exchange）	157 341 593	0.5
澳大利亚证券交易所集团（ASX）	248 449 405	1.6
ASX 24 交易所（ASX 24）	147 871 580	3.8
澳大利亚证券交易所（ASX）	100 577 825	-1.4
迈阿密国际证券交易所（Miami International Holdings[1]）	232 223 967	-6.0
迈阿密期权交易所（MIAX Options[1]）	191 153 873	-22.6
迈阿密珍珠期权交易所（MIAX Pearl[1,4]）	41 070 094	n/a
多伦多证券交易所集团（TMX Group）	183 171 887	-8.9
蒙特利尔交易所（Montreal Exchange）	96 267 503	4.7
波士顿期权交易所（Boston Options Exchange[1]）	86 904 384	-20.4

注：1. 这些交易所的未平仓合约归于结算公司；

2. 美国国际证券交易所 Mercury 分所于 2016 年 2 月开始交易；

3. 印度国际交易所于 2017 年 1 月开始交易；

4. 迈阿密珍珠期权交易所于 2017 年 2 月开始交易。

数据来源：美国期货业协会（FIA）。

（三）全球期货及其他场内衍生品交易品种成交量分布

由于期货和期权表现迥异，各品种在两种产品的表现也值得关注。

1. 期货方面

2017 年期货成交量整体萎缩，但利率期货继续加速增长，总量达到了 31.8 亿手，增长 10.29%，刷新了 2007 年以来的最高点。但除了个股期货增长 4.73% 以外，其余期货品种纷纷下滑。商品期货在经历 2016 年的爆发之后有所回落，农产品降幅最大达到 33.72%，能源和非贵金属降幅分别为 2.53% 和 7.35%。

由于农产品交易量的大幅回落，能源类商品成为交易量最大商品期货，2017 年交易量小幅回落 2.53%，成交规模仍然维持在 20 亿手以上。莫斯科交易所的布伦特原油期货交易量小幅增长 3.7%，仍以 4.52 亿手的规模排名首位，纽约商品交易所的 WTI 轻质原油气期货和洲际交易所欧洲期货分所的布伦特原油期货交易量分别上升 12.0% 和 14.7%，分列二三位。

中国市场一直是农产品合约交易的主导者。在农产品合约成交前 20 名中，有 60% 的合约来自中国期货交易所，且前 10 名中仅有芝加哥期货交易所的玉米期货（第 3 名）和大豆期货（第 9 名）来自非中国市场。虽然大连商品交易所的豆粕合约在 2017 年交易量大幅下滑 58.1%，但仍然是全球成交量最大的农产品合约，规模 1.63 亿手。值得注意的是，中国农产品期货合约交易量在 2017 年均出现大幅下滑，菜粕期货交易量甚至下滑了 67.6%。

中国市场在金属品种交易中同样占领重要地位，全球排名前 10 的合约中仅有芝加哥商品交易所的黄金期货（第 6 名）和伦敦金属交易所的铝期货（第 10 名）为非中国市场合约。国内 2016 年活跃的螺纹钢期货和镍期货在 2017 年分别出现 24.8% 和 26% 的下滑，但螺纹钢期货依然以 7.02 亿手的成交规模位列第一，镍期货排名第 5。热轧卷板期货成交量大幅增长 138.3%，达到 1.03 亿手。

此外，股指和个股期货成交量出现分化，分别下降 6.26% 和上升 4.73%，成交 25.0 亿手和 12.8 亿手。贵金属期货总成交量持续下滑，继 2016 年下滑 1.44% 后，2017 年大幅下滑 11.04%。

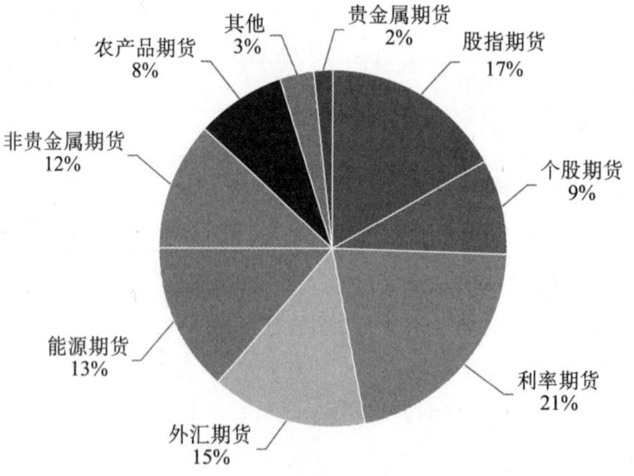

图 3　2017 年全球期货成交量品种分布

数据来源：美国期货业协会（FIA）。

2. 期权方面

2016 年股票指数下滑明显，个股期权成交量甚至达到近 10 年来最低。但 2017 年股票指数表现良好，较 2016 年有显著增加。其中股指期权成交量上涨 12.7%，成交量达到50.1 亿手。个股期权成交量有小幅度回暖4.2%，成交34.7 亿手，但仍处于低位。利率期权和外汇期权的成交量也有一定幅度的上升，其他种类变动较小。综合来看，2017 年期权整体成交量上涨 11.0%，达到 103.6 亿手。其中，股指期权成交量占到了期权总体成交量的 48%，个股期权成交量占 33%，利率期权和外汇期权成交量均占到 8%左右，其余品种期权成交占比不足 3%。

2016～2017 年各品种期货及期权成交量情况对比见表 4。

表 4　2016～2017 年全球各交易所/交易所集团期货与其他衍生品交易量前 20 排名

品种种类	2017 年成交量（手）	2016 年成交量（手）	同比变化（%）
股票指数	7 515 995 962	7 118 040 120	5.6
个股	4 754 265 481	4 557 835 036	4.3
利率	3 967 995 478	3 514 684 376	12.9
外汇	2 984 103 489	3 077 836 865	-3.0
能源	2 171 206 765	2 214 163 491	-1.9
非贵金属	1 740 499 534	1 877 347 635	-7.3
农产品	1 306 068 499	1 932 074 899	-32.4
其他	479 719 598	615 894 866	-22.1
贵金属	279 133 944	312 137 035	-10.6
总计	25 198 988 750	25 220 014 323	-0.1

数据来源：美国期货业协会（FIA）。

2016～2017 年全球期货及其他场内衍生品各品种成交量对比见图 4。

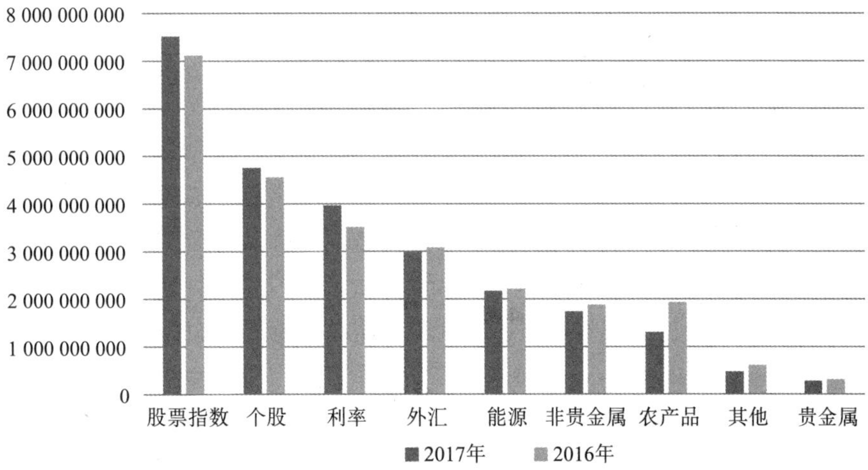

图 4　2016～2017 年全球期货及其他场内衍生品各品种成交量对比

数据来源：美国期货业协会（FIA）。

2017 年全球期货及其他场内衍生品各品种成交量分布见图 5。

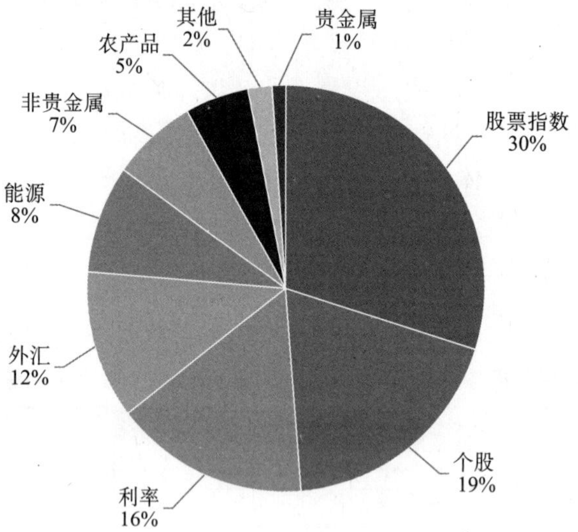

图 5　2017 年全球期货及其他场内衍生品各品种成交量分布

数据来源：美国期货业协会（FIA）。

2017 年全球股票指数、农产品、金属、利率、外汇、能源期货及期权成交量排名前五位合约见表 5 ~ 表 10。

表 5　　2017 年全球股票指数期货及期权成交量排名前 5 位合约

排名	交易品种及上市交易所	指数乘数	2016 年成交量（手）	2017 年成交量（手）	同比变化（%）
1	银行精选指数期权，印度国家证券交易所（NSE）	N/A	319 723 806	800 401 601	150.3
2	SPDR 标普 500ETF 期权*	N/A	671 613 667	634 508 023	-5.5
3	CNX 精选指数期权，印度国家证券交易所（NSE）	50 印度卢比	715 273 610	562 315 794	-21.4
4	Kospi 200 指数期权，韩国交易所	500 000 韩元	337 007 133	540 103 609	60.3
5	电子迷你标普 500 指数期货，芝加哥商业交易所（CME）	50 美元	472 678 663	365 601 616	-22.7

注：* 美国多家期权交易所交易。

数据来源：美国期货业协会（FIA）。

表 6　　2017 年全球农产品期货及期权成交量排名前 5 位合约

排名	交易品种及上市交易所	交易单位（吨）	2016 年成交量（手）	2017 年成交量（手）	同比变化（%）
1	豆粕期货，大连商品交易所（DCE）	10	388 949 970	162 877 864	-58.1
2	玉米期货，大连商品交易所（DCE）	10	122 362 964	127 323 949	4.1
3	玉米期货，芝加哥期货交易所（CBOT）	5 000 蒲式耳	85 625 219	89 876 782	5.0
4	橡胶期货，上海期货交易所（SHFE）	10	97 371 256	89 341 052	-8.2
5	菜粕期货，郑州商品交易所（ZCE）	10	246 267 758	79 736 545	-67.6

数据来源：美国期货业协会（FIA）。

表 7　　2017 年全球金属期货及期权成交量排名前 5 位合约

排名	交易品种及上市交易所	交易单位（吨）	2016 年成交量（手）	2017 年成交量（手）	同比变化（%）
1	螺纹钢期货，上海期货交易所（SHFE）	10	934 148 409	702 019 499	-24.8
2	铁矿石期货，大连商品交易所（DCE）	100	342 265 309	328 743 737	-4.0
3	热轧卷板期货，上海期货交易所（SHFE）	10	43 281 751	103 131 555	138.3
4	锌期货，上海期货交易所（SHFE）	5	73 065 922	91 449 266	25.2
5	镍期货，上海期货交易所（SHFE）	1	100 249 941	74 154 526	-26.0

数据来源：美国期货业协会（FIA）。

表 8　　2017 年全球利率期货及期权成交量排名前 5 位合约

排名	交易品种及上市交易所	交易单位	2016 年成交量（手）	2017 年成交量（手）	同比变化（%）
1	欧洲美元期货，芝加哥商业交易所（CME）	1 000 000 美元	654 947 336	639 847 185	-2.3
2	十年期美国国债期货，芝加哥期货交易所（CBOT）	100 000 美元	350 762 158	375 338 442	7.0
3	一天期银行间存款期货，巴西证券期货交易所（BM&F）	100 000 巴西雷亚尔	302 518 177	354 386 047	17.1

续表

排名	交易品种及上市交易所	交易单位	2016 年成交量（手）	2017 年成交量（手）	同比变化（%）
4	五年期美国国债期货，芝加哥期货交易所（CBOT）	100 000 美元	201 904 771	226 441 088	12.2
5	三个月期英镑利率期货，洲际交易所欧洲期货分所（ICE Europe）	500 000 英镑	153 940 833	198 845 679	29.2

数据来源：美国期货业协会（FIA）。

表 9　　2017 年全球外汇期货及期权成交量排名前 5 位合约

排名	交易品种及上市交易所	交易单位（美元）	2016 年成交量（手）	2017 年成交量（手）	同比变化（%）
1	美元/俄罗斯卢布期货，莫斯科交易所（Moscow Exchange）	1 000	860 140 157	590 260 376	-31.4
2	美元/印度卢比期权，印度国家证券交易所（NSE）	1 000	351 632 420	371 600 526	5.7
3	美元/印度卢比期权，孟买证券交易所（BSE）	1 000	207 386 529	334 052 119	61.1
4	美元/印度卢比期货，印度国家证券交易所（NSE）	1 000	351 162 981	312 477 915	-11.0
5	美元/印度卢比期货，孟买证券交易所（BSE）	1 000	319 413 292	262 138 344	-17.9

数据来源：美国期货业协会（FIA）。

表 10　　2017 年全球能源期货及期权成交量排名前 5 位合约

排名	交易品种及上市交易所	交易单位	2016 年成交量（手）	2017 年成交量（手）	同比变化（%）
1	布伦特原油期货，莫斯科交易所	10 桶	435 468 923	451 643 376	3.7
2	轻质低硫原油期货，纽约商业交易所（NYMEX）	1 000 桶	276 768 438	310 052 767	12.0
3	布伦特原油期货，洲际交易所欧洲期货分所（ICE Europe）	1 000 桶	210 561 053	241 544 633	14.7
4	亨利港天然气期货，纽约商业交易所（NYMEX）	10 000 百万英国热量单位（MMBTU）	97 480 591	108 391 797	11.2
5	沥青期货，上海期货交易所（SHFE）	10 吨	186 814 247	97 440 530	-47.8

数据来源：美国期货业协会（FIA）。

二、美国期货及其他场内衍生品市场发展概况

（一）美国期货及其他场内衍生品市场成交量概况

在2017年，美国期货及其他场内衍生品市场成交量为87.85亿手，较2016年上升3.45%，在全球场内衍生品成交量上继续保持领先地位。

表11　　2016～2017年美国场内衍生品成交情况对比

2017年成交量（手）	2016年成交量（手）	同比变化（%）
8 784 647 678	8 491 706 301	3.45

资料来源：美国期货业协会（FIA）。

（二）美国期货及其他场内衍生品成交量在各交易所的分布情况

四大交易所集团，芝加哥期权交易所集团（CBOE Group）、芝加哥商业交易所集团（CME Group）、纳斯达克OMX集团（美国市场）及洲际交易所集团（Intercontinental Exchange Group），在美国场内衍生品市场依旧占据领导地位，包揽了超过90%的交易量。

芝加哥商业交易所集团（CME Group）继续把持行业龙头位置，成交量为美国各交易所总成交量的46%，比例持平于2016年，较2015年的44%有所上升；该集团旗下的三家交易所——芝加哥期货交易所（CBOT）、纽约商业交易所（NYMEX）和商业交易所（COMEX）在2017年成交量均有所增加。而芝加哥商品交易所（CME）2017年的交易量较去年有所下降。2017年集团总成交量达到40.89亿手，同比攀升3.7%。

同时，2016年并入纳斯达克的三家美国国际交易所，除ISE Gemini交易量呈现大幅抬升外，另两家的在2017年的交易量皆出现了较为明显下跌（见表12和图5）。

表12　　2017美国市场各主要交易所/交易所集团成交量对比

交易所/交易所集团	2017年成交量（手）	同比变化（%）
芝加哥商业交易所（Chicago Mercantile Exchange）	1 891 568 233	-2.5
芝加哥期货交易所（Chicago Board of Trade）	1 408 034 345	10.5
纽约商业交易所（New York Mercantile Exchange）	653 295 150	5.6
商品交易所 Commodity Exchange（COMEX）	136 012 283	23.5
芝加哥商业交易所集团（CME Group）	4 088 910 011	3.7
洲际交易所美国期货分所（ICE Futures U. S.）	354 504 852	-4.3
纽约证券交易所高增长板期权市场（NYSE Arca）	302 568 725	-22.2

续表

交易所/交易所集团	2017 年成交量（手）	同比变化（%）
纽约证券交易所泛美期权市场（NYSE Amex）	293 548 459	-1.0
洲际交易所集团（Intercontinental Exchange）	950 622 036	4.3
芝加哥期权交易所（Chicago Board Options Exchange）	1 132 457 708	9.6
BTAS 期权交易所（BATS Exchange）	409 693 613	-0.6
C2 期权交易所（C2 Exchange）	141 207 528	55.1
CBOE 期货交易所（CBOE Futures Exchange）	73 991 390	23.0
EDGX 期权交易所（EDGX Options Exchange）	52 844 958	45.1
芝加哥期权交易所集团（Nasdaq PHLX）	1 810 195 197	10.9
纳斯达克 OMX 费城股票交易所（Nasdaq PHLX）	641 637 538	10.2
纳斯达克期权交易所（Nasdaq Options Market）	340 852 645	20.1
美国国际证券交易所（International Securities Exchange）	334 888 824	-26.8
美国国际证券交易所 Gemini 分所（ISE Gemini）	191 019 945	114.2
纳斯达克期货交易所（Nasdaq NFX）	49 108 109	53.7
纳斯达克 OMX 波士顿期权交易所（Nasdaq Boston）	23 967 125	-19.8
美国国际证券交易所 Mercury 分所（ISE Mercury）*	5 731 749	-10.9
纳斯达克 OMX 集团（Nasdaq）	1 587 205 935	6.4
迈阿密期权交易所（MIAX Options）	191 153 873	-22.6
迈阿密珍珠期权交易所（MIAX Pearl）	41 070 094	n/a
波士顿期权交易所（BOX）	86 904 384	-20.4
迈阿密国际证券交易所（Miami International Holdings）	319 128 351	-6.0
OneChicago 期货交易所（One Chicago）	14 929 997	20.5
北美衍生品交易所（North American Derivatives Exchange）	10 416 392	19.1
明尼阿波利斯谷物交易所（MGEX）	2 799 365	28.1
LedgerX 比特币期权交易所（LedgerX）*	4 513	n/a

注：LedgerX 从 2017 年 10 月开始交易；美国国际证券交易所 Mercury 分所从 2016 年 2 月开始交易。
数据来源：美国期货业协会（FIA）。

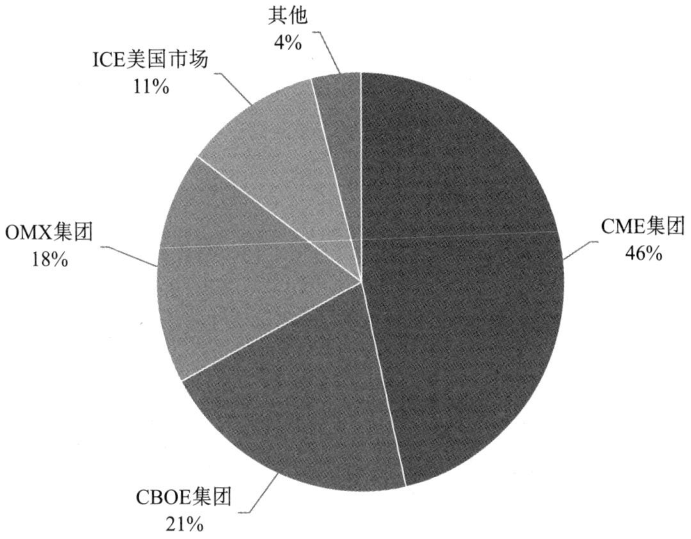

图6 2017年美国各主要交易所/交易所集团成交量分布

数据来源：美国期货业协会（FIA）。

（三）美国期货及其他场内衍生品市场主要品种合约成交概况

美国市场在场内衍生品市场中表现一如既往的强势，全球六个品种合约成交量前20位排行榜中，都依旧有美国市场的身影。芝加哥商业交易所集团（CME Group）旗下的3家交易所占据了美国市场部分的绝大多数位置，且各自分工明确：芝加哥商业交易所（CME）在外汇、股指方面表现突出、芝加哥期货交易所（CBOT）是农产品、利率市场的巨头，而能源和金属期货、期权品种排名中，纽约商业交易所（Nymex）上市的品种合约有绝对的优势（见表13～表18）。

表13 2017年美国农产品合约成交量排名进入全球前20情况

排名	交易品种及上市交易所	交易单位	2017年（手）	2016年（手）	同比变化（%）
3	玉米期货，CBOT	5 000蒲式耳	89 876 782	85 625 219	5.0
9	大豆期货，CBOT	5 000蒲式耳	54 504 169	61 730 753	-11.7
12	小麦期货，CBOT	5 000蒲式耳	33 717 805	31 059 726	8.6
13	11号白糖期货，ICE Futures U.S.	112 000磅	30 961 148	33 115 334	-6.5
14	豆油期货，CBOT	60 000磅	30 232 316	29 429 298	2.7
17	豆粕期货，CBOT	100吨	25 996 399	25 953 938	0.2
19	玉米期权，CBOT	5 000蒲式耳	23 884 970	22 794 484	4.8
20	大豆期权，CBOT	5 000蒲式耳	16 980 581	20 109 648	-15.6

数据来源：美国期货业协会（FIA）。

表 14　　2017 年美国能源合约成交量排名进入全球前 20 情况

排名	交易品种及上市交易所	交易单位	2017 年成交量（手）	2016 年成交量（手）	同比变化（%）
2	低硫轻质原油期货，Nymex	1 000 桶	310 052 767	276 768 438	12.0
4	亨利港天然气期货，Nymex	10 000 百万英国热量单位（MMBTU）	108 391 797	97 480 591	11.2
8	纽约港 RBOB 汽油期货，Nymex	42 000 加仑	49 910 909	45 428 663	9.9
9	纽约港超轻柴油期货，Nymex	42 000 加仑	43 596 206	39 389 349	10.7
10	原油期权，Nymex	1 000 桶	42 901 045	45 879 991	-6.5
14	美国石油基金 ETF 期权*	N/A	33 585 488	46 948 980	-28.5
16	欧式天然气期权，Nymex	10 000 百万英国热量单位（MMBTU）	28 303 431	23 520 044	20.3
17	布伦特原油最后交易日期货，Nymex	1 000 桶	21 839 889	23 713 109	-7.9

注：* 美国多家期权交易所交易。

数据来源：美国期货业协会（FIA）。

表 15　　2017 年美国股指合约成交量排名进入全球前 20 情况

排名	交易品种及上市交易所	交易单位	2017 年成交量（手）	2016 年成交量（手）	同比变化（%）
2	SPDR 标普 500 ETF 期权*	N/A	634 508 023	671 613 667	-5.5
5	电子迷你标普 500 指数期货，CME	50 美元	365 601 616	472 678 663	-22.7
6	标普 500 指数期权，CBOE	100 美元	292 029 953	257 953 004	13.2
12	波动率指数期权，CBOE	100 美元	181 311 346	148 246 402	22.3
13	Powershares QQQ ETF 期权*	N/A	160 178 790	111 873 109	43.2
15	安硕罗素 2000 指数 ETF 期权*	N/A	127 378 520	140 662 647	-9.4
16	iPath 标普 500 VIX 短期期货 ETN 期权*	N/A	76 890 416	74 118 316	3.7
17	安硕 MSCI 新兴市场 ETF 期权*	N/A	75 607 260	87 941 483	-14.0
18	CBOE 波动率（VX）期货，CBOE 期货交易所	N/A	73 858 885	60 170 725	22.7

注：* 美国多家期权交易所交易。

数据来源：美国期货业协会（FIA）。

表 16　　2017 年美国外汇合约成交量排名进入全球前 20 情况

排名	交易品种及上市交易所	交易单位	2017 年成交量（手）	2016 年成交量（手）	同比变化（%）
11	欧元期货，CME	12 500 欧元	56 455 834	49 455 909	14.2
12	日元期货，CME	12 500 000 日元	41 623 449	36 588 788	13.8
16	英镑期货，CME	62 500 英镑	31 167 897	29 126 002	7.0
17	澳元期货，CME	100 000 澳元	24 054 242	25 303 506	-4.9

数据来源：美国期货业协会（FIA）。

表 17　　2017 年美国利率合约成交量排名进入全球前 20 情况

排名	交易品种及上市交易所	交易单位	2017 年成交量（手）	2016 年成交量（手）	同比变化（%）
1	欧洲美元期货，CME	1 000 000 美元	639 847 185	654 947 336	-2.3
2	10 年期美国国债期货，CBOT	10 000 美元	375 338 442	350 762 158	7.0
4	5 年期美国国债期货，CBOT	10 000 美元	226 441 088	201 904 771	12.2
8	欧洲美元中期利率期权，CME	1 000 000 美元	190 004 215	140 529 194	35.2
9	欧洲美元期权，CME	1 000 000 美元	153 425 834	168 254 035	-8.8
11	10 年期美国国债期权，CBOT	10 000 美元	128 546 313	98 504 626	30.5
13	2 年期美国国债期货，CBOT	20 000 美元	97 249 457	81 874 197	18.8
15	30 年期美国国债期货，CBOT	10 000 美元	73 337 240	70 203 290	4.5

数据来源：美国期货业协会（FIA）。

表 18　　2017 年美国金属合约成交量排名进入全球前 20 情况

排名	交易品种及上市交易所	交易单位	2017 年成交量（手）	2016 年成交量（手）	同比变化（%）
6	黄金期货，COMEX	100 金衡盎司	72 802 171	57 564 840	26.5
11	SPDR 黄金 ETF 期权*	N/A	33 418 599	52 017 471	-35.8
14	铜期货，COMEX	25 000 磅	27 051 503	21 524 547	25.7
17	白银期货，COMEX	5 000 盎司	23 034 989	18 218 740	26.4

注：* 美国多家期权交易所交易。

数据来源：美国期货业协会（FIA）。

三、欧洲期货及其他场内衍生品市场发展概况

（一）欧洲期货及其他场内衍生品市场成交量概况

2017 年，欧洲期货及其他场内衍生品市场成交量持续高幅度增长，增幅达到 21.52%，成交量达到 60.76 亿手。2012～2017 年欧洲期货与其他场内衍生品市场成交量对比见图 7。

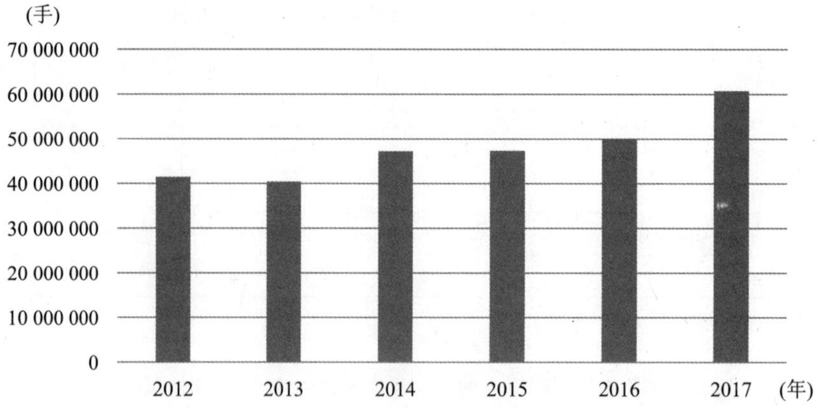

图7　2012～2017年欧洲期货与其他场内衍生品市场成交量比较

数据来源：美国期货业协会（FIA）。

（二）欧洲期货及其他场内衍生品成交量在各交易所的分布情况

欧洲市场主要的交易所/交易所集团分别为欧洲期货交易所（Eurex）、莫斯科交易所（Moscow、Exchange）、伦敦金属交易所（LME）、纳斯达克OMX集团（欧洲市场）以及洲际交易所集团（欧洲市场）、泛欧交易所（LME）等（见图8）。

其中，欧洲期货交易所、洲际交易所集团欧洲市场部分、莫斯科交易所这三大交易所/交易所集团的成交量份额占欧洲市场总成交量的90%。2017年成交规模最大的为欧洲期货交易所，交易量同比增加19.8%至11.67亿手，在欧洲市场中占比34%，莫斯科交易所成交量减少了18.7%，至15.85亿手，退居第二，占比32%，而洲际交易所集团欧洲市场以11.67亿手的成交量位列第三，占比24%。

2017年欧洲主要交易所/交易所集团成交量情况见表19。

表19　2017年欧洲主要交易所/交易所集团成交量情况

交易所/交易所集团	2016年成交量（手）	同比变化（%）
纳斯达克OMX北欧交易所（Nasdaq OMX Nordic）	86 420 359	-5.1
纳斯达克OMX商品交易所	2 823 651	-20.0
伦敦金属交易所（LME）	157 341 593	0.5
莫斯科交易所（Moscow Exchange）	1 584 632 965	-18.7
洲际交易所欧洲期货分所（ICE Futures Europe）	1 166 947 836	19.8
欧洲期货交易所（Eurex）	1 675 898 310	-3.0
泛欧交易所（Euronext）	140 276 927	11.1

数据来源：美国期货业协会（FIA）。

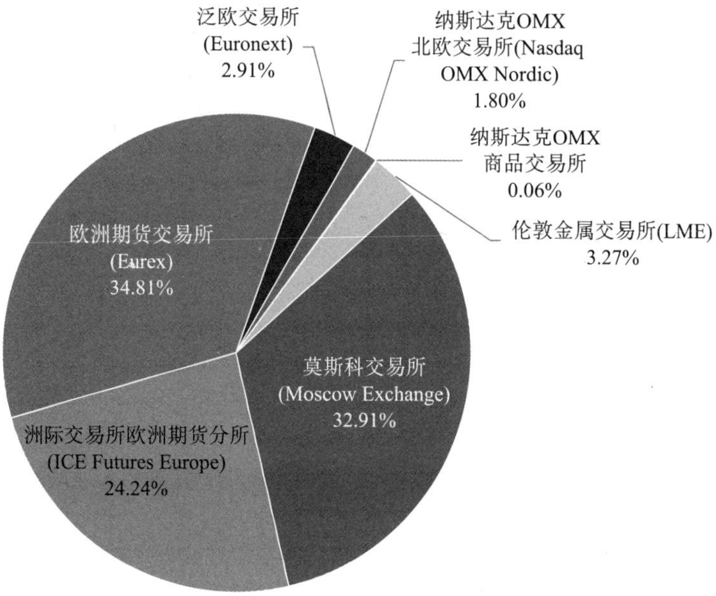

图 8　2017 年欧洲主要交易所/交易所集团成交量分布

数据来源：美国期货业协会（FIA）。

（三）欧洲期货及其他场内衍生品市场主要品种成交概况

2017 年欧洲市场各品种合约的表现基本延续了 2016 年的表现，除了农产品合约外，其他个品种均有进入全国成交量前 20 位的合约，表 20、表 21、表 22、表 23 和表 24 依次列出了在股指类、金属类、利率类、能源类及外汇类品种成交量全球排名前 20 位中欧洲市场的情况。

表 20　2017 年欧洲股指合约成交量排名进入全球前 20 情况

排名	交易品种及上市交易所	指数乘数	2016 年（手）	2017 年（手）	同比变化（%）
8	欧元 toxx 50 指数期货，Eurex	10 欧元	374 452 071	282 107 311	-24.70
9	欧元 Stoxx 50 指数期货，Eurex	10 欧元	286 246 451	263 152 091	-8.10
14	RTS 指数期货，莫斯科交易所	2 美元	204 593 580	134 467 991	-34.30

数据来源：美国期货业协会（FIA）。

表 21　2017 年欧洲金属合约成交量排名进入全球前 20 情况

排名	交易品种及上市交易所	交易单位	2016 年（手）	2017 年（手）	同比变化（%）
10	高级原铝期货，LME	25 吨	53 073 441	51 429 383	-3.10
12	A 级铜期货，LME	25 吨	36 947 881	33 885 113	-8.30
13	特高级锌期货，LME	25 吨	26 942 407	29 642 124	10.00
16	黄金期货，Moscow Exchange	1 盎司	22 656 213	23 562 649	4.00
18	原镍期货，LME	6 吨	19 947 714	21 080 612	5.70

数据来源：美国期货业协会（FIA）。

表 22　　2017 年欧洲利率合约成交量排名进入全球前 20 情况

排名	交易品种及上市交易所	交易单位	2016 年（手）	2017 年（手）	同比变化（%）
5	3 个月英镑期货，ICE 欧洲	500 000 英镑	153 940 833	198 845 679	29. 20
6	三月期欧元同业拆借利率（Euribor）期货，ICE 欧洲	500 000 英镑	134 881 365	197 286 277	46. 30
7	德国欧元长期债券期货，Eurex	100 000 欧元	186 605 222	195 580 025	4. 80
10	德国欧元中期债券期货，Eurex	100 000 欧元	130 646 615	135 394 434	3. 60
14	德国欧元短期债券期货，Eurex	100 000 欧元	73 604 489	86 000 890	16. 80
18	英国政府长期债券期货，ICE 欧洲	100 000 英镑	53 144 942	51 162 865	-3. 70

数据来源：美国期货业协会（FIA）。

表 23　　2017 年欧洲能源合约成交量排名进入全球前 20 情况

排名	交易品种及上市交易所	交易单位	2016 年（手）	2017 年（手）	同比变化（%）
1	布伦特石油期货，莫斯科交易所	10 桶	435 468 923	451 643 376	3. 70
3	布伦特原油期货，ICE 欧洲	1 000 桶	210 561 053	241 544 633	14. 70
6	WTI 轻质低硫原油期货，ICE 欧洲	1 000 桶	47 289 665	54 967 258	16. 20
18	布伦特原油期权，ICE 欧洲	1 000 桶	16 152 414	18 282 452	13. 20

数据来源：美国期货业协会（FIA）。

表 24　　2017 年欧洲外汇合约成交量排名进入全球前 20 情况

排名	交易品种及上市交易所	交易单位	2016 年（手）	2017 年（手）	同比变化（%）
1	美元/俄罗斯卢布期货，莫斯科交易所	1 000 美元	860 140 157	590 260 376	-31. 40
13	欧元/美元期货，莫斯科交易所	1 000 欧元	34 882 762	40 782 844	16. 90
14	美元/俄罗斯卢布期权，莫斯科交易所	1 000 美元	30 184 048	36 555 667	21. 10
18	欧元/俄罗斯卢布期货，莫斯科交易所	1 000 美元	23 579 817	23 140 836	-1. 90

数据来源：美国期货业协会（FIA）。

四、亚洲期货及其他场内衍生品市场发展概况

（一）大中华地区（中国大陆、中国台湾地区、中国香港地区）

大中华地区期货及其他场内衍生品交易主要划分为三个市场：以商品期货交易为主中国大陆地区，和以金融期货、期权交易为主的中国香港地区和中国台湾地区。总体而言，大中华地区 2017 年整体成交表现虽然不如 2016 年优异，商品期货交易量明显下滑，但是在金融期货交易量增长方面较为突出（见表 25）。

中国大陆地区的4家交易所表现分化，上海、大连、郑州所有明显下降，金融期货交易所交易量有明显上升。“香港交易所”以及“台湾期货交易所”较2016年有所上升。

上海期货交易所成交量减少19%至13.64亿手，主要受螺纹钢、镍以及银期货成交量减少所致，现位列全球第九位，大中华地区排名第一；大连商品交易所收豆粕，棕榈油及聚烯烃等期货成交量大幅萎缩所致，2017年成交量减少28%至11.01亿手，在大中华地区排名第二；郑州商品交易所因白糖，棉花以及菜粕合约成交量明显的下降，导致交易量在2017年下滑了35.0%至5.86亿手；中国金融期货交易所则因金融期货的活跃表现，成交量增长34.1%。

此外，“台湾期货交易所”成交量2016年实现同比上涨9.9%至2.65亿手，在全球交易所成交量位列第17位；“香港交易所”成交量稳定在1.89亿手，位列第15位。

表25　2015～2017年大中华地区主要交易所成交量情况对比

全球排名	交易所	2015年（手）	2016年（手）	2017年（手）	同比变化（%）
9	上海期货交易所	1 050 494 146	1 680 711 841	1 364 243 528	-18.8
10	大连商品交易所	1 116 323 375	1 537 479 768	1 101 280 152	-28.4
13	郑州商品交易所	1 070 335 606	901 297 047	586 070 148	-35.0
17	台湾期货交易所	264 495 660	241 678 556	265 705 669	9.9
—	香港交易所	189 824 363	188 150 672	214 845 348	14.2
31	中国金融期货交易所	321 590 923	18 335 855	24 595 938	34.1

数据来源：美国期货业协会（FIA），各交易所网站。

（二）其他亚洲国家主要交易所成交量概况（印度、韩国、日本、澳大利亚、新加坡）

2017年亚洲其他市场期货及其他场内衍生品市场中，大部分国家乏善可陈，在去年耀眼的增长之后，印度市场涨跌并存，韩国市场成交量上涨46.5%，日本东京金融交易所成交量下跌26.1%，日本东京商品交易所成交量下跌10.3%，其余交易所变动幅度并不大（见表26）。

表26　2017年亚洲其他国家主要交易所/交易所集团成交量情况

所属国家	交易所/交易所集团	2017年成交量（手）	同比变化（%）
印度	印度国家证券交易所（NSE）	2 465 333 505	16.3
	印度大宗商品交易所（MCX）	198 614 562	-19.0
	孟买证券交易所（BSE）	609 215 937	12.2
韩国	韩国交易所（KRX）	1 015 335 674	46.5

续表

所属国家	交易所/交易所集团	2017 年成交量（手）	同比变化（%）
日本	日本交易所集团（JPX）	322 408 620	-4.5
	东京金融交易所（TFX）	38 478 945	-26.1
	东京商品交易所（TOCOM）	24 157 345	-10.3
澳大利亚	澳大利亚证券交易所集团（ASX Group）	248 449 405	1.6
新加坡	新加坡交易所（SGX）	178 374 950	3.5

数据来源：美国期货业协会（FIA）。

2017 年亚太地区最大的波动来自韩国交易所（KRX），在去年跌幅 12.8% 至 6.92 亿手后，其 2017 年成交量上涨 46.5%，至 10.15 亿手，全球范围内位列第 11 位。其中，近 2/3 的成交量增量都是 Kospi 股指期权做的贡献。该品种 2017 年成交量暴涨 60.3%，至 5.4 亿手。

2017 年，印度国家证券交易所（NSE）成交量也有较大增幅，增至 24.7 亿手，仍旧为亚太地区成交量最大的交易所，同比上涨 16.3%，涨幅位列第二。孟买证券交易所（BSE）在全球位列第 12 位，外汇期货期权合约成交量在该年度表现良好，美元/印度卢比期货合约位列全球外汇成交第 5 位，美元/印度卢比期权成交量排名第 3 位。印度大宗商品交易所（MCX）是印度三个交易所中唯一成交量有所下滑的交易所，2017 年成交量同比下滑 19%，至 1.98 亿手，在全球位列第 20 位；在各类品种交易方面，印度各交易所在股指、能源、特别是外汇等均有表现十分出彩的合约。2017 年印度合约成交量排名进入全球前 20 位情况见表 27。

表 27　　2017 年印度合约成交量排名进入全球前 20 情况

类别	排名	交易品种及上市交易所	2016 年（手）	2017 年（手）	同比变化（%）
股指	1	银行精选指数期权，NSE	319 723 806	800 401 601	150.3
	3	CNX 精选指数期权，NSE	715 273 610	562 315 794	-21.4
能源	7	原油迷你期权，MCX	67 401 974	54 276 002	-19.5
	13	原油期货，MCX	53 256 420	35 357 630	33.6
	20	天然气期货，MCX	15 355 328	13 281 057	13.5
外汇	2	美元/印度卢比期权，NSE	351 632 420	371 600 526	5.7
	3	美元/印度卢比期权，BSE*	207 386 529	334 052 119	61.1
	4	美元/印度卢比期货，NSE	351 162 981	312 477 915	-11.0
	5	美元/印度卢比期货，BSE	319 413 292	262 138 344	-17.9
	19	英镑/印度卢比期货，MSEI	19 809 931	20 380 086	2.9
	20	美元/印度卢比期货，MSEI	45 178 861	19 488 001	-56.9

数据来源：美国期货业协会（FIA）。

五、其他国家期货及其他场内衍生品市场发展概况

根据美国期货协（FIA）公布的2017年成交量数据，其他国家期货及其他场内衍生品市场（包括巴西、南非、以色列和阿根廷）的交易所成交表现中，巴西证券期货交易（BM&F Bovespa）2017年同比上涨21.70%，至18.09亿手，在全球排名中继续位列第5位；南非约翰内斯堡证券交易所（JSE）大幅下跌20.10%至3.83亿手，位列第14位；色列特拉维夫证券交易所（TASE）以及阿根廷罗萨里奥期货交易所（Rofex）成交量则分别位列第27位与第52位（见表28）。

表28　2016～2017年其他国家期货及其他场内衍生品交易所成交量

全球排名	交易所	2016年成交量（手）	2017年成交量（手）	同比变化（%）
5	巴西证券期货交易（BM&F Bovespa）	1 487 305 788	1 809 358 955	21.70
14	南非约翰内斯堡证券交易所（JSE）	479 202 245	382 944 302	-20.10
27	以色列特拉维夫证券交易所（TASE）	52 097 656	46 641 131	-10.50
52	阿根廷罗萨里奥期货交易（Rofex）	275 676	282 630	2.50

数据来源：美国期货业协会（FIA）。

在交易品种方面，巴西证券期货交易（BM&F Bovespa）旗下的巴西期货交易所（BM&F）表现出色，利率品种中，在该交易所上市交易的三个合约（一天期银行间存款期货、IDI指数期权和DI×US Dollar FRA期货），分别以3.54亿手、0.98亿手及0.61亿手的成交量位列全球利率品种成交量的第3位、第12位与第16位。该交易所外汇合约中，迷你美元期货暴涨59.0%至1.46亿手，位列第7位；美元期货成交量较2016年增加3.9%，以0.74亿手成绩位列全球外汇类成交量排名的第8位；美元/南非兰特期货大涨36.1%至0.36亿手，位列第15（见表29）。

表29　2017年其他国家市场合约成交量排名进入全球前20位情况

类别	排名	合约名称及其上市交易所	2016年成交量（手）	2017年成交量（手）	同比变化（%）
利率	3	一天期银行间存款期货，BM&F	302 518 177	354 386 047	7.10
	12	IDI指数期权，BM&F	50 194 640	98 481 487	96.20
	16	IDxUS Dollar FRA期货，BM&F	58 612 981	61 401 079	4.80
股指	7	Bovespa迷你期货，BM&F	150 763 004	290 827 570	92.90
外汇	7	迷你美元期货，BM&F	92 119 754	146 458 100	59.00
	8	美元期货，BM&F	71 281 293	74 087 470	3.90
	15	美元/南非兰特期货，JSE	26 217 084	35 692 269	36.10

数据来源：美国期货业协会（FIA）。

六、全球场外衍生品市场发展概况

场外衍生品市场是相对于场内衍生品市场而言的市场，是全球金融市场中十分重要的组成部分，因其合约制定及交易的灵活性受到广大投资者及投资机构的认可与欢迎。国际结算银行（Bank for International Settlements，BIS）收集全球各国央行关于场外衍生品市场交易的数据，每半年公布相关统计结果，旨在为市场持续提供较全面的关于场外衍生品市场规模及市场结构的信息。现已有13个国家（G10、瑞士、澳大利亚、西班牙）央行向国际结算银行提供相关数据。

国际结算银行每半年公布的数据中包括场外衍生品市场未结算交易的合约面值及市场总值。其中，合约面值是指截至报告日已经发生但仍未到期结算的所有交易的合约总面值，通过合约面值的数据可以了解场外衍生品交易的市场规模；而合约市场总值则是所有开仓合约的绝对价值总和，即如果重新购买该合约需要付出的成本。

从表30中可以看出，截至2017年6月底，国际结算银行统计的全球场外衍生品市场未结算交易的合约面值为5 424 352万亿美元，比2016年12月底增加12.4%，但弱于2016年上半年数据。利率类场外衍生品仍是场外市场的最主要合约品种，截至2017年6月，场外利率合约未结算交易的合约面值为415 914万亿手，在整个场外衍生品市场中占比76.7%，占有绝对的主导地位，其次是外汇类合约，份额为14.2%。

表30　　2014～2017年场外衍生品市场未结算交易合约面值　　（单位：十亿美元）

品种种类	2014年12月	2015年6月	2015年12月	2016年6月	2016年12月	2017年6月
利率	505 443	434 507	384 025	426 797	368 356	415 914
外汇	75 043	73 607	70 446	74 196	68 598	76 980
信用	16 399	14 594	12 294	11 876	10 014	9 867
股票相关	6 968	7 544	7 141	6 631	6 140	6 836
商品	1 869	1 671	1 320	1 401	1 350	1 401
其他	22 281	19 566	17 481	32 020	27 960	31 437
合计	628 003	551 489	492 707	552 921	482 418	542 435

数据来源：国际结算银行（BIS）。

2017年6月底场外衍生品市场品种未结算交易合约面值分布见图9。

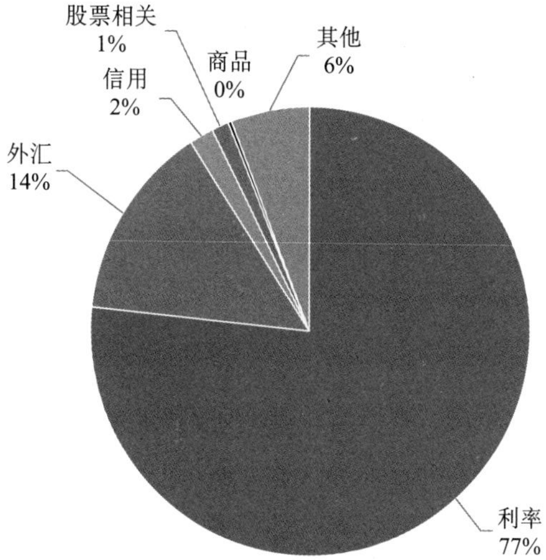

图 9　2017 年 6 月底场外衍生品市场各品种未结算交易合约面值分布

数据来源：国际结算银行（BIS）。

2017 年 6 月底利率、外汇衍生品未结算交易合约面值细分情况见表 31 ~ 表 32。

表 31　　2017 年 6 月底利率类场外衍生品未结算交易合约面值细分情况

（单位：十亿美元）

合约类型	美元	欧元	日元	英镑	瑞士法郎	加拿大元	瑞典克朗	其他	总计
远期利率协议	38 796	22 131	5	6 125	953	13	1 903	2 657	72 584
利率掉期	99 878	86 695	38 964	23 640	2 876	9 515	3 090	41 487	306 144
期权	17 531	13 812	1 874	2 844	35	46	78	750	36 970
总计	156 206	122 637	40 844	32 610	3 864	9 573	5 071	45 110	415 914

注：* 合约剩余期限。

数据来源：国际结算银行（BIS）。

表 32　　2017 年 6 月底外汇类场外衍生品未结算交易合约面值细分情况

（单位：十亿美元）

合约类型	美元	欧元	日元	英镑	瑞士法郎	加拿大元	瑞典克朗	其他	总计
远期及外汇掉期	66 877	25 445	14 330	10 375	3 597	3 808	1 644	27 884	76 980
货币互换	19 204	7 988	4 419	3 244	968	1 165	395	7 031	22 207
期权	9 474	3 624	2 316	1 020	392	323	171	4 484	10 901
总计	95 555	37 057	21 065	14 639	4 957	5 296	2 210	39 399	110 088

注：* 合约剩余期限。

数据来源：国际结算银行（BIS）。

2017 年 6 月底各类信用违约掉期场外衍生品、各类交易主体信用违约掉期未结算交易合约面值情况见表 33、表 34。

表 33　　2017 年 6 月底各类信用违约掉期场外衍生品未结算交易合约面值

（单位：十亿美元）

合约类型	报告交易商	其他金融机构						非金融机构	总计
		CCPs	银行和证券公司	保险和财务担保公司	SPVs，SPCs 和 SPEs	对冲基金	其他		
单一产品信用违约掉期	2 035	2 951	236	51	56	222	248	56	5 042
组合产品信用违约掉期	914	2 769	157	78	34	212	338	99	4 602
总计	2 949	5 720	393	129	90	434	586	155	9 644

数据来源：国际结算银行（BIS）。

表 34　　2017 年 6 月底各交易主体信用违约掉期未结算交易合约面值

（单位：十亿美元）

合约类型	美国股票	欧洲股票	日本股票	其他亚洲国家股票	拉美国家股票	其他	总计
远期和互换	954	1 179	167	144	140	270	2 849
期权	1 792	1 438	135	141	58	424	3 987
总计	2 746	2 610	303	285	198	694	6 836

数据来源：国际结算银行（BIS）。

>>> 第二节　2017 年全球期货与其他衍生品行业发展概况

一、全球期货与其他衍生品市场主体类别

鉴于美国衍生品市场是全球范围内历史较为悠久、发展相对成熟和开放的市场之一，参考美国市场主体的设置可以对全球衍生品行业机构的情况有基本了解。2008 年金融危机发生后，美国不断加强对衍生品市场的监管。此前在美国商品期货交易委员会（CFTC）注册的市场主体主要为衍生品中介机构，其中包括：业务代理机构，如期货佣金商（FCM）、场内经纪商（FB）以及场内交易商（FT）；客户开发机构，如介绍经纪商（IB）和助理中介人（AP）；以及管理服务型中介机构，如

商品交易顾问（CTA）以及商品基金经理（CPO）。2010 年 11 月 23 日，美国商品期货交易委员会（CFTC）建议新增掉期交易商（SD）以及掉期交易大户（MSP）两项注册类别，以期加强对参与掉期交易相关机构的监管。随着《多德弗兰克法案》的逐步实施，交易主体如指定合约交易市场（DCM）、掉期执行系统（SEF）与海外交易平台（FBOT）；结算主体如衍生品结算机构（DCO）；以及掉期数据库（SDR）等被逐步列为美国商品期货交易委员会的监管主体。

美国商品期货交易委员会（CFTC）《2017 年财务信息汇报》中公布监管主体数据见表 35。

表 35　　美国商品期货交易委员会监管下市场主体注册数据

	数据截止至 2017 年 11 月
交易主体	
指定合约交易市场（Designated Contract Market，DCM）	14
掉期执行系统（Swap Execution Facility，SEF）	25
结算主体	
衍生品结算机构（Derivatives Clearing Organization，DCO）	16
注册中介机构	
期货佣金商（FCM）	62
介绍经纪商（IB）	1 252
商品交易顾问（CTA）	2 189
商品基金经理（CPO）	1 628
场内经纪商（FB）	3 134
场内交易商（FT）	570
助理中介人（AP）	51 837
外汇零售商（RFED）	2
掉期交易商（SD）	102
掉期交易大户（MSP）	0

数据来源：美国商品期货交易委员会《2017 年财务信息汇报》。

二、期货佣金商（FCM）发展概况

（一）2017 年主要期货佣金商客户权益情况对比

根据美国商品期货交易委员会（CFTC）公布的 2017 年 12 月 31 日 FCM 客户权益数据显示，排名前 20 的期货佣金商依旧变数不大，近年来进入榜单的机构基本一致，以相对优势稳居前列。主要期货佣金商仍是以综合性投资银行为主，如高盛、摩根大通、德意志银行等综合性跨国投资银行，这些机构资金实力雄厚，业务多元化，是全球金融市场的主要参与者。其中大多数机构既是美国商品期货交易委员会注册的期货佣金商，也是美国证券交易委员会注册的证券经纪商。2013 年，美国商品期货交易委员会新增了掉期交易商的注册，高盛、摩根大通、美国新际、摩根斯坦利、花旗及瑞穗证券美国公司等率先进行注册，展开掉期交易商的业务。在榜单中，专业型期货佣金商如美国爱德盟期货、福四通期货等的客户权益排名也稳定地维持在较前梯队（见表36）。

表36　2017年美国期货佣金商客户权益排名前20位（数据更新至2017年12月31日）

2017年排名	期货佣金商（FCM）公司名称	注册类别	2017年客户权益（亿美元）	2017年净资本（亿美元）	2016年排名	2016年客户权益（亿美元）
1	高盛 Goldman Sachs & Co.	FCM BD SD	201.78	155.74	1	240.10
2	摩根大通证券 J. P. Morgan Securities LLC	FCM BD SD	182.30	135.62	2	198.59
3	摩根斯坦利 Morgan Stanley & Co. LLC	FCM BD SD	143.36	101.42	4	154.24
4	美林银行 Merrill Lynch Pierce Fenner & Smith [2]	FCM BD	136.63	123.99	3	166.73
5	法兴证券 SG AMERICAS SECURITIES LLC	FCM BD	119.63	41.90	5	148.39
6	花旗全球市场 Citigroup Global Markets Inc.	FCM BD SD	70.74	110.05	7	89.66
7	瑞银证券 UUBS Securities LLC	FCM BD	65.09	60.29	6	102.18
8	瑞士信贷集团美国公司 Credit Suisse Securities (USA) LLC	FCM BD	58.36	86.55	8	64.40
9	巴克莱资本 Barclays Capital Inc.	FCM BD	52.94	73.18	9	58.53
10	盈透集团有限公司 Interactive Brokers LLC	FCM BD	47.91	35.48	14	33.56
11	美国爱德盟期货 ADM Investor Services, Inc.	FCM	44.30	2.92	10	47.51

续表

2017年排名	期货佣金商（FCM）公司名称	注册类别	2017年客户权益（亿美元）	2017年净资本（亿美元）	2016年排名	2016年客户权益（亿美元）
12	奥布莱恩联合经营 R. J. O'Brien& Associates	FCM SD	37.83	2.13	11	41.38
13	富国证券 WELLS FARGO SECURITIES LLC	FCM BD	35.59	82.28	13	38.22
14	瑞穗证券美国公司 Mizuho Securities USA Inc	FCM BD SD	29.34	7.82	17	29.10
15	荷兰银行芝加哥结算公司 ABN AMRO Clearing Chicago LLC	FCM BD	28.49	6.33	15	33.01
16	加拿大皇家银行资本市场 RBC CAPITAL MARKETS LLC	FCM BD	27.13	17.90	18	25.47
17	德意志银行证券 Deutsche Bank Securities Inc.	FCM BD	24.30	122.04	16	32.09
18	福四通金融公司 INTL FCSTONE FINANCIAL INC	FCM BD	22.57	1.36	19	21.30
19	法国巴黎银行机构经纪公司 BNP Paribas Prime Brokerage Inc. [3]	FCM BD	19.20	13.62	12	39.89
20	美国麦格里期货有限公司 Macquarie Futures USA LLC	FCM	18.29	2.76	20	19.25

注：1. 客户权益是指客户在美国注册交易所进行交易时，FCM需要为客户持仓划分隔离开的资金，是所有账户的净流动资产总和，需要向美国商品期货交易委员会报告。2. 此处数据还包括美林专业结算公司。3. 此处数据包括法国巴黎银行证券公司。

数据来源：美国商品期货交易委员会（CFTC）。

（二）期货佣金商的经营概况

近年来，期货佣金商中客户权益总量维持在稳定水平，2017 年有一定的跌幅，总量超过 1 344 亿元，比近几年的高峰 2016 年有所降低。

期货佣金商的数量呈现出不断减少的趋势（见图 10）。根据美国商品期货交易委员会公布的数据，2017 年底美国期货佣金商的数量进一步减少至 63 家。自 2008 年金融危机以来，期货佣金商所面临的最大挑战即是太低的利率，意味着太低的收入，和越来越高的成本：日益严苛的监管制度及合规成本、资金成本、技术成本，以及交易所费用结构难以商议，这些都导致佣金商难以寻求利润。中小型佣金商选择退出或者被并入大型佣金商，佣金商数量逐年减少。

在客户权益总量的下滑和佣金商数量的减少的共同作用下，2017 年期货佣金商的客户权益集中度与 2016 年基本持平。2017 年的集中度，前 5 名期货佣金商客户权益占比 53. 04%；第 5 至第 10 名的市场份额为 21. 20%，其他期货佣金商受规模效应影响，盈利空间有限，客户权益总占比为 25. 66%。

不同类型的佣金商对于利率和成本的问题反应也不尽相同：对于大型银行佣金商来说，尤为棘手。清算机构保证金对于它们的资产报表冲击较大，而对于非银行佣金商来说机会较好。银行对于客户的要求较为严格，导致为不符合银行要求客户服务的中层市场的形成，而非银行佣金商在这个市场如鱼得水。

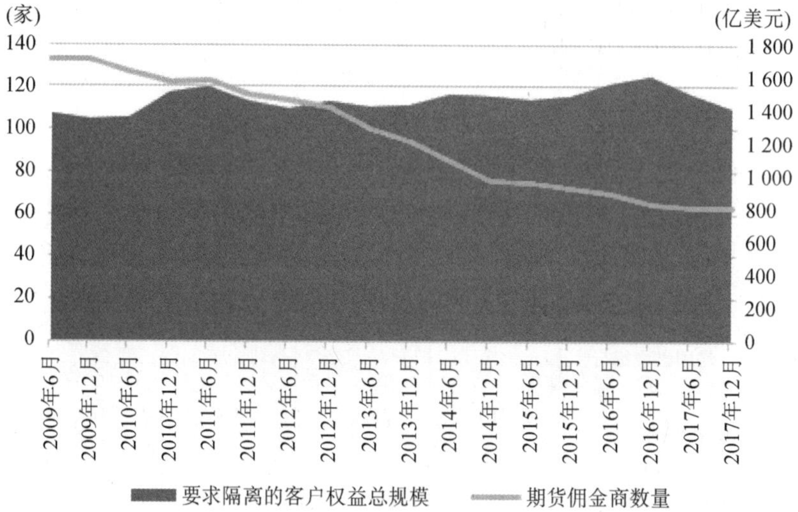

图 10　2009 ~ 2017 年美国期货佣金商数量及客户权益变动

数据来源：美国商品期货交易委员会。

三、全球期货及其他衍生品机构投资者发展概况

机构投资者是全球期货及其他场内衍生品市场的投资主力，一般来说，相对于个人投资者，机构投资者拥有更加雄厚的资金实力、丰富的投资经验以及研究实力，

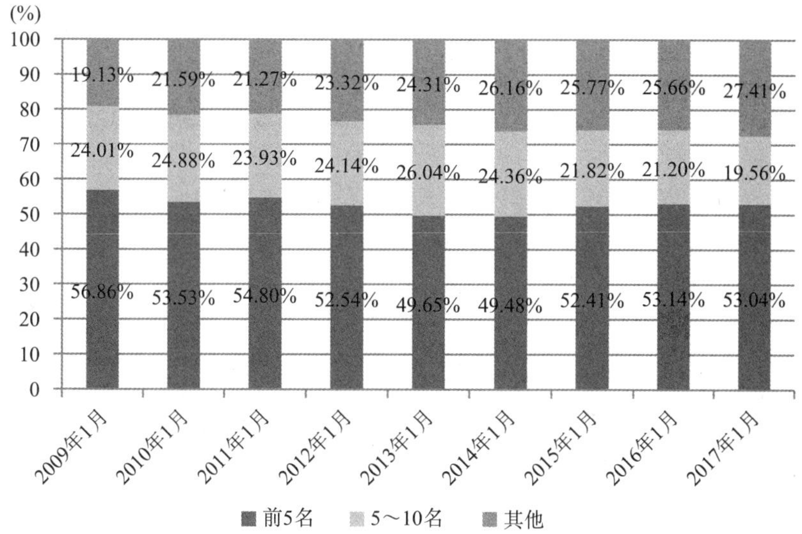

图 11　2009～2017 年美国期货佣金商中客户权益分布情况

数据来源：美国商品期货交易委员会。

能够更加准确地把握市场脉搏。机构投资者按运作方式的不同主要分为管理期货基金、对冲基金、共同基金及养老基金等。但由于共同基金及养老基金一般不直接参与期货或其他衍生品的交易，而是通过前两种机构投资者进行投资，因此，投资期货及其他衍生品的基金主要集中在管理期货基金及对冲基金。

（一）管理期货基金（Managed Futures）

管理期货基金行业最初专注于投资商品期货领域，因此也称为商品交易顾问（Commodity Trading Advisor，CTA），随着市场衍生品的品种不断丰富，商品交易顾问的投资领域也不再局限在商品期货。管理期货基金需要在美国商品交易委员会及美国国家期货协会注册，定期向监管机构提交相关的数据与信息。管理期货基金为投资者，特别是高净值投资者提供投资传统品种以外领域的机会。根据巴克莱对冲对管理期货基金的跟踪统计，2011 年，全球管理期货行业资产规模迅速增长并突破 3 000 亿美元，之后 4 年一改前期强劲增长态势开始在高位小幅调整，2014 年甚至出现了资产管理规模小幅回落，最近两年才恢复增长，2016 年资产管理规模较 2015 年增长 4.08%，达 3 397 亿美元。2017 年资产管理规模，继 2016 年创十年来最高水平后持续扩张，创 3 470 亿美元新高，同比增长 2.14%。

根据管理期货基金投资领域的不同，巴克莱对冲把管理期货基金细分为农产品类投资型、货币类投资型、金融/金属类投资型以及没有特定品种类型的分散化投资型。而根据管理期货基金做出投资决策的方式的不同，巴克莱对冲把管理期货基金分为自主式投资型以及系统化投资型。对于各细分的基金类型，巴克莱对冲也进行了相关的跟踪与统计。

在 2017 年末各品种投资型的管理期货基金资产管理规模中，分散化的投资类型

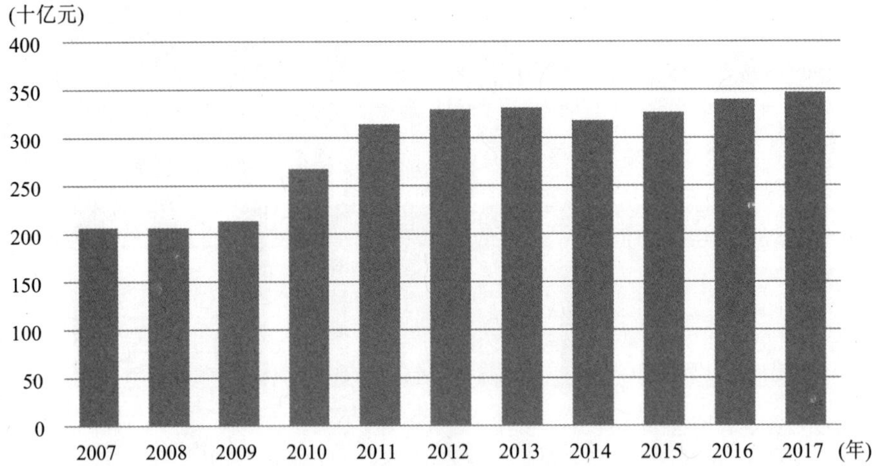

图12　2007～2017年年末管理期货基金资产管理规模

数据来源：巴克莱对冲（BarclayHedge）。

呈现小幅下降，资金净流出，资产管理规模在2017年达到1 677.0亿美元，较2016年缩减6.9%；农产品类投资型基金资产规模相对其他类型依旧规模不大，2017年底管理的资产仍旧维持16亿美元，持平于去年资产；金融/金属类投资型2017年末的管理资产规模增长依旧较明显，同比增长11.66%，达到1 159.0亿美元；货币类型管理期货基金的资产管理规模增长率为4.1%，至203.0亿美元。

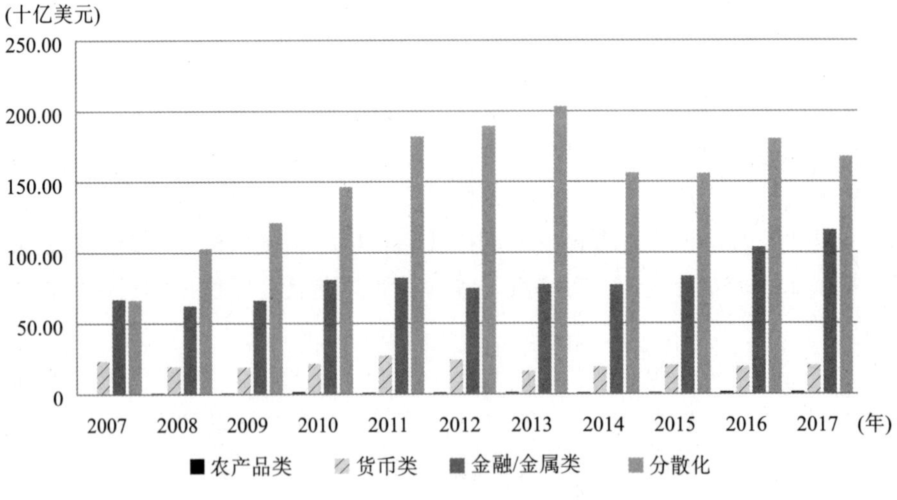

图13　2007～2017年各品种类型管理资产规模对比

数据来源：巴克莱对冲（BarclayHedge）。

CTA指数是衡量管理期货/CTA行业表现的重要指标。巴克莱CTA指数是行业使用最久的一个衡量CTA业绩的指标。该公司于每年年初审查调整CTA的数目，该指数涵盖的CTA需要具备4年的历史业绩。同时，符合条件的CTA新推出的投资项目运行2年后才会加入指数的统计中。

2017年，巴克莱CTA指数继2014年后再度实现正收益。2017年CTA指数表现为0.8%，如图13所示。除了计算综合指数外，巴克莱对冲公司还计算各种投资领域的细分指数，其中包括农产品交易指数、货币交易指数、金融/金属交易指数、分散投资交易指数、自主型交易指数及系统化交易指数。从图14可以看出，2017年，除货币类型收益较2016年回落，由正收益转至负收益外，其余类型皆实现增长，其中，金融/金属从2016年的1.56%上升至3.02%；分散化从2016年的-2.6%好转至-0.67%。而系统化，自主型以及农业类产品指数皆实现由负收益转化至正收益的明显增长。其中农业类由2016年的-2.4%上升至2.49%，系统化由2016年的-1.78%上升至0.56%，自主型由2016年的-0.93%上升至0.21%。

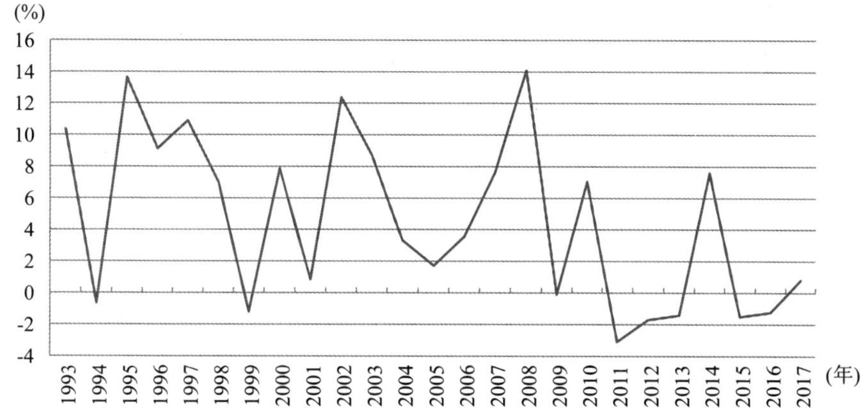

图14　1993~2017年巴克莱CTA综合指数表现

数据来源：巴克莱对冲（BarclayHedge）。

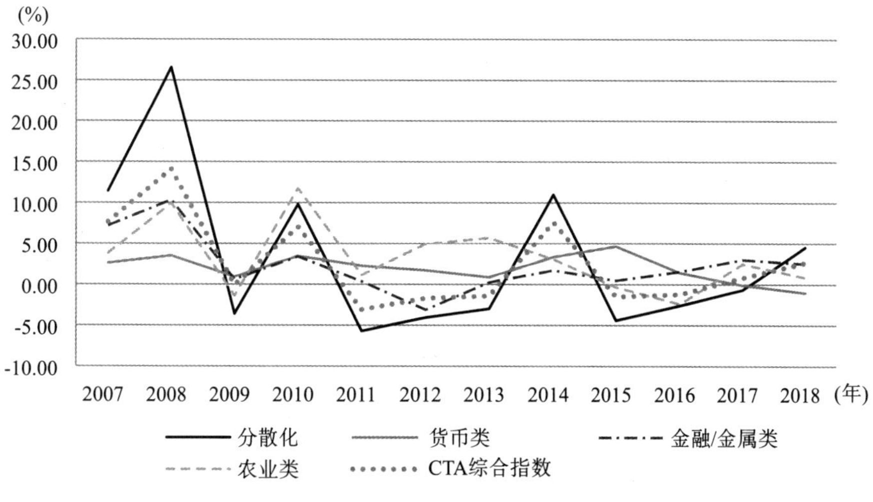

图15　2007~2017年CTA综合指数及其细分指数表现（投资标的类型分类）

数据来源：巴克莱对冲（Barclay Hedge）。

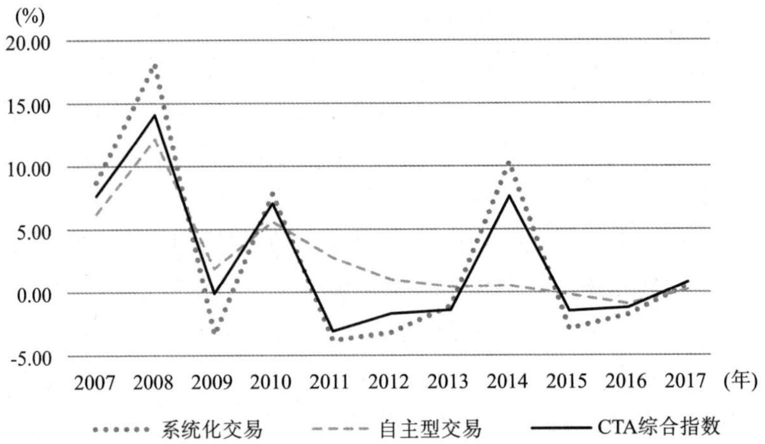

图16　2007～2017年CTA综合指数及其细分指数表现（交易方式分类）

数据来源：巴克莱对冲（Barclay Hedge）。

同时，巴克莱对冲也为不同管理资产规模级别的CTA基金进行2017年的收益排名，2017年底资产管理规模超过1 000万美元及100万～1 000万美元之间的两个阵营中收益前5名的CTA基金情况见表37及表38。

表37　2017年底资产管理规模超过1 000万美元阵营中收益前五名的CTA基金

CTA基金名称	2017年收益率（%）	投资领域/策略	资产规模（万美元）
Cryptos Fund（Cryptos Fund － Class A）	4 593.24	加密电子货币；单顾问基金	1 200
Pantera Capital Management LP（Pantera Bitcoin Fund Ltd）	1 564.24	加密电子货币；单顾问基金	29 240
Global Advisors（Jersey）Ltd（GABI PLC）	324.29	加密电子货币；单顾问基金	2 100
R. G. Niederhoffer Capital Management Inc.（Optimal Alpha Program）	81.13	技术分散化；系统化交易	4 560
Geosol Capital LLC（SMA）	60.07	能源；自主型交易	6 950

* 参与排名的有效基金数量：565。

数据来源：巴克莱对冲（BarclayHedge）。

表38　2017年底资产管理规模在100万～1 000万美元阵营中收益前五名的CTA基金

CTA基金名称	2017年收益率（%）	投资领域/策略	资产规模（万美元）
Geosol Capital LLC（Onshore I）	80.51	能源；自主型交易；单顾问基金	260
Blue Bar Futures Trading Management LLC（Blue Bar Prime Ag）	79.28	农业基本面＋技术面	240
Apis Capital Management LLC（ACM Market Neutral Volatility Strategy）	65.95	期权策略；单顾问基金	400

续表

CTA 基金名称	2017 年收益率（%）	投资领域/策略	资产规模（万美元）
QQFund. com LLC (Investment Program 1)	59.85	股票指数；系统化交易	500
Brandywine Asset Mgmt (Symphony Preferred Fund LP)	56.37	技术分散化；基础分散化；系统化交易；单顾问基金	620

注：* 参与排名的有效基金数量：197。

数据来源：巴克莱对冲（Barclay Hedge）。

（二）对冲基金（Hedge Fund）

与管理期货行业内的涨跌不一不同，对冲基金行业的吸金能力依旧不减。根据巴克莱对冲公布的统计数据，截止到2017年对冲基金行业规模已经是连续5年保持两位数的高速增长，2017年全球对冲基金资产管理规模达到35 376亿美元，同比增长17.71%，继续刷新历史高点。相比之下，基金的基金资产管理规模则逐年下降，2017年资产管理规模为3 238亿美元，同比减少10.16%。

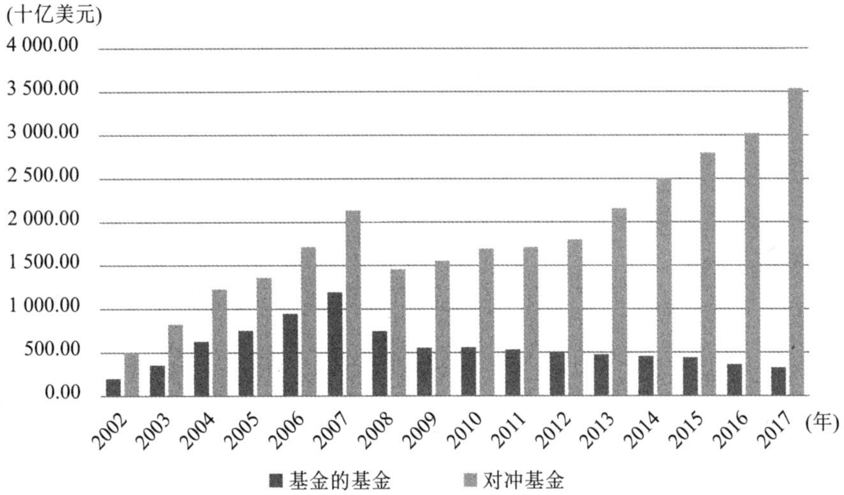

图17　2002～2017年对冲基金资产规模

数据来源：巴克莱对冲（BarclayHedge）。

另一方面，基金业绩却不尽如意。2016年巴克莱对冲基金指数再次走低，录得-1.82%的负收益，大幅低于2016年的6.1%且低于2015年0.04%的收益。在各细分策略指数中，各类策略的表现分化，除作为去年表现最差策略的欧洲股票市场策略收益又负转正，且增幅较大以外，其余的策略皆呈现不同程度的下跌。其中跌幅最大的为事件导向策略，由2016年的11.59%跌至-3.35%；而表现最差的为医疗生科指数，2017年指数表现为-3.74%。

表 39　2014～2017 年巴克莱对冲基金指数及其主要细分策略指数表现对比

指数类别	2017 年指数表现（%）	2016 年指数表现（%）	2015 年指数表现
巴克莱对冲基金 Barclay Hedge Fund Index	-1.82	6.10	0.04
可转换证券套利 Convertible Arbitrage	0.43	5.13	0.29
困境证券 Distressed Securities	0.54	14.36	-10.09
新兴市场 Emerging Markets	-1.45	10.02	-2.95
股市偏多策略 Equity Long Bias Index	-2.94	5.20	-1.15
股市多/空策略 Equity Long/Short	-0.38	1.83	2.49
股市中性策略 Equity Market Neutral	-0.86	0.59	5.19
欧洲股市 European Equities	1.66	-4.07	5.17
事件导向 Event Driven	-3.35	11.59	-3.21
固定收益套利 Fixed Income Arbitrage	-0.24	5.62	2.71
基金的基金 Fund of Funds	-1.63	-0.55	-0.07
全球宏观 Global Macro Index	-3.00	1.67	2.28
医疗生科指数 Healthcare & Biotechnology Index	-3.74	-3.88	6.70
并购套利 Merger Arbitrage	0.73	6.37	8.04
综合策略 Multi Strategy	-1.55	4.58	1.13
环太平洋股市策略 Pacific Rim Equities	-3.25	-0.11	7.32
技术指数 Technology Index	2.49	6.12	6.52

数据来源：巴克莱对冲（BarclayHedge）。

特别专题三

期货市场履行社会责任情况

>>> 第一节　精准扶贫情况

一、上海期货交易所精准扶贫情况

2017 年，上期所全面贯彻习近平总书记关于脱贫攻坚系列讲话精神，紧扣中国证监会关于发挥资本市场作用服务国家脱贫攻坚战略的意见，精心谋划，扎实工作，全面完成了年初制定的工作计划。2017 年在定点帮扶的安徽省安庆市太湖县投入 400 万元，着力开展了金融帮扶、观念帮扶、产业帮扶、教育民生帮扶等专项领域帮扶工作。截至 2017 年底，帮助了 550 户 1 816 人脱贫。

（一）金融帮扶

1. 以集友股份上市为契机，助推太湖县经济发展

2017 年 1 月 24 日，安徽集友新材料股份有限公司在上海证券交易所成功上市，成为《中国证监会关于发挥资本市场作用服务国家脱贫攻坚战略的意见》出台后第一家适用证监会“标准不降、条件不减，即报即审、审过即发”新政并在主板上市的贫困地区企业。集友股份的上市对太湖县的经济发展产生了反哺效应，加快了太湖县脱贫攻坚步伐。集友股份上市募集资金全部用于扩大再生产，项目建成投产后，全县新增 500 个以上就业岗位，直接增加工资性支出 2 500 万元，并从 2017 年起，每年提供 100 万元资金帮助贫困村出列，贫困户脱贫。

上期所顺势而为，以集友上市为契机，发挥自身优势，加强协调和培训，积极推进对接主板、新三板的储备企业的股权转让、股改、挂牌辅导工作，推动出台和落地支持当地企业挂牌上市的鼓励政策，助推宏宇五洲等企业开展上市报备业务辅导，鼓励太湖县各龙头企业利用资本市场规范发展，做大做强。

同时，上期所挂职扶贫干部深入太湖县各龙头企业特别是上市公司开展党建工作，积极推动企业党建工作规范化建设，重新组建了基层党支部和党小组，严格落实党的组织生活制度。促进各企业将党建工作与生产经营有机结合，通过党员先锋岗、设岗定责等形式，改善企业生产和经营，积极吸纳优秀青年员工加入党组织，不断壮大党员队伍。努力将企业党建工作打造为引领企业发展的“引擎”，指导各企业拟定党建工作目标、计划，利用党建工作平台，积极回馈社会，履行企业社会责任，对困难群体和特困群众开展结对帮扶，不断提升企业核心竞争力和社会影响力，确保党建工作取得良好实效。

2. 发挥行业力量，协调行业企业到太湖结对帮扶

（1）协调国元证券2017年向太湖县捐赠扶贫资金400万元，用于帮扶15个村的光伏电站建设、定点村的集体经济发展和贫困户新入学大学生等。同时，国元证券在设有奖助学金的安徽省内10所高校，向太湖籍在校贫困大学生倾斜。国元证券太湖营业部开业，筹建由多家金融机构共同参与的太湖县金融扶贫工作站，发动客户积极参与扶贫及金融行业资源联系对接等机制，进一步建立健全金融扶贫的保障机制。

（2）协调新湖期货有限公司到太湖县试点“保险+期货+农业”，助力太湖县农业供给侧改革，宣传“保险+期货”的理念和功能。协调新湖期货到晋熙镇五羊小学开展助学活动，资助教育设施5万元。

（二）观念帮扶

精准脱贫，群众是基础，干部是关键。发挥上海的地域优势和行业智力优势，让农村基层干部开阔眼界，打开思路，明白“为啥干、选啥干、怎么干”，帮助县里打造一支信念坚定、能力出众的精准脱贫带头人队伍，是上期所连续多年开展干部培训的初衷。

1. 举办青年干部“学习弘扬焦裕禄精神”培训班

7月份，上期所与太湖县委组织部、县委党校联合举办太湖县青年干部“学习弘扬焦裕禄精神”培训班，选调太湖县在基层党建、脱贫攻坚、重点工程建设、经济社会发展等工作一线表现突出的40名青年干部到兰考县焦裕禄干部学院参加培训。学员们学习了党中央、国务院有关精准扶贫的指导思想和方针政策，重温了焦裕禄同志“亲民爱民、艰苦奋斗、科学求实、迎难而上、无私奉献”的精神，还与兰考县干部交流了扶贫脱贫的实践经验，更加坚定了打好太湖县脱贫攻坚战的决心和信心。

2. 举办“金融创新服务实体经济能力提升”专题研修班

11 月份，由上期所和太湖县委组织部主办、国元证券和新湖期货协办的“金融创新服务实体经济能力提升”专题研修班在上期张江中心开班。县里从事金融工作的干部和县里支柱企业的负责人等共 40 人参加了集中学习。研修班邀请了市委党校和高等院校教授、国元证券和新湖期货高管授课，课程包括十九大精神解读、十九大背景下的宏观经济形势分析与展望、资本市场简介、企业上市流程及操作要点、期货市场如何服务三农问题等内容。学员们还参观了上海中共一大会址和孙中山故居，在一大会址，参加培训的全体党员同志面向党旗，重温入党誓词，坚定理想信念。在上市公司上海飞凯材料股份有限公司，学员们进行了参观访问，并就上市流程等问题与该公司高管进行了交流。此次培训，让太湖县基层干部加深了对于利用多层次资本市场发展县域经济，打好脱贫攻坚战的了解和理解。

（三）产业帮扶

1. 聚焦户脱村出列，开展光伏产业帮扶

2017 年上期所投入 200 万元，实施两个“百万十村”光伏扶贫项目，支持 20 个贫困村建成每村 60 千瓦～100 千瓦光伏电站。目前，相关帮扶村级光伏电站基本建成。

2. 支持特色种养业扶贫

与太湖县农业产业化企业对接，帮助其直接销售 40 万元特色农产品，提升太湖农产品在上海等一线城市的知名度，带动贫困户增收。

二、郑州商品交易所精准扶贫情况

2017 年，郑商所积极履行社会责任，建立以推进定点扶贫工作为重点，“健康扶贫 + 教育扶贫 + 专项扶贫 + 发挥市场功能扶贫”相结合的工作机制，持续加大投入，服务国家脱贫攻坚战略。

（一）全力投入做好定点扶贫

郑商所动员一切力量，持续加大投入，做好定点扶贫。帮助定点扶贫县建立造血机制、创新扶贫方法、完善沟通交流机制，2017 年为定点扶贫县支持资金 1 110.85万元，开展健康扶贫支持资金 495.85 万元，在证监会党委指导下，郑商所党委投入党建扶贫经费 515 万元，动员中粮期货、中原证券等社会机构投入扶贫资金 100 万元。组织下属公司三个党支部开展结对帮扶，未来大酒店扶贫捐赠各类更新家具 5 800 件。

（二）扩大“保险 + 期货”助力精准扶贫

2017 年郑商所“保险 + 期货”试点建设以“助力精准扶贫”作为基本原则之一，加大对贫困地区试点项目的倾斜支持力度，立项的 24 个“保险 + 期货”试点项目，其中 14 个项目位于国家扶贫开发工作重点县。目前，在贫困地区开展的试点中有 10 个试点发生赔付。

（三）推进品种研发支持脱贫攻坚

2017年郑商所把苹果和红枣期货研发上市作为重点工作加快推进。苹果主产区与重点扶贫区域高度重合，在农业部认定的122个苹果重点县市中，有33个是国家级贫困县；新疆红枣产区集中在南疆环塔里木盆地区域，该地区红枣产量占全疆产量的97%，全国产量的44%，该区域覆盖了新疆32个贫困县中的26个，为新疆发展最落后的地区，是支援新疆发展工作中的重点目标区域。截至2017年底，苹果期货已经顺利挂牌上市，红枣期货立项正式获批。研发上市苹果、红枣期货，是郑商所深入贯彻落实证监会关于资本市场支持新疆发展及服务国家脱贫攻坚战略的工作精神的重要举措。一方面有利于提升主产区定价能力及农民市场话语权，拓展销售渠道，实现优质优价，促进农民稳收增收。另一方面，有利于引导现货市场各个环节向标准化、规范化和规模化方向转型升级，促进相关产业的做大做强。此外，在贫困地区设立交割库可以促进当地仓储及物流等行业的发展，有利于增加当地就业，拉动当地经济。

三、大连商品交易所精准扶贫情况

（一）发挥期货市场功能，助力贫困地区脱贫致富

大商所十分重视发挥资本引导作用，通过对贫困地区加强发挥期货市场价格发现和规避风险的功能，助力贫困地区脱贫摘帽；支持和引导贫困地区充分利用资本市场资源，使金融资源向贫困地区有序流动，这是一种改“输血”为“造血”的市场化手段，通过政策引导，有利于促进贫困地区经济社会发展，有利于提升贫困地区利用资本市场的能力，有利于促进市场公平。2015年大商所首创了“保险＋期货”模式，这项工作在2016年、2017年连续两年被写入“中央一号”文件。2017年，大商所将“保险＋期货”试点扩大到32个，其中有15个试点涉及国家贫困县，支持资金近3 200万元，包括108个农业合作社和43 855个农户。大商所积极为参加“保险＋期货”试点的贫困地区保户减免保费，仅在国家级贫困县——内蒙古巴林左旗，就为建档立卡的10 149户贫困户减免保费近400万元。

（二）为贫困地区提供多方位支持

一是援助证监会定点扶贫县——新疆麦盖提县180万元，用于该县35所老旧幼儿园维修改造项目。

二是大商所与中国银行联手在“公益中国”平台中开通“公益大商所”窗口，对口秦安县开展精准扶贫。

三是2017年7月18日，大商所与天水市签订《期货市场助推天水市脱贫攻坚合作协议》，并与天水市秦安县开展对口扶贫工作。

四是大商所充分意识到贫困地区的地方干部在脱贫工作中起到领路人的重要作用，通过提高贫困地区干部的脱贫致富能力以及现代化金融意识，切实提高地方干部扶贫的意识和能力。2017年7月，组织和承办天水市50名党政干部金融培训班，

在大连理工大学开展7天培训活动。

（三）积极配合大连市扶贫工作

2017年，按照大连市政府的统一部署，大商所与庄河市桂云花乡横道河村结成帮扶对子，经过多次入村调研，实行的主要扶贫措施有：

一是完善基础设施。大商所出资20万元，为村修建一座长50米、宽4米的桥。

二是资助特困大学生和贫困家庭。根据村委会提供的信息及调研了解，大商所从行政费用中支出1万元定向资助特困大学生上学。大商所工会面向全所系统员工发出捐款倡议，共募集捐款总额5万元，于春节前送至该村5户贫困学生家庭和25户贫困家庭。

三是根据村委会提供的贫困信息，大商所走访慰问了6户贫困家庭，给他们送去羊毛被和米面油，鼓励他们积极利用各种现有条件，坚定脱贫信念，早日脱贫。

四、中国金融期货交易所精准扶贫情况

2017年，中金所践行“社会责任至上”理念，积极推动落实脱贫攻坚战略。扎实做好陕西延长县定点扶贫工作，帮助一大批农户改变了贫困面貌；主动支持中西部贫困地区开展精准扶贫，取得了良好效果，为脱贫攻坚贡献了力量。

（一）推进定点扶贫工作稳步深入

选拔政治合格、敢于担当、组织领导能力强的干部，派至定点扶贫县陕西省延长县开展扶贫工作，全面推动精准扶贫向纵深发展。一是着力实施基础设施扶贫、产业扶贫、教育扶贫、健康扶贫。通过直接资助及协调社会多方力量投入，改善重点贫困村的基础设施条件，打造现代农业和特色产业，全面开展教育助学活动，设立救助资金帮助因病、因残致贫、返贫家庭受助人员。二是结合自身优势，探索实施金融扶贫。与延长县委县政府紧密联系，积极争取拟上市公司迁址延长县；通过积极汇报和主动争取，推动有关部门加快研究开发苹果期货，并有望在延长县设立苹果期货交割库，带动当地苹果产业链、交通、物流等行业的发展。通过以上措施，2017年共实施定点扶贫项目44个，累计直接投入和间接引入扶贫资金2 345万元，直接资助或间接带动1 435户、3 743人走上脱贫致富道路。

（二）支持西部贫困地区脱贫攻坚

2017年，中金所持续加大对其他扶贫点的支持力度，主动与甘肃、宁夏、青海、陕西四地证监局合作，通过实地考察调研，确定6个精准扶贫产业发展项目，为当地帮扶点提供合计205万元精准扶贫资金，用以硬化道路、技能教育培训、养蜂产业、饲料产业等专项扶贫支持，着力改善农民劳动条件、提升劳动技能、提高贫困户收入水平。深化与新疆证监局在扶贫上的合作，筹划在新疆少数民族贫困地区设立健康扶贫基金。实施新疆籍少数民族人才专项支持工作，培养新疆金融人才，录用新疆维吾尔族员工。

五、中国期货业协会与期货公司精准扶贫情况

（一）中国期货业协会（以下简称中期协）积极组织期货公司积极开展精准扶贫，发挥期货市场扶贫优势

2017 年 3 月 29 日，中期协发布《关于期货行业履行脱贫攻坚社会责任的意见》，引导期货行业深刻把握党和国家脱贫攻坚战略的内涵与意义。制定《期货公司扶贫工作有关情况评估方案》作为期货公司分类评价的参考。中期协牵头组织“一司一产、‘长’‘期’携手”精准帮扶活动，中期协及 23 家期货公司共投入扶贫资金 1 600 万元，覆盖贫困村 32 个，占全县贫困村总数的 37.55%。

（二）期货公司多种形式开展精准扶贫工作

截至 2017 年 12 月末，全行业已有 113 家期货公司以多种形式积极开展了扶贫工作。在扶贫工作中，期货公司立足发挥期货行业专业优势，通过开展专业金融培训、“保险＋期货”、协助设立交割仓库等方式支持贫困地区的产业发展。期货公司领导、技术骨干人员多次到贫困地区现场为当地实体企业及青年干部举办数次金融专业知识培训，提高当地民众金融知识的普及程度，协助他们通过金融工具提高实体产业收入。同时辅以捐资助学、采购农产品、实物捐赠等传统形式，合计投入扶贫资金 5 567.47 万元，推动精准帮扶工作向纵深发展。国务院扶贫办对此进行了题为《期货行业踊跃服务国家脱贫攻坚战略》的专题报道。

（三）加强精准扶贫宣传工作

在第十三届中国（深圳）期货大会召开之际，中期协筹办“期货扶贫进行时”专题展，与中央人民广播电台合作举办“期货扶贫进行时”广播现场秀并在央广财经频道播出，全面总结、宣传期货行业服务国家脱贫攻坚战略的经验和成果，引起社会广泛关注。

表 1　　2017 年期货公司结对帮扶贫困地区情况汇总表

公司名称	已结对帮扶贫困地区（县、乡、村）名称	签约时间
国富期货	陕西省延长县	2017 年 1 月 5 日
中信建投期货	重庆市万州区	2017 年 1 月 5 日
黑龙江时代	黑龙江克东县	2017 年 1 月 6 日
弘业期货	吉林省镇赉县	2017 年 1 月 12 日
东证期货	四川省沐川县	2017 年 1 月 12 日
宏源期货	新疆吉木乃县	2017 年 1 月 12 日
华泰期货	四川省剑阁县	2017 年 1 月 17 日
国元期货	安徽省利辛县	2017 年 1 月 20 日
徽商期货	安徽省泗县	2017 年 2 月 8 日
大有期货	湖南省芷江侗族自治县	2017 年 2 月 22 日

续表

公司名称	已结对帮扶贫困地区（县、乡、村）名称	签约时间
海通期货	河南省睢县	2017 年 2 月 24 日
神华期货	湖北麻城市	2017 年 2 月 28 日
南证期货	四川省松潘县	2017 年 3 月 6 日
东证期货	吉林省通榆县	2017 年 3 月 9 日
国海良时	广西壮族自治区靖西县	2017 年 3 月 15 日
银河期货	云南省剑川县	2017 年 3 月 17 日
中金期货	青海省祁连县	2017 年 3 月 17 日
东证期货	内蒙古莫力达瓦达斡尔族自治旗	2017 年 3 月 21 日
安粮期货	安徽省岳西县	2017 年 3 月 22 日
永安期货	陕西省延长县	2017 年 3 月 29 日
鲁证期货	陕西省延长县	2017 年 3 月 29 日
中信期货	陕西省延长县	2017 年 3 月 29 日
银河期货	陕西省延长县	2017 年 3 月 29 日
上海东证期货	陕西省延长县	2017 年 3 月 29 日
瑞达期货	陕西省延长县	2017 年 3 月 29 日
敦和资产	陕西省延长县	2017 年 3 月 29 日
海通期货	陕西省延长县	2017 年 3 月 29 日
方正中期	陕西省延长县	2017 年 3 月 29 日
东海期货	陕西省延长县	2017 年 3 月 29 日
华泰期货	陕西省延长县	2017 年 3 月 29 日
光大期货	陕西省延长县	2017 年 3 月 29 日
中国国际期货	陕西省延长县	2017 年 3 月 29 日
中粮期货	陕西省延长县	2017 年 3 月 29 日
格林大华期货	陕西省延长县	2017 年 3 月 29 日
华信万达期货	陕西省延长县	2017 年 3 月 29 日
五矿经易期货	陕西省延长县	2017 年 3 月 29 日
弘业期货	陕西省延长县	2017 年 3 月 29 日
国信期货	陕西省延长县	2017 年 3 月 29 日
广发期货	陕西省延长县	2017 年 3 月 29 日
浙商期货	陕西省延长县	2017 年 3 月 29 日
新湖期货	陕西省延长县	2017 年 3 月 29 日
上海东方期货	陕西省延长县	2017 年 3 月 29 日
三立期货	山西省武乡县	2017 年 3 月 30 日
宝城期货	湖北省团风县	2017 年 3 月 31 日
金瑞期货	黑龙江饶河县	2017 年 4 月 7 日

续表

公司名称	已结对帮扶贫困地区（县、乡、村）名称	签约时间
大越期货	河北省灵寿县	2017 年 5 月 10 日
中银国际	广西壮族自治区宁明县	2017 年 5 月 19 日
中航期货	贵州省独山县	2017 年 6 月 14 日
迈科期货	陕西省城固县	2017 年 7 月 20 日
广州期货	湖南省通道侗族自治县	2017 年 7 月 27 日

第二节 职工教育培训情况

一、上海期货交易所职工教育培训情况

2017 年，上期所按照“努力建设世界一流交易所”的要求，重视对全所员工自信心、使命感的培养，积极开展员工培训。

一是新员工培训。为帮助新员工全面认识和了解交易所，激发员工的责任感和使命感，党委组织部于 2017 年 7 月 26 ~29 日举行了 2017 年新员工培训。交易所及子公司共有 120 名新招聘员工参加了培训。此次培训以交易所相关领导、外部专家和业务人员集中授课和交易所博物馆、张江中心参观等多种形式结合展开，内容涵盖交易所的基本情况、规章制度、相关业务知识、党建及思想政治工作等。

二是中层干部及业务骨干培训。为实现“树一流精神，干一流业绩，打造高素质专业化干部队伍”的干部培养目标，2017 年 12 月 5 日 ~9 日，党委组织部举办了交易所中层干部及业务骨干培训班，交易所 40 名中层干部和 64 名业务骨干共计 104 人参加了培训。培训内容涉及党的十九大精神、领导力、国学经典与领导者心智、领导效能、跨部门沟通、工业 4. 0 及人工智能发展趋势、经济转型与产业发展、执行力、职场竞争力等 9 个模块。

二、郑州商品交易所职工教育培训情况

2017 年，郑商所职工教育培训注重培训效果与工作实践相结合，开展多层次培训，充分发挥员工培训的功能和作用，全面提升员工综合能力。

一是开展新员工系列培训，同时组织期货网络学习 926 学时，提高新员工业务知识和工作技能。

二是开展管理培训，培训近年新晋升的总监、副总监等共计 17 人，提升中层人员管理方法和技巧。

三是组织内训师评审及培训工作，提升内部讲师的专业技巧和授课能力。

四是组织期权和监管及风控研修两批次境外培训，提升郑商所对外交流水平和业务能力。

五是开展英语培训，与专业培训机构合作开展英语在线培训，同时组织内部外事联络员英语培训 4 次，全面提高郑商所职工英语能力。

六是开展公开课培训，组织公开课培训 58 人次，其他外部培训 23 人次，充分发挥公开课的功能和作用，提升员工专项技能。

七是组织党员轮训、组宣委员培训、纪检干部专题培训、国家保密局教育中心轮训，进行廉政视频、保密教育视频学习等专题培训，加强员工党性修养、党风廉政及保密意识。

三、大连商品交易所职工教育培训情况

2017 年，大商所遵循“服务战略、按需施教，联系实际、注重实效，学以致用、从严管理”的原则，立足员工队伍的知识结构与能力现状，继续围绕管理能力、业务知识、综合素养和通用技能等主题，采取集中内训、实地考察、外出公开课、网络课程、移动学习和资料自学等多种方式，全方位、分层次、有侧重地开展各项员工培训工作。经统计，全年共组织讲座和专题学习 89 期，累计参训 4 475 人次。

一是全面推进业务培训深入开展。通过组织员工赴实体企业开展培训交流活动、赴境外期货交易所参加短期业务学习、鼓励部门自主开展专项内部研讨及参加从业资格考试等方式，开展各类业务培训，全面提升员工的岗位胜任力。

二是逐项提升管理与通用能力。全年共组织管理培训 2 次、新一代办公系统培训 10 次，合计参训 560 人次；持续面向有学习需求人群开展 Office 培训 2 次；例行组织保密教育、2017 年宏观经济形势展望、国际衍生品市场发展系列讲座、新制度解读、豆粕期权内部交流会、急救知识和消防知识培训、入职培训等 30 余次，参训超 1 500 人次。同时，辅以手机移动学习平台开展自学培训活动。

三是组织党的十八届六中全会精神教育培训。通过视频听课、党校老师现场讲授等方式，开展 32 次与党的十八届六中全会精神及《关于新形势下党内政治生活的若干准则》和修订后的《中国共产党党内监督条例》相关的专题培训。累计 12 528学时，合计参训 3 132 人次，人均 43 学时。

四、中国金融期货交易所职工教育培训情况

2017 年，中金所继续为员工提供各种培训学习机会。

一是进一步加强国际交流，与中欧国际交易所及德交所资本市场学校等机构合作开展专题培训。

二是开展新员工入职培训、军训、素质拓展，帮助新员工更快融入交易所工作，提升工作执行力。

三是选派骨干员工参加期货期权学院专题课程，与市场机构合作，开展各类岗位培训。

四是以“中金所大讲坛”为载体，邀请知名专家学者，举办宏观经济、股指期权、党风廉政建设等各方面专题讲座，拓宽员工视野。

五是强化员工队伍责任意识和奉献精神，组织青年员工赴革命老区开展国情教育等活动，激发员工爱党爱国之情。

六是选派干部参加中国证监会党校以及上海市各类干部培训，开展干部管理能力培训。

五、监控中心职工教育培训情况

2017 年，中国期货市场监控中心为员工提供了多种培训。

一是十八届六中全会精神教育培训。按照《关于组织开展党的十八届六中全会精神教育培训的通知》（证监党办字〔2016〕17 号）要求，监控中心党委召开专题会议，研究部署深入学习贯彻党的十八届六中全会精神事宜，将十八届六中全会精神教育培训列入中心 2017 年度教育培训工作计划，并经与中央党校多次沟通后，制定了完善的培训方案。2017 年 8 月 15 ~ 18 日及 8 月 21 ~ 24 日，监控中心全体员工分两批进行了集中脱产培训。第一期培训班由中央党校老师授课，37 人参训；第二期培训班由监控中心与北京证监局联合组织，共 23 人参训。培训采用专题讲座、观看教育影片、自学及分组学习讨论相结合的方式，内容丰富，形式多样，充分调动了参训学员的积极性。

二是优秀员工专项培训。共有 11 名优秀员工参加了专项业务培训。

六、期货公司职工教育培训情况

期货公司重视员工教育培训工作，积极开展员工培训，建立职业培训制度，提高员工职业素质和从业技能，为员工提供充分的职业发展机会，为行业培训的强力推进奠定基础。

一是认真落实期货从业人员后续培训。2017 年，期货公司就职从业人员接受中期协网上后续职业培训共计 76 824. 20 学时，参加中期协组织的视频直播培训共计 13 场，合计培训 43 学时，视频直播培训覆盖所有期货公司。

根据《2017 年度期货从业人员状况调查问卷》统计结果，2017 年，期货公司就职从业人员培训总频次 196 759 人天，人均 6. 55 天，其中交易所培训 1. 62 天，公司内部培训 4. 39 天，其他培训 0. 54 天，人均培训费用近千元（见表 2）。

表 2　　　　　　　　**2017 年期货公司就职从业人员培训情况**

	交易所培训（人天）	公司内部培训（人天）	其他培训（人天）	培训总频次（人天）	费用总支出（万元）
总计	48 662	131 755	16 342	196 759	2 525. 18
人均	1. 62	4. 39	0. 54	6. 55	0. 08

数据来源：《2017 年度期货从业人员状况调查问卷》。

二是为规范员工培训管理工作，各期货公司制定或修订相关的培训管理办法，为公司培训体系的搭建提供制度性支持。

三是期货公司积极开展新员工培训，帮助新员工尽快融入公司，了解公司企业文化，公司编写了员工培训手册并组织了培训测评，以帮助新员工全方位了解公司及各项业务。同时，期货公司定期组织企业文化相关培训，使员工及时了解公司战略发展规划，与公司步调一致共同发展。

四是通过工会统一组织员工积极参与各项素质拓展、技能培训、献爱心、送温暖等相关活动，在丰富员工生活的基础上，引导员工融入社会大集体，用实际行动为社会进步、经济发展等添砖加瓦，贡献自己的力量。

>>> 第三节　社会公益慈善情况

一、上海期货交易所社会慈善情况

一是颁发总计 50 万元的“上期爱心奖学金”。上期所在 2013 年设立“上期爱心奖学金”，旨在帮助学习努力而家境贫困的太湖学子顺利完成学业。2017 年，奖学金名额和金额都比上年翻倍，且扩展到职业教育领域。来自建档立卡贫困户家庭的 100 名大学生每人获得 3 000 元奖学金、100 名职校生每人获得 2 000 元奖学金。

二是积极参与中国扶贫基金会和证监会倡导的“扶贫日”活动，资助 10 万元给新长城自强班 50 名学生。

三是上期所在甘肃省白银市设立了“上期爱心奖学金（白银市）”，2017 年拨款 100 万元，资助当地因贫辍学失学儿童 400 名、贫困家庭优秀高考生 200 名。

二、郑州商品交易所社会慈善情况

2017 年，郑商所积极开展捐资助学活动，深入助学实地调研，采取多种方式提升助学效果。赴桐柏、兰考、新县实地调研 9 次，考察帮扶项目，与新县续签助学协议，投入助学金 204. 8 万元助学新县、兰考两县 1 266 名学生；建立捐资助学信息系统，动态管理助学对象情况；接收 2 名受助学生来所实习；组织兰考、新县受助学生沟通交流座谈会，捐献图书 2 500 册，切实解决助学实际问题。

三、大连商品交易所社会慈善情况

2017 年，大商所积极组织员工开展公益活动，通过各类活动增加员工的社会责任感和使命感。2017 年陆续开展了阿拉善国情教育沙漠植树活动、组织员工参加阿拉善生态基金会举办的第二届“绿色行走—公益长征”线上行走线下大连冲刺站活动、沙漠越野挑战赛活动。义工站积极开展“为孤独症儿童义卖手工品”“一张纸献爱心救助贫困患病儿童行动”“星海公园、环保拾垃圾”“图书馆书籍整理”等十余次公益性义工活动。

四、中国金融期货交易所社会慈善情况

2017 年，中金所继续积极参与社会公益慈善事业的发展。严格落实中国证监会党委宣传部《关于在会系统开展“一张纸献爱心救助贫困患病儿童行动”的通知》，做好废旧纸张书刊回收售卖工作，将售卖所得款项 6 245 元汇至中华慈善总会捐款账户。积极推动证券期货行业技术进步，为新时代加快建设创新型国家和世界科技强国奉献一分力量，捐赠人民币 25 万元用于第六届证券期货科学技术奖励工作，嘉奖证券期货业科学技术领域的突出成果。

五、期货公司社会慈善情况

一是期货公司向贫困地区捐款捐物，特别是向在校大中小学生提供援助资金和设立奖学金，改善其学习环境；招聘贫困地区残疾人大学生，并认真栽培、委以重任，鼓励他们发挥自身力量为家乡的发展做出贡献；积极对接军队转业干部及军属就业需求，提供相关岗位。

二是在交易所及大学的支持下，期货公司通过安排行业专家为学生做系统培训，提高学生专业技能，为院校毕业生提供就业实习平台。

三是期货公司号召员工积极响应无偿献血倡议，参与无偿献血活动，宣传和传播无私奉献的传统美德。

四是期货公司弘扬扶贫济困的优良风尚，动员全部力量共同促进困难职工帮扶工作，对家庭困难、生病住院以及家中发生变故的员工进行慰问和补助。

五是期货公司积极组织员工参加了阿拉善绿色行走·公益长征等环保公益健身活动，宣扬绿色、低碳、环保的生活理念。

第四节　投资者保护与投资者教育情况

一、上海期货交易所投资者保护与投资者教育情况

（一）上期所2017年投资者保护工作情况

1. 落实投资者适当性管理，强化市场风险意识

一是贯彻落实投资者适当性管理办法。《证券期货投资者适当性管理办法》（以下简称《办法》）于2017年7月1日起实施，上期所成立由会员部牵头，法律部、新闻部、监察部参与的投资者保护专项小组，梳理、完善交易所自律规则中关于适当性的规定，完善原油期货合约、期权合约投资者适当性管理办法；在各类投资者教育活动中系统性地嵌入了《办法》和合规教育相关内容；积极配合中期协出台《期货经营机构投资者适当性管理实施指引》，加强对《办法》的宣传普及，积极履行交易所对投资者适当性一线监管责任。截至2017年底，对所有期货公司会员开展了非现场检查。

二是组织开展"投资者保护·明规则识风险"专项活动。2017年7月，按照证监会《关于开展"投资者保护·明规则识风险"专项宣传活动》的统一部署，上期所以投保小组为基础，结合近年来稽查处理的期货市场案例，围绕对敲影响交易结算价、木马软件盗码交易、委托交易对敲转移资金、传播虚假信息影响市场、操纵市场影响交割结算价等典型违规手段，将其发掘成5类可读性强、通俗易懂的案例故事，在交易所官方微信、微博、期货日报等媒体进行报道，并在各类投资者教育活动中加以解读、宣传，帮助投资者了解案例背后的规则红线、风险底线，掀起了全市场学规则、懂规则、加强合规意识的高潮。

2. 维护投资者合法权益，加强投资者服务

提升上期所市场服务中心（MSC）服务能力和水平，优化内外的沟通机制，打造新型综合服务平台。2017年市场服务中心共受理各类市场咨询和意见建议3 687件次，比上年增加近30%，其中咨询类问题3 603件次，意见和建议84件次，答复率100%。

（二）上期所2017年投资者教育工作情况

2017年，上期所会员服务和投资者教育工作稳步推进全面铺开，加强与会员的沟通联系，进行多层次、多方位合作，深入产业链各个环节，开展专业指导和服务；建立市场创新发展和机构综合服务机制，为实现可持续发展提供有力保障；进一步拓展投资者教育的广度和深度，提升投资者和从业人员的专业知识、投资水平和管理风险能力，促进功能有效发挥，推动市场稳健运行、稳步发展。

1. 加强对会员的综合管理和服务

一是根据监管部门的要求和交易所业务发展需要，构建“会员综合评价体系”。

二是开展优秀会员评选、优秀分析师评选和“2017 年期货市场服务实体经济”征文活动，从机构、人员、业务三方面进行综合实力的评估和表彰，引导促进期货公司做大做强。

三是加强常态化、标准化、有针对性的会员综合服务。举办分片区会员座谈会，广泛听取会员意见建议；与会员合作举办各类品种及市场推广活动 900 余场，支持期货公司、行业协会举办重大市场活动共 36 场，录制 11 期视频培训，举办 4 期交易员结算交割员考试、8 场上海商品期货月度论坛，满足各类期货市场参与者的广泛需求。

2. 开展多层次的投资者教育活动

一是为产业客户专设培训课程。定期举办“上期期现结合和企业风险管理研讨班”（原“套期保值培训班”），为实体企业增强风险管理能力保驾护航。2017 年，上期所组织“风险管理研讨会”8 场，其中面向实体企业和期货公司人员 6 场，与有色金属工业协会合作举办大型有色企业专场培训 2 场，内容覆盖期货市场发展、期货经纪机构创新服务实体企业、实体企业运用期货市场实例、风险案例教育及投资者保护等。全年共有 120 余家期货公司、600 余家企业，共计 1 500 余人参与，覆盖有色金属、黑色金属、能源化工等品种的生产、贸易产业链上下游企业。

二是打造品牌投资者教育活动。持续开展“期货大讲堂”系列期货知识宣传、普及活动，2017 年共举办 5 期期货大讲堂，分别面向高校学生、政府官员以及党校成员，旨在普及期货知识，介绍风险管理的平台和工具。2017 年末上期所对“期货大讲堂”品牌内涵进行了重新整理和归类。

三是采用视频等多种方式，扩大投教覆盖面。2017 年上期所举办“上海商品期货月度论坛”活动并录制视频投放于官网，主要围绕上期所主要上市品种和交易所前行动态与市场进行了交流互动，有效促进行业交流和分析师队伍的培养建设，并就期货市场研究、开发和专业技能及部分精品投教课程录制 11 期视频培训供投资者学习、参考，扩大投教覆盖面。

四是积极依靠会员公司、中期协力量，扩大行业影响力。与期货公司、行业协会等合作，大规模合作开展各类投教活动。常规活动方面，与会员合作举办上期所品种市场活动 500 余场，并在指定月份与会员合作举办原油主题市场活动 400 余场；重大活动方面，支持新湖、中粮、鲁证、迈科等期货公司、中期协、上海期货同业公会等行业协会举办重大市场活动共 36 场，为全市场的投资者宣传和开发提供了有力支持，促进行业的健康持续发展。

五是完善投资者教育平台建设。2016 年上线上期所投资者教育网站，为不同程度的投资者提供相匹配的投教内容和资源。2017 年，投资者教育网站用户浏览量约 55 万余次。

二、郑州商品交易所投资者保护与投资者教育情况

（一）加大违规处理力度，保护投资者合法权益

2017年，郑商所以“切实维护期货市场正常交易秩序，有效发挥期货、期权市场功能”为目标，不断加大违规查处力度，保障期货、期权市场服务实体经济功能有效发挥，切实保护投资者合法权益。

1. 及时查处异常及违规交易行为

对于异常交易以及各类违法违规行为，做到及时发现、及时制止、及时查处，对违法违规行为形成有效的威慑和严厉的打击，营造良好的市场环境，保障期货市场平稳运行。通过做好期货市场违规案件查处工作，以及加强对资管、特法等客户的穿透式监管和及时排查异常波动情况，严厉打击违规行为，有效维护市场正常交易秩序。

2. 建立听证制度，创新投资者保护方式

为切实保障期货市场参与者合法权益，郑商所于2017年4月17日发布了《纪律处分听证规则》。2017年6月7日，就一起涉嫌对敲转移资金案件公开举行了听证会。郑商所成为国内首家就期货市场违规案件建立听证制度、举行听证活动的交易所。经新闻媒体广泛报道，对扎实做好期货市场投资者权益保护工作起到良好作用。

3. 圆满解决棉花期货交割商品质量纠纷

面对腾龙棉业棉花交割商品涉嫌掺假突发事件，郑商所及时采取法律行动。通过面对面谈判，迫使有关单位正确面对问题，最终通过和解方式顺利解决相关赔偿问题，并对涉案违规当事人进行了纪律处分，圆满解决了有关纠纷，有效保障了期货市场正常运营秩序，切实维护了期货市场投资者合法权益。

（二）做精做细做实投资者教育活动

1. 投教活动多元化

日常投资者教育活动形式多元化，线上线下同步开展，不断提高投资者教育活动的效果。线下以“走进产业　贴近行业　服务企业”（简称“三业活动”）为抓手，引导和支持会员全面开展市场推介活动，加强产业及各类型机构投资者、中小投资者的风险意识教育，通过走访调研，了解客户参与交易的困难和问题，积极联合会员、龙头企业、媒体、行业协会等机构开展投资者教育活动。2017年共举办“三业活动”504场，累计培训人数3万人次左右。线上充分利用视频讲座形式，提高投资者培训的时效性和便利性，全年共开展约100场，全年培训人数约1.6万人次。通过一系列培训工作，扩大了期货市场的宣传和影响力，帮助客户更好地了解期货市场，并利用期货做好风险管理，取得了良好效果。

2. 产业客户培训精细化

2017年举办了白糖、菜籽、棉花、PTA、玻璃、铁合金、动力煤、甲醇等品种

产业大会，累计培训总人数4 250人次左右。通过相关产业大会，扩大期货品种在产业内的影响力，能够让更多产业客户参与进来，进一步优化投资者结构。

3. 期货从业人员培训品牌化

不断优化会员中层培训模式，形成培训品牌，2017年共举办11场中层业务培训班，培训人数共2 280人次左右；同时加大会员其他业务人员培训力度，全年共举办17场相关业务培训，培训人数1 255人次左右；积极开展高级分析师选拔和培训，2017年共选出67名高级分析师，为下一步郑商所的品种推广、投资者教育工作开展打下基础。

4. 持续开展“点”“面”基地建设

挖掘服务实体经济的优秀案例，推广利用期货市场进行风险管理的典型模式。2017年共评选出18家“点”基地企业。通过深入挖掘服务实体经济的典型案例，总结出利用期货市场指导企业经营的优秀创新模式，更好地在产业内推广，提升教育效果，为产业客户树立合格榜样。

（三）做好媒体宣传教育工作

做好新闻宣传和教育引导，一是扩大宣传与投资者利益密切相关的法规，引导投资者以理性合法的方式逐级表达诉求。二是利用互联网、微博、微信等渠道，对郑商所的业务规则，尤其是强制减仓、强行平仓、保证金调整等一些可能影响投资者权益的有关规定进行重点宣讲。三是做好新闻宣传工作，提高投资者对市场运行状况的正确认识，最大限度地减少因误解、盲目听信谣言等产生的不必要的诉求。

1. 加强新闻宣传建设，提升投资者教育质量

2017年，郑商所持续宣传交易所自律监管和责任担当，如对“明规则，识风险”投教活动的宣传，通过编写5期包括违规转移资金和自成交在内的案例，以及每月异常交易情况披露，向违规者敲响警钟。5期案例宣传中两篇关于违规处理的投资者保护宣传方面的文章，在期货日报、中国证券报、证券时报、郑州晚报、和讯、新浪、新华网、中国经济网、证券日报网、金融界、网易刊出。其中，2017年6月19日刊出《郑商所严防以自成交方式扰乱市场秩序违规行为》，2017年6月20日刊出《郑商所严打以对敲手段违规转移资金行为》，积极宣传自成交、对敲违规交易特征及其危害，切实做好投资者保护教育相关工作。

2. 通过拍摄多种宣传片、制作小手册等，丰富投资者教育手段

2017年完成拍摄九部宣传片，分别为交易所形象宣传片、白糖期权上市宣传片、棉纱期货上市宣传片、苹果期货上市仪式片头，以及动力煤、铁合金、白糖、菜粕、白糖期权五个品种的宣传视频。共计编辑印刷各类宣传材料约80 000册，包括业务规则汇编、点面基地汇编、交易所简介折页，期权交易实务、策略和套保手册，期权策略图、大咖讲期权、棉纱、苹果品种介绍等。以大众喜闻乐见的形式，宣传介绍交易所的品种和规则。

3. 做好自媒体宣传，提升投资者教育效率

2017 年郑商所着力做好自媒体宣传和建设，持续增加粉丝数量，丰富内容，组织策划系列投教宣传，如发布点基地典型案例，录制发布“大咖带你学期权”系列小视频，制作发布微信版《白糖期权百问百答》系列漫画、卡通短片《棉纱期货诞生记》及其他 5 个品种的宣传视频等。

开通期货法律交流微信公众号，建立期货市场法律合规微信群，不定期发布日常监管中的典型案例及相关处理标准研讨、期货法律问题理论研究等文章，贯彻有关探索强制性措施与指导性措施、刚性措施与柔性措施相结合市场监管方法的要求，优化市场监管的手段和方式。其中，期货法律交流微信公众号，2017 年 11 月 14 日发布《关于集合竞价阶段涨跌停板双向报单行为危害性的一些思考》，2017 年 12 月 28 日发布《对一起利用自成交手段扰乱市场秩序典型案例的评析》。期货市场法律合规微信群发布各类信息 70 余条。

（四）继续做好信访工作，圆满解决客户纠纷

2017 年，认真做好信访工作，不断加强制度、规则学习，悉心接听信访电话，维护 12386 平台，查收信访邮箱信件。依照《郑州商品交易所信访工作制度》，落实信访事项统一管理、跟踪负责机制。一是优化信访工作流程，加强部门间沟通协作，做好信访事项的移交转办、跟踪落实等，保证信访诉求得到及时处理。二是加强信访岗位人员业务知识学习及对信访事项的梳理总结，提升有效接访工作能力。全年信访邮件接收 34 封，信访电话接听 315 个，其中有效受理信访事项 19 件，完成信访答复 19 件，按规定全部办结。三是多措并举健全郑商所“对外一站式”投资者诉求处理机制，注重和各业务部门的工作沟通及工作协助，畅通投资者诉求处理渠道，提高投资者诉求处理质量和效率。四是通过信访途径获取有关敏感信息，及时向相关部门做出工作提示 49 次。

（五）助力投资者适当性管理实施

适当性制度是保护投资者的第一道防线，也是经营机构有效管理风险、优化投资服务的制度保障。2017 年，郑商所除根据《证券期货投资者适当性管理办法》（以下简称《办法》）的要求制定《郑州商品交易所期权投资者适当性管理办法》和《白糖期权投资者适当性制度操作指引》（以下简称《指引》）并根据市场运行情况和投资者反馈，于 2017 年 8 月 28 日和 12 月 8 日对《指引》进行两次修订外，为做好《办法》的宣传、教育和培训工作，开展了不同层次、不同形式的市场活动，并向投保局报送了《郑州商品交易所关于〈证券期货投资者适当性管理办法〉实施准备情况的报告》，报告主要介绍了郑商所开展的针对市场监管主体、期货公司首席风险官、期货公司中层人员、全体期货从业人员、产业和机构类客户、中小个人投资者、媒体宣传人员的各类培训活动等，通过多种主体、不同形式的活动，全方位助力适当性制度的落实。

三、大连商品交易所投资者保护与投资者教育情况

（一）大商所投资者保护情况

1. 坚持监管信息披露与新闻宣传相结合，落实投资者知情权，强化市场宣传教育

一是完成《大连商品交易所2016年自律监管工作报告》，在《期货日报》《中国证券报》等媒体上发布。

二是为让市场及时了解大商所的日常监管动态，增强会员和投资者的守法、合规意识，营造期货市场从严监管氛围，大商所总结查处案例、汇总合规监管情况并通过《期货日报》《中国证券报》等媒体及时发布日常监管报道，在每季度初定期发布异常交易、违规查处、交易限额等监管情况，对监管措施、自律监管处分、市场监管总体情况等及时通过媒体报道。全年，相关媒体发布50余条市场监管信息。

三是结合近年来期货市场稽查执法情况，大商所整理并对外发布了4类共10起典型违法违规案例，详细分析案例的成因、主要经过、相关处罚和合规交易提示，推进投资者认清违法违规案件背后的规则红线、风险底线，提高其遵规、守法意识。

四是继续做好交易所重点工作和创新业务的宣传，维护投资者的知情权。一方面，以媒体记者群的教育与培训为切入点，通过开展“媒体沙龙”“产业链调研”等活动，使相关媒体记者对交易所工作、上市品种和产业有更加全面的了解，为记者准确地进行宣传报道与市场解读打下良好基础；另一方面，对期货各品种的交割业务流程和特点进行整理、解读，以系列报道的形式向市场发布，进一步增强投资者教育工作效果。

五是交易所还同时积极开展线下投教工作，全年制作并发放投资者合规交易手册近2万册，制作了相关视频在期货大厦电梯间投放，借豆粕期权首席风险官培训的成功召开，后续在大连、上海、广州组织了三场共近140家会员单位首席风险官参加的监察培训及座谈会。

2. 紧密结合市场服务活动开展投资者保护工作

2017年，大商所加大了市场服务的工作力度，坚持市场拓展活动与投资者保护工作并行的原则，每场会员单位组织的市场推介活动，都要求有投资者风险管理教育专题。2017年，大商所联合会员单位组织市场推介活动1 197场，培训人数80 784人次，每场活动都有风险教育专题，落实了期货市场投资者的知情权和适当性原则。

大商所利用“期货学院”等载体和平台，积极开展合规教育工作，对会员单位从业人员、高校教师、学生和投资者开展规则培训，全年共培训约1万人次，不断提高从业人员合规服务能力，使得投资者知情权的通道更为顺畅，并向多家高校普及期货知识，为市场合规稳定运行奠定坚实基础。

3. 围绕豆粕期权上市交易，展开丰富多彩的投资者保护工作

2017 年是我国商品期权上市元年，根据证监会统一安排，豆粕期权上市前大商所针对普通投资者和会员单位出台了相关配套制度。

一是为防范投资者不适当引起的市场风险，建立起国际经验与中国国情相结合的商品期权投资者适当性制度安排，从期权知识水平、风险承受能力和交易经验等三个方面设置准入门槛。

二是按照“稳健性、可操作性、一致性”原则，研究制定了《大连商品交易所期权交易管理办法》等 4 项核心规则制度，并就会员管理、风险管理等 9 个方面的期货实施细则进行了配套修改，出台与期货相兼容、与市场规则相统一的商品期权规则制度体系优化措施。

三是为确保期权平稳推出和稳健运行，全面排查潜在风险，督促期货公司依法合规开展期权交易，在证监会统一部署下，大商所协调证监局与郑商所一起完成了对全国 16 省市地区的 143 家期货公司的期权现场检查工作。

四是豆粕期权上市后，在市场运行情况良好的前提下，大商所继续优化调整期权投资者适当性管理要求，积极推动多项优化措施出台，包括优化投资者知识测试题库、与其他交易所共同出台期权实盘、仿真交易经历互认。

五是为丰富投教宣传资料，大商所利用视频直播间录制豆粕期权知识系列培训视频，并征集会员机构开展“豆粕期权投教产品征集评选活动”，共征集 232 件产品投放于网站。同时组织投教手册（包括监管案例和多种豆粕期权业务）编写和发放工作。

4. 配合中国证监会做好投资者保护的各项工作

按照中国证监会要求，大商所制定了 2017 投资者保护工作计划、推出“3 · 15”投资者适当性管理主题报告和开展“投资者保护 · 明规则、识风险”专项宣传活动。其中，“投资者保护 · 明规则、识风险”专项宣传活动于 5 月 5 日启动，共分四个阶段，大商所在监察、新闻舆论、市场服务等各环节及条线工作上，全面推广证监会系列案例文章，并充分发挥各推广平台作用开展了多类宣教活动，加强合规宣传，营造交易所依法全面从严监管的市场氛围。

（二）大商所投资者教育情况

一是举办各种市场推介及视频培训 1 139 次，培训人数为 8.23 万人次；

二是深入开展产业链培育，全年开展活动 78 次，培训 1.7 万人次；以合作社、种粮大户为对象，与农委、机构等合作开展“三农”服务培训活动 58 次，培训人数约 6 900 人；

三是举办了期货学院 2017 期权及创新业务培训，系统培训期货公司业务人员 2 599人；

四是开展四个高级经理人发展课程（Executive Development Programs，EDP）培训，培训人数约为 270 人；

五是举办了为期四个月的十大期货投研团队评选，108 家期货公司组建了 285

支研发团队（其中全品种组 197 个、期权组 88 个）1 000 余人参加了比赛；

六是组织了 6 场期货公司营销人员培训，728 人参加培训；

七是举办分析师研讨和调研等活动 67 次，培训从业人员 831 人次。

全年完成市场推介及产业培训等市场培育活动 1 358 次，培训投资者、产业及行业人员 114 926 人次，共完成全年计划的 193%。

四、中国金融期货交易所投资者保护与投资者教育情况

2017 年，中金所贯彻落实证监会监管工作会议精神，围绕依法全面从严监管要求，以“防控金融风险、净化市场环境及投资者保护”为重心，开展了大范围、广覆盖、多层次的市场宣教与培育工作，持续改进完善以会员单位、金融机构、市场专家、行业协会、高等院校、普通投资者为载体和对象的多元投教体系。全年工作坚持稳中求进的总基调，扎扎实实做好各类项目，探索打造“解疑释惑大赛”、“国民金融教育高校万里行”等新项目，取得了良好的成效。

第一，不断丰富“中金所杯”内涵，大赛影响力再上新台阶。举办第五届“中金所杯”全国大学生金融知识大赛，共吸引了 1 120 所境内外高校约 3. 18 万余名学生参赛，覆盖了全国 32 个省、自治区直辖市。参赛高校比上届增加了 11 所，参与人数比上届增加了 19%，大赛影响力进一步提升。大赛还推出了多项新做法，如首创人才对接平台；为贫困学生设立励志奖；组织暑期夏令营；征集“解疑释惑”投教作品等，进一步扩大了大赛吸引力，引导高校学生学以致用，补齐期货人才储备短板。

第二，联合会员和行业协会持续开展合作培训，向投资者传递正能量。2017 年，联合 86 家会员公司在全国 115 个城市举办 634 场投资者教育活动，累计培训约 6 万人次。同时，先后配合中期协、北京期货商会、上海期货同业公会举办 3 场行业年会，加强与各类机构沟通交流，丰富市场参与主体，防范化解系统性风险。

第三，金融衍生品管理课程稳步推进，业界影响力不断扩大。2017 年，中金所期货期权学院继续联合上海交大高级金融学院举办了一期定制管理课程，培训了 67 名各类金融机构学员。课程进一步加大组织管理方面的优化创新力度，增强线上线下互动交流，线上通过微信群组织交流，线下延续学员业务分享、学员机构走访等，并首次增设了线下衍生品论坛，有力助推了我所投教宣传工作开展，机构间交流融合度进一步提升，课程品牌影响力进一步扩大。

第四，以强化会员监管为核心，重点开展从业人员合规培训。2017 年，以防控金融风险、强化会员监管、加强投资者保护为侧重，面向会员及从业人员开展了“国债期货 DVP 交割业务培训”“套保套利业务专项培训”“监察合规管理培训”“走进中金所系列培训”“会员投教专题培训”等 5 大系列 31 场专题培训会，培训了近 757 家次各类机构，共计 2 100 余人。通过“周周开讲”的平台，有效提高了会员单位从业人员合规意识，加强了从业人员风险管理水平，从微观层面拉起了投资保

护第一道防线。

第五，大力推进投教基地建设，学院品牌建设不断完善升级。先后开发制作了近300分钟的多媒体课程，网站总计上传资料近300份，达到同类网站中较高水平。APP累计上传各类通知公告、交易规则、市场声音等近300余篇。针对性地完成5次网站升级及2次APP升级，切实提升用户体验。全年累计在线培训人数逾12万人次。

第六，面向市场机构推出新媒体投教产品大赛，累计收到各类参赛作品逾200件。大赛发掘了一大批集原创性、趣味性、互动性于一体的投资者教育精品，有力推动市场各方积极参与到投资者教育中来，寓教于乐的同时普及了知识，宣传了市场理念。除组织大赛之外，还面向市场机构征集金融期货投教文章，累计征集股指期货、国债期货及其现货市场基础知识系列文章100余篇，并择优在媒体发表。

第七，加强与传统媒体及新媒体的合作，充分利用交易所官方微信微博进行投资者教育。与中国证券报等5家媒体开展投教专栏合作，推广市场基础知识；推进与新媒体平台开展投教宣传合作；做好交易所官方微信微博的运营，利用新媒体做好投教宣传。

五、中国期货业协会投资者教育与投资者保护情况

2017年，中期协按照中国证监会2017年投资者保护重点工作安排相关要求，在投资者保护、投资者教育与服务、新闻宣传和自媒体管理方面围绕适当性自律规则制定、打非宣传、咨询投诉处理、投教基地建设等中心工作积极进取，努力创新，开展了卓有成效的工作。

（一）加强投资者保护制度建设，发布投资者适当性自律规则

一是有序推动适当性自律规则拟订和发布工作。经过四次规则拟订会议和三次向市场广泛征求意见，中期协于2017年6月28日发布了《期货经营机构投资者适当性管理实施指引（试行）》（以下简称《指引》），并于7月1日正式实施。《指引》制定了较为明晰的期货产品和服务风险等级名录，明确了期货经营机构可根据自身特点具体划分产品或者服务风险等级的产品分级，其中用字母R来标记风险的首创做法也被资本市场广泛采用。

二是同步开展制度宣传和推广。中期协撰写并发布了近万字的《中期协相关负责人就〈期货经营机构投资者适当性管理实施指引（试行）〉答记者问》，详细解读了适当性制度的核心要义和具体条款；邀请近十位期货经营机构负责人就落实适当性制度进行阐述，并介绍相应的准备情况；持续通过各主流媒体对《指引》进行广泛宣传和报道，发动会员单位结合各自实践、通过自媒体展开广泛宣传，引导投资者理解和配合执行；7月5日，中期协举办了全行业适当性制度视频培训，邀请中国证监会和行业有关专家对适当性《办法》和《指引》进行全面解读，200多家机构、约2 000人远程参加培训；选拔10余名行业一线专家组成适当性宣讲讲师团，

支援北京、浙江、陕西、青海、安徽、山东等多个地方协会开展了适当性培训班。

三是收集市场反馈，回应市场关心。中期协和各地方期货业协会，收集各辖区适当性执行情况，反馈执行中的各类问题；通过发放问卷等方式，与浙江、江苏等地的地方协会开展期货经营机构执行适当性情况调查；通过中期协舆情监测系统密切跟踪市场各方对适当性的舆情反应，做好应对准备；通过热线电话、投教 QQ 群和微信群等渠道及时答疑并收集各方问题、意见和反馈，对市场反应比较突出和急迫的情况及时进行梳理和总结，与相关系统单位和上级部门进行沟通，形成标准答复口径；参加证监会新闻办组织的媒体通气会，提供适当性新闻材料，向社会传递“卖者有责”、“把适当的产品销售给适当的投资者”的理念。

四是推进适当性配套技术系统建设。一是推进监控中心互联网开户适当性技术平台建设。3 月份，中期协与中国期货市场监控中心进行接洽对接，提出建设行业统一的互联网开户适当性测评方案，以降低行业总体成本、规范期货经营机构适当性执行标准。11 月 16 日，该系统正式上线，获得市场广泛好评。二是打造中期协的投资者适当性知识测试平台。配套《指引》的发布，中期协与中金所进行了充分沟通，将原金融期货适当性知识测试平移至中期协平台，上线“金融期货知识测试”科目，为打造统一的投资者适当性测试奠定了基础。目前全行业的金融期货知识测试及商品期权知识测试均可在该测试平台完成。

五是参与行业适当性执行情况检查。在证监会期货部组织的行业大检查部署下，中期协选派人员加入检查团队，派出 3 人次、共计 6 周，开展期货经营机构适当性执行情况的自律检查，形成专项报告。

（二）加大行业投资者权益保护宣传力度，关注市场反馈

一是开展全行业“3 · 15”消费者权益日宣传。中期协召开“3 · 15”主题座谈会，在《期货日报》组织了专版宣传，动员会员单位在全国范围内开展形式多样的专项宣传活动。

二是积极组织“投资者保护 · 明规则、识风险”活动。中期协根据证监会投保局对活动的整体安排和分工，5 月份启动相关主题的专项活动，围绕“远离内幕交易”、“警惕市场操纵”、“谨防违规信披”、“防范违规经营”等阶段宣传内容，发动行业 559 家经营机构，开展了近两千余场现场宣传培训活动。中期协报送的《期货交易重资质　非法平台莫着迷》案例被选入专项活动典型案例中。

三是持续开展打非监测，报送监测月报。2017 年，中期协通过与人民网合作建设的打非监测系统，持续开展打非监测工作，报送监测月报。全年共监测到涉非信息 41 364 条。全年中期协共向证监会打非局报送 12 期监测报告，上报涉非信息 493 条。中期协与人民网沟通协商，每月定制中期协专属的期货市场舆情报告——《中国期货业协会舆情月报》。

四是做好咨询投诉，反馈市场诉求。中期协通过专门开设的网上投诉平台和对外咨询投诉电话，持续接收、回应投资者的诉求。据统计，2017 年中期协共接收咨

询投诉164件，为投资者和公司进行预调解30件，代拟12386转办工单16件。从投资者反映的问题来看，涉非防非类占比42%，合同履行类占比33%，其他问题像规则解释、合规查询和资格考试等，合计占比25%。

五是关注市场新现象，及时提示风险。中期协通过打非监测、咨询投诉、行业反馈和网络搜索等方面的信息来源，发现部分现货平台主动与期货公司开展业务合作，开展不当营销的现象。提示期货公司会员从保护投资者权益的角度出发，加强居间人管理，专门撰写了《关于抵制不当营销、审慎开展业务合作的提示函》，向会员单位发送。

（三）加强国家级投教基地建设，积极打造行业投教品牌

一是加强基地日常建设。中期协配备专人对“期货投教网”进行内容维护，保证网站日常运维和及时更新，新增“适当性管理”“原油期货”“明规则·识风险”“期权数字展馆”等专题。

二是开展基地自查。2017年9月，中期协根据证监会投资者保护局对投教基地的核查要求，对“期货投教网”的栏目内容更新情况、页面布局设置、日常运维管理等进行了全面自查。10月底，完成对网站各栏目内容的全面梳理和更新，进一步加强了投教网的实用功能。

三是持续开发投教产品。为防范非法期货，配合防非节目，中期协设计了打非防非的卡通形象、表情包、口袋书等投教产品，将“期货打假在行动”的品牌进行了延伸传播；适当性宣传方面，中期协设计制作了适当性投教书法扇和卡通扇，受到市场欢迎；基础教育方面，协会继续编写一套十册的《“讲故事、学期货”金融国民教育丛书》。

四是举办投教案例展示活动。中期协在第13届国际期货大会期间举办了主题为“小行业　大市场　新形象——期货市场媒体合作与投教经验分享交流”的沙龙活动，证监会相关部门和单位、上海证监局、期货公司、媒体等部门的120余人参会。期货交易所组、期货公司组、媒体组共向现场观众推荐展示了12个投教项目，涉及服务实体经济、产业服务、新品种新业务、打非防非、适当性、金融国民教育等主题。中期协向与会人员展现了期货行业近几年的投教实践和成果。中期协还将征集的来自地方监管局、系统单位、会员单位、媒体的53个优秀投教项目（案例）汇编成册，并在微信公众号开设“投教案例”专题，对精选案例以微信形式系列推送。

五是搭建投教展台，宣传投教理念。中期协在第13届国际期货大会期间现场搭建投教展台，开展投教答题活动。活动向与会观众普及了十九大报告、适当性制度、中央文件等热点知识，收集了行业投教工作建议，展示了近年来中期协原创制作的投教品种丛书、音像制品、合法期货保护伞、期货折扇、期货杯、合法期货卡套等投教产品，吸引了众多与会人员参与，共发出各类投教产品685件。

（四）提升舆情处置能力，加强新闻宣传和自媒体管理

一是建立舆情平台，提升舆情管理能力。中期协通过舆情监控平台，每周形成监管工作动态、每月形成中期协舆情月报，为相关部门和单位提供信息参考；中期协根据证监会有关新闻舆论工作精神及相关要求，梳理中期协新闻宣传工作制度和舆情处置流程，参加证监会舆情监测值班工作，建立中期协基础网评员队伍；中期协加大“两会”“十九大”期间及行业新品种上市、新制度发布时的舆情关注力度，及时对市场上的不实报道进行回应和澄清。

二是突出重点，加强市场热点和正面宣传。中期协以推进《期货经营机构服务实体经济纲要（2017～2020）》的宣传与贯彻落实为切入点，着力加强行业服务实体经济的宣传；围绕行业扶贫工作，积极树立精准扶贫典型，报道扶贫案例；连续报道“保险+期货”模式，形成市场关注；集聚行业宣传力量，对每年的分析师论坛和国际期货大会进行全方位、高强度的集中宣传；结合中期协常规新闻发布内容，在“从业资格考试”、期货市场月度数据发布等阶段性热点的宣传中，保持社会关注度。

三是加强中期协官网和自媒体维护。中期协官网实现全年每个工作日均有更新。2017 年，中期协网站的浏览量 583.5 万次，同比增长 20%，访客数 169.6 万余人。中期协官微用户人数从 4.78 万人增长至 6.78 万人，增幅超 42%。微信共发布 247 天，829 篇图文消息。单篇图文最高阅读量 2.65 万人次，转发量 1 530 人次。

特别专题四

期货市场理论研究情况

>>> 第一节 期货市场理论研究总体情况

2017年，中国证监会围绕全国金融工作会议和监管工作会议精神，确立了把期货研究放在宏观经济大背景下考虑的总体思路，加强了对期货交易所、监控中心和中期协的指导支持和统筹协调，提高期货市场理论研究能力和分析水平，扩大市场影响力，取得了显著的研究成果。

一、统筹期货市场研究工作

证监会组织召开期货市场研究工作座谈会，提出了宏观经济、规则研究、比较研究和战略研究四个重点方向，并组织相关单位开展两批12个重点课题研究。第一批课题分别是《大宗商品期货价格与宏观经济运行规律研究》《商品期货交割制度比较研究》《境外金融期货市场创新情况及规律研究》《黑色系期货品种运行与产业发展研究》《“一带一路”背景下中国期货市场战略布局研究》；第二批课题分别是《做市商制度与商品期货市场结构优化研究》《我国期货市场服务“三农”模式研究》《“保险+期货”模式、问题及监管研究》《幌骗交易的认定和监管研究》《商品期货市场和股票市场影响关系研究》《期货公司风险管理业务模式及自律监管研究》。组织完成《期货市场总体规划》中期报告，比较研究了境内外期货市场发展的差距，提出了我国期货市场的发展目标和路径。编发《期货研究前沿》《期货衍生品市场监管》，聚焦期货市场重要问题，开展前瞻性研究。

二、加强期货市场宣传工作

证监会组织开展系列期货市场宣传活动，提升研究成果的社会效益。在中国证券报头版发表《脚踏实地　大胆探索　为中国期货市场走出一条成功之路》，从期货交易、期货规则、期货投保、期货功能发挥、期货开放、期货扶贫等多个维度，系统介绍了我国期货市场的发展成就。结合期货市场热点问题开展研究，组织召开相关新闻通气会。组织编印出版《中国期货市场年鉴（2016）》，加强期货市场宣传工作。

>>> 第二节　中国期货市场监控中心理论研究情况

中国期货市场监控中心（以下简称“监控中心”）自成立以来，紧跟期货市场发展节奏，充分利用监控中心的数据集合加工优势，结合监控中心统一开户、保证金监控、市场监测监控、商品指数编制、宏观和产业分析研究、保障基金管理与风险处置、期货中介机构监测监控七大职能，在期货市场理论研究方面取得了显著成果。目前监控中心以期货市场发展和监管为中心，建立了三个方向九大部分的研究体系，形成了数百篇期货市场理论研究报告。

一、宏观和产业研究

研究方向为充分进行调查研究，加强对宏观和产业形势分析，提升研判水平，为监管机构更好地提供智力和咨询支持。形成了以下两个方面的研究成果：

一是宏观经济研究方面，对经济增长、经济结构、物价水平、就业、社会发展等方面进行长期追踪和梳理。监控中心定时撰写宏观及产业形势分析报告，上报国务院。并就宏观经济的历史研究、重大变化撰写深入研究报告。

二是产业经济研究方面，在深度和广度两个方面不断拓展期货相关产业研究。注重加强对市场信息数据的集成和加工分析，提升期货市场数据在预研预判产业形势中的比重。2017 年上报 52 篇《证券期货市场信息快报》，对期货价格变动、现货市场发展变化、市场监管情况进行总结归纳，并对行业产业发展产生重大影响的事件进行跟踪。

二、资本市场研究

研究方向为资本市场体系和衍生品市场体系的特点、结构及短板，以防范风险为导向，为资本市场改革创新和稳定运行提供建议。研究成果有以下两个方面：

一是研究期货及衍生品市场体系发展及监管的延展和完善问题。对外研究国际资本市场几种主要发展及监管体系的形成、结构、特点，甄选出适合我国借鉴的发展和监管思路以及方式方法；对内研究我国期货和衍生品市场发展及监管面临的新问题、新局面，探讨提升我国期货及衍生品市场水平及金融体系适应性的方法。参与了中国证监会期货部组织的《关于中国期货市场评估和进一步改革发展的报告》《期货市场总体规划》《黑色系期货品种运行与产业发展研究》《“一带一路”背景下我国期货市场发展战略研究》《商品期货市场和股票市场影响关系研究》等课题，与世界银行、发改委、清华大学等单位联合进行的《碳期货市场必要性和可行性分析》相关研究。撰写了《全球衍生品简讯及衍生品动态》《中美期货市场比较》《世界经济金融形势及全球衍生品市场监管政策》《金融机构参与期货市场情况》等系列研究报告。

二是研究资本市场总体风险。紧扣化解金融风险的任务，将我国金融领域风险分类归纳为资金风险、市场系统性风险、舆情风险、机构经营风险、对外开放风险、资管产品风险等方面风险指向，充分研究现货与期货、期货与期权、场内与场外、期市与股市汇市等的联动关系，为系统性风险预警预判提供参考。

三、期货市场服务实体经济研究

按照国家近年来经济转型升级和十九大建设现代化经济体系的要求，我部门加强了服务实体经济的研究。研究成果有以下三个部分：

一是参与期货市场功能评估工作。与 4 家期货交易所协作，进行期货品种常规评估及原因分析，每半年完成评估报告。在此基础上，充分利用监控中心的综合数据，深化期货市场功能发挥情况研究。

二是进行“保险 + 期货”研究工作，为中国农村经济走上良性循环建言献策。实施乡村振兴战略关系到国际民生的根本性问题。完善“保险 + 期货”机制，让广大农民获得实实在在的好处，是期货市场服务乡村振兴战略的重要举措。在前期研究的基础上，我部门已就国际上“保险 + 期货”实施的经济环境、操作方法、制度建设进行了阶段性研究，为完善国内“保险 + 期货”工作提供了借鉴。

三是运用商品指数预测 CPI、PPI 工作，为国家宏观经济预测提供数据支持。监控中心近年来不断完善指数预测模型，提高了 CPI、PPI 预测精度，在此基础上形成了从期货市场看宏观经济的多项理论研究成果。

2017 年，监控中心将不断强化以上三大领域，九大研究方向的研究过程，进一步改进和完善研究工作。紧跟新时代步伐，提升全局性、系统性水平，形成枝繁叶茂的理论研究成果，为期货市场理论研究工作贡献一份力量。

>>> 第三节 期货交易所研究情况

一、上海期货交易所理论研究情况

2017 年，上期所围绕“服务实体经济、防控金融风险、深化金融改革”三项任务，着眼于期货市场发展现状，积极开展宏观经济、交易运行机制、产品开发研究等各项研究工作。其中，有 5 项成果获得了“2016 年上海金融业改革发展优秀研究成果”奖项，1 项课题经证监会期货部评审确定为优秀课题，出版上期所内刊《期货与金融衍生品》6 期，另外发布了《2016 年度中国期货市场发展报告（中英文合订本)》。

（一）积极参与我国期货市场重点课题研究

按照 2017 年证监会期货市场研究工作座谈会的统一部署安排，上期所积极参与证监会“期货市场总体规划”课题，完成能源和金属板块分报告；参与 2017 年第一批和第二批期货市场重点课题，其中“大宗商品价格波动与宏观经济运行规律研究”课题经证监会期货部评审验收通过，并确定为优秀课题。

（二）聚焦交易所业务开展课题研究

编制《上海期货交易所 2018～2022 年度战略规划》，明晰了上期所的战略目标和发展路径，以及未来几年的行动纲领；开展套期保值系列调研，并形成《实体企业套期保值类型研究》等多项报告；对于世界一流交易所进行多维度研究，并形成《对标世界一流交易所》报告；在交易、结算、交割规则方面，对限仓相关制度、保证金和涨跌停板制度、做市商制度、套期保值评估模块构建、连续交易时间优化、程序化交易监管、结算流程完善、厂库交割制度、交割监管等相关规则制度进行研究，完成了上期标准仓单交易平台系列业务方案研究，开展金融科技和监管科技技术跟踪预研和国际先进交易所技术调研。

（三）开展宏观经济与金融市场热点问题研究

在宏观经济研究方面，开展美联储加息对市场的影响、解读“钱荒”现象、中美贸易战的风险及影响分析、期货视角看“两会”等专题研究，并完成系列宏观经济季报及年报；在市场热点问题研究方面，开展 LME 最新改革意向、福汇被逐出美国市场事件解读、CME 关闭欧洲分部事件分析、全球铝业敦促 G20 应对中国过剩产能事件解析、A 股被纳入 MSCI 指数对资本市场的影响等专题研究。

（四）开展做精做细现有品种、研发新品种的相关研究

在做精做细现有品种方面，对现货市场进行调研和跟踪研究，对期货品种功能发挥情况进行量化评估，对期货品种的宏观、中观和微观流动性以及波动率进行测

评并形成周报；在研发新品种方面，配合原油期货上市开展一系列研究，同时立足于服务国家战略和实体经济，开展储备品种开发研究工作。

（五）与相关机构保持广泛合作，联合开展课题研究、编写发布行业研究报告

2017 年上期所与外部科研单位完成结题课题 4 项、课题开题 5 项；与国务院发展研究中心联合发布《中国天然气发展报告》；与央行上海总部、上海黄金交易所、世界黄金协会、中国黄金协会联合编写《中国黄金市场报告》；为上海市金融办、人民银行提供材料，协助编写《2017 上海金融市场发展报告》《2017 国际金融中心发展报告》《2016 年中国金融市场发展报告》等。

二、郑州商品交易所理论研究情况

2017 年，郑商所牢记期货市场“服务实体经济、服务国家战略”的根本宗旨，着眼于期货市场及郑商所发展实际，开展宏观研究，深化基础性研究，加强对境外市场研究，共取得 28 项重要研究成果。其中，4 项在证监会《期货研究前沿》刊发；4 项在《期货日报》刊发；2 项在《中国期货》刊发。

（一）编制郑商所未来发展规划

明确了郑商所未来五年发展的指导思想和主要目标，提出“一个愿景、两大使命、四个转型、八项举措和八项保障”的发展思路，为郑商所发展提供战略指引。

（二）撰写郑商所企业文化核心内容

就郑商所的愿景、使命、核心价值观提出了精炼、科学的内容和阐释，为郑商所凝聚共识、合力奋进提供了文化指引和思想保障。

（三）推进重大专项研究

一是落实证监会主席刘士余“把期货市场运行放到宏观经济的大背景下考虑，为经济决策和宏观调控提供参考”的要求，完成《易盛农产品基准价格指数与 CPI 关系实证研究》《国内商品期货价格波动对经济增长的影响》《我国商品期货板块间价格溢出联动关系》3 项宏观研究，完成《玻璃期货与房地产行业关系研究》《PTA 期货稳定现货市场作用实证研究》《棉花期货价格波动对纺织行业的影响》《动力煤期货价格与行业、宏观经济指标关系研究》《PTA 价格波动对我国纺织化纤行业的影响研究》《PTA 期货价格对企业开工率的影响研究》6 项产业研究。这些研究成果，深化了期货市场与宏观经济、产业经济之间的规律性认识，为助力经济决策、宏观调控提供参考。

二是落实服务区域协调发展战略的要求，完成《郑州商品交易所对地方经济社会发展的贡献》《河南自贸区促进郑商所发展研究》《郑商所支持雄安新区建设的意见和建议》3 项研究。这些研究，为明确郑商所在区域协调发展大局中的作用地位、提升郑商所话语权和影响力提供依据，也为郑商所营造良好外部发展环境提供有力支持。

三是为提升郑商所服务“一带一路”建设能力，完成《“一带一路”沿线国家

及地区期货市场发展情况》《郑商所与“一带一路”沿线国家及地区的合作研究——国家及地区筛选》《郑商所上市品种与“一带一路”沿线国家对接研究》3项研究。这些研究为郑商所及会员、投资者更深融入、更好的服务“一带一路”建设提供翔实科学的参考和建议。

四是落实郑商所领导“加强对境外市场研究”的要求，每日跟踪翻译国际期货及衍生品市场、境外主流交易所、监管机构发展动态；完成《CME 集团收入分析及启示》《CME 发展路径研究》《CME 集团投资者教育方式、特点和启示》《CME 集团品种工具发展历程研究》《CME 集团国际合作方式研究》《CME 集团设立家庭农牧场主保护基金及启示》《ICE 收入分析及启示》《LME shield 系统研究及启示》8项系列对标研究。这些研究为郑商所及时把握市场动态、借鉴经验、创新服务提供参考。其中，《CME 发展路径研究》通过对 CME 发展历程的研究分析，归纳总结其发展路径具有紧跟时代变革趋势、寻求产品多元化发展、不断完善治理结构、持续拓展国际业务等特点，为推进郑商所发展提供参考。该文被选送上报国办秘书四局。

五是助力郑商所创新发展，完成《新技术在交割仓库管理中的应用可行性研究》《我国大宗商品市场上市品种研究》《上市电力期货必要性和可行性研究》3项研究。这些研究为郑商所利用新技术、上市新品种提供有益借鉴。

六是郑州商品交易所期货及衍生品研究所公司参加证监会期货市场重点课题《商品期货交割制度比较研究》，该文被证监会评为优秀课题；参加中期协牵头的证监会期货市场重点课题《“一带一路”背景下我国期货市场发展战略研究》，该课题被评为优秀课题；参加河南省政府发展研究中心组织的“做大做强金融豫军战略与对策研究”课题研究，郑商所撰写的子课题《做大做强郑州商品交易所的战略思路与对策建议》被评为特等奖。

三、大连商品交易所理论研究情况

2017 年，大商所深入贯彻证监会领导关于大力倡导学习研究之风，深入开展期货基础理论、宏观经济和产业研究的讲话精神，加强学习型组织、专家型团队建设。一年来，共有 81 位研究人员，结合业务和工作，围绕交易所自身建设及服务实体经济，勇于建言献策，撰写了 90 项有参考价值的研究成果。其中，8 篇文章上报国务院内参，2 篇内参获得国务院领导批示，74 篇文章在证监会《期货研究前沿》、大商所《研究文稿》、《中国金融》、《中国期货》、《期货日报》等行业重要期刊、报纸上发表；16 项研究成果在证监会期货部、中国期货业协会、中物联大宗商品分会、大连市金融学会等机构组织的研究成果评比中获奖。

（一）《大连商品交易所建设国际一流衍生品交易所实施纲要》系列研究

2017 年，大商所理事会办公室公布《大连商品交易所建设国际一流衍生品交易所实施纲要》（以下简称《实施纲要》），并围绕《实施纲要》完成 17 篇系列研究报告。

一是总体发展类研究，包括《1970 年以来欧美商品期货交易所发展概览》《国际领先衍生品交易所与大连商品交易所对比分析》《国际一流（商品）衍生品交易所评价指标体系研究》《洲际交易所全球布局研究》《CME 海外业务模式概述及新加坡和香港金融环境的比较》5 篇报告。

二是市场平台及产品类研究，包括《CME 的 TAS 和指数商品期货合约研究及其对我国商品期货市场的启示》《国外活跃商品期货的实物交割地布局》《航运衍生品发展概况的研究》《商品期货交易所与场外市场的建设和发展》4 篇报告。

三是业务和技术类研究，包括《CME 和 ICE 交易所风险防范体系比较研究》《CME 市场监管业务的体制机制》《CME 信息平台建设、服务和经营的研究与启示》3 篇报告。

四是客户和市场服务类研究，包括《机构化期货市场的形成及影响初探——美国商品期货市场投资者结构的变迁》《CME、ICE 和港交所会员体系研究》《CME、ICE 和港交所市场拓展及服务体系研究》《美国与中国期货市场客户结构比较分析》4 篇报告。

五是内部管理类研究，包括《国际交易所组织架构和人力资源管理研究与借鉴》1 篇报告。

（二）开展基础理论研究，提升期货市场研究深度

一是完成课题《期货市场规避价格不确定性的理论分析》，在新古典经济学框架下，构建数理模型分析企业利用期货市场规避原材料价格波动风险、产成品价格波动风险的机制。

二是完成课题《期货市场与经济增长实证研究》，探讨期货市场与宏观经济的实证关系，该课题获得期货部 2017 年第一批重点课题优秀奖。

（三）聚焦国家政策，探寻期货市场服务国家战略的路径

一是配合国家供给侧结构性改革，撰写报告《期货市场深层次服务供给侧改革》并获得证监会分管领导先后两次批示；开展《从期货市场看我国 2017 年经济运行》《发挥期货市场功能支持雄安新区建设》等专项研究；围绕时政热点及海外动向，撰写时政、财经热点时评 5 篇，特朗普金融政策等“海外事件影响半月谈”报告 11 篇。

二是围绕国家产业政策变化，形成《当前东北玉米运输不畅问题亟须着力解决》《当前玉米收储制度改革中的几个问题及对策》《关于完善玉米收储制度改革的政策建议》3 篇上报国务院内参，其中 2 篇获得国务院领导批示。

（四）关注期货市场运行，增强期货市场服务实体经济能力

一是跟进市场分析评估，编写并出版《大连商品交易所品种运行情况报告（2016）》（“白皮书”）。

二是形成《进一步完善“保险 + 期货”试点政策的建议》《“保险 + 期货”试点中存在的突出问题及政策建议》2 篇上报国务院内参；撰写报告《农产品期货市

场功能作用及服务实体经济研究》并公开发表。

三是关注当前现实问题，完成《鸡蛋期货运行质量提高的原因及启示》。

（五）探索期货市场体制机制创新与改革，推动期货市场高效运行

一是期权研究方面，上报国务院内参《国际期货与期权市场发展趋势及对我国的启示》，撰写《全球期权市场最新发展动态》。

二是期货市场国际化方面，形成内参《加快引进铁矿石期货境外交易者的政策建议》《提升产业集中度、推动期货市场发展，建设铁矿石国际定价中心建设铁矿石国际定价中心》报送国务院；完成外部合作课题《中国铁矿石定价中心建设研究》。

三是场外市场建设方面，完成《借鉴国际市场经验发展我国基差风险管理市场》《欧洲期货交易所上市新型基差衍生品》等报告。

四是市场机制创新方面，完成与国研中心合作课题《创新期货市场机制，解决实体经济若干突出问题研究》，撰写《优化期货交易所品种上市机制研究》。

五是国际经验借鉴方面，完成《2006～2008 年 CBOT 农产品基差不收敛问题的研究及启示》《印度证券交易委员会持仓限额新规》《焦煤定价机制：从长协定价到指数定价》《境外期货中介机构发展概况》等文章，并刊发于《期货研究前沿》等刊物；承接中物联大宗商品流通分会课题《国际衍生品市场发展研究报告》并获得二等奖；完成《美国期货市场限仓制度的发展》《英国期货市场持仓管理制度的变化、特点及其启示》《法国玉米期货限仓新规及对我国的启示》等 5 篇国际期货市场限仓制度系列研究。

（六）加强研究合作

一是参与期货部牵头组织的《大商所农产品功能评估报告》《期货市场总体规划》等专项报告撰写。

二是参与证监会私募部境外私募基金监管研究，完成法国、卢森堡等欧洲 5 国私募基金发展与监管经验的研究报告。

四、中国金融期货交易所理论研究情况

在中国证监会的领导下，中金所紧紧围绕“服务实体经济、防控金融风险、深化金融改革”三大任务，持续加大金融期货市场研究的广度和深度，为产品创新、业务规则优化提供理论支持，更好发挥金融期货市场风险管理功能，更好的服务资本市场和实体经济发展。

（一）积极参与期货市场重点课题研究

按照 2017 年证监会期货市场研究工作座谈会的统一部署安排，中金所积极参与证监会“期货市场总体规划”课题，深入全面对比分析境内外期货市场发展情况，完成“金融期货市场总体规划”“期权市场总体规划”两个子课题。参与 2017 年第一批和第二批期货市场重点课题研究，完成《境外金融期货市场创新情况及规律研

究》。

（二）积极开展宏观战略研究

开展宏观经济金融形势月度和季度分析，围绕我国出口低迷的深层次原因、宏观经济形势与展望、A 股纳入明晟公司（MSCI）、“一带一路”交易所行业动态、供给侧结构性改革开展系列专题研究。通过合作课题研究，开展资本市场服务“一带一路”倡议的意义和模式探讨等课题，形成沿线国家资本市场发展、交易所体系建设、货币金融合作等系列研究报告。

（三）跟踪分析金融期货市场运行质量，深化市场微观结构研究

持续定期开展金融期货市场流动性、波动性、参与者结构等专题研究。在期现关系方面，开展限制股指期货交易对股票市场定价效率影响、国债期货对现货市场影响、套利机制的作用及其对股票市场稳定性影响的实证分析等专题研究；在投资者行为方面，开展股指期货投资者结构与市场流动性、股票期现货市场投资者分类持仓持股特征的比较分析等专题研究；在市场运行质量方面，开展股指期货套保绩效分析等专题研究。

（四）开展金融期货新产品研究

围绕利率衍生品、期权、波动率指数、信用衍生品等方面，开展境外交易所产品设计及市场推广、加快我国利率衍生品市场发展、国债波动率指数等研究。

（五）跟踪全球市场最新监管动态，进一步开展监管立法与业务规则研究

在程序化交易监管方面，完成德国高频交易法、美国自动化交易法规提案的系列研究；在持仓监管制度方面，以理顺制度逻辑为出发点，完成境外大户报告、持仓限额与豁免等系列研究；围绕防范市场风险，开展全球清算行业框架、组合保证金模式、中央对手方风险控制制度等系统研究。

（六）开展金融期货市场及资本市场热点难点问题研究

通过合作课题研究，开展股指期货市场功能、境外成熟市场金融衍生品监管与自律、利率市场化的评估和货币政策框架改革等专项课题研究。

>>> 第四节　中国期货业协会研究情况

在中国证监会党委的领导下，中国期货业协会积极发挥自律、服务、传导职能，紧紧围绕服务实体经济、防控金融风险、深化金融改革三项任务，强化对行业研究工作的统筹协调，组织行业力量围绕期货市场基础功能、期货公司业务发展以及市场重点、热点开展研究。

一是积极参与我国期货市场重点课题研究。按照 2017 年证监会期货市场研究工作座谈会的统一部署安排，中期协积极参与证监会“期货市场总体规划”课题，组

织行业研究力量，完成《“一带一路”背景下我国期货市场战略发展研究》和《期货公司风险管理业务模式及监管自律研究》两个课题。《“一带一路”背景下我国期货市场战略发展研究》报告系统整理了“一带一路”国家期货及现货贸易详细数据，研究总结了该地区期货及大宗商品贸易发展的特点，对于我国的期货公司及期货交易所走出去具有较强的适用性与操作性。《期货公司风险管理业务模式及监管自律研究》报告全面梳理了期货公司风险管理业务试点以来的主要模式，分析了相关财务与业务数据，针对业务发展中存在的主要问题，提出行政监管和自律管理的可行性建议，有利于促进风险管理业务试点的推广和持续健康发展，也有利于风险管理公司立足自身优势，提升核心竞争力，加强业务中的风险防范。

二是组织实施中期协联合研究计划项目。中期协联合研究计划项目自 2003 年开展以来，已经持续十二期。本年度联合研究课题包括：（1）国有钢铁企业参与期货市场面临的政策障碍及解决方案研究；（2）境外成熟市场金融衍生品监管与自律研究；（3）期货市场助力农业供给侧结构性改革的实证分析；（4）上市公司运用衍生品工具的信息披露研究；（5）期货资管与仓单业务的结合研究；（6）新形势下期货公司合规风控难点研究；（7）场外期权定价研究。所有课题成果已集结成书《中国期货业发展创新与风险管理研究 10》，由中国财政经济出版社出版发行。

三是针对行业热点问题开展专项研究。针对我国期货公司发展状况、境外期货公司发展路径、期货市场在产业优化升级过程中功能等问题开展研究，形成《我国期货公司上市关联情况统计分析》《中美期货公司发展对比研究》《从 NFA 的会员结构看美国期货市场国际化》《期货市场定价促进产业链整合提升产业集中度》《关于境内外场外衍生品市场对比研究及相关建议的报告》《CFTC 大事记》《比特币期货在美国上市及背景》《区块链技术在场外期权业务的应用场景设计》等报告。

四是编撰案例集总结行业创新成果。编撰《期货服务实体经济案例集》，为广大实体企业运用期货工具进行风险管理提供借鉴和参考。案例集共收录案例 60 个，基本涵盖目前期货行业服务实体经济的主要业务类型，既包括传统套期保值案例，也包括风险管理业务案例。涉及钢铁有色、塑料化工、农产品、贵金属等多个行业，涵盖了铜、螺纹钢、铁矿石、豆粕、PTA 等国内期货市场主要品种 32 个。

五是探索研究场外衍生品机构间平台。为了加强场外衍生品机构间的合作，中期协持续跟踪场外衍生品机构间的合作情况，继续研究推动场外机构间平台的构建，形成《关于探索建立场外大宗商品机构间服务平台的研究报告》，对机构间平台设立的需求基础、设计思路、功能定位进行了可行性分析。

六是国有企业参与期货市场研究。为使期货市场更好地服务国家供给侧结构性改革，引导钢铁行业利用期货及衍生品市场有效开展套期保值业务，管理生产、销售、仓储、物流等各个环节的经营风险，中期协组织行业力量对国有钢铁企业参与期货市场现状、困难进行研究，起草了《钢铁生产企业套期保值业务指引》（以下简称“《业务指引》”）。从组织架构与职责、制度建设、流程与操作、套期会计与套保效果评价等方面，对钢铁生产经营企业参与套期保值业务进行了指导说明。

七是汇聚行业和社会研究成果。通过举办第三届衍生品学术论坛，搭建产学研合作交流平台，面向行业和社会征集、遴选出优秀论文 29 篇，内容涉及期货市场基本功能研究、商品及现货产业研究、金融衍生品研究、期货公司发展路径研究以及期货衍生品市场监管制度研究等，所有研究成果现已集结成《第三届衍生品学术论坛论文集》出版。

>>> 第五节　中证金融研究院期货与衍生品研究情况

2017 年，在证监会的坚强领导下，中证金融研究院深入学习贯彻党的十九大精神，紧紧围绕“服务实体经济、防控金融风险、深化金融改革”三大任务，努力完成期货与衍生品研究的各项工作。

一是积极开展期货市场功能发挥与监管研究。完成《关于 2016 年美国衍生品市场操纵案例的报告》《关于防止我国股市定价权旁落有关问题的报告》《关于鸡蛋期货服务实体经济有关情况的报告》《期货市场支持农业供给侧结构性改革——新湖瑞丰“保险 + 期货”试点案例研究》《当前期货品种功能评估方案存在问题及优化建议》《我国场内衍生品市场发展现状的国际比较》《国际商品期权市场演进》《域外吹哨人制度要点和争议问题》《关于 CFTC 监管美国能源商品市场的执法案件分析》《对当前我国期货领域风险的若干思考和建议》《上市公司参与期货市场的情况》等十余篇研究报告。

二是积极开展《期货市场与宏观经济走势》相关研究。完成《从资本市场看宏观经济走势》《大宗商品价格影响因素分析—— 一个理论框架》《关注 USDA 供需报告对我国农业安全的影响》《大宗商品价格反映下半年内需偏弱》《铜价创新高，供需基本面是主因》《近期天然橡胶价格走低原因分析》《近期原油价格下跌的原因分析及未来展望》7 篇报告。

三是积极开展期货市场新品种的研究。完成《猪期货发展历史及趋势》《发展生猪期货市场促进生猪养殖业平稳发展》《国际咖啡期货市场的发展与启示》《美国电力市场化及其对我国的启示》《电力市场化改革需要资本市场支持》5 篇报告。

四是跟踪市场热点问题，完成《美联储预期管理机制及启示》《对资本市场相关“脱实向虚”现象的初步分析》《一次幅度有限的估值调整》《加快资本市场建设　加大股权融资力度——直接融资的国际比较分析》《知情交易概率在股市“闪崩”中的预警研究》《美国证监会对于多弗法案以来监管改革效果的评估》《从 SEC 2017 年度执法年报看其监管新思路》《场外证券市场发展与监管报告》等 20 余篇报告。

附　录

附录1　2017 年中国期货市场大事记

1 月 4 日　全国人大财经委副主任、期货法起草领导小组组长尹中卿，中国证监会副主席姜洋，主席助理黄炜在中国金融期货交易所召集座谈会，就《期货法》立法相关问题听取意见。

1 月 4 日　中国金融期货交易所与中央结算公司在上海举行国债期货券款对付交割业务合作签约仪式。

1 月 9 日　大连商品交易所发布修正后的《大连商品交易所章程》和《大连商品交易所交易规则》。

1 月 25 日　为配合做好期权上市准备工作和加强期货市场资管产品监管工作，中国期货市场监控中心正式向市场发布了修订的《特殊单位客户统一开户业务操作指引》和《期货公司资产管理业务统一开户操作指引》。

2 月 7 日　中国证监会发布《期货公司柜台系统数据接口规范》行业标准。

2 月 17 日　中国金融期货交易所调整股指期货交易安排。将股指期货三个品种非套期保值交易日内开仓量限制标准调整为 20 手；沪深 300、上证 50 股指期货非套期保值交易保证金调整为 20%，中证 500 股指期货非套期保值交易保证金调整为 30%；股指期货三个品种平今仓手续费调整为万分之九点二。

3 月 9 日　中国期货市场监控中心发布《期货保证金监控系统数据报送接口（交易所 5.2.1）版》，之后面向期货公司、银行的版本相继发布。

3 月 13 日　中国期货市场监控中心向交易所、期货公司发布《关于明确商品期权上市交易有关期货投资者保障基金缴纳相关事宜的通知》。

3 月 24 日 大连商品交易所与农业部信息中心共同发布“瘦肉型白条猪肉价格指数”。

3 月 27 日 大连商品交易所与莫斯科交易所在莫斯科签署合作谅解备忘录。

3 月 29 日 中国期货业协会及期货行业 23 家经营机构分别与延长县人民政府签署了《“一司一产、‘长’‘期’携手”精准帮扶活动备忘录》，向延长县提供产业帮扶资金，助力延长县实现精准脱贫。

3 月 30 日 全国政协副主席吴培华一行赴郑州商品交易所参观调研。

3 月 31 日 我国首个大宗商品期权——豆粕期权在大连商品交易所挂牌交易，中国证监会副主席方星海出席挂牌仪式并致辞。

4 月 10 日 中国期货市场监控中心统一开户系统特殊单位客户及期货公司资管产品客户信息采集功能上线。

4 月 17 日 中国证监会发布《关于取消期货公司设立、收购、参股境外期货类经营机构行政审批事项的决定》。

4 月 18 日 中国证监会发布《期货公司风险监管指标管理办法》及其配套文件《期货公司风险监管报表编制与报送指引》。

4 月 19 日 白糖期权在郑州商品交易所挂盘交易，中国证监会副主席方星海出席挂牌仪式并致辞。

4 月 20 日 郑州商品交易所召开第六次会员大会，中国证监会副主席方星海、河南省政府秘书长朱焕然出席并讲话。

4 月 22 日 第十一届中国期货分析师暨场外衍生品论坛在杭州召开，中国证监会副主席方星海出席大会主论坛并致辞。

4 月 26 日 证券期货业信息化工作领导小组第十三次会议暨软件正版化工作会议在郑州召开，中国证监会副主席赵争平出席并讲话。

5 月 5 日 大连商品交易所正式启动 2017 年“保险 + 期货”扩大试点工作。

5 月 11 日 上海国际能源交易中心发布了《上海国际能源中心章程》《上海国际能源中心交易规则》及《上海国际能源中心交易细则》《上海国际能源中心结算细则》等业务细则。

5 月 24 日 大连商品交易所与中国石油和化工联合会、中国轻工业联合会共同主办的“2017 中国塑料产业大会”在杭州召开。

5 月 25 ~ 26 日 上海期货交易所和中国金融期货交易所共同举办以“稳中求进、发展开放”为主题的第十四届上海衍生品市场论坛。中国证监会副主席方星海出席论坛并致辞。

5 月 26 日 上海期货交易所发起并支持的天然橡胶“保险 + 期货”精准扶贫试点项目正式启动，23 家期货公司参与。

5 月 26 日 中国证监会副主席方星海一行视察中国金融期货交易所，听取工作情况汇报，并参观交易监控中心。

5 月 31 日 大连商品交易所上市修改后的黄大豆 2 号期货合约。

6 月 6 日 中国证监会副主席方星海会见国际掉期和衍生品协会（ISDA）首席执行官斯考特·欧玛利（Scott O'Malia）。

6 月 7 日 中国金融期货交易所、上海证券交易所、深圳证券交易所、中国银行、中国工商银行及巴基斯坦证券交易所在上海联合主办巴基斯坦资本市场研讨会。

6 月 12 日 中国期货市场监控中心向各期货交易所、各期货公司和经期货交易所批准或备案的境外经纪机构发布《关于发布境外交易者统一开户业务操作规则》的函。

6 月 13 日 中国期货市场监控中心统一开户系统能源中心客户开户功能正式投入使用。

6 月 21 日 第五届“中国金融期货交易所杯”全国大学生金融知识大赛公布获奖名单，974 名大学生获奖。本届大赛共吸引 1 020 所境内外高校的 3.18 万名学生参赛。

6 月 28 日 中国期货业协会发布《期货经营机构投资者适当性管理实施指引(试行)》。

6 月 29 日 大连商品交易所主办的“2017 国际农业风险管理论坛”在北京成功召开。

7 月 3 日 中国期货市场监控中心统一开户系统投资者适当性信息采集功能上线。

7 月 7 日 中国期货市场监控中心期货保证金监控系统、投资者查询系统原油业务相关功能在生产环境上线。

7 月 10 日 中国金融期货交易所党校揭牌成立，第一期干部进修班同日开班。

8 月 10 日 2017 年期货公司分类评价结果向社会公布。

8 月 18 日 棉纱期货在郑州商品交易所上市，中国证监会副主席方星海、河南省副省长戴柏华出席并讲话。

8 月 24 日 由中国煤炭工业协会、中国钢铁工业协会、中国炼焦行业协会以及大连商品交易所联合主办的“2017 中国煤焦矿产业大会”在深圳召开。

9 月 6 日 中国期货市场监控中心向全市场公告《期货市场实际控制关系账户管理办法》。

9 月 7 日 郑州商品交易所联合郑州市政府、芝加哥商业交易所集团在郑州举办“2017 第二届中国（郑州）国际期货论坛”，中国证监会副主席方星海出席并讲话。

9 月 16 日 上海期货交易所和江铜集团共同主办的“第七届中国有色金属现货—期货互动峰会”在上海召开，300 多家代表性企业和行业组织参加。

9 月 18 日 中国金融期货交易所驻新加坡办事处获得新加坡金融监管局及国际企业发展局相关批准，注册成立。

同日 上海期货交易所将沪深300、上证50股指期货各合约交易保证金标准由合约价值的20%调整为15%，将沪深300、上证50、中证500股指期货各合约平今仓手续费标准由成交金额的万分之九点二调整为万分之六点九。

9月26日 上海期货交易所在上海召开第六次会员大会。中国证监会副主席方星海出席大会并讲话。大会审议通过了《上海期货交易所章程（修订草案）》和《上海期货交易所交易规则（修订草案）》，选举了上海期货交易所第三届理事会。

9月29日 郑州商品交易所在新疆库尔勒举办期货市场服务实体经济座谈会，中国证监会副主席方星海出席会议并讲话。

11月1日 期货公司监管综合信息（Fiss）风险监管报表报送功能上线运行。

11月13日 上海期货交易所正式发布实施新修订的《上海期货交易所章程》和《上海期货交易所交易规则》。

同日 中国期货业协会发布《期货公司压力测试指引（试行）》。

11月15日 大连商品交易所在广州成功举办"第十二届国际油脂油料大会"。

11月17日 中国期货市场监控中心统一开户系统及期货互联网开户云平台投资者适当性功能上线。

11月28日 中国证监会副主席方星海在中国金融期货交易所召开专题座谈会，听取市场机构对进一步加强金融期货市场建设的建议。

11月28日~12月1日 上海期货交易所与智利铜与矿业研究中心、中国有色金属工业协会共同在上海举办2017年"亚洲铜业周"（Asia Copper Week），主要活动包括亚洲铜业会议、CEO峰会、国际铜产业（中国）研讨会，以及在此期间举行的世界各大矿山、冶炼厂的年度商业合同谈判等。

11月29日 大连商品交易所发布了24只商品期货指数，至此大连商品交易所对外发布的商品期货系列指数达到36只。

12月1~3日 由中国期货业协会与深圳市人民政府共同举办的"第十三届中国（深圳）国际期货大会"在深圳举行，中国证监会副主席方星海出席并讲话。

12月22日 全球首个鲜果期货品种苹果期货在郑州商品交易所上市交易，中国证监会副主席方星海出席并发表讲话。

12月28日 中国证监会与香港证监会签署了《有关期货事宜的监管及执法合作备忘录》。

附录2　文件汇编

附录2－1　中国证监会发布文件

发文日期	文号	文件标题	主要内容
2017年2月7日	中国证券监督管理委员会公告〔2017〕4号	《公布金融行业推荐性标准〈期货公司柜台系统数据接口规范〉（JR/T 0151－2016）》	为降低行业信息系统运行风险，提高行业运行效率，提升行业标准化水平，中国证监会制定了期货公司柜台系统数据接口标准，厘清和规范柜台系统内部交易、清算、风控、账户和资金管理等主要模块间的数据交互接口
2017年4月17日	中国证券监督管理委员会公告〔2017〕7号	《关于取消期货公司设立、收购、参股境外期货类经营机构行政审批事项的决定》	
2017年4月18日	中国证券监督管理委员会公告〔2017〕8号	《期货公司风险监管报表编制与报送指引》	
2017年4月18日	中国证券监督管理委员会令第131号	《期货公司风险监管指标管理办法》	为进一步提高期货行业风险监管指标体系的适应性和有效性，中国证监会对现行净资本监管制度进行了修订，提高了最低净资本要求，按流动性、可回收性及风险度大小进一步细化资产调整比例，调整资产管理业务风险资本准备计提范围与计提标准，进一步强化对期货公司的监管要求

附录 2 –2　期货交易所发布文件

上海期货交易所发布文件

出台时间	文号	文件标题	主要内容
2017 年 3 月 1 日	上期发〔2017〕27 号	关于套期保值交易头寸跨会员使用的通知	自 2017 年 3 月 20 日起，客户在某一家期货公司会员申请获批的套期保值交易头寸可在其他任意一家开户的期货公司会员使用。请各会员单位及时通知相关客户，做好各项准备工作，确保市场平稳运行
2017 年 5 月 11 日	上期发〔2017〕72 号	关于上海国际能源交易中心发布原油期货业务规则的通知	能源中心于 2017 年 5 月 11 日发布了《上海国际能源交易中心章程》、《上海国际能源交易中心交易规则》。同时，经报告中国证监会，能源中心还一并发布了《上海国际能源交易中心交易细则》、《上海国际能源交易中心结算细则》等 11 个业务细则。下一步，上期所将积极支持能源中心开展原油期货上市前的各项准备工作，争取年内推出原油期货
2017 年 5 月 24 日	上期发〔2017〕81 号	关于调整天然橡胶相关合约平今仓交易手续费收取标准的通知	自 2017 年 5 月 26 日起：天然橡胶 1709 合约日内平今仓交易手续费从成交金额的万分之零点四五调整为成交金额的万分之一点八。以上合约非日内平今仓交易手续费收取标准维持不变
2017 年 5 月 31 日	上期发〔2017〕88 号	关于上海国际能源交易中心批复同意 92 家期货公司会员的通知	能源中心经 2017 年 5 月 31 日董事会审议，根据《上海国际能源交易中心会员管理细则》及相关业务规则规定，批复 92 家期货公司能源中心会员资格。下一步，上期所将积极支持能源中心开展会员入会等上市前的各项准备工作
2017 年 5 月 31 日	上期发〔2017〕89 号	关于上海国际能源交易中心境内客户存管业务指定存管银行的通知	能源中心于 2017 年 5 月 28 日批复同意中国工商银行、交通银行、中国建设银行、中国银行、中国农业银行、上海浦东发展银行、兴业银行、中国光大银行、招商银行、中信银行、中国民生银行、平安银行共 12 家银行为从事境内客户保证金存管业务的指定存管银行。根据《上海国际能源交易中心指定存管银行管理细则》，能源中心期货保证金存管业务分为境内客户保证金存管业务和境外客户保证金存管业务。境内客户保证金存管业务是指从事与会员、境内客户相关的保证金存管业务

续表

出台时间	文号	文件标题	主要内容
2017 年 6 月 5 日	上期发〔2017〕94 号	关于上海国际能源交易中心批复同意 46 家期货公司会员的通知	能源中心经 2017 年 6 月 5 日董事会审议，根据《上海国际能源交易中心会员管理细则》及相关业务规则规定，批复 46 家期货公司能源中心会员资格。下一步，上期所将积极支持能源中心开展会员入会等上市前的各项准备工作
2017 年 6 月 8 日	上期发〔2017〕96 号	关于举办原油期货相关业务巡回培训的通知	为帮助期货公司管理、业务及市场研究人员了解上市原油期货对国家能源储备和经济发展的重要意义，以及原油期货在服务实体经济和推动国家“一带一路”战略实施方面的重要作用，掌握原油期货交易、交割、结算和风控等方面的业务规则和操作流程，上海期货交易所子公司上海国际能源交易中心会同各地期货行业协会，定于 6 月 13 日、15 日、20 日、22 日、27 日和 29 日，分别在上海、杭州、北京、南京、重庆和深圳举办原油期货相关业务巡回培训
2017 年 6 月 9 日	上期发〔2017〕97 号	关于配合上海国际能源交易中心开展原油期货第一次全市场生产系统演练的通知	能源中心为平稳推出原油期货，将于 6 月 17 ~ 18 日进行第一次全市场生产系统演练。能源中心拟在原油期货上市前安排四次全市场生产系统演练，时间分别为 6 月 17 ~ 18 日、6 月 24 ~ 25 日、7 月 1 ~ 2 日、7 月 8 ~ 9 日。本次演练为第一次演练。本次演练需上期所配合能源中心共同完成，主要验证原油期货上市过程中，上期所交易、结算及行情转发等相关业务可以正常开展
2017 年 6 月 9 日	上期发〔2017〕98 号	关于上海国际能源交易中心发布《上海国际能源交易中心期货交易者适当性制度操作指南（暂行）》的通知	为进一步明确投资者适当性制度业务操作要求，上海期货交易所子公司上海国际能源交易中心（以下简称能源中心）于 2017 年 6 月 9 日发布《上海国际能源交易中心期货交易者适当性制度操作指南（暂行）》。开户机构落实能源中心适当性要求应按照该指南执行
2017 年 6 月 12 日	上期发〔2017〕101 号	关于上海国际能源交易中心受理客户申请交易编码的通知	根据原油期货上市工作的总体安排，上海期货交易所子公司上海国际能源交易中心定于 2017 年 6 月 13 日起正式受理客户申请交易编码
2017 年 6 月 21 日	上期发〔2017〕103 号	关于配合上海国际能源交易中心开展原油期货第二次全市场生产系统演练的通知	能源中心为平稳推出原油期货，将于 6 月 24 日 ~ 25 日进行第二次全市场生产系统演练。本次演练需上期所配合能源中心共同完成，主要验证原油期货上市过程中，上期所交易、结算及行情转发等相关业务可以正常开展

续表

出台时间	文号	文件标题	主要内容
2017 年 6 月 28 日	上期发〔2017〕107 号	关于配合上海国际能源交易中心开展原油期货第三次全市场生产系统演练的通知	能源中心为平稳推出原油期货，将于 7 月 1 日 ~2 日进行第三次全市场生产系统演练。本次演练需上期所配合能源中心共同完成，主要验证原油期货上市过程中，上期所交易、结算及行情转发等相关业务可以正常开展
2017 年 7 月 5 日	上期发〔2017〕108 号	关于配合上海国际能源交易中心开展原油期货第四次全市场生产系统演练的通知	能源中心为平稳推出原油期货，将于 7 月 8 日 ~9 日进行第四次全市场生产系统演练。本次演练需上期所配合能源中心共同完成，主要验证原油期货上市过程中，上期所交易、结算及行情转发等相关业务可以正常开展
2017 年 7 月 6 日	上期发〔2017〕109 号	关于举办第二期原油期货相关业务巡回培训的通知	为进一步满足市场对原油期货相关业务培训的需求，上海期货交易所子公司上海国际能源交易中心会同各地期货行业协会，定于 7 月 11 日、13 日、18 日、20 日、25 日和 27 日，分别在成都、郑州、大连、青岛、宁波和厦门举办第二期原油期货相关业务巡回培训
2017 年 8 月 11 日	上期发〔2017〕137 号	关于做好当前市场风险管理工作的通知	鉴于近期国内外形势复杂多变，影响市场运行的不确定性因素较多，上期所部分上市品种价格波动较大、成交活跃，请各会员单位做好风险防范工作，提醒投资者谨慎判断市场信息，理性投资，维护市场平稳运行
2017 年 8 月 11 日	上期发〔2017〕138 号	关于调整螺纹钢相关合约平今仓交易手续费标准的通知	自 2017 年 8 月 15 日起：螺纹钢 RB 1710 合约、RB 1801 合约日内平今仓交易手续费从成交金额的万分之一调整为成交金额的万分之五
2017 年 8 月 11 日	上期发〔2017〕139 号	关于对螺纹钢品种实施交易限额的通知	自 2017 年 8 月 15 日起，非期货公司会员、客户在螺纹钢 RB 1710 和 RB 1801 合约日内开仓交易的最大数量为 8 000 手。套期保值交易不受此限制
2017 年 8 月 15 日	上期发〔2017〕142 号	关于调整燃料油品种交易保证金水平和交易手续费标准的通知	自 2017 年 9 月 1 日收盘结算时起，燃料油期货合约的交易保证金水平由 20% 调整为 40%，交易手续费由成交金额的万分之零点二调整为成交金额的千分之二
2017 年 8 月 21 日	上期发〔2017〕146 号	关于调整锌相关合约平今仓交易手续费的通知	自 2017 年 8 月 23 日起：锌 ZN 1710 合约和 ZN 1711 合约日内平今仓交易手续费调整为 15 元/手
2017 年 8 月 21 日	上期发〔2017〕147 号	关于对锌相关合约实施交易限额的通知	自 2017 年 8 月 23 日起，非期货公司会员、客户在锌 ZN 1710 和 ZN 1711 合约日内开仓交易的最大数量为 2 000 手。实际控制关系账户组日内开仓交易的最大数量按照单个客户执行。套期保值交易不受此限制

续表

出台时间	文号	文件标题	主要内容
2017 年 8 月 24 日	上期发〔2017〕150 号	关于调整热轧卷板相关合约平今仓交易手续费的通知	自 2017 年 8 月 25 日起：热轧卷板 HC 1710 合约、HC 1801 合约日内平今仓交易手续费从成交金额的万分之一调整为成交金额的万分之五
2017 年 8 月 24 日	上期发〔2017〕151 号	关于对热轧卷板相关合约实施交易限额的通知	自 2017 年 8 月 25 日起，非期货公司会员、客户在热轧卷板 HC 1710、HC 1801 合约日内开仓交易的最大数量为 3 000 手。实际控制关系账户组日内开仓交易的最大数量按照单个客户执行。套期保值交易不受此限制
2017 年 9 月 4 日	上期发〔2017〕155 号	关于调整镍、锡品种相关合约交易手续费的通知	自 2017 年 9 月 7 日起：一、镍期货除 1 月、5 月、9 月合约以外其他月份合约的交易手续费从 6 元/手调整为 1 元/手，日内平今仓交易免收交易手续费。二、锡期货除 1 月、5 月、9 月合约以外其他月份合约的交易手续费从 3 元/手调整为 1 元/手
2017 年 9 月 21 日	上期发〔2017〕165 号	关于调整镍相关合约平今仓交易手续费收取标准的通知	自 2017 年 9 月 22 日交易（即 9 月 21 日晚夜盘）起：镍 NI 1801 合约日内平今仓交易手续费从 6 元/手调整为 18 元/手
2017 年 9 月 22 日	上期发〔2017〕168 号	关于调整镍相关合约平今仓交易手续费收取标准的通知	自 2017 年 9 月 25 日交易（即 9 月 22 日晚夜盘）起：镍 NI 1801 合约日内平今仓交易手续费从 18 元/手调整为 30 元/手
2017 年 9 月 22 日	上期发〔2017〕169 号	关于对镍相关合约实施交易限额的通知	自 2017 年 9 月 25 日起，非期货公司会员、客户在镍 NI 1801 合约日内开仓交易的最大数量为 1 500 手。实际控制关系账户组日内开仓交易的最大数量按照单个客户执行。套期保值交易不受此限制
2017 年 9 月 25 日	上期发〔2017〕171 号	关于调整铅相关合约平今仓交易手续费的通知	自 2017 年 9 月 26 日交易（即 9 月 25 日晚夜盘）起：铅 PB 1711 合约日内平今仓交易手续费调整为成交金额的万分之二
2017 年 10 月 17 日	上期发〔2017〕182 号	关于调整锌相关合约平今仓交易手续费的通知	自 2017 年 10 月 18 日交易（即 10 月 17 日晚夜盘）起：锌 ZN 1712 合约日内平今仓交易手续费调整为 15 元/手
2017 年 10 月 17 日	上期发〔2017〕183 号	关于对锌相关合约实施交易限额的通知	自 2017 年 10 月 18 日起，非期货公司会员、客户在锌 ZN 1712 合约日内开仓交易的最大数量为 2 000 手。实际控制关系账户组日内开仓交易的最大数量按照单个客户执行。套期保值交易不受此限制

续表

出台时间	文号	文件标题	主要内容
2017 年 11 月 13 日	上期发〔2017〕209 号	关于实施新修订的《上海期货交易所章程》和《上海期货交易所交易规则》的通知	上期所对《上海期货交易所章程》和《上海期货交易所交易规则》进行了修订，于 2017 年 11 月 13 日实施
2017 年 12 月 5 日	上期发〔2017〕227 号	关于配合上海国际能源交易中心开展原油期货上市前全市场生产系统演练的通知	能源中心将于 12 月 9 日 ~10 日进行上市前全市场生产系统演练。本次演练需上期所配合能源中心共同完成，主要验证原油期货上市过程中，上期所交易、结算及行情转发等相关业务可以正常开展
2017 年 12 月 15 日	上期发〔2017〕238 号	关于开展指定交割仓库安全生产自查和现场专项检查的通知	为吸取中远海运物流仓储配送有限公司下属的青岛南泉仓库火灾事故教训，严防重特大火灾事故发生，切实做好消防安全及防盗工作，确保各品种交易的稳定运行，根据《上海期货交易所指定交割仓库管理办法》有关规定，上期所将督导各指定交割仓库以防火、防盗等安全生产内容为检查重点，全面开展安全生产自查自纠，并于近期抽取部分指定交割仓库进行安全生产现场专项检查

郑州商品交易所发布文件

出台时间	文号	文件标题	主要内容
2017 年 3 月 7 日	郑商发〔2017〕69 号	关于公布《白糖期权投资者适当性制度操作指引》的通知	公布《白糖期权投资者适当性制度操作指引》
2017 年 3 月 7 日	郑商函〔2017〕60 号	关于期权异常交易行为认定标准及处理程序的通知	通知期权异常交易行为认定标准及处理程序
2017 年 4 月 6 日	郑商函〔2017〕98 号	关于白糖期权手续费相关事项的通知	白糖期权交易手续费为 3 元/手，行权（履约）手续费为 0 元/手，行权（履约）后新建期货持仓的手续费，按白糖期货交易手续费标准收取
2017 年 4 月 6 日	通告（2017）第 2 号	关于挂牌白糖期权合约有关事项的通告	公布挂牌交易白糖期权合约相关事项

续表

出台时间	文号	文件标题	主要内容
2017 年 4 月 12 日	公告（2017）第 5 号	关于白糖期权做市商名单的公告	确定 10 家公司为首批白糖期权做市商
2017 年 4 月 13 日	郑商函〔2017〕108 号	关于发布《郑州商品交易所期权行权业务指南》的通知	发布《郑州商品交易所期权行权业务指南》
2017 年 4 月 18 日	郑商发〔2017〕120 号	郑州商品交易所关于 2017 年“保险 + 期货”试点建设工作的通知	期货公司为试点组织及申请单位，试点品种为棉花及白糖，且棉花及白糖试点现货规模应分别不低于 1 000吨及 3 000 吨
2017 年 5 月 10 日	郑商发〔2017〕137 号	关于调整锰硅品种交易手续费标准的通知	自 2017 年 5 月 15 日起，锰硅品种收取平今仓交易手续费
2017 年 5 月 19 日	郑商发〔2017〕147 号	关于发布《郑州商品交易所章程》《郑州商品交易所交易规则》的通知	发布第六次会员大会审议通过的《郑州商品交易所章程》与《郑州商品交易所交易规则》
2017 年 5 月 24 日	郑商发〔2017〕153 号	关于调整锰硅品种交易手续费标准的通知	自 2017 年 5 月 31 日起，锰硅品种日内平今仓交易手续费标准调整为 6 元/手
2017 年 6 月 14 日	郑商函〔2017〕175 号	关于征集 PTA、动力煤期货做市商的通知	公开征集 PTA、动力煤期货做市商
2017 年 8 月 14 日	通告〔2017〕第 8 号	关于棉纱期货交割业务有关事项的通告	棉纱交割厂库仓储费为 2 元/吨·天；棉纱指定质检机构为河南省纺织产品质量监督检验院和浙江省纺织测试研究院
2017 年 8 月 14 日	通告〔2017〕第 9 号	关于指定棉纱交割厂库及升贴水的通告	公布棉纱指定交割厂库及升贴水
2017 年 8 月 18 日	通告〔2017〕第 11 号	关于增设指定玻璃期货交割厂库的通告	增设 4 家公司为指定玻璃期货交割厂库，自 2017 年 9 月 19 日起开展玻璃期货交割业务
2017 年 8 月 31 日	通告〔2017〕第 12 号	关于明确棉花交割仓库相关费用的通告	对新疆地区和非新疆地区棉花交割仓库相关费用进行调整，新疆地区棉花交割仓库费用标准自 2017 年 9 月 19 日开始实施，非新疆地区棉花交割仓库费用标准自 2017 年 9 月 1 日开始实施

续表

出台时间	文号	文件标题	主要内容
2017 年 9 月 15 日	通告〔2017〕第 16 号	关于调整指定 PTA 交割仓库的通告	暂停 4 家指定 PTA 交割仓库的交割业务，自通告之日起执行；增设 4 家指定 PTA 交割仓库，新增 2 个仓库库点，自 2017 年 9 月 25 日起开展 PTA 期货交割业务
2017 年 9 月 18 日	通告〔2017〕第 17 号	关于取消指定普通小麦交割仓库的通告	取消 1 家指定普通小麦交割仓库交割资格，自通告之日起执行
2017 年 9 月 29 日	通告〔2017〕第 18 号	关于调整指定动力煤交割港口的通告	增设 3 家公司所在港口为动力煤期货车（船）板指定交割计价点，自 2017 年 10 月 9 日起开展动力煤期货交割业务
2017 年 9 月 29 日	通告〔2017〕第 19 号	关于调整通用仓单注销时垛位信息的通告	公布仓单注销环节有关信息进行调整情况
2017 年 10 月 11 日	通告〔2017〕第 20 号	关于调整棉花合约替代交割品升贴水的通告	公布棉花合约替代交割品升贴水调整情况
2017 年 10 月 23 日	通告〔2017〕第 21 号	关于终止指定菜系交割库的通告	自通告之日起终止 1 家菜籽、菜粕期货指定交割仓库资格
2017 年 10 月 27 日	通告〔2017〕第 23 号	关于增设白糖指定质检机构的通告	增设 1 家白糖指定质检机构，自 2017 年 12 月 1 日启用
2017 年 11 月 10 日	郑商发〔2017〕263 号	关于修订《郑州商品交易所期货交易风险控制管理办法》的通知	修订完善《郑州商品交易所期货交易风险控制管理办法》
2017 年 11 月 10 日	郑商发〔2017〕262 号	关于修订《郑州商品交易所期货交割细则》的通知	修订完善《郑州商品交易所期货交割细则》
2017 年 11 月 23 日	郑商函〔2017〕399 号	关于调整白糖期权手续费的通知	自 2017 年 11 月 30 日夜盘起，白糖期权交易手续费收取标准为 1.5 元/手，行权（履约）手续费收取标准为 1.5 元/手，行权（履约）转化的期货持仓不收手续费
2017 年 12 月 19 日	公告〔2017〕第 18 号	关于苹果期货交割有关事项的公告	公布苹果期货交割有关事项
2017 年 12 月 19 日	公告〔2017〕第 19 号	关于指定苹果期货交割仓库及车船板交割服务机构的公告	12 家企业为指定苹果期货交割仓库；7 家企业为指定苹果期货车船板交割服务机构
2017 年 12 月 27 日	郑商发〔2017〕303 号	关于公布菜油期货合约修订事项的通知	菜油期货合约最小变动价位由 2 元/吨调整为 1 元/吨，自 2018 年 5 月 16 日开始执行

大连商品交易所发布文件

出台时间	文号	文件标题	主要内容
2017 年 1 月 9 日	大商所发〔2017〕8 号	关于修改《大连商品交易所章程》《大连商品交易所交易规则》的通知	《大连商品交易所章程》和《大连商品交易所交易规则》的修正案已由大连商品交易所第六次会员大会审议通过，并经中国证监会批准，现予以发布，自发布之日起施行
2017 年 1 月 16 日	大商所发〔2017〕15 号	关于设立线型低密度聚乙烯、聚丙烯指定交割仓库的通知	自 2017 年 1 月 16 日起，设立中国石油天然气股份有限公司（西南化工销售公司重庆仓储中心）为线型低密度聚乙烯、聚丙烯非基准指定交割仓库，与基准指定交割仓库的升贴水为 –150 元/吨。指定交割仓库自 2017 年 12 月 15 日起接受并办理期货交割业务
2017 年 1 月 18 日	大商所发〔2017〕20 号	关于设立焦炭、焦煤品种指定交割仓库的通知	设立 1 家焦炭非基准指定交割仓库；设立 1 家焦煤非基准指定交割厂库
2017 年 1 月 20 日	大商所发〔2017〕25 号	关于批准聚氯乙烯交割注册品牌的通知	批准内蒙古鄂尔多斯电力冶金集团股份有限公司生产的“鄂尔多斯”牌聚氯乙烯为期货交割注册品牌，自即日起按照交易所交割细则检验合格后，可申请注册期货标准仓单
2017 年 2 月 13 日	大商所发〔2017〕47 号	关于设立线型低密度聚乙烯等品种指定交割仓库的通知	设立 2 家线型低密度聚乙烯和聚丙烯基准指定交割仓库、聚氯乙烯非基准指定交割仓库；设立 1 家线型低密度聚乙烯和聚丙烯非基准指定交割仓库
2017 年 2 月 23 日	大商所发〔2017〕61 号	关于实施《大连商品交易所鸡蛋指定车板交割场所管理工作办法（试行）》的通知	制定了《大连商品交易所鸡蛋指定车板交割场所管理工作办法（试行）》
2017 年 2 月 23 日	大商所发〔2017〕62 号	关于设立鸡蛋指定车板交割场所的通知	自 2017 年 2 月 23 日起，设立湖北家和美食品有限公司为鸡蛋指定车板交割场所，每日最大可交割数量为 50 吨，升水为 50 元/500 千克。该指定车板交割场所将于 2017 年 3 月 1 日启用
2017 年 2 月 24 日	大商所发〔2017〕67 号	关于开展玉米集团交割相关规则修改的通知	在玉米期货品种上开展集团交割，并对《大连商品交易所指定交割仓库管理办法》、《大连商品交易所标准仓单管理办法》和《大连商品交易所交割细则》等相关规则进行修订。修改后的规则自 C1 709 合约起开始施行

续表

出台时间	文号	文件标题	主要内容
2017年3月1日	大商所发〔2017〕72号	关于设立焦炭品种指定交割仓库的通知	设立2家焦炭品种指定交割仓库，自即日起启用
2017年3月1日	大商所发〔2017〕73号	关于设立焦炭品种指定质检机构的通知	设立中钢集团鞍山热能研究院有限公司为焦炭品种指定质检机构。即日起接受并办理相关品种期货检验业务
2017年3月7日	大商所发〔2017〕84号	关于发布施行《大连商品交易所豆粕期货期权合约》和相关实施细则的通知	《大连商品交易所豆粕期货期权合约》《大连商品交易所期权交易管理办法》《大连商品交易所期权做市商管理办法》《大连商品交易所期权投资者适当性管理办法》以及期货配套实施细则修正案，已由大连商品交易所第三届理事会第三次会议审议通过，并报告中国证监会，现予公布，并自发布之日起施行
2017年3月14日	大商所发〔2017〕92号	关于实施《大连商品交易所铁矿石仓单服务管理办法（试行）》的通知	自2017年5月2日起，实施《大连商品交易所铁矿石仓单服务管理办法（试行）》，指导仓单服务商为客户提供买卖铁矿石标准仓单的有偿服务；同时，为活跃近月合约，我所在不同时间，对指定铁矿石合约的交易手续费，暂按交易所规定标准的10%收取，试行期自2017年5月2日起至2017年7月31日止，如有调整，另行通知
2017年3月17日	大商所发〔2017〕99号	关于豆粕期货期权上市交易有关事项的通知	中国证监会已正式批准大连商品交易所开展豆粕期货期权交易。为确保豆粕期权上市交易平稳运行，有关事项通知包括以下九方面：上市交易时间；上市交易合约月份；挂盘基准价；交易指令；行权与履约；持仓限额管理；相关费用；期权交易权限开通；合约询价
2017年3月17日	大商所发〔2017〕100号	关于公布豆粕期货期权做市商名单的公告	根据《大连商品交易所期权做市商管理办法》的相关规定，经严格评审，同意10家公司成为我所豆粕期货期权做市商
2017年3月17日	大商所发〔2017〕101号	关于发布《期货公司豆粕期权业务指南》和《豆粕期权做市商业务指南》的通知	制定了《期货公司豆粕期权业务指南》和《豆粕期权做市商业务指南》，现予以发布
2017年4月7日	大商所发〔2017〕121号	关于调整焦煤、焦炭品种期货合约最低交易保证金标准的通知	自2017年4月10日结算时起，焦煤、焦炭品种期货合约最低交易保证金标准调整为合约价值的11%

续表

出台时间	文号	文件标题	主要内容
2017 年 4 月 12 日	大商所发〔2017〕123 号	关于调整铁矿石等品种交易手续费收取标准的通知	自 2017 年 4 月 17 日交易时（即 14 日晚夜盘交易小节时）起，下调铁矿石、焦炭、焦煤、聚丙烯品种交易手续费标准
2017 年 4 月 28 日	大商所发〔2017〕140 号	关于铁矿石仓单服务系统上线试运行的通知	铁矿石仓单服务系统将于 2017 年 5 月 2 日上线试运行，就相关事宜进行通知
2017 年 5 月 5 日	大商所发〔2017〕144 号	大连商品交易所关于 2017 年进一步支持期货公司开展“保险 + 期货”扩大试点的通知	决定 2017 年继续支持期货公司开展“保险 + 期货”扩大试点项目，就试点指导原则、试点项目要求、试点项目程序、试点项目支持进行通知
2017 年 5 月 23 日	大商所发〔2017〕162 号	关于黄大豆 2 号 1 805 合约上市交易有关事项的通知	对黄大豆 2 号合约和规则予以修改，修改内容包括：实施合约、实施时间、交易保证金及涨跌停板幅度、交易手续费、期转现手续费、委托加工费用、持仓信息公布、仓储及损耗费、指定质检机构、交割区域、指定交割仓库和厂库、注册仓单的办理、期货交割业务的办理等十三项内容
2017 年 5 月 23 日	大商所发〔2017〕163 号	关于调整黄大豆 2 号合约和规则的通知	对《大连商品交易所黄大豆 2 号期货合约》《大连商品交易所结算细则》《大连商品交易所交割细则》《大连商品交易所标准仓单管理办法》《大连商品交易所指定交割仓库管理办法》及《大连商品交易所风险管理办法》等合约规则进行了调整。调整内容主要包括：调整交割质量标准、引入厂库交割制度、优化期转现制度、调整限仓标准、增设合约月份等
2017 年 6 月 2 日	大商所发〔2017〕173 号	关于公布施行《大连商品交易所集团交割仓库资格审核、年审及现场检查工作办法》的通知	为规范集团交割仓库管理，促进集团交割业务平稳运行，现将《大连商品交易所集团交割仓库资格审核、年审及现场检查工作办法》予以发布
2017 年 7 月 6 日	大商所发〔2017〕204 号	大连商品交易所关于 2017 年继续支持相关机构开展场外期权试点的通知	决定 2017 年继续支持相关金融机构开展大商所对应期货品种的场外期权试点工作。就试点指导原则、试点项目要求、试点项目程序、试点项目支持进行通知
2017 年 7 月 10 日	大商所发〔2017〕207 号	关于大连商品交易所 8 只商品指数进行权重调整的公告	根据已公布的指数编制方案，大连商品交易所农产品期货价格指数等 8 只多商品指数自 2017 年 7 月 3 日起进行权重调整

续表

出台时间	文号	文件标题	主要内容
2017 年 7 月 14 日	大商所发〔2017〕219 号	关于征集鸡蛋交割厂库和车板交割场所的通知	列明申请企业要求、申请流程及申请时间，公开征集鸡蛋期货指定交割厂库和车板交割场所
2017 年 7 月 20 日	大商所发〔2017〕223 号	关于修改焦炭和焦煤品种一般月份限仓相关规则的通知	将焦炭和焦煤品种一般月份限仓模式调整为比例限仓和固定额限仓相结合，并修改《大连商品交易所风险管理办法》的相关规则。修改后的规则自 2017 年 7 月 24 日结算时施行
2017 年 7 月 31 日	大商所发〔2017〕234 号	关于 2017 年支持期货公司通过试点项目推广基差交易的通知	为推动铁矿石、焦煤、焦炭三个品种基差交易在实体产业中的应用，决定 2017 年支持期货公司开展基差交易试点项目，就试点项目要求、试点项目程序、试点项目支持进行通知
2017 年 8 月 4 日	大商所发〔2017〕238 号	关于增加期权到期日延时闭市阶段行权申请方式的通知	自豆粕 1709 期权合约系列开始，在到期日延时闭市阶段（15：00 ~ 15：30），除会员服务系统外，会员单位还可以通过交易系统提交行权或取消自动行权申请。豆粕 1 709 期权合约系列将于 2017 年 8 月 7 日到期，请各会员单位做好相关准备，确保业务平稳运行
2017 年 8 月 8 日	大商所发〔2017〕244 号	关于提交进口大豆期货监管信息系统申请材料的通知	近期，进口大豆期货监管信息系统（简称“本系统”）将上线运行，并将在所有已上市交易的黄大豆 2 号合约上使用。拟使用进口大豆参与黄大豆 2 号期货交割（含期转现交割）的客户或非期货公司会员及黄大豆 2 号指定交割仓库需要办理相关业务
2017 年 8 月 18 日	大商所发〔2017〕254 号	关于对铁矿石品种实施交易限额的通知	自 2017 年 8 月 22 日交易时（即 21 日晚夜盘时间段）起，非期货公司会员和客户在铁矿石品种 1801 合约和 1805 合约上，单个合约单个交易日买开仓数量与卖开仓数量之和不得超过 6 000 手。套期保值交易开仓数量不受限制。具有实际控制关系的账户按照一个账户管理
2017 年 8 月 29 日	大商所发〔2017〕260 号	关于在期权投资者适当性管理中实施境内商品期权实盘和仿真交易、行权经历互认有关事项的通知	自 2017 年 9 月 1 日起，本所在期权投资者适当性管理中实施境内交易所商品期权实盘和仿真交易、行权经历互认
2017 年 9 月 6 日	大商所发〔2017〕267 号	关于修改《大连商品交易所结算细则》手续费相关规定的通知	对《大连商品交易所结算细则》进行了修改，增加手续费收取、调整等相关规定。修改后的规则自即日起施行

续表

出台时间	文号	文件标题	主要内容
2017年9月13日	大商所发〔2017〕276号	关于修改铁矿石期货合约质量标准的通知	对铁矿石期货合约质量标准进行了修改，修改后的规则自I1 809合约起施行
2017年9月15日	大商所发〔2017〕281号	关于开展新一期油粕品种仓单串换试点的通知	新一期仓单串换试点业务增加了豆粕集团间串换（仅限于客户通过交割买入张家港江海粮油工业有限公司的豆粕厂库仓单，可申请到路易达孚（中国）贸易有限责任公司相关的串换库提取豆粕现货），并增加了豆油串换集团和第三方信息机构数量，进一步完善了油粕品种报价体系
2017年10月11日	大商所发〔2017〕298号	关于批准聚氯乙烯交割注册品牌的通知	设立唐山三友氯碱有限责任公司生产的"三友"牌聚氯乙烯为期货交割注册品牌。自即日起按照交易所交割细则验收合格后，可申请注册期货标准仓单
2017年11月1日	大商所发〔2017〕314号	关于增设线型低密度聚乙烯、聚丙烯指定交割仓库的通知	设立国投山东临沂路桥发展有限责任公司为线型低密度聚乙烯和聚丙烯非基准指定交割仓库，其中聚丙烯交割仓库的升贴水为-150元/吨。从即日起接受并办理相关品种期货交割业务
2017年11月10日	大商所发〔2017〕321号	关于实施非标准仓单期转现可委托交易所办理货款收付相关规定的通知	非标准仓单期转现可委托交易所办理货款收付的相关规定（2017年5月23日大商所发〔2017〕163号文件发布）自即日起施行。其中，黄大豆2号品种标准仓单和非标准仓单期转现手续费免收；其他品种标准仓单期转现手续费仍按该品种交割手续费标准收取，非标准仓单期转现手续费仍按该品种交易手续费标准收取
2017年12月8日	大商所发〔2017〕360号	关于在期权投资者适当性管理中认可上证50ETF期权真实交易经历等事项的通知	自2017年12月8日起，交易所认可的期权真实交易经历，除境内交易所的商品期权真实交易经历外，还包括同时具有买入开仓和卖出开仓（不包括备兑）的上证50ETF期权真实交易经历。另对《期货公司豆粕期权业务指南》进行了修订，现予以发布，修订后的指南自2017年12月8日起实施
2017年12月29日	大商所发〔2017〕401号	关于发布豆粕、豆油、棕榈油、鸡蛋交割业务指南的通知	分别为会员、指定交割仓库和指定质量检验机构制定了相应品种的交割指南，如指南内容与交易所业务规则不一致，以本所正式的业务规则为准

中国金融期货交易所发布文件

发布日期	文件标题	主要内容
2017年1月4日	关于修订《中国金融期货交易所国债期货合约交割细则》的通知	修订《中国金融期货交易所国债期货合约交割细则》，在国债期货交割过程中引入券款对付（DVP）模式，自2017年4月1日起实施
2017年2月16日	关于调整股指期货手续费标准的通知	自2017年2月17日起，沪深300、上证50、中证500股指期货合约平今仓交易手续费标准调整为成交金额的万分之九点二
2017年2月16日	关于调整沪深300、上证50、中证500股指期货交易保证金的通知	自2017年2月17日结算时起，沪深300和上证50股指期货各合约非套期保值持仓的交易保证金标准，由合约价值的40%调整为20%；中证500股指期货各合约非套期保值持仓的交易保证金标准，由合约价值的40%调整为30%。沪深300、上证50和中证500股指期货各合约套期保值持仓的交易保证金标准仍为合约价值的20%
2017年3月31日	关于修订《中国金融期货交易所交易细则》及沪深300股指期货、上证50股指期货、中证500股指期货、5年期国债期货、10年期国债期货合约交易细则的通知	修订《中国金融期货交易所交易细则》《中国金融期货交易所沪深300股指期货合约交易细则》《中国金融期货交易所上证50股指期货合约交易细则》《中国金融期货交易所中证500股指期货合约交易细则》《中国金融期货交易所5年期国债期货合约交易细则》《中国金融期货交易所10年期国债期货合约交易细则》，修订主要包括两个内容：一是取消市价指令类型中的即时成交剩余撤销指令和即时成交剩余转限价指令；二是交易指令每次下单最大数量由交易所另行规定，并自2017年4月5日起实施
2017年3月31日	关于调整股指期货、国债期货合约交易指令每次最大下单数量的通知	自2017年4月5日起，沪深300、上证50和中证500股指期货合约限价指令每次最大下单数量调整为20手，市价指令每次最大下单数量调整为10手；5年期和10年期国债期货合约限价指令每次最大下单数量调整为50手，市价指令每次最大下单数量调整为30手
2017年6月28日	关于修订《金融期货投资者适当性制度实施办法》《金融期货投资者适当性制度操作指引》的通知	修订《金融期货投资者适当性制度实施办法》《金融期货投资者适当性制度操作指引》，并自2017年7月1日起实施

续表

发布日期	文件标题	主要内容
2017年9月15日	关于调整沪深300、上证50股指期货交易保证金的通知	自2017年9月18日结算时起，沪深300和上证50股指期货合约交易保证金标准，由合约价值的20%调整为15%
2017年9月15日	关于调整股指期货手续费标准的通知	自2017年9月18日起，沪深300、上证50、中证500股指期货各合约平今仓交易手续费标准调整为成交金额的万分之六点九

附录2－3　中国期货市场监控中心发布文件

出台时间	文号	标题	主要内容
2017年1月25日	监控函〔2017〕28号	关于修订《特殊单位客户统一开户业务操作指引》和《期货公司资产管理业务统一开户操作指引》的函	配合做好期权上市准备工作、加强资管产品监管工作
2017年2月21日	监控函〔2017〕39号	关于开展统一开户系统操作指引修订涉及功能测试及上线工作的函	2017年3月10日收市后进行期权做市商开户相关功能上线，3月31日收市后进行特殊单位客户和资管产品客户增加报送持有人等信息功能上线
2017年3月9日	监控函〔2017〕45号	关于发布《期货保证金监控系统数据报送接口（交易所5.2.1版）》的函	根据商品期权业务修改保证金监控系统对交易所报送数据的要求
2017年3月13日	监控函〔2017〕50号	关于明确商品期权上市交易有关期货投资者保障基金缴纳相关事宜的通知	明确商品期权上市交易后，交易所的期权交易手续费收入，期货公司代理期权交易的代理交易额应当纳入期货投资者保障基金缴纳范围之内
2017年3月15日	监控函〔2017〕49号	关于发布《期货保证金监控系统数据报送接口（期货公司4.3.1版）》的函	根据商品期权业务修改保证金监控系统对期货公司报送数据的要求

续表

出台时间	文号	标题	主要内容
2017年4月24日	监控函〔2017〕63号	关于发布《期货市场运行监测监控系统交易所数据报送接口(V4)》的函	对现行期货市场运行监测监控系统数据报送接口进行调整和扩充
2017年6月9日	监控函〔2017〕93号	关于统一开户系统落实投资者适当性制度工作安排的函	在个人客户及一般单位客户开户申请表中增加“客户适当性分类”项目
2017年6月9日	监控函〔2017〕95号	关于发布《期货保证金监控系统数据报送接口(银行3.3.1版)》的函	根据境内特定品种期货交易业务修改保证金监控系统对存管银行报送数据的要求
2017年6月12日	监控函〔2017〕96号	关于发布《境外交易者统一开户业务操作规则》的函	明确境外交易者从事境内特定品种期货交易的统一开户规则
2017年6月16日	监控函〔2017〕103号	关于发布《期货保证金监控系统数据报送接口(期货公司4.3.2版)》的函	根据境内特定品种期货交易业务修改保证金监控系统对期货公司报送数据的要求
2017年6月16日	监控函〔2017〕104号	关于发布《期货保证金监控系统数据报送接口(交易所5.2.2版)》的函	根据境内特定品种期货交易业务修改保证金监控系统对交易所报送数据的要求
2017年11月6日	监控函〔2017〕188号	关于期货市场统一开户系统及期货互联网开户云平台投资者适当性功能上线安排的函	针对适当性分类为普通投资者的客户，增加风险承受能力等级的填报项目；根据业务需求，增加了投资者适当性分类、普通投资者风险承受能力测评分级、专业投资者问卷及证明材料采集、金融期货开户证明材料采集及评估、签署投资者适当性相关协议、普通投资者风险承受能力测评问卷及作答结果下载接口、专业投资者证明材料下载接口等功能，同时取消了原有金融期货综合评估、金融期货套保及套利交易编码开户等功能

附录 2 –4　中国期货业协会发布文件

出台时间	文号	文件标题	主要内容
2017 年 6 月 28 日	中期协字〔2017〕60 号	《期货经营机构投资者适当性管理实施指引（试行）》	对现有投资者参与期货交易按原有制度安排进行，实行区别对待，“新老划断”。具体的做法是：期货经营机构向新客户销售产品或者提供服务、向老客户销售（提供）高于原有风险等级的产品或服务，需要按照《办法》和《指引》要求执行；向老客户销售（提供）不高于原有风险等级的产品或服务时，可继续进行，不受影响。同时，鼓励经营机构根据实际情况结合客户回访、自查、评估等工作，主动对老客户的适当性管理做出妥善安排
2017 年 6 月 13 日	中期协字〔2017〕58 号	《〈境外交易者参与境内特定品种期货交易期货经纪合同补充协议〉指引》	为了配合原油期货上市，规范和指导各期货公司为境外交易者和境外经纪机构从事境内期货交易提供期货经纪及结算服务，中国期货业协会起草了《〈境外交易者参与境内特定品种期货交易期货经纪合同补充协议〉指引》《〈期货公司与境外特殊参与者委托结算协议〉指引》和《〈期货经纪合同〉指引（适用于境外经纪机构委托期货公司从事境内期货交易）》三个合同指引，并依据境外交易者参与境内期货交易的特殊需要，对中期协原《〈期货经纪合同〉指引》进行了修订
2017 年 11 月 13 日	中期协字〔2017〕90 号	《期货公司压力测试指引（试行）》	引导期货公司按照《指引》要求，根据市场变化、业务规模、风险状况和监管要求，建立常态化的压力测试机制，建立健全压力测试制度体系和组织体系
2017 年 12 月 4 日	中期协字〔2017〕100 号	《期货从业人员资格考试管理规则》修订案	将期货投资分析科目纳入资格考试序列，并对考试违纪行为及处理措施做出了详细规定

附录3　统计数据

附录3－1　分品种类型数据

2017年全国期货交易分布

项目	成交金额（万元）	比重（%）	成交量（手）	比重（%）
农产品	4 087 107 244.30	21.75	717 567 801.00	24.07
金属	7 364 697 076.33	39.20	1 177 460 514	39.50
能源化工及其他	4 878 374 361.99	25.96	1 056 312 085	35.43
金融	2 459 220 151.35	13.09	24 595 938.00	0.83
商品期权	382 400	0.00	5 128 075	0.17
总计	18 789 781 233.96	100.00	2 981 064 413	100.00

2017年农产品期货交易分布概况

品种	成交金额（万元）	比重（%）	成交量（手）	比重（%）
天然橡胶	1 375 109 510.01	33.65	89 341 052	12.45
棉花	201 235 444.77	4.92	26 056 848	3.63
粳稻	1 700.09	0.00	261	0.00
晚籼稻	1 190.66	0.00	202	0.00
菜籽油	173 743 012.38	4.25	25 990 659	3.62
普通小麦	1 016.66	0.00	82	0.00
早籼稻	5 652.71	0.00	1 037	0.00
菜籽粕	185 098 066.81	4.53	79 736 545	11.11
油菜籽	9 611.60	0.00	1 908	0.00
白糖	395 605 673.18	9.68	61 056 859	8.51
优质强筋小麦	2 176 972.62	0.05	377 494	0.05
玉米	210 709 200.00	5.16	127 323 949.00	17.74
黄大豆1号	102 455 713.72	2.51	26 324 058.00	3.67
黄大豆2号	281 300.00	0.01	85 102.00	0.01
豆粕	458 538 496.52	11.22	162 877 864.00	22.70
豆油	354 732 490.43	8.68	57 158 378.00	7.97
棕榈油	378 040 149.31	9.25	6 832 072.00	0.95
鸡蛋	142 281 145.98	3.48	3 049 090.00	0.42
胶合板	6 986.47	0.00	1 286.00	0.00
纤维板	4 192.89	0.00	1 056.00	0.00

续表

品种	成交金额（万元）	比重（%）	成交量（手）	比重（%）
玉米淀粉	99 267 870.00	2.43	50 433 910.00	7.03
棉纱	1 436 324.79	0.04	124 156	0.02
苹果	6 365 522.71	0.16	793 933	0.11
总计	4 087 107 244.30	100.00	717 567 801.00	100.00

2017 年金属期货交易分布概况

品种	成交金额（万元）	比重（%）	成交量（手）	比重（%）
铜	1 338 743 518.53	18.18	54 100 135	4.59
铝	492 647 319.15	6.69	65 423 439	5.56
锌	1 070 262 014.61	14.53	91 449 266	7.77
铅	115 552 887.67	1.57	12 509 166	1.06
镍	650 297 911.37	8.83	74 154 526	6.30
锡	30 137 002.47	0.41	2 083 571	0.18
黄金	541 928 827.29	7.36	19 478 090	1.65
白银	320 277 693.11	4.35	53 111 169	4.51
螺纹钢	2 427 056 676.92	32.96	702 019 499	59.62
线材	289.97	0.00	98	0.00
热轧卷板	377 792 935.24	5.13	103 131 555	8.76
总计	7 364 697 076.33	100.00	1 177 460 514	100.00

2017 年能源化工及其他类期货交易分布概况

品种	成交金额（万元）	比重（%）	成交量（手）	比重（%）
燃料油	29 792.30	0.00	1 432	0.00
石油沥青	253 267 065.40	5.19	97 440 530	9.22
PTA	369 641 012.95	7.58	140 394 394	13.29
甲醇	365 736 607.56	7.50	137 005 212	12.97
动力煤	183 525 147.36	3.76	30 707 583	2.91
聚乙烯	291 483 891	5.98	61 420 753	5.81
聚氯乙烯	127 832 539.87	2.62	39 000 200	3.69
聚丙烯	242 638 046.5	4.97	56 691 866	5.37
焦炭	772 950 010.6	15.84	40 421 040	3.83
焦煤	311 439 678.4	6.38	42 194 764	3.99
铁矿石	1 707 945 423	35.01	328 743 737	31.12
玻璃	110 716 723.27	2.27	41 091 381	3.89
硅铁	56 036 841.04	1.15	16 278 210	1.54
锰硅	85 131 582.75	1.75	24 920 983	2.36
总计	4 878 374 361.99	100.00	1 056 312 085	100.00

2017 年金融期货交易分布概况

品种	成交金额（亿元）	比重（%）	成交量（手）	比重（%）
沪深 300 指数期货	45 092. 91	18. 34	4 101 114	16. 67
上证 50 指数期货	19 004. 17	7. 73	2 443 580	9. 93
中证 500 指数期货	40 974. 73	16. 66	3 280 929	13. 34
5 年期国债期货	27 519. 29	11. 19	2 821 334	11. 47
10 年期国债期货	113 330. 91	46. 08	11 948 981	48. 58
总计	245 922. 01	100. 00	24 595 938	100. 00

2017 年农产品期权交易分布概况

品种	成交金额（万元）	比重（%）	成交量（手）	比重（%）
白糖期权	143 554	37. 54	1 492 393	29. 10
豆粕期权	238 846	62. 46	3 635 682	70. 90
合计	382 400	100. 00	5 128 075	100. 00

附录 3 –2　期货市场客户结构

2017 年期货市场客户数量　（单位：户）

时间	有效客户数量	有效单位客户数量	有效个人客户数量
1 月	1 184 481	35 944	1 148 537
2 月	1 204 964	36 516	1 168 448
3 月	1 223 772	37 254	1 186 518
4 月	1 225 674	37 638	1 188 036
5 月	1 220 946	37 905	1 183 041
6 月	1 242 125	37 903	1 204 222
7 月	1 236 858	37 508	1 199 350
8 月	1 251 982	37 910	1 214 072
9 月	1 264 621	38 231	1 226 390
10 月	1 269 977	38 471	1 231 506
11 月	1 275 596	38 823	1 236 773
12 月	1 277 228	39 111	1 238 117

2017 年期货市场客户资金结构

权益规模	客户数量（户）	占总客户数量比例（%）
10 万元以下	1 479 278	89. 92
10 万 ~1 000 万元	159 870	9. 72
1 000 万元以上	6 038	0. 37

附录 3－3 主要品种持仓量、成交量及成交金额分布

2017 年各月份品种持仓量占比情况（%）

品种	1月	2月	3月	4月	5月	6月	7月	8月	9月	10月	11月	12月
10 年期国债期货	0.59	0.39	0.43	0.46	0.38	0.36	0.42	0.44	0.59	0.52	0.45	0.50
5 年期国债期货	0.15	0.10	0.12	0.18	0.23	0.32	0.38	0.34	0.52	0.46	0.34	0.38
PTA	11.29	9.25	8.94	8.11	6.41	6.17	8.23	8.01	6.34	4.74	4.60	5.45
白糖	1.88	2.37	3.28	4.01	3.55	3.57	3.81	3.75	4.05	4.20	3.99	3.21
白银	2.72	2.57	2.09	2.02	1.80	2.00	2.03	2.41	2.36	2.07	2.21	2.48
玻璃	0.90	0.95	0.89	1.06	1.24	1.11	1.33	1.07	0.88	0.94	2.33	2.01
菜籽粕	3.37	3.82	3.93	4.40	4.71	4.21	2.99	3.87	4.09	3.95	3.68	3.44
菜籽油	1.45	1.41	1.60	1.60	1.47	1.31	1.32	1.76	1.71	1.73	1.47	1.45
动力煤	0.62	0.99	1.64	1.21	1.21	1.66	1.41	1.07	1.59	1.69	1.74	1.33
豆二	0.00	0.00	0.00	0.00	0.00	0.00	0.00	0.00	0.01	0.01	0.04	0.03
豆粕	10.79	10.32	11.12	10.44	11.99	10.87	9.39	9.56	10.52	10.01	10.94	10.65
豆一	0.81	0.82	1.15	0.99	0.75	0.83	0.84	0.83	0.97	1.55	1.35	1.15
豆油	3.51	3.45	3.93	3.67	3.42	3.44	3.46	3.02	3.15	2.97	3.64	4.06
硅铁	0.01	0.05	0.11	0.03	0.04	0.05	0.10	0.54	0.61	0.56	0.52	0.85
沪深 300 指数	0.31	0.31	0.34	0.32	0.28	0.25	0.26	0.28	0.32	0.30	0.30	0.32
黄金	1.39	1.06	1.01	1.02	0.97	1.08	1.16	1.33	1.29	1.12	0.83	1.02
鸡蛋	1.06	1.38	1.08	0.91	1.77	1.54	1.18	1.22	1.05	1.09	1.24	1.18
甲醇期货（MA）	1.91	2.33	2.08	2.20	1.84	2.33	2.49	2.67	1.92	2.45	3.22	2.74
焦煤	0.50	0.42	0.54	0.75	0.90	1.06	1.15	1.03	1.31	1.44	1.25	1.18
焦炭	0.45	0.43	0.49	0.71	0.70	0.86	1.07	1.03	1.09	1.26	1.47	1.29
粳稻（谷）	0.00	0.00	0.00	0.00	0.00	0.00	0.00	0.00	0.00	0.00	0.00	0.00
聚丙烯	1.96	1.78	1.86	2.06	2.50	2.32	2.33	2.05	1.54	1.76	1.88	1.94
聚氯乙烯	0.54	0.43	0.50	0.54	0.47	0.78	0.78	0.88	0.84	0.94	1.18	1.30
沥青	2.28	2.28	2.13	2.26	2.15	2.35	2.63	2.87	2.34	1.87	1.41	1.52
铝	2.65	2.24	2.45	2.44	2.01	1.58	2.01	3.47	3.77	3.27	2.94	3.79
螺纹钢	10.48	11.70	11.56	12.89	15.29	17.00	15.69	15.32	14.51	14.59	15.06	11.99
锰硅	0.20	0.31	0.30	0.29	0.37	0.32	0.41	0.41	0.48	0.51	0.49	0.38
棉花	1.31	1.35	1.23	1.31	0.90	1.09	1.00	1.06	1.05	1.07	1.03	1.47
棉纱	—	—	—	—	—	—	—	0.02	0.01	0.01	0.00	0.00
镍	3.15	2.22	2.21	2.34	1.97	1.84	2.04	2.15	2.07	2.62	2.48	2.48
普麦	0.00	0.00	0.00	0.00	0.00	0.00	0.00	0.00	0.00	0.00	0.00	0.00
铅	0.26	0.23	0.31	0.29	0.24	0.25	0.27	0.28	0.54	0.29	0.26	0.28
强麦	0.07	0.08	0.08	0.05	0.04	0.02	0.03	0.02	0.03	0.02	0.02	0.01
燃料油	0.00	0.00	0.00	0.00	0.00	0.00	0.00	0.00	0.00	0.00	0.00	0.00
热轧卷板	1.26	1.33	2.36	2.29	2.36	2.44	2.42	3.49	4.00	4.18	3.36	2.96
上证 50 股指期货	0.21	0.22	0.22	0.20	0.20	0.17	0.16	0.17	0.19	0.17	0.17	0.17
天胶	1.38	1.23	1.14	1.28	1.59	1.69	2.04	1.77	1.76	1.72	1.55	1.79
铁矿石	4.75	5.32	6.21	7.69	7.94	7.48	6.92	5.97	8.29	9.41	8.06	8.37

续表

品种	1月	2月	3月	4月	5月	6月	7月	8月	9月	10月	11月	12月
铜	1.84	1.69	1.76	1.97	1.92	1.92	2.39	2.40	2.31	2.44	2.75	3.11
晚籼稻	0.00	0.00	0.00	0.00	0.00	0.00	0.00	0.00	0.00	0.00	0.00	0.00
锡	0.05	0.04	0.05	0.06	0.06	0.07	0.09	0.09	0.07	0.08	0.08	0.09
细木工板（胶合板）	0.00	0.00	0.00	0.00	0.00	0.00	0.00	0.00	0.00	0.00	0.00	0.00
鲜苹果												0.09
线材	0.00	0.00	0.00	0.00	0.00	0.00	0.00	0.00	0.00	0.00	0.00	0.00
线型低密度聚乙烯	1.36	1.35	1.42	1.56	1.47	1.63	2.05	2.14	1.79	1.72	1.94	2.14
锌	1.50	1.23	1.62	2.07	2.11	2.02	1.68	1.83	1.92	1.71	1.70	1.86
油菜籽	0.00	0.00	0.00	0.00	0.00	0.00	0.00	0.00	0.00	0.00	0.00	0.00
玉米	12.98	15.02	11.47	8.23	7.28	6.48	6.40	5.22	4.69	5.05	4.26	5.31
玉米淀粉	5.26	4.24	3.49	3.31	2.90	2.66	2.48	1.39	1.18	1.24	1.61	1.65
早籼稻	0.00	0.00	0.00	0.00	0.00	0.00	0.00	0.00	0.00	0.00	0.00	0.00
中密度纤维板（纤维板）	0.00	0.00	0.00	0.00	0.00	0.00	0.00	0.00	0.00	0.00	0.00	0.00
中证500股指期货	0.26	0.23	0.26	0.24	0.24	0.20	0.21	0.22	0.24	0.20	0.21	0.23
棕榈油	2.54	3.08	2.60	2.53	2.31	2.68	2.94	2.52	2.01	2.05	1.97	2.36

2017年各月份品种成交量占比情况（%）

品种	1月	2月	3月	4月	5月	6月	7月	8月	9月	10月	11月	12月
10年期国债期货	0.57	0.52	0.45	0.41	0.49	0.39	0.30	0.27	0.23	0.35	0.48	0.31
5年期国债期货	0.10	0.09	0.08	0.07	0.11	0.09	0.08	0.09	0.07	0.12	0.15	0.07
PTA	7.46	6.83	5.86	5.23	3.01	2.78	5.58	4.39	4.59	2.91	3.91	3.20
白糖	2.05	1.96	2.39	2.32	1.81	1.90	2.15	2.06	1.98	1.96	2.15	1.63
白银	2.66	2.24	1.66	1.70	1.47	1.43	1.92	2.15	1.57	1.27	1.46	1.39
玻璃	1.63	1.76	1.34	1.64	1.53	1.52	1.05	1.03	0.89	0.93	1.47	1.45
菜籽粕	3.25	3.11	3.09	3.17	3.09	2.22	2.52	1.93	2.43	1.81	2.67	2.08
菜籽油	0.87	0.88	1.02	0.96	0.95	0.84	0.91	0.94	0.73	0.76	0.67	0.56
动力煤	0.57	0.59	1.17	1.04	0.63	1.09	0.93	0.93	1.55	1.40	1.00	0.99
豆二	0.00	0.00	0.00	0.00	0.00	0.00	0.00	0.00	0.00	0.00	0.01	0.00
豆粕	6.95	6.88	6.53	6.07	5.33	4.98	5.97	4.59	5.10	3.89	4.89	4.26
豆一	1.32	1.10	1.20	1.03	0.78	0.88	0.83	0.72	0.57	0.78	0.58	0.66
豆油	2.01	1.95	2.39	2.43	1.94	1.77	1.83	1.90	1.75	1.36	1.43	1.47
硅铁	0.01	0.02	0.20	0.09	0.09	0.08	0.08	0.82	1.13	1.03	0.84	1.92
沪深300指数	0.12	0.12	0.15	0.15	0.13	0.14	0.12	0.11	0.12	0.13	0.16	0.16
黄金	0.96	0.75	0.74	0.88	0.57	0.58	0.51	0.61	0.65	0.55	0.54	0.41
鸡蛋	0.94	0.97	0.87	0.90	1.40	2.72	1.77	1.26	1.07	0.84	0.71	0.60
甲醇期货（MA）	4.49	4.58	3.90	3.90	3.79	4.68	4.28	3.14	4.52	5.32	4.90	6.60
焦煤	0.60	0.56	0.47	0.86	0.82	1.06	1.05	1.82	2.22	2.53	2.14	2.28
焦炭	0.58	0.52	0.45	0.79	0.77	0.82	0.84	1.48	1.98	2.41	2.48	2.58
粳稻（谷）	0.00	0.00	0.00	0.00	0.00	0.00	0.00	0.00	0.00	0.00	0.00	0.00
聚丙烯	1.99	1.70	1.56	1.70	1.64	1.81	1.79	1.69	1.77	2.46	2.20	2.05
聚氯乙烯	0.96	0.68	0.65	0.70	0.86	0.95	1.03	1.38	1.55	1.94	2.16	2.40
沥青	5.37	4.01	4.04	4.02	2.90	2.86	3.25	3.12	3.38	2.49	1.59	1.64

续表

品种	1月	2月	3月	4月	5月	6月	7月	8月	9月	10月	11月	12月
铝	1.98	2.10	1.94	2.15	1.36	1.13	1.04	3.25	3.71	2.62	2.20	2.14
螺纹钢	16.85	17.60	19.35	20.92	29.25	29.74	27.73	23.85	19.10	21.89	21.08	21.71
锰硅	0.17	0.24	0.99	1.01	1.91	0.63	0.56	0.72	0.73	0.55	0.60	1.25
棉花	1.13	1.01	1.17	0.89	0.98	0.76	0.74	0.81	0.84	0.47	0.63	0.75
棉纱	—	—	—	—	—	—	—	0.02	0.02	0.00	0.00	0.00
镍	2.30	2.12	2.11	1.92	1.50	1.44	1.73	2.60	3.43	2.64	3.73	3.58
普麦	0.00	0.00	0.00	0.00	0.00	0.00	0.00	0.00	0.00	0.00	0.00	0.00
铅	0.52	0.36	0.36	0.41	0.29	0.35	0.28	0.41	0.73	0.54	0.39	0.32
强麦	0.02	0.02	0.02	0.04	0.01	0.01	0.01	0.00	0.01	0.00	0.00	0.00
燃料油	0.00	0.00	0.00	0.00	0.00	0.00	0.00	0.00	0.00	0.00	0.00	0.00
热轧卷板	1.48	1.40	1.89	2.35	2.98	3.78	3.33	4.47	4.17	5.35	4.66	3.68
上证50股指期货	0.06	0.06	0.07	0.07	0.07	0.09	0.09	0.08	0.08	0.08	0.10	0.10
天胶	2.82	2.57	2.54	2.86	2.95	2.55	3.37	3.23	3.21	3.11	2.88	2.64
铁矿石	6.91	7.80	8.27	9.04	10.48	10.09	9.90	11.90	12.33	13.58	13.22	13.76
铜	1.91	2.12	1.83	2.14	1.46	1.44	1.34	1.70	1.75	2.28	1.83	1.68
晚籼稻	0.00	0.00	0.00	0.00	0.00	0.00	0.00	0.00	0.00	0.00	0.00	0.00
锡	0.09	0.08	0.07	0.07	0.06	0.07	0.07	0.07	0.06	0.06	0.06	0.07
细木工板（胶合板）	0.00	0.00	0.00	0.00	0.00	0.00	0.00	0.00	0.00	0.00	0.00	0.00
鲜苹果	—	—	—	—	—	—	—	—	—	—	—	0.31
线材	0.00	0.00	0.00	0.00	0.00	0.00	0.00	0.00	0.00	0.00	0.00	0.00
线型低密度聚乙烯	2.34	2.23	2.05	2.22	1.88	1.89	2.17	1.92	1.76	2.01	1.80	1.86
锌	3.48	2.75	3.35	3.98	3.22	3.17	2.57	2.77	2.24	2.87	2.81	2.67
油菜籽	0.00	0.00	0.00	0.00	0.00	0.00	0.00	0.00	0.00	0.00	0.00	0.00
玉米	6.65	10.05	8.49	5.32	3.62	3.43	2.72	2.35	2.45	1.94	2.15	2.27
玉米淀粉	2.77	2.76	2.45	2.07	1.61	1.65	1.30	1.00	1.05	0.86	1.66	1.03
早籼稻	0.00	0.00	0.00	0.00	0.00	0.00	0.00	0.00	0.00	0.00	0.00	0.00
中密度纤维板（纤维板）	0.00	0.00	0.00	0.00	0.00	0.00	0.00	0.00	0.00	0.00	0.00	0.00
中证500股指期货	0.10	0.09	0.11	0.11	0.12	0.13	0.10	0.10	0.10	0.11	0.11	0.11
棕榈油	2.94	2.86	2.75	2.37	2.15	2.10	2.18	2.34	2.34	1.79	1.53	1.35

2017年各月份品种成交金额分布情况（%）

品种	1月	2月	3月	4月	5月	6月	7月	8月	9月	10月	11月	12月
10年期国债期货	8.96	8.08	7.16	6.77	8.28	6.94	5.09	3.92	3.35	4.99	6.57	4.41
5年期国债期货	1.54	1.37	1.25	1.15	1.97	1.59	1.40	1.29	1.09	1.71	2.20	1.09
PTA	3.29	3.18	2.55	2.25	1.33	1.26	2.58	1.77	1.86	1.15	1.58	1.33
白糖	2.28	2.19	2.70	2.61	2.14	2.25	2.31	1.96	1.81	1.77	1.94	1.46
白银	2.66	2.30	1.73	1.83	1.61	1.62	1.97	1.97	1.43	1.14	1.28	1.22
玻璃	0.67	0.78	0.56	0.71	0.71	0.74	0.52	0.45	0.38	0.38	0.63	0.66
菜籽粕	1.24	1.24	1.23	1.29	1.32	0.92	1.05	0.66	0.82	0.62	0.90	0.74
菜籽油	1.02	1.01	1.13	1.03	1.10	0.99	1.06	1.00	0.77	0.79	0.68	0.56
动力煤	0.48	0.53	1.17	1.03	0.59	1.14	0.98	0.86	1.52	1.32	0.93	0.98
豆二	0.00	0.00	0.00	0.00	0.00	0.00	0.00	0.00	0.00	0.00	0.00	0.00

续表

品种	1月	2月	3月	4月	5月	6月	7月	8月	9月	10月	11月	12月
豆粕	3.22	3.29	3.13	2.84	2.61	2.43	2.94	1.92	2.09	1.60	1.96	1.76
豆一	0.90	0.77	0.78	0.66	0.54	0.64	0.57	0.43	0.33	0.45	0.32	0.36
豆油	2.26	2.15	2.58	2.45	2.07	1.93	2.01	1.84	1.69	1.27	1.29	1.30
硅铁	0.01	0.01	0.10	0.04	0.04	0.04	0.04	0.46	0.55	0.50	0.42	1.13
沪深300指数	1.90	1.97	2.57	2.60	2.41	2.70	2.41	1.93	2.13	2.27	2.84	2.93
黄金	4.20	3.38	3.44	4.26	2.86	3.06	2.47	2.63	2.78	2.31	2.24	1.71
鸡蛋	0.52	0.54	0.51	0.55	0.88	1.90	1.21	0.84	0.68	0.55	0.46	0.37
甲醇期货（MA）	2.00	2.22	1.74	1.63	1.58	2.03	1.88	1.29	1.95	2.17	2.08	3.00
焦煤	0.71	0.66	0.60	1.02	0.93	1.19	1.35	2.32	2.67	2.61	2.34	2.77
焦炭	1.52	1.41	1.35	2.26	2.12	2.38	2.78	5.10	6.71	6.56	7.02	8.24
粳稻（谷）	0.00	0.00	0.00	0.00	0.00	0.00	0.00	0.00	0.00	0.00	0.00	0.00
聚丙烯	1.42	1.25	1.08	1.14	1.15	1.31	1.31	1.14	1.22	1.67	1.49	1.43
聚氯乙烯	0.50	0.37	0.35	0.34	0.46	0.53	0.61	0.78	0.86	0.96	1.01	1.21
沥青	2.33	1.85	1.83	1.78	1.31	1.24	1.46	1.29	1.31	0.93	0.61	0.67
铝	2.13	2.39	2.25	2.61	1.71	1.46	1.33	4.03	4.70	3.29	2.53	2.39
螺纹钢	8.57	9.70	10.83	10.62	16.34	17.08	17.31	14.19	11.18	12.24	11.88	12.91
锰硅	0.09	0.12	0.56	0.53	1.11	0.37	0.34	0.40	0.40	0.28	0.30	0.77
棉花	1.40	1.30	1.53	1.19	1.41	1.08	0.99	0.95	1.01	0.54	0.71	0.87
棉纱								0.04	0.03	0.00	0.00	0.00
镍	3.16	3.07	3.02	2.65	2.07	1.99	2.43	3.56	4.73	3.77	5.39	5.05
普麦	0.00	0.00	0.00	0.00	0.00	0.00	0.00	0.00	0.00	0.00	0.00	0.00
铅	0.77	0.55	0.54	0.58	0.42	0.56	0.44	0.61	1.12	0.82	0.54	0.47
强麦	0.02	0.02	0.02	0.04	0.01	0.01	0.01	0.00	0.00	0.00	0.00	0.00
燃料油	0.00	0.00	0.00	0.00	0.00	0.00	0.00	0.00	0.00	0.00	0.00	0.00
热轧卷板	0.84	0.82	1.07	1.21	1.62	2.24	2.11	2.73	2.60	3.24	2.71	2.21
上证50股指期货	0.69	0.70	0.83	0.79	0.85	1.19	1.20	0.96	0.97	1.06	1.33	1.37
天胶	9.08	8.50	7.50	7.35	7.38	6.16	8.42	7.96	7.77	6.42	5.95	5.76
铁矿石	6.74	8.65	8.82	7.82	8.89	8.19	8.81	10.32	9.76	9.34	9.36	10.96
铜	7.22	8.37	7.26	8.45	5.96	6.17	5.77	6.74	6.89	9.46	7.33	6.84
晚籼稻	0.00	0.00	0.00	0.00	0.00	0.00	0.00	0.00	0.00	0.00	0.00	0.00
锡	0.23	0.18	0.16	0.18	0.15	0.18	0.18	0.15	0.14	0.12	0.12	0.16
细木工板（胶合板）	0.00	0.00	0.00	0.00	0.00	0.00	0.00	0.00	0.00	0.00	0.00	0.00
鲜苹果	—	—	—	—	—	—	—	—	—	—	—	0.39
线材	0.00	0.00	0.00	0.00	0.00	0.00	0.00	0.00	0.00	0.00	0.00	0.00
线型低密度聚乙烯	1.89	1.83	1.60	1.70	1.52	1.58	1.79	1.45	1.33	1.49	1.30	1.36
锌	6.24	5.18	6.40	7.37	6.31	6.38	5.27	5.32	4.32	5.66	5.33	5.13
油菜籽	0.00	0.00	0.00	0.00	0.00	0.00	0.00	0.00	0.00	0.00	0.00	0.00
玉米	1.66	2.63	2.36	1.49	1.07	1.08	0.82	0.62	0.64	0.50	0.55	0.62
玉米淀粉	0.81	0.84	0.81	0.71	0.56	0.61	0.46	0.31	0.32	0.26	0.51	0.33
早籼稻	0.00	0.00	0.00	0.00	0.00	0.00	0.00	0.00	0.00	0.00	0.00	0.00
中密度纤维板（纤维板）	0.00	0.00	0.00	0.00	0.00	0.00	0.00	0.00	0.00	0.00	0.00	0.00
中证500股指期货	1.89	1.82	2.26	2.36	2.53	2.81	2.24	1.86	2.08	2.25	2.11	2.01
棕榈油	2.96	2.78	2.61	2.11	2.09	2.04	2.08	1.97	2.01	1.54	1.27	1.09

附录3-4 各期货品种合约汇总

2017年农产品期货合约汇总

交易品种	天然橡胶
交易单位	10吨/手
报价单位	元（人民币）/吨
最小变动价位	5元/吨
每日价格最大波动限制	不超过上一交易日结算价±3%
合约交割月份	1、3、4、5、6、7、8、9、10、11月
交易时间	上午9：00~11：30，下午1：30~3：00和交易所规定的其他交易时间
最后交易日	合约交割月份的15日（遇法定假日顺延）
交割日期	最后交易日后连续5个工作日
交割品级	标准品：1. 国产天然橡胶（SCR WF），质量符合国标GB/T8081-2008 2. 进口3号烟胶片（RSS3），质量符合《天然橡胶等级的品质与包装国际标准（绿皮书）》（1979年版）
交割地点	交易所指定交割仓库
最低交易保证金	合约价值的5%
交割方式	实物交割
交易代码	RU
上市交易所	上海期货交易所
交易品种	普通小麦（简称“普麦”）
交易单位	50吨/手
报价单位	元（人民币）/吨
最小变动价位	1元/吨
每日价格最大波动限制	上一交易日结算价±4%及《郑州商品交易所期货交易风险控制管理办法》相关规定
最低交易保证金	合约价值的5%
合约交割月份	1、3、5、7、9、11月
交易时间	每周一至周五（北京时间 法定节假日除外） 上午9：00~11：30，下午1：30~3：00
最后交易日	合约交割月份的第10个交易日
最后交割日	仓单交割：合约交割月份的第12个交易日 车船板交割：合约交割月份的次月20日
交割品级	符合《中华人民共和国国家标准 小麦》（GB1351-2008）的三等及以上小麦，且物理指标等符合《郑州商品交易所期货交割细则》规定要求
交割地点	交易所指定交割仓库及指定交割计价点
交割方式	实物交割

续表

交易品种	普通小麦（简称“普麦”）
交易代码	PM
上市交易所	郑州商品交易所
交易品种	优质强筋小麦（简称“强麦”）
交易单位	20 吨/手
报价单位	元（人民币）/吨
最小变动价位	1 元/吨
每日价格 最大波动限制	上一交易日结算价 ±4% 及《郑州商品交易所期货交易风险控制管理办法》相关规定
最低交易保证金	合约价值的 5%
合约交割月份	1、3、5、7、9、11 月
交易时间	每周一至周五（北京时间 法定节假日除外） 上午 9：00 ~ 11：30，下午 1：30 ~ 3：00
最后交易日	合约交割月份的第 10 个交易日
最后交割日	合约交割月份的第 12 个交易日
交割品级	符合《中华人民共和国国家标准 小麦》（GB1351 – 2008）的三等及以上小麦，且稳定时间、湿面筋等指标符合《郑州商品交易所期货交割细则》规定要求
交割地点	交易所指定交割仓库
交割方式	实物交割
交易代码	WH
上市交易所	郑州商品交易所
交易品种	棉花
交易单位	5 吨/手（公定重量）
报价单位	元（人民币）/吨
最小变动价位	5 元/吨
每日价格最大波动限制	上一交易日结算价 ±4% 及《郑州商品交易所期货交易风险控制管理办法》相关规定
合约交割月份	1、3、5、7、9、11 月
交易时间	每周一至周五（北京时间 法定节假日除外） 上午 9：00 ~ 11：30，下午 1：30 ~ 3：00 及交易所规定的其他交易时间
最后交易日	合约交割月份的第 10 个交易日
最后交割日	合约交割月份的第 12 个交易日
交割品级	基准交割品：符合 GB1103. 1 – 2012《棉花 第 1 部分：锯齿加工细绒棉》规定的 3128B 级，且长度整齐度为 U3 档，断裂比强度为 S3 档，轧工质量为 P2 档的国产棉花。替代品详见交易所交割细则。替代品升贴水由交易所另行制定并公告
交割地点	交易所指定棉花交割仓库
最低交易保证金	合约价值的 5%
交割方式	实物交割
交易代码	CF
上市交易所	郑州商品交易所

续表

交易品种	白砂糖（简称“白糖”）
交易单位	10 吨/手
报价单位	元（人民币）/吨
最小变动价位	1 元/吨
每日价格 最大波动限制	上一交易日结算价 ±4% 及《郑州商品交易所期货交易风险控制管理办法》相关规定
合约交割月份	1、3、5、7、9、11 月
交易时间	每周一至周五（北京时间 法定节假日除外）
	上午 9：00～11：30，下午 1：30～3：00 及交易所规定的其他交易时间
最后交易日	合约交割月份的第 10 个交易日
最后交割日	合约交割月份的第 12 个交易日
交割品级	标准品：一级白糖（符合 GB317－2006）；替代品及升贴水见《郑州商品交易所期货交割细则》
交割地点	交易所指定交割仓库
最低交易保证金	合约价值的 5%
交易手续费	4 元/手（含风险准备金）
交割方式	实物交割
交易代码	SR
上市交易所	郑州商品交易所
交易品种	油菜籽（简称“菜籽”）
交易单位	10 吨/手
报价单位	元（人民币）/吨
最小变动价位	1 元/吨
每日价格 最大波动限制	上一交易日结算价 ±4% 及《郑州商品交易所期货交易风险控制管理办法》相关规定
最低交易保证金	合约价值的 5%
合约交割月份	7、8、9、11 月
交易时间	每周一至周五（北京时间 法定节假日除外）
	上午 9：00～11：30，下午 1：30～3：00
最后交易日	合约交割月份的第 10 个交易日
最后交割日	仓单交割：合约交割月份的第 12 个交易日
	车船板交割：合约交割月份的次月 20 日
交割品级	见《郑州商品交易所期货交割细则》
交割地点	交易所指定交割地点
交割方式	实物交割
交易代码	RS
上市交易所	郑州商品交易所

续表

交易品种	菜籽油（简称“菜油”）
交易单位	10 吨/手
报价单位	元（人民币）/吨
最小变动价位	2 元/吨
每日价格 最大波动限制	上一交易日结算价 ±4% 及《郑州商品交易所期货交易风险控制管理办法》相关规定
最低交易保证金	合约价值的 5%
合约交割月份	1、3、5、7、9、11 月
交易时间	每周一至周五（北京时间 法定节假日除外） 上午 9：00～11：30，下午 1：30～3：00 及交易所规定的其他交易时间
最后交易日	合约交割月份的第 10 个交易日
最后交割日	合约交割月份的第 12 个交易日
交割品级	基准交割品：符合《中华人民共和国国家标准 菜籽油》（GB1536－2004）四级质量指标的菜油。替代品及升贴水见《郑州商品交易所期货交割细则》
交割地点	交易所指定交割地点
交割方式	实物交割
交易代码	OI
上市交易所	郑州商品交易所
交易品种	菜籽粕（简称“菜粕”）
交易单位	10 吨/手
报价单位	元（人民币）/吨
最小变动价位	1 元/吨
每日价格 最大波动限制	上一交易日结算价 ±4% 及《郑州商品交易所期货交易风险控制管理办法》相关规定
最低交易保证金	合约价值的 5%
合约交割月份	1、3、5、7、8、9、11 月
交易时间	每周一至周五（北京时间 法定节假日除外） 上午 9：00～11：30，下午 1：30～3：00 及交易所规定的其他交易时间
最后交易日	合约交割月份的第 10 个交易日
最后交割日	合约交割月份的第 12 个交易日
交割品级	见《郑州商品交易所期货交割细则》
交割地点	交易所指定交割地点
交割方式	实物交割
交易代码	RM
上市交易所	郑州商品交易所

续表

交易品种	早籼稻
交易单位	20 吨/手
报价单位	元（人民币）/吨
最小变动价位	1 元/吨
每日价格 最大波动限制	上一交易日结算价 ±4% 及《郑州商品交易所期货交易风险控制管理办法》相关规定
最低交易保证金	合约价值的 5%
合约交割月份	1、3、5、7、9、11 月
交易时间	每周一至周五（北京时间 法定节假日除外）
	上午 9：00 ~ 11：30，下午 1：30 ~ 3：00
最后交易日	合约交割月份的第 10 个交易日
最后交割日	合约交割月份的第 12 个交易日
交割品级	基准交割品：符合《中华人民共和国国家标准 稻谷》（GB1350 - 2009）三等及以上等级质量指标及《郑州商品交易所期货交割细则》规定的早籼稻谷。替代品及升贴水见《郑州商品交易所期货交割细则》
交割地点	交易所指定交割仓库
交割方式	实物交割
交易代码	RI
上市交易所	郑州商品交易所
交易品种	粳稻谷（简称“粳稻”）
交易单位	20 吨/手
报价单位	元（人民币）/吨
最小变动价位	1 元/吨
每日价格 最大波动限制	上一交易日结算价 ±4% 及《郑州商品交易所期货交易风险控制管理办法》相关规定
最低交易保证金	合约价值的 5%
合约交割月份	1、3、5、7、9、11 月
交易时间	每周一至周五（北京时间 法定节假日除外）
	上午 9：00 ~ 11：30，下午 1：30 ~ 3：00
最后交易日	合约交割月份的第 10 个交易日
最后交割日	合约交割月份的第 12 个交易日
交割品级	见《郑州商品交易所期货交割细则》
交割地点	交易所指定交割地点
交割方式	实物交割
交易代码	JR
上市交易所	郑州商品交易所

续表

交易品种	晚籼稻（简称“晚稻”）
交易单位	20 吨/手
报价单位	元（人民币）/吨
最小变动价位	1 元/吨
每日价格 最大波动限制	上一交易日结算价 ±4% 及《郑州商品交易所期货交易风险控制管理办法》相关规定
最低交易保证金	合约价值的 5%
合约交割月份	1、3、5、7、9、11 月
交易时间	每周一至周五（北京时间 法定节假日除外） 上午 9：00 ~ 11：30，下午 1：30 ~ 3：00
最后交易日	合约交割月份的第 10 个交易日
最后交割日	合约交割月份的第 12 个交易日
交割品级	见《郑州商品交易所期货交割细则》
交割地点	交易所指定交割地点
交割方式	实物交割
交易代码	LR
上市交易所	郑州商品交易所
交易品种	鲜苹果（简称“苹果”）
交易单位	10 吨/手
报价单位	元（人民币）/吨
最小变动价位	1 元/吨
每日价格 最大波动限制	上一交易日结算价 ±5% 及《郑州商品交易所期货交易风险控制管理办法》相关规定
最低交易保证金	合约价值的 7%
合约交割月份	1、3、5、7、10、11、12 月
交易时间	每周一至周五（北京时间 法定节假日除外） 上午 9：00 ~ 11：30，下午 1：30 ~ 3：00 及交易所规定的其他交易时间
最后交易日	合约交割月份的第 10 个交易日
最后交割日	仓单交割：合约交割月份的第 12 个交易日
车（船）板交割	合约交割月份的次月 20 日
交割品级	见《郑州商品交易所期货交割细则》
交割地点	交易所指定交割地点
交割方式	实物交割
交易代码	AP
上市交易所	郑州商品交易所

续表

交易品种	黄大豆1号
交易单位	10吨/手
报价单位	元（人民币）/吨
最小变动价位	1元/吨
每日价格最大波动限制	上一交易日结算价的±4%
合约交割月份	1、3、5、7、9、11
交易时间	每周一至周五上午9：00~11：30，下午13：30~15：00，以及交易所公布的其他时间
最后交易日	合约月份第10个交易日
交割日期	最后交易日后第3个交易日
交割等级	大连商品交易所黄大豆1号交割质量标准（FA/DCE D001-2012）
交割地点	大连商品交易所指定交割仓库
最低交易保证金	合约价值的5%
交割方式	实物交割
交易代码	A
上市交易所	大连商品交易所
交易品种	黄大豆2号
交易单位	10吨/手
报价单位	元（人民币）/吨
最小变动价位	1元/吨
每日价格最大波动限制	上一交易日结算价的±4%
合约交割月份	1、3、5、7、9、11月
交易时间	每周一至周五上午9：00~11：30，下午13：30~15：00，以及交易所公布的其他时间
最后交易日	合约月份第10个交易日
交割日期	最后交易日后第3个交易日
交割等级	符合《大连商品交易所黄大豆2号交割质量标准（FB/DCE D001-2013）》
交割地点	大连商品交易所指定交割仓库
最低交易保证金	合约价值的5%
交割方式	实物交割
交易代码	B
上市交易所	大连商品交易所

续表

交易品种	黄玉米
交易单位	10 吨/手
报价单位	元（人民币）/吨
最小变动价位	1 元/吨
每日价格最大波动限制	上一交易日结算价的 ±4%
合约交割月份	1、3、5、7、9、11 月
交易时间	每周一至周五上午 9：00 ~ 11：30，下午 13：30 ~ 15：00
最后交易日	合约月份第 10 个交易日
交割日期	最后交易日后第 3 个交易日
交割等级	大连商品交易所玉米交割质量标准（FC/DCE D001 - 2015）（具体内容见附件）
交割地点	大连商品交易所玉米指定交割仓库
最低交易保证金	合约价值的 5%
交割方式	实物交割
交易代码	C
上市交易所	大连商品交易所
交易品种	玉米淀粉
交易单位	10 吨/手
报价单位	元（人民币）/吨
最小变动价位	1 元/吨
每日价格最大波动限制	上一交易日结算价的 ±4%
合约交割月份	1、3、5、7、9、11 月
交易时间	每周一至周五上午 9：00 ~ 11：30，下午 13：30 ~ 15：00，以及交易所规定的其他时间
最后交易日	合约月份第 10 个交易日
交割日期	最后交易日后第 3 个交易日
交割等级	大连商品交易所玉米淀粉交割质量标准
交割地点	大连商品交易所玉米淀粉指定交割仓库
最低交易保证金	合约价值的 5%
交割方式	实物交割
交易代码	CS
上市交易所	大连商品交易所

续表

交易品种	豆粕
交易单位	10 吨/手
报价单位	元（人民币）/吨
最小变动价位	1 元/吨
每日价格最大波动限制	上一交易日结算价的 ±4%
合约交割月份	1、3、5、7、8、9、11、12 月
交易时间	每周一至周五上午 9：00～11：30，下午 13：30～15：00，以及交易所公布的其他时间
最后交易日	合约月份第 10 个交易日
交割日期	最后交易日后第 3 个交易日
交割等级	大连商品交易所豆粕交割质量标准
交割地点	大连商品交易所指定交割仓库
保证金	合约价值的 5%
交割方式	实物交割
交易代码	M
上市交易所	大连商品交易所
交易品种	大豆原油
交易单位	10 吨/手
报价单位	元（人民币）/吨
最小变动价位	2 元/吨
每日价格最大波动限制	上一交易日结算价的 ±4%
合约交割月份	1、3、5、7、8、9、11、12 月
交易时间	每周一至周五上午 9：00～11：30，下午 13：30～15：00，以及交易所公布的其他时间
最后交易日	合约月份第 10 个交易日
交割日期	最后交易日后第 3 个交易日
交割等级	大连商品交易所豆油交割质量标准
交割地点	大连商品交易所指定交割仓库
最低交易保证金	合约价值的 5%
交割方式	实物交割
交易代码	Y
上市交易所	大连商品交易所

续表

交易品种	棕榈油
交易单位	10 吨/手
报价单位	元（人民币）/吨
最小变动价位	2 元/吨
每日价格最大波动限制	上一交易日结算价的 ±4%
合约交割月份	1、2、3、4、5、6、7、8、9、10、11、12 月
交易时间	每周一至周五上午 9：00～11：30，下午 13：30～15：00，以及交易所公布的其他时间
最后交易日	合约月份第 10 个交易日
交割日期	最后交易日后第 3 个交易日
交割等级	大连商品交易所棕榈油交割质量标准
交割地点	大连商品交易所棕榈油指定交割仓库
最低交易保证金	合约价值的 5%
交割方式	实物交割
交易代码	P
上市交易所	大连商品交易所
交易品种	鲜鸡蛋
交易单位	5 吨/手
报价单位	元（人民币）/500 千克
最小变动价位	1 元/500 千克
每日价格最大波动限制	上一交易日结算价的 4%
合约交割月份	1、2、3、4、5、6、7、8、9、10、11、12 月
交易时间	每周一至周五上午 9：00～11：30，下午 13：30～15：00，以及交易所规定的其他时间
最后交易日	合约月份倒数第 4 个交易日
最后交割日	最后交易日后第 3 个交易日
交割等级	大连商品交易所鸡蛋交割质量标准
交割地点	大连商品交易所鸡蛋指定交割仓库、指定车板交割场所
最低交易保证金	合约价值的 5%
交割方式	实物交割
交易代码	JD
上市交易所	大连商品交易所

续表

交易品种	中密度纤维板
交易单位	500 张/手
报价单位	元（人民币）/张
最小变动价位	0.05 元/张
每日价格最大波动限制	上一交易日结算价的 ±4%（注：当前暂为 5%）
合约交割月份	1～12 月
交易时间	每周一至周五上午 9：00～11：30，下午 13：30～15：00，以及交易所公布的其他时间
最后交易日	合约月份第 10 个交易日
交割日期	最后交易日后第 3 个交易日
交割等级	大连商品交易所纤维板交割质量标准
交割地点	大连商品交易所纤维板指定交割仓库
最低交易保证金	合约价值的 5%（注：当前暂为 7%）
交割方式	实物交割
交易代码	FB
上市交易所	大连商品交易所
交易品种	细木工板
交易单位	500 张/手
报价单位	元（人民币）/张
最小变动价位	0.05 元/张
每日价格最大波动限制	上一交易日结算价的 ±4%（注：当前暂为 ±5%）
合约交割月份	1～12 月
交易时间	每周一至周五上午 9：00～11：30，下午 13：30～15：00，以及交易所公布的其他时间
最后交易日	合约月份第 10 个交易日
交割日期	最后交易日后第 3 个交易日
交割等级	大连商品交易所胶合板交割质量标准
交割地点	大连商品交易所胶合板指定交割仓库
最低交易保证金	合约价值的 5%（注：当前暂为 10%）
交割方式	实物交割
交易代码	BB
上市交易所	大连商品交易所

2017 年金属期货合约汇总表

交易品种	阴极铜
交易单位	5 吨/手
报价单位	元（人民币）/吨
最小变动价位	10 元/吨
每日价格最大波动限制	不超过上一交易日结算价 ±3%
合约交割月份	1～12 月
交易时间	上午 9：00～11：30，下午 1：30～3：00 和交易所规定的其他交易时间
最后交易日	合约交割月份的 15 日（遇法定假日顺延）
交割日期	最后交易日后连续五个工作日
交割品级	标准品：阴极铜，符合国标 GB/T467－2010 中 1 号标准铜（Cu－CATH－2）规定，其中主成分铜加银含量不小于 99.95%。 替代品：阴极铜，符合国标 GB/T467－2010 中 A 级铜（Cu－CATH－1）规定；或符合 BS EN 1978：1998 中 A 级铜（Cu－CATH－1）规定
交割地点	交易所指定交割仓库
最低交易保证金	合约价值的 5%
交割方式	实物交割
交易代码	CU
上市交易所	上海期货交易所
交易品种	铝
交易单位	5 吨/手
报价单位	元（人民币）/吨
最小变动价位	5 元/吨
每日价格最大波动限制	不超过上一交易日结算价 ±3%
合约交割月份	1～12 月
交易时间	上午 9：00～11：30，下午 1：30～3：00 和交易所规定的其他交易时间
最后交易日	合约交割月份的 15 日（遇法定假日顺延）
交割日期	最后交易日后连续五个工作日
交割品级	标准品：铝锭，符合国标 GB/T1196－2008 AL99.70 规定，其中铝含量不低于 99.70% 替代品：1. 铝锭，符合国标 GB/T1196－2008 AL99.85，AL99.90 规定。2. 铝锭，符合 P1020A 标准
交割地点	交易所指定交割仓库
最低交易保证金	合约价值的 5%
交易手续费	不高于成交金额的 5 分之二（含风险准备金）
交割方式	实物交割
交易代码	AL
上市交易所	上海期货交易所

续表

交易品种	锌
交易单位	5 吨/手
报价单位	元（人民币）/吨
最小变动价位	5 元/吨
每日价格最大波动限制	不超过上一交易日结算价 ±4%
合约交割月份	1～12 月
交易时间	上午 9：00～11：30，下午 1：30～3：00 和交易所规定的其他交易时间
最后交易日	合约交割月份的 15 日（遇法定假日顺延）
交割日期	最后交易日后连续 5 个工作日
交割品级	标准品：锌锭，符合国标 GB/T 470－2008 ZN99.995 规定，其中锌含量不小于 99.995% 替代品：锌锭，符合 BS EN 1179：2003 Z1 规定，其中锌含量不小于 99.995%
交割地点	交易所指定交割仓库
最低交易保证金	合约价值的 5%
最小交割单位	25 吨
交割方式	实物交割
交易代码	ZN
上市交易所	上海期货交易所
交易品种	铅
交易单位	5 吨/手
报价单位	元（人民币）/吨
最小变动价位	5 元/吨
每日价格最大波动限制	不超过上一交易日结算价 ±4%
合约交割月份	1～12 月
交易时间	上午 9：00～11：30，下午 1：30～3：00 和交易所规定的其他交易时间
最后交易日	合约交割月份的 15 日（遇法定假日顺延）
交割日期	最后交易日后连续五个工作日
交割品级	标准品：铅锭，符合国标 GB/T 469－2013 Pb99.994 规定，其中铅含量不小于 99.994%
交割地点	交易所指定交割仓库
最低交易保证金	合约价值的 5%
最小交割单位	25 吨
交割方式	实物交割
交易代码	PB
上市交易所	上海期货交易所

续表

交易品种	镍
交易单位	1 吨/手
报价单位	元（人民币）/吨
最小变动价位	10 元/吨
每日价格最大波动限制	不超过上一交易日结算价 ±4%
合约交割月份	1～12 月
交易时间	上午 9：00～11：30，下午 1：30～3：00 和交易所规定的其他交易时间
最后交易日	合约交割月份的 15 日（遇法定假日顺延）
交割日期	最后交易日后连续 5 个工作日
交割品级	标准品：电解镍，符合国标 GB/T 6516－2010 Ni9996 规定，其中镍和钴的总含量不小于 99.96% 替代品：电解镍，符合国标 GB/T 6516－2010 Ni9999 规定，其中镍和钴的总含量不小于 99.99%；或符合 ASTM B39－79（2013）规定，其中镍的含量不小于 99.8%
交割地点	交易所指定交割仓库
最低交易保证金	合约价值的 5%
最小交割单位	6 吨
交割方式	实物交割
交易代码	NI
上市交易所	上海期货交易所
交易品种	锡
交易单位	1 吨/手
报价单位	元（人民币）/吨
最小变动价位	10 元/吨
每日价格最大波动限制	不超过上一交易日结算价 ±4%
合约交割月份	1～12 月
交易时间	上午 9：00～11：30，下午 1：30～3：00 和交易所规定的其他交易时间
最后交易日	合约交割月份的 15 日（遇法定假日顺延）
交割日期	最后交易日后连续 5 个工作日
交割品级	标准品：锡锭，符合国标 GB/T 728－2010 Sn99.90A 牌号规定，其中锡含量不小于 99.90% 替代品：锡锭，符合国标 GB/T 728－2010 Sn99.90AA 牌号规定，其中锡含量不小于 99.90%；Sn99.95A、Sn99.95AA 牌号规定，其中锡含量不小于 99.95%；Sn99.99A 牌号规定，其中锡含量不小于 99.99%
交割地点	交易所指定交割仓库
最低交易保证金	合约价值的 5%
最小交割单位	2 吨
交割方式	实物交割
交易代码	SN
上市交易所	上海期货交易所

续表

交易品种	黄金
交易单位	1000 克/手
报价单位	元（人民币）/克
最小变动价位	0.05 元/克
每日价格最大波动限制	不超过上一交易日结算价 ±3%
合约交割月份	最近三个连续月份的合约以及最近 13 个月以内的双月合约
交易时间	上午 9：00～11：30，下午 1：30～3：00 和交易所规定的其他交易时间
最后交易日	合约交割月份的 15 日（遇法定假日顺延）
交割日期	最后交易日后连续 5 个工作日
交割品级	金含量不小于 99.95% 的国产金锭及经交易所认可的伦敦金银市场协会（LBMA）认定的合格供货商或精炼厂生产的标准金锭（具体质量规定见附件）
交割地点	交易所指定交割金库
最低交易保证金	合约价值的 4%
交割方式	实物交割
交易代码	AU
上市交易所	上海期货交易所
交易品种	白银
交易单位	15 千克/手
报价单位	元（人民币）/千克
最小变动价位	1 元/千克
每日价格最大波动限制	不超过上一交易日结算价 ±3%
合约交割月份	1～12 月
交易时间	上午 9：00～11：30，下午 1：30～3：00 和交易所规定的其他交易时间
最后交易日	合约交割月份的 15 日（遇法定假日顺延）
交割日期	最后交易日后连续 5 个工作日
交割品级	标准品：符合国标 GB/T 4135－2002 IC－Ag99.99 规定，其中银含量不低于 99.99%
交割地点	交易所指定交割仓库
最低交易保证金	合约价值的 4%
交割方式	实物交割
交割单位	30 千克
交易代码	AG
上市交易所	上海期货交易所

续表

交易品种	螺纹钢
交易单位	10 吨/手
报价单位	元（人民币）/吨
最小变动价位	1 元/吨
每日价格最大波动限制	不超过上一交易日结算价 ±3%
合约交割月份	1～12 月
交易时间	上午 9：00～11：30，下午 1：30－3：00 和交易所规定的其他交易时间
最后交易日	合约交割月份的 15 日（遇法定假日顺延）
交割日期	最后交易日后连续五个工作日
交割品级	标准品：符合国标 GB1499. 2－2007《钢筋混凝土用钢 第 2 部分：热轧带肋钢筋》HRB400 或 HRBF400 牌号的 ϕ16mm、ϕ18mm、ϕ20mm、ϕ22mm、ϕ25mm 螺纹钢 替代品：符合国标 GB1499. 2－2007《钢筋混凝土用钢 第 2 部分：热轧带肋钢筋》HRB335 或 HRBF335 牌号的 ϕ16mm、ϕ18mm、ϕ20mm、ϕ22mm、ϕ25mm 螺纹钢
交割地点	交易所指定交割仓库
最低交易保证金	合约价值的 5%
最小交割单位	300 吨
交割方式	实物交割
交易代码	RB
上市交易所	上海期货交易所
交易品种	线材
交易单位	10 吨/手
报价单位	元（人民币）/吨
最小变动价位	1 元/吨
每日价格最大波动限制	不超过上一交易日结算价 ±5%
合约交割月份	1～12 月
交易时间	上午 9：00～11：30 下午 1：30～3：00
最后交易日	合约交割月份的 15 日（遇法定假日顺延）
交割日期	最后交易日后连续五个工作日
交割品级	标准品：符合国标 GB1499. 1－2008《钢筋混凝土用钢 第 1 部分：热轧光圆钢筋》HPB235 牌号的 ϕ8mm 线材 替代品：符合国标 GB1499. 1－2008《钢筋混凝土用钢 第 1 部分：热轧光圆钢筋》HPB235 牌号的 ϕ6. 5mm 线材
交割地点	交易所指定交割仓库
最低交易保证金	合约价值的 7%
交易手续费	不高于成交金额的万分之二（含风险准备金）
最小交割单位	300 吨
交割方式	实物交割
交易代码	WR
上市交易所	上海期货交易所

续表

交易品种	热轧卷板
交易单位	10 吨/手
报价单位	元（人民币）/吨
最小变动价位	1 元/吨
每日价格最大波动限制	不超过上一交易日结算价 ±3%
合约交割月份	1～12 月
交易时间	上午 9：00～11：30，下午 1：30～3：00 和交易所规定的其他交易时间
最后交易日	合约交割月份的 15 日（遇法定假日顺延）
交割日期	最后交易日后连续 5 个工作日
交割品级	标准品：符合 GB/T 3274－2007《碳素结构钢和低合金结构钢热轧厚钢板和钢带》的 Q235B 或符合 JIS G 3101－2010《一般结构用轧制钢材》的 SS400，厚度 5.75mm、宽度 1500mm 热轧卷板。 替代品：符合 GB/T 3274－2007《碳素结构钢和低合金结构钢热轧厚钢板和钢带》的 Q235B 或符合 JIS G 3101－2010《一般结构用轧制钢材》的 SS400，厚度 9.75mm、9.5mm、7.75mm、7.5mm、5.80mm、5.70mm、5.60mm、5.50mm、5.25mm、4.75mm、4.50mm、4.25mm、3.75mm、3.50mm，宽度 1500mm 热轧卷板
交割地点	交易所指定交割仓库
最低交易保证金	合约价值的 4%
交割方式	实物交割
交易代码	HC
上市交易所	上海期货交易所

2017 年能源化工及其他类期货合约汇总

交易品种	燃料油
交易单位	50 吨/手
报价单位	元（人民币）/吨
最小变动价位	1 元/吨
每日价格最大波动限制	上一交易日结算价 ±5%
合约交割月份	1～12 月（春节月份除外）
交易时间	上午 9：00～11：30，下午 1：30～3：00
最后交易日	合约交割月份前一月份的最后一个交易日
交割日期	最后交易日后连续五个工作日
交割品级	180CST 燃料油（具体质量规定见附件）或质量优于该标准的其他燃料油
交割地点	交易所指定交割地点
最低交易保证金	合约价值的 8%
交割方式	实物交割
交易代码	FU
上市交易所	上海期货交易所

续表

交易品种	石油沥青
交易单位	10 吨/手
报价单位	元（人民币）/吨
最小变动价位	2 元/吨
每日价格最大波动限制	不超过上一交易日结算价 ±3%
合约交割月份	24 个月以内，其中最近 1 ~6 个月为连续月份合约，6 个月以后为季月合约
交易时间	上午 9：00 ~11：30，下午 1：30 ~3：00 和交易所规定的其他交易时间
最后交易日	合约交割月份的 15 日（遇法定假日顺延）
交割日期	最后交易日后连续 5 个工作日
交割品级	70 号 A 级道路石油沥青，具体内容见《上海期货交易所石油沥青期货交割实施细则（试行）》
交割地点	交易所指定交割地点
最低交易保证金	合约价值的 4%
交割方式	实物交割
交易代码	BU
上市交易所	上海期货交易所

2017 年能源化工期货合约汇总

交易品种	精对苯二甲酸（PTA）
交易单位	5 吨/手
报价单位	元（人民币）/吨
最小变动价位	2 元/吨
每日价格波动限制	上一交易日结算价 ±4% 及《郑州商品交易所期货交易风险控制管理办法》相关规定
最低交易保证金	合约价值的 5%
合约交割月份	1 ~12 月
交易时间	每周一至周五（北京时间 法定节假日除外）
	上午 9：00 ~11：30，下午 1：30 ~3：00 及交易所规定的其他交易时间
最后交易日	合约交割月份的第 10 个交易日
最后交割日	合约交割月份的第 12 个交易日
交割品级	见《郑州商品交易所期货交割细则》
交割地点	交易所指定交割仓库
交割方式	实物交割
交易代码	TA
上市交易所	郑州商品交易所

续表

交易品种	甲醇
交易单位	10 吨/手
报价单位	元（人民币）/吨
最小变动价位	1 元/吨
每日价格波动限制	上一交易日结算价 ±4% 及《郑州商品交易所期货交易风险控制管理办法》相关规定
最低交易保证金	合约价值的 5%
合约交割月份	1～12 月
交易时间	每周一至周五（北京时间 法定节假日除外） 上午 9：00～11：30，下午 1：30～3：00 及交易所规定的其他交易时间
最后交易日	合约交割月份的第 10 个交易日
最后交割日	合约交割月份的第 12 个交易日
交割品级	见《郑州商品交易所期货交割细则》
交割地点	交易所指定交割地点
交割方式	实物交割
交易代码	MA
上市交易所	郑州商品交易所
交易品种	平板玻璃（简称“玻璃”）
交易单位	20 吨/手
报价单位	元（人民币）/吨
最小变动价位	1 元/吨
每日价格波动限制	上一交易日结算价 ±4% 及《郑州商品交易所期货交易风险控制管理办法》相关规定
最低交易保证金	合约价值的 5%
合约交割月份	1～12 月
交易时间	每周一至周五（北京时间 法定节假日除外） 上午 9：00～11：30，下午 1：30～3：00 及交易所规定的其他交易时间
最后交易日	合约交割月份的第 10 个交易日
最后交割日	合约交割月份的第 12 个交易日
交割品级	见《郑州商品交易所期货交割细则》
交割地点	交易所指定交割地点
交割方式	实物交割
交易代码	FG
上市交易所	郑州商品交易所

续表

交易品种	动力煤
交易单位	100 吨/手
报价单位	元（人民币）/吨
最小变动价位	0.2 元/吨
每日价格波动限制	上一交易日结算价 ±4% 及《郑州商品交易所期货交易风险控制管理办法》相关规定
最低交易保证金	合约价值的 5%
合约交割月份	1～12 月
交易时间	每周一至周五（北京时间 法定节假日除外） 上午 9：00～11：30，下午 1：30～3：00 及交易所规定的其他交易时间
最后交易日	合约交割月份的第 5 个交易日
最后交割日	车（船）板交割：合约交割月份的最后一个日历日 仓单交割：合约交割月份的第 7 个交易日
交割品级	见《郑州商品交易所期货交割细则》
交割地点	交易所指定交割地点
交割方式	实物交割
交易代码	ZC
上市交易所	郑州商品交易所
交易品种	硅铁
交易单位	5 吨/手
报价单位	元（人民币）/吨
最小变动价位	2 元/吨
每日价格波动限制	上一交易日结算价 ±4% 及《郑州商品交易所期货交易风险控制管理办法》相关规定
最低交易保证金	合约价值的 5%
合约交割月份	1～12 月
交易时间	每周一至周五（北京时间 法定节假日除外） 上午 9：00～11：30，下午 1：30～3：00 及交易所规定的其他交易时间
最后交易日	合约交割月份的第 10 个交易日
最后交割日	合约交割月份的第 12 个交易日
交割品级	见《郑州商品交易所期货交割细则》
交割地点	交易所指定交割地点
交割方式	实物交割
交易代码	SF
上市交易所	郑州商品交易所

续表

交易品种	锰硅
交易单位	5 吨/手
报价单位	元（人民币）/吨
最小变动价位	2 元/吨
每日价格波动限制	上一交易日结算价 ±4% 及《郑州商品交易所期货交易风险控制管理办法》相关规定
最低交易保证金	合约价值的 5%
合约交割月份	1～12 月
交易时间	每周一至周五（北京时间 法定节假日除外） 上午 9：00～11：30，下午 1：30～3：00 及交易所规定的其他交易时间
最后交割日	合约交割月份的第 12 个交易日
交割品级	见《郑州商品交易所期货交割细则》
交割地点	交易所指定交割地点
交割方式	实物交割
交易代码	SM
上市交易所	郑州商品交易所
交易品种	棉纱
交易单位	5 吨/手（公定重量）
报价单位	元（人民币）/吨
最小变动价位	5 元/吨
每日价格波动限制	上一交易日结算价 ±4% 及《郑州商品交易所期货交易风险控制管理办法》相关规定
最低交易保证金	合约价值的 5%
合约交割月份	1～12 月
交易时间	每周一至周五（北京时间 法定节假日除外） 上午 9：00～11：30，下午 1：30～3：00 及交易所规定的其他交易时间
最后交易日	合约交割月份的第 10 个交易日
最后交割日	合约交割月份的第 12 个交易日
交割品级	见《郑州商品交易所期货交割细则》
交割地点	交易所指定交割地点
交割方式	实物交割
交易代码	CY
上市交易所	郑州商品交易所

续表

交易品种	线型低密度聚乙烯
交易单位	5 吨/手
报价单位	元（人民币）/吨
最小变动价位	5 元/吨
每日价格最大波动限制	上一交易日结算价的 ±4%
合约交割月份	1，2，3，4，5，6，7，8，9，10，11，12 月
交易时间	每周一至周五上午 9：00～11：30，下午 13：30～15：00，以及交易所公布的其他时间
最后交易日	合约月份第 10 个交易日
交割日期	最后交易日后第 3 个交易日
交割品级	大连商品交易所线型低密度聚乙烯交割质量标准
交割地点	大连商品交易所线型低密度聚乙烯指定交割仓库
最低交易保证金	合约价值的 5%
交割方式	实物交割
交易代码	L
上市交易所	大连商品交易所
交易品种	聚氯乙烯
交易单位	5 吨/手
报价单位	元（人民币）/吨
最小变动价位	5 元/吨
每日价格最大波动限制	上一交易日结算价的 ±4%
合约交割月份	1～12 月
交易时间	每周一至周五上午 9：00～11：30，下午 13：30～15：00，以及交易所公布的其他时间
最后交易日	合约月份第 10 个交易日
交割日期	最后交易日后第 3 个交易日
交割品级	质量标准符合《悬浮法通用型聚氯乙烯树脂（GB/T 5761－2006）》规定的 SG5 型一等品和优等品
交割地点	大连商品交易所指定交割仓库
最低交易保证金	合约价值的 5%
交割方式	实物交割
交易代码	V
上市交易所	大连商品交易所

续表

交易品种	聚丙烯
交易单位	5 吨/手
报价单位	元（人民币）/吨
最小变动价位	1 元/吨
每日价格最大波动限制	上一交易日结算价的 4%
合约交割月份	1～12 月
交易时间	每周一至周五上午 9：00～11：30，下午 13：30～15：00，以及交易所公布的其他时间
最后交易日	合约月份第 10 个交易日
交割日期	最后交易日后第 3 个交易日
交割品级	大连商品交易所聚丙烯交割质量标准
交割地点	大连商品交易所聚丙烯指定交割仓库
最低交易保证金	合约价值的 5%
交割方式	实物交割
交易代码	PP
上市交易所	大连商品交易所
交易品种	冶金焦炭
交易单位	100 吨/手
报价单位	元（人民币）/吨
最小变动价位	0.5 元/吨
每日价格最大波动限制	上一交易日结算价的 4%
合约交割月份	1～12 月
交易时间	每周一至周五上午 9：00～11：30，下午 13：30～15：00，以及交易所公布的其他时间
最后交易日	合约月份第 10 个交易日
交割日期	最后交易日后第 3 个交易日
交割品级	大连商品交易所焦炭交割质量标准
交割地点	大连商品交易所焦炭指定交割仓库
最低交易保证金	合约价值的 5%
交割方式	实物交割
交易代码	J
上市交易所	大连商品交易所

续表

交易品种	焦煤
交易单位	60 吨/手
报价单位	元（人民币）/吨
最小变动价位	0.5 元/吨
每日价格最大波动限制	上一交易日结算价的 4%
合约交割月份	1～12 月
交易时间	每周一至周五上午 9：00～11：30，下午 13：30～15：00，以及交易所公布的其他时间
最后交易日	合约月份第 10 个交易日
交割日期	最后交易日后第 3 个交易日
交割品级	大连商品交易所焦煤交割质量标准
交割地点	大连商品交易所焦煤指定交割仓库
最低交易保证金	合约价值的 5%
交割方式	实物交割
交易代码	JM
上市交易所	大连商品交易所
交易品种	铁矿石
交易单位	100 吨/手
报价单位	元（人民币）/吨
最小变动价位	0.5 元/吨
每日价格最大波动限制	上一交易日结算价的 ±4%
合约交割月份	1～12 月
交易时间	每周一至周五上午 9：00～11：30，下午 13：30～15：00，以及交易所公布的其他时间
最后交易日	合约月份第 10 个交易日
交割日期	最后交易日后第 3 个交易日
交割品级	大连商品交易所铁矿石交割质量标准
交割地点	大连商品交易所铁矿石指定交割仓库及指定交割地点
最低交易保证金	合约价值的 5%
交割方式	实物交割
交易代码	I
上市交易所	大连商品交易所

2017 年金融期货合约汇总表

合约名称	沪深 300 股票指数期货合约
合约标的	沪深 300 指数
合约乘数	每点 300 元
报价单位	指数点
最小变动价位	0.2 点
合约月份	当月、下月及随后两个季月
交易时间	上午：9：30～11：30，下午：13：00～15：00
最后交易日交易时间	上午：9：30～11：30，下午：13：00～15：00
每日价格最大波动限制	上一个交易日结算价的±10%
最低交易保证金	合约价值的 8%
最后交易日	合约到期月份的第三个周五，遇国家法定节假日顺延
交割日期	同最后交易日
交割方式	现金交割
交易代码	IF
上市交易所	中国金融期货交易所
合约名称	5 年期国债期货合约
合约标的	面值为 100 万元人民币、票面利率为 3% 的名义中期国债
可交割国债	合约到期月份首日剩余期限为 4～5.25 年的记账式附息国债
报价方式	百元净价报价
最小变动价位	0.005 元
合约月份	最近的三个季月（3 月、6 月、9 月、12 月中的最近三个月循环）
交易时间	上午：09：15～11：30，下午：13：00～15：15
最后交易日交易时间	上午：09：15～11：30
每日价格最大波动限制	上一交易日结算价的±1.2%
最低交易保证金	合约价值的 1%
最后交易日	合约到期月份的第 2 个星期五
最后交割日	最后交易日后的第 3 个交易日
交割方式	实物交割
交易代码	TF
上市交易所	中国金融期货交易所

续表

合约名称	上证 50 股票指数期货合约
合约标的	上证 50 指数
合约乘数	每点 300 元
报价单位	指数点
最小变动价位	0.2 点
合约月份	当月、下月及随后两个季月
交易时间	上午：9：30～11：30，下午：13：00～15：00
最后交易日交易时间	上午：9：30～11：30，下午：13：00～15：00
每日价格最大波动限制	上一个交易日结算价的 ±10%
最低交易保证金	合约价值的 8%
最后交易日	合约到期月份的第三个周五，遇国家法定假日顺延
交割日期	同最后交易日
交割方式	现金交割
交易代码	IH
上市交易所	中国金融期货交易所
合约名称	中证 500 股票指数期货合约
合约标的	中证 500 指数
合约乘数	每点 200 元
报价单位	指数点
最小变动价位	0.2 点
合约月份	当月、下月及随后两个季月
交易时间	上午：9：30～11：30，下午：13：00～15：00
最后交易日交易时间	上午：9：30～11：30，下午：13：00～15：00
每日价格最大波动限制	上一个交易日结算价的 ±10%
最低交易保证金	合约价值的 8%
最后交易日	合约到期月份的第三个周五，遇国家法定假日顺延
交割日期	同最后交易日
交割方式	现金交割
交易代码	IC
上市交易所	中国金融期货交易所

续表

合约名称	10 年期国债期货合约
合约标的	面值为 100 万元人民币、票面利率为 3% 的名义长期国债
可交割国债	合约到期月份首日剩余期限为 6.5～10.25 年的记账式附息国债
报价方式	百元净价报价
最小变动价位	0.005 元
合约月份	最近的三个季月（3 月、6 月、9 月、12 月中的最近三个月循环）
交易时间	上午：9：15～11：30，下午：13：00～15：15
最后交易日交易时间	上午：9：15～11：30
每日价格最大波动限制	上一交易日结算价的 ±2%
最低交易保证金	合约价值的 2%
最后交易日	合约到期月份的第二个星期五
交割日期	最后交易日后的第三个交易日
交割方式	实物交割
交易代码	T
上市交易所	中国金融期货交易所

2017 年期货期权合约汇总

合约名称	白糖期权
合约标的物	白糖期货合约
合约类型	看涨期权、看跌期权
交易单位	1 手（10 吨）白糖期货合约
报价单位	元（人民币）/吨
最小变动价位	0.5 元/吨
涨跌停板幅度	与白糖期货合约涨跌停板幅度相同
合约月份	1、3、5、7、9、11 月
交易时间	每周一至周五上午 9：00～11：30，下午 13：30～15：00，以及交易所规定的其他交易时间
最后交易日	标的期货合约交割月份前二个月的倒数第 5 个交易日，以及交易所规定的其他日期
到期日	同最后交易日
行权价格	以白糖期货前一交易日结算价为基准，按行权价格间距挂出 5 个实值期权、1 个平值期权和 5 个虚值期权。行权价格≤3 000 元/吨，行权价格间距为 50 元/吨；3 000 元/吨 < 行权价格≤10 000 元/吨，行权价格间距为 100 元/吨；行权价格 > 10 000 元/吨，行权价格间距为 200 元/吨
行权方式	美式。买方可在到期日前任一交易日的交易时间提交行权申请；买方可在到期日 15：30 之前提交行权申请、放弃申请
交易代码	看涨期权：SR—合约月份—C—行权价格 看跌期权：SR—合约月份—P—行权价格
上市交易所	郑州商品交易所

续表

合约名称	豆粕期权
合约标的物	豆粕期货合约
合约类型	看涨期权、看跌期权
交易单位	1手（10吨）豆粕期货合约
报价单位	元（人民币）/吨
最小变动价位	0.5元/吨
涨跌停板幅度	与豆粕期货合约涨跌停板幅度相同
合约月份	1、3、5、7、8、9、11、12月
交易时间	每周一至周五上午9：00～11：30，下午13：30～15：00，以及交易所规定的其他时间
最后交易日	标的期货合约交割月份前一个月的第5个交易日
到期日	同最后交易日
保证金	期权交易实行保证金制度。期权卖方交易保证金的收取标准为下列两者中较大者： （一）期权合约结算价×标的期货合约交易单位＋标的期货合约交易保证金－（1/2）×期权虚值额； （二）期权合约结算价×标的期货合约交易单位＋（1/2）×标的期货合约交易保证金。 期权虚值额的计算方法如下： 看涨期权的虚值额＝Max（期权合约行权价格－标的期货合约结算价，0）×标的期货合约交易单位 看跌期权的虚值额＝Max（标的期货合约结算价－期权合约行权价格，0）×标的期货合约交易单位 针对期权交易不同的持仓组合，交易所可规定不同的交易保证金收取标准
行权价格	行权价格覆盖豆粕期货合约上一交易日结算价上下浮动1.5倍当日涨跌停板幅度对应的价格范围。行权价格≤2 000元/吨，行权价格间距为25元/吨；2 000元/吨＜行权价格≤5 000元/吨，行权价格间距为50元/吨；行权价格＞5 000元/吨，行权价格间距为100元/吨
行权方式	美式。买方可以在到期日之前任一交易日的交易时间，以及到期日15：30之前提出行权申请
交易代码	看涨期权：M—合约月份—C—行权价格 看跌期权：M—合约月份—P—行权价格
上市交易所	大连商品交易所

附录 3 –5　各期货品种交割仓库明细

2017 年各期货品种交割仓（厂）库明细

品种	交易所	交割仓库	库容	地址	电话
天胶	上期所	山东省奥润特贸易有限公司	2 万吨	山东省青岛市李沧区长顺路 15 号	（0532）84817673 84816601 15318869321 15269213765
		云南天然橡胶储运中心	3 万吨	云南省昆明市经济开发区洛羊街道办事处王家营贮木场	（0871）67459812 13518709852 13888254726
		海南省海南港航物流有限公司	2.6 万吨	海南省海口市秀英码头	（0898）68623716 13036098316 13389822888
		海南新思科电子商务有限公司	2 万吨	海南省海口市长流金盘永桂开发区永桂路 9 号	（0898）66700097 13907645415 13907690015
		中远海运物流仓储配送有限公司	5.5 万吨	山东省青岛市高新区宝源路 789 号	（0532）87707998 82850297 13969710212
			2 万吨	山东省青岛市黄岛区同江路 556 号	（0532）87707998 13969710212
		中国外运山东有限公司	2 万吨	山东省青岛市四方区傍海南路 1 号仓库	（0532）867676361 86769083 13475829559 18561575666 15153205257
			2 万吨	山东省青岛市保税区吉隆坡路 6 号	—
		上海远盛仓储有限公司	1.5 万吨	上海市蕴川路 2508 号	（021）61806025 61806029 13901816119 13671698424 18721295208

续表

品种	交易所	交割仓库	库容	地址	电话
天胶	上期所	青岛宏桥市场经营有限公司	3 万吨	山东省青岛市黄岛区茂山路 1323 号	18653298598 18553283036
		青岛港国际物流有限公司	5 万吨	山东省青岛港前湾港区内经八路 2 号	13468287229 15092238381 18253270717
				山东省青岛市黄岛区青岛港前湾港区内经八路 1 号	
		中国农业生产资料集团公司	1.5 万吨	上海市通海路 275 号	15900464088 13901831155 13918703361
		中储发展股份有限公司	2.5 万吨	上海市宝山区南大路 310 号、257 号	（021）62500165 56681853/51621983
			2.5 万吨	上海市宝山区南大路 137 号	（021）56681853 62500165/51621983 56681238/23025920 13331955737
			6.5 万吨	上海市奉贤区平宇路 585 号、418 号	（021）68280480 13816344720
			3 万吨（3 个存放点共 3 万库容，下同）	天津市武清区钢城南路	（022）58986699 58986805
			3 万吨（2/3）	天津市北辰区陆路港物流装备产业园陆港四经支路 1 号（天津中储陆通物流有限公司）	
			2 万吨	上海市宝山区宝杨路 2069 号	（021）33792410 33791452/33791449 33790944/33797595
			3 万吨（3/3）	天津市滨海新区塘沽于庄子路	（022）58986699 58986805

续表

品种	交易所	交割仓库	库容	地址	电话
天胶	上期所	中国外运华东有限公司	1.5 万吨	上海市逸仙路 4088 号	（021）56441555 56445301 13611947518 13501724955 63221003 13661814000
			3 万吨	上海市奉贤区新杨公路 778 号	（021）63221003 63222499 13661814000 13501724955 18918782020
			2 万吨	上海市闵行区解放岛路 988 号仓库	
		天津全程物流配送有限公司	2.8 万吨	天津市东丽区华粮道 2298 号	（022）84828862 15620035893 13752257108 15822972951
		上港集团物流有限公司	2 万吨	上海市茂祥路 258 号	（021）20927202 20927200871 13817986853 13816529280
		山东物资储备局 832 处	3.7 万吨	山东省青岛市城阳区文阳路 988 号	（0532）87756961 15963207169 13605429769
铜、铝、锌、铅、锡、镍	上期所	上海国储天威仓储有限公司	铜 12 万吨（或铝 4 万吨）、锌 5.5 万吨、铅 1 万吨、镍 3 万吨、锡 3 000 吨	上海市嘉定区黄渡工业园区星塔路 1289 号	（021）39003152
			铜 2 万吨（或铝 0.66 万吨）	上海市外高桥保税区荷丹路 68 号	（021）50640027
			铅 1 万吨	上海市浦东新区同顺大道 1111 号	（021）20923076

续表

品种	交易所	交割仓库	库容	地址	电话
铜、铝、锌、铅、锡、镍	上期所	中储发展股份有限公司	铜14.46万吨（或铝4.82万吨）、锌1.5万吨	上海宝山区铁山路495号	（021）33794175
			铜19.6万吨（或铝9.5万吨）、锌6万吨、铅1.5万吨	上海市宝山区南大路310号、257号（铜、铝、锌、铅257号）	（021）62500165 56681853 51621983 13331955737
			铝6万、铅3万、铜2万、镍4 000吨、锡2 000吨	江苏无锡市城南路32—1号	（510）85368888 85360319/85360317 85361369/85360365
			铝3万、锌6万、镍2万、锡3 000吨、铅1.5万吨	上海市宝山区南大路137号	（021）56681853 62500165/51621983 56681238/23025920 13331955737
			铝1.5万吨	天津市北辰区陆路港物流装备产业园陆港四经支路1号（天津中储陆通物流有限公司）	（022）58986699 58986805
			铝1.5万吨	上海市宝山区宝杨路2069号	（021）33792410 33791452/33791449 33790944/33797595 13621912047 13801659121
			铝1万吨	河南省郑州市城东南路13号（铝）	13608689573/ 18638557675/0371 -69163539
			铝1万吨	河南省洛阳市西工区道南路41号（铝）	0379-63278166 13838888911
铜、铝、锌、铅		上海期晟储运管理有限公司	铜6万吨（或铝2万吨）	上海市闵行区剑川路2280号	（021）64305295 64305295
			锌11万吨、铅1.5万吨	上海市曹安路3645号	（021）51642912

续表

品种	交易所	交割仓库	库容	地址	电话
铜、铝、锌、锡、镍	上期所	上港物流金属仓储（上海）有限公司	铜21万吨（或铝7万吨）、锌6万吨、镍2万吨	上海市宝山区安达路240号	（021）56440120 56446738
			铜9万吨（或铝3万吨）、锌1.5万吨、锡2 000吨	江苏省苏州市高新区钢成路8号	（0512）88877972 88877797 13061707938 15821008607
铜、铝、锌		上海裕强供应链管理有限公司	铜1.5万吨（或铝0.5万吨）、锌2万吨	上海共和新路3501号	（021）36521992 51011135/36521995 51247221
			铜6万吨（或铝2万吨）、锌2万吨	上海市闵行区剑川路2222号	（021）36521995 51247221
铜、铝、锌、镍		上海同盛物流园区投资开发有限公司	铜6万吨（或铝2万吨）、锌1.5万吨、镍1万吨	上海市松江区书海路1351号仓库	（021）68281891 68280450/20956192 13817196510 13901785425
			铜3万吨（或铝1万吨）	上海洋山港区顺运路389号	（021）68281891 68280450
铜、铝		上海中储临港物流有限公司	铜3万吨（或铝1万吨）	上海洋山港双惠路195号	021－68280478 13564496979
铜、铝、锌、铅、镍		国家物资储备局浙江837处	铜2万吨、铝2万吨、锌1万吨、铅1万吨、镍5 000吨	浙江省宁波镇海区大通路331号	（0574）86378767 86370854
铜、铝、锌、镍		宁波港九龙仓仓储有限公司	铝1.3万吨、锌1万吨、铜1万吨、镍5 000吨	浙江省宁波镇海区平海路299号	（0574）27685010 27685191 13586546664
铜、铝、锌		无锡市国联物流有限公司	铝4万吨、锌2万吨、铜2万吨	江苏省无锡市惠山区洛社镇石塘湾梅径村南	0510－83268687 83076358 13771149693 13861857611
铜、铝、锌、铅、锡		广东储备物资管理局八三〇处	铜3万吨、铅2万吨、锡3 000吨	广东省广州市萝岗区开发大道1330号	（020）32288576 13168881080 13929172282

续表

品种	交易所	交割仓库	库容	地址	电话
铜、铝、锌、铅、锡、	上期所		铝 1.8 万吨	广东佛山市南海区盐步镇三眼桥货场西侧	（757）85760802
			锌 2 万吨	广东省佛山市三水区广海路 321 国道三水西铁路货场内	（0757）85760802 13690748800 13929180785
铜		江西国储物流有限公司	铜 3 000 吨	江西省鹰潭火车南站鹰潭市平安路 11 号仓库	（0701）7072930 （0701）7072932
铜、铝、镍		常州融达现代物流有限公司	铜 2 万吨、铝 3 万吨、镍 5 000 吨	江苏省常州市钟楼区新闸镇运河路 298 号	（0519）81081608 81081607 18151721003 17712301601
		上海添马行物流有限公司	铜 2 万吨、铝 1 万吨	江苏省宜兴市十里牌文庄村火车北站	（021）37601000 37825272 13901785660 13917145725
			镍 1 万吨	上海市松江区车新公路 518－1 号	18101877928 15618283008
铝、锌、铅		广东中储晟世照邦物流有限公司	铝 2 万吨、锌 2 万吨、铅 1.5 万吨	广东省佛山市南海区小塘西货场侧晟世物流小塘仓	（0757）81162307 81162300 18927759921 18028193339
铜、铝、锌、铅、锡（暂停）		南储仓储管理集团有限公司	铜 2 万吨、铝 5 万吨、锌 8 万吨、铅 2 万吨、锡 3 000 吨	广东佛山市禅城区佛罗公路 166 号	（757）88015031 88015030 88015025
铝、锌、铅		浙江康运仓储有限公司	铝 3.5 万吨、锌 1 万吨	浙江省杭州市拱康路 98 号（铁路康桥货场内）	0571－56725585 56725565
			铝 2.5 万吨、锌 1 万吨、铅 1.5 万吨	浙江省杭州市萧山区萧山所前镇东复村萧山铁路货场仓库	0575－56129386 15257120579
铜、铝、锌、镍		中国外运华东有限公司	铝 2 万吨、锌 2 万吨、铜 2 万吨、镍 1 万吨	上海市逸仙路 4088 号	（021）56441555 56445301 13611947518 13501724955 63221003 13661814000

续表

品种	交易所	交割仓库	库容	地址	电话
铝、锌	上期所	佛山市中金圣源仓储管理有限公司	铝2万吨、锌3万吨	广东省佛山市南海区狮山小塘西货场中金仓（铝、锌）	（0757）81082830
铝、锌	上期所	江苏百金汇物流有限公司	铝2万吨、锌1万吨	江苏省海安县晓星大道105号（铁路一号线南侧）（铝、锌）	（0513）88763666
铝、锌	上期所	上海全胜物流股份有限公司	铝2万吨、锌3万吨	上海市宝山区江杨南路1347号	021－36620106
铝、锌	上期所	上海国能物流有限公司	铝2万吨、锌1万吨	江苏省常州市奔牛镇奔牛港劲港路28号	0519－69813935 13584536626
铝、铅	上期所	五矿无锡物流园有限公司	铝5万吨、铅1万吨	江苏省无锡市惠山区天港路1号五矿无锡物流园	0510－83325163 13812288211
铝	上期所	重庆国储物流有限公司	铝2万吨	重庆市九龙坡区西彭镇铝城大道223号仓库	13983033118
铝	上期所	河南国储物流股份有限公司	铝2万吨	河南省巩义市光明路12号	0371－64376376 13939052796
铝	上期所	河南国储物流股份有限公司	铝1万吨	河南省洛阳市西工区汉宫路58号	13613797939 15898828808
铝	上期所	河南国储物流股份有限公司	铝1万吨	河南省巩义孝义路2号四三一仓库	
铝	上期所	山东恒欣仓储有限公司	铝2万吨	山东省临沂市清河南路与通达路交汇西200米	18805392206 0539－8200866
铝	上期所	山东高通物流有限公司	铝1万吨	山东省济南市历城区工业南路1号	0531－88869199 13220566699
铝	上期所	山东高通物流有限公司	铝1万吨	山东省临沂市河东区凤仪街东段临沂北火车站货场	0539－5252316 15662660703
铝	上期所	中铝物流集团中部国际陆港有限公司	铝2万吨	河南省郑州市上街区新安西路18号仓库	
铝	上期所	广东炬申仓储有限公司	铝3万吨	广东省佛山市南海区丹灶镇丹灶物流中心金泰路1号	

续表

品种	交易所	交割仓库	库容	地址	电话
铝、铅	上期所	国家物资储备局天津833处	铝1.5万吨	天津港保税区滨海大道3520号	13821697738 15522379223 （022）59823612 59823602
			铅1.5万吨		（022）59823608 13920186662 15122919622
		天津全程物流配送有限公司	铅1.5万吨	天津市东丽区华粮道2298号	（022）84828862 15620035893 13752257108 15822972951
		浙江长兴田川物流有限公司	铅2万吨	浙江省长兴县雉州大道108号	0572－6550067 6550070 18768212333 13967251888
			铝3万吨	浙江省长兴县火车站南货场	—
镍		山东物资储备局832处	镍2 000吨	山东省青岛市城阳区文阳路988号	（0532）87756961 15963207169 13605429769
铜、镍		中海华东物流有限公司	镍3万吨	上海浦东新区临港自营物流园区捷畅路156号	021－65969040 13761693059
			铜2万吨、镍1万吨	上海市宝山区宝杨路2249号	—
镍		宁波保税区高新货柜有限公司	镍5 000吨	浙江省宁波保税西区创业六路六号	0754－86820043 18906693001
		上海鑫依物流有限公司	镍1万吨	上海市洋山中国（上海）自由贸易试验区汇港路255号	—
		中国农业生产资料集团公司	镍1万吨	上海市通海路275号	15900464088 13901831155 13918703361
黄金		中国工商银行股份有限公司		北京市复兴门南大街2号天银大厦B座	010－66410615
				上海市中山东一路24号	021－63215820 63211678 1038

续表

品种	交易所	交割仓库	库容	地址	电话
黄金	上期所	中国工商银行股份有限公司		广东省深圳市深南东路金融中心北座二楼	0755－82246264 25930009
				江西省贵溪市雄石路38号	0701－3773031 13970159069
				河南省三门峡市崤山路40号	0398－2836749
			中储发展	河南省灵宝市函谷路中段	0398－8862627 8861995
				福建省龙岩市新罗区九一南路47号	0597－2227697
				福建省龙岩市上杭县北环路东段	0597－3835952
				山东省招远市魁星路95号	0535－8224694
				山东省莱州市鼓城街88号	0535－2211315
				洛阳市高新技术开发区河洛路5号（三山路008号）	0379－63336969
		中国建设银行股份有限公司		北京西客站北广场东配楼铁道支行	010－51996686
				上海陆家嘴环路900号	021－58880000－1311
				广东省深圳市红岭南路金融中心东座	0755－82488307
				安徽省铜陵市长江西路41号	0562－2820013
				河南省三门峡市崤山路52号	0398－2985036
				河南省灵宝市金城大道西段7号	0398－8869166
				山东省烟台市南大街9号	0535－6603087
				福建省龙岩市九一北路111号	0597－2239529

续表

品种	交易所	交割仓库	库容	地址	电话
黄金	上期所	中国建设银行股份有限公司	中储发展	福建省龙岩市上杭县临江镇北环路261号	0597-3843041
				贵州省贵阳市中华北路56号	0851-6696431
		交通银行股份有限公司		北京市西城区金融大街33号	010-66101331 66101327
				上海市闸北区万荣一路20号	021-63111000 4506
				广东省深圳市福田区红荔西路3002号交行大厦	18938062370
				云南省昆明市盘龙区白塔路397号交银大厦	0871-65034125 66034126 13888971935
				湖北省武汉市建设大道847号瑞通广场A座	027-85487301
				广西南宁市人民东路228号通银大厦	0771-2835721 13878836366
				陕西省西安市西新街88号	029-87653294 13991877857
		中国银行股份有限公司		上海市中山东一路23号	021-63291331
				广东省深圳市和平路1195号中怡大厦	0755-22333088
				山东省莱州市莱州北路733号	0535-2273355
				山东省招远市府前路78号	0535-8261210
				福建省福州市五四路136号	0591-87090661
				河南省三门峡市崤山东路15号	0398-2982761
				河南省灵宝市金城大道10号	0398-2982822

续表

品种	交易所	交割仓库	库容	地址	电话
黄金	上期所		中储发展	陕西省西安市新城区东新街246号中银大厦	029－87509090 13991906569
		上海浦东发展银行股份有限公司		浙江省宁波市江夏街21号	0574－87268011
				辽宁省大连市沙河口区会展路45号	0411－66866866
		中国农业银行股份有限公司		广东省深圳市罗湖区深南东路5008号农业银行大厦	0755－25591030 25939128
白银		中储发展股份有限公司	白银1 000吨	上海市宝山区宝杨路2069号	（021）33792410 33791452/33791449 33790944/33797595 13621912047 13801659121
		中国外运华东有限公司	白银1 400吨	上海市虹井路865号	021－63221003 13501724955
螺纹钢、线材、热轧卷板		中储发展股份有限公司	螺纹钢12万吨（或线材4万吨）、热轧卷板6万吨	江苏无锡市城南路32—1号	（510）85368888 85360319/85360317 85361369/ 85360365
			螺纹钢45万吨（或线材15万吨）、热轧卷板6万吨	天津市北辰区陆路港物流装备产业园陆港四经支路1号（天津中储陆通物流有限公司）	（022）58986699 58986805
			螺纹钢5万吨、热轧卷板4.5万吨	江苏省南京市江宁区滨江经济开发区丽水大街1186号	13601409234
			热轧卷板1.2万吨	湖北省武汉市汉口区解放大道2020号	027－82314973 13037182696
		上海期晟储运管理有限公司	螺纹钢45万吨（或线材15万吨）、热轧卷板3.6万吨	江苏省靖江市经济开发区新港园区六助港路1号	0523－84835065

续表

品种	交易所	交割仓库	库容	地址	电话
热轧卷板	上期所	上港物流金属仓储（上海）有限公司	热轧卷板4.5万吨	江苏省苏州市高新区钢成路8号	（0512）88877972 88877797 13061707938 15821008607
		宁波港九龙仓仓储有限公司	热轧卷板6万吨	浙江省宁波镇海区平海路299号	（0574）27685010 27685191 13586546664
		无锡市国联物流有限公司	热轧卷板4.5万吨	江苏省无锡市钱皋路168号	0510－83268687 83076358 13771149693 13861857611
螺纹钢、线材、热轧卷板		浙江康运仓储有限公司	螺纹钢4.5万吨（或线材1.5万吨）	浙江省杭州市拱康路98号（铁路康桥货场内）	0571－56725585 56725565
			螺纹钢9万吨（或线材3万吨）、热轧卷板3.6万吨	浙江省杭州市崇贤镇长路兜22－1号	0571－86278702
			螺纹钢4.5万吨（或线材1.5万吨）	浙江省宁波市江北区白沙路353号	0574－27690096
热轧卷板		中国外运华东有限公司	热轧卷板4.5万吨	上海市逸仙路4088号	（021）56441555 56445301 13611947518 13501724955 63221003 13661814000
			热轧卷板4.5万吨	江苏省苏州市高新区长江路748号	021－63221003 13501724955
螺纹钢、线材、热轧卷板		镇江惠龙长江港务有限公司	螺纹钢90万吨（或线材30万吨）、热轧卷板36万吨	江苏镇江金桥大道88号	0511－85938558 85938557/85898888
螺纹钢、热轧卷板		江苏金驹物流投资有限公司	螺纹钢6万吨、热轧卷板6万吨	江苏省徐州市鼓楼区三环北路1号，徐州金驹物流园	0516－87533988 87533819

续表

品种	交易所	交割仓库	库容	地址	电话
螺纹钢、热轧卷板	上期所	广东广物物流有限公司	螺纹钢 9 万吨、热轧卷板 9 万吨	广东省广州市白云区石井镇龙湖乡唐阁村西街 4 号	020－62110238
螺纹钢、热轧卷板	上期所	上港集团物流有限公司	螺纹钢 1.5 万吨，热轧卷板 1.5 万吨	上海市军工路 2400 号	65747878 434 13321968016
热轧卷板	上期所	玖隆钢铁物流有限公司	热轧卷板 15 万吨	江苏省张家港市锦丰镇江苏扬子江国际冶金工业园锦绣路 181 号	0512－58568372 15895595421
热轧卷板	上期所	欧浦智网股份有限公司	热轧卷板 1.2 万吨	广东省佛山市南海区九江镇龙高路钢铁西四路 15 号	13509967188
燃料油	上期所	中石油燃料油有限公司湛江仓储分公司	29.55 万吨	广东省湛江市霞山区友谊路 1 号港务局二区中石油燃料油有限责任公司湛江仓储分公司	0759－2259008 2259019 18575935454
燃料油	上期所	广州南沙振戎仓储有限公司	29.55 万吨	广东省广州南沙区黄阁镇小虎岛石化工业区粤海大道	020－34689468 13928898020
燃料油	上期所	广州发展碧辟油品有限公司	3.94 万吨	广东省广州南沙区环市大道北 19 号	020－84684191 13928830100
燃料油	上期所	中国石化燃料油销售有限公司广东分公司	2.955 万吨	广东省广州市经济技术开发区西基村	020－85507913 13609023657
燃料油	上期所	珠海中燃石油有限公司	9 850 吨	广东珠海桂山岛	0756－3231907 13926938985
燃料油	上期所	中化兴中石油转运（舟山）有限公司	4.925 万吨	浙江省舟山市岙山岛	0580－2061786 13906807550
燃料油	上期所	洋山申港国际石油储运有限公司	4.925 万吨	上海洋山深水港东港区	021－68405060 15921888108 15121014099
燃料油	上期所	浙江海洋石油仓储有限公司	6.895 万吨	浙江省舟山市定海区岑港镇海洋化工工业园区 22 号（烟墩）	0580－8710828 8710858 13857205955 15005808007

续表

品种	交易所	交割仓库	库容	地址	电话
沥青	上期所	江苏恒泰沥青有限公司	4.086 万吨	江苏省镇江市大港新区临江东路 6 号（恒泰沥青库）	0511－83173168 13655285528 13615282288 15850451548
		江苏新越沥青有限公司	沥青 4 万吨	江苏省镇江市大港新区临江东路 18 号	0511－88893355 13505288023 18052829908
		宁波爱思开宝盈沥青仓储有限公司	3.358 万吨	浙江省宁波市镇海区威远路 111 号	0574－27695475 13656633402
		南京蓝途沥青有限公司	8 460 吨	江苏省南京市栖霞区燕子矶街道太新路 81 号	025－85494884 13770564197 13805140907
		安徽环宇公路沥青材料有限责任公司	1.16 万吨	安徽省芜湖市开发区四褐路 23 号	13856024162 18130351081
		池州华远新材料有限公司	9 966 吨	安徽池州经济技术开发区临港工业园	18963733533 13615669995
		江苏天诺道路材料科技有限公司	1.805 万吨	江苏省镇江市大港新区韩桥路	0511－81989202 18806105818
		江苏阿尔法船舶燃料贸易有限公司	2.46 万吨	江苏省江阴市璜土镇石庄春江路 16 号	0510－86669698 13961706971
		山东高速物资储运有限公司	32 240 吨	山东省淄博市临淄区乙烯路 319 号山东高速物资储运有限公司（临淄油库）	0533－7310176 7314636 7310176 18653322335 15806764777 13793334877
		泰普克沥青（新会）有限公司	7 850 吨	广东省江门市新会区今古洲经济开发区银海大道南 31 号	0750－6393636 13917445996
		佛山惠福科创有限公司	4.8 万吨	广东省佛山市高明区荷城街道惠福路 1 号	0757－88627868 18025993922 13928548438
		中化弘润石油化工有限公司	2.02 万吨	仓库地址：山东省青州市经济开发区东京路 687 号	0536－3554526 3556558 13455652990 15263695730
		金海宏业（镇江）石化有限公司	5.05 万吨	江苏省金海宏业（镇江）石化有限公司沥青库	0511－80866292 13861399318

续表

品种	交易所	交割仓库	库容	地址	电话
沥青	上期所	中石油江苏燃料沥青有限责任公司	8 万吨	江苏江阴中石油江苏燃料沥青有限责任公司自有库（辽河油库）	0510－86197670 13382272666
		中海油气（泰州）石化有限公司	1 万吨	江苏泰州中海油气（泰州）石化有限公司（高港油库）	0523－86391026 0523－86981609 13852865559 13382558599
		中海沥青股份有限公司	2 万吨	山东省滨州市滨城区黄河七路 817 号	0543－2116268 13326296182 15305436165
		山东金石沥青股份有限公司	1 万吨	山东金石沥青股份有限公司厂区成品库区	0633－2935001 18663038707 18263358707
		佛山高富中石油燃料沥青有限责任公司	5 万吨	广东省佛山市高明区富湾工业开发区	0757－88911508 13928505026
		山东东明石化集团有限公司	3 万吨	山东省东明县菜园集工业园区	15865696361 15376118006
		山东京博石油化工有限公司	6 万吨	山东省滨州市博兴县经济开发区京博工业园	0543－2874801 15066988903
		中化弘润石油化工有限公司	3 万吨	厂库地址：山东省青州市开发区弘润工业园弘润厂区内	0536－3554526 3556558 13455652990 15263695730
		金海宏业（镇江）石化有限公司	4.5 万吨	江苏省金海宏业（镇江）石化有限公司沥青库	0511－80866292 13861399318
优质强筋小麦	郑商所	济宁市第一粮库（仓库）	2 万吨	山东省济宁市车站西路 67 号	0537－2250416 15166763339
		河北永安国家粮食储备库有限公司（仓库）	2 万吨	河北藁城永安路 18 号	0311－88199970 13831155700
		菏泽市粮油中转储备库（仓库）	2 万吨	菏泽市人民南路 43 号	0530－5967760 18653098369
		河北省粮食局直属机械化粮油储备库（仓库）	2 万吨	河北省元氏县城北	0311－84626134 18831177717

续表

品种	交易所	交割仓库	库容	地址	电话
优质强筋小麦	郑商所	河北邢台国家粮食储备库有限公司（仓库）	2 万吨	邢台市中兴西大街 36 号	0319－2166022 13930927599
		河北衡水和平国储粮库有限责任公司（仓库）	3 万吨	衡水市和平东路道岔街 66 号	0318－2057008 13603189586
		江苏徐州国家粮食储备库（仓库）	2 万吨	徐州市下淀路 174 号	0516－83643222 13705213101
		河南濮阳皇甫国家粮食储备库（仓库）	3 万吨	河南濮阳市高新区黄河路西段	0393－8951016 13803935338
		陕西西瑞粮食储备库有限公司（仓库）	2 万吨	陕西省咸阳市兴平食品工业园区（咸兴大道东段）	13892896168 13630216096
		河南郑州兴隆国家粮食储备库（仓库）	2 万吨	郑州市南阳路北段粮仓路 1 号	0371－63757525 13837106972
		南京铁心桥国家粮食储备库（仓库）	2 万吨	南京市雨花台区铁心桥镇吴尚村	025－52891674 13851421688
		河南安阳安林国家粮食储备库（仓库）	2 万吨	安阳市柏庄镇青春村	18568415930
		河南延津金麦粮食储备库（仓库）	2 万吨	河南省延津县司寨乡通村	0371－69106826 13598731431
		中央储备粮鹤壁直属库（仓库）	3 万吨	鹤壁市 107 国道高村段东侧	13937193876 15939259992
普通小麦		济宁市第一粮库（仓库）	2 万吨	山东省济宁市车站西路 67 号	0537－2250416 15166763339
		菏泽市粮油中转储备库（仓库）	2 万吨	菏泽市人民南路 43 号	0530－5967760 18653098369
		河北省粮食局直属机械化粮油储备库（仓库）	2 万吨	河北省元氏县城北	0311－84626134 18831177717
		河北邢台国家粮食储备库有限公司（仓库）	2 万吨	邢台市中兴西大街 36 号	0319－2166561

续表

品种	交易所	交割仓库	库容	地址	电话
普通小麦	郑商所	河北衡水和平国储粮库有限责任公司（仓库）	3万吨	衡水市和平东路道岔街66号	0318－2057008
		江苏徐州国家粮食储备库（仓库）	2万吨	徐州市下淀路174号	0516－83643222 13705213101
		陕西西瑞粮食储备库有限公司（仓库）	2万吨	陕西省咸阳市兴平食品工业园区（咸兴大道东段）	13892896168 13630216096
		河南郑州兴隆国家粮食储备库（仓库）	2万吨	郑州市南阳路北段粮仓路1号	0371－63757525 13837106972
		南京铁心桥国家粮食储备库（仓库）	2万吨	南京市雨花台区铁心桥镇吴尚村	025－52891674 15365106822
		河南安阳安林国家粮食储备库（仓库）	2万吨	安阳市柏庄镇青春村	13503729598
		河南周口东郊国家粮食储备库（仓库）	2万吨	周口市交通路东段31号	18639425118
		河南省粮油对外贸易有限公司郾城粮食储备库（仓库）	2万吨	河南省漯河市郾城区孟庙镇文明路	13939571677
		中粮粮油阜阳国家粮食储备库	2万吨	安徽省颍上县南照镇中谷大道	13855895813
早籼稻		中央储备粮万年直属库（仓库）	1万吨	江西万年县城六零南大道82号	0793－3841888 15807933601
		湖南金霞粮食产业有限公司（仓库）	1万吨	湖南省长沙市开福区金霞路二段289号	0731－89780539 18674843212
		金健粮食有限公司（仓库）	1万吨	湖南省常德市德山开发区崇德路	13973639193
		湖南永州下河国家粮食储备库（仓库）	1万吨	湖南省永州市冷水滩区零陵路411号	0746－8466615 13874607385
		江西樟树国家粮食储备库（仓库）	1万吨	江西樟树市药都北大道15号	0795－7119868 13970568889
		江西省温圳粮库（仓库）	1万吨	江西省进贤县温圳镇城北大道169号	0791－5540486 13807001492
		九江市粮油总公司储备仓库（仓库）	1万吨	江西省九江市滨江路577号五丰大厦9楼	13707925450

续表

品种	交易所	交割仓库	库容	地址	电话
早籼稻	郑商所	湖南赤山国家粮食储备库（仓库）	1万吨	湖南省沅江市南嘴镇沅南路8号	0737－2286511 13607373282
		江西省粮油集团新干购销有限公司（仓库）	1万吨	江西省新干县城南工业园	13907065561
		武汉市大花岭粮食储备库（仓库）	1万吨	湖北省武汉市江夏区大桥街环岭路18号	027－81946536 13098868698
		湖南衡南三塘国家粮食储备库（仓库）	1万吨	湖南省衡南县三塘镇环城南路65号	0734－8722197 13723833485
粳稻		中央储备粮哈尔滨直属库（仓库）	5万吨	黑龙江省哈尔滨市香坊区哈平路新发屯7.5公里	0451－86664904 18045165777
		中粮米业（绥化）有限公司（仓库、厂库）	2万吨	黑龙江省绥化市经济技术开发区食品工业园区	18714557638
		益海嘉里（哈尔滨）粮油食品工业有限公司（仓库、厂库）	2万吨	黑龙江省哈尔滨市平房开发区哈平东路10号	18940182000
		沈阳粮油集团直属粮食收储公司（仓库）	3万吨	辽宁省沈阳市浑南新区沈营路52号	024－23788258
		营口港务集团有限公司	5万吨	辽宁省营口市鲅鱼圈区营港路1号	13940781058
		中粮米业（吉林）有限公司（仓库）	2万吨	吉林省吉林市吉林经济技术开发区吉孤路668号	18643148816
		北京古船米业有限公司（仓库）	2万吨	办公地址：北京市顺义区牛栏山镇正大路二号 仓库地址：吉林省榆树市环城工业集中区	13601111522
晚籼稻		益海嘉里（南昌）粮油食品有限公司（仓库）	2万吨	江西省南昌市南昌县南新乡益海大道99号	13803529867
		湖北康宏粮油食品有限公司（仓库）	3万吨	湖北省黄梅县经济开发区大胜关山工业区	13657139079
		中粮粮油安徽国家粮食储备库（仓库）	5万吨	安徽省合肥市双凤工业区（金宁路）	13866186648

续表

品种	交易所	交割仓库	库容	地址	电话
晚籼稻	郑商所	湖南赤山国家粮食储备库（仓库）	3万吨	湖南省沅江市沅南路8号	13607373282
		武汉市大花岭粮食储备库（仓库）	2万吨	湖北省武汉市江夏区大桥街环岭路18号	13098868698
		江西省粮油集团新干购销有限公司（仓库）	1万吨	江西省新干县城南工业园区	13907065561
白砂糖		广西荣桂物流集团有限公司（仓库）	2万吨	手续：广西南宁市青秀区竹溪大道84号外商投资中心B座15层 提货：钦州市钦州港经济开发区勒沟作业区	18176803311 13877777044
		广西柳州桂糖有限责任公司（仓库）	2万吨	柳州市航生路9号	18607726966 13307724040
		广西贵港桂糖储备有限公司（仓库）	2万吨	广西贵港市台湾产业园	0775－4906568 13347575930 13807857068
		广西北部湾弘信供应链管理有限公司（仓库）	2万吨	广西南宁市高新区丰达路28号	0771－2536851 13978856590
		广西荣桂物流集团有限公司来宾仓储分公司（仓库）	2万吨	广西来宾市盘古大道	18978041882 13307724040
		广西弘信供应链管理有限公司（仓库）	2万吨	广西扶绥县新宁镇空港大道与华阳路交汇处	0771－2536851 13978856590
		广西来宾西江港务有限公司（仓库）	2万吨	广西来宾市兴宾区良江镇罗村	18078284520
		广西弘信创业工场有限公司（仓库）	2万吨	广西钦州市中马钦州产业园友谊路与南四街交汇处D04－01	0771－2536851 13978856590
		昆明国家粮食储备有限公司	2万吨	云南省昆明市东郊小石坝黄龙山	0871－7330035 13888171852
		云南广大铁路物资储运有限公司（仓库）	2万吨	云南祥云火车站、大理东火车站	0878－3399195 13987072245 13987872909

续表

品种	交易所	交割仓库	库容	地址	电话
白砂糖	郑商所	云南陆航物流服务有限公司（仓库）	2万吨	云南省昆明市呈贡区王家营物流片区	18469109769
		佛山市华商物流有限公司（仓库）	2万吨	广东省佛山市南海区小塘工业大道（小塘段）45号	0757－86667199 13923192628 0757－86667500 13823402697
		广东北部湾农产品批发中心有限公司（仓库）	2万吨	广东省湛江市麻章区金川路32号	0759－3306501 13828243808 0759－3306356 13531127562
		天津中糖华丰物流有限公司（仓库）	2万吨	天津市西青区中北镇东姜井村南	022－27513708 13920103115
		天津军粮城国家粮食储备库（仓库）	2万吨	天津市东丽区军粮城大街193号	13132099335 022－24360539 13602085653
		营口港务集团有限公司（仓库）	2万吨	辽宁省营口市鲅鱼圈新港大路1号	0417－6268740 15141749440
		营口北方糖业有限公司（仓库）	2万吨	辽宁省营口市熊岳大铁工业园	0417－6881888 13464717000 15840749059
		中储发展股份有限公司郑州南阳寨分公司（仓库）	2万吨	郑州市惠济区兴隆铺路9号	0371－63751820 13333822838 13837140781
		陕西西瑞粮食储备库有限公司（仓库）	2万吨	陕西省咸阳市兴平食品工业园区	13892896168 029－38412029 13630216096
		陕西省储备粮咸阳直属库（仓库）	2万吨	陕西省咸阳市渭城区东风路16号	029－86190641 13363910986
		河北藁城国家粮食储备有限责任公司（仓库）	2万吨	河北省石家庄市藁城区迎宾大道西169号	13731185957 13731185926
		河北永安国家粮食储备库有限公司（仓库）	2万吨	河北省石家庄市藁城区永安路18号	0311－88199970 13831155700

续表

品种	交易所	交割仓库	库容	地址	电话
白砂糖	郑商所	中粮糖业（唐山）仓储物流有限公司（仓库）	2万吨	河北省唐山市曹妃甸工业区二港池西岸	18231569520
		中粮屯河糖业股份有限公司（厂库）	-（核定，下同）	北京市朝阳区朝阳门南大街8号中粮福临门大厦902	010-85017294
		秦皇岛冀盛物流有限公司（仓库）	2万吨	河北省秦皇岛海港区东港北路45号	13933553743
		南京铁心桥国家粮食储备库有限公司（仓库）	2万吨	江苏省南京市栖霞区石埠桥河西里1号	025-52890848 13851421688
		中糖世纪股份有限公司江苏分公司（仓库）	2万吨	江苏省南通市跃龙南路179号	0513-85105732 13585218295
		招商局物流集团（扬州）有限公司（仓库）	2万吨	江苏省扬州市开发区施桥南路9号	18012138582
		日照市凌云海糖业集团有限公司（仓库）	2万吨	日照开发区兰州路以西、天津路以南	0633-3601359 18706339096
		日照粒粒金粮油贸易有限公司（仓库）	2万吨	日照市北经济开发区山河路58号	18263368506 18963399689 15315910622
		青岛中糖海湾物流有限公司（仓库）	2万吨	青岛高新区火炬路101号	0532-66965882 15964557680
		山东星光糖业有限公司（厂库）	—	山东德州乐陵市云红大街北首山东星光糖业有限公司	0534-6292996 13869241688
		中糖世纪股份有限公司湖北分公司（仓库）	2万吨	湖北省武汉市黄陂区滠口国家直属储备糖库	13707180650 13707180639
		平湖华瑞仓储有限公司（仓库）	2万吨	浙江省平湖市独山港镇海涛路88路	0573-85656929 13738279587
		北京中糖物流有限公司（仓库）	2万吨	北京市大兴区魏善区冬枣林村	13501175246 010-89205810

续表

品种	交易所	交割仓库	库容	地址	电话
菜籽油	郑商所	东海粮油工业（张家港）有限公司（仓库）	2万吨	青岛高新区火炬路101号	0532－66965882 15964557680
		中粮贸易安徽有限公司（仓库）	2万吨	山东德州乐陵市云红大街北首山东星光糖业有限公司	0534－6292996 13869241688
		益海嘉里（武汉）粮油工业公司（仓库）	2万吨	湖北省武汉市黄陂区滠口国家直属储备糖库	13707180650 13707180639
		中粮祥瑞粮油工业（荆门）有限公司（仓库）	2万吨	浙江省平湖市独山港镇海涛路88路	0573－85656929 13738279587
		益海（广汉）粮油饲料有限公司（仓库）	2万吨	北京市大兴区魏善区冬枣林村	13501175246 010－89205810
		东海粮油工业（张家港）有限公司（仓库）	2万吨	江苏省张家港市金港镇	0512－58388228 13115110095
		中粮贸易安徽有限公司（仓库）	2万吨	安徽省合肥市双凤工业区中谷园	13866186648
		益海嘉里（武汉）粮油工业公司（仓库）	2万吨	湖北省武汉市东西湖区慈惠农场良种站	15071199962
		中粮祥瑞粮油工业（荆门）有限公司（仓库）	2万吨	湖北省钟祥市莫愁湖经济开发区	0724－4285729 13774057872
		益海（广汉）粮油饲料有限公司（仓库）	2万吨	四川省（德阳市）广汉市湘潭路一段80号	0838－5303973 18502830017
		中储粮镇江粮油有限公司（仓库）	2万吨	镇江市京口区谏壁镇粮山村	0511－81996675 13861350613
		中储合肥油脂库（仓库）	2万吨	合肥市蒙城北路双凤经济开发区	0551－62917588 13721109885
		中央储备粮四川新津直属库（仓库）	2万吨	四川省成都市新津县普兴镇	028－67716108 15228810196

续表

品种	交易所	交割仓库	库容	地址	电话
菜籽油	郑商所	益海（泰州）粮油工业有限公司（仓库）	2万吨	江苏省泰州市高港区永安洲镇港北路1号	15295279725
		南京铁心桥国家粮食储备库（仓库）	2万吨	南京市栖霞区石埠桥河西里1号	025－52890848 13851421688
		陕西西瑞粮食储备库有限公司（仓库）	2万吨	陕西省兴平市西吴镇食品工业园区	029－38412031 13630216096
		江苏省江海粮油集团有限公司（仓库）	2万吨	江苏省张家港市金港镇镇港区宝岛路1号	025－84798952 13814005151
		四川粮油批发中心直属储备库（仓库）	2万吨	成都市新都区桂湘西路148号	028－83931711 13388160270
		重庆红蜻蜓油脂有限公司（仓库）	2万吨	重庆市九龙坡区铜罐驿镇砖瓦村167号	023－65902223 13983862319
		中纺粮油（湛江）有限公司（仓库、厂库）	2万吨	湛江市霞山区友谊路一号港务局第一作业区内	0759－2227830 13568990358
		中粮油脂（钦州）有限公司（厂库）	—	广西钦州市钦州港经济技术开发区建港路39号	0777－3815388
		厦门银祥油脂有限公司（厂库）	—	福建省厦门市同安区美禾六路99号	0592－7399766 15959289777
		东莞市富之源饲料蛋白开发有限公司（厂库）	—	东莞市洪梅镇樱花台盈工业区	0769－88436102 13802371105
		大海粮油工业（防城港）有限公司（厂库）	—	防城港市港口区出海大道一号	0770－6130724 13877088327
		福州集佳油脂有限公司（厂库）	—	福州市元洪投资区	0591－85586990 13724052014
		中纺粮油（福建）有限公司（厂库）	—	漳州市招商局招商大道129号	0596－6856582 13516334599
		防城港枫叶粮油工业有限公司（厂库）	—	广西壮族自治区防城港市港口区东湾大道东侧	0770－6128060 13560289548

续表

品种	交易所	交割仓库	库容	地址	电话
菜籽粕	郑商所	中国华粮物流集团南通粮油接运有限责任公司（仓库）	2 万吨	南通市任港路 62 号	0513-83540360 13912286772
		益海（盐城）粮油工业有限公司（仓库）	2 万吨	江苏省盐城市射阳县临港工业区	18361164233
		益海嘉里（安徽）粮油工业有限公司（仓库）	2 万吨	安徽芜湖市无为县二坝镇经济开发区	15936998118
		中粮粮油工业（巢湖）有限公司仓库（仓库）	2 万吨	安徽省巢湖市居巢经济开发区旗山路	15856914992
		中粮粮油工业（黄冈）有限公司仓库（仓库）	2 万吨	湖北省黄冈市黄州工业园高新技术产业区	0713-8399253 13581238465
		中粮祥瑞粮油工业（荆门）有限公司（仓库）	2 万吨	湖北省钟祥市经济开发区	0724-4285729 13774057872
		中粮粮油工业（荆州）有限公司（仓库）	2 万吨	湖北省荆州市公安县青吉工业园	18627298606
		中纺粮油（四川）有限公司（仓库）	2 万吨	四川省彭山县观音镇文昌村	028-37675618 13550555966
		中纺粮油（湛江）有限公司（仓库、厂库）	3.7 万吨	湛江市霞山区友谊路一号港务局第一作业区内	0759-2227830 13568990358
		中粮油脂（钦州）有限公司（厂库）	—	广西钦州市钦州港经济技术开发区建港路 39 号	7773815388
		厦门银祥油脂有限公司（仓库、厂库）	2.9 万吨	福建省厦门市同安区美禾六路 99 号	0592-7399766 15959289777
		东莞市富之源饲料蛋白开发有限公司（厂库）	—	东莞市洪梅镇樱花台盈工业区	0769-88436102 13802371105

续表

品种	交易所	交割仓库	库容	地址	电话
菜籽粕	郑商所	大海粮油工业（防城港）有限公司（厂库）	—	防城港市港口区出海大道一号	0770－6130724 13877088327
		福州集佳油脂有限公司（仓库、厂库）	2万吨	福州市元洪投资区	0591－85586990 13724052014
		中纺粮油（福建）有限公司（仓库、厂库）	2万吨	漳州市招商局招商大道129号	0596－6856582 13516334599
		防城港枫叶粮油工业有限公司（厂库）	—	广西壮族自治区防城港市港口区东湾大道东侧129号	0770－6128060 13560289548
油菜籽		中国华粮物流集团南通粮油接运有限责任公司	2万吨	南通市任港路62号	0513－83540360 13912286772
		益海（盐城）粮油工业有限公司（仓库）	2万吨	江苏省盐城市射阳县临港工业区	18361164233
		益海嘉里（安徽）粮油工业有限公司（仓库）	2万吨	安徽芜湖市无为县二坝镇经济开发区	15936998118
		中粮粮油工业（巢湖）有限公司仓库（仓库）	2万吨	安徽省巢湖市居巢经济开发区旗山路	0551－82355254 15856914992
		中粮粮油工业（黄冈）有限公司仓库（仓库）	2万吨	湖北省黄冈市黄州工业园高新技术产业区	0713－8399253 13581238465
		中粮祥瑞粮油工业（荆门）有限公司（仓库）	2万吨	湖北省钟祥市经济开发区	0724－4285729 13774057872
		中粮粮油工业（荆州）有限公司（仓库）	2万吨	湖北省荆州市公安县青吉工业园	18627298606
		中纺粮油（四川）有限公司（仓库）	2万吨	四川省彭山县观音镇文昌村	028－37675618 13550555966

续表

品种	交易所	交割仓库	库容	地址	电话
一号棉	郑商所	河南储备物资管理局四三二处（仓库）	2万吨	河南省获嘉县史庄镇南	15083133099 15083132599
		南阳红棉仓储有限公司（仓库）	2万吨	河南省南阳市光武西路万商街9号	0377－63298106 13838776788
		河南豫棉物流有限公司（仓库）	2万吨	河南郑州管城区南曹乡小李庄火车站	13937160659 0371－66713101
		衡水市棉麻总公司储备库（仓库）	2万吨	衡水市人民西路西段98号	0318－2398268 13932894467
		菏泽市棉麻公司（仓库）	2万吨	菏泽市高新区吕陵镇天物流园区丰东路东段	0530－5110033 13805302233
		中国储备棉管理总公司徐州直属库（仓库）	2万吨	江苏省徐州市铜山区华夏路7号	0516－66665978 13685123609
		湖北银丰仓储物流有限责任公司（仓库）	2万吨	湖北省武汉市东西湖区余氏墩	15827420551
		芜湖市棉麻有限责任公司（仓库）	2万吨	芜湖市褐山路79号	0553－5809370 13955315865
		山东省禹城棉麻有限公司（仓库）	2万吨	禹城市人民路777路	0534－2126278 13953458198
		中国储备棉管理总公司绍兴直属库（仓库）	2万吨	浙江省绍兴市亭山工业园区	0575－88337653 13905755243
		南通棉麻有限公司（仓库）	2万吨	江苏省南通市崇川区崇川路46号	0513－85597011 13906298056
		滨州中纺银泰实业有限公司（仓库）	2万吨	山东省滨州市高新区小营办事处虎跃三路十四号	0543－3613613 13905430020
		江阴市协丰棉麻有限公司（仓库）	2万吨	江阴市华西村物流园（沿江高速华西出口处）	0510－86060699 13801522007
		湖北储备物资管理局三三八处（仓库）	2万吨	湖北省孝昌县卫店镇三三八处	13797179803
		中棉集团山东物流园有限公司（仓库）	2万吨	山东省潍坊市滨海经济开发区江汉西街00666号	0536－7572989 15726550678

续表

品种	交易所	交割仓库	库容	地址	电话
一号棉	郑商所	江苏银海农佳乐仓储有限公司（仓库）	2万吨	江苏省建湖县上岗镇人民南路666号	0515－87116736 18021855169
		新疆农资集团北疆农佳乐有限责任公司（仓库）	2万吨	奎屯市火车站南侧	0992－3287577 13677520022
		石河子天银物流有限公司（仓库）	2万吨	石河子市东一路213号	0993－2833356 13519926618 0993－2833150 13899525377
		库尔勒银星物流有限责任公司（仓库）	2万吨	新疆库尔勒市火车西站	0996－2060079 13899060503
		中国供销集团南通供销产业发展有限公司（仓库）	2万吨	江苏省南通市通州经济开发区南区锦绣路888号	0513－86599195 18921602649
		中储棉漯河有限公司（仓库）	2万吨	河南省漯河市郾城区纬三路	15939519888 18503953617
PTA		张家港保税区华瑞物流有限公司（仓库）	2万吨	张家港保税区福建南路	0512－89595800 18915729119
		杭州临港物流有限公司（仓库）	2万吨	杭州萧山区瓜沥镇临港工业园区瓜港西路309号	0571－83531810 13867568730
		宁波保税区高新货柜有限公司（仓库）	2万吨	现有仓库：宁波保税东区兴业四路2号 新增仓库：宁波出口加工区扬子江南路28号	0574－86820043 18906693001
		江阴市协丰棉麻有限公司（仓库）	2万吨	江阴市华西村物流园（沿江高速华西出口处）	0510－86060699 13801522007
		张家港保税港区港务有限公司（仓库）	2万吨	江苏张家港保税物流园区（西区）南京路55号	0512－58323199 13601566013
		平湖华瑞仓储有限公司（仓库）	2万吨	平湖市独山港镇海涛路88号	0573－85656921 15824468890

续表

品种	交易所	交割仓库	库容	地址	电话
PTA	郑商所	嘉兴石化有限公司（仓库）	2 万吨	嘉兴市港区乍浦镇中山西路 388 号	0573－88187783 13750791019
		江苏恒科新材料有限公司（仓库）	2 万吨	江苏省南通市通州区五接镇恒力纺织产业园	0513－86768000 18796181599
		江苏海伦石化有限公司（仓库）	2 万吨	江阴市临港新城利港润华路 20 号	0510－86093556 13915246283
		张家港保税区外商投资服务有限公司（仓库）	2 万吨	张家港保税区台湾路	0512－58320239 15862621558
		浙江逸盛石化有限公司（仓库）	2 万吨	宁波市北仑区戚家山街道港口路 8 号	0574－86189186 13732179879
		荣盛石化股份有限公司（仓库）	2 万吨	浙江省杭州市萧山区益农镇红阳路 98 号	0571－82520190 15990120947
		苏州港口张家港保税区现代物流有限公司（仓库）	2 万吨	现有仓库：张家港市保税区上海路 18 号	0512－58321182 13815293618
				新增仓库：张家港沿江公路与港城大道交汇处向东 50 米	—
		恒力石化（大连）有限公司（厂库）	—	辽宁省大连市长兴岛经济区长松路 299 号	0411－66522739 13942820912
		逸盛大化石化有限公司（厂库）	—	辽宁省大连市金州开发区海滨路 262 号	0411－62777876 13842677520 13400714830
		江苏国望高科纤维有限公司（仓库）	2 万吨	江苏省吴江市盛泽镇西二环路纺织科技师范园	18101553100
		浙江恒逸高新材料有限公司（仓库）	2 万吨	杭州萧山临江工业园围垦十五工段	0571－83872052 13681641246
		华润包装材料有限公司（仓库）	2 万吨	常州市新北区圩塘工业园区新宇东路 1 号	0519－85177777－8022 18602190611
		嘉兴市海陆物流有限公司（仓库）	2 万吨	嘉兴市乍浦经济开发区东方大道 133 号	0573－85856624 18857303983
		建发物流集团有限公司（仓库）	2 万吨	平湖市独山港镇引港路 333 号	0592－5685386 15859268576

续表

品种	交易所	交割仓库	库容	地址	电话
PTA 甲醇	郑商所	浙江嘉兴港物流有限公司（仓库）	2 万吨	平湖市独山港镇海涛路 111 号	0573－85656886 13750771515
PTA 甲醇	郑商所	太仓新港物流管理中心有限公司（仓库）	2 万吨	太仓市浮桥镇北环路 9 号	0512－53710805 18915771965
PTA 甲醇	郑商所	福建省金纶高纤股份有限公司（仓库）	2 万吨	福建省长乐市滨海工业区	0591－28518723 18950219858
PTA 甲醇	郑商所	太仓阳鸿石化有限公司（仓库）	2 万吨	江苏太仓市港口开发区石化路 1 号	0512－53370166 13812907677
PTA 甲醇	郑商所	南通千红石化港储有限公司（仓库）	2 万吨	南通经济技术开发区江海港区（通盛南路 6 号）	0513－83590922 13815219220
甲醇	郑商所	江阴华西化工码头有限公司（仓库）	2 万吨	江阴临港新城石庄办事处诚信路 1 号	0510－86668555 13812139676
甲醇	郑商所	江苏海企化工仓储有限公司（仓库）	2 万吨	江苏省泰州高港区永安洲工业园	052－386991210 13952618356
甲醇	郑商所	河南省中原大化集团有限责任公司（厂库）	—	河南省濮阳市人民路西段	0393－8958681 13525619997
甲醇	郑商所	兖矿煤化供销有限公司（厂库）	—	办公地点：山东邹城西外环路 1888 号； 提货地点：兖矿国宏化工有限公司（山东邹城市北外环国宏大道）	15725376198 15725376198
甲醇	郑商所	新能凤凰（滕州）能源有限公司（厂库）	—	山东省滕州市木石镇驻地	0632－2225366 13589612016
甲醇	郑商所	江阴澄利散装化工有限公司（仓库）	2 万吨	江苏省江阴经济开发区西区滨江西路 1200 号	0510－86668728 13914287099
甲醇	郑商所	泉州振戎石化仓储有限公司（仓库）	2 万吨	福建省泉州市泉港区后龙镇上西化工码头区	0595－87777028 13959818672
甲醇	郑商所	东莞市百安石化仓储有限公司（仓库）	2 万吨	广东省东莞市沙田镇立沙岛大流管理区	0769－89985600 13922175242
甲醇	郑商所	广州发展碧辟油品有限公司（仓库）	2 万吨	广东省广州市南沙经济技术开发区坦头村（环市大道北 15 号）	020－84684191 13711033258

续表

品种	交易所	交割仓库	库容	地址	电话
甲醇	郑商所	定州天鹭新能源有限公司（厂库）	—	河北省定州市定曲路北侧	0312－5533668 18831900511
		内蒙古博源联合化工有限公司（厂库）	—	内蒙古鄂尔多斯市东胜区大桥路西19号（博源物流院内）	0477－8139890 18647171616
		新能能源有限公司（厂库）	—	内蒙古鄂尔多斯市达拉特旗新能能源有限公司	0477－5285752 15004773886
		南通阳鸿石化储运有限公司（仓库）	2万吨	江苏省如皋市长江镇堤顶路65号	0512－53370167 13776181321
		常州新润石化仓储有限公司（仓库）	2万吨	常州新北工业园区龙江北路1585号	0519－81697028 18015858060
		建滔（常州）石化码头有限公司（仓库）	2万吨	常州市新北区滨江工业园区新化路88号	0519－81697815 13338184371
		张家港保税区长江国际港务有限公司（仓库）	2万吨	张家港保税物流园区西区南京路	0512－58387580 18951130879
		广州中石油鸿业储运有限公司（仓库）	2万吨	广州市南沙区黄阁镇粤丰路1号	15915971787
		中国石化化工销售有限公司（仓库）	2万吨	江苏省江阴市澄江街道安全村安全路68号	15261619771
		江苏长江石油化工有限公司（仓库）	2万吨	江苏省太仓市上海东路5号华侨大厦16楼	13962600300
		张家港保税区长江国际扬州石化仓储有限公司（仓库）	2万吨	江苏省仪征市扬州化学工业园区中化路3号	18168266026
		连云港荣泰化工仓储有限公司（仓库）	2万吨	江苏省连云港市徐圩新区岗前大道仓储办公楼	18795586658
		京唐港液体化工码头有限公司（仓库）	2万吨	河北省唐山市海港经济开发区	15373565156
玻璃		沙河市安全实业有限公司（厂库）	—	河北省沙河市经济开发区安全路1号	0319－8840176 13831927199
		河北大光明实业集团嘉晶玻璃有限公司（厂库）	—	河北省沙河市南环路东端路北	0319－8920770 18632089064

续表

品种	交易所	交割仓库	库容	地址	电话
玻璃	郑商所	中国耀华玻璃集团有限公司（厂库）	—	河北省秦皇岛市海港区西港北路61号	0335－7987888 13933556009 13031885053
		山东金晶科技股份有限公司（厂库）	—	山东省淄博市高新区金晶大道204号	18653376729 13953317772
		山东巨润建材有限公司（厂库）	—	山东省菏泽市巨野县巨润路1号	18963053117 0530－2088501
		荆州市亿钧玻璃股份有限公司（厂库）	—	湖北省荆州市开发区东方大道52号	0716－8336578 13872201732 0716－8303288
		武汉长利玻璃（汉南）有限公司（厂库）	—	汉南区汉南大道458号	027－84738120 15926309947 13907128714
		河北德金玻璃有限公司（厂库）	—	河北省沙河市经济开发区纬三路26号	0319－8848222 15931995839 0319－8845666 15132911177
		滕州金晶玻璃有限公司（厂库）	—	滕州市鲍沟镇南沙河东站西厂区	18653376729 13963212478
		河北迎新集团浮法玻璃有限公司（厂库）	—	河北省沙河市东环路东段路西	0319－8988528
		河北正大玻璃有限公司（厂库）	—	河北省沙河市经济开发区纬二路9号	0319－8781001
		中玻蓝星（临沂）玻璃有限公司（厂库）	—	山东省临沂市罗庄区付庄办事处驻地	010－69781066
		沙河市长城玻璃有限公司（厂库）	—	河北省邢台市沙河市经济开发区安全路6号	0319－8846188 15031908978
		河北润安建材有限公司（厂库）	—	河北省迁安市太平庄乡西蛇探峪村西	0315－5357001 18031335888
		山西利虎玻璃（集团）有限公司（厂库）	—	山西省吕梁市交城县天宁镇青村东环路旁	0358－3550228 13803453720
		浙江永安资本管理有限公司（厂库）	—	杭州市江干区新业路200号华峰国际	0571－86622055 13655819511
		武汉众恒创景新型塑料有限公司（厂库）	—	武汉市汉阳区龙阳村汉阳人信汇	027－84703336 15377581626

续表

品种	交易所	交割仓库	库容	地址	电话
动力煤	郑商所	中国中煤能源股份有限公司（厂库）	—	北京市朝阳区黄寺大街1号中煤大厦	18618228719
		神华销售集团有限公司（厂库）	—	北京市东城区安德路16号神华大厦C座	18601099009
		大同煤矿集团有限责任公司（厂库）	—	山西省大同市矿区新平旺	0352－7050757 13753235978
		陕西煤业化工集团有限责任公司（厂库）	—	陕西省西安市高新区锦业路1号	029－89282181 18291919109
		内蒙古伊泰煤炭股份有限公司（厂库）	—	内蒙古鄂尔多斯市东胜区天骄北路伊泰大厦	010－62299856 18610190209
		巨化集团公司（厂库）	—	浙江省杭州市上城区江城路849号	0570－3096512 13395700968
		内蒙古满世煤炭集团股份有限公司（厂库）	—	内蒙古鄂尔多斯市东胜区校园路2号	15934904820
		中誉控股集团有限责任公司（厂库）	—	内蒙古鄂尔多斯市东胜区迎宾路中誉大厦	18047766272
		江苏晋和电力燃料有限公司（厂库）	—	江苏省泰州市高港区永安镇堂圩七组	18842690652
硅铁		天津市东丽区魏王储运有限公司（仓库）	1万吨	天津市东丽区军粮城街东金路以西、津塘二线以北	13652190176
		天津全程物流配送有限公司（仓库）	1万吨	天津市河西区解放南路475号增2号	022－84828366 13920757326
		曲周县东之桦生物科技有限公司（仓库）	1万吨	河北省邯郸市曲周县南工业园区晨光路东段路南	0310－5627788 17736116059
		江苏奔牛港务集团有限公司（仓库）	1万吨	江苏省常州市奔牛镇奔牛港仓储配送区	0519－83133012 15261110098
		湖北储备物资管理局三三八处（仓库）	1万吨	湖北省孝昌县卫店镇三三八处	0712－4835148 13797179803
		玖隆钢铁物流有限公司（仓库）	1万吨	张家港市锦丰镇江苏扬子江国际冶金工业园锦绣路1号	0512－58568370 13962224270
		立晨物流股份有限公司（仓库）	1万吨	山东省临沂经济技术开发区杭州路21号	0539－6012303 13505391490

续表

品种	交易所	交割仓库	库容	地址	电话
硅铁	郑商所	鄂尔多斯市西金矿冶有限责任公司（厂库）	—	内蒙古鄂尔多斯市鄂托克旗棋盘井工业园区	0477－6486227 13019576965
		腾达西北铁合金有限责任公司（厂库）	—	甘肃省兰州市永登县连城镇	0931－6907310 13993153517
		青海福鑫硅业有限公司（厂库）	—	西宁经济技术开发区甘河工业园区	0971－5219684 18097239888
		天津市东丽区魏王储运有限公司（仓库）	1万吨	天津市东丽区军粮城街东金路以西、津塘二线以北	13652190176
		天津全程物流配送有限公司（仓库）	1万吨	天津市河西区解放南路475号增2号	022－84828366 13920757326
		曲周县东之桦生物科技有限公司（仓库）	1万吨	河北省邯郸市曲周县南工业园区晨光路东段路南	0310－5627788 17736116059
		玖隆钢铁物流有限公司（仓库）	1万吨	张家港市锦丰镇江苏扬子江国际冶金工业园锦绣路1号	0512－58568370 13962224270
		江苏奔牛港务集团有限公司（仓库）	1万吨	江苏省常州市奔牛镇奔牛港仓储配送区	0519－83133012 15261110098
锰硅		立晨物流股份有限公司（仓库）	1万吨	山东省临沂经济技术开发区杭州路21号	0539－6012303 13505391490
		湖北储备物资管理局三三八处（仓库）	1万吨	湖北省孝昌县卫店镇三三八处	0712－4835148 13797179803
		吉林铁合金股份有限公司（厂库）	—	张家港市锦丰镇江苏扬子江国际冶金工业园锦绣路1号	0512－58568370 13962224270
		鄂尔多斯市西金矿冶有限责任公司（厂库）	—	江苏省常州市奔牛镇奔牛港仓储配送区	0519－83133012 15261110098
		宁夏晟晏实业集团有限公司（厂库）	—	宁夏银川市兴庆区国贸中心B座16层	13703560117
		广西铁合金有限责任公司（厂库）	—	广西来宾市兴宾区凤凰工业园区	0772－6687508 13977208060

续表

品种	交易所	交割仓库	库容	地址	电话
锰硅	郑商所	云南汇通锰业有限公司（厂库）	—	昆明市海埂路123号中成酒店5楼	0871-64111751 15925366936
		中国矿产有限责任公司（厂库）	—	北京市海淀区三里河路5号C509	010-68494548 13811431093
		内蒙普源铁合金有限责任公司（厂库）	—	内蒙古自治区乌兰察布市丰镇市氟化学工业园区	0474-3589006 13994313599
		内蒙瑞濛新材料有限公司（厂库）	—	内蒙古自治区乌兰察布市丰镇市氟化学工业园区	022-66288001 15247468922
棉纱		许昌裕丰纺织有限公司（厂库）	—	许昌市文峰路北段	13938776999
		项城市纺织有限公司（厂库）	—	河南省项城市东方大道158号	18135756786
		舞钢市裕泰纺织有限责任公司（厂库）	—	河南省平顶山市舞钢市建设路东段北侧	15937521928
		舞钢市银河纺织有限公司（厂库）	—	舞钢市院岭工业园区	13607628284 0375-8200999
		尉氏纺织有限公司（厂库）	—	尉氏县人民东路168号	13937899826 0371-27980565
		太康县万利源棉业有限公司（厂库）	—	河南省周口市太康县毛庄镇通泰路1号	15893660107
		商丘中天纺织有限公司（厂库）	—	河南省商丘市城乡一体化示范区张阁镇孙集存310国道北	15837087777
		商丘市汇丰棉业有限公司（厂库）	—	河南省商丘市虞城县工业大道9号	13803978838 0370-4993399
		濮阳新三强纺织有限公司（厂库）	—	河南省濮阳市中原西路47号	13839267033
		南阳裕祥纺织有限公司（厂库）	—	河南邓州市北京大道与南一环交叉口向南200米	15893519318 037-62285366
		南阳纺织集团有限公司（厂库）	—	南阳市天冠大道与纬八路交叉口	13803878358

续表

品种	交易所	交割仓库	库容	地址	电话
棉纱	郑商所	焦作市海华纺织股份有限公司（厂库）	—	博爱县月山镇工业区10号	13839172220
		河南永安纺织有限公司（厂库）	—	河南省夏邑县产业集聚区跨越大道东段南侧永安集团	13733180996
		河南新野纺织股份有限公司（厂库）	—	河南省新野县书院路15号	13903778786
		河南华星科创股份有限公司（厂库）	—	河南南阳新野县城人民路北段	18837703899
		郑州市永泰棉纺股份有限公司（厂库）	—	郑州市南一环路西段南侧	13523660680
		夏津丰润实业有限公司（厂库）	—	山东省夏津县银城街道办事处梁庄村	13953406862
		山东明胜纺织有限公司（厂库）	—	山东省东明县三八路49号	13583016299 0530－3909868
		山东岱银纺织集团股份有限公司（厂库）	—	山东省泰安市泰山经济技术开发区擂鼓石大街89号办公楼215房间	18605381581
		山东大海集团有限公司（厂库）	—	山东省东营市广饶县稻庄镇孙庄潍高路288号	13793979107
		山东超越纺织有限公司（厂库）	—	山东省聊城市高唐县超越路一号	15998708063
		临清三和纺织集团有限公司（厂库）	—	山东省临清市大桥街1050号	13666388138
		孚日集团股份有限公司（厂库）	—	山东省高密市孚日街1号	15094984803
		肥城市龙祥纺织有限公司	—	山东省肥城市新城工业三路006号	13953881093
		徐州天虹时代纺织有限公司（厂库）	—	江苏省徐州市睢宁县景湖工业区	13852052369
		上海纺织（集团）大丰纺织有限公司（厂库）	—	江苏省盐城市大丰区南翔西路288号	13851014281
		南通华强布业有限公司（厂库）	—	江苏省海安县中坝南路188号	13862706700

续表

品种	交易所	交割仓库	库容	地址	电话
棉纱	郑商所	江苏双山集团股份有限公司（厂库）	—	江苏射阳经济开发区德发路1－8号	13961938860
		江苏东华纺织有限公司（厂库）	—	江苏省建湖县建阳工业园区冠华西路36号	13851175766
		江苏大生集团有限公司（厂库）	—	江苏省南通市唐闸南市街14号	13813606011
		华芳集团有限公司（厂库）	—	江苏省苏州市张家港市城北路178号	18862229208 0512－58438971
		浙江双可达纺织有限公司（厂库）	—	杭州市萧山区河上镇祥河桥村	13735885659
		浙江华孚色纺有限公司（厂库）	—	浙江省绍兴市上虞区人民西路1088号	13858530581
		浙江航民科尔纺织有限公司（厂库）	—	浙江省杭州市萧山区萧绍东路168号	15068729505 0571－83821693
		浙江春江轻纺集团有限责任公司（厂库）	—	浙江省杭州市富阳区鹿山街道蒋家村	13706811228 0571－63485328
苹果		陕西华圣企业（集团）股份有限公司（仓库）	—	陕西省西安市未央湖旅游开发区	029－86674830 13363975955
		白水县盛隆果业有限责任公司（仓库）	—	陕西省渭南市白水县北井头乡李家卓村	18691318818
		白水县康惠粮果贸易有限责任公司（仓库）	—	陕西省渭南市白水县城关镇工人新村	0913－6159983 13892550877
		延安中果生态农业科技股份有限公司（仓库）	—	陕西省延安市延长县七里村镇白家川工业园区	0911－8964699 13359113053
		蓬莱鑫园工贸有限公司（仓库）	—	山东省烟台市蓬莱市刘家沟镇南	0535－5962251 13220939757
		栖霞德丰食品有限公司（仓库）	—	山东省栖霞市德丰路一号	0535－3371789 13370927501
		朗源股份有限公司（仓库）	—	山东省龙口市高新区朗源路299号	0535－8611766
		烟台泉源食品有限公司（仓库）	—	山东省栖霞松山工业园五台山路	0535－5178858 15954992222

续表

品种	交易所	交割仓库	库容	地址	电话
苹果	郑商所	莱州天赐宝物产有限公司（仓库）	—	山东省莱州市程郭镇西程村	0535－2418968 15854537456
		三门峡二仙坡绿色果业有限公司（仓库）	—	河南省三门峡市陕州区禹王路中段	0398－3318911
		运城市新科太方果蔬商贸有限公司（仓库）	—	山西省运城市临泓路孙家卓	13593590808
		山西澳坤农业科技有限公司（仓库）	—	山西省临汾市吉县车城乡车城村	13403475556
黄大豆1号	大商所	大连港股份有限公司	5万吨	大连市开发区新华路1号	0411－87599572
		大连高泰仓储有限公司	5万吨	辽宁省大连市甘井子区毛营子村	13842818308
		大连良运集团储运有限公司	5万吨	大连市甘井子区新水泥路2号	15541177081
		海伦阔海粮油有限公司	5万吨	黑龙江省海伦市北环路十八道线原燃料公司院内	0455－5755335
		绥滨县盛中农业发展有限公司	5万吨	黑龙江省鹤岗市绥滨县绥滨镇松缤街东段北侧（11委）	15998615305
		维维东北食品饮料有限公司	5万吨	黑龙江省绥化市经济开发区	18745557288
		益海嘉里（哈尔滨）粮油食品工业有限公司	10万吨	哈尔滨市平房开发区哈平东路10号	15776422235
		中国船舶工业物资大连有限公司	5万吨	大连市中山区长江路48号	13322291358
		中国华粮物流集团北良有限公司	10万吨	辽宁省大连开发区海青岛柳柴沟	0411－39898625
		中央储备粮北安直属库	5万吨	黑龙江省黑河市北安市北岗区九一八电台西	0451－55196158 17801052378
		中央储备粮大连直属库	10万吨	大连市甘井子区华北路286号	0411－86537018

续表

品种	交易所	交割仓库	库容	地址	电话
黄大豆1号	大商所	中央储备粮大杨树直属库	5万吨	呼伦贝尔市鄂伦春自治旗大杨树镇中兴物流园区	0451－55196158 17801052378
		中央储备粮敦化直属库	5万吨	吉林省敦化市渤海街自由路2号	0451－55196158 17801052378
		中央储备粮哈尔滨直属库	10万吨	哈尔滨市香坊区哈平路7.5公里处	0451－87066679
		中央储备粮绥棱直属库	5万吨	黑龙江省绥化市绥棱县绥棱镇繁华大街364号	0451－55196158 17801052378
黄大豆2号		中粮辽宁粮油进出口公司大连储运贸易公司	5万吨	辽宁省大连市甘井子区西北路	0411－86429383 0411－86428034
		大连港股份有限公司	5万吨	辽宁省大连市开发区大窑湾	0411－87598178
		中国华粮物流集团北良有限公司	5万吨	辽宁省大连开发区海青岛柳柴沟	0411－39898829
		中国华粮物流集团南通粮油接运有限责任公司	5万吨	江苏南通市任港路62号	0513－83508460 0513－83516954
		日照港（集团）有限公司	5万吨	山东日照市海滨五路南首	0633－7381619 0633－7381530
		青岛港国际股份有限公司	5万吨	山东青岛市港青路6号	0532－82984649
		日照港（集团）岚山港务有限公司	5万吨	山东日照岚山港	0633－2633037
玉米		大连港股份有限公司	5万吨	大连市开发区新华路1号	0411－87599572
		大连良运集团储运有限公司	5万吨	大连市甘井子区新水泥路2号	15541177081
		华粮集团松原粮食中转库	5万吨	吉林松原市西郭尔罗斯大路578号	15714301888
		吉林雏鹰农牧有限公司	5万吨	吉林省白城洮南市黑水镇长白路140公里处路东	18603847797 13525565235

续表

品种	交易所	交割仓库	库容	地址	电话
玉米	大商所	吉林云天化农业发展有限公司	5 万吨	吉林省松原市长岭县太平川镇五区二段	13404486509
		嘉吉生化有限公司	5 万吨	吉林省松原市江南工业开发区	18621576655 13894998966
		锦州港股份有限公司	5 万吨	锦州经济技术开发区锦港大街一段 1 号	0416－3586990 13604166961
		辽宁锦州锦阳国家粮食储备（中转）库	5 万吨	锦州经济技术开发区兴海路西段	0416－3581537 13704065668
		绥化象屿金谷农产有限责任公司	10 万吨	黑龙江省绥化市北林区张维镇三组	18324572222
		天成玉米开发有限公司	5 万吨	吉林省四平市铁东区平东老城工业区	13591385679
		维维东北食品饮料有限公司	5 万吨	黑龙江省绥化市经济开发区	18745557288
		营口港务集团有限公司	5 万吨	辽宁省营口市鲅鱼圈区营港路 1 号	0417－6268751 13504170439
		肇东粮油储备库	5 万吨	黑龙江省绥化肇东市铁东区南环桥	18088788081
		中储粮北方物流有限公司	5 万吨	营口市鲅鱼圈区钱塘江路西段（新港大厦）	0417－6264719
		中国船舶工业物资大连有限公司	5 万吨	大连市中山区长江路 48 号	13322291358
		中国华粮物流集团北良有限公司	10 万吨	辽宁省大连开发区海青岛柳柴沟	0411－39898625
		中粮生化能源（榆树）有限公司	5 万吨	吉林省长春五棵树开发区东风大街 1 号	010－80985877 13120205555
		中央储备粮大连直属库	10 万吨	大连市甘井子区华北路 286 号	0411－86537018
		中央储备粮通辽甘旗卡直属库	5 万吨	内蒙古通辽市科左后旗甘旗卡镇	010－59322090
玉米淀粉		保龄宝生物股份有限公司	2 万吨	山东省禹城市高新开发区东外环路 1 号	0534－8918652
		黑龙江龙凤玉米开发有限公司	2.1 万吨	黑龙江省绥化市青冈县青安公路 2/5 公里处	0536－6060020 15964596167

续表

品种	交易所	交割仓库	库容	地址	电话
玉米淀粉	大商所	嘉吉生化有限公司	2 万吨	吉林省松原市江南工业开发区	18621576655 13894998966
		辽宁益海嘉里地尔乐斯淀粉科技有限公司	2.5 万吨	辽宁省铁岭市开原市北环路 19 号	024－74380333
		临清德能金玉米生物有限公司	3.5 万吨	山东省临清市南环路东首	0536－5185363
		青岛港国际股份有限公司	5 万吨	山东青岛市港青路 6 号	0532－82982898
		山东福宽生物工程有限公司	0.9 万吨	山东省肥城市高新技术产业开发区工业三路	18953835616
		山东福洋生物科技有限公司	0.6 万吨	山东省平原县经济技术开发区东区	0534－2169136
		山东寿光巨能金玉米开发有限公司	3 万吨	山东省寿光市开发区安顺街中段	0536－5185363
		山东中谷淀粉糖有限公司	2 万吨	山东省乐陵市经济技术开发区星光工业园	0534－2169136
		天成玉米开发有限公司	1.2 万吨	吉林省四平市铁东区平东老城工业区	13591385679
		潍坊盛泰药业有限公司	0.75 万吨	山东省昌乐开发区方山路 1202 号	0536－2189905
		营口港务集团有限公司	5 万吨	辽宁省营口市鲅鱼圈区营港路 1 号	0417－6268751 13504170439
		玉锋实业集团有限公司	1.5 万吨	河北省宁晋县西城工业区	0319－5808192
		中粮生化能源（公主岭）有限公司	3 万吨	吉林省公主岭市河南大街 2887 号	010－80985766
		中粮生化能源（龙江）有限公司	1.5 万吨	黑龙江省龙江县白山工业园区内	010－80985766
		中粮生化能源（榆树）有限公司	2.6 万吨	吉林省长春五棵树开发区东风大街 1 号	010－80985877 13120205555
		诸城兴贸玉米开发有限公司	2.5 万吨	山东省诸城市东环路 385 号	0536－6060020
豆粕		邦基三维油脂有限公司	1.5 万吨	山东省日照市经济开发区海滨五路	13506336735

续表

品种	交易所	交割仓库	库容	地址	电话
豆粕	大商所	东莞嘉吉粮油有限公司	1.5 万吨	广东省东莞市麻涌镇新沙工业园区	15622280377
		东莞嘉吉饲料蛋白科技有限公司	1.2 万吨	广东省东莞市麻涌镇新沙港科技工业园区	15622280377
		东莞市富之源饲料蛋白开发有限公司	2.25 万吨	广东省东莞市洪梅镇樱花台盈工业区	13802371105
		嘉吉粮油（南通）有限公司	3.75 万吨	江苏省南通市经济技术开发区同兴路	15996649791
		嘉吉粮油（阳江）有限公司	1.8 万吨	广东省阳江市阳江港沿港大道 3－6 号	15622280377
		江苏省江海粮油集团有限公司	1 万吨	江苏省张家港市金港镇宝岛路 1 号	13814005151
		金天源食品科技（天津）有限公司	2.025 万吨	天津市滨海新区临港经济区渤海 40 路 2068 号	0574－86888188－6898 15858401785
		京粮（天津）粮油工业有限公司	2.025 万吨	天津滨海新区临港经济区渤海四十路 1306 号	18512212718
		九三集团天津大豆科技有限公司	4.5 万吨	天津港保税区新港大道 266 号	13752197872
		路易达孚（霸州）饲料蛋白有限公司	2.2 万吨	广东省东莞市麻涌镇新沙港科技工业园区	15033169347
		南京铁心桥国家粮食储备库	1 万吨	江苏省南京市雨花台区铁心桥镇吴尚村	13851421688
		泰兴市振华油脂有限公司	3 万吨	江苏省泰兴市经济开发区沿江路 9 号	15295276568
		益海（连云港）粮油工业有限公司	4.8 万吨	江苏省连云港市墟沟大港路	13605133363
		益海（泰州）粮油工业有限公司	3 万吨	江苏省泰州市高港区永安洲镇疏港北路	15295279725
		张家港江海粮油工业有限公司	2.7 万吨	江苏张家港市金港镇宝岛路 1 号	13814005151
		中储粮油脂工业东莞有限公司	1.8 万吨	广东省东莞市麻涌镇新沙港后工业区	13829192825
		中储粮镇江粮油有限公司	1.8 万吨	江苏省镇江市谏壁镇粮山村	13861350613

续表

品种	交易所	交割仓库	库容	地址	电话
豆粕	大商所	中纺粮油（东莞）有限公司	1.5万吨	广东省东莞市麻涌镇新沙工业园区	13412562657
		中纺粮油（日照）有限公司	2.025万吨	山东省日照市海滨五路157号	13963050583
		中纺粮油（湛江）有限公司	3万吨	广东省湛江市霞山区友谊路1号港务局1区	13828296856
		中国华粮物流集团南通粮油接运有限责任公司	1万吨	江苏南通市任港路62号	13912286772
		中粮东海粮油工业（张家港）有限公司	6万吨	江苏省张家港市金港镇东海路1号	15250388220
		中粮黄海粮油工业（山东）有限公司	3万吨	山东省日照市岚山港北	13561906170
		中粮佳悦（天津）有限公司	2.025万吨	天津市滨海新区临港经济区渤海40路510号	13602031376
		中粮农业谷物蛋白南通有限公司	3万吨	江苏省南通市跃龙南路214号	15358775586
		中粮新沙粮油工业（东莞）有限公司	2万吨	广东省东莞市麻涌镇新沙港科技工业园区	13928922223
豆油		邦基三维油脂有限公司	0.9万吨	山东省日照市经济开发区海滨五路	13506336735
		嘉吉粮油（南通）有限公司	1.5万吨	江苏省南通市经济技术开发区同兴路	15996649791
		嘉里粮油（天津）有限公司	3万吨	天津港保税区津滨大道95号	13752718639
		江苏省江海粮油集团有限公司	3万吨	江苏省张家港市金港镇宝岛路1号	13814005151
		金光食品（宁波）有限公司	1.5万吨	浙江省宁波市北仑区黄河北路1号	15858401785
		九三集团天津大豆科技有限公司	1.5万吨	天津港保税区新港大道266号	13752197872
		龙口新龙食油有限公司	1.2万吨	山东省龙口市开发区新港路39号	18660565596
		路易达孚（霸州）饲料蛋白有限公司	0.9万吨	广东省东莞市麻涌镇新沙港科技工业园区	15033169347

续表

品种	交易所	交割仓库	库容	地址	电话
豆油	大商所	南京铁心桥国家粮食储备库有限公司	2 万吨	江苏省南京市雨花台区铁心桥镇吴尚村	13851421688
		秦皇岛金海粮油工业有限公司	2 万吨	河北省秦皇岛市海港区滨海路 35 号丙码头	18003352277
		泰州市过船港务有限公司	3 万吨	江苏省泰兴市经济开发区通江西路 45 号	18651146366
		天津龙威粮油工业有限公司	1.5 万吨	天津港保税区海滨五路 136 号	13820413704
		益海（连云港）粮油工业有限公司	3 万吨	江苏省连云港市墟沟大港路	13605133363
		益海（泰州）粮油工业有限公司	3 万吨	江苏省泰州市高港区永安洲镇疏港北路	15295279725
		中储粮日照粮油储备库	4 万吨	山东省日照市海滨五路 139 号	13356337661
		中储粮油脂（天津）有限公司	3 万吨	天津市天津港保税区海滨 6 路 29 号	15222017480
		中储粮镇江粮油有限公司	3 万吨	江苏省镇江市谏壁镇粮山村	13861350613
		中纺粮油（日照）有限公司	1.5 万吨	山东省日照市海滨五路 157 号	13963050583
		中粮东海粮油工业（张家港）有限公司	4.5 万吨	江苏省张家港市金港镇东海路 1 号	15250388220
		中粮黄海粮油工业（山东）有限公司	1.2 万吨	山东省日照市岚山港北	13561906170
		中粮佳悦（天津）有限公司	3 万吨	天津市滨海新区临港经济区渤海 40 路 510 号	13602031376
		中粮农业谷物蛋白南通有限公司	1.5 万吨	江苏省南通市跃龙南路 214 号	15358775586
棕榈油		东莞嘉吉粮油有限公司	2 万吨	广东省东莞市麻涌镇新沙工业园区	15622280377
		广州植之元油脂实业有限公司	1.5 万吨	广州市南沙区万顷沙镇万环西路新安工业园	13632223722
		华东油脂工业（泰兴）有限公司	0.9 万吨	江苏省泰兴市经济技术开发区沿江路 12 号	13852885897

续表

品种	交易所	交割仓库	库容	地址	电话
棕榈油	大商所	嘉吉粮油（南通）有限公司	2 万吨	江苏省南通市经济技术开发区同兴路	15996649791
		嘉里粮油（天津）有限公司	1 万吨	天津港保税区津滨大道 95 号	13752718639
		江苏省江海粮油集团有限公司	2 万吨	江苏省张家港市金港镇宝岛路 1 号	13814005151
		金天源食品科技（天津）有限公司	1 万吨	天津市滨海新区临港经济区渤海 40 路 2068 号	0574 - 86888188 - 6898 15858401785
		泰州市过船港务有限公司	1 万吨	江苏省泰兴市经济开发区通江西路 45 号	18651146366
		天津龙威粮油工业有限公司	3 万吨	天津港保税区海滨五路 136 号	13820413704
		仪征方顺粮油工业有限公司	1.2 万吨	江苏省仪征市油港路 3 号	13773360371
		仪征益江粮油工业有限公司	1 万吨	江苏省扬州化学工业园区油港路 1 号	15062516828
		益海（广州）粮油工业有限公司	3 万吨	广州经济技术开发区东江大道 2 号	13826117915
		益海（泰州）粮油工业有限公司	3 万吨	江苏省泰州市高港区永安洲镇疏港北路	15295279725
		中储粮油脂（天津）有限公司	2 万吨	天津市天津港保税区海滨 6 路 29 号	15222017480
		中储粮油脂工业东莞有限公司	4 万吨	广东省东莞市麻涌镇新沙港后工业区	13829192825
		中储粮镇江粮油有限公司	2 万吨	江苏省镇江市谏壁镇粮山村	13861350613
		中粮东海粮油工业（张家港）有限公司	2.4 万吨	江苏省张家港市金港镇东海路 1 号	15250388220
		中粮佳悦（天津）有限公司	3 万吨	天津市滨海新区临港经济区渤海 40 路 510 号	13602031376
		中粮新沙粮油工业（东莞）有限公司	3 万吨	广东省东莞市麻涌镇新沙港科技工业园区	13928922223
纤维板		广东国储物流股份有限公司	3 000 平方米	广东省广州市萝岗区开发大道 1330 号	13925178748

续表

品种	交易所	交割仓库	库容	地址	电话
纤维板	大商所	江苏奔牛港务集团有限公司	3 000 平方米	江苏省常州市新北区奔牛镇奔牛港	13706111983
		天津全程物流配送有限公司	3 000 平方米	天津市河西区解放南路475号增2号	13672102277
		浙江省国际贸易集团物流有限公司	3 000 平方米	浙江省嘉兴市塘汇镇铁路东站内	13958044843
		镇江惠龙长江港务有限公司	3 000 平方米	江苏省镇江市金桥大道88号	13852940132
		中储发展股份有限公司	6 000 平方米	天津市滨海新区塘沽新港四号路北	022－59815034
		中国物资储运广州公司	5 000 平方米	广东省东莞市麻涌镇新基村新基工业区	13826216834
胶合板		广东国储物流股份有限公司	3 000 平方米	广东省广州市萝岗区开发大道1330号	13925178748
		江苏奔牛港务集团有限公司	3 000 平方米	江苏省常州市新北区奔牛镇奔牛港	13706111983
		立晨物流股份有限公司	3 000 平方米	山东省临沂市经济开发区杭州路21号	13505391490
		南星家居科技（湖州）有限公司	225 000 张	浙江省湖州市南浔开发区强华路2111号	13645829969
		平湖华瑞仓储有限公司	5 000 平方米	浙江省平湖市独山港镇海涛路88号	13777877291
		山东千山木业有限公司	90 000 张	山东临沂市兰山区义堂镇堰西工业园	13589690075
		天津全程物流配送有限公司	3 000 平方米	天津市河西区解放南路475号增2号	13672102277
		浙江尖峰国际贸易有限公司	5 000 平方米	浙江省金华市金东经济开发区B区	13757965528
		浙江省国际贸易集团物流有限公司	3 000 平方米	浙江省嘉兴市塘汇镇铁路东站内	13958044843
		镇江惠龙长江港务有限公司	3 000 平方米	江苏省镇江市金桥大道88号	13852940132
		中储发展股份有限公司	9 000 平方米	天津市滨海新区塘沽新港四号路北	022－59815034

续表

品种	交易所	交割仓库	库容	地址	电话
胶合板	大商所	中国物资储运广州公司	5 000 平方米	广东省东莞市麻涌镇新基村新基工业区	13826216834
鸡蛋	大商所	大连韩伟养鸡有限公司	1 050 吨	辽宁省大连市旅顺口区三涧堡镇东泥河村	13840844621
鸡蛋	大商所	大连绿康禽业发展有限公司	150 吨	辽宁省庄河市徐岭镇杨树房村	13322298971
鸡蛋	大商所	德州和膳生态农业有限公司	300 吨	山东省德州市宁津县宁津镇洼赵村南	18605341250
鸡蛋	大商所	丰城圣迪乐村生态食品有限公司	375 吨	江西省丰城市梅林镇低山村	15179509922
鸡蛋	大商所	河北金凯牧业有限责任公司	300 吨	河北省沙河市金百家工业园区 329 省道 39 号	18233943860
鸡蛋	大商所	河北民旺饲料有限公司	300 吨	河北省馆陶县工业园区河北民旺集团	18031099887
鸡蛋	大商所	河南省惠民禽业有限公司	300 吨	河南省睢县尚屯镇刘祥府寨	13937053797
鸡蛋	大商所	湖北家和美食品有限公司	50 吨	湖北省黄冈市浠水县清泉镇月山村	15972855566
鸡蛋	大商所	湖北神丹健康食品有限公司	1050 吨	湖北省孝感市安陆解放大道东 3 号	13607155272
鸡蛋	大商所	湖北神地农业科贸有限公司	150 吨	湖北省荆门市京山县经济技术开发区	13997915871
鸡蛋	大商所	济南良新商贸有限公司	25 吨	山东省济南市历城区唐王镇北殷村荷花路	0531－69907107 13220551005
鸡蛋	大商所	江苏鸿轩生态农业有限公司	450 吨	江苏省南通市如东县东安科技园区海新路	18217476860
鸡蛋	大商所	南通天成现代农业科技有限公司	150 吨	江苏省海安县滨海新区友谊路西侧滩涂垦区	13348085259
鸡蛋	大商所	青岛田瑞牧业科技有限公司	300 吨	山东省青岛即墨市店集镇池戈庄村	13335078617
鸡蛋	大商所	山西晋龙养殖股份有限公司	750 吨	山西省稷山县化峪镇吴嘱村村东	18903595851
鸡蛋	大商所	四川圣迪乐村生态食品股份有限公司沧州分公司	150 吨	河北省沧州市泊头市经济开发区	15130792337

续表

品种	交易所	交割仓库	库容	地址	电话
鸡蛋	大商所	苏州欧福蛋业有限公司	150 吨	江苏省苏州吴江区金家坝社区金贤路 386 号	18621612023
		铜川春蕾绿色禽业有限公司	450 吨	陕西省铜川市印台区周陵农业科技示范区	15667966009
		宜城市襄大农牧有限公司	450 吨	湖北省宜城市经济开发区楚都大道 655 号	18986328928
聚乙烯期货		天津全程物流配送有限公司	4.5 万吨	天津市东丽区华粮道 2298 号	022 - 84828366 022 - 84828228
		天津开发区泰达公共保税仓有限公司	1.5 万吨	天津经济技术开发区渤海路 39 号	022 - 59858176 022 - 59858177
		中储发展股份有限公司（南仓分公司）	2 万吨	天津市北辰区南仓道	022 - 58986699 022 - 58986805
		青州中储物流有限公司	8 万吨	山东省青州市玲珑山北路 638 号	0536 - 3292571
		立晨物流股份有限公司	7 万吨	山东临沂经济开发区杭州路 21 号	0539 - 6012302 0539 - 6012321
		中储发展股份有限公司（大场分公司）	3.5 万吨	上海市宝山区南大路 257 号	021 - 51621983
		中储发展股份有限公司（浦东分公司）	2 万吨	上海市奉贤区平宇路 585 路	021 - 68197072
		上海远盛仓储有限公司	3 万吨	上海市虹口区曲阳路 900 号 3 号楼 225 室	021 - 61806025 021 - 61806029
		上港集团物流有限公司	2.5 万吨	上海市宝山区安达路 240 号	021 - 56443180 021 - 56446738
		上海象屿速传供应链有限公司	2 万吨	上海市黄浦区南苏州路 999 号象屿大厦 8 楼	021 - 33313672
		上海中外运张华浜储运有限公司	1 万吨	上海市宝山区逸仙路 4188 号	021 - 56441555
		国家物资储备局浙江八三七处	2 万吨	浙江省宁波市镇海区大通路 331 号	0574 - 86256059 0574 - 86378767
		宁波保税区高新货柜有限公司	5 万吨	宁波保税西区创业 6 路 6 号	0574 - 86820043 0574 - 86818951
		浙江省国际贸易集团物流有限公司	3.5 万吨	杭州市体育场路 229 号	0571 - 85778718

续表

品种	交易所	交割仓库	库容	地址	电话
聚乙烯期货	大商所	杭州临港物流有限公司	7 万吨	杭州萧山区瓜沥镇临港工业园区瓜港西路309 号	0571 - 83531810 0571 - 83786752
		浙江尖峰国际贸易有限公司	4 万吨	浙江省金华市金义都市新区常春西路 88 号	0579 - 82382768 0579 - 82977115
		江苏奔牛港务集团有限公司	7.5 万吨	江苏省常州市新北区奔牛镇奔牛港行政办公楼	0519 - 83133012 0519 - 83133225
		江苏正盛仓储物流有限公司	3 万吨	江苏省南通市海安经济开发区晓星大道 105 号	0513 - 80688188
		中国物资储运广州公司	3 万吨	广州市黄埔区黄埔东路268 号怡港大厦 A 座905 - 910 室	020 - 82299020 020 - 82594330
		广州市川金路物流有限公司	3 万吨	广东省广州市萝岗区开发大道 1330 号综合楼101 - 102 房	020 - 32289660 020 - 32289663
		金发科技股份有限公司	2.5 万吨	广州市高新技术产业开发区科学城科丰路33 号	020 - 66221450
		南储仓储管理集团有限公司	2 万吨	佛山市禅城区佛罗公路166 号	0757 - 88015031 0757 - 88015030
		广东柏亚供应链股份有限公司	2 万吨	汕头市南澳路 283 号柏亚日化工业园	0754 - 86708822 0754 - 86708843
		中国石油天然气股份有限公司（重庆仓储中心）	1.5 万吨	重庆市沙坪坝区土主镇土主中路 199 号附1 - 443	023 - 65732205 023 - 65732315
		厦门速传物流发展股份有限公司（保税仓库）	3 万吨	天津市河西区友谊路 5 号北方金融大厦 14 层	022 - 88350248 022 - 88350973
		国投山东临沂路桥发展有限责任公司	1 万吨	山东省临沂市河东区华阳路中段	0539 - 2658926 0539 - 7677013
聚氯乙烯		中储发展股份有限公司（浦东分公司）	2 万吨	上海市奉贤区平宇路585 路	021 - 68197072
		上海远盛仓储有限公司	3 万吨	上海市虹口区曲阳路900 号 3 号楼 225 室	021 - 61806025 021 - 61806029

续表

品种	交易所	交割仓库	库容	地址	电话
聚氯乙烯	大商所	上港集团物流有限公司	2.5 万吨	上海市宝山区安达路240号	021－56443180 021－56446738
		上海华谊天原化工物流有限公司	0.5 万吨	上海市金山区漕泾镇合展路155号	021－67252410 021－57252555－1015
		上海象屿速传供应链有限公司	2 万吨	上海市黄浦区南苏州路999号象屿大厦8楼	021－33313672
		上海中外运张华浜储运有限公司	1 万吨	上海市宝山区逸仙路4188号	021－56441555
		国家物资储备局浙江八三七处	2 万吨	浙江省宁波市镇海区大通路331号	0574－86256059 0574－86378767
		浙江省国际贸易集团物流有限公司	3.5 万吨	杭州市体育场路229号	0571－85778718
		杭州临港物流有限公司	7 万吨	杭州萧山区瓜沥镇临港工业园区瓜港西路309号	0571－83531810 0571－83786752
		浙江尖峰国际贸易有限公司	4 万吨	浙江省金华市金义都市新区常春西路88号	0579－82382768 0579－82977115
		江阴市协丰棉麻有限公司	2.5 万吨	江苏省江阴市华西村商贸城物流园	0510－86060699
		江苏奔牛港务集团有限公司	7.5 万吨	江苏省常州市新北区奔牛镇奔牛港行政办公楼	0519－83133012 0519－83133225
		江苏正盛仓储物流有限公司	3 万吨	江苏省南通市海安经济开发区晓星大道105号	0513－80688188
		中国物资储运广州公司	3 万吨	广州市黄埔区黄埔东路268号怡港大厦A座905－910室	020－82299020 020－82594330
		广州市川金路物流有限公司	3 万吨	广东省广州市萝岗区开发大道1330号综合楼101－102房	020－32289660 020－32289663
		广东储备物资管理局八三〇处	1 万吨	广东省广州市萝岗区开发大道1330号	020－32288072 020－32288576
		南储仓储管理集团有限公司	2 万吨	佛山市禅城区佛罗公路166号	0757－88015031 0757－88015030
聚丙烯		青州中储物流有限公司	8 万吨	山东省青州市玲珑山北路638号	0536－3292571

续表

品种	交易所	交割仓库	库容	地址	电话
聚丙烯	大商所	立晨物流股份有限公司	7 万吨	山东临沂经济开发区杭州路 21 号	0539 - 6012302 0539 - 6012321
		中储发展股份有限公司（大场分公司）	3.5 万吨	上海市宝山区南大路 257 号	021 - 51621983
		中储发展股份有限公司（浦东分公司）	2 万吨	上海市奉贤区平宇路 585 路	021 - 68197072
		上海远盛仓储有限公司	3 万吨	上海市虹口区曲阳路 900 号 3 号楼 225 室	021 - 61806025 021 - 61806029
		上港集团物流有限公司	2.5 万吨	上海市宝山区安达路 240 号	021 - 56443180 021 - 56446738
		上海象屿速传供应链有限公司	2 万吨	上海市黄浦区南苏州路 999 号象屿大厦 8 楼	021 - 33313672
		上海中外运张华浜储运有限公司	1 万吨	上海市宝山区逸仙路 4188 号	021 - 56441555
		国家物资储备局浙江八三七处	2 万吨	浙江省宁波市镇海区大通路 331 号	0574 - 86256059 0574 - 86378767
		宁波保税区高新货柜有限公司	5 万吨	宁波保税西区创业 6 路 6 号	0574 - 86820043 0574 - 86818951
		浙江省国际贸易集团物流有限公司	3.5 万吨	杭州市体育场路 229 号	0571 - 85778718
		杭州临港物流有限公司	7 万吨	杭州萧山区瓜沥镇临港工业园区瓜港西路 309 号	0571 - 83531810 0571 - 83786752
		浙江尖峰国际贸易有限公司	4 万吨	浙江省金华市金义都市新区常春西路 88 号	0579 - 82382768 0579 - 82977115
		江苏奔牛港务集团有限公司	7.5 万吨	江苏省常州市新北区奔牛镇奔牛港行政办公楼	0519 - 83133012 0519 - 83133225
		江苏金发科技新材料有限公司	1.5 万吨	苏州昆山开发区西江路 388 号	020 - 66221450
		江苏正盛仓储物流有限公司	3 万吨	江苏省南通市海安经济开发区晓星大道 105 号	0513 - 80688188
		中国物资储运广州公司	3 万吨	广州市黄埔区黄埔东路 268 号怡港大厦 A 座 905 - 910 室	020 - 82299020 020 - 82594330

续表

品种	交易所	交割仓库	库容	地址	电话
聚丙烯	大商所	金发科技股份有限公司	2.5 万吨	广州市高新技术产业开发区科学城科丰路33号	020－66221450
		广东柏亚供应链股份有限公司	2 万吨	汕头市南澳路283号柏亚日化工业园	0754－86708822 0754－86708843
		中国石油天然气股份有限公司（重庆仓储中心）	1.5 万吨	重庆市沙坪坝区土主镇土主中路 199 号附1－443	023－65732205 023－65732315
		国投山东临沂路桥发展有限责任公司	1 万吨	山东省临沂市河东区华阳路中段	0539－2658926 0539－7677013
焦炭		天津港交易市场有限责任公司	100 万吨	天津港散货物流中心金岸2道481号	13389023855 022－25703089 15332136528 022－25703089
		江苏连云港港口股份有限公司	8 万吨	连云港市连云区鑫港大厦2220室	0518－82389267 13605132219
		日照港股份有限公司	10 万吨	山东省日照市上海路东段日照港国贸中心3楼	0633－8383068 18963030580
		中钢国际货运有限公司	8 万吨	天津开发区第三大街51号滨海金融街西区W5－C1－5	022－66281820 18622255588
		山西省焦炭集团天津仓储有限公司	6 万吨	天津市滨海新区滨海金融街E7A－501室	022－66225364 18698053089 15822583751
		青岛港国际股份有限公司	60 万吨	青岛市港青路6号青岛港集团业务部309室	0532－82982050 13805428892
		唐山港京唐港区进出口保税储运有限公司	50 万吨	唐山港集团股份有限公司南办公楼	0315－2916385 13931521582 0315－2916471 15081925688
		曹妃甸港集团有限公司	50 万吨	河北省唐山市曹妃甸工业区弘毅码头508室	13932581066 15930950627
		河北旭阳焦化有限公司	9 万吨	河北省定州市定曲路	010－63702850 －8899 13661397215

续表

品种	交易所	交割仓库	库容	地址	电话
焦炭	大商所	山西美锦煤焦化有限公司	6.6万吨	山西省太原市杏花岭区府西街92号天隆仓大厦13层	0351－4236868 13503505877
		山西宏安焦化科技有限公司	2.4万吨	山西省太原市平阳路126号安泰大厦20层	0351－7658141 13633454409 0351－7658007 18636083421
		山东铁雄冶金科技有限公司	9万吨	山东省滨州市邹平县黛溪工业园	0543－4300399 13561501995
		迁安市宏奥工贸有限公司	4.5万吨	河北省迁安市太平庄乡崇家峪村南	0315－7026698 15931532110 0315－7025689 15931906227
		山西阳光焦化集团股份有限公司	3万吨	山西铝厂一号路北	15383696561 15383693158
		徐州伟天化工有限公司	3万吨	铜山区利国镇马元村	13775889906 15238789901
		唐钢美锦（唐山）煤化工有限公司	3万吨	滦县司家营循环经济园区	13633153233 18803448536
		河北华丰煤化电力有限公司	3万吨	河北省武安市磁山镇二街	18503103888 18503102282
		山东兖矿国际焦化有限公司	3万吨	山东省济宁市兖州区国际大道1号	18053701566 13465378589
		山西亚鑫能源集团有限公司	3万吨	山西省太原市长治路阳光国际A座22层	13603531047 13389077980
		孝义市鹏飞实业有限公司	3万吨	山西省吕梁孝义市振兴街与中和路交叉口鹏飞总部	0358－2883990 15935172739 0358－2883990 13920289878
		河北中煤旭阳焦化有限公司	3万吨	河北省邢台县晏家屯镇石相村西	0319－39335553 13653330955 010－63701616－6577 18910979871

续表

品种	交易所	交割仓库	库容	地址	电话
焦煤	大商所	天津港交易市场有限责任公司	40 万吨	天津港散货物流中心金岸 2 道 481 号	13389023855 022－25703089 15332136528 022－25703089
		江苏连云港港口股份有限公司	20 万吨	连云港市连云区鑫港大厦 2220 室	0518－82389267 13605132219
		日照港股份有限公司	20 万吨	山东省日照市上海路东段日照港国贸中心 3 楼	0633－8383622 13963033888
		青岛港国际股份有限公司	100 万吨	青岛市港青路 6 号青岛港集团业务部 309 室	0532－82988356 13805428892
		唐山市港口物流有限公司	50 万吨	唐山港集团股份有限公司南办公楼	0315－2916471 13931521582
		山西省焦炭集团天津仓储有限公司	6 万吨	天津市滨海新区滨海金融街 E7A－501 室	022－66225364 18698053089 15822583751
		曹妃甸港集团有限公司	50 万吨	河北省唐山市曹妃甸工业区弘毅码头 508 室	13932581066 15930950627
		山西焦煤集团有限责任公司	15 万吨	山西省太原市新晋祠路一段 1 号山西焦煤大厦 1107 室	0351－8305577
		山西美锦煤焦化有限公司	9.6 万吨	山西省太原市杏花岭区府西街 92 号天隆仓大厦 13 层	0351－4236868 13503505877
		中铝内蒙古国贸有限公司	9 万吨	迁安市沙河驿镇北方钢铁物流产业聚集区	0478－2641193 15147822999 010－69371710 13810353165
铁矿石		天津港交易市场有限责任公司	100 万吨	天津港散货物流中心金岸 2 道 481 号	18920123126 022－25703089 15332136528 022－25703089
		江苏连云港港口股份有限公司	20 万吨	连云港市连云区鑫港大厦 2220 室	0518－82389267 13605132219
		日照港股份有限公司	40 万吨	山东省日照市上海路调度中心大楼 107 室	0633－7387681 13963032805

续表

品种	交易所	交割仓库	库容	地址	电话
铁矿石	大商所	青岛港国际股份有限公司	300万吨	青岛市港青路6号青岛港集团业务部309室	0532－82988356 13805428892
		唐山港京唐港区进出口保税储运有限公司	50万吨	唐山港集团股份有限公司南办公楼	0315－2916471 13931521582 0315－2916471 15081925688
		曹妃甸港集团有限公司	100万吨	河北省唐山市曹妃甸工业区弘毅码头508室	13932581066 15930950627
		唐山曹妃甸实业港务有限公司	50万吨	唐山曹妃甸工业区唐山曹妃甸实业港务有限公司	0315－8821628 13582586199 0315－8821176 18633131983 0315－8821557 13483571603
		河北钢铁集团矿业有限公司	15万吨	河北唐山建设北路81号	0315－2793187 15081656960 0315－2793198 18732511756
		江苏沙钢国际贸易有限公司	20万吨	江苏省张家港市锦丰镇沙钢大厦605	0512－58953861 13914919041 021－68599120－671 15995743182
		瑞钢联集团有限公司	30万吨	北京市东城区朝阳门北大街1号新保利大厦23层	010－84193799 13911201973 6596989160
		中钢德远矿产品有限公司	20万吨	北京市海淀区海淀大街8号32层	010－62689292 13693546961 010－62688967 18910556593
		日照钢铁控股集团有限公司	20万吨	山东省日照市岚山区沿海路600号	18660300787 13562368527

续表

品种	交易所	交割仓库	库容	地址	电话
铁矿石	大商所	杭州热联集团股份有限公司	35 万吨	杭州市江干区富春路丹桂街 8 号汉嘉国际 35 楼	13957172551 13588473296 18958002699
		山东华信工贸有限公司	15 万吨	山东省日照市济南路 257 号兴业财富广场 B 座 20 楼	18863376363 15863363188
		鞍钢股份有限公司	20 万吨	辽宁省鞍山市铁东区团结街 42 号	13322119492 13390087743
		中建材供应链管理有限公司	60 万吨	上海市黄浦区四川中路 321 号中央大厦 7 楼	15921637115 18621930932
		嘉吉迈拓金属贸易（上海）有限公司	20 万吨	上海市徐汇区淮海中路 999 号上海环贸广场一期 10 楼	13761657985 13818319061
		河钢集团北京国际贸易有限公司	30 万吨	北京市朝阳区建国路甲 92 号世贸大厦	15901055761 13661331860
		大有资源有限公司	20 万吨	北京市西城区复兴门内大街 158 号远洋大厦 F309	13488845788 13718383236
		大连港散货物流中心有限公司	55 万吨	大连经济技术开发区新港大连港矿石码头公司	0411 - 87595577 13604250299

附录4　机构名录[①]

附录4－1　中国期货业协会会员名录

普通会员——期货公司

机构名称	通信地址	邮编
安徽		
徽商期货有限责任公司	安徽省合肥市芜湖路258号3号楼6－7层、6号楼1－2层	230061
华安期货有限责任公司	安徽省合肥市庐阳区长江中路419号	230061
安粮期货股份有限公司	安徽省合肥市芜湖路168号同济大厦10－11层	230001
北京		
方正中期期货有限公司	北京市朝阳区东三环北路38号院1号楼泰康金融大厦22层（100026）	100026
金鹏期货经纪有限公司	北京市西城区金融大街27号投资广场B座九层	100033
国都期货有限公司	北京市东城区东直门南大街3号国华投资大厦8层、10层	100007
中粮期货有限公司	北京市东城区东直门南大街5号中青旅大厦15层	100007
北京首创期货有限责任公司	北京市西城区宣武门外大街甲1号3层301、302、314房间	100031
宏源期货有限公司	北京市西城区太平桥大街19号4层	100033
第一创业期货有限责任公司	北京市西城区新街口北大街3号星街坊购物中心6层603、604室	100035
冠通期货有限公司	北京市朝阳区朝外大街甲6号万通中心D座20层	100020
国元期货有限公司	北京市东城区东直门外大街天恒大厦B座21层	100027
首创京都期货有限公司	北京市朝阳区北辰东路8号辰运大厦B区2层	100088
中衍期货有限公司	北京市朝阳区东四环中路82号金长安大厦B座7层	100026
中钢期货有限公司	北京市海淀区海淀大街8号19层	100080

① 截至2016年12月31日。

续表

机构名称	通信地址	邮编
民生期货有限公司	北京市东城区建国门内大街28号民生金融中心A座16层	100005
九州期货有限公司	北京市海淀区西直门北大街甲43号金运大厦B座1418室	110013
银河期货有限公司	北京市朝外大街16号中国人寿大厦13层	100045
中国国际期货股份有限公司	北京市朝阳区建国门外光华路14号中国中期大厦A座9层	100020
英大期货有限公司	北京市朝阳区呼家楼京广中心6层605室	100005
格林大华期货有限公司	北京市朝阳区光华东里8号院2号楼中海广场中楼6层（501内601室）	100032
中天期货有限责任公司	北京市丰台区方庄芳古园一区29号楼3层	100078
大连		
大连良运期货经纪有限公司	辽宁省大连市沙河口区会展路129号大连国际金融中心A座－大连期货大厦37层3703－3706室	116023
国富期货有限公司	上海市浦东新区杨高南路799号陆家嘴世纪金融广场3号楼25层	116023
福建		
鑫鼎盛期货有限公司	福州市台江区鳌峰路升龙汇金大厦15楼7－8单元	350001
兴证期货有限公司	福州市鼓楼区温泉街道湖东路268号6层（兴业证券大厦）	350001
福能期货股份有限公司	福州市鼓楼区华林路93号1座5、6层	350003
甘肃		
华龙期货股份有限公司	甘肃省兰州市城关区静宁路308号信托大厦4楼	730000
广东		
华联期货有限公司	广东省东莞市城区可园南路1号金源中心17层	523000
广发期货有限公司	广东省广州市天河区体育西路57号红盾大厦9楼、14楼、15楼	510620
新晟期货有限公司	广州市海珠区新港东路1000号保利世贸东塔8楼	510308
集成期货股份有限公司	广东省广州市天河区珠江新城珠江西路17号广晟国际大厦1501－B	510623
摩根大通期货有限公司	上海市静安区南京西路1601号越洋国际广场4204室、4205C室	200040
华泰期货有限公司	广州市越秀区东风路761号丽丰大厦20层	510095

续表

机构名称	通信地址	邮编
广州金控期货有限公司	广东省广州市天河区体育西路 103 号维多利广场 A 塔 19 楼	510620
广州期货股份有限公司	广州市天河区珠江西路 5 号广州国际金融中心主塔写字楼第 1007～1012 房	510623
海南		
金元期货股份有限公司	海南省海口市南宝路 36 号证券大厦 1 楼	570206
华融期货有限责任公司	海南省海口市龙昆北路 53－1 号	570105
河北		
河北恒银期货经纪有限公司	石家庄市槐安东路 90 号国富大厦三层	050020
河南		
华信期货股份有限公司	郑州市郑东新区商务内环路 27 号楼万达期货大厦 3 层	450016
中原期货股份有限公司	河南省郑州市郑东新区商务外环路 10 号中原广发金融大厦四楼	450046
黑龙江		
大通期货经纪有限公司	黑龙江哈尔滨南岗区西大直街 118 号 1 号楼 6 楼	150001
黑龙江时代期货经纪有限公司	黑龙江省哈尔滨市香坊区中山路 93 号保利大厦 401 室	150036
湖北		
美尔雅期货有限公司	湖北省武汉市江汉区新华路 218 号（浦发银行大厦）9 层 1 室、10 层 1 室	430022
长江期货股份有限公司	湖北省武汉市武昌区中北路 9 号长城汇 T2 号写字楼第 27 层	430015
湖南		
金信期货有限公司	湖南省芙蓉区长沙市车站北路 459 号证券大厦五楼	410001
大有期货有限公司	湖南省长沙市天心区芙蓉南路二段 128 号现代广场三、四楼	410011
德盛期货有限公司	湖南省长沙市五一西路 2 号第一大道 14 楼	410005
吉林		
天富期货有限公司	吉林省长春市经开区浦东路 1199 号	130041
东方汇金期货有限公司	吉林省长春市朝阳区西安大路 2128 号绿地·蓝海 5A 第 20 层 2020、2021、2022、2023、2025、2026 室	130061
江苏		
江苏东华期货有限公司	江苏省南京市王府大街 63 号 5 层	210004
国联期货股份有限公司	江苏省无锡市金融一街 8 号 6 楼	214121
创元期货股份有限公司	江苏省苏州市三香路 120 号万盛大厦 2 楼、3 楼	215004
东海期货有限责任公司	上海市浦东新区东方路 1928 号东海证券大厦 8 楼	200125

续表

机构名称	通信地址	邮编
新纪元期货股份有限公司	江苏省徐州市淮海东路153号	221005
弘业期货股份有限公司	南京市中华路50号弘业大厦9楼	210001
前海期货有限公司	江苏省南通市青年中路67号锦峰大厦301室	226006
锦泰期货有限公司	江苏省南京市中央路258－28号锦盈大厦7楼	210009
南证期货有限责任公司	南京市秦淮区长乐路226号	210006
道通期货经纪有限公司	江苏省南京市鼓楼区广州路188号苏宁环球大厦5层02座	210024
江西		
江西瑞奇期货经纪有限公司	江西省南昌市广场南路333号恒茂国际中心16号楼A座6层	330003
辽宁		
江海汇鑫期货有限公司	辽宁省沈阳市沈河区青年大街51－2号商会总部大厦B座12层	110014
江信国盛期货有限责任公司	辽宁省鞍山市铁东区园林路162号－80	114003
宁波		
兴业期货有限公司	上海市浦东新区银城中路68号时代金融中心35楼	315040
青海		
中金期货有限公司	北京市朝阳区建外大街1号国贸写字楼2座6层	100022
厦门		
国贸期货有限公司	福建省厦门市湖滨南路国贸大厦11层、2层A1单元、5层B1单元、27层B单元、3层A2单元	361004
瑞达期货股份有限公司	厦门市思明区塔埔东路169号13层	361000
山东		
鲁证期货股份有限公司	济南市市中区经七路86号15、16层	250001
招金期货有限公司	山东省淄博市张店区柳泉路45号甲3号5层	255000
中州期货有限公司	山东省烟台市开发区长江路天马中心1号楼第23层2301室	264003
山西		
山西三立期货经纪有限公司	山西省太原市府西街69号国贸A座18层	030002
和合期货有限公司	山西省太原市莱园东街2号和合期货	030012
晟鑫期货经纪有限公司	山西省阳泉市德胜东街23号	045000
陕西		
西部期货有限公司	陕西省西安市新城区东新街319号（人民大厦）8幢10000室9层、10层	710004
长安期货有限公司	西安市浐灞生态区浐灞大道1号浐灞商务中心二期四层	710001

续表

机构名称	通信地址	邮编
迈科期货股份有限公司	西安市高新区唐延路迈科国际大厦2209	710075
上海		
国泰君安期货有限公司	上海市静安区延平路121号28层	200042
中融汇信期货有限公司	上海市浦东新奇源深路1088号25层	130022
天鸿期货经纪有限公司	上海市虹口区东大名路1080号21层	200082
天风期货股份有限公司	上海市虹口区黄浦路99号上海滩国际大厦508室	200080
渤海期货股份有限公司	中国（上海）自由贸易试验区新金桥路28号12楼1201室	116001
海通期货股份有限公司	中国（上海）自由贸易试验区世纪大道1589号17楼、6楼01－04单元、25楼、2楼05、03单元	200122
华鑫期货有限公司	上海市黄浦区宁海东路200号27、28楼	200021
光大期货有限公司	中国（上海）自由贸易试验区杨高南路729号陆家嘴世纪金融广场1号楼6楼	200127
铜冠金源期货有限公司	上海市浦东新区源深路273号（1、2、3楼）	200135
恒泰期货股份有限公司	上海市浦东新区峨山路91弄120号2层201单元	200122
国投安信期货有限公司	北京市西城区广安门外南滨河路1号高新大厦9层	200080
建信期货有限责任公司	上海市浦东新区银城路99号502、503室	200023
上海东亚期货有限公司	上海市浦东新区松林路300号2203室	200122
上海东方期货经纪有限责任公司	上海市浦东新区松林路300号1603室	200122
上海大陆期货有限公司	上海市徐汇区凯旋路3131号明申中心大厦25楼	200030
东航期货有限责任公司	上海市吴中路686弄3号D幢16楼201103	201103
中财期货有限公司	上海市浦东新区陆家嘴环路958号23楼	200120
上海浙石期货经纪有限公司	上海市浦东新区浦电路438号双鸽大厦10－G室	200122
瑞银期货有限责任公司	中国（上海）自由贸易试验区花园石桥路33号1608室	200063
通惠期货有限公司	上海市浦东新区陆家嘴西路99号7楼	200120
上海东证期货有限公司	上海市中山南路318号东方国际金融广场2号楼35楼	200122
海证期货有限公司	上海市临平北路19号3楼	200086
上海中期期货股份有限公司	上海市浦东新区世纪大道1701号1301单元	200122
同信久恒期货有限责任公司	上海市浦东新区世纪大道1500号东方大厦12楼北座	200122
新湖期货有限公司	上海市裕通路100号36层	200070
国信期货有限责任公司	深圳市罗湖区红岭中路1010号国际信托大厦13楼	450008
华闻期货有限公司	上海市黄浦区北京东路666号H楼31层	200120
申银万国期货有限公司	上海市东方路800号7、8、10楼	200122
东兴期货有限责任公司	上海市虹口区杨树浦路248号22楼	200082
中辉期货有限公司	上海市浦东新区新金桥路27号10号楼5层A	030002

续表

机构名称	通信地址	邮编
东吴期货有限公司	上海市西藏南路1208号6楼	200011
中银国际期货有限责任公司	中国（上海）自由贸易试验区世纪大道1589号903－909室	200122
深圳		
深圳瑞龙期货有限公司	深圳市南山区深南大道9676号大冲商务中心2栋3号楼12层C1号房	518026
中投天琪期货有限公司	深圳市福田区深南大道4009号投资大厦3楼01、04区	518048
混沌天成期货股份有限公司	深圳市福田区福华三路与金田路交汇处卓越世纪中心3号楼2701－2710室	518038
中航期货有限公司	深圳市福田区华富路1006号航都大厦21层	518026
中信期货有限公司	深圳福田中心三路8号卓越时代广场二期14层	518048
五矿经易期货有限公司	深圳市福田区益田路西福中路北新世界商务中心4801－A、4802－B、4803、4804	518026
招商期货有限公司	深圳福田区福华一路免税商务大厦9层9－15单元、7层1－8、22－26号单元	518048
深圳金汇期货经纪有限公司	深圳市福田区深南大道6013号中国有色大厦18楼	518040
乾坤期货有限公司	广东省深圳市福田区中心四路1号嘉里建设广场第一座第十六层02B，03A2室	518048
海航期货股份有限公司	深圳市福田区益田路6001号太平金融大厦11层04、05单元	518031
神华期货有限公司	广东省深圳市福田区深南大道6008号特区报业大厦西区29F	518009
金瑞期货股份有限公司	深圳市福田区彩田路东方新天地广场A座31楼	518033
平安期货有限公司	深圳市福田区金田路4036号荣超大厦14层01单元	518026
四川		
华西期货有限责任公司	成都市青羊区通惠门路3号	610015
国金期货有限责任公司	成都市锦江区东大街芷泉段229号1栋2单元28层	610061
倍特期货有限公司	成都市高新区锦城大道539号盈创动力大厦A座4楼406室	610031
天津		
一德期货有限公司	天津市和平区解放北路188号信达大厦16层	300042
华金期货有限公司	天津市和平区五大道街南京路183号世纪都会商厦办公楼22层2203－2207室	300021
财达期货有限公司	天津市和平区南京路君隆广场B座501－503	300000
山金期货有限公司	天津市南开区长江道与三马路交口融汇广场B座21层	300457

续表

机构名称	通信地址	邮编
和融期货有限责任公司	天津市和平区郑州道18号港澳大厦103，201－1，201－2，302－1，302－2	300050
津投期货经纪有限公司	天津市河西区马场道59号国贸中心大厦A座9层	300203
新疆		
新疆天利期货经纪有限公司	新疆乌鲁木齐市天山区西河坝后街137号瑞达国际大厦七楼	830002
金石期货有限公司	新疆乌鲁木齐市天山区解放北路90号天际大厦2楼	830002
云南		
红塔期货有限责任公司	云南省昆明市北辰财富中心商住楼A幢28楼	650224
云晨期货有限责任公司	云南省昆明市人民东路111号	650051
浙江		
中大期货有限公司	浙江省杭州市中山北路310号3层12层东	310003
浙江新世纪期货有限公司	浙江省杭州市体育场路335号	310006
宝城期货有限责任公司	杭州市西湖区求是路8号公元大厦南裙楼5层	310013
大地期货有限公司	浙江省杭州市延安路511号元通大厦12楼	310006
浙商期货有限公司	杭州市庆春路173号8－10层	310006
大越期货股份有限公司	浙江省绍兴市解放北路186号7楼	312000
信达期货有限公司	浙江省杭州市文晖路108号浙江出版物资大厦1125室、1127室、12楼、16楼	310004
南华期货股份有限公司	杭州市西湖大道193号二层、三层	310002
国海良时期货有限公司	杭州市河东路91号	310014
永安期货股份有限公司	杭州市潮王路208号浙江协作大厦3、5－10、22楼	310005
盛达期货有限公司	杭州市萧山区宁围镇宁泰路27号江宁大厦2幢第8－9层	510120
重庆		
西南期货有限公司	重庆市江北区东升门路61号29－2、29－3	400015
中信建投期货有限公司	重庆市渝中区中山三路107号皇冠大厦11楼	400014
中电投先融期货股份有限公司	重庆市渝中区邹容路邹容广场A座14楼	400010
华创期货有限责任公司	重庆市渝中区中山三路131号希尔顿商务楼13楼	400015

普通会员——证券公司

机构名称	通信地址	邮编
安徽		
华安证券股份有限公司	合肥市政务文化新区天鹅湖路198号	230081

续表

机构名称	通信地址	邮编
国元证券股份有限公司	安徽省合肥市梅山路18号	230001
北京		
中国银河证券股份有限公司	北京市西城区金融大街35号国际企业大厦C座	100033
国都证券股份有限公司	中国北京市东城区东直门南大街3号国华投资大厦九层	100007
中信建投证券股份有限公司	北京市东城区朝内大街188号	100010
信达证券股份有限公司	北京市西城区闹市口大街9号楼1号楼	100031
中国国际金融股份有限公司	北京市朝阳区建国门外大街1号国贸大厦2座28层	100004
民生证券股份有限公司	北京市东城区建国门内大街28号民生金融中心A座18层	100005
东兴证券股份有限公司	北京市西城区金融大街5号新盛大厦12－15层	100033
华融证券股份有限公司	北京市西城区金融大街8号中国华融大厦A座	100033
中国民族证券有限责任公司	北京市朝阳区北四环中路27号盘古大观A座40－43层	100101
新时代证券股份有限公司	北京市海淀区北三环西路99号院西海国际中心1号楼15层1501	100086
首创证券有限责任公司	北京市西城区德胜门外大街115号德胜尚城E座	100088
大连		
大通证券股份有限公司	大连市沙河口区会展路129号大连期货大厦39层	116023
福建		
兴业证券股份有限公司	福州市湖东路268号	350003
华福证券有限责任公司	福建省福州市鼓楼区五四路157号新天地大厦8层	350003
长城国瑞证券有限公司	福建省厦门市莲前西路2号莲富大厦17楼	361009
甘肃		
华龙证券股份有限公司	兰州市城关区东岗西路638号兰州财富中心21楼	730000
广东		
广发证券股份有限公司	广州市天河区天河北路183号大都会广场43楼	510075
东莞证券股份有限公司	广东省东莞市莞城区可园南路1号金源中心30楼	523011
万联证券有限责任公司	广州市天河珠江东路11号19楼	510623
广州证券股份有限公司	广州市珠江西路5号广州国际金融中心20层	510623
联讯证券股份有限公司	广东省惠州市惠城区江北东江三路55号广电大楼裙楼4楼	516003
广西		
国海证券股份有限公司	广西南宁市滨湖路46号国海大厦	530028
贵州		
华创证券有限责任公司	贵州省贵阳市云岩区中华北路216号华创大厦	550004
海南		

续表

机构名称	通信地址	邮编
中银国际证券有限责任公司	上海市浦东新区银城中路200号中银大厦40层	200120
金元证券股份有限公司	深圳市深南大道4001号时代金融中心大厦17楼	518048
河北		
财达证券股份有限公司	河北省石家庄市自强路35号庄家金融大厦24层	050000
河南		
中原证券股份有限公司	河南省郑州市郑东新区商务外环路10号	450018
黑龙江		
江海证券有限公司	哈尔滨市香坊区赣水路56号	150036
湖北		
天风证券股份有限公司	湖北省武汉市武昌区中南路99号保利广场A座37楼	430024
湖南		
方正证券股份有限公司	长沙市芙蓉中路二段华侨国际大厦22－24层	410015
湘财证券股份有限公司	长沙市天心区湘府中路198号新南城商务中心A栋11楼	410004
吉林		
东北证券股份有限公司	长春市自由大路1138号	130021
江苏		
华泰证券股份有限公司	江苏省南京市建邺区江东中路228号华泰证券广场1号楼	210002
国联证券股份有限公司	无锡市金融一街8号国联金融大厦8楼	214121
南京证券股份有限公司	南京市建邺区江东中路389号南京证券办公室	210008
东吴证券股份有限公司	江苏省苏州工业园区星阳街5号	215021
江西		
中航证券有限公司	江西省南昌市红谷滩新区红谷中大道1619号国际金融中心A座41层	330038
国盛证券有限责任公司	江西省南昌市西湖区北京西路88号中江国际大厦	330046
辽宁		
中天证券股份有限公司	辽宁省沈阳市和平区光荣街23甲	110003
内蒙古		
恒泰证券股份有限公司	内蒙古呼和浩特市赛罕区敕勒川大街东方君座D座17层	010010
青岛		
中信证券（山东）有限责任公司	山东省青岛市崂山区深圳路222号1号楼2001	266061
青海		
九州证券股份有限公司	北京市朝阳区安立路30号仰山公园东一街2号楼	100033
山东		
中泰证券股份有限公司	济南市市中区经七路86号21层	250001

续表

机构名称	通信地址	邮编
山西		
山西证券股份有限公司	山西省太原市府西街69号山西国际贸易中心东塔	030002
大同证券有限责任公司	山西省太原市小店区长治路111号山西世贸中心A座12层	030012
陕西		
西部证券股份有限公司	陕西省西安市新城区东新街319号8幢10000室	710004
开源证券股份有限公司	陕西省西安市锦业路1号都市之门B座5层	710065
上海		
东海证券股份有限公司	上海市浦东新区东方路1928号东海证券大厦7楼	200125
光大证券股份有限公司	上海市静安区新闸路1508号静安国际广场	200336
海通证券股份有限公司	上海市黄浦区广东路689号海通证券大厦	200001
申万宏源证券有限公司	上海市长乐路989号世纪商贸广场40楼	200031
长江证券股份有限公司	湖北省武汉市江汉区新华路特8号	430015
国泰君安证券股份有限公司	上海市银城中路168号上海银行大厦29楼	200120
东方证券股份有限公司	上海市中山南路318号2号楼22层	200010
德邦证券股份有限公司	上海市浦东新区福山路500号城建国际中心26楼	200122
上海证券有限责任公司	上海市黄浦区四中路213号久事商务大厦7楼	200002
华宝证券有限责任公司	上海市浦东新区世纪大道100号57层	200120
华金证券股份有限公司	中国（上海）自由贸易试验区杨高南路759号30层	200127
深圳		
平安证券股份有限公司	深圳市福田区金田路4036号荣超大厦18楼	518048
长城证券股份有限公司	深圳市福田区深南大道6008号特区报业大厦16－17层	518034
中信证券股份有限公司	广东省深圳市福田区中心三路8号中信证券大厦	518048
国信证券股份有限公司	广东省深圳市罗湖区红岭中路1012号国信证券大厦16－26楼	518001
安信证券股份有限公司	深圳市福田区金田路4018号安联大厦35层	518026
第一创业证券股份有限公司	深圳市福田区福华一路115号投行大厦10楼	
中山证券有限责任公司	深圳市南山区华强高新发展大楼7、8层	518026
万和证券股份有限公司	深圳市福田区深南大道7028号时代科技大厦西厅20层	518040
五矿证券有限公司	深圳市福田区金田路4028号荣超经贸中心办公楼47层01单元	518000
联储证券有限责任公司	深圳市福田区华强北路圣廷苑酒店B座26楼	518028
世纪证券有限责任公司	深圳市福田区深南大道7088号招商银行大厦40－42层	518040
银泰证券有限责任公司	深圳市福田区竹子林四路紫竹七道光大银行大厦18楼	518040
四川		

续表

机构名称	通信地址	邮编
华西证券股份有限公司	成都市高新区天府二街198号	610095
国金证券股份有限公司	四川省成都市青羊区东城根上街95号成证大厦16层	610015
宏信证券有限责任公司	四川省成都市人民南路二段18号川信大厦10楼	610016
天津		
渤海证券股份有限公司	天津市南开区宾水西道8号	300381
西藏		
华林证券股份有限公司	广东省深圳市福田区民田路178号华融大厦六楼	518048
西藏东方财富证券股份有限公司	上海市宛平南路88号金座18层	200072
新疆		
申万宏源西部证券有限公司	新疆乌鲁木齐市高新区（新市区）北京南路358号大成国际大厦20楼2005室	830011
云南		
红塔证券股份有限公司	云南省昆明市北京路155号附1号红塔大厦9楼	650011
太平洋证券股份有限公司	云南省昆明市青年路389号志远大厦18层	650021
浙江		
浙商证券股份有限公司	浙江省杭州市江干区五星路201号浙商大楼8F衍生品经纪业务总部	310007
财通证券股份有限公司	杭州市杭大路15号嘉华国际商务中心	310007
重庆		
西南证券股份有限公司	重庆市江北区桥北苑8号西南证券大厦	400023

普通会员——资产管理公司

序号	机构全称	通信地址	邮编
1	华期梧桐成都资产管理有限公司	成都青羊区通惠门路3号	610031
2	深圳天风天成资产管理有限公司	湖北省武汉市武昌区中北路86号汉街总部国际E栋31楼天风天成	518000
3	深圳中金岭南金汇资本管理有限公司	深圳市福田区卓越世纪中心4号楼1401	518000
4	四川倍特资产管理有限公司	四川省成都市高新区锦城大道539号盈创动力大厦4楼405室	610000
5	混沌天成投资管理（深圳）有限公司	深圳市福田区金田路大中华国际交易广场东座2612～2616室	510000

续表

序号	机构全称	通信地址	邮编
6	上海杰询资产管理有限公司	上海市徐汇区凯旋路3131号名申中心大厦26楼	200030
7	中信盈时资产管理有限公司	中国（上海）自由贸易试验区杨高南路799号23层04单元	200127
8	厦门国贸资产管理有限公司	厦门市湖滨南路388号国贸大厦27楼	361000
9	中电投先融（上海）资产管理有限公司	上海市黄浦区中山南路268号新源广场1号楼17层	200010
10	和合资产管理（上海）有限公司	上海市黄浦区湖滨路150号企业天地5号楼801室	200021

普通会员——风险管理公司

序号	机构全称	通信地址	邮编
1	浙江永安资本管理有限公司	杭州市潮王路208号浙江协作大厦22楼	310005
2	浙江浙期实业有限公司	浙江省杭州市西湖区黄姑山路9号天科大厦9楼	310012
3	上海华信物产有限责任公司	上海市黄浦区南京西路399号明天广场15楼	200003
4	广发商贸有限公司	上海市浦东新区东方路1217号陆家嘴金融服务广场11楼E室	200127
5	鲁证经贸有限公司	深圳市福田区深南大道与民田路交界西南新华保险大厦723号	100098
6	浙江济海贸易发展有限公司	杭州市延安路511号元通大厦1258－5室	310006
7	上海新湖瑞丰金融服务有限公司	上海市浦东新区浦电路500号1801B	200122
8	浙江南华资本管理有限公司	浙江省杭州市上城区西湖大道193号313、316、317室	310002
9	江苏锦盈资本管理有限公司	南京市玄武区中央路258号－28号（锦盈大厦5805）	210009
10	上海际丰投资管理有限责任公司	上海市浦东新区峨山路77号金牛大厦北楼507室	200127
11	弘业资本管理有限公司	南京市中华路50号弘业大厦	210001
12	中信中证资本管理有限公司	上海市浦东新区杨高南路799号陆家嘴世纪金融广场3号楼23层	518040
13	宏源恒利（上海）实业有限公司	上海市浦东新区源深路1088号2104室	200122

续表

序号	机构全称	通信地址	邮编
14	中粮祈德丰投资服务有限公司	北京市东城区东直门南大街5号中青旅大厦310室	100007
15	金瑞前海资本管理（深圳）有限公司	深圳市福田区彩田路东方新天地广场A座32楼	518033
16	上海海通资源管理有限公司	上海市浦东新区世纪大道1568号中建大厦1602室	200122
17	瑞达新控资本管理有限公司	福建厦门市南投路11号6层	361000
18	申银万国智富投资有限公司	上海市浦东新区东方路800号宝安大厦2702B	200122
19	华泰长城资本管理有限公司	上海市浦东新区浦电路360号10楼C座	200122
20	银河德睿资本管理有限公司	上海市虹口区东大名路687号401室	200080
21	光大光子投资管理有限公司	上海市福山路458号同盛大厦1309A室	200122
22	格林大华资本管理有限公司	上海市浦东新区源深路1088号7层	200122
23	中期国际风险管理有限公司	北京市朝阳区建国门外光华路14号1幢1008A号	100020
24	武汉长江产业金融服务有限公司	武汉市东湖新技术开发区光谷大道77号光谷金融港A10栋7楼	430070
25	国投中谷（上海）投资有限公司	北京市西城区广安门外南滨河路1号高新大厦8层	100055
26	五矿产业金融服务（深圳）有限公司	深圳市福田区益田路6009号新世界中心48层	518026
27	东证润和资本管理有限公司	上海市中山南路318号东方国际金融广场2号楼35层	200010
28	睦盛投资管理（上海）有限公司	上海市浦东新区伽利略路338号5幢5302室	201203
29	迈科资产管理（上海）有限公司	上海市浦东新区世纪大道1568号中建大厦1907室	200122
30	国贸启润资本管理有限公司	上海市浦东新区张杨路620号中融恒瑞大厦东楼902室	200122
31	上期资本管理有限公司	上海市浦东新区银城中路488号太平金融大厦1104A	200120
32	国海良时资本管理有限公司	杭州市下城区河东路91号230室	310014
33	东海资本管理有限公司	中国（上海）浦东新区东方路1928号东海证券大厦	200125
34	平安商贸有限公司	深圳市福田区金田路4036号荣超大厦14楼	518026
35	国泰君安风险管理有限公司	上海市静安区延平路121号28楼	200042
36	东兴财富资产管理有限公司	上海市虹口区杨树浦路248号22层	200082

续表

序号	机构全称	通信地址	邮编
37	深圳前海中投天琪资本管理有限公司	深圳市福田区深南大道4009号投资大厦三楼	
38	上海东吴玖盈投资管理有限公司	苏州市工业园区星阳街5号东吴证券大厦8F	215021
39	汇信融植资本管理有限公司	上海市浦东新区源深路1088号25层	200120
40	上海华闻金融信息服务有限公司	上海市黄浦区北京东路668号东楼31楼	200001
41	上海方顿投资管理有限公司	上海市浦东世纪大道1777号东方希望大厦1层G室	200122
42	华期创一成都投资有限公司	四川省成都市青羊区通惠门路3号	610015
43	国联汇富资本管理有限公司	江苏省无锡市金融一街8号615室	214121
44	中衍期（天津）投资管理有限公司	北京市朝阳区东四环中路82号金长安大厦B座7层	100124
45	国元投资管理（上海）有限公司	北京市东城区东直门外大街46号天恒大厦A座906	100027
46	混沌天成资本管理有限公司	上海市浦东新区杨高南路759号陆家嘴世纪金融广场2号楼702－703室	200127
47	中粮祈德丰（北京）商贸有限公司	北京市东城区东滨河路甲1号5层A室	100007
48	渤海融盛资本管理有限公司	中国（上海）自由贸易试验区新金桥路28号35楼3503室	201206
49	金财汇顶投资有限公司	上海浦东新区浦电路500号2402室	200122
50	豫新投资管理（上海）有限公司	河南省郑州市郑东新区商务外环路10号中原广发金融大厦4楼	450000
51	和合投资管理（上海）有限公司	上海市浦东新区银城中路8号36层	200000
52	夯石资产管理（上海）有限公司	上海市浦东新区世纪大道1777号东方希望大厦9楼B室	
53	浙江中大资本管理有限公司	浙江省杭州市下城区中山北路310号五矿大厦1210室	310003
54	宝城资产管理有限公司	上海市浦东新区世博馆路200号华能上海大厦A栋621	200126
55	广期资本管理（深圳）有限公司	广州市珠江新城珠江西路5号广州国际金融中心10楼	510623

续表

序号	机构全称	通信地址	邮编
56	中金岭南经贸（深圳）有限公司	深圳市福田区车公庙深南大道6013号中国有色大厦18楼	518040
57	华龙新瑞资本管理有限公司	甘肃省南兰州新区纬一路地铁商务中心4007室	730300
58	财达投资（天津）有限公司	天津自贸试验区（空港经济区）高尔夫球场以北汇津广场2号楼502	300000
59	招证资本投资有限公司	深圳市福田区民田路178号华融大厦5楼505	518048
60	建信商贸有限责任公司	上海市浦东新区银城路99号建行大厦5楼	200120
61	中电投先融（天津）风险管理有限公司	天津市滨海新区中心商务区新金融大厦17层	300450
62	融鲲（上海）企业管理有限公司	上海市浦东新区浦东大道1868号东方城市大厦14F	200135
63	上海滇晟商贸有限公司	中国（上海）自由贸易试验区长清北路53号9层906	200126
64	重庆鼎富瑞泽风险管理有限公司	重庆市江北区东升门路61号金融城2号T2栋29－2	400023
65	安徽华安资本管理有限责任公司	合肥市高新区创新大道创新产业园2期E1楼基金大厦7楼B座	230088
66	江西瑞奇资本管理公司	江西省南昌市红谷滩新区红谷中大道788号江信国际花园18号楼203室	330038
67	华泰长城投资管理有限公司	上海市自由贸易试验区浦电路360号10层C单元	200122

普通会员——私募期货基金

序号	机构全称	通信地址	邮编
1	深圳市凯丰投资管理有限公司	深圳市福田区香梅路1061号中投国际商务中心A座11A	518000
2	白石资产管理（上海）有限公司	上海市浦东新区东方路18号保利广场E座603室	200120
3	华风投资咨询有限公司	杭州市江干区富春路188号市民中心F座	310016
4	敦和资产管理有限公司	杭州市上城区白云路12号	310008

特别会员

机构全称	网址	通信地址	邮编
上海期货交易所	www. shfe. com. cn	上海市浦东新区浦电路 500 号	200122
郑州商品交易所	www. czce. com. cn	郑州市郑东新区商务外环路 30 号期货大厦 2505	450008
大连商品交易所	www. dce. com. cn	大连市会展路 129 号	116023
中国金融期货交易所	www. cffwx. com. cn	浦东世纪大道 1600 号陆家嘴商务广场 6 楼	200122
中国期货市场监控中心有限责任公司	www. cfmme. com	北京西城区金融街 5 号新盛大厦 B 座 17 层	100034

附录 4－2　中国地方期货自律组织名录

序号	机构全称	通信地址	邮编
1	北京期货商会	北京市海淀区紫竹园路 31 号华澳中心嘉慧苑 1216 室	100089
2	天津市期货协会	天津市河东区十一经路 61 号人保大厦 310 室	300171
3	黑龙江省期货业协会	哈尔滨市香坊区赣水路 41 号 6 层	150001
4	上海市期货同业公会	上海市浦东新区浦电路 500 号上海期货大厦 2201A 室	200122
5	江苏省期货业协会	江苏省南京市中山东路 90 号华泰证券大厦 17 楼	210002
6	深圳市期货同业协会	深圳市福田区中心三路 8 号卓越时代广场二期 1306 室	518048
7	河北省证券期货业协会	河北省石家庄市新华路 296 号盛安大厦 3 层	518048
8	大连市期货业协会	大连市中山区中山路 136 号希望大厦 1505 室	116001
9	辽宁省期货业协会	辽宁省沈阳市和平区十一纬路 12 号银基发展中心 1002 室	110003
10	浙江期货行业协会	杭州市余杭塘路 515 号矩阵国际中心 5 号楼 602、604（丰潭路与余杭塘路交叉口）	310011
11	宁波市证券期货业协会	宁波市中兴路 775 号天润商座 C 座 12 层 1203 室	315000
12	安徽省证券期货业协会	安徽省合肥市蒙城路 109 号地税大厦 17 楼	230061
13	山东省期货业协会	山东省济南市市中区经七路 86 号 11 楼 1103 室	250001
14	河南省证券期货业协会	郑州市农业路与中州大道交叉口苏荷中心六楼 636 室	450046
15	江西省证券期货业协会	南昌市东湖区紫金城证券街 1 号紫金大厦四层	330006
16	广东证券期货业协会	广州市天河区临江大道 3 号发展中心 17 楼 C 单元	510623
17	广西证券期货业协会	广西南宁市金湖路 52－1 号东方曼哈顿大厦 20 层 2011 室	530028
18	福建省证券期货业协会	福州市铜盘路软件大道 89 号福州软件园 10 号楼华兴创业中心 201 室	350003
19	厦门证券期货业协会	厦门市湖滨南路 388 号国贸大厦 6 楼 601 室	361004
20	四川省证券期货业协会	四川省成都市洗面桥街 39 号银谷基业 10 楼	610000

续表

序号	机构全称	通信地址	邮编
21	重庆市证券期货业协会	重庆市渝中区沧白路 19 号 3 楼	400010
22	甘肃证券期货业协会	甘肃省兰州市张掖路延寿巷 8 号基隆大厦 A 座 9001 室	730000
23	新疆维吾尔自治区证券期货业协会	新疆乌鲁木齐金银路 53 号金融大厦 1806 室	830001
24	海南证券期货业协会	海南省海口市大英山西三路 9 号（3A）海南迎宾馆北区 2－3 夹层	570206
25	云南省证券业协会	云南省昆明市五华区北京路 605 号 驰宇大厦 15 层 A 座	650051
26	陕西证券期货业协会	陕西省西安市浐灞生态区浐灞大道 1 号商务中心二期 2 层	710024
27	青岛证券期货业协会	青岛市市南区东海西路 28 号龙翔广场一号楼一楼	266071
28	吉林省证券业协会	吉林省长春市生态大街 2099 号伟峰东第 11 号楼 2703 室	130061
29	宁夏证券期货基金业协会	宁夏回族自治区银川市金凤区黄河东路恒泰商务大厦 13 楼 2 号办公室	750002
30	贵州证券业协会	贵州省贵阳市云岩区北京路 9 号京玖大厦 8 楼 B 座（贵州医科大学旁）	550004
31	湖南省期货业协会	长沙市车站北路 459 号证券大厦 12 楼	410001
32	湖北省证券期货业协会	湖北省武汉市武昌区汉街总部国际 A 座 3208 室	430079
33	内蒙古证券期货业协会	内蒙古呼和浩特市赛罕区敕勒川大街东方君座 D 座 14 楼 1412	010010
34	山西省期货业协会	山西省太原市平阳路 101 号国瑞大厦 12A01	030006
35	西藏自治区证券业协会	西藏拉萨城关区夺底路 14 号西藏天路股份有限公司 2 楼	850000
36	青海证券业协会	青海省西宁市城中区南大街 75 号	810001

附录 4－3　中国期货业协会联系会员名录——保证金存管银行

序号	机构全称	通信地址	邮编
1	兴业银行股份有限公司	上海市江宁路 168 号兴业大厦 20 楼	200041
2	中国光大银行股份有限公司	北京市西城区太平桥大街 25 号中国光大中心 B 座 909	100033
3	上海浦东发展银行股份有限公司	上海市北京东路 689 号东银大厦	200001
4	交通银行股份有限公司	上海市浦东新区银城中路 188 号 23 层	200120
5	中国银行股份有限公司	北京市复兴门内大街 1 号中国银行总行金融机构部	100818
6	招商银行股份有限公司	上海市浦东新区陆家嘴环路 1088 号招商银行上海大厦 28 楼同业部	200120
7	中国民生银行股份有限公司	北京市西城区复兴门内大街 2 号	100031
8	中国工商银行股份有限公司	北京市西城区复兴门内大街 55 号	100140

续表

序号	机构全称	通信地址	邮编
9	汇丰银行（中国）有限公司	上海浦东新区世纪大道8号上海国金中心（汇丰银行大楼）33楼证券服务部	200120
10	平安银行股份有限公司	广东省深圳市深南东路5047号22楼	518001
11	中信银行股份有限公司	北京市东城区朝阳门北大街9号	100010
12	广发银行股份有限公司	北京市东城区东长安街甲2号广发银行大厦	510080

后　　记

《中国期货市场年鉴（2017 年）》编纂工作由中国证监会方星海副主席主持，并得到了中国证监会内外相关单位的大力支持和配合。他们是：中国证监会期货监管部、上海期货交易所、郑州商品交易所、大连商品交易所、中国金融期货交易所、中国期货市场监控中心、中国资本市场统计监测中心、中国期货业协会、中国证券业协会、方正中期期货有限公司。中国财政经济出版社在年鉴的编辑、出版及发行过程中给予了大力的支持。在此，我们对上述单位表示衷心的感谢！

具体参与年鉴编撰的人员有：

罗红生　鲁东升　严绍明　党　剑　张宜生　郑冰梅　姚　远
冯凯慧　王春卿　汪琳力　杜春艳　贾　燕　符文翔　梅云波
黄　伟　刘东旭　施利敏　陈　阳　海　洋　孙大鹏　谢　亚
李　坤　郑凌云　常鑫鑫　郑丽婷　黄小平　谢小卉　王　骏
相　阳　陈兰若　夏聪聪

中国证券监督管理委员会

中国期货业协会

2018 年 6 月